ESTADO, BUROCRACIA e CONTROLE DEMOCRÁTICO

CB020108

Carlos Henrique Santana
Wagner Iglecias
(orgs.)

ESTADO,
BUROCRACIA e
CONTROLE
DEMOCRÁTICO

alameda

Grafia atualizada segundo o Acordo Ortográfico da Língua Portuguesa de 1990, que entrou em vigor no Brasil em 2009.

Edição: Joana Monteleone
Editor assistente: João Paulo Putini
Projeto gráfico e diagramação: João Paulo Putini
Assistente acadêmica: Danuza Vallim
Capa: Maiara Heleodoro dos Passos
Revisão: Rafael Acácio de Freitas
Assistente de produção: Camila Hama

Imagem da capa: Folha de rosto da Edição de 1942 de *O Leviatã* de Thomas Hobbes

CIP-BRASIL. CATALOGAÇÃO-NA-FONTE
SINDICATO NACIONAL DOS EDITORES DE LIVROS, RJ

E82

ESTADO, BUROCRACIA E CONTROLE DEMOCRÁTICO
organização Carlos Henrique Santana , Wagner
Iglecias. - 1. ed.
São Paulo : Alameda, 2015.
502 p. : il. ; 23 cm

Inclui bibliografia e índice
ISBN 978-85-7939-300-6

1. Ciências sociais. 2. Estado. 3. Políticas públicas. I.
Santana, Carlos. II. Iglecias, Wagner. I. Título.

14-16926   CDD: 320
                                CDU: 32

ALAMEDA CASA EDITORIAL
Rua Conselheiro Ramalho, 694, Bela Vista.
CEP: 01325-000 – São Paulo, SP
Tel. (11) 3012-2400
www.alamedaeditorial.com.br

SUMÁRIO

Estado, burocracia e controle democrático é uma importante contribuição para a compreensão das instituições, das políticas públicas e dos processos decisórios do Brasil contemporâneo. Mas não só do Brasil trata o livro. Em vários capítulos o país é analisado comparativamente com os do Leste Europeu, da Ásia e da própria América do Sul. Pela diversidade temática, pela perspectiva comparada e pela participação de cientistas sociais de diferentes formações, o livro tem tudo para atrair a atenção de pesquisadores, acadêmicos, técnicos dos governos e daqueles interessados em desvendar de forma mais cuidadosa as questões do nosso complexo país.

De particular importância foi a decisão dos autores de "trazer o Estado de volta", ou seja, ter o Estado no centro das análises dos diversos capítulos que compõem o livro. Temporariamente demonizado na política, na sociedade, na economia e, algumas vezes, até mesmo na academia, o Estado e suas instituições, entre elas a burocracia, são, neste livro, centrais, seja para explicar por que e como algumas políticas públicas foram reformuladas ou iniciadas, seja para mostrar os desafios que precisarão ser enfrentados. A análise do Estado, de suas instituições e das políticas públicas formuladas e implementadas mais recentemente apontam tanto para o retorno do protagonismo dos governos como também para dois importantes componentes das democracias maduras. O primeiro é o *accountability* dos gestores públicos, sejam eles eleitos, nomeados ou os de carreira. O segundo é a participação social na formulação e no acompanhamento das políticas.

Nas três seções que compõem o livro é louvável o foco em temas, políticas, formas de participação social e territórios ainda pouco explorados na literatura e muitas vezes desconhecidos. De particular importância é a investigação do papel de atores políticos e societais na formulação de políticas e da burocracia que as implementa.

Também importante é o foco nas clivagens federativas em um país que historicamente optou por um modelo de federação que constitucionaliza as políticas públicas, centraliza o processo decisório no Executivo e no Legislativo nacional e descentraliza para as esferas subnacionais sua implementação e parte do seu financiamento. A partir de 1988 e principalmente das emendas constitucionais que tiveram início em 1994, o Brasil passou a ser uma federação mais complexa do que os modelos anteriores à redemocratização e em comparação com outras federações. Entender como se processa a relação intergovernamental nas políticas sociais para além das regras que as regem não é trivial e vários capítulos do livro enfrentam este desafio.

A coletânea tanto olha para o presente como para o futuro. Isso porque o livro tem dois fios condutores. O primeiro é a reflexão e análise de diferentes mecanismos estatais orientados à melhoria da atuação do poder público, em um ambiente democrático em que o desenvolvimento econômico e o bem-estar social são perseguidos em parceria com vários segmentos da sociedade. O segundo é a importância destacada em vários capítulos da manutenção da trajetória que combina desenvolvimento econômico, políticas sociais voltadas para a diminuição da pobreza, acesso de todos aos bens e serviços públicos e avanços dos instrumentos de *accountability* e de participação social.

Por fim, a coletânea tem dois outros atrativos. O primeiro é a diversidade de desenhos de pesquisa e o segundo é oferecer ao leitor um retrato abrangente e atual de grande número de políticas públicas.

Esta não é uma empreitada fácil e a expectativa é que os organizadores e os autores dos diversos capítulos não parem por aqui e continuem perseguindo entender mais e melhor as questões que afetam a todos nós.

APRESENTAÇÃO

CARLOS HENRIQUE SANTANA (INCT-PPED)

WAGNER IGLECIAS (EACH-USP)

Este livro apresenta ao leitor uma ampla discussão a respeito do Estado, seus mecanismos burocráticos e sua interação com a sociedade através da responsabilização democrática. Contando com a contribuição de cientistas sociais de variadas formações, da economia à ciência política, da sociologia ao direito, a perspectiva que perpassa o presente volume enfatiza as relações entre Estado e sociedade civil, por meio de ensaios e estudos de caso relativos centrados no Brasil e em abordagens comparadas que incluem Leste Europeu, Asia e América do Sul.

Embora com enorme variação de temas, os capítulos que compõem este livro remetem à retomada da importância do Estado como instituição fundamental para o desenvolvimento. Relatam um período histórico posterior à hegemonia do discurso neoliberal e apontam para os desafios que se interpõem no caminho das sociedades na construção de mecanismos de bem-estar e da democracia. Entre eles, destacam-se a ampliação e o fortalecimento de canais de interlocução entre poder público e sociedade civil, a retomada da capacidade fiscal do Estado, a necessidade de criação de instrumentos de prestação de contas e publicização dos atos dos gestores públicos, o aprimoramento das relações entre governo e setor privado, a difusão do uso de indicadores e a melhor coordenação entre os diversos entes governamentais envolvidos com a construção de políticas públicas, do nível local ao internacional.

O fio condutor do livro, portanto, é a reflexão crítica a partir da análise de distintos mecanismos estatais orientados à melhoria da atuação do poder público, num macroambiente em que o desenvolvimento econômico e o bem-estar social devem ser perseguidos em parceria com a sociedade civil e sob um regime institucional de características democráticas, marcado pela crescente transparência. As recentes transformações econômicas e sociais vividas pelo país, acrescidas à consolidação de suas instituições democráticas, impõem desafios concretos à classe política, à burocracia pública, e à sociedade civil, no sentido de compreenderem os desdobramentos em curso e criarem as condições ideais para a manutenção dessa trajetória.

A literatura contemporânea no campo da sociologia política e economia política tem enfatizado o papel dos legados da trajetória das políticas de substituição de importações e dos mecanismos de institucionalização democrática da nova Constituiçõa de 1988 para entender os desdobramentos das políticas públicas no Brasil no periodo recente. Em particular, se observa um esforço razoável para compreensão da trajetória de formação da burocracia brasileira e seu padrão de institucionalização nas diversas esferas de poder (LOUREIRO; ABRUCIO; PACHECO, 2012). Os trabalhos que buscam compreender essa evolução têm observado um padrão de superposição sincrética de gramáticas burocráticas, na qual mecanismos clientelistas e do corporativismo operam suas engrenagens em paralelo com padrões racionalizados reprodução burocrática, como universalismo de procedimentos e o insulamento burocrático (NUNES, 1997). A compreensão dessa convivência aparentemente functional de gramáticas burocráticas por princípio antagônicas pode servir de ponto de partida para compreensão de um dos eixos fundametais desse livro: como analisar as políticas públicas tendo em vista a estrutura de implementação burocrática do Estado e seus mecanismos de controle democráticos? A literatura já ofereceu uma enorme contribuição, tanto para compreensão do papel da participação democrática quanto para a sustentabilidade das políticas a partir do desempenho institucional dos seus órgãos encarregados. A grande questão tem sido como articular essas duas faces, que constituem campos quase estanques dos estudos de políticas públicas, numa única discussão. Estão em curso uma série de esforços analíticos e empíricos nessa direção. Os estudos no campo da economia política, em particular aqueles que empregam o conceito de capacidades estatais, vem desempenhando com razoável sucesso algumas análises que incluem nos seus estudos de caso arranjos institucionais que empregam de forma bem articulada a dimensão da participação, representação, dos controles e da burocracia para compreensão das capacidades técnicas e políticas (GOMIDE & PIRES, 2014; BOSCHI & SANTANA, 2012). Entre as abordagens que não empregam o conceito de capacidades estatais, o esforço de articulação entre estruturas burocraticas e seus inputs democráticos tem sido igualmente um eixo relevante de análise nos estudos de caso e perspectivas teóricas para compreensão das políticas públicas (HOCHMAN; ARRETCHE; MARQUES, 2007; MELO & SÁEZ, 2007).

No último decênio, o Brasil atravessou mudanças no seu padrão distributivo de renda com amplos reflexos na distribuição demográfica e consequente estrutura de demandas por políticas públicas. Apesar do aspecto difuso das bandeiras que mobilizaram a sociedade nos eventos de junho de 2013, as pesquisas indicavam um conjunto de insatisfações da sociedade em torno da precariedade de serviços públicos fundamentais, particularmente aqueles que estão na alçada das esferas subnacionais, como segurança, saúde, educação e transporte público, entre outros. Apesar do imbricamento desses componentes fundamentais, não seria correto indicar que o debate público conjuntural dispõe de ferramentas analíticas apropriadas para compreender os fatores institucionais que condicionam a eficácia das políticas públicas. O debate público, mobilizado em grande medida pelos principais órgãos de imprensa, tende a enquadrar os problemas em torno de abordagens dicotômicas, na qual o Estado e o poder público em geral são editorializados como expressão de vícios predatórios ou de pura incompetência, enquanto a esfera privada tenderia a representar a expressão de racionalidade e eficiência. Essa modalidade de análise geralmente eclipsa aspectos importantes para compreensão dos dilemas de acão coletiva que são intrínsecos para produção de bens coletivos, os quais o Estado geralmente está encarregado.

As dificuldades de implementação de políticas públicas estão geralmente associadas aos problemas de diagnóstico por parte dos decisores e formuladores de política. A formulação de uma política pública depende não apenas dos recursos burocrático-financeiros, mas também da produção de consensos programáticos que redundem na geração de coalizões sociais e políticas capazes de sustentar políticas de Estado que ultrapassem os ciclos eleitorais. Os múltiplos bolsões de eficiência burocrática que o Brasil dispõe agregam experiências de políticas públicas, em grande medida desconhecidas pelo grande público e mesmo pela academia. A capacidade burocrática dessas instituições bem sucedidas está predominantemente apoiadas no *sprit de corp* do seu quadro de funcionários, geralmente assentada num profundo senso de missão profissional. São notáveis os exemplos dos bancos públicos, de agências de pesquisa na área de saúde, agropecuária e aeroespacial, relações exteriores, e de algumas empresas públicas estatais, como a Petrobras.

Mas por qual razão essas experiências bem sucedidas permanecem insuladas no conjunto das instituições burocráticas públicas brasileiras, com pouco transbordamento e contaminação para outras esferas igualmente necessitadas de bom funcionamento? Pelo contrário: frequentemente esses bolsões burocráticos precisam lutar para manter suas provisões orçamentárias e resistir ao aparelhamento clientelista que frequentemente ameaça suas funções precípuas. Uma parte da resposta a essa pergunta está na ausência de reconhecimento público dessas experiências, geralmente mutiladas por um debate ideologicamente enviesado. Uma outra parte da resposta talvez decorra das limitações do modelo de política macroeconômica, do sistema político e de suas limitações institucionais.

Do ponto de vista da política macroeconômica, o tripé da política cambial, fiscal e de juros, voltado para o controle da inflação, impõe um amplo conjunto de restrições às políticas públicas. Mesmo o tímido esforço recente de flexibilizar o modelo para garantir uma maior liberdade fiscal e de crédito por parte do governo central vem sendo objeto de intenso bombardeio público por parte da comunidade financeira, que acusa o governo de "contabilidade criativa". No entanto, para destravar investimentos públicos cruciais, particularmente nas esferas subnacionais será necessário rediscutir o modelo que permita a prefeituras e governos estaduais renegociar suas dívidas e ampliar sua capacidade de investimento. O colapso dos serviços públicos nas grandes cidades e sua inexistência nas pequenas cidades decorre, em grande medida, das amarras financeiras e fiscais do modelo de política monetária. Outro exemplo angular desse modelo decorre das isenções fiscais para grandes corporações, como é o caso da indústria automobilística no Brasil. Muitas prefeituras que dependem de recursos do fundo participação dos municípios vêm suas fontes minguarem em decorrência da queda de receita dos impostos associados à essas isenções. Dessa forma, para que outras instituições burocráticas subnacionais, voltadas capilarmente ao atendimento da população local, adquiram o grau de profissionalismo observado nesses bolsões burocráticos federais é necessário que elas disponham de estabilidade orçamentária e possuam uma estrutura de recrutamento burocrático isonômica, capaz de conferir um *esprit de corps* funcional.

Apesar desses e de outros dilemas é patente a retomada de uma maior capacidade de coordenação institucional do governo central em relação às políticas públicas. O principal instrumento desse processo tem sido o papel preponderante dos bancos públicos na oferta de crédito. Os grandes programas de investimento habitacional, agrícola, educacional e de infraestrutura possuem o esteio financeiro dos bancos estatais como BNDES, Banco do Brasil e Caixa Econômica. O programa de sustentação de investimento do BNDES cumpriu um papel crucial para manutenção da atividade econômica no período pós--crise financeira de 2008. Os repasses do tesouro nacional ao BNDES já somam R$ 325 bilhões entre 2009 e 2013.

Ao lado dos instrumentos de coordenação finaceira e capacidade burocrática do governo central, tem se tornado cada vez mais recorrente nos estudos comparados que a institucionalização dos mecanimos de participação democrática está positivamente relacionada com a consolidação de políticas sociais que reduzem de forma significativa a desigualdade (HUBER & STEPHENS, 2012). Ou seja, a sustentação de coalizões governamentais de centro esquerda por períodos prolongados, em contextos de competição democrática, tem resultado em diminuição das desigualdades sociais. É eveidente que a demonstração dessa afirmativa oscila bastante, dependendo do país analisado. No caso do Brasil os indicadores tem sido bastante robustos em relação a essa hipótese, mas ao descer para a análise das políticas públicas nos níveis subnacionais os desafios de implementação ainda são significativos e os dilemas fiscais e federativos ficam evidentes.

Tendo em vista esse cenário, para entender as capacidades estatais brasileiras e os fatores intervenientes que garantam uma maior ou menor possibilidade de implementação das políticas públicas, é preciso articular uma análise entre os instrumentos burocráticos autóctones à disposição dos governos central e subnacional, e os mecanismos de mediação da política num regime democrático federativo, qual sejam: as esferas subnacionais, os órgãos de controle fiscal e regulatório, as instâncias judiciais, e as demandas dos atores sociais. Nesse aspecto a engenharia do processo decisório ganha considerável complexidade que, esperamos, esse volume possa abarcar.

O livro está dividido em três seções: a primeira delas traz uma análise das macro políticas públicas promovidas pelo Estado, através de seus órgãos ministeriais e autarquias, a exemplo das políticas macroeconômicas, de inovação, de crédito e ambiental, com ênfase numa abordagem comparada. Os capítulos nele contidos enfatizam o retorno do protagonismo do governo central como coordenador das agendas de políticas domésticas e internacionais, o que comporta uma abordagem comparada entre países e políticas adotadas.

Esse é o caso de *Atores Estratégicos, Capacidades Estatais e Desenvolvimento: a construção do pós-neoliberalismo na Argentina e no Brasil*, no qual Flávio Gaitan e Carlos Pinho oferecem ao leitor uma importante análise comparativa entre Brasil e Argentina no que diz respeito às estratégias de desenvolvimento adotadas no período posterior à derrocada das políticas neoliberais. Segundo eles, a mudança do ambiente ideológico abriu uma janela de oportunidade para se repensar e formular novos instrumentos de intervenção na esfera econômica, destinados a produzir prosperidade e melhor distribuição da riqueza. Para tanto, o artigo discorre sobre os atores estratégicos que têm atuado na criação desta nova agenda de desenvolvimento construída na região. Destaque é dado às agências estatais voltadas à elaboração daquela agenda e aos setores empresariais envolvidos, com aportes de recursos voltados a investimentos e inovação. Gaitán e Pinho destacam a passagem, feita pelos dois países, do desenvolvimentismo ao neoliberalismo e deste ao momento atual, pontuando as semelhanças e diferenças, tanto em termos de suas estruturas econômicas quanto em relação a seus arcabouços institucionais, sublinhando o quanto estas variáveis foram e têm sido relevantes para a construção das alternatives atuais.

Ainda nesse veio, em *Administração Pública, Capacidade de Política, Inovação e Desenvolvimento* Rainer Kattel e Erkki Karo avaliam em que medida as distintas formas de *policy capacity* são decorrência direta dos vários fatores envolvidos no desenvolvimento de políticas públicas. O propósito é identificar quais fatores em processos coevolucionários iniciam e conduzem o aprendizado na administração pública, ou seja, como e porque evoluem as capacidades de políticas públicas e em que circunstâncias complementaridades ou dissonâncias entre os setores público e privado emergem. Para comprovar que a variável relativa à variedade de modos de produção de políticas é o que mais influencia a *policy capacity*, a pesquisa conduzida por Kattel e Karo traz como estudos de caso, para análise comparativa, os processos do Leste Asiático, entre os anos 1960 e 1980, e o Leste Europeu, nos anos 1990. A análise é particularmente enriquecedora do ponto de vista analítico, levando em conta a comparação de diversas variáveis, como as macro instituições políticas, os instrumentos de formulação, implementação e avaliação de políticas públicas, as principais características do setor privado e os tipos de interação entre ele e o Estado.

Verena Schüren mantém o curso das análises comparadas e em seu texto *Que diferença faz o Estado: inovação farmacêutica pós TRIPs* propõe a discussão sobre como países em desenvolvimento buscam construir um sistema de inovação orientado para o desenvolvimento de patentes. Para tanto, ela analisa o Acordo TRIPs (*Trade-Related Aspects of Intellectual Property*), no âmbito da Organização Mundial do Comércio (OMC), e apresenta como estudo de caso os sistemas de inovação na indústria farmacêutica de dois países em desenvolvimento, Brasil e Índia. Entre suas conclusões, a autora chama atenção para o papel desempenhado pelo Estado no tocante à inovação farmacêutica no período pós-TRIPS e das configurações domésticas de cada contexto nacional no que se refere à atividade inovadora.

Em *O papel do Estado brasileiro na criação de fronteira capitalista e novas naturezas no passado e futuro*, Markus Kröger identifica o papel do governo Lula na retomada do crescimento econômico no Brasil. O autor parte do pressuposto de que o Estado recobrou, neste século, um papel destacado nas políticas de desenvolvimento, aprofundando as alianças com o empresariado brasileiro e garantindo a internacionalização do capital brasileiro em outros mercados, como na África e América Latina. O autor chama a atenção ainda para alguns impactos ambientais do neodesenvolvimentismo brasileiro, como no caso do projeto de Belo Monte, vetor de desenvolvimento da Amazônia Oriental. Por fim, Kröger assinala a aliança entre setores da elite empresarial e o governo Dilma, fiadora de projetos capitalistas, estaria ocorrendo em detrimento da sustentabilidade ambiental, o que tem despertado forte oposição de setores progressistas da sociedade civil.

Fernando Nogueira da Costa e Gabriel Musso de Almeida Pinto em seu texto *Impactos da Pressão para Concorrência Bancária no Mercado de Crédito Brasileiro* reforçam a abordagem em torno do protagonismo dos instrumentos fiscais e parafiscais do Estado nacional (como é o caso dos bancos públicos) na capacidade indutora sobre o mercado de crédito. Defendem que os bancos públicos constituem-se em instrumentos estratégicos para que o governo faça políticas de crédito com impacto significativo não apenas no mercado bancário, mas na economia de modo mais geral. Para tanto, utilizam não somente modelos microeconômicos abstratos, mas também evidências empíricas e institucionais. Analisam sobretudo o papel desempenhado nos anos recentes pelo Banco do Brasil e pela Caixa Econômica Federal no oferecimento de crédito a setores da sociedade que até recentemente não eram contemplados pelos bancos comerciais privados, além dos impactos da redução dos juros praticados por estas instituições no mercado de crédito bancário e suas consequências para ampliação da demanda e do consumo.

* * *

A segunda seção apresenta textos que nos convidam à análise de dilemas federativos na consecução de políticas públicas, em particular em torno das políticas sociais. As esferas de poder subnacionais são encarregadas de uma vasta gama de serviços fundamentais para cidadania, mas nem sempre estão capacitados, burocrática e orçamentariamente, para implementar essas políticas. Considerando o enorme impulso do crescimento econômico e diversificação salarial dos países de renda média, o crescimento populacional das cidades criou uma escala de desafios que tem exigido uma análise sobre a desassociação entre encargos e repartição orçamentária entre as esferas de poder e as consequências disso para implementação das políticas públicas.

Em *Atualizações da Cidadania Estratificada no Brasil: novas clivagens da cidadania como consumo*, Carlos Henrique Santana propõe ao leitor a reflexão sobre a capacidade fiscal do poder público no país, com ênfase no recorte cronológico dos últimos vinte anos. Trabalhando com uma vasta sequência de dados sobre despesa pública nas mais diversas áreas sociais, como saúde, previdência e educação, o autor estabelece uma relação entre eles e a estruturação de um modelo de cidadania baseada na expansão desses bens e serviços através do acesso estratificado do crédito. Como consequência, o que se verifica é a consolidação de uma cidadania estratificada pelo consumo que atualiza e reforça aspectos perversos de nossa já conhecida cidadania regulada, ao invés de construir, efetivamente, um *welfare state* pleno.

Em seu texto *A continuidade das Políticas Públicas de Combate à Pobreza no Brasil: uma análise pós-redemocratização* Roberta Souza descreve as principais política públicas de combate à pobreza no Brasil, no longo período entre o governo Sarney e o governo Lula. Roberta destaca que a criação do Ministério do Desenvolvimento Social, em 2004, foi um ganho institucional importante na medida em que passou a centralizar e coordenar políticas e programas, antes dispersos por diversas agências governamentais. A autora aborda ainda o debate em torno da focalização, que há anos preside esta área das políticas sociais. E chama a atenção para a relação entre o maior ou menor êxito das políticas da área à forma como a burocracia pública tem atuado, a partir de suas preferências e suas escolhas. Roberta Souza se questiona ainda sobre as razões pelas quais os mecanismos de transferência de renda e combate à pobreza no Brasil ainda são baseados em Medidas Provisórias encaminhadas pelo governo federal ao Congresso Nacional e não em lei voltada àquele objetivo.

Jessica Rich em seu artigo *Burocracia de base: relações intergovernamentais e mobilização popular na política de AIDS do Brasil* faz uma interessante provocação ao leitor, ao perguntar-se: como o Estado garante a implementação das políticas nacionais em um contexto de autoridade política descentralizada? De acordo com a autora, o governo nacional regula o comportamento dos políticos subnacionais através da mobilização da sociedade civil como guardiã e defensora de uma determinada política. Para isto, Rich traz exemplos de uma série de programas sociais adotados nas últimas décadas no Brasil e enfatiza a política brasileira de prevenção e tratamento da Aids, destacado por ela como um exemplo internacional de eficiência. Examinando diversos casos de interação entre atores governamentais e da sociedade civil, o artigo consegue destacar o papel da mobilização social como um dos fatores cruciais para o desempenho local da política de prevenção à Aids e o reconhecimento internacional do programa brasileiro.

Cristiane Kerches Leite e Francisco Fonseca, no capítulo *Políticas sociais no "novo" federalismo após a Constituição de 1988: impasses e avanços* convidam o leitor a refletir sobre os dilemas e os resultados positivos alcançados pelo país após o redesenho das relações entre os entes federativos trazido pela Carta Magna. Segundo a visão dos autores, embora ainda concentrem muitas atribuições e recursos, os estados vêm perdendo importância relativa na produção das principais políticas sociais em nosso país, dado que tem se acentuado nas últimas décadas as relações diretas entre a União e os municípios na produção daquelas políticas, com impactos claros não só sobre as próprias políticas mas sobre o ambiente político como um todo. Tensões entre o voluntarismo municipalista e o poder orçamentário dos estados não são questões simples de se resolver, e questões relativas à articulação entre as esferas estadual, municipal e inclusive intermunicipal colocam-se como grandes desafios para a gestão pública brasileira na atualidade, conforme demonstram os autores.

Wagner Iglecias conclui a segunda seção desse volume com eu texto *Políticas de combate à pobreza na América Latina nos anos 2000. Breve análise dos casos de Bolívia, Equador e Venezuela*. Nesse texto, ele busca discutir, de forma comparativa, a ressignificação do conceito de desenvolvimento na América Latina, a partir do retorno da centralidade do Estado nesta questão. Para tanto, o autor analisa os casos de três nações nas quais as políticas de combate à pobreza não apenas têm tido êxito nos últimos anos mas também onde o papel jogado pelo poder público foi fundamental. Iglecias demonstra que, após os resultados malogrados no combate à pobreza e à desigualdade social e econômica legados pelo neoliberalismo dos anos 1990, agora os países analisados têm obtido bons resultados na melhoria das condições sociais da população por meio de ações nas quais o papel do Estado e da própria burocracia pública têm sido centrais.

* * *

A terceira seção, finalmente, corresponde à análise dos novos instrumentos de controle democrático e *accountability* que ganharam relevância em todo o período que se seguiu à redemocratização brasileira. Aqui nos referimos tanto aos atores e organizações não institucionalizados, como movimentos sociais, quanto às autarquias de controle e fiscalização ligados aos três poderes. Geralmente eles estão associados a uma maior transparência das ações do poder público, mas podem também resultar em paralisia decisória se não tiverem sua capacidade de veto mutuo limitada sobre as decisões adotadas pelo poder público.

Fernando Cardoso Lima e Paulo Duran, no artigo *Instituições participativas da democracia brasileira: as ouvidorias e os Conselhos de Saúde como inovação institucional*, apresentam dois modelos de instituições políticas de participação, criadas no país após o início do processo de redemocratização: os conselhos gestores de políticas e as ouvidorias públicas. Os autores discutem o desenvolvimento de mecanismos de controle e participação social, destacando o potencial de ampliação dos canais de interlocução entre Estado e sociedade civil, advindos sobretudo a partir da Constituição de 1988. No caso específico, o capítulo analisa os Conselhos de Saúde, envolvendo as três esferas de governo, a distribuição de assentos aos diversos atores que participam das políticas públicas de saúde (gestores dos serviços, prestadores de serviços e usuários) e a prerrogativa da deliberação por parte destes atores. Lima e Duran problematizam, ao final do texto, questões relativas à falta de autonomia que a sociedade civil muitas vezes enfrenta diante destas arenas, seja na capacidade de fazer-se ouvir pela gestão pública, seja na possibilidade de influenciar as suas escolhas.

Ana C. N. Capella e Alessandra Guimarães Soares buscam, em seu texto *A interface entre os regimes internacionais e a formação da agenda doméstica: Análise da formulação do Programa Nacional de Direitos Humanos no Brasil* discutir o longo e difícil caminho percorrido pelas demandas relativas à priorização, por parte do Estado brasileiro, das políticas de defesa dos Direitos Humanos. As autoras destacam a importância da Constituição de 1988 para a ampliação do debate e da criação de políticas voltadas àquele tema, bem como do papel muito relevante jogado por instituições internacionais, que converteram-se também em atores de relevo junto ao poder público e somaram esforços com ativistas brasileiros para que as questões dos Direitos Humanos pudessem ser cada vez mais presentes na agenda do país e de seus gestores públicos. As autoras chamam ainda a atenção para aquilo que batizaram como "janela de oportunidade" relativa à ampliação da discussão da temática no Brasil, que teria ocorrido já nos governos democráticos da década de 1990 em diante.

No capítulo intitulado *A casa caiu? Índice de Qualidade de Moradia nos Estados Brasileiros* os autores Ranulfo Paranhos, Enivaldo Carvalho da Rocha,

José Alexandre da Silva Jr., Romero Galvão Maia e Dalson Britto Figueiredo Filho apresentam e discutem o Índice de Qualidade de Moradia, construído a partir dos dados do Atlas do Desenvolvimento Humano. Os autores buscam fazer uma compreensão intuitiva dos principais conceitos, propriedades e construção de indicadores sociais. Para tanto, explicam como são construídos os indicadores, apontando para sua importância fundamental nos processos de formulação, implementação e avaliação de políticas públicas.

Em *Instituições, Governabilidade e a Insustentável Política Ambiental no Brasil*, Diego Freitas Rodrigues e Mônica Sodré Pires convidam o leitor a pensar a temática da política ambiental no Brasil contemporâneo. Partem da premissa de que, embora nosso país seja considerado avançado do ponto de vista do marco legal relativo às questões do meio ambiente, há um entrave crônico na implementação de políticas conservacionistas por conta do marco institucional confuso e contraditório que envolve os atores e agências responsáveis pela política ambiental. O texto traz diversos dados sobre aplicação de recursos nas políticas de meio ambiente, bem como demonstra os avanços legais que o país logrou construir nas últimas décadas. No entanto, apontam os autores, o Brasil ainda padece da falta de melhores mecanismos de coordenação intersetorial nos programas de governo e no próprio alcance da política ambiental. O pequeno grau de coordenação entre os diversos programas e políticas para a área segue sendo um grave obstáculo à efetivação de iniciativas mais bem-sucedidas nesta área.

No capítulo *A representação social e política nos Conselhos de Segurança Alimentar e Nutricional* as autoras Lorena Monteiro e Joana Tereza Vaz de Moura analisam a problemática da representação política da sociedade civil nos conselhos existentes em nosso país. Partem da ideia de que se em tese os conselhos democratizam a democracia, talvez eles reduzam assimetrias na representação, seja pela falta de comprometimento dos representantes, seja pela discrepância entre interesses dos representantes e dos representados, ou ainda pelas características dos representantes que podem reproduzir uma relação de poder baseada em diferenças culturais, políticas, sociais ou econômicas. As autoras apresentam dois estudos de casos, relativos a Conselhos Estaduais de Segurança Alimentar e Nutricional, do Rio Grande do Sul e do Ceará, ambos criados em 2003 e tendo como especificidade a composição majoritária de organizações da sociedade civil. Entre as principais conclusões do artigo as autoras afirmam, em ambos os casos, que os representantes têm legitimidade pelo reconhecimento acerca de seu grau de competência e qualificação, e não necessariamente do vínculo direto com suas bases. Além disso, afirmam elas, verifica-se a fragilidade de muitos conselheiros diante da centralização do poder nas mãos de alguns poucos pares, especialmente aqueles especialistas na temática da segurança alimentar e nutricional.

Em *Estado e sociedade civil: accountability e ampliação da esfera pública de conselhos gestores*, Veronica Teixeira Marques discute a participação como direito do cidadão e a criação de instrumentos de transparência e de prestação de contas como um dever do poder público. De acordo com sua argumentação os conselhos gestores podem, caso utilizados adequadamente, constituirem-se como um instrumento viabilizador da participação. A autora chega mesmo a referir-se aos conselhos como ferramentas de cogestão pública, por parte dos cidadãos junto aos gestores públicos. Para ela os conselhos podem legitimar as relações entre Estado e sociedade civil, possibilitando a esta o efetivo controle das ações do poder público.

* * *

AGRADECIMENTOS

Gostaríamos de agradecer a todos os pesquisadores que se dispuseram a contribuir com este volume, num esforço conjunto voltado a ampliar o debate sobre as relações entre Estado e sociedade civil, com destaque para o papel da burocracia e a importância do controle democrático das ações do poder público. Um agradecimento especial é destinado à Alameda Editorial, que desde o primeiro contato demonstrou interesse em ser nossa parceira nesta iniciativa, contribuindo desta forma para divulgar as reflexões contidas neste livro para um público mais amplo.

Finalmente, agradecemos à Sociedade de Educação Tiradentes que, por meio de seu Núcleo Interdisciplinar de Pós-Graduação do Centro Universitário Tiradentes (UNIT/Maceió), viabilizou financeiramente a publicação deste livro. Os organizadores esperam que a leitura seja agradável e produtiva, ampliando o conhecimento e oferecendo subsídios para análise das políticas públicas adotadas no Brasil, estabelecendo pontes que enriqueçam o debate público e qualifiquem a intervenção tanto dos formuladores de políticas quanto do público em geral.

REFERÊNCIAS BIBLIOGRÁFICAS

BOSCHI, Renato & SANTANA, Carlos Henrique. *Development and semi-periphery: post--neoliberal trajectories in South America and Central Eastern Europe.* Londres: Anthem Press, 2012.

GOMIDE, Alexandre; PIRES, Roberto (orgs.). *Capacidades estatais e democracia – arranjos institucionais de políticas públicas,* Brasília: Ipea, 2014.

HOCHMAN, Gilberto; ARRETCHE, Marta; MARQUES, Eduardo (orgs.). *Políticas públicas no Brasil.* Rio de Janeiro: Editora Fiocruz, 2007.

HUBER, Evelyne; STEPHENS, John D. *Democracy and the Left: Social policy and inequality in Latin America.* Chicago: University of Chicago Press, 2012.

LOUREIRO, Maria Rita; ABRUCIO, Fernando; PACHECO, Regina (orgs.). *Burocracia e Política no Brasil: desafios para o Estado Democrático no século XXI.* Rio de Janeiro: Editora FGV, 2010.

MELO, Ranulfo & SAEZ, Manuel A. (orgs.). *A democracia brasileira: balanço e perspectivas para o século 21.* Belo Horizonte: Humanitas/Editora UFMG, 2007.

NUNES, Edson. *A gramática política do Brasil: clientelismo e insulamento burocrático.* Rio de Janeiro: Zahar, 1997.

1

CAPACIDADES **ESTATAIS** e POLÍTICAS DE **DESENVOLVIMENTO**

ADMINISTRAÇÃO PÚBLICA, *POLICY CAPACITY*, INOVAÇÃO E DESENVOLVIMENTO[1]

ERKKI KARO • RAINER KATTEL

> A administração é a faceta mais óbvia do governo; é o governo em ação; é o executivo, o operativo, a faceta mais visível do governo, e por suposto é tão antigo quanto o próprio governo. Seria natural esperar que o governo em ação cativasse a atenção e provocasse o escrutínio dos autores políticos desde os primórdios da história do pensamento sistemático. Mas não foi este o caso.
>
> Woodrow Wilson (1887), *The Study of Administration*

1. INTRODUÇÃO

Policy capacity, ou a *capacidade de empreender políticas públicas*, – aqui compreendida simplesmente como "a habilidade de reunir os recursos necessários para tomar escolhas coletivas inteligentes e estabelecer rumos estratégicos para a alocação de recursos escassos para a consecução de fins públicos" (PAINTER & PIERRE, 2005: 2) – é de diversas maneiras o santo graal do crescimento econômico e do desenvolvimento.[2]

---

1 A pesquisa que fundamentou esse trabalho foi parcialmente financiada pela *Estonian Science Foundation* e pela *European Social Foundation* através do programa de *Research and Innovation Policy Monitoring*. O artigo é uma versão traduzida do original publicado em inglês na *Revista de Economia Política*, vol. 34 (1), jan. 2014.

2 No decorrer do texto empregamos o conceito de *policy capacity* tal como ele é usado na literatura de administração/gestão pública e de políticas públicas, em referência aos processos em nível meso e micro de formulação de políticas públicas, exemplificado na citação aposta ao início do texto e explicada em detalha na primeira parte do trabalho. Ressalta-se que tal emprego difere do sentido mais amplo e abstrato utilizado na literatura mais *mainstream* do institucionalismo, seguindo Douglass North (1990) e outros (i.e., concebendo a *policy capacity* como um fato no nível macro de deli-

Teóricos do desenvolvimento do *mainstream* assim como heterodoxos concordam que a *policy capacity* é a chave para a solução de vários entraves para o desenvolvimento, principalmente se a *policy capacity* incluir a habilidade de navegar as águas da política e das relações de poder internacionais (JAYASURIYA, 2005). Quando a *policy capacity* é compreendida como elemento chave, parte-se do pressuposto de que a inovação e transformação tecnológica são as fechaduras que precisam ser destrancadas para o avanço do desenvolvimento e do crescimento econômico. Desse modo, a *policy capacity* envolve a habilidade para formular e levar a cabo políticas industriais nacionais e/ou políticas de inovação e estratégias que engendram desenvolvimento econômico. No entanto, na maioria dos debates que abordam políticas de desenvolvimento, a criação de *policy capacity* é percebida como uma tarefa bastante descomplicada que depende apenas dos moldes do ambiente institucional. Ou é possível ainda falar de *policy bias*, ou viés de políticas públicas: as discussões acerca do desenvolvimento são mais substanciais quando o "quê" é mais importante do que o "como". Por exemplo, debates acerca da questão da necessidade de políticas tarifárias para a indústria e a inovação, que porém deixam de lado como essas políticas devem ser formuladas e implementadas; debates que giram em torno da questão dos subsídios ou empréstimos para empresas que promovem pesquisa e desenvolvimento (P&D); e não de quais órgãos públicos administram essas políticas e como. Esse viés geralmente leva a percepções exageradamente simplórias e genéricas sobre a implementação de políticas desconsiderando a dinâmica evolutiva das ideias e modelos utilizados na implementação de políticas (KARO, 2012).

Contudo, aqui argumentamos que uma "política pública" estritamente falando não existe, ela só se torna realidade, por assim dizer, através de sua implementação. Implementação significa pessoas inseridas em organizações concretas, dotadas de valores, embasamentos políticos e legais, coalizões e interações com outras organizações do setor público e privado. Estas organizações do setor público – a parte do setor público que chamaremos de *administração pública* – possuem regras próprias de recrutamento e promoção de funcionários, compreensões próprias quanto a avaliação da performance, e prestação de contas próprias e de outros e de todo o conjunto de tarefas. Além disso, os responsáveis pela implementação de políticas são pessoas reais – administradores e funcionários públicos – e são eles que estabelecem o contato com os sujeitos de

---

berações entre atores – do poder executivo, legislativo etc. – onde instituições de políticas públicas entram na equação apenas ocasionalmente na condição de ferramentas de deliberação políticas).

determinada política – no caso de políticas econômicas e de tecnologia – na sua maioria empresas privadas, mas também universidades, sindicatos, associações industriais etc. Assim, a implementação é frequentemente o fator crucial para definição do que uma política faz e é. Por causa de mecanismos de aprendizado e *feedback* entre funcionários públicos e atores do setor privado a implementação também é um fator chave em como políticas são avaliadas e modificadas. A realização de ideias de políticas públicas por intermédio da implementação é condicionada por diferentes fatores que vão da cultura até a geografia, passando pelo tempo. Sendo assim, é impossível compreender a capacidade de política pública (ou eficácia política, ou performance), como ela é gerada, mantida e modificada, sem administração pública. Para compreender a capacidade, portanto, é preciso falar de um *processo evolutivo* entre ideias políticas, em estrito senso, e políticas públicas, administração pública ou implementação e dinamismo do setor privado.

Em nossa opinião, a literatura sobre desenvolvimento econômico ainda não conseguiu fornecer um enquadramento sistemático para compreender como e porque outras capacidades do setor público e, em particular, capacidades das políticas públicas podem coevoluir com outras varáveis em sistemas capitalistas. A literatura acadêmica sobre o estado desenvolvimentista é provavelmente o mais importante esforço no sentido de introduzir a administração pública como um dos principais determinantes do desenvolvimento e dinamismo econômico. Estudos de Johnson (1982), Wade (1990), Amsden (1989), Evans (1995), para citar apenas alguns dos casos mais conhecidos, oferecem excelentes insights históricos sobre como burocracias – ou estruturas weberianas de administração pública estabelecidas por sistemas de carreiras meritocráticas e procedimentos administrativos claramente estabelecidos – têm sido fundamentais para Estados desenvolvimentistas do Leste Asiático. Porém, ainda não há tentativas explícitas de explicar do ponto de vista *teórico* como e porque esses elementos weberianos foram capazes de estabelecer *policy capacity* dentro de burocracias governamentais de modo a servir de apoio ao desenvolvimento do setor privado, e como capacidades geradas no interior do setor privado por sua vez influenciam a evolução de burocracias (ver também HAGGARD, 2004; YEUNG, 2014; UNDERHILL & ZHANG, 2012). A existência de uma burocracia weberiana é vista, sim, como uma variável explicativa e histórica.[3]

---

3   Essa crítica pode se estender também a diferentes trabalhos dentro da literatura sobre variedades de capitalismo (e.g., BRESSER-PEREIRA, 2012; DORE, 2000; HALL & SOSKICE, 2001; HOLLINGSWORTH & BOYER, 1997; LANE & MYANT, 2007; ZYSMAN, 1983; WALTER & ZHANG, 2012; WHITLEY, 1999).

Em suma, existe uma pergunta que ainda não foi feita no contexto do desenvolvimento econômico e com a qual pretendemos contribuir nesse trabalho: *quais fatores em processos coevolucionários iniciam e conduzem processos de aprendizado na administração pública;* ou seja, como e porque as capacidades das políticas públicas evoluem e em que circunstâncias complementaridades ou dissonâncias entre os setores público e privado emergem. Ou, para usar o conceito introduzido por Yeung (2014), por que durante certos períodos governos estrategicamente e com sucesso são capazes de *combinar* esforços com o setor privado para o desenvolvimento econômico e em durante outros períodos os setores permanecem *descombinados.*

Em seguida partiremos do pressuposto de que processos coevolucionários estão sempre ocorrendo no desenvolvimento capitalista, porém esses processos levam a resultados socioeconômicos variados; e que a *policy capacity* exemplifica a natureza desses processos coevolucionários. Assim, buscamos demonstrar que a *policy capacity* se caracteriza menos como um *continuum* de habilidades (indo de menos para mais), mas uma *variedade de modos de fazer políticas públicas* que originam de processos coevolucionários no desenvolvimento capitalista.

Na próxima seção desenvolvemos um quadro analítico coevolucionário para compreender a *policy capacity* no contexto de políticas de desenvolvimento. Em seguida, utilizaremos esse quadro para fazer uma breve discussão do tipo de *policy capacity* foi que se criou, evoluiu em processos específicos de coevolução em dois casos distintos histórica e regionalmente – as economias do Leste Asiático de década de 1960 até a de 1980, e as economias do Leste Europeu no período que se inicia na década de 1990 – com processos coevolucionários e resultados quase que diametralmente opostos; ou como visão política, políticas públicas e sua gestão, aliados do dinamismo do setor público, se combinaram nesses contextos específicos.[4]

---

4   Discutimos o estado desenvolvimentista do Leste Asiático e os do período de transição democrática no Leste Europeu como são casos que permitem revelar a diversidades dos processos e resultados coevolucionários que formam a *policy capacity*. Essa discussão se propõe a ilustrar essa diversidade e não fornecer novos esquemas explicativos ou descartar outros que já existem. Ao analisar como duas regiões distintas iniciam seus processos de desenvolvimento dentro dois "paradigmas" distintos de políticas de desenvolvimento (estado desenvolvimentista vs. Consenso de Washington) é possível ilustrar a dinâmica coevolucionária durante cada um desses " paradigmas" e ao mesmo tempo controlar diversas varáveis históricas e de *path-dependency* que claramente complicariam o cenário analítico caso, por exemplo, olhássemos apenas para a região do Leste Asiático durante todo o período (da década de 1960 até o presente); inevitavelmente isso seria o primeiro passo de uma análise mais ampla que pode ser feita a partir desse enquadramento. Acreditamos que se trata de uma discussão relevante também para a América Latina dado sua adoção em períodos diferentes ora do modelo político desenvolvimentista ora do baseado no Consenso de Washington (para uma comparação entre

2. PROCESSO DE DESENVOLVIMENTO COEVOLUCIONÁRIO E *POLICY CAPACITY*

Desconstruindo a *policy capacity*

A noção analítica de policy capacity é assumida a partir da distinção entre diferentes conceitos que revelam sustentáculos políticos e administrativos de políticas públicas (baseados em PAINTER & PIERRE, 2005: 2-7; e também KARO & KATTEL, 2010a). O conceito mais amplo pode ser definido *como capacidade estatal*; isto é, poder alcançar resultados apropriados tais como desenvolvimento econômico sustentável e bem-estar (baseado em valores como legitimidade, *accountability*, conformidade legal e consentimento). Essencialmente, a literatura sobre desenvolvimento se refere a isso quando discute a capacidade do governo de implementar políticas teoricamente robustas ou típico-ideais (para uma discussão crítica mais abrangente ver GRINDLE, 1996; 2010). Ela pode ser entendida também como a legitimidade e extensão do envolvimento governamental numa área de política, ou a legitimidade (externa ou autocriada) para interferir em atividades de setor público por meio das ferramentas disponíveis para autoridades públicas. Esse conceito pode ser desconstruído fazendo a distinção entre duas precondições para a capacidade estatal. *A policy capacity* se refere à habilidade de tomar decisões inteligentes em termos de políticas públicas (baseadas em valores como a coerência, credibilidade, capacidade de ser decisiva e determinação). No contexto do desenvolvimento, a capacidade para política pública se refere à habilidade do sistema política decidir ou chegar a um compromisso quanto à melhor abordagem para estimular o desenvolvimento ou então à possibilidade de fazer uma distinção entre o que é "desejável" e o que é "factível" pelo processo de debate sobre políticas e coordenação de interesses (tanto dentro da burocracia e das instituições políticas como entre atores públicos e privados). A substância da *policy capacity* depende de um terceiro conceito, a *capacidade administrativa*, que se refere à gestão eficiente de recursos (baseada em valores como economia, eficiência, responsabilidade, probidade e equidade) e à habilidade do sistema político de mobilizar recursos para a implementação das escolhas de políticas tomadas. Ademais, capacidade administrativa e política são interdependentes na medida em que a memória institucional de um sistema político fica estocada em ambos níveis. No que se segue iremos falar sobretudo de políticas públicas e da capacidade administrativa sob a rubrica de *capacidade para políticas públicas*. Estamos interessados

---

o Leste Asiático e a América Latina ver KARO & KATTEL, 2010b; KATTEL & PRIMI, 2012).

na compreensão de como essa capacidade evolui. Contudo, partimos do pressuposto de que esses três níveis de capacidade estão frequentemente entrelaçados, com efeito dificultando separar uma de outra.

Para integrar esses conceitos de capacidade e a literatura sobre desenvolvimento de políticas públicas, podemos ainda dissecar os conceitos em três níveis: *macro, meso* e *micro*. Desse modo, no nível macro é possível discutir as variáveis econômicas internas e externas que afetam o desenvolvimento de trajetórias de políticas públicas e como o papel do Estado no desenvolvimento é percebido e posicionado (por exemplo, diferentes restrições econômicas e políticas, sistema político e jurídico, visões predominantes acerca do desenvolvimento); no nível meso, é possível focar apenas as interações institucionais e os mecanismos de coordenação dentro do sistema político-administrativo (como o sistema é estruturado, regulado e administrado) assim como nas interações de mercado (quais os tipos de relações predominantes, i.e. formais ou informais); no nível micro podemos analisar as práticas organizacionais da burocracia e suas organizações específicas (por exemplo, quadros de funcionários, motivação e sistemas de performance). Isso torna mais claro que " capacidade" não deve ser tomado como conceito estático e universal, mas como dependente do contexto (de um país, campo de políticas públicas, regime tecnológico) e também evolucionário.

O processo chave de coevolução no desenvolvimento

Com base nesse enquadramento que propomos, é possível ver que a *policy capacity* depende de evolução de diversas varáveis e que qualquer modelo deste permanecerá incompleto, especialmente se aplicado a um único país ou região. Aqui nos concentraremos em algumas das variáveis que julgamos ainda pouco teorizadas na literatura dedicada a políticas de desenvolvimento.

Argumentamos que a limitação mais crucial dessa literatura é que tanto a *administração pública* (como discutido acima) como a *finança* (ver também KATTEL *et al.* 2009) permanecem no nível da suposição. Isto é, a maioria das teorias do desenvolvimento supõem que estruturas de administração pública e instituições financeiras funcionam de forma específica e assim podem ser tratadas como (na maioria das vezes) fatores exógenos no desenvolvimento propriamente dito (ainda que este seja desencadeado via pressões tecnológicas ou competitivas ou via uma combinação de ambos). Em outras palavras, até mesmo teorias estritamente evolucionárias – e a despeito da ênfase original de Schumpeter sobre finança em processos de desenvolvimento e inovação (1912, 189-207 e 1939, 109-129) – geralmente enxergam instituições financeiras e especialmente práticas de administração pública como de natureza não evolucionária, ou evolucionária apenas na medida em que estas reagem a mudanças institucionais, tecnológicas ou ambas. Podemos dizer que até mesmo quando a economia evolucionária trata instituições financeiras e práticas de administração pública como quase-evolucionárias.[5]

Tendo em vista essas limitações, propomos que é possível elucidar como políticas de desenvolvimento e dinamismo de setor privado coevoluem (formando diferentes tipos de *policy capacity*) nos atentando a três complexos inter-relacionados das arenas de políticas e das "escolhas", cada uma fundamentalmente de natureza evolucionária: escolhas políticas no que diz respeito à compreensão da *natureza e fonte de transformações técnicas e inovação*; escolhas políticas no que se refere às possibilidades de *financiamento de crescimento econômico*, e em particular mudança técnica; e, terceiro, escolhas políticas quanto à *natureza da administração pública* para corresponder às expectativas e implementar os citados conjuntos de escolhas de políticas.[6] Utilizamos o termo "escolhas políticas" por falta de uma palavra melhor; de fato, todas essas escolhas ocorrem ao longo de períodos de tempo, muitas vezes em contextos políticos e históricos confusos em que opções claras existem apenas em retrospecto. Essas escolhas remetem a fatores políticos, econômicos e ideológicos, caracterizando tempos históricos específicos, regiões, economias; e são caracterizadas por processos de longo prazo (via a criação de legados e trajetórias), mas também por inflexões (como crises) que levam a importantes mudanças nas trajetórias de políticas. As interações entre essas escolhas políticas e eventuais resultados em termos de características das políticas de desenvolvimento, circuitos de *feedback* e sistemas de aprendizado em diferentes níveis levam a transformações evolucionárias da *policy capacity*: algumas ideais (modelos/estratégias de desenvolvimento) e modalidades de sua coordenação (práticas de formulação de políticas) e implementação (sistemas de administração) começam a ganhar predominância em relação a outros, também em suas normas e formas organizacionais; cria-se assim trajetórias de dependência (*path dependencies*) e mecanismo de *feedback* que por sua vez alimentam o circuito de avaliação e aprendizado de políticas públicas. O impacto dessas escolhas e seus resultados coevolucionários (ou

---

5 No trabalho de Minsky (e.g., MINKSY, 1988) reguladores da finança (o governo), as estruturas dos setores financeiros e produtivos estão sincronizadas em processos coevolucionários que engendram tipos diferentes de capitalismo (capitalismo comercial, capitalismo financeiro, capitalismo administrativo e capitalismo monetário administrado) que também correspondem a diferentes períodos históricos.

6 Metodologicamente, nossa análise segue a análise socioeconômica coevolucionária de Schumpeter, como resumida em Andersen (2012).

avaliação de efetividade e capacidade de políticas) são reveladas em no dinamismo do setor privado ou na performance do setor.

Portanto, para a análise de políticas de desenvolvimento, não são escolhas políticas propriamente ditas mas os processos evolucionários que resultam dessas escolhas que são mais importantes na medida em que aquele pode ser apenas delimitado conceitualmente. Podemos em cada um dos "complexos de políticas" oferecer um retrato das opções em termos de políticas (ou caminhos alternativos) e os respectivos processos evolucionários associados a essas escolhas.

A natureza e fonte da transformação técnica

Uma das questões fundamentais do desenvolvimento é a compreensão de qual a forma mais sustentável de se criar e desenvolver capacidades tecnológicas. Isso está parcialmente relacionado à compreensão da dinâmica do desenvolvimento das capacidades tecnológicas, tal como a implicação de diferentes paradigmas tecnológicos de sistemas de produção e inovação (ver ERNST, 2009; PEREZ, 2002; YEUNG, 2014). Trata-se, em parte, de uma questão ideológica condicionada por tradições político-econômicas e contexto (incluindo atual nível de desenvolvimento, limitações políticas e pressões econômicas). As opções mais robustas podem ser caracterizadas por dois extremos: desenvolvimento tecnológico baseado no *processo liderado por investimento estrangeiro* contra o *processo de atualização doméstica*. O primeiro modelo parte do pressuposto de que a transformação tecnológica se dará por "contaminação" (*spill-overs*) e mecanismos similares (da transferência de conhecimento, tecnologias etc.); o segundo abraça a importância do desenvolvimento e do fomento de cadeias doméstica de valor agregado, dando sempre atenção ao fortalecimento de capacidade de atualização tecnológica no interior de empresas domésticas. De diversas maneiras, no entanto, as escolhas a respeito da natureza da transformação tecnológica se resumem a uma compreensão dos efeitos da concorrência na economia. Uma possível forma de compreensão é a concorrência como principal motor de inovação e transformação tecnológica, de modo a criar processos de eficiência no interior da economia. Outra, quase oposta, é a compreensão da transformação tecnológica como assimétrica (benefício e rentabilidade obtidos pelos inovadores não é proporcional aos obtidos por demais atores de mercado), levando a condições imperfeitas de concorrência, mas também crescimento. Desse modo a concorrência consiste em criar ineficácias de mercado na forma de novo produtos, serviços conhecimento etc. (ver KATTEL *et al*, 2009a; BURLAMAQUI, 2006).

Tais pressupostos obviamente conduzem a interpretações altamente divergentes com respeito ao papel do governo, mas também em relação a escolhas políticas mais específicas em áreas como direitos de propriedade intelectual, regulação comercial, apoio a universidades, treinamento vocacional e assim em diante. No contexto desse trabalho, importa destacar que o conjunto dessas escolhas depende de padrões institucionais existentes que resultem em processos evolucionários nas estruturas econômicas e de especialização, criando uma importante interface com o sistema financeiro e como o financiamento da transformação tecnológica é estruturado. Além disso esse conjunto de escolhas influencia a modalidade de administração pública ou como as diferentes escolhas políticas são implementadas. O inverso também se aplica: escolhas, no que tange as instituições financeiras e as práticas de administração pública, afetarão opções relativas às políticas de inovação e tecnologia.

Financiando a transformação tecnológica

Um fator igualmente importante diz respeito à questão de como financiar o crescimento e investimentos em desenvolvimento tecnológico. Nesse aspecto, novamente, apresentam-se visões alternativas que são condicionadas e influenciadas pela compreensão da natureza e das fontes da transformação tecnológica, assim como das trajetórias tecnológicas e outras questões políticas e econômicas (indo das relações internacionais até a política doméstica). Em suma, escolhas ou alternativas acerca do financiamento do crescimento remetem à resposta de uma simples pergunta: de onde virá o investimento para a atualização tecnológica (novo maquinário e fábricas, desenvolvimento de produto, inovação de marketing, contratação de engenheiros). Na medida em que a resposta a essa pergunta envolve a natureza de sistemas financeiros e regulamentos para lidar com fragilidades sistêmicas, ela também se reduz a dois pólos opostos: *poupança doméstica vs. poupança externa*. Particularmente no contexto de desenvolvimento, trata-se de uma decisão política fundamental entre lançar mão de investimento, assistência ou empréstimo de origem estrangeira ou optar por mobilizar a poupança doméstica e uma abordagem integrada ao banco central (KREGEL, 2004).

A literatura acadêmica sobre o desenvolvimento, especialmente em sua primeira encarnação durante a década de 1950, destacou as grandes forças e fraquezas contidas em cada escolha de financiamento de transformação tecnológica (para uma visão geral, ver KATTEL *et al*, 2009a). Uma estratégia de desenvolvimento baseada na poupança externa é frequentemente vulnerável a dois problemas: o estancamento ou reversão de fluxos que levam a crises que afundam a economia e conflitos entre os interesses de investidores estrangeiros e as necessidades domésticas de desenvolvimento. Ao mesmo tempo, com a globalização das finanças, a poupança externa muitas vezes é facilmente acessível. A poupança doméstica e uma integração com o banco central de forma parecida é vulnerável a ciclos viciosos de geração de alta inflação (na medida em que o banco central financia gastos do governo) e dependência de recursos estrangeiros para custear bens vitais (de energia a tecnologia) (KREGEL & BURLAMAQUI, 2005; 2006).

No entanto, as escolhas de financiamento do crescimento possuem implicações mais profundas do que o simples dilema entre poupança doméstica ou externa, incluindo ainda temas como controle sobre fluxos de capital, administração da taxa de câmbio, presença de bancos estrangeiros e/ou bancos públicos (de desenvolvimento), organização da burocracia financeira, empréstimos setoriais especiais e toda uma variedade de campos em que o governo toma decisões que afetam o financiamento do crescimento. Tais escolhas obviamente possuem vários panos de fundo teóricos ou ideológicos, que por sua vez passam por fortes mudanças ao longo do tempo. O que é chave nesse contexto é que todas essas escolhas dependem, como já colocado, de padrões institucionais já existentes (incluindo legados, tradições, interesses e habilidades) e levam a processos evolucionários múltiuplos em políticas econômicas, estrutura e especialização.

A natureza da administração pública

Escolhas quanto a sistemas de administração pública geralmente possuem um caráter mais histórico ou de longo prazo (ou como dependências de trajetória *path dependencies* – mais fortes), e seus desdobramentos são muito menos nítidos no momento em que são tomadas. Enquanto mudanças fundamentais na administração pública são relativamente raras (no sentido, por exemplo, de uma reformulação radical de um ministério ou de uma estrutura governamental), mudanças incrementais parecem ser permanentes (ver POLLITT, 2008). Contudo existem algumas dimensões em que escolhas surgem com relativa clareza: decisões sobre *práticas de recrutamento* (seja dentro de sistemas weberianos clássicos ou em sistemas mais flexíveis); decisões quanto a *práticas de coordenação* (sejam baseadas em meios hierárquicos, redes ou relações típica de mercado); decisões quanto ao nível de centralização ou descentralização da administração pública (tanto em termos da estrutura organizacional como da alocação de tarefas); decisões quanto aos *níveis de autonomia* em organizações do setor público (em escolhas políticas substantivas e na seleção de meio administrativos (ver POLLITT & BOUCKAERT, 2011). Essas escolhas geram sistemas de administração pública com interações organizacionais específicas, circuitos de coordenação e acesso (ver também Verhoest and Bouckaert 2005); esses sistemas, por sua vez, fornecem o contexto de implementação das citadas escolhas de políticas quanto ao financiamento e direcionamento da transformação tecnológica. No entanto, o sistema de administração pública é também o locus onde habilidades técnicas e interações entre formuladores de políticas, empresários e outros atores transcorrem. Essencialmente, o sistema de administração pública é fundamental na formulação, implementação e avaliação de políticas de financiamento e sustentação de transformação tecnológica.

3. PROCESSOS COEVOLUCIONÁRIOS E *POLICY CAPACITY* NO LESTE ASIÁTICO E NO LESTE EUROPEU

Sustentamos a hipótese de que essas arenas chaves de evolução de políticas públicas ou de escolhas políticas estão fortemente entrelaçadas e as interações entre essas arenas geram formas específicas de *policy capacity* que levam a (ou tentam criar) trajetórias específicas e tipos de desenvolvimento econômico e processos tecnológicos no setor privado. Obviamente, políticas de desenvolvimento via investimento e financiamento externo idealmente requerem e eventualmente se encaminham para um conjunto distinto de habilidades do setor público, práticas de coordenação, estruturas de tomada de decisão, avaliação de performance e prestação de contas que diferem das exigidas por políticas de desenvolvimento fundamentadas na constituição de cadeias de valor domésticas, seja com financiamento externo ou doméstico. Ademais, instituições de política e políticas públicas possuem trajetórias internas próprias e interesses que vão além do âmbito das estratégias/políticas de desenvolvimento (que possuem raízes ideológicas e históricas mais profundas) e podem igualmente afetar a evolução destas estratégias. Portanto, essas arenas possuem um número quase infinito de possibilidades de interações e nos casos do Estado desenvolvimentista do Leste Asiático (como particularmente atestam a Coreia do Sul e o Taiwan) e do período de transição democrática do Leste

Europeu (principalmente nos países que saíram de regimes socialistas e se tornaram membros plenos da União Europeia) temos possivelmente os casos empíricos mais contrastantes na história recente (ver também LIM, 2001 que implicitamente argumenta que essas regiões podem ser tratadas como diametralmente opostas nas análises de políticas de desenvolvimento).

Com efeito, as economias do Leste Asiático no período que vai da década de 1960 para a de 1980 e os países do Leste Europeu que na década de 1990 colocaram em prática estratégias de desenvolvimento autônomas e políticas dentro de paradigmas tecno-econômicos totalmente distintos (produção em massa vs. o paradigma baseado na tecnologia da informação e comunicação – ver ERNST, 2009; PEREZ, 2002; SOETE, 2007) em contextos ideacionais e de política internacional distintos (o contexto de desenvolvimento pós Segunda Guerra, baseado no protecionismo vs. a estratégia de contorno nitidamente liberal do Consenso de Washington – ver HALL, 2003; WADE, 2000; 2003), calcados em sistemas políticos distintos (autoritarismo vs. democracia liberal), mas ainda assim buscavam objetivos muito semelhantes de desenvolvimento: atualização tecnológica, recuperação de defasagem via crescimento puxado por exportações.

Nas seções seguintes não entraremos nos detalhes sobre como surgiram as principais escolhas em termos de políticas de desenvolvimento nessas regiões, pois a literatura existente já esclareceu porque as políticas no Leste Asiático e Leste Europeu resultaram em sistemas institucionais quase opostos para o financiamento, construção e administração de sistemas técnico-econômicos (tentamos resumir os principais elementos – objetivos, instrumentos, práticas, e processos na Figura 1, a seguir). Nossa intenção é descrever de forma mais detalhada como essas diferenças levaram a formas diversas de *policy capacity* e performance técnico-econômica. Além disso, é importante demonstrar que a reversão dessas capacidades e trajetórias – caso desejado pelas elites políticas ou econômicas em escala global, ou prescritas por deslocamento técnico-econômicos em escala global – é inevitavelmente um processo confuso de mudança coevolucionária incitada por no mínimo três arenas políticas e de escolhas que ilustramos anteriormente.

FIGURA 1. *Policy capacity* para desenvolvimento no Leste Asiático e Europeu

FINANCIAMENTO DA TRANSFORMAÇÃO TECNOLÓGICA

Leste Asiático: bancos públicos nacionais; IED baixos ou com papel limitado e controlado; taxas de juros preferenciais para certos setores e acesso controlado a empréstimos estrangeiros.

Leste Europeu: poupança estrangeira (abertura a IED e empréstimos), rápida internacionalização do sistema bancário, alto grau de horizontalidade, convertibilidade; alta taxa de "euroização".

NATUREZA DA MUDANÇA TECNOLÓGICA

Leste Asiático: articulações domésticas e cadeias de valor como chaves do processo de mudança; transferência de tecnologia pública via licenciamento, baixa proteção de IPR, proteção do Mercado doméstico, empresas estatais; aumentos drásticos de produtividade, especialização em indústrias e habilidades com retornos crescentes.

Leste Europeu: IED como principal motor de mudanças tecnológicas; ênfase em macro-estabilidade, regras do tipo OMC, sem administração de concorrência; enclaves de exportação e tecnologia avançada.

NATUREZA DA ADMINISTRAÇÃO PÚBLICA

Leste Asiático: burocracias weberianas protegidas e tecnicamente capacitadas, acessos a alta política; processos de administração (desenvolvimento de habilidades do setor privado) no lugar de resultados; forte coordenação entre formulações e implementação de políticas; criação consciente de ineficácias de mercado; aprendizado via interação estado e mercado, laços informais.

Leste Europeu: agências protegidas e especializadas orientadas por princípios da administração privada (*new public management*) e para eficiência gerencial e de performance (*bang-for-the-buck*); organização altamente fragmentada coordenação fraca; aprendizado fraco na medida em que relação estado mercado é baseado na desconfiança e distância.

EVOLUÇÃO DA *POLICY CAPACITY* NA POLÍTICA ECONÔMICA

Leste Asiático: forte complementaridade entre finanças, política tecnológica, administração pública; aprendizado contínuo; conflitos subsumidos sob objetivos desenvolvimentistas e altamente interligados com relações governo-empresariado.

Leste Europeu: forte descompasso entre finanças (orientada para o setor de serviços), setor de exportação (*outsourcing*), setor de alta tecnologia e administração pública (eficiência de resultado); conflitos minam legitimidade e confiança na relação governo-empresariado.

Fonte: Os autores se basearam em várias fontes. Para o Leste Asiático ver, por exemplo, AMSDEN (1989), AMSDEN & CHU (2003), CHENG *et al* (1998), CHOU (1995), HAGGARD (1990; 2004), HAGGARD *et al* (1994), JOHNSON (1982), LEE & HAGGARD (1995), LIM (2012; 2011), NAM & LEE (1995), WADE (1990; 2000). Para o Leste Europeu, ver BECKER & WEISSEBACHER (2007), BOHLE & GRESKOVITS (2009), BOUCKAERT *et al* (2008), DUMAN & KUREKOVA (2012), GABOR (2012), KARO (2011), KARO & KATTEL (2010a), KARO & LOOGA (no prelo), KATTEL (2010), KATTEL *et al* (2009b), LANDE & MYANT (2007), MRAK *et al* (2004), MYANT & DRAHOKOUPIL (2010), NEMEC (2008), PIECH & RADOSEVIC (2006), RADOSEVIC (2009; 1998), SUURNA & KATTEL (2010), TÖRÖK (2007).

Policy capacity no Estado desenvolvimentista do Leste Europeu

Apesar das diferenças políticas, étnicas, culturais e econômicas entre as economias do Leste Europeu, é possível afirmar com algum grau de generalização (principalmente se comparado com outras regiões e períodos) que a compreensão do *Estado desenvolvimentista* de como o desenvolvimento econômico pode ser sustentado era baseado no desenvolvimento e fomento de *capacidades domésticas*. As breves experiências de industrialização via substituição de importações e subsequente deslocamento para estratégias de crescimento, via a exportação sustentada por empréstimos de fontes externas manipulados pelo Estado, podem ser interpretados como um compromisso incremental e pragmático para sustentar complementaridades entre financiamento e estratégia de desenvolvimento, garantindo autonomia e independência nacional frente a pressões externas (ver HAGGARD, 1990 para a análise comparativa mais detalhada e também AMSDEN, 1989; HAGGARD, 2004; WHITLEY, 1999; WADE, 1990).

Dado o caráter contraintuitivo dessa estratégia de desenvolvimento (o recurso ao financiamento estrangeiro e à exportação para mercados estrangeiros para alcançar a autonomia política e econômica), há consenso de que as práticas de formulação e implementação de políticas públicas das economias do Leste Asiático foram altamente complexas. O aspecto chave desse misto de políticas foi a pronunciada priorização de atividades econômicas com potenciais margens de retorno crescentes e circuitos de retro-alimentação (*feedback linkages*) para outros setores da economia. Viabilizada pelas práticas políticas autoritárias, as reformas garantiram a remoção de privilégios ou o controle das elites econômicas existentes (e também elites trabalhistas e empresariais) e criou pontes com setores específicos, moldando desde políticas econômicas (na forma de taxas de juros preferenciais e empréstimos para indústrias selecionadas) até políticas industriais (na forma de licenciamento de tecnologias estrangeiras, exigência de mínimos de componentes nacionais, empresas estatais e órgãos públicos de pesquisa etc.).

Se o objetivo maior (critério de desempenho) de políticas de industrialização e desenvolvimento era a competitividade ou performance das exportações, os mercados domésticos foram protegidos por barreiras tarifárias e outros meios administrativos que possibilitaram o uso do mercado doméstico como campo de experimentação e aprendizado. Isso ocorreu tanto para formuladores de políticas públicas, no sentido de estratégias de atualização, como para empresas e indústrias no desenvolvimento de capacidades específicas.

Do ponto de vista institucional, a formulação e implementação desse *mix* de políticas necessitou de uma burocracia não apenas altamente qualificada (e também isolada dos processos burocráticos gerais que regem outros campos; para uma análise comparada ver CHENG *et al*, 1998), mas também flexível (em termos de incentivos e espaço para política – por exemplo o uso de "orientação administrativa", como explicado em JOHNSON, 1982) para de fato se valer das lições aprendidas durante a experimentação. O conceito de *embedded autonomy* (ver EVANS, 1995) dá conta dos dois lados desse contexto: *autonomia* burocrática em relação às pressões políticas e genéricas, complementada por articulações íntimas (*embeddedness*) com os alvos das políticas (empresas, indústrias). O Estado desenvolvimentista típico tenta reter (administrar) a concorrência dentro dos setores priorizados, por meio de instrumentos como as "cláusulas *sunset*" e alvos de performance (principalmente relacionados ao sucesso de exportação), fixados para a burocracia (isto é, a efetividade da burocracia avaliada de acordo com o sucesso no fomento do dinamismo do setor privado) assim como para o setor privado (i.e., habilidade de exportar sendo um dos critérios chave para receber qualquer apoio governamental). Acreditava-se que tal modelo de intervenção, via políticas públicas, gerava dinâmicas de ineficiência (essencialmente "falhas de mercado" ou "errando o preço") na forma de crescimento de produtividade mais veloz em setores priorizados e na difusão de redes de fornecedores e outras redes na economia geral como processos forçados de aprendizado (e de salários mais altos). Fato crucial, essas ineficiências trouxeram circuitos de *feedback* para a governança política da economia na medida em que decisões políticas prévias – em termos do papel do estado no desenvolvimento e no financiamento e a seleção mais detalhada de instrumentos e práticas – foram validadas e facilitaram a legitimação de outras ações de priorização política. Desse modo, as interligações e íntima interdependência entre política, políticas públicas e setor empresarial se autolegitimam e se tornam instrumentos do modelo de desenvolvimento e especialmente para o sistema político. Certamente, uma análise mais detalhada poderá revelar diferenças significantes nessa trajetória geral entre países distintos.

Na Coreia, tais interações institucionais provavelmente se fizeram mais visíveis na medida em que atores políticos começaram a intervir no dia a dia da formulação de políticas (de fato, afetando os níveis de autonomia burocrática da política), o espaço e escopo das políticas industriais era amplo (objetivos de política industrial se sobrepondo a política macroeconômica) e o Estado mantinha laços com poucos atores empresariais (os *chaebols*). Como resultado, a burocracia se tornou relativamente centralizada – em termos de controle politico mas também de acumulações de tarefas – e subsequentemente mais generalista em relação à expertise e orientação. O ofuscamento das divisórias entre tarefar políticas e burocráticas difundiram a autonomia política e administrativa e tornou a formulação de políticas bastante fluida (ou sujeita a viradas, constantes reformas no trajeto de desenvolvimento).

Em Taiwan, a importância de se manter a estabilidade macroeconômica sobre a política industrial (relacionada aos fracassos da elite política de manter estabilidade nos tempos de China), e fronteiras mais bem definidas entre o setor público e privado (devido a divisões étnicas entre governantes e governados) reduziram tanto a flexibilidade/fluidez como o escopo da política industrial. Isso estabeleceu uma cisão explícita entre tarefas políticas (*reigning*) e de políticas públicas (*ruling*) para a indústria e criaram uma burocracia relativamente especializada, com maiores atribuições e concentração de competência (por exemplo, a importância do conhecimento de engenharia nas políticas públicas).

Assim, enquanto na Coreia o governo e setor empresarial estavam fortemente entrelaçados (desde a coordenação do planejamento industrial, planos de salvaguarda e empréstimos para setores empresariais chave até o amortecimento da "queda do paraíso" de elites políticas e burocráticas que perderam benesses – KANG, 2002; GOMEZ, 2002), em Taiwan o governo se distanciou mais do setor empresarial e tem confiado em meios mais formalizados de cooperação com a indústria (concessão de subsídios, licenças tecnológicas etc. via um processo político mais transparente e previsível) e em estratégias de desenvolvimento lideradas pelo Estado (por exemplo, o papel de institutos de pesquisa e empresas estatais no desenvolvimento de novas capacidades tecnológicas dentro e para a economia).

Argumentamos que essas diferenças são desvios incrementais que partem de um caminho comum de compreensão do desenvolvimento e foram causadas por diferenças contextuais, legados históricos e processos coevolucionários entre estratégias de desenvolvimento, finanças e administração pública que se desdobram em contextos específicos. Assim, a *policy capacity* do Leste Asiático também se configura como evolucionária e dinâmica dentro das margens desse caminho mais geral.

Policy capacity na transição do Leste Europeu

A análise e avaliação da transição do Leste Europeu, ao longo das últimas duas décadas, é muito mais fluida e indeterminada, e é possível distinguir duas fases. No começo da década de 1990, o pensamento sobre desenvolvimento se centrava nas políticas prescritas pelo Consenso de Washington e a maioria dos países do Leste Europeu enfatizava o contexto macroeconômico, deixando de lado políticas industriais e de inovação. O consenso generalizado (com algumas exceções, notavelmente a Eslovênia) era de que o investimento estrangeiro direto (IED) poderia (ou deveria) funcionar como panacéia para a reestruturação econômica, trazendo novas tecnologias, habilidades e financiamento para o desenvolvimento. A visão do papel do Estado e das políticas era colocada de forma bastante direta e se resumia a garantir a estabilidade macroeconômica, liberalização, atração de IED – sendo que todos esses objetivos poderiam ser atingidos via políticas de regulação universal. O único papel ativo do Estado restante se limitaria a tarefas "tradicionais" como a educação, o que já vinha sendo feito com relativo sucesso na região.

Como resultado, nenhum pensamento substantivo sobre burocracias emergiu e sistemas de implementação de políticas se desenrolaram de acordo com a lógica genérica das reformas administrativas, que ignoravam os princípios hierárquicos weberianos e optavam por fortalecer suas instituições emulando as das economias ocidentais assim como os princípios administrativos do setor privado (ver BOUCKAERT *et al*, 2008).

A avaliação dessa fase é altamente contraditória, dependendo dos parâmetros utilizados e da aceitação políticas/ideológica de estratégias alternativas de desenvolvimento. Por outro lado, muitas economias do Leste Europeu têm tido enorme sucesso na transformação de economias socialistas planejadas para competitivas economias de mercado e na recepção de enormes quantias de IED. Essa evolução, de fato, virou boa parte da indústria do Leste Europeu de ponta-cabeça, substituindo em período curto de tempo quase toda capacidade industrial (HAVLIK, 2005). Por outro lado, diversas avaliações (resumidas em KARO & KATTEL, 2010a; SUURNA & KATTEL, 2010; AIDIS & WELTER, 2008) apontam para grandes vulnerabilidades estruturais, como resultado dessas transformações do setor privado: boa parte da indústria de exportação foi colocada nas mãos de donos estrangeiros e tende a ser orientada à modos de produção relativamente simples, frequentemente sem qualquer ou apenas limitada articulação com fornecedores locais e outras instituições de mercado (universidades, institutos de pesquisa, outras empresas do setor ou cadeia de valor agregado). Instituições públicas de pesquisa e desenvolvimento se tornam cada vez mais desconectadas das necessidades industriais, na medida em que pesquisas aplicadas e voltadas para as indústrias tem sido negligenciadas por sistemas de educação superior. Além disso, a enorme entrada de financiamentos estrangeiros criou bolhas imobiliárias e de outros bens durantes os anos 2000, enviesando a estrutura econômica para setores não tecnológicos e não exportadores (KATTEL, 2010; HAVLIK, 2005). Como resultado os setores privados tendem a se fragmentar em grupos com interesses divergentes e visões diferentes acerca do desenvolvimento: exportadores geralmente buscam mão de obra barata e impostos baixos; o setor de serviços tende a necessitar acesso a financiamentos acessíveis e impostos baixos.

Durante a segunda fase, que se inicia no final dos anos 1990, a política industrial e de inovação gradualmente passou a ocupar uma posição mais central nos debates sobre desenvolvimento econômico. Esse deslocamento foi resultado da assistência estrutural oferecida pela União Europeia para potenciais estados-membros e levou a adoção de políticas universais em toda a região enfatizando políticas de alta tecnologia e de emulação das economias desenvolvidas (KATTEL & SUURNA, 2010; PIECH & RADOSEVIC, 2006). Como esse pensamento foi imposto de fora, não houve mudança significativa quanto à percepção política de como o desenvolvimento e seu financiamento poderiam ser alcançados (por exemplo, via IED), pelo menos no que diz respeito às elites políticas e burocracia financeira. Mesmo entre a maioria das elites econômicas geralmente não havia a capacidade para a produção de alta tecnologia e o desenvolvimento. A política industrial e de inovação se tornou uma das visões concorrentes (embora inferior politicamente) à medida que o Leste Europeu introduziu vastas listas de instrumentos financiados pela UE (a maioria voltada para alta tecnologia) instituições para a implementação dessas políticas. O principal foco da formulação institucional dessa nova arena de políticas públicas recaía sobre a *eficiência tecnocrática e administrativa*, seja através da distribuição de verbas e subsídios via competição no mercado aberto entre postulantes sem qualquer pré-requisito setorial *ex ante*, ou por meio da eficiência de custo via padronização e unificação de instrumentos. Isso poderia ser facilmente desenvolvido nas recém criadas *agências de inovação*, funcionando em paralelo a instituições políticas existentes.

Esse formato de fortalecimento das instituições voltado para o incremento da eficiência baseou-se na visão do Estado e do mercado como instituições paralelas e não complementares. Ou seja, a lógica do desenvolvimento ainda percebia os sinais do mercado (via IED) como o principal motor do desenvolvimento; o papel do estado (e das novas agências e instrumentos) consistia em imitar as práticas de mercados mais desenvolvidos e acelerar a convergência institucional (copiando e emulando também políticas públicas e economias mais desenvolvidas). Assim, organizações burocráticas – a maioria atuando na implementação de políticas – espelhavam os paradigmas dominantes no setor privados (em termos de habilidades de administração, processos etc.). Consequentemente, a relação entre a política e burocracia assim como entre o governo e o empresariado era pautada pelo mercado e por contratos. Por exemplo, laços informais do tipo aconselhamento administrativo entre diferentes partes interessadas quase nunca surgiram, ou foram interpretadas como exemplos de corrupção e o sistema foi construído na formalização *ex ante* própria da formulação e políticas e especialmente em processos de implementação (via contratos de performance etc.).

Se enxergarmos a *policy capacity* como processo coevolucionário, poderemos ver que no Leste Europeu a existência paralela entre dois pontos de vista a respeito do desenvolvimento – a visão dominante de sustentar e financiar o desenvolvimento por meio de IED e a visão emergente que prega a sustentação do desenvolvimento via políticas industriais e voltadas para empresas – ainda não criou uma lógica comum de que tipos de estratégias e técnicas de implementação de políticas públicas são necessárias. Políticas industriais e de inovação – a maioria na forma do planejamento e concessão de subsídios – requer um conjunto de organizações, técnicas e práticas que são diferentes das que são exigidas para a formulação e aplicação das políticas regulatórias do liberalismo. Como esses modelos coexistem em paralelo – ao menos politicamente – não tem havido necessidade de uma coordenação substantiva que destacaria conflitos e contradições inerentes em instituições de políticas. O único lugar onde essa contradição se revela é no sistema de *feedback* entre políticas fragmentadas e seu impacto no dinamismo do igualmente fragmentado setor privado.

Esses desafios costumam ser definidos em termos de problemas de *coordenação entre políticas públicas* e as soluções geralmente são buscadas desenvolvendo ambientes mais colaborativos/em rede e sustentados na confiança. Nesse contexto, os analistas críticos que buscam enxergar além dos macroindicadores de performance costumam argumentar que a política industrial e de inovação do Leste Europeu está contribuindo relativamente pouco para o desenvolvimento do setor privado. Em parte por causa da dinâmica paralela de políticas sustentadas por IED, mas em outra parte também em decorrência da tecnocracia vigente e o estilo "um tamanho se encaixa em todos os pés" da administração pública, aplicado em políticas industriais e de inovação que dificulta a criação de políticas e ferramentas adequadas, tanto no nível nacional como no plano industrial ou das empresas. Ao mesmo tempo, tem se tornado cada vez mais difícil construir laços mais sólidos com a indústria, por um lado, e entre a política e a burocracia, por outro, na medida em que a indústria tem pouco a contribuir ao foco relativamente tecnocrático da formulação da política e a política e a burocracia colhem sua legitimidade das arenas internacionais de políticas pela troca de políticas e padrões internacionais. Esse desencaixe gera desconfiança entre o Estado e atores de mercado na medida em que intervenções estatais, também nos campos de alta tecnologia, são vistos como jogos de soma zero, o que muitas vezes é verdade.

Diferentes formas de *policy capacity* no Leste Asiático e Leste Europeu

Nosso argumento é que os processos coevolucionários descritos acima levaram a diferentes formas de *policy capacity* que também se refletem nas características institucionais dos respectivos sistemas de administração pública. A Tabela 1 resume as características chave dessas diferentes formas de *policy capacity*. Nesses dois casos regionais as instituições de administração pública são capazes de alcançar objetivos muito distintos nesse contexto de políticas de desenvolvimento: *efetividade substantiva vs. eficiência tecnocrática*.

Ademais, essas diferenças em termos de capacidade iluminam que tipos de ambientes institucionais se tornaram disponíveis para sistemas de *feedback* e aprendizados entre o setor público e privado. No Leste Asiático, o modo como a transformação tecnológica foi compreendida e também financiada criou espaço em termos de políticas para a construção de uma estrutura burocrática que, embora altamente weberiana na aparência, também tinha importantes características formais e informais que promoviam redes colaborativas governo-empresariado *embedded* que foram a base no desenvolvimento do Leste Asiático e da legitimidade deste processo. No Leste Europeu, uma visão quase oposta do desenvolvimento e de como financiá-lo se destacou e significativamente reduziu a margem política para que governos liderassem ou coordenassem processos de tecnologia e desenvolvimento no setor privado. Atividades governamentais e investimento em mudança estrutural normalmente rendem baixos retornos por causa da evolução fragmentada das capacidades do setor privado e também articulações e relações de aprendizado fragmentadas e marcadas pela desconfiança entre o setor público e privado. O circuito chave de retroalimentação (*feedback loop*) no processo de formulação de políticas é formado enfatizando a necessidade de evitar a captura do governo e o fracasso na forma de mercados monopolistas e no surgimento de modelos de negócios baseados no apoio governamental.

TABELA 1. Dois tipos de *policy capacity* em políticas de desenvolvimento

	Desenvolvimento do Leste Asiático	Transição do Leste Europeu
Características macro de instituições de políticas	INSTITUIÇÕES PARCIALMENTE REPRESENTATIVAS E AUTÔNOMAS: - acesso seletivo a instituições do estado e burocracia protegida	INSTITUIÇÕES REPRESENTATIVAS: - alta transparência e acesso a instituições do Estado; igualdade entre acionistas; prestação de contas pública como mecanismo de controle
Instituições de formulação de políticas	DISTINÇÃO ENTRE FORMULAÇÃO DE POLÍTICAS PÚBLICAS BUROCRÁTICA OU POLÍTICA: - construção de estratégia política como estabelecimento de visão ideológica - formulação de políticas públicas plano - acomodação e interpretação racional de visão ideológica - interações lideradas pelo Estado com atores de mercado para obter *feedback*	COMBINAÇÃO DE FORMULAÇÃO DE POLÍTICAS PÚBLICAS BUROCRÁTICA E POLÍTICA: - construção de estratégia tecnocrática baseada em convergência global de ideias e boas práticas - estratégia e visão baseada em competição de mercado interesse - paralelismo entre instituições do Estado e mercado reduzindo *feedback*
Instituições de processos de implementação de políticas	INSTITUIÇÕES BUROCRÁTICAS DE POLÍTICAS PÚBLICAS - agências de desenvolvimento centralizadas baseadas em princípios weberianos - consolidação de campos de políticas e competência relacionados à industrialização - espaço politico para interações formais e informais	INSTITUIÇÕES ADMINISTRATIVAS DE POLÍTICAS PÚBLICAS - agências de inovação baseadas em princípios de administração do setor privado - especialização de instituições de política (tanto em termos de especialidades e competências) - formalização e contratualização de interações na implementação de políticas

	COMBINAÇÃO DE FERRAMENTAS FORMAIS E INFORMAIS	FORMALIZAÇÃO DE IMPLEMENTAÇÃO DE POLÍTICA
Instrumentos chave de implementação de políticas	- *regulações e subsídios* para direcionamento seletivo e proteção de atores de mercado locais - *empreendedorismo estatal* – instituições de P&D, empresas estatais orientadas para o desenvolvimento - *orientação administrativa*	- *regulações* – criando estruturas e preparando o ambiente para concorrência e colaboração de mercado - *subsidies* – principais subsídios destinados para P&D (privado e acadêmico), crescentemente para P&D colaborativo (entre atores acadêmicos e de mercado)
Critérios chave de avaliação de política e performance	APERFEIÇOAMENTO DE PROCESSOS - na exportação, capacidades de P&D etc. - substantiva prestação de contas burocrática (interna) - performance de setor privado considerada parte da performance da política	RESULTADOS DE POLÍTICAS *OUTPUTS* – ênfase em prestação de conta externa por meio de resultados finais formais típico – ideais e determinados *ex ante* (por exemplo, estatísticas de patentes)
Tipos de interação Estado-mercado	REDES ENCABEÇADAS PELO ESTADO - objetivos normativos básicos e direção determinada por instituições políticas	REDES AUTO-ORGANIZADAS - concorrência entre redes locais de pesquisa e pressões externas
Dinâmica do setor privado	FORTEEVOLUÇÃODEARTICULAÇÕESEMTODA CADEIA DE VALOR AGREGADO - forte articulação entre exportadores, redes de fornecedores e instituições de mercados - articulações asseguram intervenção pública efetiva, simultaneamente a legitimando	ARTICULAÇÕES FRACAS ENTRE E NO INTERIOR DE REDES DOMÉSTICAS E INTERNACIONAIS - setor privado fragmentado com interesses divergentes e desconfiança em relação ao setor público - intervenções do setor público frequentemente não complementam capacidades do setor privado, deteriorando ainda mais legitimidade do Estado

Fonte: Elaboração própria.

4. CONCLUSÕES

Nesse trabalho olhamos para a *policy capacity* não como um *continuum* de habilidades, mas como um modo de formular políticas públicas. Argumentamos que as formas específicas de *policy capacity*, ao menos no contexto das políticas de desenvolvimento, são reveladas nas articulações de *feedback* entre atores políticos e de mercado. Tendo em vista as características particulares das políticas de desenvolvimento, as fundações institucionais da *policy capacity* são resultado de decisões chave de políticas públicas em relação à compreensão da natureza e fonte da transformação tecnológica, seu financiamento, e as formas de administração pública desse processo. Recorrendo a estudos de casos dos estados desenvolvimentistas do Leste Asiático e dos Estados em transição democrática do Leste Europeu, buscamos demonstrar como essas escolhas políticas coevoluíram e criaram articulações de *feedback* específicos e resultaram em diferentes formas de *policy capacity*.

Em suma, no Estado desenvolvimentista do Leste Asiático a combinação de estratégias para a mudança tecnológica, seu sistema de financiamento e os sistemas para sua administração criaram uma lógica de *policy capacity* que se autofortalecia: desempenho das políticas públicas legitimava o seu futuro papel e as instituições a cargo delas. No Leste Europeu, a combinação de estratégias visando à transformação tecnológica, seu financiamento e o sistema para sua administração criaram uma lógica quase perversa em termos de *policy capacity* em que sucessos de políticas eram quase que de impossível mensuração como atividades de setor público e portanto políticas recriam uma ênfase contínua na necessidade de se evitar "captura" governamental e fracasso, em vez de focar em questões substantivas. Assim, em ambos os casos, instituições de administração pública conseguem alcançar objetivos muito distintos de desenvolvimento: *efetividade substantiva* vs. *eficiência tecnocrática*. As diferenças em relação a interações com o mercado ou sistemas de *feedback – embeddedness desenvolvimentista* vs. *distância neoliberal –* refletem essas diferenças no contexto mais amplo de desenvolvimento econômico.

Ao passo que nossa análise abordou duas regiões distintas durante períodos distintos – com o objetivo de descrever a coevolução de diferentes escolhas de políticas públicas e como estas levaram a uma variedade de formas de *policy capacity –* nossa hipótese teórica consiste na afirmação de que não há uma regra única, ou modelos de *policy capacity* que possam ser utilizados como parâmetros, ou fontes de emulação direta de políticas. Com efeito, a *policy capacity* é sempre coevolucionária. Do ponto de vista institucional, ela é construída com base nas escolhas de uma estratégia de desenvolvimento, através do financiamento e administração. O seu impacto no desenvolvimento é resultado do dinamismo do setor privado e este, por sua vez, resulta na evolução da *policy capacity*, tanto em termos de seu impacto no desenvolvimento como de sua forma institucional. A pesquisa sobre políticas de desenvolvimento deve explicitamente levar em conta essa dinâmica coevolucionária.

Enquanto estudiosos da política de desenvolvimento tendem a aceitar que as regras da OMC significativamente reduziram a margem de manobra política para que Estados-nações conduzissem estratégias de desenvolvimento para a transformação tecnológica e seu financiamento (tendo em vista regulação de propriedade intelectual, regras de liberalização financeira etc.), ao mesmo tempo temos limitado conhecimento sistemático sobre o que acontece (ou já aconteceu) com sistemas de implementação de políticas e de administração. No contexto do Leste Asiático, vemos alguns acadêmicos argumentando que o modelo do Estado desenvolvimentalista não funciona bem nas novas indústrias de altas tecnologias (ver WONG, 2011; YEUNG, 2014). Outros entendem que dado a redução da margem de manobra política, a efetiva implementação de política pode se tornar ainda mais crucial, ou que as burocracias do Estado desenvolvimentista têm sido capazes de evoluírem e manterem seu papel no desenvolvimento do Leste Asiático (ver AMSDEN & CHU, 2003; BREZNITZ, 2007; LIM, 2011; THURBON, 2003; THURBORN & WEISS, 2006). É necessária uma compreensão teórica mais sistemática das características institucionais dos sistemas de implementação de políticas e como estas podem afetar ideias, políticas públicas, sua implementação e o processo de aprendizado.

No caso das economias do Leste Europeu, a compreensão do papel da implementação de políticas públicas na trajetória geral do desenvolvimento é ainda mais rudimentar, tanto na academia como no meio de gestores públicos. Demonstramos aqui que países do Leste Europeu ativamente buscaram na década de 1990 *descolar* interesses econômicos das supostamente mais fracas e menos desenvolvidas estruturas políticas domésticas. Tendo em vista as avaliações polarizadas dessa estratégia, testemunhamos um aumento das discussões acerca a necessidade de "recolar" processos industriais e tecnológicos com instituições domésticas de política e políticas públicas. O melhor exemplo disso talvez seja as iniciativas, lideradas pela Comissão Européia na região, de estabelecimento de estratégias e políticas de "especialização inteligente" *smart specialization* que preconizam políticas concentradas em alguns poucos setores/atividades baseadas no que se convencionou chamar de "descoberta empreendedora" *entrepreneurial discovery*. Aqui, os governos e o setor empresarial buscam conjuntamente selecionar os setores industriais e acadêmicos mais promissores, com complementaridades domésticas e potencial para competitividade internacional, a construir prioridades políticas e instrumentos sob medida para apoiar o desenvolvimento dos mesmos (a ideia original encontra-se em FORAY *et al*, 2009; 2011).

Dado o legado de descolamento, compreendemos que a construção de novas arenas para a intensa colaboração entre governo e negócios pode ser especialmente complicada porque exige repensar a lógica da transformação tecnológica e seu financiamento (i.e., mudando a mentalidade de que IED de países desenvolvidos irá automaticamente estimular a capacidade doméstica), mas também formas de administrar essa abordagem atualizada da política de desenvolvimento (i.e., indo além da eficiência administrativa).

Atualmente, as ideias por trás da especialização inteligente parecem se concentrar unicamente no fortalecimento da coordenação de políticas e em laços entre governo e empresariado no nível da definição de prioridades políticas e pouco se fala da implementação de tais iniciativas. Argumentos similares sobre a articulação entre administração pública e estratégias de desenvolvimento, contextualizando ideias de políticas e administração globais no contexto latino-americano são colocados por Bresser-Pereira (2007).

Se determinados sistemas de administração pública são adequados ou não para o desenvolvimento é uma importante questão acadêmica e teórica, mas nós acreditamos que no contexto das políticas de desenvolvimento e do seu objetivo normativo de influenciar práticas políticas de desenvolvimento é necessário compreender e investigar como a administração pública e sistemas de implementação de políticas públicas coevoluem com estratégias de desenvolvimento em contextos específicos para oferecer recomendações mais práticas e factíveis.

REFERÊNCIAS BIBLIOGRÁFICAS

AIDIS, R. & WELTER, F. (eds.). *The Cutting Edge: innovation and entrepreneurship in New Europe.* Cheltenham: Edward Elgar, 2008.

AMSDEN, A. *Asia's next giant: South Korea and late industrialization.* Oxford: Oxford University Press, 1989.

AMSDEN, A. & CHU, W. *Beyond Late Development: Taiwan's Upgrading Policies.* Cambridge: MIT Press, 2003.

ANDERSEN, E. S. "Schumpeter's core works revisited: resolved problems and remaining challenges". *Journal of Evolutionary Economics,* nº 22, 2012, p. 627-648.

BECKER, J. & WEISSENBACHER, R. (eds.). *Dollarization, euroization and financial instability Central and Eastern European countries between stagnation and financial crisis?.* Marburg: Metropolis, 2007.

BOHLE, D. & GRESKOVITS, B. "Varieties of capitalism and capitalism 'tout court'". *European Journal of Sociology*, 50, 2009, p. 255-386.

BOUCKAERT, G. *et al* (eds.). *Public Management Reforms in Central and Eastern Europe*. Bratislava: NISPAcee, 2008.

BRESSER-PEREIRA, L. C. "Five models of capitalism". *Brazilian Journal of Political Economy*, vol. 32, nº 1, jan.-mar. 2012, p. 21-32.

_____. "The structural public governance model". *International Public Management Review*, vol. 8, nº 1, 2007, p. 16-31.

BREZNITZ, D. *Innovation and the State: political choices and strategies for growth in Israel, Taiwan and Ireland*. New Haven: Yale University Press, 2007.

BURLAMAQUI, L. "How should competition policies and intellectual property issues interact in a globalised world? A schumpeterian perspective". *The Other Canon Foundation and Tallinn University of Technology Working Papers in Technology Governance and Economic Dynamics*, 6, 2006. Disponível em: <www.technologygovernance.eu>. Acesso: 1º maio 2013.

CHENG, T. J.; HAGGARD, S.; KANG, D. "Institutions and Growth in Korea and Taiwan: The Bureaucracy". *Journal of Development Studies*, vol. 34, 1998, p. 87-111.

CHOU, T. C. "Taiwan". In: HAGGARD, S. & LEE, C. H. (eds.). *Financial systems and economic policy in developing countries*. Ithaca/Londres: Cornell University Press, 1995, p. 56-75.

DORE, R. *Stock market capitalism: welfare capitalism. Japan and Germany vs the Anglo-Saxons*. Oxford: Oxford University Press, 2000.

DUMAN, A. & KUREKOVA, L. "The role of State in development of socio-economic models in Hungary and Slovakia: the case of industrial policy". *Journal of European Public Policy*, vol. 19, nº 8, 2012, p. 1207-2128.

ERNST, D. "A new geography of knowledge in the electronics industry? Asia's role in global innovation networks". *East-West Center Policy Studies*, 54, 2009. Disponível em: <http://www.eastwestcenter.org/fileadmin/stored/pdfs/ps054_2.pdf>. Acesso em: 1º maio 2013.

EVANS, P. *Embedded autonomy: States and industrial transformation*. Princeton: Princeton University Press, 1995.

FORAY, D.; DAVID, P.; HALL, B. "Smart specialisation – the concept". *Knowledge Economists Policy Brief,* 9, 2009. Disponível em: <http://ec.europa.eu/invest-in-research/pdf/download_en/kfg_policy_brief_no9.pdf>. Acesso em: 1º maio 2013 .

_____. "Smart specialisation: from academic idea to political instrument, the surprising career of a concept and the difficulties involved in its implementation". *MTEI Working Paper,* Ecole Polytechnique Federale de Lausanne, 2011.

GABOR, D. V. "The road to financialization in Central and Eastern Europe: the early policies and politics of stabilizing transition". *Review of Political Economy,* vol. 24, nº 2, 2012, p. 227-249.

GOMEZ, E. T. (ed.). *Political Business in East Asia.* Londres: Routledge, 2002.

GRINDLE, M. "Good enough governance revisited". *Development Policy Review,* vol. 29, 2010, p. 199-221.

_____. *Challenging the State: crisis and innovation in Latin America and Africa.* Cambridge: Cambridge University Press, 1996.

HAGGARD, S. "Institutions and growth in East Asia", *Studies in Comparative International Development,* vol. 38, nº 4, 2004, p. 53-81.

_____. *Pathways from the periphery: the politics of growth in the Newly Industrializing Countries.* Ithaca/Londres: Cornell University Press, 1990.

HAGGARD, S. *et al.* (eds.). *Macroeconomic policy and adjustment in Korea, 1970-1990.* Cambridge: Harvard University Press, 1994.

HALL, P. A. & Soskice, D. (eds.). *Varieties of capitalism: the institutional foundations of comparative advantage.* Oxford: Oxford University Press, 2001.

HALL, R. B. "The discoursive demolition of the Asian Development Model". *International Studies Quarterly,* vol. 47, 2003, p. 71-99.

HAVLIK, P. "Central and Eastern European industry in an enlarged European Union: restructuring, specialization and catching-up". *Économie Internationale,* 102, 2005, p. 107-132.

HOLLINGSWORTH, J. R & BOYER, R. *Contemporary capitalisms: the embeddedness of institutions.* Nova York: Cambridge University Press, 1997.

JAYASURIYA, K. (2005) "Capacity beyond the boundary: New Regulatory State, fragmentation and relational capacity". In: PAINTER, M. & PIERRE, J. Pierre (eds.).

Challenges to State policy capacity: global trends and comparative perspectives. Basingstoke: Palgrave Macmillan, 2005, p. 19-37.

JOHNSON, C. *MITI and the Japanese Miracle: The Growth of Industrial Policy.* Stanford: Stanford University Press, 1982.

KANG, D. C. *Crony capitalism: corruption and development in South Korea and the Philippines.* Cambridge: Cambridge University Press, 2002.

KARO, E. "Modernizing governance of innovation policy through "decentralization": a new fashion or a threat to State capacities?". *Innovation: Management, Policy & Practice*, vol. 14, n° 4, 2012, p. 495-509.

_____. "Evolution of innovation policy governance systems and policy capacities in the Baltic States". *Journal of Baltic Studies*, vol. 42, n° 4, 2011, p. 511-536.

KARO, E. & KATTEL, R. (2010a) "The copying paradox: why converging policies but diverging capacities for development in Eastern European innovation systems?". *International Journal of Institutions and Economies*, vol. 2, n° 2, p. 167-206.

KARO, E. & KATTEL, R. (2010b). "Coordination of innovation policies in the catching--up context: a historical perspective on Estonia and Brazil". *International Journal of Technological Learning, Innovation, and Development*, vol. 3, n° 3, p. 293-329.

KARO, E. & LOOGA, L. "Evolution of economic restructuring policies in Slovenia and Estonia: competing views on institutions and change in Central and Eastern Europe". *Journal of International Relations and Development* (no prelo).

KATTEL, R. "Financial and economic crisis in Eastern Europe". *Journal of Post-Keynesian Economics*, vol. 33, n° 1, 2010, p. 41-60.

KATTEL, R.; KREGEL, J. A.; REINERT, E. S. "The relevance of Ragnar Nurkse and Classical Development Economics". In: KATTEL, R.; KREGEL, J. A.; REINERT, E. S. (eds.). *Ragnar Nurkse (1907-2007): Classical Development Economics and its relevance for today.* Londres: Anthem Press, 2009, p. 1-28.

KATTEL, R.; REINERT, E. S.; SUURNA, M. "Industrial restructuring and innovation policy in Central and Eastern Europe since 1990". *The Other Canon Foundation and Tallinn University of Technology Working Papers in Technology Governance and Economic Dynamics*, 23, 2009. Disponível em: <www.technologygovernance. eu>. Acesso em: 1° maio 2013.

KATTEL, R. & PRIMI, A. "The periphery paradox in innovation policy: Latin America and Eastern Europe Compared". In: BOSCHI, R. & SANTANA, C. H. (eds.).

Development and semi-periphery: post-neoliberal trajectories in South America and Central Eastern Europe. Londres: Anthem Press, 2012, p. 265-304.

KREGEL, J. A. "External financing for development and international financial instability". *G-24 Discussion Paper Series*, 32, 2004. Disponível em: <http://www.unctad.org/en/docs/gdsmdpbg2420048_en.pdf>. Acesso em: 1º maio 2013.

KREGEL, J. A. & BURLAMAQUI, L. "Finance, competition, instability, and development microfoundations and financial scaffolding of the economy". *The Other Canon Foundation and Tallinn University of Technology Working Papers in Technology Governance and Economic Dynamics*, 4, 2006. Disponível em: <www.technologygovernance.eu>. Acesso em: 1º maio 2013.

_____. "Innovation, competition and financial vulnerability in economic development". *Revista de Economia Política*, vol. 25, nº 2, 2005, p. 5-22.

LANE, D. & MYANT, M. (eds.). *Varieties of capitalism in post-communist countries.* Studies in Economic Transition Series. Nova York: Palgrave Macmillan, 2007.

LEE, C. H. & HAGGARD, S. "Introduction: issues and findings". In: LEE, C. H. & HAGGARD, S. (eds.). *Financial systems and economic policy in developing countries.* Ithaca/Londres: Cornell University Press, 1995, p. 1-30.

LIM, W. "Chaebol and industrial policy in Korea". *Asian Economic Policy Review*, 7, 2012, p. 69-86.

_____. "Joint discovery and upgrading of comparative advantage: lessons from Korea's development experience". In: FRADOUST, S.; KIM, Y.; SEPULVEDA, C. (eds.). *Postcrisis growth and development: a development agenda for the G-20.* Washington: The World Bank, 2011, p. 173-226.

MINKSY, H. "Schumpeter: finance and evolution". *Hyman P. Minsky Archive*, Paper 314, 1988. Disponível em: <http://digitalcommons.bard.edu/hm_archive/314>. Acesso em: 1º maio 2013.

MRAK, M.; ROJEC, M.; JAUREGUI, C. S. (eds.). *Slovenia: From Yugoslavia to the European Union.* Washington: The World Bank, 2004.

MYANT, M. & DRAHOKOUPIL, J. *Transition economies: political economy in Russia, Eastern Europe, and Central Asia.* New Jersey: Wiley-Blackwell, 2010.

NAM, S. W. & LEE, C. H. "Korea". in: HAGGARD, S. & LEE, C. H. (eds.). *Financial systems and economic policy in developing countries.* Ithaca/Londres: Cornell University Press, 1995, p. 31-55.

NEMEC, J. "Public Management Reforms in CEE: Lessons Learned". In: BOUCKAERT, G. *et al* (eds.). *Public Management Reforms in Central and Eastern Europe*. Bratislava: NISPAcee, 2008, p. 343-71.

NORTH, D. "A Transaction Cost Theory of Politics". *Journal of Theoretical Politics*, vol. 2, nº 4, 1990, p. 355-367.

PAINTER, M. & PIERRE, J. "Unpacking policy capacity: issues and themes". In: PAINTER, M. & PIERRE, J. (eds.). *Challenges to State policy capacity: global trends and comparative perspectives*. Basingstoke: Palgrave Macmillan, 2005, p. 1-18.

PEREZ, C. *Technological revolutions and financial capital: the dynamics of Bubbles and Golden Ages*. Cheltenham, UK: Edward Elgar, 2002.

PIECH, K. & RADOSEVIC, S. (eds.). *The knowledge-based economy in Central and East European countries: countries and industries in a process of change*. Basingstoke: Palgrave Macmillan, 2006.

POLLITT, C. *Time, policy, management: governing with the past*. Oxford: Oxford University Press, 2008.

POLLITT, C. & BOUCKAERT, G. *Public Management Reform: a comparative analysis – new public management, governance, and the neo-weberian State*. Oxford: Oxford University Press, 2011.

RADOSEVIC, S. "Policies for promoting technological catch up: towards a post-Washington approach". *International Journal of Institutions and Economies*, vol. 1, nº 1, 2009, p. 22-51.

_____. "The transformation of national systems of innovation in Eastern Europe: between restructuring and erosion". *Industrial and Corporate Change*, vol. 7, nº 1, 1998, p. 77-108.

SCHUMPETER, J. A. *Theorie der wirtschaftlichen Entwickllung*. Berlim: Duncker & Humblot, 1912.

_____. *Business cycles: a theoretical, historical, and statistical analysis of the capitalist process*. Vol. 1. Londres/Nova York: McGraw-Hill, 1939.

SOETE, L. "From industrial to innovation policy". *Journal of Industry, Competition and Trade*, vol. 7, ns. 3-4, 2007, p. 273-284.

SUURNA, M. & KATTEL, R. "Europeanization of innovation policy in Central and Eastern Europe". *Science and Public Policy*, vol. 37, nº 9, 2010, p. 646-664.

THURBON, E. "Ideational inconsistency and institutional incapacity: why financial liberalization in South Korea went horribly wrong". *New Political Economy*, vol. 8, n° 3, 2003, p. 341-361.

THURBON, E. & WEISS, L. "Investing in openness: the evolution of FDI Strategy in South Korea and Taiwan". *New Political Economy*, vol. 11, n° 1, 2006, p. 1-22.

TÖRÖK, A. "Industrial policy in the new member countries of the European Union: a survey of patterns and initiatives since 1990". *Journal of Industry, Competition and Trade*, vol. 7, ns. 3-4, 2007, p. 255-271.

UNDERHILL, G. R. D. & ZHANG, X. "The Changing State-Market Condominium in East Asia: rethinking the political underpinnings of development". *New Political Economy*, vol. 10, n° 1, 2012, p. 1-24.

VERHOEST, K. & BOUCKAERT, G. "Machinery of government and policy capacity: the effects of specialization and coordination". In: PAINTER, M. & PIERRE, J. (eds.). *Challenges to State policy capacity: global trends and comparative perspectives.* Basingstoke: Palgrave Macmillan, 2005, p. 92-111.

WADE, R. "What strategies are viable for developing countries today? The World Trade Organization and the shrinking of development space". *Crisis States Programme Working Papers Series*, 1, 2003. Disponível em: <http://eprints.lse.ac.uk/28239/>. Acesso em: 1° maio 2013.

_____. "Wheels within wheels: rethinking the Asian crisis and the Asian model". *Annual Review of Political Science*, 3, 2000, p. 85-115.

_____. *Governing the market: economic theory and the role of government in East Asian industrialization.* Princeton: Princeton University Press, 1990.

WALTER, A. & ZHANG, X. *East Asian Capitalism: diversity, continuity and change.* Oxford: Oxford University Press, 2012.

WHITLEY, R. *Divergent capitalisms: the social structuring and change of business systems.* Oxford: Oxford University Press, 1999.

WILSON, W. "The Study of Administration". *Political Science Quarterly*, vol. 2, n° 2, 1887, p. 197-222.

WONG, J. *Betting on biotech: innovation and the limits of Asia's developmental State.* Ithaca: Cornell University Press, 2011.

YEUNG, H. W. "Governing the market in a globalizing era: development states, global production networks and inter-firm dynamics in East Asia". *Review of International Political Economy*, vol. 21, nº 1, 2014. Disponível em: <http://dx.doi.org/10.1080/09 692290.2012.756415>. Acesso em: 1º maio 2013.

ZYSMAN, J. *Governments, markets, and growth: financial systems and the politics of industrial change*. Ithaca: Cornell University Press, 1983.

SOBRE OS AUTORES

ERKKI KARO é pesquisador da Ragnar Nurkse School of Innovation and Governance, da Tallinn Universityof Technology (Estônia). Sua pesquisa se concentra na *governance* do desenvolvimento e em economias que buscam superar a defasagem (*catching-up economies*). Contato: erkki.karo@ttu.ee.

RAINER KATTEL é professor da Ragnar Nurkse School of Innovation and Governance, da Tallinn University of Technology (Estônia). Suas publicações abarcam temas de administração pública, economia e inovação. Seus livros mais recentes são: Lember, V.; Kattel, R.; Kalvet, T. (eds.). *Public procurement for innovation: international perspectives*. Springer, 2013; Kattel, R.; Burlamaqui, L.; Castro, A. C. (eds.). *Knowledge governance: reasserting the public interest*. Londres: Anthem Press, 2012; Kattel, R.; Kregel, J.; Reinert, E. S. (eds.). *Ragnar Nurkse: Trade and Development*. Londres: Anthem Press, 2009. Contato: rainer.kattel@ttu.ee.

ATORES ESTRATÉGICOS, CAPACIDADES ESTATAIS E DESENVOLVIMENTO: A CONSTRUÇÃO DO PÓS-NEOLIBERALISMO NA ARGENTINA E NO BRASIL[1]

CARLOS PINHO · FLAVIO GAITÁN

1. INTRODUÇÃO

Entender a dinâmica do processo de desenvolvimento nacional tem sido uma das maiores preocupações das Ciências Sociais na América Latina. De modo articulado desde a criação da Cepal e a formação do pensamento estruturalista, procurou-se explicar as causas do subdesenvolvimento da região, concentrando-se a atenção, em consonância com outras correntes desenvolvimentistas, na ação do Estado como o ator capaz de liderar o processo de industrialização e necessário para superar as assimetrias decorrentes da relação desigual entre os países industrializados e os produtores de matérias-primas. O estruturalismo atuou como o sustentáculo teórico das diferentes experiências de Industrialização por Substituição de Importações (ISI) que, em graus distintos, se desenvolveram em nossa região, especialmente nas maiores economias (México, Brasil e Argentina).

O neoliberalismo representou um ataque direto ao Estado intervencionista. A crise da dívida, no início dos anos 1980, a combinação de inflação e estagnação e as consequentes crises fiscal e social constituíram uma herança que tornou as já débeis democracias recém-instauradas na região, reféns do pensamento neoconservador. A nova direita que assumiu o poder na Europa e nos EUA radicalizou a ala dura da comunidade de doadores (EZCURRA, 2000) e a engenharia financeira internacional. A tradição desenvolvimentista, portanto, entrou em um período de letargia, o Estado interventor foi visto como um problema e o mercado passou a ser considerado o ator cuja ação levaria inexoravelmente ao progresso econômico.

---

1 Uma versão preliminar deste capítulo foi apresentada no *VIII Workshop Empresa, Empresários e Sociedade: Empresa, Empresários, Desenvolvimento e Democracia* entre 29 e 31 de maio de 2012, UFPR, Curitiba, Paraná.

Na última década, a chegada ao poder de coalizões trabalhistas, social-democratas ou de centro-esquerda contribuiu para revitalizar a discussão sobre o desenvolvimento na América Latina. Entre as causas que explicam essa mudança ideológica está o claro fracasso do neoliberalismo, que privilegiou o mercado como o suposto dinamizador do desenvolvimento. Apresentado como um receituário que levaria à retomada do crescimento, as taxas de expansão do contexto neoliberal foram menores que as do período substitutivo. Por outro lado, as suas receitas levaram a um aprofundamento da pobreza e da desigualdade nos países latino-americanos.

Esta mudança de clima ideológico abriu janelas de oportunidade para repensar a problemática do desenvolvimento: que fatores explicam que algumas (poucas) economias foram bem sucedidas em "dar o salto", exibindo um processo de inovação, modernização de sua estrutura produtiva, ampliando o seu PIB e construindo um regime de bem-estar ou proteção social? A emergência do pensamento neodesenvolvimentista, ainda que tenha pontos de convergência com o estruturalismo e as diversas abordagens intervencionistas do pós-II Guerra, não representa uma recuperação da escola cepalina. Na verdade, contudo, o novo modelo desenvolvimentista (BRESSER PEREIRA, 2009) ou intervencionista (DINIZ, 2007; BOSCHI & GAITÁN, 2008ab) representa uma busca para recuperar o papel do Estado na economia (já despojado da sua função de produtor direto), enquanto promove uma articulação estratégica com o setor privado.

A atuação dos atores estratégicos, definidos de modo simples como àqueles que têm a capacidade de influenciar no ciclo de formulação e implementação de políticas públicas, adquire uma importância vital para a compreensão das modalidades de desenvolvimento produtivo que estão sendo levadas a cabo na região, especialmente nos países liderados por coalizões pró-intervencionistas (em graus variados, Brasil, Argentina, Uruguai, Equador, Venezuela e, de modo difuso, Colômbia e Peru). Os regimes produtivos na América Latina apresentam uma série de características em comum, como a primazia do setor primário nas exportações, o papel periférico ou semiperiférico no sistema internacional, uma forte presença do Estado na estruturação econômica e social e uma alta desigualdade, derivada da coexistência de mercados duais (formal/informal). Apesar disso, há diferenças que precisam ser destacadas, relacionadas ao papel do Estado, às estratégias de inserção externa e às modalidades do regime produtivo.

Neste trabalho preliminar e de natureza exploratória, o objetivo é analisar o papel destes atores estratégicos na geração da agenda desenvolvimentista na Argentina e no Brasil. Tais países representam duas trajetórias nacionais de desenvolvimento

com uma estrutura produtiva moderadamente diversificada e com diferenças no arcabouço institucional subjacente às suas dinâmicas econômicas. A Argentina teve um
crescimento elevado no final do século XIX como um fornecedor de matérias-primas
para o mercado europeu em expansão, interrompido pela crise de 1929, após a qual
sofreu profundas flutuações em sua expansão econômica, no grau de autonomia
relativa do Estado, na estabilidade das políticas públicas, bem como na articulação
entre os setores organizados. O Brasil, embora tenha impulsionado a sua estrutura
produtiva de forma tardia, após o estabelecimento do Estado Novo (1937-1945) por
Getúlio Vargas, apresentou maior estabilidade desde a crise dos anos trinta, incluindo um período de "milagre econômico" (1968-1973) e uma menor exposição durante
a década perdida (anos 1980) e o período neoliberal (anos 1990).

Neste momento de enfraquecimento da "hegemonia atlântica" e da possibilidade de surgimento de novos centros de poder global, a articulação entre os atores
estratégicos representa uma possibilidade para consolidar estratégias nacionais de
desenvolvimento exitosas. Dentre eles devem ser incluídos burocracias estatais,
trabalhadores, empresários, intelectuais, movimentos sociais, comunidades epis-
têmicas e os líderes políticos. O artigo centra-se particularmente na relação entre
os empresários e o Estado. A hipótese central é que o processo de desenvolvimento
tem uma relação direta com a dimensão institucional, em particular o papel do
Estado, das coalizões de governo, das diversas instituições públicas (sobretudo
aquelas que tendem a uma coordenação de interesses entre o setores público e
privado) e o perfil dos atores estratégicos na formulação e implementação das políticas. Da articulação que se estabelece entre Estado, instituições e atores estratégicos se configuram diferentes modalidades ou padrões de desenvolvimento.

2. ESTADO, ATORES ESTRATÉGICOS E DESENVOLVIMENTO

Na última década, a literatura sobre as *Variedades de Capitalismo* (VoC) tem ocupado um lugar de destaque no campo da *Economia Política*, entendida como um espaço "povoado por múltiplos atores, cada um dos quais visa promover a interação
estratégica com outros" (HALL & SOSKICE, 2001: 6). Mesmo quando os atores podem
ser indivíduos, governos ou grupos, esta abordagem concentra-se fundamentalmente na firma (empresa) e os problemas de coordenação que deve enfrentar, considerando a mesma "o ator crucial em uma economia capitalista". Em função do modo
como são ressolvidos esses problemas de coordenação, os atores são enquadrados
em duas modalidades de acordo com uma suposta tipologia: *economias de mercado
liberais* (principalmente nos países anglo-saxões como os EUA, Grã-Bretanha e Nova

Zelândia) e *economias de mercado coordenadas* (predominantes em países com fortes estruturas neo-corporativistas, como a Alemanha, Dinamarca e Suécia).

O maior mérito da abordagem das variedades de capitalismo está na rejeição da ideia de convergência para um único modelo eficiente. Em momentos de articulação de uma hegemonia neoclássica, esta abordagem "nadou contra a maré" ao afirmar que as economias que apelam para a coordenação estatal podem ser igualmente eficientes como aquelas que dependem de níveis mais elevados de liberdade de mercado. Em segundo lugar, a noção de *complementaridade* entre diferentes campos institucionais como um requisito para a competitividade e a melhoria do desempenho econômico abre um espaço importante para repensar o papel das instituições e dos atores estratégicos.

Os autores consideram diferentes instituições que devem ser levadas em conta na caracterização de um regime produtivo: as *relações industriais* (incluindo as articulações entre empresários e trabalhadores, as negociações salariais e as condições de trabalho), a *governança corporativa* (as relações entre a empresa e os investidores, incluindo o modo como aquelas obtém financiamento), a *relação entre firmas* (práticas institucionalizadas que conectam as empresas, especialmente entre clientes, fornecedores e concorrentes), a *relação entre empregadores e empregados* dentro das empresas (que se refere à possibilidade de estabelecer mecanismos de confiança e cooperação, incluindo a "disciplina laboral"), a *capacitação e treinamento dos empregados da firma,* o *nível de proteção social* e, finalmente, a *regulação do mercado de produtos* (os limites sobre a competição nos mercados).

Apesar de seus méritos, alguns problemas na concepção original de HALL e SOSKICE (2001) não podem ser ignorados. Primeiramente, a rigidez da tipologia proposta torna-se muito mais uma dicotomia (economias coordenadas *vs.* liberais) e com escassa possibilidade de entender as mudanças entre os dois campos. Em segundo lugar, é claro que o Estado desempenha um papel de menor importância como fator explicativo. Isso se relaciona com a ênfase excessiva posta no setor privado em nível local, o que leva, por sua vez, a perder de vista a importância dos capitais transnacionais que ocupam cada vez mais espaço no capitalismo, sistema por definição transnacional. A despeito desses problemas, a abordagem é pertinente para reintroduzir o estudo dos agentes econômicos na dinâmica do desempenho econômico.

Em sua versão original, a empresa é o elemento central. De fato, a economia política é entendida como uma fase de estabilização e coordenação da interação dos micro-agentes mercantis. No modo de produção capitalista, o empresariado é um ator central, muito mais importante em um mundo "globalizado", dominado pela circulação e volatilidade do capital financeiro, cujas empresas estão crescentemente expostas à concorrência. Diversos autores têm analisado que o modo de produção capitalista gera uma "dependência estrutural do Estado com relação ao capital" (PRZEWORSKI & WALLERSTEIN, 1988) derivada das múltiplas funções do setor privado, incluindo ações "vitais para o normal funcionamento de um modelo econômico" (OFFE, 1985). Desta forma, o empresariado constitui um ator fundamental e, não menos importante, um ator estratégico que busca influenciar no ciclo de políticas públicas, seja individualmente ou por meio de organizações empresariais. Dos empresários depende a decisão de investir ou não fazê-lo (chegando, em casos extremos, ao *lock out* ou até ofechamento da empresa), contratar mão de obra, capacitá-la e, sobretudo, inovar. Schumpeter (1984) foi o pioneiro a ressaltar a importância do empresário para o crescimento econômico. Em sua visão, os empresários são a chave para o investimento e a inovação, criando a mudança tecnológica que mobiliza os ciclos do capitalismo. Da inovação derivam novas empresas, novos produtos e novas tecnologias. A inovação e o processo de "destruição criativa" alteram o equilíbrio no sistema ao criar um monopólio em favor de empresas inovadoras (as quais geram *quase rendas de privilégio*). Tal equilíbrio será restabelecido quando o avanço obtido se massifique entre as empresas.

Mesmo reconhecendo que os empresários são os agentes dos quais dependem o investimento e a criação de empregos, não pode ser obliterado o papel que o Estado ocupa na configuração do modo de produção capitalista em escala nacional. A abordagem das VoC não ignora a existência do Estado, mas o incorpora em um plano secundário, apenas em termos de seu papel possibilitador ou facilitador da interação com o setor privado, especialmente a partir da criação de um ambiente regulatório favorável. O problema é que o Estado não é um ator ordinário. As funções que este deve exercer para consolidar um processo de desenvolvimento não podem ser realizadas pelo setor privado. Na verdade, o mercado demanda a existência do poder regulador do Estado para respaldar a propriedade privada e os respectivos contratos. Por outro lado, é impossível entender as dinâmicas de desenvolvimento lideradas pelo Estado, como a China na atualidade ou a Coreia do pós-II guerra. Tampouco é útil para analisar os elementos extramercantis como as coalizões sociais e a distribuição de poder (COATES, 2005; HANCK; RHODES; THATCHER, 2007), muitas vezes associados aos conflitos e interesses.[2] Menos ainda ajuda a entender o atual processo de crescimento e busca

---

2 Como afirma Regini (2006: 611), "os ordenamentos institucionais que regulam um sistema econômico nacional são sempre produto de conflitos passados e, enquanto tais devem ser reafirmados ou renegociados periodicamente...". A literatura sobre as variedades de capitalismo tende a ignorar o conflito.

pelo desenvolvimento nacional, que está ocorrendo em alguns países da América Latina, onde o Estado e as coalizões de governo assumem um papel central.

A análise do impacto do Estado na *economia política* no plano nacional deve ser "considerada seriamente" (SCHMIDT, 2006: 10), o que implica desconstruir a ação estatal em seus diferentes domínios: configuração institucional (aparato estatal e seus diferentes âmbitos organizacionais), ação política (incluindo a interação entre os atores estratégicos, suas ideias e discursos) e políticas públicas (intervenção pública que afeta a política econômica e o interesse dos trabalhadores e empresários). A natureza da política é de particular interesse para entender a trajetória capitalista, com suas rupturas e continuidades entre os diversos modelos econômicos. Ademais, a sua análise deve incluir as ideias e os interesses dos atores estratégicos e as instituições que moldam a interação entre eles (HANCKÉ *et al*, 2007; BOSCHI, 2013). Especificamente, o papel das coalizões políticas (JACKSON & DEEG, 2006; 2008; AMSDEN, 2011; GAITÁN, 2013), a natureza da luta entre (frações do) capital e Estado, o conflito interburguês e o papel do fator trabalho devem ser considerados.

Um aspecto fundamental no momento de analisar a relação entre mercado e Estado é a capacidade que o poder público tem de "disciplinar o setor privado" (CASTELLANI, 2011; AMSDEN, 2004). Uma vertente de estudos considera que o empresariado nos países latino-americanos carece de "espírito inovador shcumpeteriano" (NOTCHEFF, 1994). Todavia, é difícil entender qual a origem da diferença de desempenho. Pode-se dizer que nada distingue um empresário brasileiro ou argentino do empresário de um país industrializado. Em ambos os casos, a finalidade precípua deste ator é maximizar os seus lucros o mais rápido possível. É o ambiente institucional no qual operam os empresários, que faz a diferença entre as experiências nacionais. Um ambiente institucional conducente à inovação tende a gerar empresários "schumpeterianos". Entretanto, ambientes institucionais sensíveis ao *rent-seeking* levarão os mesmos a adotar atitudes para garantir lucros rápidos, em algumas ocasiões sem guardar relação com o investimento (por exemplo, por meio da corrupção, relações estreitas com o Estado ou fixação de preços monopólicos[3]). Portanto, é da responsabilidade dos governos impor restrições à *acumulação flexível*, que se consubstancia no capitalismo financeiro transnacional, volátil, apátrida e dissociado dos interesses nacionais (HARVEY, 1998).

---

3   Castellani (2009) refere-se à criação de "âmbitos privados de acumulação" que constituem quase rendas de privilégio. A ganância representa escassa relação com o investimento. Entre esses âmbitos, a autora menciona as práticas institucionalizadas, o *lobby* (de caráter mais informal), a colonização de redutos da administração pública, as práticas de conluio (acordos implícitos ou explícitos entre o poder público e as empresas, muito difíceis de mensurar) e, diretamente, a corrupção.

A capacidade do Estado para disciplinar o setor privado é uma dimensão chave a fim de potencializar estratégias desenvolvimentistas. A discussão sobre a relação Estado/mercado no modo de produção capitalista e, particularmente, a autonomia do Estado é antiga e abundante. Assume-se que o Estado não é um refém passivo do setor privado, mantendo graus de "autonomia relativa" para regular as regras do jogo do capitalismo. Nesse sentido, em um artigo clássico, EVANS (1996) apresenta os Estados desenvolvimentistas como uma combinação de inserção no setor privado, mas com suficientes graus de autonomia para que as políticas públicas expressem o interesse e não os desejos particulares do empresariado. Em suma, deve haver um setor privado forte e um Estado que o proteja, mas que conserve graus de autonomia para evitar o *rent-seeking*, isto é, a captura do Estado por interesses privados.[4]

3. TRAJETÓRIAS DIVERGENTES DA ARGENTINA E DO BRASIL[5]

O ajuste estrutural de viés neoliberal significou para os países da América Latina que, no transcurso de duas décadas, as prioridades em matéria de intervenção econômica e social que prevaleceram até os anos 1980 mudaram radicalmente. O mercado passou a ser o centro do modelo de crescimento e o Estado retraiu suas funções, especialmente produtivas e de seguridade social, uma vez desprovido de recursos fiscais por negociações bilaterais ou multilaterais com os credores. O comércio externo tornou-se o motor do crescimento e as economias foram reestruturadas para privilegiar as exportações sobre a produção para o mercado doméstico.

Apesar da tendência a denominar as experiências latino-americanas como "neoliberais", sem estabelecer distinção entre os diferentes casos nacionais, os processos de privatizações, liberalização comercial e financeira, desregulamentação da economia, bem como a dinâmica de endividamento externo têm variado em essência e intensidade. De fato, mesmo compartilhando a característica de privilegiar o mercado e os atores empresariais, não é possível referir-se a uma única experiência neoliberal na região, mas a uma *variedade de caminhos neoclássicos*. É precisamente o viés diferencial que tem tido os processos de abertura

---

4   Por "anéis burocráticos" Cardoso (1975) refere-se a uma forma particular de articulação entre empresários e o setor público. Embora analise o período autoritário (1964-1985), no qual não havia uma participação direta do setor privado no governo, estes o fazem por meio de anéis com as agências burocráticas ou as empresas públicas, articulando alianças conjunturais em torno de certos temas.

5   Esta seção reproduz, em parte, os conceitos de Boschi & Gaitan (2008).

ao mercado nesses países, que torna a comparação interessante. Uma segunda razão para comparar os países selecionados é que alcançaram distintos níveis de industrialização em momentos diferentes.

A privatização de empresas do Estado, que se constituiu em uma política a partir da qual foram abertas ao setor privado esferas de órbita pública, tem configurado diferentes situações quanto à capacidade estatal na esfera produtiva. O Brasil é o país que menos avançou nesses processos, pois o número de empresas privatizadas é equivalente àquelas que conservaram o Estado em seus diversos níveis, haja vista asempresas que dependem do governo federal e outras dos governos estaduais. Em nível nacional existem corporações ferroviárias, construtoras, indústrias nucleares, de engenharia, Bancos, a Agência Especial de Financiamento Industrial, Centrais Elétricas, companhias de eletricidade, de infraestrutura, de geração térmica de energia elétrica, petrolíferas, de transporte e até de biotecnologia. Esta ampla gama de empresas, que apenas em nível federal compreendem cerca de 129, e quase o dobro agregadas àquelas de órbita estadual, permitem que o Estado brasileiro conte com presença como produtor direto, enquanto lhe outorgam poder de negociação na órbita produtiva, especialmente em setores estratégicos como energia e petróleo.

A Argentina, ao contrário, é um exemplo de retração produtiva do Estado, onde as privatizações, realizadas de forma acelerada, com indícios de corrupção e sem um marco regulatório adequado, alcançaram a quase totalidade das empresas estatais, renunciando inclusive a manter setores prioritários como o petrolífero. As empresas que ficaram em poder do Estado foram somente aquelas sem perfil produtivo ou com interesse nulo por parte do setor privado. Uma característica que distingue os processos da Argentina e do Brasil está no órgão que levou adiante os processos de privatização. No Brasil, que começou atrasado em relação ao resto da América Latina, foi realizado por uma agência com um corpo técnico/burocrático especializado e um grande orçamento, como o BNDES. Na Argentina, apesar de ter sido realizada pelas Leis de Reforma do Estado e de Emergência Econômica, não houve acompanhamento de critérios e normas de caráter técnico, mas, pelo contrário, justificativas de urgência econômica.

Na Argentina, o processo de implantação do ajuste estrutural foi baseado em uma *ortodoxia neoliberal* com *regressão produtiva*. A desarticulação do modelo intervencionista do pós-II guerra afetou radicalmente o esquema produtivo nacional. Em parte por causa da desintegração caótica do modelo substitutivo e do fator disciplinador da crise hiperinflacionária, não existiu um ator empresarial capaz de liderar um projeto de desenvolvimento, considerando que os empresários agrupados em organizações encontravam-se fragmentados. Consequentemente, o grau de coordenação entre o Estado e aquele setor foi (e continua sendo ainda hoje) muito baixo. Neste quadro, o processo radical de reformas ocorreu em um marco de *switch* político após a eleição de Carlos Menem em 1989, que falava em "revolução produtiva e salarial". A crise fiscal e da balança de pagamentos, bem como a entrega antecipada do poder pelo presidente Raúl Alfonsín tornaram possível à rápida promulgação das Leis de Emergência Econômica e Reforma do Estado. A combinação de um amplo processo de privatizações com transferência de setores estratégicos, uma forte penetração do capital estrangeiro e a paridade cambial com o dólar estadunidense foram fundamentais no processo de desindustrialização que afetou o país. A convertibilidade do peso, mantida mesmo após a desvalorização do real, em 1998, constituiu-se em um esquema rígido que tornou o país mais vulnerável a choques externos e com menor competitividade exportadora.

Uma característica que diferencia claramente o caso argentino do brasileiro e da maioria da América Latina é a renúncia expressa a contar com uma das funções básicas do Estado: a política monetária. Na verdade, a convertibilidade representou não apenas a ausência de política monetária, mas uma maior vulnerabilidade frente às crises recorrentes do modo de produção capitalista. A moeda sobrevalorizada tornou o país tentador para a entrada de capitais especulativos e, consequentemente, extremamente sensível às distintas crises do modo de produção capitalista, como as que ocorreram no México (efeito Tequila, em 1995), no Sudeste Asiático (1997), na Rússia (1998) e, finalmente, no Brasil (1998); e cuja medida para enfrentá-la, a desvalorização do real, significou uma maior perda de competitividade da economia argentina. O apoio do regime conversível foi financiado com um elevado endividamento em dólares que produziu, por sua vez, um crescente déficit fiscal e do montante da dívida pública. O déficit comercial e de conta corrente acabou sendo financiado pela entrada de capitais que buscavam um retorno rápido (e sobre cuja entrada e saída o país eliminou quaisquer restrições).

Outra característica distintiva derivada da radicalidade do processo de ajuste estrutural é que as privatizações redefiniram o mapa de poder do empresariado na Argentina e, portanto, a relação entre os setores público e privado. A transferência de ativos públicos não foi a uma fração singular do capital, mas a consórcios constituídos na grande maioria dos casos por três pilares: uma grande empresa nacional, uma multinacional e um grupo financeiro (AZPIAZU e BASUALDO, 2004; AZPIAZU e SCHORR, 2001). Isso permitiu a criação de um reduzido e amplamente privilegiado grupo de empresas cuja principal fonte de lucro provinha do setor financeiro não comercializável. Convém elucidar que as empresas "nacionais" que se beneficiaram do processo de privatizações foram aquelas que estabeleceram uma relação privilegiada e estreita com o Estado durante a última ditadura militar (1976-1983), ou seja, os grandes grupos econômicos: Techint, Perez Companc, Loma Negra, Roggio, Macri, Soldati e Astra. Esses grupos, que tenderam a crescer sob a proteção do Estado foram beneficiados pela permissão do mesmo no sentido de viabilizar fusões e práticas monopolistas, o que reforçou a posição relativa dos grandes grupos locais.[6]

A situação privilegiada desses grandes grupos adquire maior proeminência quando se leva em conta que a sua expansão ocorreu no marco de uma queda na atividade industrial. A participação da indústria caiu de 19,9% do PIB em 1989 para 16,5% em 1999 e 15,3% em 2001 (AZPIAZU & SCHORR, 2010). Este declínio mostra uma considerável perda de importância relativa do setor, que teve picos de participação do PIB de 28,18% nos anos 1960 (KOSACOFF, 2007). Neste quadro, enquanto as grandes empresas consolidavam sua posição privilegiada, as pequenas e médias foram as mais afetadas pela concorrência externa e falta de proteção industrial. Em 1993, havia pouco mais de 90 mil empresas manufatureiras, 10 mil a menos que em 1984. A desindustrialização continuou durante toda a década. Houve uma segunda onda importadora de produtos de consumo em detrimento da indústria local. Tais produtos passaram de 5,4% das importações em 1989 para 22,4% em 2001. Pode-se dizer que o alto grau de pragmatismo dos grupos diversificados foi funcional à estratégia de reforma econômica. Na verdade, associações como a UIA (*Unión Industrial Argentina*) e a SRA (*Sociedad Rural Argentina*) foram as mais ferrenhas defensoras do livre mercado. No extremo oposto, as associações de pequenos e médios produtores não tiveram capacidade de articular um projeto alternativo unificado, coerente e, muito menos, uma coalizão que o sustente. A CGE (*Confederación General Económica*), emblema do período substitutivo, consolidou a crise iniciada nos anos 1970 e tornou-se praticamente irrelevante.

As mudanças no interior do setor privado se expressaram mediante alta concentração econômica em um reduzido número de grandes grupos e por meio de um processo de desnacionalização. Mais da metade do investimento estrangeiro direto no período neoliberal (1992-2000) foi gasto na aquisição de empresas já existentes. As fusões e aquisições por cerca de 55 bilhões de dólares representaram quase

---

6   Sobre os diferentes mecanismos do Estado para criar rendas diferenciais, podem ser consultados os trabalhos de Castellani (2009) e Basualdo & Azpiazu (2004).

78% do capital externo. De fato, em meados dos anos 1990, os grupos nacionais que haviam sido incluídos nas privatizações venderam seus ativos nas empresas e tenderam a investir em mercados internacionais. Em uma opção claramente racional, ainda que distante da prática schumpeteriana, o grande empresariado nacional atuou com uma lógica rentista, vendendo caro aquilo que haviam comprado barato, com pouco dinheiro efetivo e com títulos da dívida reconhecidos pelo seu valor nominal. Ao vender, receberam dinheiro e foram autorizados a transferi--lo para os mercados de investimento, muitas vezes no exterior. Ao mesmo tempo, crescia no país o investimento estrangeiro direto, principalmente associado com fusões e aquisições, em detrimento dos investimentos genuínos. Isto potencializou um processo de desnacionalização da burguesia com atuação local.

O Brasil, por outro lado, é o país que mais se distancia do modelo neoliberal clássico. Ainda assim, ocontexto das reformas orientadas para o mercado se caracterizou por alterar o padrão de articulação de interesses e de relações entre empresários e o Estado, que havia se conformado desde os anos 1930, quando da irrupção de Getúlio Vargas ao poder. Tal modelo foi estruturado em um corporativismo setorial, bipartite e/ou bifronte (assentado na articulação Estado/empresariado), e no qual os trabalhadores foram marginalizados dos processos decisórios concernentes às políticas públicas, ainda que sujeitos a uma "cidadania regulada"[7] (SANTOS, 1998). Neste esquema, os empresários ocupavam assento em órgãos de natureza consultiva e deliberativa, como o CDI (Conselho de Desenvolvimento Industrial), o CDA (Conselho de Política Aduaneira) e o CDE (Conselho de Desenvolvimento Econômico) (DINIZ, 1978). De todo modo, ao contrário do Chile, no qual o ajuste ocorreu por meio de um governo ditatorial, e da Argentina, onde houve uma ruptura entre a campanha e a efetiva execução, na experiência brasileira, apesar da surpreendente vitória de Fernando Collor de Mello, não houve uma mudança entre a plataforma eleitoral e o governo, como no caso de Menem. Por outro lado, por seu menor ritmo e gradualismo, as

---

7   O conceito-chave que permite entender a política econômico-social pós-1930, bem como fazer a passagem da esfera da acumulação para a esfera da equidade, é o conceito de *cidadania regulada*. Esta, por seu turno, diz respeito a um sistema de estratificação ocupacional, que é definido por norma legal. Ou seja, são cidadãos todos aqueles membros da comunidade. A extensão da cidadania se faz, pois, via regulamentação das novas profissões e/ou ocupações, em primeiro lugar, e mediante a ampliação do escopo dos direitos associados a estas profissões. A regulamentação das profissões, a carteira profissional e o sindicato público definem os três parâmetros no interior dos quais passa a definir-se a cidadania. O instrumento jurídico comprovante do contrato entre o Estado e a cidadania regulada é a carteira profissional que se torna mais do que uma evidência trabalhista, uma *certidão de nascimento cívico* (SANTOS, 1998: 103-105).

reformas setoriais preservaram certos núcleos de excelência técnica e burocrá-tica, havendo mantido instituições de fomento, particularmente o BNDES, que, embora no período das reformas orientadas para o mercado tenha sido transfor-mado em um agente de privatização, preservou o protagonismo da etapa desen-volvimentista do Estado brasileiro. Em primeiro lugar, pela defasagem temporal, tendo em conta que neste país as reformas econômicas se deram de modo tardio e gradual. Neste caso, pode ser correto referir-se a um *modelo de desenvolvimen-to com ortodoxia macroeconômica*, em vez de um modelo neoliberal clássico. As privatizações avançaram muito menos no caso brasileiro, em parte por haver sofrido oposição de setores organizados que conseguiram atenuar o impacto das mesmas. A fragmentação do empresariado argentino ea maior organização de seus pares brasileiros, caracterizados pelo forte pragmatismo e estruturados em associações corporativas e outras entidades associadas, foram em geral recepti-vos às reformas, ainda que estas impactassem os vários segmentos da indústria de forma diversa (DINIZ & BOSCHI, 1991).

Todavia, apesar do menor avanço relativo do projeto neoliberal (pelo menos, em comparação com os vizinhos regionais Chile, Bolívia e Argentina) o país não ficou à beirada hegemonia neoliberal. Nos anos 1990, foram dois os pilares da nova modalidade de intervencionismo estatal: por um lado, a abertura comercial e, por outro, aprivatização, ambas vinculadas à temática da *estabilização econô-mica*. A abertura da economia em função da dinâmica da competitividade sele-tiva conduz a uma reconfiguração do capitalismo doméstico, principalmente na esfera industrial, com o influxo do capital estrangeiro, o deslocamento de ativida-des e a reestruturação da propriedade em vários setores por meio de um processo extremamente intenso de fusões e aquisições (BOSCHI & LIMA, 2002).

De fato, o Brasil também foi influenciado pela onda de privatizaçõespor meio da venda de ativos nacionais a grupos internacionais. A privatização de empre-sas públicas e a consequente transferência de ativos do Estado para grupos de ca-pital privado (em grande parte, estrangeiro) foram apoiadas pelo mesmo Banco Nacional de Desenvolvimento Econômico e Social (BNDES), que forneceu emprésti-mos a empresas externas para a compra de grupos nacionais (como por exemplo, a Eletropaulo por parte do grupo *American Souhtern Energy*). O processo de privati-zação começou em meados dos anos 1980, sob o governo do presidente José Sarney, quando as empresas controladas pelo BNDESPar[8] foram passadas novamente às mãos privadas. O Banco atuou como assessor nos processos de privatização, além

---

8   Trata-se do braço de participações acionárias do BNDES.

de financiar uma parcela significativa da compra de proprietários privados. Nos anos 1990, esse processo foi reforçado, bem como o papel do Banco como agente de privatização ao envolver-se na venda de empresas potencialmente rentáveis. Na verdade, o Plano Nacional de Desestatização (lançado pelo presidente Fernando Collor de Mello a partir da Lei 8031/1990) declarava, entre seus objetivos, reduzir o endividamento e aumentar a capacidade de investimento do setor privado, coerentes com o paradigma neoliberal de integração competitiva no sistema internacional. O programa de privatização do Banco tornou-se responsável pela gestão dos recursos financeiros e administrativos em conjunto com o Conselho Nacional de Desestatização (criado pela Lei 9491 de 1997) com um papel fundamental no processo por sua capacidade de financiar a fase anterior à venda (saneamento) e a compra pelos proprietários (PRADO, 1993). Naquele programa foram incluídos setores industriais, serviços públicos e instituições financeiras.

O processo de privatização foi gradual e pode ser dividido em duas etapas. Na primeira, entre 1990 e 1994, foram privatizadas 33 empresas. Entre as vendidas figuram a Embraer, Telebrás, Light e Companhia Siderúrgica Nacional. Todavia, a grande privatização foi a da Companhia Vale do Rio Doce (CVRD), em 1997. Uma característica distintiva nesta primeira etapa é que foram aceitos títulos representativos da dívida pública federal (denominados moedas de privatização), que chegaram a representar 81% dos meios de pagamento. Como no caso da Argentina, foram aceitos pelo valor nominal, bem inferior ao valor de mercado. Os compradores foram empresários nacionais (36%), financeiros (25%), fundos de pensões (14%) e o capital estrangeiro (5%) (BNDES, 2000).

Na segunda etapa, entre 1995 e 2002, os serviços públicos foram transferidos ao setor privado (energia elétrica, financeiras, concessões na área de transporte como rodovias, saneamento, portos e telecomunicações). Houve uma queda no pagamento com moedas de privatização e subiu o de moeda corrente (como resultado do Decreto 724 do Presidente Itamar Franco que obriga a um maior uso de moeda corrente) até chegar a 95% do total. Em troca, aumentou-se o capital estrangeiro até representar 53% e reduziu-se a participação das empresas nacionais. Isto se deve fundamentalmente ao relaxamento sobre a participação de capital estrangeiro que se deu com a resolução 2062/94 do CMN. Essa medida possibilitou a participação, entre outros casos, da *Electricité France* na *Light*, da *Chiletra* na CERJ, da *Iberdrola* na COELBA e da *Southern Electric* e *AES* na CEMG (BNDES, 2000). Entre os bancos privatizados figuram instituições estaduais como o Banerj, Baneb, Paraiban, Bandepa e BEC (MODIANO, 2000; BIONDI, 2001).

Pode-se dizer que houve uma reconfiguração do capitalismo brasileiro que se seguiu ao processo de privatização, após a união entre bancos, empresas de diferentes portes e o grande capital nacional e estrangeiro (MIRANDA & TAVARES, 1999). Na verdade, grande parte dos conglomerados empresariais nacionais expandiu-se nesses anos como resultado do processo de privatização. Tal como no caso da Argentina, houve vencedores e perdedores, sobretudo em razão de ter sido beneficiário ou não da transferência de ativos públicos para mãos privadas. Os vencedores foram os grupos que se expandiram e diversificaram suas atividades, ainda que com uma preponderância da produção e comercialização de *commodities* (agro-indústria e mineração). Grupos como Vicunha, Ipiranga, Odebrecht e Mariani ampliaram sua participação nesta área.[9] No setor das siderúrgicas adquiriram importância o Grupo Gerdau, Benjamin Steinbruch (presidente do Conselho Administrativo da Companhia Siderúrgica Vale), fundador do Grupo Vicunha e o Grupo Simonsen. No setor petroquímico foi beneficiada a Odebrecht e, na área de fertilizantes, destacam-se as empresas Manah, Solerico e Cargill.

No entanto, existem diferenças com relação à Argentina, que merecem ser ressaltadas. Em primeiro lugar, o Estado brasileiro manteve para si a propriedade ou participação acionária em instituições financeiras de fomento e empresas estratégicas. Não foi um processo total de "leilão" – como foi o caso argentino –, uma vez que foram preservados ativos estratégicos como o petróleo e alguns bancos públicos (Petrobrás, Caixa Econômica Federal e Banco do Brasil). Em segundo lugar, no que tange ao financiamento do desenvolvimento produtivo, enquanto a Argentina privatizou o Banade (*Banco Nacional de Desarrollo*), o Brasil manteve o BNDES, que, mesmo com o seu papel fundamental no processo de privatizações, continuou reconhecendo como sua missão a criação de empregos. Em terceiro lugar, criaram-se agências reguladoras que chegaram a ter um maior impacto do que na Argentina. A Anatel (Agência Nacional de Telecomunicações), a Aneel (Agência Nacional de Energia Elétrica), a ANP (Agência Nacional do Petróleo, Gás Natural e Biocombustíveis) e a Anac (Agência Nacional de Aviação Civil), constituíram-se enquanto entidades autônomas para regular e fiscalizar o funcionamento das empresas concessionárias. Em quarto lugar, houve maiores correções de rota e oposições do que no caso argentino. Por outro lado, houve participação dos fundos de pensão de funcionários públicos nos processos de aquisição de ativos públicos, situação que continuou e até mesmo se ampliou, ao contrário do

---

9   Isso explicaria, em parte, a expansão que ocorreu nos anos seguintes, após a reversão da deterioração dos termos de troca, que começou em 2003.

exemplo argentino, onde as ações transferidas aos empregados em muitos casos foram revendidas. Apesar de haver um processo de desnacionalização, este foi mais limitado do que na Argentina. Portanto, estudos privados afirmam que, durante o governo do presidente Fernando Henrique Cardoso, foram desnacionalizadas 1.532 empresas (BNDES, 2000; MODIANO, 2000).

4. A REVERSÃO DO NEOLIBERALISMO E A CONSTRUÇÃO DA AGENDA NEODESENVOLVIMENTISTA

Assim como tem havido "variedades de neoliberalismo", a construção da agenda neodesenvolvimentista apresenta particularidades específicas em cada país, derivadas da eficácia em conformar um projeto nacional e uma agenda de desenvolvimento. As administrações de Nestor Kirchner (2003-2007) e Cristina Fernández (2007-atual), por um lado, e Luiz Inácio Lula da Silva (2003-2010) e Dilma Rousseff (2011-atual), por outro, representaram tentativas de refazer o caminho neoliberal e recuperar o ideário desenvolvimentista. Ambos os modelos buscaram potencializar o mercado interno e consolidar uma disciplina macroeconômica que combina superávit fiscal (muito mais radical no Brasil, durante o governo Lula da Silva) e comercial. Ademais, recupera-se a necessidade de contar com um empresariado como ator chave do desenvolvimento. Neste sentido, diversas estratégias foram implantadas para aumentar o comércio interno e externo.

A Argentina e o Brasil contam com uma "burguesia nacional"[10] que possa atuar como motor do desenvolvimento e propagar práticas empresariais do tipo "schumpeteriano?" Responder a esta pergunta não é simples. Em princípio, é necessário analisar o que se quer dizer quando se fala do empresariado.[11] Produto da histórica heterogeneidade estrutural, nos países da América Latina convive um setor formal com outro informal. O universo empresarial somente inclui grandes empresas nacionais ou multinacionais e inúmeras "atividades refúgio", em que o empreendimento, em geral de muito pequeno porte, é apenas uma opção à falta de emprego formal.

---

10 Birle (1997: 33) define os empresários como um "grupo de pessoas que assume funções de condução e decisão dentro de um sistema econômico capitalista sobre a base da propriedade ou disposição dos meios de produção". Poulantzas (1974), por sua vez, considera os empresários como burguesia nacional.

11 As fontes consultadas são o Indec (Instituto Nacional de Estatísticas e Censos) e IBGE (Instituto Brasileiro de Geografia e Estatística), cujo cadastro central de empresas disponibiliza informações sobre os distintos setores econômicos.

Na Argentina, dados da AFIP (Administração Federal de Renda Pública) mostram que no país operam pouco mais de meio milhão de empresas, grande parte das quais (458.023) têm menos de 10 trabalhadores; em outro extremo, existem 17 grandes grupos econômicos com mais de 5.000 funcionários. Durante os anos 1990, após um longo período de dissolução de empresas privadas, entre 2003 e 2007 foram criadas 20.000 empresas e 400.000 postos de trabalho no setor industrial (KULFAS, 2010).

Apesar da recuperação, considerando uma perspectiva de longo prazo, dois aspectos devem ser destacados: a desnacionalização e a concentração. A tendência de venda de ativos de grupos nacionais a outros estrangeiros se acelerou na década de 1990 e continua sendo um problema. Na atualidade, aproximadamente 70% das maiores 500 empresas do país são de capital estrangeiro,[12] representando 80% das vendas totais. Isto é expresso, por sua vez, em uma fragmentação da representação empresarial baseada na especialização sectorial (agricultura ou indústria, por exemplo) e, principalmente, no tamanho das empresas (pequenas e médias empresas contra grandes grupos) ou, diretamente, pela relação que estabelecem com o Estado/governo. A tendência para articulação por fora da esfera das associações tendeu a crescer.

A concentração e a desnacionalização, combinadas com a falta de vantagens institucionais impacta no setor financeiro. A governança corporativa na Argentina mostra um desenvolvimento fraco. O mercado de capitais é limitado (pouco mais de 100 empresas operam na bolsa em Buenos Aires, em comparação com as mais de 400 operando na Bolsa de São Paulo) e o crédito doméstico é extremamente baixo (28% do PIB) e, frequentemente, focado em créditos ao consumo favorecido por altas taxas de juros. O controle familiar é importante e há pouco espaço para a capitalização (com limitadas exceções), o que dificulta a abertura de novos empreendimentos. As empresas são pouco competitivas no mercado internacional (o superávit comercial é explicado pelo excesso de empresas da cúpula empresarial que compensa o déficit do resto do tecido industrial) e historicamente têm procurado a proteção do Estado.

A intervenção pública de fomento e financiamento tendeu a isentar as empresas de metas de investimento e criação de empregos, o que tem sido funcional às estratégias de *rent-seeking*. Muitas vezes, a solução para os problemas ou a mudança na estratégia de uma empresa é a venda da mesma. Nos últimos 20 anos,

---

12 Página/12, *La UIA también se queja*, 3 de septiembre de 2009. Disponível em:http://www.pagina12.com.ar/diario/economia/2-131096-2009-09-03.html. Acesso em: 23/05/2012.

foram vendidas empresas "paradigmáticas" para o desenvolvimento industrial do pós-guerra argentino, como Quilmes, Alpargatas, Perez Companc, Loma Negra e Swift Armour. A pós-convertibilidade não quebrou o ciclo de venda das empresas nacionais (AZPIAZU & SCHORR, 2010; KOSACOFF, 2007) nem a concentração de investimentos em um grupo limitado de setores com vantagens advindas de sua posição oligopólica e sua inserção exportadora de produtos naturais ou extrativos em um cenário de altos preços internacionais. Mesmo à custa de alta concentração e com altas taxas de lucro, a cúpula empresarial não representa ser um motor de investimento. De fato, a participação do investimento bruto no valor agregado do setor empresarial foi de 24,7% entre 1993 e 2001 e de 14,7% entre 2002 e 2009 (AZPIAZU & SCHORR, 2010). Trata-se de um empresariado concentrado, desnacionalizado ou, no caso das empresas de capital nacional, associado ao capital externo, que não vincula suas decisões à estratégia nacional de desenvolvimento.

No Brasil, segundo o Sebrae-SP, existem mais de 6 milhões de empresas, das quais cerca de 98% pertencem à categoria de MPEs (micro e pequenas). Quanto aos microempreendedores, o Programa Microempreendedor Individual relata a existência de 2 milhões de pequenos empreendedores. Pode-se dizer que, no Brasil, se dá um processo dual: enquanto segue havendo fusões e aquisições, que significam transferir a propriedade de empresas nacionais a grupos estrangeiros acelera-se a dinâmica de internacionalização de grupos locais, sobretudo as "campeãs" nacionais. Na verdade, no ranking da revista *Forbes* (2012), que inclui as maiores empresas do mundo com base nas vendas, lucros, ativos e valor de mercado, o Brasil é o país da região que exibe maior quantidade de empresas, crescendo ano após ano.[13] Concomitantemente, a participação das empresas estrangeiras têm sido alta, em parte derivada do forte influxo de fundos de investimento estrangeiro, impulsionados pela decisão da coalizão de governo de manter um tipo de câmbio valorizado e taxas de juros elevadas, como foi o caso do governo Lula. De toda forma, o impacto nocivo da combinação de câmbio sobrevalorizado e altas taxas de juros sobre a indústria levaram a presidente Dilma Rousseff a promover uma política gradual de redução dos juros nos bancos púbicos e privados.[14] Diferentemente do governo Lula, isso vem contribuindo para a criação

---

13 Entre as maiores empresas deve-se mencionar a Petrobrás (10º), Itaú Unibanco Holding (30º), Banco Bradesco (43º), Banco do Brasil (54º), Vale (56º), Itaúsa (154º), Eletrobrás (320º), Companhia Siderúrgica (536º), Cemig (593º), Oi (601º). É importante destacar que a estatal Petrobrás, décima maior empresa do mundo, conta com um lucro superior a US$ 20 bilhões de dólares e um valor de mercado estimado em US$ 180 bilhões (FORBES, 2012).

14 Desde agosto de 2011, a taxa de juros vem caindo. Entretanto, a partir de abril de 2013, a taxa selic

de condições institucionais a fim de combater o *rent-seeking* e, portanto, o ímpeto voraz do setor financeiro rentista e não produtivo.

A empresa de consultoria KPMG,[15] que mede os processos de fusões e aquisições de empresas, afirmou que o primeiro trimestre de 2012 foi o de maior quantidade de vendas de empresas desde 1994: foram 204, das quais 99 de capital estrangeiro e 74 de capital nacional, basicamente nas áreas de tecnologia da informação (27 empresas), energia (12) e comunicação (23). O processo de venda de empresas nacionais a grupos estrangeiros mostrou intensidade desigual, mas não desacelerou. A mesma fonte indica que 26 empresas foram desnacionalizadas em 2005, 115 em 2006, 143 em 2007, 110 em 2008, 91 em 2009 e 175 em 2010. Em 2011, houve 817 fusões e aquisições e mais uma em 2012. Das cinco maiores siderúrgicas, um setor chave para a consolidação de um projeto industrial, três são de capital externo.[16] Os 12 maiores grupos nacionais concentram 50% de 397 empresas listadas pelo ranking elaborado por IMD (Instituto Mais Democracia) e EITA (Cooperativa Educação, Informação e Tecnologia para a Autogestão).[17]

Na Argentina, o processo de desnacionalização e concentração é um problema de difícil reversão. Diante disso, além de que na retórica o governo apela para a "construção de um capitalismo sério... (para ter) empresários e não gerentes de multinacionais..." não tem havido estratégias que "discriminem" positivamente o empresariado nacional. Por outro lado, subsiste uma herança neoliberal em matéria de tratamento dos investimentos. Durante a década das reformas de mercado, a Argentina assinou 58 tratados bilaterais de promoção e proteção recíproca de investimentos, acordos que reconhecem "proteção" ao investidor e oferecem tratamento de "nação mais favorecida" e a obrigação de compensar aquele no caso de quebra de contrato ou expropriação. Ademais, reconhecem as transferências de lucros (divisas) para os seus países e, em caso de controvérsias, o direito de

---

vem subindo, atingindo os atuais 10,00% ao ano. Trata-se de uma medida para combater o aumento (persistente) da inflação – que limitou o aumento real de salários no primeiro semestre de 2013 – e assegurar que essa tendência persista no próximo ano (BANCO CENTRAL, 2013). A consequência negativa da elevação das taxas de juros é a retração do crescimento da economia brasileira.

15 Dados extraídos de Carlos Lopez, A desnacionalização da economia do Brasil. Blog de um sem--midia. Disponível em: <http://blogdeumsem-mdia.blogspot.com.ar/2013/01/economia-desnacionalizacao-da-economia.html>. Acesso em: 2 out. 2013.

16 Arcelor Mittal, Usiminas (que abriu recentemente seu capital ao grupo Ítalo-argentino Techint) e Thyssen Krupp (Companhia Siderúrgica do Atlântico).

17 Ranking *Proprietários do Brasil*. Disponível em: <http://www.proprietariosdobrasil.org.br/index.php/es-ES/ranking>. Acesso em: 15 jun. 2013.

ir a um tribunal internacional. Os tratados são muito diferentes, mas alguns são claramente prejudiciais à soberania nacional. Isto é complementado pelo reconhecimento dos tribunais arbitrais internacionais: o Ciadi, Centro Internacional para Arbitragem de Diferenças, pertencente ao Banco Mundial e onde a Argentina representa um terço do total de reclamações. O Brasil, em um reconhecimento de sua capacidade soberana, não adere ao Ciadi, e diferentes tratados de investimento não têm sido ratificados pelo Senado.

Tendo em vista que a privatização de ativos consolidou um grupo de empresas com uma relação patrimonial com o Estado, a intervenção por meio de políticas setoriais, no período pós-neoliberal, reproduz vícios históricos. Como afirmam Azpiazu e Schorr (2010: 276) "a principal política industrial implantada na pós-convertibilidade foi vinculada ao fomento a determinados investimentos setoriais, que foram incorporados na Lei 25.924 de Promoção de Investimento em Bens de Capital e Obras de Infraestrutura..." sancionada em 2004 e prorrogada em 2008 por meio da Lei 26.360. A eficiência do regime sobre o fortalecimento do tecido produtivo e a criação de empregos é questionável: o acumulado dos seis concursos implicou um desembolso de 10 bilhões de pesos com um custo fiscal de 1.800 bilhões, a projeção de criar 7.800 postos de trabalho e um aumento de 4.500 bilhões de dólares nas exportações. O mecanismo foi basicamente solicitado por grandes empresas, concentradas em um grupo limitado (em sua maioria, grandes exportadores) e tendeu a reforçar a sua posição hegemônica local (AZPIAZU & SCHORR, 2010). Do mesmo modo que acontece no Brasil com a estratégia das "campeãs nacionais", é plausível questionar qual a racionalidade e de financiar grupos que contam com recursos próprios para fazer investimentos.

A intervenção estatal foi implantada por meio de diferentes mecanismos. Em primeiro lugar, apelou-se para uma suposta "argentinização" do empresariado a partir de distintas tentativas de influir no comportamento deste ator. Em segundo lugar, foram adquiridas ou criadas empresas públicas. Desde o início da presidência de Kirchner tem havido um apelo para instituir um "capitalismo sério" e recuperar o controle social sobre a atividade econômica. Esse processo não foi isento de conflitos entre a coalizão governamental e o setor privado, especialmente as frações que não se sentiam beneficiadas pelo "modelo", como os setores rurais.

No Brasil, a existência do BNDES representa, claramente, uma *vantagem institucional comparativa* com relação ao caso argentino. Após o período em que atuou como agente de privatização e desde a chegada ao poder da heterogênea coalizão desenvolvimentista capitaneada por Lula da Silva, a instituição retomou o seu papel de promotor do desenvolvimento. Em 2012, o BNDES investiu R$ 156 bilhões, 12%

a mais que o ano anterior, dos quais R$ 50 bilhões foram para as micro e pequenas empresas (o maior valor da história) por meio de várias linhas de crédito como PSI, Cartão BNDES, Properen e Programas Agrícolas. O restante dos investimentos foi para as grandes empresas, correspondendo R$ 37.023 milhões para a indústria, R$ 15.606 milhões para o comércio, R$ 2.145 milhões para o *agrobusiness* e R$ 40.142 milhões para infraestrutura. Os montantes investidos mostram um crescimento exponencial nos últimos cinco anos,[18] bem como a determinação para enfrentar a crise com investimento público (BNDES, 2013). De acordo com o Banco, os recursos continuam a crescer. As perspectivas da entidade para o período 2013-2016 estabelecem um investimento na indústria de R$ 1.033 bilhões, em infraestrutura de R$ 489 bilhões e em serviços de R$ 217 bilhões.[19]

Todavia, diversas críticas são esboçadas a estratégia de apoio às "campeãs nacionais". Mesmo quando o presidente do Banco, Luciano Coutinho, disse recentemente que a estratégia acabou,[20] é cedo para afirmar que essas palavras expressem uma mudança no financiamento ao empresariado nacional. Diversos grupos receberam vultosos recursos para a iniciativa de internacionalização orquestrada pelo governo, como por exemplo, JBS, Marfrig, Fibria, Tatus, LBR, Linx e Oi. As empresas envolvidas na comercialização e exportação de produtos naturais representam 65% das supostas "campeãs".[21] Por outro lado, o Banco providenciou financiamento a grupos estrangeiros, como a compra da Brahma pela Ambev e Telefônica Oi, vendida pelo Grupo Jereissati a Portugal Telecom. No entanto, vale ressaltar que o Estado compõe a estrutura acionária e decisória de vários grupos. Os fundos de pensão ganham

---

18   Os desembolsos foram R$ 92,2 bilhões em 2008, R$137,4 bilhões em 2009, R$ 168 bilhões em 2010, R$ 139,7 bilhões em 2011 e 156 bilhões em 2012 (BNDES, 2013). O financiamento para as micro, pequenas e médias empresas passou de R$ 27,9 bilhões em 2009; 45,6 bilhões em 2010; 49,7 bilhões em 2011 e atingiu o recorde de 50,1 bilhões em 2012. Ver: BNDES, *Desembolsos do BNDES atingem R$ 156 bilhões em 2012, alta de 12%*. Disponível em: <http://www.bndes.gov.br/SiteBNDES/bndes/bndes_pt/Institucional/Sala_de_Imprensa/Noticias/2013/institucional/20130122_Desempenho12.html>. Acesso em: 5 mar. 2013.

19   Ver BNDES, *Desempenho do BNDES em 2012*. Disponível em: <http://www.bndes.gov.br/SiteBNDES/export/sites/default/bndes_pt/Institucional/Sala_de_Imprensa/Galeria_Arquivos/201301_-_COLETI-VA_-_DESEMPENHO_BNDES_2012_V6_-_IMPRENSA.pdf>. Acesso em: 8 mar. 2013.

20   Disponível em: <http://economia.estadao.com.br/noticias/economia-geral,bndes-decide-abandonar-a-politica-de-criacao-de-campeas-nacionais,151356,0.htm>. Acesso em: 20 ago. 2013

21   "Campeãs nacionais do BNDES patinam". *O Estado de São Paulo*, 10/03/2013. Disponível em: <http://www.estadao.com.br/noticias/impresso,campeas-nacionais-do-bndes-patinam-,1006808,0.htm>. Acesso em: 18 jul. 2013.

proeminência na composição acionária das grandes empresas, como é o caso da Previ, na Vale, e da Petros, no Itaú.

Diversas implicações do processo de desnacionalização e concentração impactam sobre a possibilidade de articular um processo de desenvolvimento. Em primeiro lugar, há uma fragmentação da representação de interesses, complexificando o seu processo de articulação e complementaridade. A situação não é homogênea e pode ser expressa de modo diferencial, mas é verdade que se observa uma fragmentação nas associações de interesses e maior poder das grandes empresas para canalizar suas demandas. Na Argentina, a UIA (*Unión Industrial Argentina*) não só esteve ligada historicamente às grandes empresas (a tal ponto que é crucial o apoio que o maior grupo empresarial nacional, Techint, fornece à instituição), mas também se formou uma associação relativamente jovem (AEA – *Asociación Empresaria Argentina*) que expressa diretamente os interesses dos grandes grupos. Em patamar oposto, as diversas câmaras representantes das pequenas e médias empresas ou a confederação que as envolve (*Fedecámaras*, CAME – *Cámara Argentina de la Mediana Empresa*, CGE – *Confederación General Empresaria*), apresentaram menor poder de pressão e capacidade para instalar temas na agenda pública. Além disso, juntamente com a fragmentação da representação de interesses, o fato de que as maiores empresas com capacidade diferencial de investimento sejam subsidiárias de multinacionais estrangeiras, significa, muitas vezes, que as decisões estratégicas são tomadas fora do país. Torna-se cada vez mais difícil para os governos nacionais criar condições para a cooperação público-privada como eixo dos acordos nacionais de médio e longo prazo.

No passado, os diversos formatos corporativos tenderam a canalizar a representação de interesses do mercado e do mundo do trabalho, com a ajuda de poderosas organizações sindicais e um Estado forte, capaz de arbitrar entre as diferentes demandas conflitantes. As experiências corporativistas, em suas várias formas, mobilizaram a cooperação dos empresários com oEstado e geraram um determinado tipo de postura daqueles e dos trabalhadores. Na América Latina, tem havido diferentes experiências mais fortes de corporativismo (México e Brasil) ou mais fracas (Chile e Venezuela), gerando distintas trajetórias ou modelos de transição para o fortalecimento do empresariado (BOSCHI, 2006). Em alguns casos, o corporativismo estatal foi fundamental para o fortalecimento do empresariado (México e Peru); em outros, houve uma fragmentação corporativa e empresarial (Brasil e Argentina) e; finalmente, há exemplos de corporativismo fraco e hegemonia empresarial (Chile e Venezuela). Em todos os casos, como já foi analisado (BOSCHI,

1995; DINIZ & BOSCHI, 1991), a estrutura de representação das associações empresariais[22] constitui uma característica importante no momento de conformaçãoda identidade coletiva do setor privado frente ao Estado. Certos fatores de índole geopolítica combinaram-se para facilitar a cooperação entre o Estado e o setor privado, em face da ameaça latente aos interesses de ambas as esferas. Em segundo lugar, se gera um freio à inovação. A capacidade de gerar tecnologia endógena, incorporando e massificando o seu uso no interior da sociedade, constitui um aspecto crucial de todo processo de desenvolvimento (CEPAL & IDRC, 2007; CIMOLI, 2005).

A posição relativa de um país ou região no mercado internacional está intimamente relacionada com a capacidade de gerar e ampliar o uso da tecnologia[23] entendida como um fator-chave para alcançar ganhos de competitividade que assegurem maior presença nos mercados mundiais. A ausência de empresas locais de porte e capacidade autônoma de investimento tem um forte impacto sobre os níveis de inovação e competitividade. As empresas multinacionais investem mundialmente mais de US$ 80.000 milhões em tarefas de pesquisa e desenvolvimento em países não centrais, mas a América Latina fica relegada do foco dos investimentos, uma vez que a maior parte desta pesquisa se dá em países do Leste Europeu, o Sudeste Asiático e a Índia. A América Latina responde por apenas 1% das despesas de pesquisa global (GLOBAL R&D GLOBAL FORECAST, 2012). Considerando as 2.000 empresas que mais investem em pesquisa e desenvolvimento no mundo, apenas 1,35% são da América Latina, ou seja, apenas 27. Mas de origem latino-americana, apenas três. O resto pertence

---

22   O grau de organização e fortalecimento das associações empresariais também tem sido fundamental na promoção dos processos de ajuste estrutural. Por exemplo, as privatizações avançaram muito menos no caso brasileiro, em parte por haver sofrido oposição dos setores organizados que conseguiram atenuar o impacto das mesmas. A fragmentação do empresariado argentino e a maior organização de seus pares brasileiros, caracterizados pelo forte pragmatismo e estruturados em associações corporativas e uma teia de outras entidades a sua margem foram, em geral, receptivos às reformas, embora as mesmas impactassem diferentemente sobre os distintos segmentos da indústria.

23   Um olhar sobre a história mostra que os processos de desenvolvimento têm se assentado na difusão maciça de tecnologia como garantia da irreversibilidade do progresso social. Este tem sido o caminho dos modelos clássicos de desenvolvimento por Revolução Industrial do século XIX (EUA, Alemanha e Japão) e dos *Newly Industrialized Countries* (NICs – Países de Industrialização Recente) asiáticos, na segunda metade do século XX (tanto dos dragões pioneiros como Singapura e Coreia do Sul como os posteriores tigres Malásia, Tailândia, Vietnã e Taiwan) ou o caso recente da Irlanda. Trata-se de experiências que fizeram especiais esforços para aumentar a capacidade de geração e captação de tecnologia por parte da população em seu conjunto. Ao contrário da América Latina, que teve a sua fase de crescimento assentada na exportação de matérias primas e de indústrias de matrizes estrangeiras, os países asiáticos têm investido grandes somas em pesquisa e desenvolvimento, sistemas universitários, renovação tecnológica e diversificação do aparato produtivo (KOHLI, 2009).

à Península Ibérica (22 espanholas e 2 portuguesas). As latino-americanas são a Empresa Brasileira de Aeronáutica (Embraer), a Companhia Vale, mineradora de alcance global e Petróleo Brasileiro (Petrobrás). Não parece haver um impacto do investimento estrangeiro direto (em auge na região nos últimos anos) sobre o sistema nacional de inovação.

Em terceiro lugar, o investimento externo, que foi apresentado pelo pensamento neoliberal como imprescindível, pode não ser funcional às estratégias nacionais de desenvolvimento. De acordo com Bresser-Pereira (2010), um país não precisa de capitais externos nem deve ter déficit em conta corrente. Os grandes interessados no investimento externo são as empresas estrangeiras que capturam mercados externos (em crescimento) sem oferecer, em contrapartida, seus próprios mercados internos. Em sua opinião, somente seria interessante se transferissem tecnologia, mas ocorre o contrário; importam a tecnologia e aprofundam a transferência de divisas ao exterior. Entre os problemas, deve-se mencionar que apreciam a moeda local (pelo alto ingresso de capitais), aumentam somente o consumo sem necessariamente aumentar as exportações ou a inovação e se apropriam do mercado doméstico. Ademais, corre-se o risco de desindustrialização. Um problema é a distribuição de dividendos. O envio de remessas das empresas subsidiárias às matrizes no exterior representa uma pressão sobre o resultado da conta corrente.[24] Inicialmente, este problema é muito mais importante no Brasil, onde as remessas líquidas de renda para o exterior superaram os US$ 35 bilhões em 2012.[25] De toda forma, há janelas de oportunidade para a intervenção pública. Nos últimos anos,

---

24 Adriano Benayon. *Desnacionalização galopante*. Instituto Joao Goulart, 2013. Em artigo recente, o autor assinala que, no Brasil, os déficits nas transações correntes com o exterior se vêm avolumando. Somaram US$ 204,1 bilhões de 2008 a 2012 (US$ 54,2 bilhões só em 2012). Disponível em: <http://www.institutojoaogoulart.org.br/noticia.php?id=8323>. Acesso em: 7 nov. 2013.

25 De acordo com o chefe do Depec, somaram US$ 6,543 bilhões no último mês de 2012, com leve aumento de 1,7% em relação a dezembro de 2011. Com esse desempenho, as remessas líquidas de renda para o exterior acumuladas durante 2012 ficaram em US$ 35,448 bilhões, dos quais US$ 24,112 bilhões em lucros e dividendos e US$ 11,847 bilhões com pagamento de juros. Ver: "Gastos de brasileiros no exterior chegam a US$ 22,2 bilhões em 2012". *Agora Noticias*. Disponível em: <http://www.agoranoticias.net/brasil/gastos-de-brasileiros-no-exterior-chegam-a-us-22-2-bilh-es-em-2012>. Acesso em: 10 dez. 2013. Neste contexto, Fernando Nogueira da Costa afirma: "Nos últimos 12 meses até agosto de 2013, 66% do déficit em rendas corresponde a lucros e dividendos remetidos por empresas que, em sua maioria, entraram durante a abertura neoliberal no Brasil, nos anos 90, e aproveitam-se, nas décadas seguintes, da ampliação do mercado consumidor interno. Outros 35% correspondem a juros pagos por empresas que emitiram bônus no exterior". Ver: Déficit em Conta Corrente: de Pagamento de Juros a Remessa de Lucros e Dividendos. Disponível em: <http://fernandonogueiracosta.wordpress.com/2013/11/14/deficit-em-conta-corrente-de-pagamento-de-juros-a-remessa-de-lucros-e-dividendos/>. Acesso em: 12 dez. 2013.

devido à erosão do superávit fiscal na Argentina, medidas vêm sendo adotadas para dificultar a remessa de lucros das empresas às suas matrizes.

Uma vez que o empresariado é heterogêneo, o Estado conta com capacidades para "disciplinar" o mercado, de modo a torná-lo um ator schumpeteriano? As capacidades estatais[26] são definidas como a habilidade de um Estado para fixar objetivos e poder cumpri-los. Isso inclui "disciplinar" o mercado (WADE, 1990; AMSDEN, 2001), intervir por meio de políticas públicas com o objetivo de quebrar a herança neoliberal e gerar instituições que tendem a uma articulação virtuosa entre o setor público e o privado. A mudança institucional não é simples (AMABLE & PALOMBARINI, 2009; HALL & GINGUERICH, 2004; HALL & THELEN, 2009; JACKSON & DEEG, 2006). Em princípio, a consolidação de uma estratégia de desenvolvimento mobiliza apoios, mas também gera oposições de vários tipos, particularmente daqueles que veem a sua posição ameaçada. No Brasil, tem havido uma tentativa muito mais articulada desde o início da gestão da coalizão identificada com uma perspectiva desenvolvimentista.

Na Argentina, pode-se dizer que o "modelo" tem sido muito mais exploratório, sem recuperar a função de planejamento estatal. O plano denominado "Orientações Estratégicas para o Desenvolvimento Produtivo. Primeira Reunião de Discussão", apresentado em maio de 2007, com a assinatura da então Ministra da Economia, Felisa Miceli, estabelece o diálogo entre os setores para levar a cabo ações nas estruturas macroeconômica e produtiva, mas não foi discutido com as associações ou atores empresariais e tampouco estabeleceu mecanismos de diálogo e geração de consensos. O governo anunciou várias vezes à criação de um "Conselho de Diálogo", mas este nunca foi implementado. Nesse sentido, em 2008, surgiu a proposta de instituir um Conselho Econômico e Social do Bicentenário com 16 trabalhadores e 16 empresários mais o Estado; no ano seguinte, a nova proposta incluia os Ministérios

---

26 Na perspectiva de Weaver e Rockamn (1993) entre as capacidades estatais se incluiriam: (1) definir prioridades entre as diferentes demandas feitas ao poder público; (2) canalizar os recursos onde sejam mais efetivos; (3) inovar quando for necessário, ou seja, sempre que velhas políticas demonstrem sinal de esgotamento; (4) coordenar objetivos em atrito; (5) poder impor perdas aos grupos poderosos; (6) garantir a efetiva implementação das políticas logo após terem sido definidas; (7) representar os interesses difusos e menos organizados, além dos poderosos e mais organizados; (8) garantir a estabilidade política para que as políticas públicas possam ter tempo de maturação na sua implementação; (9) estabelecer e manter compromissos internacionais em comércio e defesa, de modo a alcançar o bem estar no longo termo; (10) gerenciar divisões políticas de modo a garantir que não haja atritos internos. Por sua vez, STEIN e TOMMASI (2007) incorporam mais três capacidades: (1) garantir a adaptabilidade das políticas quando for necessário; (2) viabilizar a coerência entre as diferentes esferas de políticas, de modo que as novas políticas se encaixem com as já existentes; e (3) estabelecer uma coordenação eficaz entre os diferentes atores que atuam em um mesmo âmbito de políticas.

de Trabalho e Planejamento e as Secretarias Jurídica e Técnica da Presidência com uma formação de 60 membros, incluindo representantes de trabalhadores, empresários, partidos políticos, organizações de consumidores e universidades. Em 2010 foi aununciado o mesmo esquema, mas com a agregação do diálogo interreligioso. A última tentativa, talvez a mais acabada, foi promovida pelo Ministério do Trabalho e a Secretaria Legal e Técnica. No Conselho para o Diálogo Social houve reuniões entre a presidenta Fernández e várias câmaras. A única instituição formal de articulação entre empresários e trabalhadores é o Conselho Consultivo de Emprego, Produtividade e Salário Mínimo Vital e Móvel, criado pela Lei 24.103/91 e hierarquizado por decisão do ex-presidente Kirchner, mas este organismo foca em salários, condições salariais e competitividade. Não é uma organização abrangente, razão pela qual não institucionaliza uma visão de longo prazo.

No Brasil, a preocupação por recuperar a vantagem de contar com instituições de coordenação está presente desde o início da gestão do governo de centro-esquerda, eleito em 2002. Sendo assim, foram criados diferentes organismos a fim de tentar construir uma estratégia de desenvolvimento. A despeito das similitudes com a "Era Vargas" no que concerne à supremacia do Poder Executivo no arcabouço institucional republicano brasileiro, pode-se falar de uma modalidade de "corporativismo societal" (BOSCHI, 2010a), configurando um desenho institucional que dá lugar a uma tendência à democratização do ciclo de políticas públicas. Tal ordenamento institucional diverge frontalmente do corporativismo bifronte e bipartite do Nacional-Desenvolvimentismo (1930-1980), que privilegiava sumamente a interlocução Estado/empresariado, bem como marginalizava as camadas trabalhadoras dos processos decisórios atinentes às políticas públicas. De fato, essa nova agenda desenvolvimentista tem se mostrado mais porosa, permeável e *accountable* às reivindicações da sociedade, ainda que privilegie majoritariamente o empresariado. O Conselho de Desenvolvimento Econômico e Social (CDES),[27] órgão consultivo da

---

27   Criado pela Lei n° 10.683, de 28 de maio de 2003, cabe ao Conselho de Desenvolvimento Econômico e Social (CDES) assessorar o Chefe do Executivo na formulação de políticas, diretrizes específicas, apreciar propostas de políticas públicas, de reformas estruturais e de desenvolvimento econômico que lhes sejam submetidas pelo Presidente da República para a articulação das relações do governo com a sociedade civil. Os seus membros são designados por ato formal do Presidente por dois anos, com possibilidade de recondução (CDES, 2013). Outrossim, o CDES, segundo Doctor (2007: 131-148) é quase totalmente dependente do Executivo, que definiu não somente a sua estrutura e o conjunto de seus membros, mas também a sua agenda, reduzindo o seu escopo de ação autônoma. Cabe apontar que o CDES sofria de fraquezas relacionadas à sua estrutura formal e de funcionamento. Em primeiro lugar, ele exibia um pesado viés em favor do setor empresarial. Por conta disso, a assimetria na representação da sociedade civil causou ressentimento da parte dos membros desfavorecidos ou sub-

Presidência da República à sociedade civil, constitui um canal institucionalizado de negociação de acordos entre os diversos atores sociais e o governo. Em relação à agenda de reformas, tem significado a maior inovação política e institucional do governo Lula. Trata-se de uma forma que permite a criação de pactos sociais sustentáveis, permitindo, além das reformas necessárias, a reconstrução do tecido social e a configuração de uma comunidade política nacional.

No atual governo Dilma Rousseff, o CDES completou 10 anos de existência.[28] Neste âmbito foi amplamente debatido o "Roteiro para uma Agenda Política de Desenvolvimento". A existência do CDES, juntamente com a Agência Brasileira de Desenvolvimento Industrial (ABDI), enquanto instância defensora de uma proposta de política industrial coloca o país em uma posição favorável do ponto de vista das condições institucionais para o desenvolvimento. Os Conselhos de Competitividade, lançados recentemente pela presidente Dilma Rousseff e integrados por empresários, sindicatos e membros do governo, constituem outro ambiente institucional que tende a melhorar o processo de crescimento, sobretudo para monitorar as metas do *Plano Brasil Maior*.[29] Por outro lado, as

---

-representados, especialmente os sindicatos e os movimentos sociais. Em segundo lugar, a distribuição geográfica dos seus membros foi severamente enviesada em favor das regiões mais desenvolvidas do Sul e do Sudeste do país, com 46% dos membros do Conselho oriundos do estado de São Paulo.

28   A sua composição é a seguinte: Presidente do CDES (Presidente da República Dilma Rousseff), Secretário Executivo (Ministro de Estado Chefe da Secretaria de Assuntos Estratégicos Marcelo Neri), Comitê Gestor do CDES (é constituído por 6 membros, dos quais 2 pertencem ao setor privado, 2 são sindicalistas e os demais são professores universitários e/ou pesquisadores, sendo 1 deles representante de Organizações Não Governamentais – ONGs), Conselheiros da Sociedade Civil (com 89 membros, sendo que 51 destes representam o empresariado e 38 a sociedade civil, que incluem profesores universitários/ pesquisadores, representantes de ONGs, sindicalistas, 1 membro de fundo de pensão, 1 liderança religiosa da Igreja Católica, 1 liderança estudantil da UNE, magistrados e ex-governantes) e Conselheiros do Governo (contemplam os Ministros de Estado das seguintes instâncias: Banco Central, Secretaria de Políticas para as Mulheres, Secretaria Geral da Presidência da República, Ministério da Fazenda, Secretaria de Relações Institucionais, Gabinete de Segurança Institucional da Presidência da República, Ministério do Trabalho e Emprego, Secretaria de Assuntos Estratégicos e Instituto de Pesquisa Econômica Aplicada, Ministério do Planejamento, Orçamento e Gestão, Ministério das Relações Exteriores, Ministério do Desenvolvimento, Indústria e Comércio Exterior, Casa Civil da Presidência da República, Secretaria de Comunicação Social da Presidência da República, Ministério do Meio Ambiente, Secretaria de Políticas de Promoção da Igualdade Racial, Ministério da Pesca e Aquicultura, Secretaria de Direitos Humanos e, por fim, o Ministério do Desenvolvimento Social e Combate à Fome) (CDES, 2013).

29   O Plano Brasil Maior é a política industrial, tecnológica e de comércio exterior do governo Dilma Rousseff. Surge num contexto conturbado da economia mundial. De um lado, os países desenvolvidos mergulhados numa crise sem precedentes desde a Grande Depressão de 1929, podendo levar o mundo para uma crise sistêmica. De outro, o vigor econômico dos países emergentes liderados pelo crescimento chinês, tem garantido o crescimento da economia mundial e evitado o *débâcle*.

Conferências Nacionais de Políticas Públicas apontam para novas modalidades de *interface socioestatal*. Trata-se de uma proposta de "democratização das políticas públicas" e de "participação social como método de gestão" em matéria de formulação, implementação e monitoramento de políticas públicas (IPEA, 2012a). Nesta direção, a pesquisa de Thamy Pogrebinschi e Fabiano Santos focaliza 92 Conferências Nacionais de Políticas Públicas, entre 1988 e 2009. Segundo os autores, não somente as conferências tornaram-se mais efetivas no cenário político, assim como o reforço entre as dimensões representativa e participativa da democracia adquiriu maior robustez.[30] A emergência de novos espaços democráticos, bem como de novos atores envolvidos na gestão das políticas públicas, pode, entretanto, ser encarado como forma de aprimoramento da representação política, e não como um indício de enfraquecimento das suas instituições. Desta forma, *as práticas participativas e deliberativas de democracia não são antípodas à democracia representativa, mas constituem mecanismos de reforço do sistema político democrático em seu conjunto.* Isto vem ocorrendo no Brasil por meio de saudável dinâmica institucional observável entre as conferências nacionais e o Congresso Nacional (POGREBINSCHI & SANTOS, 2011). É importante ressaltar, contudo, que esta tendência foi mais intensa no governo Lula do que na gestão de Dilma Rousseff (em curso).

Pode-se dizer que o Estado brasileiro mantém uma série de mecanismos de concertação entre Estado e mercado, enquanto arenas de mediação e de canalização das demandas do setor privado. Daí a notória centralidade do Poder Executivo

---

Este programa tem um desafio colossal: (1) sustentar o crescimento econômico inclusivo num contexto econômico adverso; e (2) sair da crise internacional em melhor posição do que entrou, o que resultaria numa mudança estrutural da inserção do país na economia mundial. Para tanto, o Plano tem como foco a inovação e o adensamento produtivo do parque industrial brasileiro, objetivando ganhos sustentáveis da produtividade do trabalho. A estabilidade monetária, a retomada do investimento e crescimento, a recuperação do emprego, os ganhos reais dos salários e a drástica redução da pobreza criaram condições favoráveis para o país dar passos mais ousados em sua trajetória rumo a um estágio superior de desenvolvimento. O Plano adotará medidas importantes de desoneração dos investimentos e das exportações para iniciar o enfrentamento da apreciação cambial, de avanço do crédito e aperfeiçoamento do marco regulatório da inovação, de fortalecimento da defesa comercial e ampliação de incentivos fiscais e facilitação de financiamentos para agregação de valor nacional e competitividade das cadeias produtivas (PLANO BRASIL MAIOR, 2013).

30 As conferências tornam-se mais inclusivas, por conta do aumento de sua amplitude e abrangência, por reunirem um conjunto cada vez mais diverso e heterogêneo de grupos sociais representativos da sociedade civil como ONGs, movimentos sociais, sindicatos de trabalhadores, entidades empresariais e entidades profissionais ou não. Os temas tratados aparecem na seguinte ordem de importância: (1) Direitos Humanos; (2) Educação, Cultura, Assistência Social e Esporte; (3) Minorias; (4) Saúde; (5) Estado, Economia e Desenvolvimento; e (6) Meio Ambiente. (POGREBINSCHI & SANTOS, 2011).

no arcabouço institucional republicano brasileiro, o papel das trajetórias prévias e características institucionais do Estado, bem como as correções de rota operadas nas percepções das elites estratégicas. Além disso, enquanto um elemento crucial do sistema político brasileiro, o Poder Executivo deve ser considerado: (1) enquanto articulador de burocracias weberianas, constituídas ao longo do tempo, (2) enquanto formatador das relações capital/trabalho; e (3) enquanto articulador das relações do setor privado com o Estado por meio de uma estrutura corporativa de representação de interesses. Por conseguinte, convém salientar a mudança operada no "quadro de referência" das atuais elites dirigentes em face das reformas orientadas para o mercado, nos anos 1990 (KOHLI, 2004; BOSCHI, 2010b; BOSCHI & LIMA, 2002; BECKER, 2009). Todavia, no caso argentino, ambos os processos estão isentos de conflito. Em parte, essa ausência de mecanismos formais e permanentes de discussão entre os atores ajuda a entender o caráter de soma zero dos conflitos suscitados entre a presidente Fernández e as quatro organizações representativas dos produtores agrícolas em 2008. Além do transtorno econômico da medida, não houve um diálogo formal com as entidades que seriam afetadas por uma iniciativa que tentava modificar a base tributária dos produtores agrícolas, que não foram notificados ou convocados a elaborar um plano de médio e longo prazo para o setor-chave da economia Argentina. Após 21 dias de paralização das atividades foi proposta a formação de uma "mesa de diálogo", sem mais detalhes.

Apesar das vantagens institucionais do Brasil, o governo argentino tem aumentado o seu grau de intervenção. Na verdade, a crise de 2009[31] impulsionou a intervenção estatal. Por um lado, aumentou significativamente o investimento público para suportar a demanda. Ao mesmo tempo, assinou o Decreto 441/2010, que recupera o controle dos depósitos de pensão administrados pela AFJP (Administradores de Fundos de Aposentadoriase Pensões). O processo de estatização coloca uma situação que ainda deve ser analisada em sua real dimensão: a conversão do Estado em acionista de uma grande quantidade de empresas privadas, de setor estão diversos como empresas de energia, bancos, comercializadoras de cereais ou grandes cadeias comerciais, com um nível desigual de participação estatal. No ano passado, houve um avanço na nomeação de representantes nos diretórios. Assim, até o final de 2012, quando 43 diretores serão nomeados na

---

31   Em 2009, o PIB do país encolheu apenas 0,9%, muito menos do que no Brasil (5,1%) e no México (6,5%). O governo mostrou uma atitude ativa para sustentar a demanda por meio do gasto público. Este foi crescendo em importância, especialmente em 2008 e 2009.

representação da ANSES em 31 empresas,[32] entre as quais incluem corporações estratégicas para o setor de energia como gás Natural Ban, Edenor, Gás Cuyano, Transener, Pampa Energía, Edesa Central Costanera, Camuzzi Pampeana, bancos como o Macro e grandes empresas como Siderar. Em alguns casos, os processos não tinham sido isentos de conflitos, sendo o mais notório que ocorreu entre o governo e a Techint. Em 2012 foram impostas restrições à saída de capitais e a obrigação de reter ganhos, controle de câmbios e de importações.[33]

5. PALAVRAS FINAIS

O desenvolvimento voltou ao centro do debate público, renovando a agenda de pesquisa da Economia Política e das Ciências Sociais para fortalecer os processos internos e melhorar o clima externo que induz o otimismo, principalmente devido à reversão da deterioração dos termos de troca que sofreu a região até o início do século XXI. Este artigo é de natureza exploratória e visa recuperar a análise sobre os empresários e seu papel como atores políticos e mobilizadores de investimento e inovação para construir uma estratégia de desenvolvimento. Para tanto, foi analisado o papel do Estado e suas instituições a fim de disciplinar o mercado e estabelecer uma agenda desenvolvimentista. Uma dinâmica bem sucedida de desenvolvimento implica inovação, investimento do empresariado diante de situações de risco, regras claras, instituições para processar/canalizar o conflito, burguesia disciplinada e articulação Estado/mercado de modo a evitar o *rent-seeking*. Ademais, um projeto nacional de desenvolvimento deve forjar uma agenda que inclua a estabilidade macroeconômica, políticas sociais, políticas de diversificação do comércio exterior e um sistema nacional de inovação, o que torna prioritário o investimento em P&D.

A Argentina e o Brasil passaram por duas grandes transições nas últimas três décadas: do modelo de substituição de importações ao neoliberalismo e deste à construção (ainda não definida e, portanto, não isenta de problemas, limitações e contradições) de uma agenda neodesenvolvimentista. Em ambos os países, o empresariado tem sido vítima das pressões externas, que são muito mais acentuadas

---

32 "El mensaje". *Página 12*, 06/05/2012. Disponível em: <http://www.pagina12.com.ar/diario/economia/2-193424-2012-05-06.html>. Acesso em: 9 out. 2012.

33 "El Gobierno volverá a frenar el giro de dividendos este año para pagar dólares". *Cronista Comercial*, 14/01/2013. Disponível em: <http://www.cronista.com/economiapolitica/El-Gobierno-volvera-a-frenar-el-giro-de-dividendos-este-ao-para-cuidar-dolares-20130114-0068.html>. Acesso em: 9 out. 2012. Ver também, "Cómo se fue estrechando el cepo cambiario". *Clarín*, 5/9/2012. Disponível em: <http://www.ieco.clarin.com/economia/Cronologia-estrechando-cepo-cambiario_0_768523345.html>. Acesso em: 16 jan. 2013.

no caso da Argentina. Tanto a Argentina como o Brasil, após a chegada ao poder de coalizões intervencionistas, tentam refazer o caminho neoliberal, sendo mais articulado o caso brasileiro, onde foram preservadas a coordenação Estado/empresariado e uma série de instituições públicas (Conselho de Desenvolvimento Econômico e Social, Agência Brasileira de Desenvolvimento Industrial, Conferências Nacionais de Políticas Públicas) para incorporar os atores estratégicos ao ciclo de formulação de políticas públicas. Na Argentina, todavia, tal articulação é menos institucionalizada e mais propensa ao conflito ou às relações informais.

A combinação de instituições públicas de fomento ao desenvolvimento, a trajetória de um Poder Executivo forte e um aparato produtivo mais diversificado fazem com que o Brasil tenha *vantagens institucionais comparativas* com relação à Argentina. Apesar disso, nos dois países, a consolidação de uma estratégia nacional de desenvolvimento passará, indubitavelmente, pela concretização de uma aliança que ponha em primeiro plano a necessidade de mudança e inovação. Como fazer a transição do empresariado à burguesia nacional é uma questão que exige maior análise teórica e empírica.

REFERÊNCIAS BIBLIOGRÁFICAS

ALMEIDA, Rodrigo de. *Dilemas do desenvolvimento: uma análise histórico-institucional do papel do BNDES no capitalismo brasileiro*. Tese (doutorado em Ciência Política) – Iesp-Uerj, Rio de Janeiro, 2012.

AMABLE, Bruno & PALOMBARINI, Stefano. "A neorealistic approach to institutional change and diversity of capitalism". *Socio-Economic Review*, nº 7, 2009, p. 123-142.

AMSDEN, Alice; DI CAPRIO, Alisa; ROBINSON, James (eds.). *The role of elites in economic development*. Oxford: Oxford University Press, 2012.

AMSDEN, Alice. "La sustitución de importaciones en las industrias de alta tecnología. Prebisch renace en Asia". *Revista de la Cepal*, Santiago de Chile, nº 82, abr. 2004. Disponível em: <http://www.eclac.org/publicaciones/xml/9/19409/lcg2220e-Amsden.pdf>. Acesso em: 1º jul. 2012.

_____. *The rise of "the rest": challenges to the west from late industrialization countries*, Nova York: Oxford University Press, 2001.

AZPIAZU, Daniel & BASUALDO, Eduardo. "Las privatizaciones en la Argentina. Génesis, desarrollo y principales impactos estructurales". In: AZPIAZU, Daniel & BASUALDO, Eduardo. *Las privatizaciones en la Argentina: génesis, desarrollo y principales impactos estructurales*. Flacso – Facultad Latinoamericana de Ciencias

Sociales, Sede Argentina, 2004. Disponível em: <http://bibliotecavirtual.clacso.org. ar/ar/libros/argentina/flacso/azpiazu.pdf>. Acesso em: 23 maio 2012.

AZPIAZU, Eduardo; MANZANELLI, Pablo; SCHORR, Martín. *Concentración y extranjerización: la Argentina en la posconvertibilidad*, Buenos Aires: Ediciones Capital Intelectual, 2011

AZPIAZU, Eduardo & SCHORR, Martín. *Hecho en Argentina: industria y economía, 1976-2007*. Buenos Aires: Siglo XXI, 2010.

AZPIAZU, Daniel & SCHORR, Martin. *Privatizaciones, rentas de privilegio, subordinación estatal y acumulación del capital en la Argentina contemporánea*. Buenos Aires: CTA, 2001. Disponível em: <http://cdi.mecon.gov.ar/biblio/docelec/MU2744.pdf>. Acesso em: 28 abr. 2012.

BANCO CENTRAL DO BRASIL. *Copom eleva taxa Selic para 10,00% ao ano*. 2013. Disponível em: <http://www.bcb.gov.br/pt-br/Paginas/reuniao-copom-27-11-2013. aspx>. Acesso em: 4 dez. 2013.

BECKER, Uwe. *Open varieties of capitalism: continuity, change and performances*. Basingtoke: Palgrave Macmillan, 2009.

BIONDI, Aloisio. *O Brasil privatizado: um balanço do desmonte do Estado*. São Paulo: Editora Perseu Abramo, 2001. Disponível em: <http://www.fpabramo.org.br/uploads/brasil_privatizado.pdf>. Acesso em: 21 fev. 2012.

BIRLE, Peter. *Los empresarios y la democracia en la Argentina: conflictos y coincidencias*. Buenos Aires: Universidad de Belgrano, 1997.

BNDES. *Privatizações no Brasil. Resultados e Agenda*. Rio de Janeiro, 2000.

BOSCHI, Renato. "Politics and trajectory in Brazilian capitalist development". In: BECKER, Uwe (ed.). *The BRICs and emerging economies in comparative perspective: political economy, liberalisation and institutional change*. Londres: Routledge, 2013.

_____ (2010a). "Corporativismo societal: a democratização do Estado e as bases social-democratas do capitalismo brasileiro". *Insight Inteligência*, nº 48, p. 84-103. Disponível em: <http://www.insightnet.com.br/inteligencia/48/>. Acesso em: 22 jun. 2012.

_____ (2010b). "Políticas de Desenvolvimento no Brasil: continuidades, crise e incertezas". Trabalho apresentado no *VII Encontro da Associação Brasileira de Ciência Política* (ABCP), Recife, ago.

_____. "Setor privado, reestruturação econômica e democratização na América Latina". In: DOMINGUES, José Maurício; MANEIRO, Maria (org.). *América Latina hoje: conceitos e interpretações.* Rio de Janeiro: Civilização Brasileira, 2006.

BOSCHI, Renato & GAITÁN, Flavio (2008a). "Gobiernos progresistas, agendas neodesarrollistas y capacidades estatales: la experiencia reciente en Argentina, Brasil y Chile". In: SOARES DE LIMA, Maria Regina (org.). *Desempenho de governos progressistas no Cone Sul.* Rio de Janeiro: Editora Iuperj.

_____ (2008b). "Intervencionismo estatal e políticas de desenvolvimento na América Latina". *Caderno CRH*, vol. 21, n° 53, p. 303-319. Disponível em: <http://www.scielo.br/pdf/ccrh/v21n53/a08v21n53.pdf>. Acesso em: 5 set. 2012.

BOSCHI, Renato & LIMA, Maria R. S. de. "O Executivo e a construção do Estado no Brasil: do desmonte da Era Vargas ao novo intervencionismo regulatório". In: VIANNA, Luiz Werneck (org.). *A Democracia e os Três Poderes no Brasil.* Belo Horizonte: Editora UFMG; Rio de Janeiro: Iuperj/Faperj, 2002.

BRESSER PEREIRA, Luiz Carlos (2009). *The New Developmentalism and Conventional Orthodoxy,* Disponível em: http://www.bresserpereira.org.br/papers/2006/06.3.NewDevelopmentalism EconomieApplique.i.pdf. Acesso em: 28/04/2012.

_____. "Deficit, câmbio e crescimento". *O Estado de São Paulo*, 7 mar. 2010.

_____. *Poupança Externa e Investimento.* 2012. Disponível em: <http://www.bresserpereira.org.br/articles/2010/10.03.DebatePastore.pdf>. Acesso em: 12 jan. 2012.

_____. *Reforma do Estado para a cidadania: a reforma gerencial brasileira na perspectiva internacional.* São Paulo: Enap/Editora 34, 1998.

BRESSER-PEREIRA, Luiz Carlos & DINIZ, Eli. Empresariado industrial, democracia e poder político. *Novos Estudos Cebrap*, São Paulo, n° 84, jul. 2009. Disponível em: <http://www.scielo.br/pdf/nec/n84/n84a06.pdf>. Acesso em: 14 out. 2012.

CARDOSO, Fernando H. *Autoritarismo e Democratização.* Rio de Janeiro: Paz e Terra, 1975.

CARDOSO JR., José. C. "Planejamento governamental e gestão pública no Brasil: elementos para ressignificar o debate e capacitar o Estado". In: PINTO, Eduardo Costa; CARDOSO JR., José. C; LINHARES, Paulo de Tarso (orgs.). *Estado, instituições e democracia: desenvolvimento.* Brasília: Ipea, 2010. Disponível em: <http://www.ipea.gov.br/sites/000/2/livros/2010/Livro_estadoinstituicoes_vol3.pdf>. Acesso em: 4 set. 2012.

CARDOSO, José A; FERREIRA JENSEN, Thomas; MINEIRO, Adhemar. "Investimentos externos diretos e interesses nacionais". *Jornal Brasil de Fato*, 9 out. 2012.

CASTELLANI, Ana. "La relación entre intervención estatal y comportamiento empresario. Herramientas conceptuales para pensar las restricciones al desarrollo en el caso argentino". *Documentos del IDAES*, 2009. Disponível em: <http://www.idaes.edu.ar/papelesdetrabajo/paginas/Documentos/CASTELLANI.pdf>. Acesso em: 28 abr. 2012.

_____."Estado y grandes empresarios en la Argentina postconvertibilidad". *Cuestiones de Sociología*, ns. 5-6, 2011, p. 223-234. Disponível em: <http://www.memoria.fahce.unlp.edu.ar/art_revistas/pr.4059/pr.4059.pdf>. Acesso em: 22 ago. 2012.

CEPAL & IDRC. *Progreso técnico y cambio estructural en América Latina*. Santiago de Chile, 2007. Disponível em: <http://www.eclac.cl/publicaciones/xml/9/32409/LCW136.pdf>. Acesso em: 5 set. 2012.

CHANG, Ha-Joon."Understanding the relationship between institutions and economic development, some key theoretical issues". *Wider Discussion Paper*, 5, 2006. Disponível em: <http://www.wider.unu.edu/publications/working-papers/discussion-papers/2006/en_GB/dp2006-05/>. Acceso em: 12 dez. 2013.

CIMOLI, Mario (ed.). *Heterogeneidad estructural, asimetrías tecnológicas y crecimiento en América Latina*. Santiago de Chile: Cepal & BID, 2005. Disponível em: <http://mpra.ub.uni-muenchen.de/3832/1/MPRA_paper_3832.pdf>. Acesso em: 2 fev. 2012.

COATES, David. *Varieties of capitalisms, varieties of approaches*. Nova York: Pelgrave/McMillan, 2005.

CONSELHO DE DESENVOLVIMENTO ECONÔMICO E SOCIAL (CDES) (2013). Disponível em: <http://www.cdes.gov.br/>. Acesso em: 4 dez. 2013.

CROUCH, Collin. *Capitalist diversity and change: recombinant governance and institutional entrepreneurs*. Oxford: Oxford University Press, 2005.

DEEG, Ronald & JACKSON, Gregory. "The State of the Art: towards a more dynamic theory of capitalist variety". *Socio Economic Review*, nº 5, 2007, p. 149-179.

DINIZ, Eli & BOSCHI, Renato. "O Corporativismo na construção do espaço público". In: BOSCHI, Renato R. (org.). *Corporativismo e desigualdade: a construção do espaço público no Brasil*. Rio de Janeiro: Rio Fundo Editora & Iuperj, 1991.

DINIZ, Eli. "O Pós-Consenso de Washington: globalização, Estado e governabilidade re-examinados". In: DINIZ, Eli (org.). *Globalização, Estado e desenvolvimento: dilemas do Brasil no novo milênio*. Rio de Janeiro: Editora FGV, 2007.

_____. "Neoliberalismo e corporativismo: as duas faces do capitalismo industrial no Brasil". *Revista Brasileira de Ciências Sociais*, ano 7, nº 20, 1992. Disponível em: <http://www.anpocs.org.br/portal/publicacoes/rbcs_00_20/rbcs20_05.htm>. Acesso em: 10 mar. 2013.

_____. *Empresariado, Estado e Capitalismo no Brasil: 1930/1945*. Rio de Janeiro: Paz e Terra, 1978.

DINIZ, Adriana Nascimento. *BNDES: de agente desenvolvimentista a gestor da privatização – 1952-2002*. Dissertação (mestrado) – Instituto de Economia/Unicamp, Campinas, 2004.

DOCTOR, Mahrukh. "Lula's Development Council: neo-corporatism and policy reform in Brazil". *Latin American Perspectives*, vol. 34, nº 6, 2007, p. 131-148.

EVANS, Peter. "El Estado como problema y como solución". *Desarrollo Económico*, vol. 35, nº 140, 1996, p. 529-562. Disponível em: <http://www.mabelthwaitesrey.com.ar/wp-content/uploads/Unidad-4-Evans.pdf>. Acesso em 29 jan. 2012.

EZCURRA, Ana M. *Qué es el neoliberalismo*. Buenos Aires: Espacio Editorial, 2000.

FORBES. *Global 2000: China Takes The Lead*. 2012. Disponível em: <http://www.forbes.com/global2000/>. Acesso em: 15 jul. 2013.

GAITÁN, Flavio. *El Rescate del Estado: los desafíos del desarrollo*. Buenos Aires: Capital Intelectual, 2013.

GLOBAL R&D FUNDING FORECAST (2012). Disponível em: <www.rdmag.com/digital--editions/2012/12/2013-r-d-magazine-global-funding-forecast>. Acesso em: 20 jul. 2013.

HALL, Peter & Daniel GINGUERICH (2004). "Varieties of capitalism and institutional complementarities in the macroeconomic: an empirical analysis". *Discussion Paper* 4/5, Cologne, Max Planck Institute, 2004. Disponível em: <http://www-management.wharton.upenn.edu/guillen/hall/hall.mpifgspaper.pdf>. Acesso em: 18 jul. 2013.

HALL, Peter & SOSKICE, David. *Varieties of capitalism: the institutional foundations of comparative advantage*. Londres: Oxford University Press, 2001.

HALL, Peter & THELEN, Kathlen. "Institutional change and varieties of capitalism". *Socio-Economic Review*, nº 7, 2009, p. 7-34.

HANCKÉ, Bob; RHODES, Martin; THATCHER, Mark (eds.). *Beyond varieties of capitalism: conflict, contradictions, and complementarities in the European economy.* Oxford: Oxford University Press, 2007.

HARVEY, David. *A condição pós-moderna: uma pesquisa sobre as origens da mudança cultural.* São Paulo: Loyola, 1998.

INSTITUTO DE PESQUISA ECONÔMICA APLICADA (IPEA). "Participação social como método de governo: um mapeamento das 'interfaces socioestatais' nos programas federais". *Comunicados do Ipea*, n° 132, 25 jan. 2012 Disponível em: <http://www.ipea.gov.br/portal/images/stories/PDFs/comunicado/120125_comunicadoipea132.pdf>. Acesso em: 17 jun. 2013.

JACKSON, Gregory & DEEG, Richard. "How many varieties of capitalism? Comparing the comparative institutional analyses of capitalist diversity". *MPIfG Discussion Paper*, 6/2, 2006. Disponível em: <http://www.mpi-fg-koeln.mpg.de/pu/mpifg_dp/dp06-2.pdf>. Acesso em: 10 mar. 2012.

JACKSON, Gregory & DEEG, Richard. "From comparing capitalism to the politics of institutional change". *Review of International Political Economy*, vol. 15, n° 4, 2008, p. 680-709.

KOHLI, Atul. "Nationalist versus dependent capitalist development: alternate pathways of Asia and Latin America in a globalized world". *Studies in Comparative International Development*, vol. 44, 2009, p. 386-410.

KOHLI, Atul. *State Directed Development: political power and industrialization in the global periphery.* Cambridge: Cambridge University Press, 2004.

KOSACOFF, Bernardo. *Hacia un Nuevo Modelo Industrial.* Buenos Aires: Ediciones Capital Intelectual, 2007.

KPMG (2012). *Pesquisa de Fusões e Aquisições 2012 – 4° trimestre.* Disponível em: <http://www.kpmg.com/BR/PT/Estudos_Analises/artigosepublicacoes/Documents/Fusoes%20e%20Aquisicoes/2012/FA-4otrim-2012.pdf>. Acesso em: 13 dez. 2013.

KULFAS, Matías. *Postales de la Argentina productiva.* Buenos Aires: Ediciones del Zorzal, 2010.

MIRANDA, José Carlos & TAVARES, Maria da Conceição. "Brasil: Estratégias da conglomeração". In: FIORI, José Luis (org.). *Estados e moedas no desenvolvimento das nações.* Petrópolis: Vozes, 1999.

MODIANO, Eduardo. *Privatizações no Brasil: um balanço da privatização nos anos 90*. Brasilia: BNDES, 2000. Disponível em: <http://www.bndes.gov.br/SiteBNDES/export/sites/default/bndes_pt/Galerias/Arquivos/conhecimento/ocde/ocde09.pdf>. Acesso em: 10 set. 2013.

NOTCHEFF, Hugo. *El desarrollo ausente: restricciones al desarrollo, neoconservadurismo y elite economica en la argentina*. Buenos Aires: Editorial Tesis, 1994.

NUNES, Edson. *A gramática política no Brasil: clientelismo e insulamento burocrático*. Rio de Janeiro: Zahar, 2003.

OFFE, Claus. "Work: the Key Sociological Category". In: KEANE, John (ed.). *Disorganized capitalism: contemporary transformations of work and politics*. Cambridge-Massachussets: The MIT Press, 1985.

OLIVEIRA BIRDELL, Sergio. "Globalização e desnacionalização das empresas brasileiras, IBMEC". *MG Working Paper*, n° 8, 2010. Disponível em: <http://www.ceaee.ibmecmg.br/wp/wp8.pdf>. Acesso em: 10 maio 2013.

PAIVA, Silvia Maria. "A privatização no Brasil: breve avaliação e perspectivas". *Indicadores Econômicos FEE*, vol. 22, n° 2, 1994, p. 104-117. Disponível em: <http://revistas.fee.tche.br/index.php/indicadores/article/view/821/1086>. Acesso em: 3 dez. 2013.

PLANO BRASIL MAIOR (2013). *Plano Brasil Maior: inovar para competir. Competir para crescer*. Disponível em: <http://www.brasilmaior.mdic.gov.br/conteudo/128>. Acesso em: 5 dez. 2013.

POGREBINSCHI, Thamy & SANTOS, Fabiano. "Participação como representação: o impacto das conferências nacionais de políticas públicas no Congresso Nacional". *Dados – Revista de Ciências Sociais* [on-line], vol. 54, n° 3, 2011, p. 259-305. Disponível em: <http://www.scielo.br/pdf/dados/v54n3/v54n3a02.pdf>. Acesso em: 21 jul. 2012.

POULANTZAS, Nicos. *La internacionalización de las relaciones capitalistas y el Estado-nación*. Buenos Aires: Nueva Visión, 1974.

PRADO. Sergio R. *Intervenção estatal, privatização e fiscalidade. Intervenção estatal e economia mista no Brasil: origens, evolução e crise da empresa estatal*. Tese (doutorado) – Instituto de Economia/Unicamp, Campinas, 1994.

PRESIDÊNCIA DA REPÚBLICA. *Plano Diretor da Reforma do Aparelho do Estado*. Brasília: Câmara da Reforma do Estado, Ministério da Administração Federal e Reforma do Estado, 1995. Disponível em: <http://www.bresserpereira.org.br/Documents/MARE/PlanoDiretor/planodiretor.pdf>. Acesso em: 31 jan. 2013.

PRZEWORSKI, Adam & WALLERSTEIN, Immanuel. "Structural dependence of the state on capital". *American Political Science Review*, vol. 82, nº 1, 1988, p. 58-85.

REGINI, Marino. "Del neocorporativismo a las variedades de capitalismo". *Desarrollo Económico*, vol. 45, nº 180, 2006, p. 609-612.

SANTOS, Wanderley G. dos. "A práxis liberal e a cidadania regulada". In: *Décadas de espanto e uma apologia democrática*. Rio de Janeiro: Rocco, 1998.

SCHMIDT, Vivien. "Bringing the State back into the varieties of capitalism approach and discourse back into the explanation of change". Paper. *Annual Meetings of the American Political Science Association*, Filadélfia, 31 ago.-3 set. 2006. Disponível em: <http://aei.pitt.edu/9281/1/Schmidt.pdf>. Acesso em: 8 jun. 2013.

STEIN, Ernesto & TOMMASI, Mariano. "Instituciones democráticas, proceso de formulación de políticas y calidad de las políticas en América Latina". In: MACHINEA, José Luis & SERRA, Narcis. *Visiones del Desarrollo*. Santiago de Chile: Ediciones de las Naciones Unidas, 2007. Disponível em: <http://www.eclac.org/publicaciones/xml/0/29200/Cap2Visiones.pdf>. Acesso em: 5 jan. 2012.

SCHUMPETER, Joseph A. *Capitalismo, socialismo e democracia*. Rio de Janeiro: Zahar, 1984.

STREECK, Wolfgang. "E Pluribus Unum? Varieties and commonalities of capitalism". *MPIfG Discussion Paper*, 10/12, 2010. Disponível em: <http://www.mpifg.de/pu/mpifg_dp/dp10-12.pdf>. Acesso em: 22 maio 2012

UNCTAD. *Trade and Development Report 2011*. Nova York/Genebra: Ediciones de las Naciones Unidas, 2011. Disponível em: <http://unctad.org/en/docs/tdr2011_en.pdf>. Acesso em: 22 maio 2012.

WADE, Robert. *Governing the market: economic theory and the role of government in East Asian industrialization*. Princeton: Princeton University Press, 1990.

WEAVER, R. Kent & ROCKMAN, Bert A. "When and how do institutions matter?". In: *Do Institutions Matter?* Washington D.C.: The Brookings Institution, 1993.

SOBRE OS AUTORES

CARLOS PINHO é professor da disciplina "Formação do Estado Brasileiro" para o curso de graduação em Ciência Política da Universidade Federal do Estado do Rio de Janeiro (Unirio), no âmbito do estágio-docência. Foi professor assistente/substituto do Departamento de Ciência Política do Instituto de Filosofia e Ciências Sociais da Universidade Federal do Rio de Janeiro (DCP/IFCS/UFRJ), durante o ano de 2012. Mestre e doutorando em Ciência Política pelo Instituto de Estudos Sociais e Políticos da Universidade do Estado do Rio de Janeiro (Iesp/Uerj), pesquisador assistente do Instituto Nacional de Ciência e Tecnologia em Políticas Públicas, Estratégias e Desenvolvimento (INCT/PPED) e do Núcleo de Estudos do Empresariado, Instituições e Capitalismo (Neic/Iesp/Uerj). E-mail: cpinho19@gmail.com

FLAVIO GAITÁN é pesquisador do Instituto Nacional de Ciência e Tecnologia em Políticas Públicas, Estratégias e Desenvolvimento (INCT/PPED) e pós-doutorando em Ciência Política pelo Instituto de Estudos Sociais e Políticos da Universidade do Estado do Rio de Janeiro (Iesp/Uerj) com bolsa da Fundação de Amparo à Pesquisa do Estado do Rio de Janeiro (Faperj). E-mail: flaviogaitan@gmail.com.

QUE DIFERENÇA FAZ O ESTADO: INOVAÇÃO FARMACÊUTICA PÓS-TRIPS[1]

VERENA SCHÜREN

INTRODUÇÃO[2]

Há mais de uma década cientistas políticos destacam os efeitos harmonizadores do Acordo TRIPs (*Trade-Related Aspects of Intellectual Property*) no âmbito da OMC. Já foi argumentado que as condições colocadas pelo TRIPs (HALBERT, 1999; MAY, 2000; SELL, 2003) induz países em desenvolvimento a perseguirem um sistema de inovação orientado para o desenvolvimento de patentes, dando fim, assim, a trajetórias prévias de desenvolvimento (KAPCZYNSKI, 2009; SHADLEN, 2007). Alguns especialistas identificaram que o principal gatilho dessa mudança seria "a liderança tecnológica" de empresas multinacionais e a pressão política dos respectivos governos (DRAHOS, 2004; MAY, 2000). Práticas recentes de implementação, contudo, colocam esta visão em xeque. Estudos indicam que países em desenvolvimento são capazes de se esquivar, em parte, das normas globais de patentes ao implementarem proteções de patente para produtos farmacêuticos (DEERE, 2009; DRAHOS, 2007; EIMER *et al*, 2013). Em 2007, repercutiu a decisão brasileira de conceder uma licença compulsória (CL) do medicamento Efavirenz, da empresa Merck, um inibidor usado para tratar infecções por HIV (SALAMA & BENOLIEL, 2010). Mais recentemente, observa-se um acalorado debate torno da abordagem rigorosa da

---

1   Publicado originalmente na revista *Business and Politics*, vol. 15, nº 2, jul. 2013, p. 217-243. Republicado em língua portuguesa com a gentil permissão da Walter De Gruyter GmbH.

2   Dados empíricos utilizados na pesquisa foram obtidos por meio de pesquisa documental e entrevistas semiestruturadas na Europa (Genebra e Bruxelas), Índia (Nova Déli e Mumbai) e Brasil (Rio de Janeiro, Brasília e São Paulo) entre 2010 e 2012. A identidade de cada entrevistado será omitida para assegurar o anonimato. Gostaria de agradecer Susanne Lütz, Thomas R. Eimer, Ken Shadlen e dois pareceristas anônimos por seus valiosos comentários.

Índia em relações aos critérios de patentes, visto por alguns como uma forma de "inovação institucional" (SAMPAT, 2010: 12).[3]

Nesse texto, examino tais ocorrências buscando inserir os TRIPs no contexto dos sistemas nacionais de inovação. Argumento que países em desenvolvimento podem seguir diferentes orientações, mesmo após o regime dos TRIPs, e que essas orientações são em grande medida determinadas pelos seus governos. Busco sustentar essa hipótese realizando uma análise comparada dos sistemas de inovação pós-TRIPs na Índia e no Brasil. A comparação revela grandes diferenças entre esses países, o que contradiz a tese de homogeneização imposta pelo sistema de patentes. Enquanto o modelo PIS indiano se volta para a inovação e integração ao Mercado global, o brasileiro está focado na demanda interna, de forma descolada do sistema global. Essa discrepância se explica com base em um argumento que se desdobra em três partes: 1) os governos indiano e brasileiro possuem compreensões distintas do papel que Estado deve assumir no âmbito da inovação farmacêutica e isso impacta a *demanda* no interior do PIS; 2) os diferentes papéis do Estado estão articulados a padrões variáveis de intervenção governamental, que, por sua vez, influencia a articulação entre atores no interior do sistema de inovação farmacêutica (*pharmaceutical innovation systems* – doravante PIS); e 3) as orientações de cada país em relação à inovação são consolidadas por meio de diferentes práticas de *aprendizado / formação* no âmbito de seus sistemas de educação.

Ao colocar o papel do Estado como foco central da análise, esse trabalho complementa pesquisas prévias sobre a implementação do Acordo TRIPs que geralmente responsabilizam atores transnacionais por trajetórias distintas de regulação (SELL, 2003; TYFIELD, 2008; ROEMER-MAHLER, 2013: 126). Decerto, subscrevo à noção de que fatores domésticos relacionados às políticas econômicas nacionais de países em desenvolvimento ajudam a compreender as variantes de abordagem à regulação de patentes (EIMER & LÜTZ, 2010; EREN-VURAL, 2007). No entanto, nesse artigo pretendo dar um passo adiante, argumentando que os efeitos socioeconômico de regimes globais de IP devem levar em conta as configurações específicas de cada sistema nacional de inovação.

---

3   O Estatuto de Patentes da Índia possui uma cláusula especial, a Seção 3(d), formulada para restringir o número e tipo de patentes aprovadas. A seção limita a patenteabilidade ao prever que derivados farmacêuticos são patenteáveis apenas se demonstrarem melhorar a "eficácia" ou "significância econômica" (em contraposição à "significância técnica"). Isso tem o potencial de consideravelmente diminuir o número de patentes concedidas (KAPCZINSKI, 2009: 1592f).

O artigo se organiza de seguinte forma: a primeira seção introduz a abordagem do Sistema Nacional de Inovação (*National System of Innovation* – doravante NSI) e o situa no contexto do acordo TRIPs; a segunda seção se volta para os consequências no período pós-TRIPs para a inovação farmacêutica na Índia e no Brasil; na terceira seção, analiso as razões das evoluções distintas avaliando demanda, articulações e aprendizado; a quarta seção fornece um panorama dos resultados empíricos, interpretados tendo como pano de fundo o quadro analítico NSI; a conclusão resume meus achados empíricos e discute algumas de suas implicações no que diz respeito à nossa compreensão de regimes globais.

1. A IMPLEMENTAÇÃO DO TRIPS DA PERSPECTIVA NSI[4]

O acordo TRIPs foi um divisor de águas para a inovação farmacêutica em países em desenvolvimento (HASENCLEVER & PARANHOS, 2009: 11). O acordo que entrou em vigor em 1995 como um dos pilares da Organizações Mundial do Comércio, prevê a introdução da proteção de patentes em todos campos tecnológicos – inclusive produtos farmacêuticos e processos de patentes. A obrigação possui um forte impacto nos sistemas de patente de países em desenvolvimento, visto que anteriormente a maioria destes países não concediam patentes a produtos farmacêuticos em função de suas necessidades internas. A concessão de patentes era propositalmente limitada a patentes de processos para possibilitar a chamada "engenharia reversa". Tal estratégia de imitação de trás para frente de tecnologias estrangeiras possibilitou aos países em desenvolvimento atingir simultaneamente dois objetivos: o desenvolvimento de uma indústria local (ao se apropriar de tecnologias estrangeiras) e o fornecimento de produtos tecnológicos por preços (relativamente) baixos a consumidores domésticos (ao não precisar repassar o custo de investimento em pesquisa e desenvolvimento) (ERNST, 2002: 501; LI, 2008: 1368; SHADLEN, 2009: 44).

Após o TRIPs, contudo, passa a ser impossível conciliar esses dois objetivos: países em desenvolvimento agora enfrentam o desafio de ponderar o desejo econômico de alcançar um patamar mais elevado de desenvolvimento tecnológico com o de atingir seus objetivos de desenvolvimento social.

A introdução da obrigatoriedade de patentes de produtos impossibilita a imitação reversa, privilegiando inovadores tecnológicos de países industrializados em detrimento de imitadores em países em desenvolvimento ao

---

4 As seções seguintes baseiam-se numa versão anterior publicada na série de *Working Papers da Collaborative Research Center 700* (SFB) (Schüren, 2012).

conceder àqueles um monopólio de vinte anos (RAO, 2006: 135ff; ROEMER-MAHLER, 2013: 126). Desse modo, o TRIPs proporcionas fortes incentivos para que países em desenvolvimento fortaleçam capacidades próprias de produção tecnológica com o propósito de se beneficiarem o mais rapidamente possível das novas garantias de patente. Contudo, o desenvolvimento de uma produção tecnológica nativa requer a alocação elevada de recursos que não pode ser utilizada simultaneamente para a aquisição de tecnologia estrangeira. Com esse pano de fundo de recursos escassos, o desenvolvimento de tecnologia nativas e a oferta nacional para consumidores domésticos podem se chocar, principalmente no curto prazo (ALTENBURG, 2009: 36ff; DAHLMAN, 2010: 36; VIOTTI, 2002: 666). Países em desenvolvimento podem avaliar essa escolha focando considerações econômicas.

Essa abordagem geralmente se coaduna com uma orientação para o mercado externo, pois a demanda global cria a expectativa de retornos mais elevados e, consequentemente, oportunidades maiores para inovações tecnológicas (FLORICEL *et al*, 2009; SAMPATH, 2010). Alternativamente, países podem adotar uma orientação redistributiva, em que a manutenção da oferta de tecnologias (estrangeiras) de ponta se sobrepõe à promoção da inovação, direcionandoa prioridade de aquisição tecnologias para aqueles que satisfazem demandas sociais doméstica – como o fornecimento de medicamentos essenciais (Cozzens *et al* 2006: 4ff). No cômputo geral, o TRIPs impõe a países em desenvolvimento um "doloroso *trade-off*" (MKANDAWIRE, 2007: 25), obrigando-os a escolher entre "necessidades locais ou exportação" (THORSTEINSDÓTTIR *et al*, 2004: 4).

A abordagem NSI proporciona uma heurística que ajuda a analisar esse *trade-off*. A abordagem remonta aos autores Christopher Freeman (1982), Bengt-ÅkeLundvall (1992), e Richard Nelson (1992), que, deixando de lado a perspectiva ortodoxa com relação ao crescimento, buscaram explicar diferentes resultados tecnológicos a partir de uma perspectiva microeconômica. Diferentemente de seus predecessores ortodoxos, a abordagem NSI concebe a inovação como um processo interativo entre atores e instituições. O conceito de inovação não é limitado à produção de novos conhecimentos (processo radical e inovação de produtos) mas inclui processos que adotam e difundem conhecimento tecnológico. Nesse sentido, o conceito de um sistema inovador foi definido como "os elementos e relações que interagem na produção, difusão e uso de conhecimentos novo e economicamente relevantes (...) localizados ou enraizados no interior das fronteiras de um estado-nação" (LUNDVALL, 1992).

A literatura NSI identificou três características chaves que determinam o resultado de sistemas de inovação: demanda, articulações entre atores e aprendizado (MALERBA & NELSON 2011: 1650ff).[5]

A *demanda* forma o poder aquisitivo por determinado bem produzido por um sistema de inovação. Ela não é vista como um conjunto agregado, composto por usuários finais com orientações idênticas, mas como um padrão específico de atores privados e públicos que formam as preferências de inovadores e produtores. Desse modo, a demanda pode ser gerada a partir de usuários-final, firmas ou órgãos governamentais (MALERBA, 2005). O padrão da demanda determina o impacto da produção de um sistema de inovação na medida em que os produtores de tecnologia orientam suas ações para futuras possibilidades de comercialização para auferir um retorno sobre os investimentos feitos em P&D. Tendo em vista que a demanda por produtos com tecnologia podem variar não apenas em termos de quantidade (*quanto*), mas também em termos de objeto (*o quê*), mercados de comércio distinto podem levar a orientações bastante diversas de produção tecnológica (Sampath 2010). Isso se aplica particularmente ao setor farmacêutico em países em desenvolvimento, onde as necessidades de saúde são consideravelmente distintas dos mercados industrializados em razão de padrões díspares de doenças (COZZENS & KAPLINSKY 2009: 71). Em suma, podemos esperar que a produção de um sistema de inovação depende de *quem* está criando a demanda para o produto tecnológico final.

Articulações entre atores envolvidos em processos de inovação determinam o escopo das interações entre entidades públicas e privadas. Observa-se que o escopo e o caráter dessas articulações são fatores decisivos para o avanço tecnológico (EDQUIST, 2005). Atores com potencial inovador são o governo, universidades, o setor produtivo público e instalações de pesquisa, e empresas privadas (GUENNIF & RAMANI 2012: 430). É importante no entanto reiterar que o resultado de um sistema de inovação depende não apenas do *escopo* de interações mas também de sua *composição*. A questão crucial é determinar *quem* está interagindo e com *qual* propósito. Atores empresariais geralmente conciliam sua interações a interesses comerciais apenas, enquanto atores estatais podem buscar um objetivo específico

---

5   Como um todo a literatura sobre NSIs identifica uma gama mais ampla de fatores com potencial de influência, inclusive orientação para o mercado, ambiente institucional e o contexto sócioeconômico (NIOSI, 2011: 1638; GUENNIF & RAMANI 2012: 430). No entanto, no caso de economias tentando recuperar o atraso, demanda, articulações e formação/aprendizado foram considerados cruciais (MALERBA & NELSON, 2011: 1650ff).

de desenvolvimento ao se engajar (se é que se engaja) com atividades de inovação (WADE, 1990). Desse modo, se atores estatais relutam em se engajarem ativamente no processo de inovação, é provável que interesses empresarias nortearão os rumos da inovação. Nesse caso, devemos esperar que a produção tecnológica corresponda ao padrão da demanda. Se o Estado não intervém no processo de inovação, é mais provável que a produção tecnológica irá (ao menos parcialmente) corresponder às prioridades nacionais de desenvolvimento.

Como indicado acima, no caso da inovação farmacêutica, atores governamentais precisam decidir se devem favorecer o rápido estabelecimento de capacidade tecnológicas locais ou a satisfação imediata da demanda nacional por farmacêuticos de ponto. A literatura NSI sugere que os produtos do sistema de inovação farmacêutica depende do escopo e da direção de atores estatais e não estatais e a sua interrelação.

Por fim, o *aprendizado*, coloca ênfase na aquisição de conhecimento tecnológico e desenvolvimento de recursos humanos. O aprendizado tecnológico pode ocorrer no interior do sistema educacional formal ou pela cooperação (com parceiro empresariais) (AMABLE, 2000: 651; LUNDVALL, 2007: 107). Nesse quesito, a futura produção de conhecimento no interior de um sistema de inovação é moldado pelo treinamento formal, assim como pelas articulações entre atores. No que tange o *trade-off* distributivo provocado pelo TRIPs, podemos esperar (pelo menos a longo prazo) uma orientação voltada para a inovação se as articulações entre atores privados prevalecerem e a educação farmacêutica focar apenas no desenvolvimento de tecnologia. Em contraste, uma orientação redistributiva é mais provável quando as articulações entre atores são lideradas pelo Estado e a educação farmacêutica reflete preocupações tecnológicas assim como de saúde pública.

Em suma, apesar do papel importante de atores de mercado em sistemas de inovação, autores da abordagem NSI reconhecem que é o governo quem decide seu lugar. Demanda, articulações e aprendizado podem variar de acordo com o escopo e a coerência de ações de governo. O papel do Estado e de intervenções governamentais exercem forte influência em sistemas de inovação (EDQUIST, 2005: 197ff; NIOSI, 2011: 1639). Isso se aplica particularmente em economias em desenvolvimento, onde sistemas de inovação devem ser reorganizados de acordo com os requisitos do acordo TRIPs.

A próxima seção identifica como a inovação farmacêutica no período pós--TRIPs transcorreu de modo distinto na Índia e no Brasil. Com base nisso, na seção subsequente, demonstro que essas diferenças podem ser atribuídas a diferentes configurações nacionais de demanda, articulações e aprendizado.

2. INOVAÇÃO FARMACÊUTICA NO PERÍODO PÓS-TRIPS NA ÍNDIA E NO BRASIL

Tanto a Índia quanto o Brasil buscaram fortalecer a capacidade doméstica no setor farmacêutico como uma de suas prioridades após a Segunda Guerra Mundial. PIS foram projetadas para promover a produção doméstica, a substituição de importações e a redução de preços, enquanto a engenharia reversa foi a estratégia dominante de aquisição de tecnologia em ambos países durante décadas (THACH & MARSNIK 2009: 250). Isso foi facilitado por regimes pouco rigorosos de proteção de patentes que excluíam a proteção destas no setor farmacêutico. O Brasil aboliu patentes de produtos e processos farmacêuticos em 1949 com o objetivo de combater o domínio de empresas multinacionais no mercado interno (NAIR, 2008: 457). A Índia consideravelmente limitou o escopo das patente por meio do Estatuo de Patentes de 1970, na esteira do quase colapso da indústria farmacêutica local devido a um rígido regime de proteção de patentes (MAHAJAN, 2011: 322; RAO, 2006: 44ff). Com o estabelecimento do acordo TRIPs, no entanto, a Índia e o Brasil tiveram que abandonar estas estratégias de desenvolvimento. Consequentemente, os governos de ambos países lançaram políticas que reconhecem a inovação como ferramenta fundamental para o desenvolvimento de forma geral (MST, 2003; MCT, 2004) e especificamente para o setor farmacêutico (GOVERNO FEDERAL, 2003; MoCF, 2005). Apesar desses pontos em comum, a trajetória de evolução da inovação farmacêutica nesses dois países ocorreu de modo bastante distinto.

A evolução pós-TRIPs na Índia reflete uma orientação para a inovação em que a superação do atraso tecnológico (*catching up*) é alcançada via integração ao mercado global. No Brasil, diferentemente, as características do mercado farmacêutico pós-TRIPs indicam a adoção de uma abordagem redistributiva da inovação voltada para a satisfação de necessidades do sistema de saúde doméstico. Estudos já realizados mostram que as capacidades pós-TRIPS da Índia claramente superam as capacidades tecnológicas do Brasil (HASENCLEVER & PARANHOS, 2009; GUENNIF & RAMANI, 2012; NASSIF, 2007), citando fartas estatísticas relacionadas a patentes internacionais em que o total indiano amplamente supera as solicitações brasileiras.[6] Contudo, uma análise dos todos setores farmacêuticos revela outras diferenças que merecem maior atenção.

---

6   Em 2010, a Índia protocolou 1.285 patentes sob a égide do Tratado de Cooperação de Patentes (PCT) da Organização Mundial de Propriedade Intelectual (WIPO). Nove dos primeiros dez solicitantes estão envolvidos em patente farmacêutica (WIPO, 2011a). Quase 30 empresas farmacêuticas indianas receberam cinco ou mais patentes do órgão de patentes dos Estados Unidos (USPTO) entre 2007 e

TABELA 1. Características pós-TRIPS da inovação farmacêutica na Índia e no Brasil

Brasil	Índia
Incremento moderado da capacidade tecnológica local	Incremento substantivo de capacidade tecnológica local
Balança comercial negativa	Balança comercial positiva
Taxa reduzida de conformidade a padrões globais	Taxa elevada de conformidade a padrões globais
P&D voltado para "doenças negligenciadas"	P&D voltado para "doenças de estilo de vida"
Orientação redistributiva que prioriza o mercado doméstico	**Orientação voltada para a inovação priorizando superar defasagem econômica**

O setor farmacêutico indiano tem visto elevadas taxas de crescimento e uma robusta ampliação de suas instalações de P&D, combinada com uma forte orientação para mercados estrangeiros. Na esteira do acordo TRIPS, empresas líderes em genéricos drasticamente elevaram gastos com pesquisa e desenvolvimento. Elas criaram subsidiárias de inovação para complementar o modelo de negócio de genéricos e obtiveram sucesso no campo de novas formulas e inovações incrementais. Algumas empresas estão até mesmo envolvidas no desenvolvimento de novas entidades químicas e no descobrimento de drogas (CHAUDHURI, 2008: 288; GUENNIF & RAMANI, 2012: 437f). A "ascensão" do setor farmacêutico indiano é certamente impulsionado por exportações. Exportações de farmacêuticos indianos estão crescendo a uma taxa anual de aproximadamente 22% desde meados da década de 1990 e atingiram um volume de US$12 bilhões em 2011 (CHAUDHURI, 2008: 278; NEERAJ, 2011). Como importações se mantiveram no mesmo patamar, a balança comercial indiana é fortemente positiva (JOSHI, 2003; HASENCLEVER & PARANHOS, 2009: 4; GUENNIF & RAMANI, 2012: 438). O incremento de exportações acompanha o alto grau de conformidade ao regime regulatório internacional. Empresas e instituições de pesquisa se adequam cada vez mais às Boas Práticas de Manufatura (GMPs), Boas Práticas Clínicas (GCPs), e Boas Práticas Laboratoriais (GLPs), que harmonizam os controles de qualidade na pesquisa e manufatura de formulações (ICMR, 2008, 2; ENTREVISTA 299). Atualmente, mais do que cem empresas indianas já estão engajadas com pesquisas clínicas. Enquanto a maioria realiza pesquisas menos avançadas, empresas

---

2011. O Brasil, em contraste, enviou apenas 488 solicitações de patentes para o PCT em 2010. Entre os primeiros dez, apenas dois estão envolvidos com pesquisa farmacêutica, sendo que duas, são universidades públicas, o que é bastante indicativo (WIPO, 2011b).

de ponta como a *Dr. Reddyse Glenmark* também realizam pesquisas de alto nível até a fase 4 de ensaio (ENTREVISTA 299). Nota-se claramente que o desenvolvimento de tecnologia local está voltado para atender a demanda global. Recentes atividades de inovação foram em doenças ligadas a estilo de vida e doenças crônicas como diabetes e riscos cardiovasculares, assim como nichos da biogenética e a pesquisa com células-tronco (HORNER, 2013: 16; SAMPATH, 2010: 53f). Entidades públicas de pesquisa também estão engajadas nesse formato (EIMER & LÜTZ, 2010: 138; ENTREVISTAS 284, 278, 322, 324). J. Manohar Rao (2006: 279) notou que após o TRIPs "o processo de aquisição e a geração de tecnologias essenciais voltadas para necessidades saíram dos trilhos". Essa evolução contrasta com a filosofia anterior de autonomia no fornecimento doméstico, levada a cabo pelo governo de Nehru, e tem causado sérias controvérsias ao direcionar a capacidade de pesquisa nacional para padrões de doenças estrangeiras e não domésticas (MANI, 2006: 20; ABROL, 2006: 25ff).

De modo geral, as características pós-TRIPs do setor farmacêutico apontam para uma orientação voltada para a inovação em que a indústria local está fortemente integrada aos mercados globais e funciona "como parte integral das estratégias de empresas ocidentais" (ABROL, 2006: 43).

Diferentemente, o PIS brasileiro pós-TRIPS, está centralizado no mercado doméstico e depende fortemente da importação de tecnologia estrangeira. Empresas farmacêuticas brasileiras tem incrementado suas capacidades tecnológicas apenas de forma limitada. A maioria das empresas no setor privado mantém o foco no segmento de genéricos, concentrando na formulação de material estrangeiro e na embalagem e comercialização de produtos finais (REZAIE *et al*, 2008: 637). É possível afirmar que no momento quase nenhuma firma está tomando passos significantes para descobrir novas drogas, muito menos para desenvolvê-las. Ao mesmo tempo, empresas locais concentram suas vendas no mercado doméstico. Com uma fatia de mercado de 80% dominam o fornecimento nacional de genéricos (CHAMAS, 2005: 83). A maioria dos produtores focam suas estratégias na oferta doméstica e se abstêm de atividades orientadas para a exportação (ENTREVISTA 235). Essa orientação reflete-se na balança comercial. Exportações estagnadas e crescentes importações de farmacêuticas no período pós-TRIPS levaram a um déficit comercial de quase 3 bilhões de dólares (HASENCLEVER & PARANHOS, 2009: 4). Empresas brasileiras possuem uma fatia pequena do mercado global de farmacêuticos e, contrastando com seus pares indianos, permanecem virtualmente desconectados das autoridades estrangeiras de regulação e programas internacionais. Os dispositivos legais brasileiros para os GMPs são onerosos e não estão em harmonia com os padrões da OCDE. Além disso, diversos aeroportos brasileiros não obedecem regulações internacionais de comércio, dificultando ainda mais as exportações. Até o momento, praticamente nenhum empreendedor local se candidatou a receber uma pré-qualificação da OMS (HASENCLEVER & PARANHOS, 2009: 14; OSEC, 2010: 41; ENTREVISTA 226). A orientação doméstica reflete-se ainda na natureza das pesquisas atualmente em curso. Imunização, doenças tropicais sexualmente transmissíveis são temas centrais da pesquisa científica no Brasil. Estas incluem ainda pesquisa voltada para doenças raras como a doença de Chagas, que afeta muitos cidadãos brasileiros mas dificilmente ocorre fora da América Latina (THORSTEINSDÓTTIR *et al*, 2004a: DC48; FERRER *et al*, 2004: 8f; OSEC, 2010: 41). Isso não significa que pesquisas sobre doenças relacionadas a estilos de vidas estejam de todo ausentes, porém, diferentemente da Índia, essas áreas não antecedem esforços no campo das doenças negligenciadas (REZAIE *et al*, 2008: 631f).

Em suma, as características pós-TRIPS do setor farmacêutico brasileiro indicam uma abordagem redistributiva em relação à inovação. A indústria continua voltada para o mercado doméstico que, por sua vez, está fortemente ligado a questões nacionais de saúde (COHEN & LYBECKER, 2005: 214f; REZAIE *et al*, 2008: 630ff).

3. EXPLICANDO TRAJETÓRIAS DIFERENTES DE INOVAÇÃO PÓS-TRIPS

Argumento que o Brasil e a Índia escolheram diferentes caminhos ao se depararem com a estrutura de incentivos/*trade-offs* inaugurada pelo acordo TRIPs, produzindo duas abordagens distintas em relação à inovação farmacêutica. Uma avaliação dessas diferenças será realizada aqui mediante a análise de demanda, articulações e aprendizado.

Demanda: *shopaholic* benevolente vs. avaro ausente.

Com 1,2 bilhões de habitantes, a Índia é seis vezes maior que o Brasil. No entanto, devido a um nível maior de despesa *per capita* com saúde, a soma dos gastos com saúde no Brasil é 16% mais alta que na Índia (WHO, 2004). Esse descompasso fica mais claro ainda levando em consideração despesas com farmacêuticos. Em 2000, a média anual de despesas *per capita* em farmacêuticos na Índia foi de apenas 3 dólares, comparado com 61 dólares no Brasil. O nível relativamente alto de gastos no Brasil torna o país um dos mercados de vendas mais atraentes para produtores farmacêuticos nacionais e estrangeiros (TRANS WORLD NEWS, 2011).

Uma das principais causas por trás das diferenças nas vendas de farmacêuticos se encontra nos papéis do Estado na articulação da demanda. O Brasil

é considerado um "Estado ativista" no campo da saúde e enxerga o fornecimento de medicamentos como parte importante de suas responsabilidades
(BIEHL, 2004: 115). O governo atua não apenas como regulador mas também
como fornecedor e – notavelmente – como comprador do PIS, desse modo assumindo papel de proeminente "empresário da saúde" (CASSIER & CORREA,
2007: 84). O governo implementa um sistema de compras de consideráveis
proporções e é responsável por quase metade da despesa nacional com saúde. Ademais, o governo brasileiro é um dos maiores compradores em termos
globais (ENTREVISTAS 166, 255). Em 2009, a aquisição de medicamentos feita
pelo governo brasileiro para fornecimento do Sistema Único de Saúde (SUS)
chegou a aproximadamente 4,9 bilhões de dólares. Tendo em vista a política
de expansão da assistência médica pública para novas áreas, como o diabetes
e a hipertensão, espera-se um aumento desse volume (VIEIRA, 2009; GIUGALE,
2011; MS, 2011).[7] Consequentemente, "o acesso a serviços de saúde é assegurado para a maioria da população brasileira" (PAHO & USAID, 2008: 24). É importante ressaltar que o fornecimento de medicamentos não se limita a genéricos
de baixo custo, mas inclui também medicamentos de ponta, na proporção de
40% (GIUGALE, 2011; OSEC, 2010: 8; PAHO/USAID, 2008: 35f).

Contrastando fortemente com o Brasil, o Estado indiano hesita na adoção ativa
no PIS. Sua atuação está sobretudo pautada na atuação como entidade reguladora
e desse modo se abstém de assumir a função de comprador para o sistema de saúde
como um todo e para farmacêuticas em particular (ABROL, 2006: 41). Gastos governamentais compreenderam menos de um quarto do total dos gastos com saúde no
ano de 2003. Além disso, em anos recentes o gasto público com saúde tem seguido
uma trajetória descendente.[8] A demanda doméstica portanto provem sobretudo
do consume privado (CHAUDHURI, 2007: 60). Contudo, por causa de ineficiências
nos sistemas de distribuição, medicamentos alopáticos não estão amplamente dis-
seminados em domicílios privados, principalmente em áreas rurais. De acordo
com estimativas, apenas entre 30 e 40% da população Indiana possui acesso a esse
tipo de droga (ENTREVISTAS 279, 283; KAPLAN & LAING, 2005: 15; TRANS WORLD
NEWS, 2011). Tendo em vista que o governo não assume o papel de comprador,
o poder aquisitivo doméstico para farmacêuticos permanece relativamente baixo

---

7   Já foi apontado que o sistema brasileiro de saúde é afetado por ineficiência no uso de recursos na
     licitação para compras de medicamentos (VIEIRA & ZUCCHI, 2011).

8   Recentemente, o governo anunciou um plano de expansão das licitações de medicamentos, aumentan-
     do de 0,1 para 0,5% do PIN. No entanto, medidas concretas ainda não foram concretizadas (ToI, 2012).

– fazendo com que o mercado externo seja mais lucrativo para a indústria farmacêutica indiana (ENTREVISTAS 156, 283; MoCI, 2008: 29).

Desse modo, ao adotarem diferentes papéis os governos da Índia e do Brasil dão origem a diferentes padrões de demanda, incentivando integração global no primeiro PIS e uma orientação doméstica no caso do segundo. Na próxima seção iremos demonstrar que os papéis adotados pelos Estados correspondem a diferentes tipos de intervenção governamental, que, por sua vez, contribuem para a orientação dos PIS.

Articulações: *laissez-faire* cosmopolita vs. "cuidando da própria casa" de forma monitorada

Após a conclusão do Acordo TRIPs, os governos da Índia e do Brasil adotaram medidas adicionais para promoverem a capacidade de inovações nos respectivos setores farmacêuticos, inclusive através de incentivos financeiros e fiscais (HASENCLEVER & PARANHOS, 2009: 3). No entanto, o escopo e a extensão da ação pública são bastante divergentes resultando em padrões variáveis de intervenção governamental.

O papel um tanto quanto passivo do Estado indiano corresponde a um setor privado fortalecido e um modo de operação governamental cada vez mais baseado no mercado dentro do PIS (ABROL, 2006; ENTREVISTA 275). Três características da intervenção governamental se destacam nesse sentido.

Primeiramente, embora líderes indianos reconheçam a inovação como "kit de sobrevivência" do mundo pós TRIPs, o envolvimento do governo tem se restringido à coordenação do setor privado, sendo que entidades públicas no setor têm sido deixadas de lado desde a década de 1990. A pesquisa com financiamento público no setor de saúde tem decaído ou estagnado, e os empreendimentos do setor público indiano (*public sector undertakings* – PSUs), outrora pioneiros do desenvolvimento de tecnologia farmacêutica na Índia, foram ultrapassados por seus concorrentes privados após a liberalização do setor (GOPAKUMAR, 2010: 351; KRISHNA, 2001: 192). Curiosamente, sua decadência resulta menos da liberalização do que de falhas operacionais políticas e falta de vontade política (ENTREVISTAS 276, 300, 320).[9] Duas instituiçõs públicas ainda possuem um papel na pesquisa e desenvolvimento do setor farmacêutico, a saber o Conselho de Pesquisa Científica e Industrial de Pesquisa Médica (*Council for Scientific and Industrial Research* – CSIR) e o Conselho

---

9   Uma entrevista coloca isso em termos drásticos: "Politicamente deixaram os PSUs adoecerem" (ENTREVISTA 284).

Indiano de Pesquisa Médica – *Indian Council for Medical Research* – ICMR), porém não possuem poder de barganha por conta da falta de instalações de manufatura. Consequentemente, ainda dependem de empresas de setor privado para comercializar o resultado de suas ações de P&D, o que as torna subordinadas aos termos colocados pelo mercado (ENTREVISTAS 280, 313). Produtos finais muitas vezes acabam se tornando produtos de exportação. Também há relatos do sumiço de tecnologias de propriedade pública após aquisição estrangeira do receptor da tecnologia (ENTREVISTA 320).

À luz desses acontecimentos, um ex-representante do Ministério do Comércio e Indústria indiano (MoCI) avaliou que "o setor público não tem sido encorajado; ele tem sido ignorado pelo governo" (ENTREVISTA 276). A postura cautelosa também se espelha na forma de lidar com licenças compulsórias (CLs). Até mesmo quando todos critérios para concessão pública são preenchidos (i.e., justificativa, capacidade, necessidade), o governo muitas vezes reluta em solicitar uma CL por iniciativa própria, mesmo quando estas poderiam substancialmente melhorar a assistência de saúde doméstica (ENTREVISTAS 146, 292). Isso não necessariamente implica que autoridades indianas queiram dificultar as CL de forma geral. Autoridades estatais até chegaram a indicar que estão dispostas a abrir procedimentos de CL para algumas empresas indianas de genéricos (DIPP, 2010). Todavia elas claramente afirmam que isso não acontecerá sob sua liderança (ENTREVISTAS 146, 154, 156).[10] Isso inclui também o Ministério da Saúde, que diante de uma população estimada em 3 milhões de pessoas infectadas com HIV/AIDS conta como "insuficiente" para constituir uma urgência real e que geralmente se exime de tratar de questões relacionadas a CL (ENTREVISTA 283).

Em segundo lugar, ferramentas governamentais encontram-se em boa medida restritas ao setor sem estabelecer prioridades no sistema de saúde doméstico. Isenção fiscal e tributária são os instrumentos principais usados para estimular a inovação. O governo oferece deduções/isenções fiscais ponderadas para pesquisas de P&D internas assim como subsídios para descoberta de drogas e projetos de desenvolvimento de até 50% (JEFFREY & SANTHOSH, 2009: 23; ENTREVISTAS 295, 300, 322). Em comum, as ferramentas explicitamente não fazem distinção entre patologia, propósito ou aplicabilidade da futura invenção. Em vez disso, a

---

10 Recentemente, a emissão de uma CL para o medicamento para tratamento de câncer, Nexavar, desenvolvido pela Bayer, para uma empresa indiana causou polêmica na comunidade de saúde pública. Porém é justo dizer que CL advém do setor privado indiano sem qualquer envolvimento do governo. Ao contrário o Ministério da Saúde explicitamente se recusou a fornecer qualquer apoio ao postulante indiano (ENTREVISTA 283).

assistência é disponibilizada para cada solicitante, desde que o projeto cumpra com o critério de patenteabilidade de ser um "invento que dá um passo adiante" (ENTREVISTAS 276, 313).

Em terceiro lugar, autoridades indianas promovem a conformidade a padrões internacionais com vistas ao estímulo do crescimento via exportação. Empresas farmacêuticas indianas recebem financiamento adicional no caso de possuírem instalações produtivas com certificados internacional (DAMODARAN, 2008: 418f). Além disso, o governo tem colocado intensa pressão para o cumprimento dos citados critério na pesquisa e manufatura farmacêutica, alinhados com as regras da OCDE, USFDA e OMS (ENTREVISTA 299). Essas medidas buscam facilitar o processo de marketing e comercialização no exterior (NEERAJ, 2011: 3).[11] O projeto de Política Nacional de Farmacêuticos explicitamente se propõe a "possibilitar empresas farmacêuticas domésticas a se tornarem internacionalmente competitivas por via da implementação [...] de diretrizes internacionalmente estabelecidas" assim como "facilitar crescimento maior quanto a exportações [...] via a redução de barreiras ao comércio internacional" (MoCF, 2005). Em suma, atividades governamentais na Índia são caracterizadas pela negligência do setor público, esquemas de inovação amplos e guiados pela oferta, e pela promoção explícita do crescimento via a exportação. Essa forma de intervenção governamental parcial não apenas causou o deslocamento os esforços de inovação do setor público para o privado, mas também o inseriu no mercado global. Hoje, empresas privadas voltadas para a exportação indubitavelmente ocupam o centro do PIS indiano (MANI, 2006: 27f).

O padrão de intervenção governamental no Brasil é bastante diferente. O "Estado ativo" já citado direciona atividades de inovação no sentido de sustentação do SUS. Consonante com esse espírito, a inovação não é vista sobretudo como uma ponte para a integração global mas, ao contrário, como um meio de se tornar menos vulnerável a ciclos econômicos globais e resolver problemas sociais (ENTREVISTAS 227, 245, 253, 255). Para garantir a sustentabilidade do sistema nacional de saúde, o Estado brasileiro adota "uma rígida administração política" (DOCTOR, 2009: 14) e se coloca no centro do PIS. Destacam-se novamente as três características da intervenção governamental nesse sentido.

Em primeiro lugar, e diferente da Índia, a atividade estatal no setor farmacêutico não diminuiu após o TRIPs. Ao contrário. Quando laboratórios de propriedade

---

11 Significantemente, enquanto esses critérios asseguram a elevada qualidade dos produtos exportados, as autorizações para a comercialização no mercado indiano são afetadas por corrupção e aplicação frouxa da lei (SPICY IP, 2012).

estatal estavam sofrendo com a crescente concorrência e com ineficiências no final da década de 1990, o Congresso Nacional decidiu barrar a privatização e ao invés disso reafirmou o papel das empresas estatais no fornecimento de medicamentos para o sistema de saúde nacional (FLYNN, 2008: 517). Desde então, a expansão da produção pública e da capacidade de inovação constitui um dos pilares centrais no esforço do governo para garantir a sustentabilidade e a acessibilidade a produtos médicos (CHAMAS, 2005: 83f). Diferentemente das autoridades indianas, o governo brasileiro tem logrado colocar em prática, com eficiência e agressividade, um sistema de CL como forma de garantir acesso ao tratamento e, simultaneamente, incrementar a capacidade industrial doméstica de modo a conferir maior autonomia vis-à-vis as multinacionais (CASSIER & CORREA, 2007: 84).[12] Embora autoridades brasileiras reconheçam o licenciamento compulsório como um recurso de última instância, elas têm demonstrado uma aptidão em lançar mão dele quando o provimento de saúde é ameaçado (ENTREVISTAS 227, 246, 253, 255).

Em segundo lugar, a intervenção do governo não se limita ao financiamento do setor privado, mas inclui também sua substituição. O Brasil possui um total de dezoito laboratórios farmacêuticos, sendo que um, o de Far-Manguinhos, é diretamente subordinado ao Ministério da Saúde (FLYNN, 2008: 515). Diferentemente do CSIR e do ICMR na Índia, o Far-Manguinhos compreende pesquisa e capacidade produtiva e, desse modo, é capaz de formular produtos finais sem a participação do setor privado. Os laboratórios públicos atuam como principais fornecedores do Ministério da Saúde e sua política de compras seguem estritamente a demanda do SUS (REZAIE *et al*, 2008: 627). Para garantir o fornecimento de tecnologias relevantes para o SUS, o Ministério da Saúde brasileiro estabeleceu um complexo industrial e de inovação voltada para a saúde, o Complexo Industrial da Saúde, ou CIS, que estimula parcerias público-privadas de acordo com as necessidades do SUS. O programa é uma reação direta ao aumento de vulnerabilidade do SUS ocasionado pelo TRIPs e coloca forte ênfase na monitoramento político de transferências de tecnologia e o desenvolvimento da capacidade de inovação doméstica. Parceiros privados de forma geral fornecem os ingredientes farmacêuticos ativos (APIs), ao

---

12   O Brasil usou a ameaça da emissão de uma CL diversas vezes como tática de barganha. Entre 2001 e 2005 o Brasil conseguiu negociar descontos com Merck, Roche, Abbott e Gilead de até 65% para ARVs e drogas para o tratamento de câncer em troca da não emissão de CLs. Polêmica foi causada pela discussão acerca do Efavirenz, uma droga antirretroviral produzida pela Merck, que o Ministério da Saúde declarou como de "interesse público" em 2007. Após o fracasso da negociação de preços, o Ministério da Saúde fez valer a ameaça e emitiu uma licença compulsória para o Efavirenz em maio de 2007 (LOVE, 2007: 14ff).

passo que os laboratórios formulam o medicamento propriamente dito. O produto final é entregue com exclusividade ao Ministério da Saúde (ENTREVISTAS 226, 245). Até o momento, a maioria dos fornecedores de API são empresas nacionais. No entanto, multinacionais também estão aptas a serem incorporadas, desde que estejam dispostas a transferir tecnologia a laboratórios domésticos. Como relatado por um funcionário do ministério: "Não se trata de uma divisão entre o nacional e o internacional, mas de garantir a segurança absoluta do SUS" (ENTREVISTA 227).

Em terceiro lugar, o financiamento público e a isenção de impostos para empresas que desenvolvem internamente P&D desenvolvido são acompanhados por um monitoramento de perto (DE BRITO & DE MELLO, 2006: 19ff). Os recursos de pesquisas são administrados por agências públicas, principalmente o BNDES e a Finep que atuam de acordo com uma política de editais. Os recursos são condicionados a determinados critérios, sendo que a maioria desencorajam empresas privadas de se orientarem para exportação. Os recursos da Finep devem ser gastos exclusivamente dentro do Brasil, ainda que as capacidades necessárias não estejam internamente disponíveis. Se uma empresa pretende licenciar uma tecnologia cujo desenvolvimento contou com recursos públicos, deve solicitar autorização da Finep (REZAIE *et al*, 2008: 634). Regras semelhantes se aplicam a laboratórios públicos (ENTREVISTAS 226, 236). Ademais, recursos são distribuídos de acordo com o campo de pesquisa. O Fundo Nacional de Saúde, criado em 2001 para incentivar investimentos privados em P&D, repassa recursos exclusivamente para pesquisa em áreas que interessam o SUS (CHAMAS, 2005: 101; DOCTOR, 2009: 13f). De modo parecido, no caso do Fundo de Tecnologia (Funtec), que possui entre suas metas principais o desenvolvimento de medicamentos, as atividades de pesquisas devem estar em "conformidade com os interesses estratégicos do país assim como das políticas e programas federais"[13] para estarem aptas a receber os repasses. Tal esquema restringe o apoio do governo a iniciativas consideradas importantes para o sistema de saúde nacional. Daí se origina uma cadeia de atores no desenvolvimento e manufatura de produtos, sejam eles nacionais ou estrangeiros, públicos ou privados, que, unidos pela "promessa de mercado" oferecida pelo governo, orientam suas ações quase que exclusivamente para as necessidades do mercado doméstico (CASSIER & CORREA, 2007: 85; ENTREVISTA 227).

Em suma, devido a diferentes modalidades de engajamento estatal, o PIS da Índia é marcado por fortes articulações entre atores empresariais locais e

---

13   Ver <http://www.bndes.gov.br/SiteBNDES/bndes/bndes_pt/Areas_de_Atuacao/Inovacao/Funtec/>. Acesso em: 26 out. 2011.

multinacionais, enquanto no Brasil a inovação farmacêutica envolve interrelações próximas entre atores empresariais e o governo.

Aprendizado: proeza tecnológica vs. compatibilidade social

Nas duas seções anteriores, argumentei que os diferentes papéis assumidos pelos Estados e as modalidades de intervenção governamental promoveram, no caso da Índia, inserção global, e no caso do Brasil, a continuidade de uma orientação doméstica. Nessa seção, irei sugerir que o papel do Estado e a intervenção governamental diferenciadas geram diferentes estratégias de aprendizado, que por sua vez, consolidam as abordagens variáveis em relação à inovação farmacêutica.

Em primeiro lugar, na Índia, devido à demanda doméstica relativamente fraca e uma forte estrutura de concorrência, empresas privadas têm logrado cooperar com atores estrangeiros. Sem qualquer maior proteção do governo, essas empresas tentam tirar proveito de sua vantagem de custo para conseguirem acessar os grandes mercados do Norte. Alta conformidade a padrões globais e o incremento da capacidade interna de P&D, ambas tendo sido incentivadas por políticas públicas, torna a Índia um destino global privilegiado para pesquisas por contrato e acordos de licenciamento com atores globais, empresas e institutos indianos e cria um perfil altamente visível de uma país que pode ser absorver terceirização de P&D e manufatura para o mercado global. E tendo em vista que mercados em países desenvolvidos são mais lucrativos que no mercado indiano, as empresas locais possuem um incentivo para incrementar sua base de conhecimento em áreas que são de interesse no exterior em vez de responder em função do mercado interno. Um ex-funcionário que havia ocupado um posto de chefia afirmou que "empresas indianas trabalham cada vez mais segundo as orientações de empresas multinacionais" (ENTREVISTA 322). Atualmente, tais empresas mal atuam no desenvolvimento de fármacos no campo de doenças negligenciadas, e a produção e pesquisa locais estão cada vez em maior descompasso com as necessidades internas de saúde (ABROL, 2006: 26; CHAUDHURI, 2008: 269ff).

No que concerne as empresas privadas brasileiras, diferentemente, os elos internacionais praticamente não exerçam qualquer influência (ENTREVISTAS 227, 235). A cooperação empresarial com entidades estrangeiras é em sua maioria restrita à comercialização ou prestação de serviços. Praticamente não ocorrem parcerias de P&D com atores estrangeiros que impactariam a trajetória de aprendizado dentro do PIS.[14] Isso não surpreende considerando o relativamente baixo grau tanto de conformidade em relação a padrões internacionais como de capacidade de P&D na maioria das empresas brasileiras, o que as torna bem menos atraente para multinacionais em comparação a empresas indianas (PARANHOS, 2010). Além disso, há pouca atratividade para empresas brasileiras em estabelecer parcerias fora do esquema oferecido pelo governo, pois isso acarretaria em um decréscimo de disponibilidade de recursos e vendas de mercado. Contra esse pano de fundo, a forma mais racional de alocação de recurso é o foco na demanda do sistema de saúde nacional, tal como moldado pelo governo, levando a consolidação de sua base de conhecimento a áreas que são relevantes do ponto de vista doméstico.

Em segundo lugar, a orientação de diferentes atores são moldadas pelo desenvolvimento de recursos humanos. No Brasil, a ênfase recai na inovação que reflete as prioridades do SUS. O Brasil é um dos únicos países que mantêm em vigor instrumentos de governança na área de ciência médica. O governo estabeleceu uma estratégia específica de aprendizado para a educação, treinamento e incorporação de recursos humanos como parte do PIS. Um princípio chave adotado pelo sistema é que prioridades de pesquisa serão definidas domesticamente e não por entidades estrangeiras (ALGER *et al*, 2009: 7f; CHAMAS, 2005: 89). O PIS do Brasil compreende uma rede de universidades, institutos de ensino e pesquisa federais que incentivam a produção tecnológica e científica na área de saúde. A educação formal de trabalhadores da saúde é realizado em sua maioria dentro do próprio país. Além do treinamento normal dentro do sistema de educação farmacêutica, uma ampla gama de cursos e certificados estão disponíveis em todo o país. O governo também fornece apoio para pós-graduandos do campo de ciências da saúde. O Ministério da Saúde mantém uma Escola Nacional de Saúde Pública (ENSP) que tem como objetivo o treinamento e formação de recursos humanos para o SUS e que tem um dos mais extensos e bem-equipados quadro de funcionários do país.[15] Mais de um quarto dos grupos de pesquisa ativos no Brasil estão ligados ao campo da saúde pública, incluindo mais de 18 mil pesquisadores, e autoridades do governo buscam compatibilizar suas agendas de pesquisa como prioridades de saúde pública, adotando medidas como, por exemplo, oferecer prêmios para as melhores pesquisas científicas relacionadas ao SUS (CHAMAS, 2005: 89f, 104).

---

14 Os poucos esforços de desenvolvimento em parceria de P&D com entidades estrangeiras na maioria ocorrem com universidades ou órgãos públicos. Um exceção é a Eurofarma, que formou uma *joint venture* com a empresa portuguesa Edol Laboratory (Rezaie *et al* 2008, 634).

15 Ver <http://www.ensp.fiocruz.br/portal-ensp/apresentacao/>. Acesso em: 17 dez. 2011.

No caminho oposto, ao melhorar seu sistema educacional, o Estado indiano colocou ênfase na administração de tecnologia e no estabelecimento de escolas de administração, na esperança de aumentar a competitividade global (WRIGHT, 2008: 10f). Tem havido um gradual aumento, ao longo dos últimos anos, na educação voltada à inovação farmacêutica, com o estabelecimento de cursos e da capacidade do sistema de ensino. Atualmente, o ensino de farmácia é oferecido em quinhentas universidades, perfazendo um total de 61 mil alunos. A educação em farmácia na Índia inspira-se no modelo dos Estados Unidos. Sendo assim compreende um ciclo doutoral de seis anos, compreendendo um ano de estudo prático e cinco adicionais para obtenção do PhD (PHARMAINFO, 2008; NEERAJ, 2011: 5). Contudo, diferentemente do Brasil, a educação farmacêutica não está atrelada a políticas de saúde nacionais. A formação na área é liderada pelo Conselho de Farmácia da Índia (PCI), um órgão da Ministério da Saúde, e o All India Council of Technical Education (AICTE), que é ligado a Ministério de Desenvolvimento de Recursos Humanos indiano. Ambas instituições adotam uma orientação fortemente voltada para o mercado no cumprimento de suas respectivas missões institucionais (ENTREVISTAS 295, 324). O PCI foca na necessidade "profissionais de farmácia clinica e tecnologicamente treinados que podem enfrentar desafios globais e competir com as multinacionais".[16] No *National Seminar on Recent Trends in Pharmacy Education and Practice*, organizado pelo PCI in 2010, nítida ênfase foi dada a qualificações técnicas. Dos vinte e um programas científicos, apenas um se reportava à saúde pública de alguma forma, e mesmo assim a partir de uma perspectiva global, e não local (PCI, 2010). Nesse mesmo sentido, a AICTE destaca "desenvolvimento tecnológico e progresso econômico" sem de resto destacar qualquer aspecto do sistema de saúde.[17]

4. ÍNDIA E BRASIL: PADRÕES DISTINTOS DE INOVAÇÃO FARMACÊUTICA

Na seção anterior revelou-se que os PIS da Índia e do Brasil são bastante distintos em termos de demanda, articulações e aprendizado. Em todas essas três áreas o Estado possui papel determinante. Motivados pelo objetivo de garantir produtos de saúde sustentáveis e acessíveis para todas as camadas da população, o Brasil articulou um PIS em que a demanda, articulação e aprendizados se voltam para o mercado doméstico para sustentar o SUS. A Índia, ao contrário, abre mão de conduzir e integrar o impulso da inovação para seu sistema nacional de saúde dando

---

16   Ver: <http://www.pci.nic.in/>. Acesso em: 28 out. 2011.

17   Ver: <http://www.aicte-india.org/aboutus.htm>. Acesso em: 28 out. 2011.

prioridade ao crescimento via a exportação. Essa orientação se traduz em uma estrutura de demanda global, forte articulação com atores de mercado estrangeiros e um sistema de aprendizado globalmente orientado (Tabela 2):

TABELA 2. Características NSI pós-Trips do PIS brasileiro e indiano

	Brasil	Índia
DEMANDA	Predominantemente doméstica e do setor público	Em sua maioria internacional e do setor privado
ARTICULAÇÕES	Voltado para o governo e o sistema nacional de saúde	Voltado para o mercado externo e parcerias globais
FORMAÇÃO/ EDUCAÇÃO	Voltado para o conhecimento técnico e saúde pública	Voltado para o conhecimento técnico e padrões internacionais

Essas diferenças entre a Índia e o Brasil apontam para dois padrões distintos de inovação na era pós TRIPs no que diz respeito ao *trade-off* descrito na primeira seção desse capítulo. O caso brasileiro reflete as especificações de uma abordagem redistributiva, em que solucionar as questões de saúde doméstica se antepõe à promoção do desenvolvimento local de tecnologia. O Estado brasileiro adota uma postura ativa no PIS, alinhando a inovação aos objetivos da saúde pública. O setor público é o líder sem concorrentes nos processos de inovação e manufatura, enquanto empresas do setor privado alocam seus recursos de acordo com demanda e infraestrutura local. A orientação brasileira resulta na forte representação de atividade com recursos locais e na pressão pela adoção de técnicas articuladas com as necessidades de saúde sociais.

Em contraste, o caso indiano conforma-se ao modelo voltado para a inovação. Impulsionado por fortes estruturas concorrenciais, o setor farmacêutico opera "estritamente de acordo com o quadro de incentivos oferecidos pelo mercado" (CASSIER & CORREA, 2007: 84). Intervenções governamentais se restringem a ajudar e complementar o setor privado. Elas incrementam o desenvolvimento econômico e a integração global. Grande volume de P&D e um robusto regime de IP são motores importantes de inovação e de *catchingup*. O modelo indiano resulta em forte capacidade de inovação e um sub-investimento em bens coletivos.

Os achados desse estudo revelaram que variáveis em termos de demanda, articulação e aprendizado/formação levaram a diferentes padrões de inovação mesmo após o TRIPs, rechaçando a hipótese de homogeneização causada pelo regime de patentes.

CONCLUSÃO

Começando com a observação de que o Acordo TRIPs tem um impacto nas estratégias de aquisição de tecnologia de países em desenvolvimento, lancei mão do enquadramento *National Systems of Innovation* (NSI) para avaliar a evolução na inovação farmacêutica no período pós TRIPs na Índia e no Brasil. A evidência empírica dos dois casos revela grandes diferenças nas orientações quanto à inovação. Enquanto a Índia direcionou seu PIS para o crescimento via a exportação, o PIS brasileiro funciona quase que exclusivamente para satisfazer a demanda doméstica determinada pelo seu sistema nacional de saúde. Essa variação aponta para a emergência de duas trajetórias distintas de inovação, em que se lida de duas formas divergentes com o *trade-off* ocasionado pelo TRIPS.

Os achados empíricos desafiam estudos anteriores que sugeriam que o acordo TRIPs levaria a um "modelo homogeneizado" (RAO, 2006: 164) de sistemas de inovação impulsionados exclusivamente por patentes. Argumentei que nem apenas o Acordo TRIPs tampouco a atuação de atores transnacionais são exclusivamente responsáveis pelas diferentes trajetórias dos sistemas de inovação farmacêutica no Brasil e na Índia. Em vez disso, o engajamento ativo (ou ausente) do Estado parece ter uma influência decisiva na evolução pós-TRIPs nesses dois países. Enquanto o governo indiano tem se provado bastante resistente a guiar os rumos na inovação na atividade farmacêutica para não prejudicar o crescimento econômico e a integração global, as autoridades brasileiras adotaram uma postura robusta em relação a empresas multinacionais para assegurar a sustentabilidade de sua política de saúde. Nesse sentido, as duas orientações quanto à inovação também apontam para duas prioridades de desenvolvimento distintas.

O enquadramento NSI tem agregado valor ao estudo da implementação do TRIPs em países em desenvolvimento. Esse quadro possibilita compreender conceitualmente as orientações distintas, chamando atenção para fatores políticos e socioeconômicos domésticos. Sobretudo, o NSI nos permite explicitamente examinar as ações de governantes e seu impacto na extensão e direção da atividade inovadora no país. O estudo demonstra que a heterogeneidade regulatória da formação tecnológica nos países do OCDE também pode ser vista em países emergentes. Nesse sentido, apesar da crescente pressão da globalização, esses países ainda parecem ter espaço de manobra para ajustar seus sistemas nacionais de inovação de acordo com suas prioridades de desenvolvimento.

Esse achado também acrescenta para a nossa compreensão dos regimes globais de IP e suas implicações para o processo de superação da defasagem, ou *catching up*, em países em desenvolvimento. Até o momento, a literatura sobre TRIPs tem avaliado as oportunidades para *catching up* pós-TRIPs de uma forma consistentemente pessimista. O desenvolvimento de tecnologia local já foi ou ainda poderá ser prejudicada por rígidas cláusulas de patentes (BARTON *et al*, 2002; MAY & SELL, 2006; RAO, 2006) ou, na melhor das hipóteses, ser direcionada para países industrializados, minando a capacitação tecnológica alinhada como necessidades domésticas (CHAUDHURI, 2007; CHATAWAY *et al*, 2007; CORREA, 2011).

A análise desse artigo, no entanto, aponta para uma gama mais ampla de oportunidades. O caso da Índia prova que o desenvolvimento local de tecnologias continua sendo viável após os acordos TRIPs, enquanto o caso do Brasil deixa claro que a capacidade tecnológica doméstica pode se voltar para prioridades domésticas. O presente estudo revela que os efeitos concretos dos regimes globais de IP só podem ser adequadamente avaliados por meio da avaliação de configurações domésticas da atividade inovadora.

Nos casos da Índia e do Brasil, diferentes papéis do Estado tiveram um impacto considerável nos variáveis rumos da inovação farmacêutica no período pós-TRIPs. É preciso avançar em pesquisas para avaliar se essa conexão se verifica igualmente em outros casos.

REFERÊNCIAS BIBLIOGRÁFICAS

ABROL, D. "The Challenge of Transformation of Indian System(s) of Innovation". *Proceedings of the Globelics India Conference ("Innovation Systems for Competitiveness and Shared Prosperity in Developing Countries")*, Kerala, India, 2006.

ALGER, J.; BECERRA-POSADA, F.; KENNEDY, A.; MARTINELL, E.; CUERVO, L. G. "National Health Research Systems in Latin America: A 14-Country Review". *Pan American Journal of Public Health*, 26, 2009, p. 447-457.

ALTENBURG, T. "Building Inclusive Innovation Systems in Developing Countries: Challenges for IS Research". In: LUNDVALL, B.-Å.; JOSEPH, K. J.; CHAMINADE, C. (eds.). *Handbook of innovation systems and developing countries*. Cheltenham & Northhampton, MA: Edward Elgar, 2009, p. 33-56.

AMABLE, B. "Institutional Complementarity and Diversity of Social Systems of Innovation and Production". *Review of International Political Economy*, 7, 2000, p. 645-687.

BARTON, J.; ALEXANDER, D.; CORREA, C.; MASHELKAR, R.; SAMUELS G.; THOMAS, S. *Integrating intellectual property rights and development policy (Report of the Commission on Intellectual Property Rights)*. Londres: Commission on Intellectual Property Rights, 2002.

BIEHL, J. "The Activist State. Global pharmaceuticals, Aids and citizenship in Brazil". *Social Text*, 22, 2004, p. 105-132.

CASSIER, M. & CORREA, M. "Intellectual property and public health: coping of HIV/Aids drugs by brazilian public and private pharmaceutical laboratories". *Electronic Journal of Communication, Information and Innovation in Health*, 1, 2007, p. 83-90.

CHAMAS, C. I. "Developing innovative capacity in Brazil to meet health needs". *MIHR Report to CIPH WHO ref. CIPH Study 10d (DGR)*, 2005, p. 75-108.

CHATAWAY, J.; TAIT, J.; WIELD, D. "Frameworks for pharmaceutical innovation in developing countries – the case of Indian Pharma". *Technology Analysis & Strategic Management*, 19, 2007, p. 697-708.

CHAUDHURI, S. "The gap between successful innovation and access to its benefits: Indian Pharmaceuticals". *The European Journal of Development Research*, 19, 2007, p. 49-65.

_____. "Is product patent protection necessary to spur innovation in developing countries?". In: NETANEL, Neil W. (ed.). *The Development Agenda: global intellectual property and developing countries*. Nova York: Oxford University Press, 2008.

COHEN, J. C. & LYBECKER, K. M. "Aids policy and pharmaceutical patents: Brazil's strategy to safeguard public health". *The World Economy*, 28, 2005, p. 211-230.

CORREA, C. M. 'Pharmaceutical innovation, incremental patenting and compulsory licensing'. *South Centre Research Papers*, nº 41, 2011.

COZZENS, S.; GATCHAIR, S.; THAKUR, D. "Distributional assessment of emerging technologies. A framework analysis". *James Martin Institute Working Paper*, 1, Georgia Institute of Technology, 2006.

COZZENS, S. E. & KAPLINSKY, R. "Innovation, poverty and inequality: cause, coincidence, or co-evolution?". In: LUNDVALL, B.-A.; JOSEPH, K. J.; CHAMINADE, C.; VANG,

J. (eds.). *Handbook of innovation systems and developing countries*. Cheltenham/Northhampton: Edward Elgar, 2009, p. 57-82.

DAHLMAN, C. "Innovation strategies in Brazil, China and India: from imitation to deepening technological capability in the South". In: FU, X. & SOETE, L. (eds.). *The rise of technological power in the South*. Houndsmills/Basingstoke/Hampshire: Palgrave Macmillan, 2010, p. 15-48.

DAMODARAN, A. "Indian patent law in the post-trips decade: S & T policy appraisal". *Journal of Intellectual Property Rights*, 13, 2008, p. 414-423.

DE BRITO CRUZ, C. H. & DE MELLO, L. "Boosting Innovation Performance in Brazil". *Working Papers from OECD Publishing*, 532, 2006.

DEERE, C. *The implementation game: the TRIPs agreement and the global politics of intellectual property reform in developing countries*. Oxford: Oxford University Press, 2009.

DIPP (Department of Industrial Policy & Promotion). "Compulsory Licencing". *Discussion Paper*, 17 abr. 2010.

DOCTOR, M. *Furthering Industrial development in Brazil: globalisation and the national innovation system*. Rio de Janeiro: Latin American Studies Association, 2009.

DRAHOS, P. "The Regulation of Public Goods". *Journal of International Economic Law*, 7, 2004, p. 321-339.

_____. "Trust me: patent offices in developing countries". *Australian National University Working Paper*, 11, 2007.

EDQUIST, C. "Systems of innovation – perspectives and challenges". In FAGERBERG, J.; MOWERY, D.; NELSON, R. (eds.). *Oxford Handbook of Innovation*. Oxford: Oxford University Press, 2005, p. 181-208.

EIMER, T. & LÜTZ, S. "Developmental States, civil society, and public health: patent regulation for HIV/Aids pharmaceuticals in India and Brazil". *Regulation and Governance*, 4, 2010, p. 135-153.

EIMER, T.; LÜTZ, S.; SCHÜREN, V. "Norm diffusion through advocacy coalitions: implementing international intellectual property norms in India and Brazil". Paper. *ISA 54th Annual Convention*, San Francisco, abr. 2013.

EREN-VURAL, I. "Domestic contours of global regulation: understanding the policy changes on pharmaceutical patents in India and Turkey". *Review of International Political Economy*, 14, 2007, p. 105-142.

QUE DIFERENÇA FAZ O ESTADO

ERNST, D. "Global production networks and the changing geography of innovation systems: implications for developing countries". *Economics of Innovation and New Technology*, 11, 2002, p. 497-523.

FERRER, M.; THORSTEINSDÓTTIR, H.; QUACH, U.; SINGER, P. A.; DAAR, A. S. "The scientific muscle of Brazil's health biotechnology". *Nature Biotechnology*, 22, 2004, DC8 – DC12.

FLORICEL, S.; MICHELA, J.; GEORGE, M. "Resource feedbacks for continuous innovation: the articulation of firm, university, and government rules". Paper. *CBS Summer Conference*, Copenhagen, 17-19 jun. 2009.

FREEMAN, C. *The Economics of Industrial Innovation*. 2ª ed. Cambridge: MIT Press, 1982.

FLYNN, M. "Public production of anti-retroviral medicines in Brazil, 1990-2007". *Development and Change*, 39, 2008, p. 513-536.

GIUGALE, M. *Yes, they can: how emerging economies are building universal health coverage*. 5 jul. 2011. Disponível em: <http://www.huffingtonpost.com/marcelo-giugale/developing-countries-universal-healthcare_b_1018240.html>. Acesso em: 23 abr. 2012.

GOPAKUMAR, K. M. "India: a critical review of the implementation of trips patent regime". *The Law and Development Review*, 3, 2010, p. 324-368.

GOVERNO FEDERAL (2003). *Diretrizes de política industrial, tecnológica e de comércio exterior*.

GUENNIF, S. & RAMANI, S. V. "Explaining divergence in catching-up in pharma between India and Brazil using the NSI-Framework". *Research Policy*, 41, 2012, p. 430-441.

HALBERT, D. J. *Intellectual property in the information age: the politics of expanding ownership rights*. Westport, Connecticut: Quorum Books, 1999.

HASENCLEVER, L. & PARANHOS, J. *The development of the pharmaceutical industry in Brazil and India: technological capability and industrial development*. 2009 [mimeo].

HORNER, R. 'The impact of patents on innovation, technology transfer and health: a pre- and post-TRIPs analysis of India's pharmaceutical industry". *New Political Economy*, vol. 19, n° 3, 2013.

ICMR (Indian Council of Medical Research). *Guidelines for Good Clinical Laboratory Practices (GCLP)*, Nova Déli, 2008.

ENTREVISTA 146 – Representative of the Indian Ministry of Commerce and Industry. Nova Délhi, 3 mar. 2011.

ENTREVISTA 154 – Indian civil society representative. Nova Délhi, 23 fev. 2011.

ENTREVISTA 156 – Representative of an Indian pharmaceutical industry association. Nova Délhi, 27 fev. 2011

ENTREVISTA 166 – Representative of the ENSP. Rio de Janeiro, 25 jul. 2011.

ENTREVISTA 226 – Representative of Fiocruz. Rio de Janeiro, 31 ago. 2011.

ENTREVISTA 227 – Representative of the Brazilian Ministry of Health. Brasília, 11 ago. 2011.

ENTREVISTA 235 – Representative of a Brazilian industry association. São Paulo, 22 ago. 2011.

ENTREVISTA 236 – Representative of Fiocruz. Rio de Janeiro, 2 set. 2011.

ENTREVISTA 245 – Representative of the Brazilian Ministry of Health, CIS. Brasília, 15 ago. 2011.

ENTREVISTA 246 – Representative of the Brazilian Ministry of Foreign Affairs, Itamaraty. Brasília, 6 ago. 2011.

ENTREVISTA 253 – Representative of the Brazilian Ministry of Health. Brasília, 5 ago. 2011.

ENTREVISTA 255 – Representative of the Brazilian Ministry of Health. Brasília, 10 ago. 2011.

ENTREVISTA 275 – Representative of the Indian Council of Science & Industrial Research. Nova Délhi, 7 fev. 2012.

ENTREVISTA 276 – Former representative of the Indian Ministry of Commerce and Industry. Nova Délhi, 8 fev. 2012.

ENTREVISTA 278 – Representative of the Jawaharlal Nehru University, Centre for Studies in Science Policy. Nova Délhi, 9 fev. 2012.

ENTREVISTA 279 – Former representative of the Indian Ministry of Science and Technology. Nova Délhi, 10 fev. 2012.

ENTREVISTA 280 – Indian civil society representative. Nova Délhi, 10 fev. 2012.

ENTREVISTA 283 – Representative of the Indian Ministry of Health. Nova Délhi, 13 fev. 2012.

ENTREVISTA 284 – Representative of the Public Health Foundation of India. Nova Délhi, 14 fev. 2012.

ENTREVISTA 295 – Representative of the Pharmacy Council of India. Nova Délhi, 15 fev. 2012.

ENTREVISTA 299 – Representative of an Indian clinical research organization. Nova Délhi, 17 fev. 2012.

ENTREVISTA 300 – Representative of the Indian Council of Science & Industrial Research. Nova Délhi, 21 fev. 2012.

ENTREVISTA 313 – Representative of the Indian Council of Medical Research. Nova Délhi, 23 fev. 2012.

ENTREVISTA 320 – Representative of the Indian Ministry of Commerce and Industry. Nova Délhi, 24 fev. 2012.

ENTREVISTA 322 – Representative of the National Institute of Pharmaceutical Education and Research. Chandigarh, 27 fev. 2012.

ENTREVISTA 324 – Representative of the National Institute of Pharmaceutical Education and Research. Chandigarh, 27 fev. 2012.

JEFFREY, R. & SANTHOSH, M. "Architecture of drug regulation in India. What are the barriers to regulatory reform?". *Journal of Health Studies*, 2, 2009, p. 13-31.

JOSHI, H. N. "Analysis of the indian pharmaceutical industry: with emphasis on opportunities in 2005". *Pharmaceutical Technology*, 27, 2003, p. 74-84.

KAPCZYNSKI, A. "Harmonization and its discontents: a case study of trips implementation in India's pharmaceutical sector". *California Law Review*, 97, 2009, p. 1571-1650.

KAPLAN, W. & LAING, R. "Local production of pharmaceuticals: industrial policy and access to medicines, an overview of key concepts, issues and opportunities for future research". *Health, Nutrition and Population (HNP) Discussion Paper*. 2005.

KRISHNA, V. V. "Changing policy cultures, phases and trends in science and technology in India". *Science and Public Policy*, 28, 2001, p. 179-194.

LI, X. "The impact of higher standards in patent protection for pharmaceutical industries under the TRIPs Agreement: a comparative study of China and India". *The World Economy*, 31, 2008, p. 1367-1382.

LOVE, J. P. "Recent examples of the use of compulsory licenses on patents". *KEI Research Note*, 2, 2007. Disponível em: <http://www.keionline.org>. Acesso em: 27 abr. 2012.

LUNDVALL, B.-Å. *National systems of innovation: towards a theory of innovation and interactive learning*. Londres: Pinter, 1992.

_____. "National innovation system. Analytical concept and development tool". *Industry and Innovation*, 14, 2007, p. 95-119.

MAHAJAN, Madhur Mohit. The Emergence of New R&D Paradigms in the Indian Pharmaceutical Industry: Post TRIPS Period, Journal of Intellectual Property Rights, 16 (4), 2011, p. 321-329.

MALERBA, F. "Sectoral systems – how and why innovation differs across sectors". In: FAGERBERG, J.; MOWERY, D. C.; NELSON, R. R. (eds.). *The Oxford Handbook of Innovation*. Oxford: Oxford University Press, 2005, p. 380-406.

MALERBA, F. & NELSON, R. "Learning and catching up in different sectoral systems: evidence from six industries". *Industrial and Corporate Change*, 20, 2011, p. 1645-1675.

MANI, S. "The sectoral system of innovation of indian pharmaceutical industry". *Centre for Development Studies. Working Paper*, n° 382, 2006, p. 1-59.

MAY, C. *A global political economy of intellectual property rights. The new enclosures?* Londres: Routledge, 2000.

MAY, C. & SELL, S. *Intellectual property rights: a critical history*. Londres: Lynne Rienner Publishers, 2006.

MKANDAWIRE, T. "Transformative social policy and innovation in developing countries". *The European Journal of Development Research*, 19, 2007, p. 13-29.

MCT (Ministério da Ciência e Tecnologia). *Lei n° 10.973* ("Lei da Inovação"), de 2 de dezembro de 2004.

MoC&F (Ministry of Chemistry and Fertilizers). "National Pharmaceutical Policy". *Health Administrator*, XX, 2005, p. 1-8.

MoCI (Ministry of Commerce and Industry). *Strategy for Increasing Exports of Pharmaceutical Products*, 2008.

MS (Ministério da Saúde). *Acesso a medicamentos gratuitos triplica no país*. 2011. Disponível em: <http://portalsaude.saude.gov.br/portalsaude/index. cfm/?portal=pagina.visualizarNoticia&codConteudo=2309&codModuloArea=16 2&chamada=acesso-a-medicamentos-gratuitos-triplica-no-pais>. Acesso em 13 set. 2011.

MST (Ministry of Science and Technology). *Science and Technology Policy 2003*.

NAIR, M. "Compromizing trips: Brazil's approach to tackle the HIV/Aids imbroglio". *Journal of Intellectual Property Rights*, 13, 2008, p. 456-463.

NASSIF, A. "National innovation system and macroeconomic policies: Brazil and India in comparative perspective". *Discussion Papers United Nations Conference on Trade and Development*, 184, 2007, p. 1-38.

NEERAJ, S. S. "India pharmaceutical-industry as an export sector". *GITAM School Of International Business*, 2011. Disponível em: <http://www.scribd.com/ doc/48571412/Indian-Pharmaceutical-Export-Industry>. Acesso em: 21 set. 2011.

NELSON, R. R. *National innovation systems: a comparative analysis*. Oxford: Oxford University Press, 1992.

NIOSI, J. "Building innovation systems: an introduction to the special section". *Industrial and Corporate Change*, 20, 2011, p. 1637-1643.

OSEC (2010). *Brazil's Pharmaceutical Industry*. Disponível em: <http://www.osec.ch/de/ blog/brazil%E2%80%99s-pharmaceutical-industry-opportunities-swiss-suppliers>. Acesso em 22 mar. 2012.

PAHO (Pan American Health Organization) & USAID. *Brazil: Health systems and services profile – monitoring and analysis of health systems change/reform*. Brasília, 2008.

PARANHOS, J. *Interação entre empresas e instituições de ciência e tecnologia no sistema farmacêutico de inovação brasileiro: estrutura, conteúdo e dinâmica*. Tese (douto-rado) – Instituto de Economia/UFRJ, Rio de Janeiro, 2010.

PCI (Pharmacy Council of India). *National Seminar on "Recent Trends in Pharmacy Education and Practice"*, 2010. Disponível em: <http://pci.nic.in/PDF-Files/14-142%20%28Seminar%29.pdf>. Acesso em 20 mar. 2012.

PHARMAINFO. "Pharm D. Program in India". *Pharmainfo.net*, 13 mar. 2008. Disponível em: <http://www.pharmainfo.net/abhi271183/pharmd-program-india>. Acesso em: 12 mar. 2012.

RAO, J. M. *Globalization, technology and competition: Indian pharmaceutical industry in the context of the WTO*. Vidyanagar, Hyderabad: Media House Publications, 2006.

REZAIE, R.; DAAR, A.; MALIAKKAL, M.; SAMMUT, S.; FREW, S.; SINGER, P. "Brazilian health biotech – fostering crosstalk between public and private sectors". *Nature Biotechnology*, 26, 2008, p. 627-644.

ROEMER-MAHLER, A. "Business conflict and global politics: the pharmaceutical industry and the global protection of intellectual property rights". *Review of International Political Economy*, 20, 2013, p. 121-152.

SALAMA, B. & BENOLIEL, D. "Pharmaceutical patent bargains – the Brazilian experience". *Cardozo Journal of International and Comparative Law*, 18, 2010, p. 633-682.

SAMPAT, B. *Institutional innovation or institutional imitation? The impact of Trips on India's patent law and practice*. Columbia University, Nova York, 2010.

SAMPATH, P. G. "Economic aspects of access to medicines after 2005: product patent protection and emerging firm strategies in the Indian pharmaceutical industry". *eSocialSciences Working Papers*, 3336, 2010.

SCHÜREN, V. "Two TRIPs to innovation: pharmaceutical innovation systems in India and Brazil". *SFB-Governance Working Paper Series*, Berlim, Research Center 700, 2012.

SELL, S. K. *Private power, public law: the globalization of intellectual property rights*. Cambridge: Cambridge University Press, 2003.

SHADLEN, K. C. "The political economy of Aids treatment: intellectual property and the transformation of generic supply". *International Studies Quarterly*, 51, 2007, p. 559-581.

_____. "The politics of patents and drugs in Brazil and Mexico: the industrial bases of health policies". *Comparative Politics*, 42, 2009, p. 41-58.

SPICY IP. *Parliamentary Standing Committee on Health tables damning report on the dangerous liaisons between the DCGI & the pharmaceutical industry*. 12 maio 2012. Disponível em: <http://spicyipindia.blogspot.de/2012/05/parliamentary-standing--committee-on.html:. Acesso em: 15 maio 2012.

THACH, S. & MARSNIK, S. J. "Patent standards under Trips and the pharmaceutical industries in Brazil and India". *Latin American Business Review*, 10, 2009, p. 237-261.

THORSTEINSDÓTTIR, H.; QUACH, U.; MARTIN, D. K.; DAAR, A. S.; SINGER, P. A. (2004). "Introduction: promoting global health through biotechnology". *Nature Biotechnology*, 22, DC3-DC7.

_____ (2004a). "Conclusions: promoting biotechnology innovation in developing countries". *Nature Biotechnology*, 22, DC48-DC7.

ToI (Times of India). *PMO push for free drugs at Govt Hospitals*, 13 fev. 2012. Disponível em: <http://articles.timesofindia.indiatimes.com/2012-02-13/india/31054648_1_health-care-medicines-drug-procurement:. Acesso em: 16 abr. 2012.

TRANS WORLD NEWS. *The market for pharmaceuticals in Brazil, Russia, India & China*, 6 jan. 2011. Disponível em: <http://thegmd.transworldnews.com/NewsStory.aspx?id=747085&cat=0>. Acesso em: 10 abr. 2012.

TYFIELD, D. "Enabling TRIPs: The Pharma-Biotech-University Patent Coalition". *Review of International Political Economy*, 15, 2008, p. 535-566.

VIEIRA, F. S. "Ministry of Health's depending on drugs: program trends from 2002-2007". *Revista de Saúde Pública*, 43, 2009, p. 206-209.

VIEIRA, F. S. & ZUCCHI, P. "Resource allocation for pharmaceutical procurement in the Brazilian Unified Health System. *Revista de Saúde Pública*, 45, 2011, p. 906-913.

VIOTTI, E. B. "National learning systems – a new approach on technological change in late industrializing economies and evidences from the cases of Brazil and South Korea". *Technological Forecasting & Social Change*, 69, 2002, p. 653-80.

WADE, R. *Governing the market: economic theory and the role of government in East Asian industrialisation*. Princeton: Princeton University Press, 1990.

WHO. *The World Medicines Situation*. Genebra, 2004.

WIPO. *Statistical Country Profiles – India*. Genebra, 2011a.

_____. *Statistical Country Profiles – Brazil*. Genebra, 2011b.

WRIGHT, A. *Innovation in Brazil: public policies and business strategies*. Washington D.C.: Woodrow Wilson Center for Scholars, 2008.

SOBRE O AUTOR

VERENA SCHÜREN é pesquisadora na InterVal GmbH Berlin. Entre 2010 e 2014 lecionou no Centro de Economia Política Internacional do Instituto de Ciência

Política Otto Suhr da Universidade Livre de Berlin. Seus Interesses de pesquisa abrangem política econômica e de inovação, bem como a industrialização em economias emergentes. Contato: verena.schueren@fu-berlin.de

IMPACTOS DA PRESSÃO PARA CONCORRÊNCIA BANCÁRIA NO MERCADO DE CRÉDITO BRASILEIRO

FERNANDO NOGUEIRA DA COSTA

GABRIEL MUSSO DE ALMEIDA PINTO

1. INTRODUÇÃO

Os bancos brasileiros não têm a concorrência em preços como sua forma básica de competição:

> A formação de preços na estrutura de mercado oligopolista é determinada pela capacidade das firmas de dirigirem o comportamento da demanda e de preverem as ações e reações de seus potenciais concorrentes [...] A concorrência por clientes, portanto, não se dá de acordo com modelos abstratos de competição perfeita em torno de "menores juros e tarifas", mas sim segundo a disponibilidade e a qualidade de produtos e serviços bancários (COSTA, 2012: 443).

O sistema financeiro brasileiro pode ser caracterizado como *bank based*,[1] tanto porque o acesso das firmas e famílias a financiamentos e a produtos financeiros para aplicação dos seus excedentes é atendido em sua maior parte pelos bancos quanto porque estes estenderam seu domínio a praticamente todas as formas de intermediação financeira usadas na economia. Adotou-se, a partir dos anos 1970, o modelo de conglomerado financeiro, tendo como pilar o grande banco que se tornou múltiplo, depois da Constituinte de 1988, mas sem abandonar sua atuação centrada no mercado de varejo. Dessa forma, os bancos múltiplos concorrem, efetivamente, em diversos mercados de produtos diferenciados. Em toda a extensão possível das funções financeiras – viabilizar o sistema de pagamentos brasileiro, oferecer produtos com rendimento, segurança e liquidez, para captar

---

1 *Banked Based* ou "Economia de Endividamento", segundo Costa (2012: 431).

recursos de terceiros, financiar atividades não financeiras –, que são atribuídas às diversas instituições não monetárias, em outros mercados, no caso brasileiro foram absorvidas pelos bancos. Eles interligam as diversas formas de atuação, seja no mercado financeiro, *latu sensu*, seja no mercado de capitais, *strictu sensu*.

A operacionalização das funções necessárias para concretizar as diversas transações financeiras entre agentes econômicos, inclusive garantindo a efetivação do sistema de pagamentos, é fonte de vantagem competitiva. Os bancos concorrem entre si para realizar estas operações ao menor custo possível, seja por meio da tecnologia seja pelo uso de força de trabalho não bancária. No primeiro caso, utilizam-se do desenvolvimento de sistemas que permitem que o trabalho de inserção de dados necessários à transação seja feito pelo próprio usuário demandante, como nos casos terminais de autoatendimento e *internet banking*. Eles dispensam o trabalhador no caixa, desde que o cliente demandante tenha acesso à moeda bancária e um mínimo de educação e conhecimento técnico para executar simples operações. A automatização de procedimentos internos de processamento, controle e contabilidade é também poupadora de mão de obra. No segundo caso, a concorrência se dá pela transferência destes serviços para os correspondentes não bancários, que possibilitam à pessoa física demandante, possuindo ou não acesso ao sistema bancário e à educação, realizar suas transações fora da rede de agências.

Outro mercado onde os conglomerados bancários brasileiros concorrem é o cartões de pagamentos ao varejo, via POS (*Point of Sale*). As bandeiras líderes mundiais no mercado de cartão de crédito acharam interessante se associar aos conglomerados nacionais para poder competir, interligando o cliente e o varejista ao circuito da moeda bancária, e cobrando uma parcela do valor da transação. Se a cobrança de uma tarifa para a facilitar o pagamento parece plausível, cobrá-la como percentual do valor da operação é algo surpreendente, já que os custos são idênticos para qualquer valor transferido. Usando cartões de débito, nenhum *funding* é necessário para sua liquidação, pelo contrário, os bancos obtêm ganhos de *floating*, já que o débito é instantâneo e o crédito somente em D+1.

Como consequência disso, como alerta Costa (2011):

> os preços no comércio varejista estão, de maneira geral, inflados, porque os custos com os cartões de pagamento são repassados em todos os preços. Mesmo os consumidores sem se utilizarem de cartão de crédito não conseguem pagar preços diferenciados. Tempo é dinheiro. A mesma quantia recebida a vista vale mais do que a recebida a prazo. Logo, o preço a

vista e o a prazo tem de ser diferenciados. Porém, na sociedade brasileira, o próprio Código de Defesa do Consumidor proíbe a diferenciação de preços em 'com cartão' e 'sem cartão'!

Como os bancos competem por clientes, que são basicamente demandantes de serviços financeiros, podemos citar a capacidade de auferir receitas com a prestação de serviços como um dos principais instrumentos da concorrência entre os bancos brasileiros. A possibilidade de cobertura de toda a folha de pagamento de pessoal com essas receitas aumentou a importância da tarifação destes serviços bancários na composição das receitas dos bancos. A Resolução do Banco Central do Brasil 2.303/1996 pode ser considerada como típica da era neoliberal, no sentido de que se restringe à normatização das formas de cobrança dos serviços bancários, não buscando a padronização dos serviços nem qualquer outra forma de limitação sobre o mercado, além de definir poucas isenções. Diante deste quadro, a magnitude da elevação das receitas com prestação de serviços no conjunto do setor bancário foi expressiva, saindo de um patamar de R$ 5 bilhões em 1994 para R$ 80 bilhões em 2011, dos quais aproximadamente R$ 20 bilhões dizem respeito somente a tarifas bancárias e outros R$ 20 bilhões às receitas com cartões de crédito.[2] Recentemente, o Banco Central estabeleceu uma padronização na denominação desses serviços para maior competição e a própria regulação.

Entre esses serviços bancários estão os de administração de recursos de terceiros via fundos de investimento, consórcios, títulos de capitalização, programas e loterias, serviços de cobrança e arrecadação, rendas do mercado de capitais, tarifas de operações de crédito, comissões de seguros, de garantias prestadas e os itens mais dinâmicos, tarifas de conta corrente e de cartões de crédito. Essas atividades heterogêneas podem ser consideradas como componentes de mercados diferenciados. A oferta destes serviços relaciona-se com o tamanho da rede de agências, além do volume de operações e da intensidade de relacionamento com os clientes. Mas o *core business* é mesmo o varejo bancário.

Em 2008, a economia brasileira sofreu o choque externo derivado da crise internacional detonada pelo *crash* do valor das ações dos bancos que operavam com securitização do crédito concedido no mercado de hipotecas *subprime* norte-americano. Diante de tal cenário, o Governo Federal explicitou a política de reagir via atuação anticíclica dos bancos públicos federais, expandindo o crédito a

---

2   Dados para o ano de 1994 em Dieese (2006) e dados para o ano de 2011 compilados pelo autor a partir dos balanços dos 6 maiores bancos brasileiros.

um ritmo ainda superior ao de que estas instituições já vinham fazendo. O conjunto desses bancos atuou em movimento contrário ao do *pool* de grandes bancos privados presentes no Brasil. Este movimento contra o aprofundamento da recessão teria então garantido o crédito necessário à manutenção da demanda efetiva, financiando consumo e investimento. Tal movimento de aceleração do crédito realmente ocorreu, mas foi distinto nos dois principais bancos comerciais de varejo sob controle estatal, o Banco do Brasil (BB) e a Caixa Econômica Federal (Caixa).

Enquanto os bancos privados praticamente sustaram por um ano qualquer crescimento na sua carteira de crédito, o BB manteve a taxa de crescimento da sua carteira praticamente inalterada, enquanto a Caixa acelerou o crescimento da sua. O resultado foi que, no período de 18 meses após a quebra do banco Lehman Brothers, a Caixa injetou na economia quase a mesma quantidade de crédito novo que o BB, mesmo tendo somente metade dos ativos e capital muito inferior para a alavancagem financeira. Para tal avanço não foi necessária uma queda no preço do crédito, pelo contrário, puxadas pela elevação da Selic, as médias das taxas de juros de empréstimos subiram. O crescimento do crédito veio, portanto, do atendimento da demanda reprimida pelo racionamento de crédito nos bancos privados, tendo sua resposta sido mais rápida nas linhas destinadas à PJ, no BB, e na PF e no financiamento habitacional, no caso da Caixa.

Não podemos dizer que, após quatro anos transcorridos dos efeitos imediatos da crise internacional, todos os sintomas tenham desaparecido no Brasil, pelo contrário, o agravamento da crise europeia com sua repercussão mundial ainda segue afetando as expectativas e, logo, o investimento privado. Diante deste cenário ainda pessimista, os bancos públicos continuam a ser o elemento mais dinâmico na oferta de crédito à economia, com a Caixa sendo mais eficaz que o BB neste movimento, devido tanto a sua predominância no crédito imobiliário, especialmente no Programa MCMV (Minha Casa Minha Vida), quanto à ausência de cobrança de maximização de resultados por parte de acionistas minoritários. Como 100% de suas ações pertencem ao Tesouro Nacional e o Ministério da Fazenda deu "sinal-verde" para a expansão do crédito com menores taxas de juros, independentemente da eventual queda da receita de operações de crédito, a exigência de dividendos para elevar o superávit primário deixou de ser prioridade, devido à própria queda da taxa de juros básica.

Não é possível esquecer que estes bancos públicos, ainda que de propriedade parcial ou total do Tesouro Nacional, estão inseridos no ambiente concorrencial antes descrito. Eles competem com os grandes bancos de varejo por clientes, e como eles, tentam auferir o máximo rendimento de sua base de clientes. Então, uma expansão do crédito, quando os concorrentes retraem, é também um avanço de suas participações no mercado.

Só em contas correntes, a Caixa abriu 3,36 milhões de novos cadastros, nos 12 meses anteriores a setembro de 2012, impulsionados principalmente pela propaganda dos juros mais baixos do programa Caixa Melhor Crédito. A Caixa ainda prevê ganhar participação no mercado de crédito comercial até o fim do ano, encerrando 2012 com uma fatia de 15%. Um ano antes, a Caixa tinha 11,76%. Em meados deste ano, a Caixa tirou do Bradesco a posição de terceira maior carteira de crédito do país.

Mas se os bancos públicos, em especial a Caixa, conquistaram *market-share*, então foi falseada a hipótese de que o padrão de concorrência entre oligopólios bancários não se dá em torno de preços, mas sim em torno de qualidade dos serviços prestados?

A hipótese que apresentamos para qualificar àquela, aparentemente descartada, é a de que *os bancos públicos podem ser usados, e efetivamente o foram, para induzir uma política de crédito não só na medida da quantidade, mas também do preço cobrado dos tomadores, justamente porque não se submetem à lógica da concorrência no mercado, mas sim à política econômica de crédito.* Esta é mandatória, independentemente da expectativa reinante no mercado. *Isto pelo lado do crédito, isto é, dos ativos. Pelo lado dos passivos, os bancos atraem clientes depositantes e investidores, de fato, pela qualidade dos serviços prestados.*

Para argumentar a favor desta hipótese, e contrapor os possíveis argumentos contra, reveremos os padrões de concorrência no mercado de crédito não apenas com base em modelos microeconômicos abstratos, como é usual, mas também com base em evidências empíricas e institucionais. Em outras palavras, para entendermos em quais mercados a concorrência em preços (taxa de juros de empréstimo) de fato ocorre, ou pode ser induzida em maior ou menor grau pelo governo, examinaremos além do porte, a origem do capital e a natureza jurídica de cada banco. Avançando, reveremos os movimentos concorrenciais dos bancos públicos, as diferenças societárias entre eles, e a reação dos bancos privados, para aferirmos qual foi a magnitude da redução efetiva nos juros, ou se tudo isso foi apenas estratégia de *branding* dos bancos públicos, o que será feito no segundo tópico. Também analisaremos os efeitos da redução das taxas de juros praticadas, tanto diretos, via queda de receitas, quanto indiretos, via perda/ganho de mercado, na rentabilidade dos bancos múltiplos brasileiros, o que será feito no terceiro tópico. Finalmente, concluiremos a respeito da hipótese levantada, verificando se ela é adequada ou não aos eventos recentes ocorridos no sistema bancário brasileiro.

2. CONCORRÊNCIA BANCÁRIA

Segmentos do mercado de crédito

A estrutura do mercado de crédito brasileiro, onde atuam os grandes bancos múltiplos, não pode ser sintetizada por um único mercado uniforme. Isto porque não há um produto homogêneo ofertado a clientes com necessidades iguais, mas existem diversos produtos de crédito mais ou menos semelhantes e, portanto, mais ou menos substituíveis entre si, que satisfazem diferentes demandas de clientes, sejam pessoas físicas, sejam pessoas jurídicas, com diversos volumes de negócio com o banco. Desta forma, a segmentação do mercado assume importância fundamental ao balizar o comportamento dos agentes e definir suas condições de participação em cada "nicho". É claro que esta estrutura não é um fato "natural" irreversível com o qual os agentes em competição têm que se conformar, mas é também configurada, dinamicamente, no próprio processo competitivo.

O próprio modelo de firma bancária não pode mais, se é que já pôde, ser traduzido como uma indústria produzindo "crédito" ao se utilizar dos insumos "depósitos".[3] Tal modelo de intermediação financeira neutra é ainda menos factível na situação específica do Brasil, onde a estrutura de mercado no varejo bancário é típica de um *oligopólio diferenciado e concentrado*, com a presença de grandes conglomerados financeiros atuando em praticamente todos os segmentos possíveis e buscando a diferenciação na qualidade dos serviços prestados aos clientes, em especial, na automação com forte uso de tecnologia de informações.

Em tal cenário, os competidores tentam diferenciar seu produto no intuito de configurá-lo à demanda de cada segmento de clientes, permitindo extrair ganhos de escala decorrentes deste poder de mercado. Por exemplo, ao isentar seus clientes de cobrança de juros nos dez primeiros dias de utilização do cheque especial, prática herdada do Banco Real, o Santander tenta transformar esse produto em algo diferenciado do produto "cheque especial" ofertado pelos demais competidores.

As condições de concorrência em um segmento do mercado, assim como as de formação dos preços dependerão, entre outras variáveis:

- dos custos de monitoramento incorridos pelo banco, tanto *ex-ante*, como confecção de cadastro, apuração de renda do tomador pela análise de seus

---

3 Para a crítica pós-keynesiana à teoria ortodoxa da firma bancária, ver, entre outros, Oreiro e Silva (2007) e Saraiva (2008)

balanços ou por visitas à empresa, avaliação do seu comprometimento, apuração do seu histórico de crédito, quanto *ex-post*, como a existência de colaterais e a possibilidade de aliená-los, da probabilidade de pagamento do crédito pelo tomador, e dos custos de *default*;

- da renda ou receita do tomador;
- dos custos de prospecção tanto pelo ofertante como pelo tomador;
- dos custos de mudança (portabilidade) e da situação de aprisionamento decorrente;
- da possibilidade de substituição do produto;
- da sensibilidade da demanda à publicidade;
- das barreiras à entrada de novos ofertantes no segmento;
- da existência de subsídios governamentais diretos ou indiretos etc.

Não é a intenção aqui fazermos um levantamento completo de todos os segmentos do mercado de crédito, mas apenas descrevermos suas características mais salientes para atender aos objetivos deste trabalho. A primeira diferenciação relevante é entre clientes pessoas físicas (PF) e jurídicas (PJ). A segunda diz respeito ao porte das empresas, ou seja, a capacidade de absorver os custos de prospecção por diversos bancos. Muitas vezes, elas têm relacionamento com mais de uma instituição financeira. Mesmo que os custos de monitoramento *ex-ante* incorridos pelo banco ofertante de crédito sejam superiores para as PJ, já que geralmente incluem, além de documentação mais extensa e complexa do que para as PF, visitas à empresa pelo gerente, o custo de *default* e de inscrição em cadastros negativos do tomador tende a ser maior, já que pode também comprometer o crédito com fornecedores e inviabilizar o negócio.

Nas operações para PJ é mais comum a existência de colaterais, começando com o aval dos sócios, que os torna coobrigados, por exemplo, no desconto de recebíveis ou no caso de financiamentos para investimento, onde os bens adquiridos ficam como garantias. Também encontramos um volume significativamente maior de recursos dirigidos nas operações destinadas às PJ, além de haver poder de negociação das grandes empresas. Diante destas situações, as taxas de juros cobradas das PJ são sensivelmente menores que as cobradas das PF, ocorrendo o mesmo com o *spread* apropriado pelos bancos, também por causa do índice de inadimplência maior por parte das PF.

TABELA 2A. Taxas de Juros e Spreads médios para o conjunto do SFN, em % a.a., 06/2010 a 06/2012

| | Taxas de Juros | | Spreads | |
| | Médias, em % a.a. | | | |
	PJ	PF	PJ	PF
Junho 2010	27,3	40,4	16,9	28,6
Junho 2011	30,8	46,1	18,8	33,6
Junho 2012	23,8	36,5	15,9	28,5

Fonte: Banco Central do Brasil, http://www.bcb.gov.br/ftp/depec/NITJ201210.xls.

Aquelas características presentes nos diferentes segmentos do mercado de crédito, por conformarem a estrutura concorrencial, o comportamento dos competidores e o desempenho dos mesmos, levam a diferentes reações aos movimentos de concorrentes. No caso em exame neste artigo, a redução de juros anunciada pelo governo federal e levada à cabo pelos bancos públicos federais ocorreu em diferentes magnitudes, dentro dos distintos segmentos de crédito, e também causou diversas reações dos demais competidores nestes segmentos.

Para exemplificar estas diferenças entre segmentos de crédito, realizamos extenso levantamento dos dados publicados pelo Banco Central do Brasil (BC) referentes às taxas de juros praticadas pelas instituições financeiras atuando no país. O BC registra as taxas médias efetivamente praticada por todas as instituições financeiras ofertantes de crédito, como bancos, financeiras e cooperativas, para produtos de crédito selecionados, e os publica organizados na forma de *ranking*. São publicados os dados coletados em períodos de cinco a sete dias, com uma defasagem de nove a catorze dias na publicação. Utilizamos então os dados publicados a partir de 06/02/2009, referentes ao período de 20/01/2009 a 26/01/2009, e desde essa data cobrimos todos os dias (com algumas superposições mínimas) até 26/10/2012, dado publicado no dia 09/11/2012, perfazendo o total 197 publicações. Foram computados os dados de sete produtos de crédito: cheque especial PF, crédito pessoal PF, financiamento de veículos PF, capital de giro juros prefixados PJ, capital de giro juros flutuantes PJ, desconto de duplicatas PJ e conta garantida PJ. Serão apresentados aqui os dados referentes aos seis maiores bancos múltiplos brasileiros, que detêm hoje algo em torno de 75% de todo o crédito do país (95% se excluirmos a carteira de crédito do BNDES), que são a Caixa, BB, Itaú, Bradesco, Santander e HSBC. O levantamento alcança o total de 8.274 registros de taxas de juros.

Apresentaremos primeiramente, para cada produto de crédito, o registro simples das taxas de juros na forma gráfica, utilizando médias móveis referentes às séries em períodos de 60 dias, para ganharmos estabilidade nos registros e evidenciarmos qualquer tendência. Também apresentaremos, como complemento, as correlações estatísticas encontradas entre as séries de taxas apuradas para cada banco em cada produto, destacando os dados relevantes ao nosso interesse. Não ressaltaremos, nesta seção, o comportamento das taxas de juros observadas a partir de abril de 2012, que serão tratadas adiante nesta seção, e nos ateremos às características mais gerais encontradas nos segmentos.

GRÁFICO 2.1 Cheque especial PF
Médias móveis 60 dias

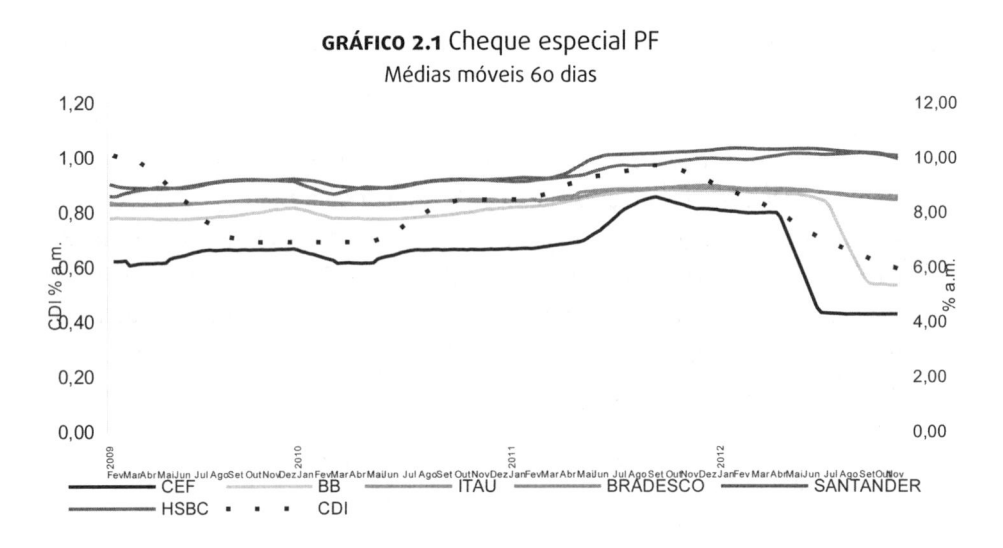

TABELA 2B. Matriz de correlações das taxas de Juros para o produto – Cheque especial PF

	CHEQUE ESPECIAL PF					
	CEF	BB	ITAU	BRADESCO	SANTANDER	HSBC
BB	0,75					
ITAU	0,39	0,33				
BRADESCO	0,45	0,44	0,90			
SANTANDER	0,12	0,10	0,92	0,87		
HSBC	-0,03	-0,04	0,85	0,78	0,95	
CDI	0,70	0,64	0,29	0,40	0,09	-0,04

Fonte: Ranking dos Bancos divulgado pelo BCB em www.bcb.gov.br/?INFOPBAN

O produto *Cheque Especial PF* é, entre os segmentos pesquisados, o que apresenta as mais altas taxas de juros. O produto é associado à existência de conta corrente no banco ofertante, e por isso os custos de mudança do produto de crédito são somados aos da conta. Estas contas, muitas vezes, estão associadas ao pagamento de salários[4] ou aposentadorias, e a benefícios concedidos em outros produtos, como financiamentos com taxas menores. Também relevante é o custo de aprender a lidar com o conjunto de sistemas de outro banco. Como está associado à conta corrente, os possíveis entrantes neste segmento tem que operar em uma escala mínima considerável, ou atuar em um "nicho". Estes fatores contribuem para aumentar o poder de mercado dos ofertantes e permitem praticar taxas mais altas. Também contribui para isto a inexistência de colaterais para este produto. Ele é para ser usado apenas durante emergência, por poucos dias, de maneira que o cliente não sinta sua taxa de juros anual elevadíssima. Metaforicamente, é comparado ao uso de guarda-chuva em intempéries.

Um fato que chama a atenção é *a altíssima correlação entre as taxas praticadas pelas as instituições pesquisadas*, chegando a 0,95 no caso de Santander e HSBC e 0,9 para Itaú e Bradesco, além da baixa correlação entre as taxas praticadas por estas instituições e as taxas do CDI. O fato das taxas apresentarem correlações desta magnitude não leva a assumirmos que há combinação de preços, mas sugere que pelo menos os sistemas de precificação das operações são muito semelhantes, e que estes dependem pouco da taxa básica de juros, evidenciando um poder de mercado considerável, devido à ineslasticidade da demanda.

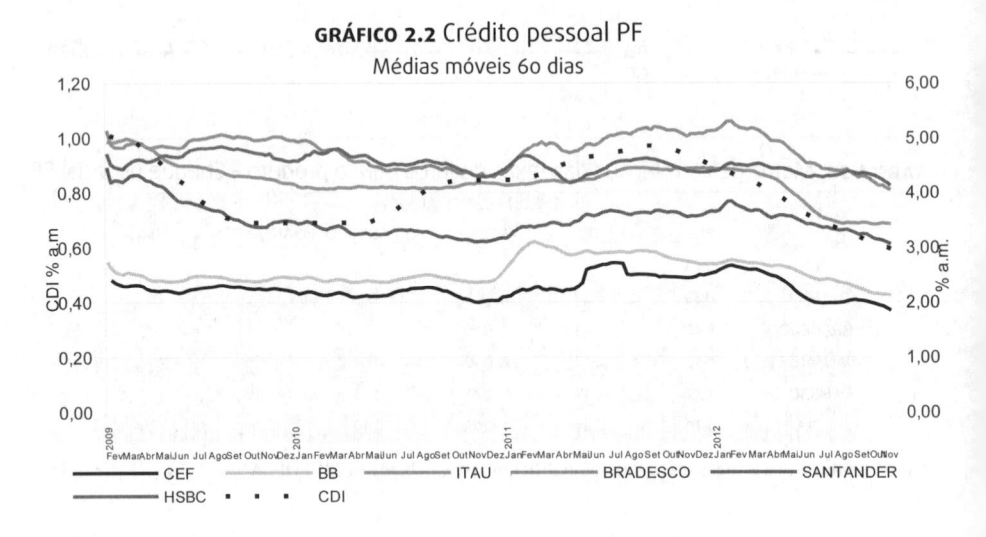

GRÁFICO 2.2 Crédito pessoal PF

Médias móveis 60 dias

---

4   O Banco central editou as resoluções 3.402/06 e 3.424/06, para disciplinar as contas salários e reduzir tais custos, que entraram plenamente em vigor em 02/01/2009.

Tabela 2c. Matriz de correlações das taxas de Juros para o produto – Crédito pessoal PF

	CEF	BB	ITAU	BRADESCO	SANTANDER	HSBC
BB	0,62					
ITAU	0,51	0,44				
BRADESCO	0,69	0,63	0,65			
SANTANDER	0,54	0,39	0,69	0,71		
HSBC	0,34	0,21	0,40	0,56	0,45	
CDI	0,53	0,68	0,73	0,45	0,52	0,02

Fonte: Ranking dos Bancos divulgado pelo BCB em www.bcb.gov.br/?INFOPBAN

O segmento *Crédito Pessoal PF* compreende mais de um produto de crédito, como operações de balcão para clientes e não clientes, crédito consignado etc. É possível ver diferentes faixas de preço praticadas pelas instituições, também com as públicas se situando na parte inferior do espectro. Isto se dá exatamente por elas cobrarem taxas menores em cada produto, como esperado, mas também porque o *mix* das suas carteiras contém mais operações de juros menores, como o crédito consignado, enquanto as instituições privadas, sobretudo Itaú e Bradesco, operam mais com balcão.[5] Neste segmento são também menores as barreiras à entrada, já que grande parte do crédito consignado é operado por correspondentes não bancários que trabalham com mais de uma instituição, não sendo necessário o estabelecimento de uma rede de unidades próprias por cada ofertante. Em comparação com o cheque especial PF, que tinha em média 30 instituições ofertantes, o crédito pessoal PF tem em torno de 90 ofertantes. Mesmo os grandes bancos múltiplos contam com financeiras[6] para atuar neste mercado e atingir nichos de não clientes. Neste segmento, portanto, o poder de mercado das instituições é menor, se traduzindo em taxas mais baixas e correlação maior com as taxas do CDI.

O segmento de *Financiamento de Veículos PF* é o que apresenta as menores diferenças entre as taxas praticadas pelas instituições apresentadas, além de alta correlação das taxas entre si, e com as taxas do CDI. É operado também em grande parte por correspondentes não bancários, geralmente as próprias lojas de veículos, e as barreiras à entrada consistem basicamente na necessidade de universalizar convênios com as lojas de veículos, incluindo por vezes a disponibilidade de

---

5   Vide a disputa pelo BMG, destaque no mercado de consignado, vencida pelo Itaú com a criação da holding Itaú BMG Consignado em 07/2012. "E o Itaú ri por último", *Istoé Dinheiro*, edição 771, 16/07/2012; "Itaú leva operações do mineiro BMG", *Valor*, 11/07/2012

6   O Itaú tem a Itaucred, o Bradesco a Finasa, o Santander a Aymoré, o Banco do Brasil tem a BV Financeira, o HSBC a Losango.

um funcionário da instituição na mesma. Por isso, a Caixa tem dificuldade neste nicho de mercado do crédito. Aqui também há forte atuação das financeiras pertencentes aos conglomerados bancários (instituição financeira que a Caixa não possui, pois não é conglomerado) e dos bancos pertencentes a montadoras, com a atuação de 45 ofertantes em média. Apesar da inadimplência relativamente alta (6,0% em 06/2012) o produto conta com colaterais, no caso o veículo financiado, com amplo mercado secundário e procedimento judicial consolidado para seu resgate. Diante destas características a competição é severa, e como o produto é bem homogêneo, as taxas praticadas são relativamente baixas.

GRÁFICO 2.3 Financiamento de veículos PF
Médias móveis 60 dias

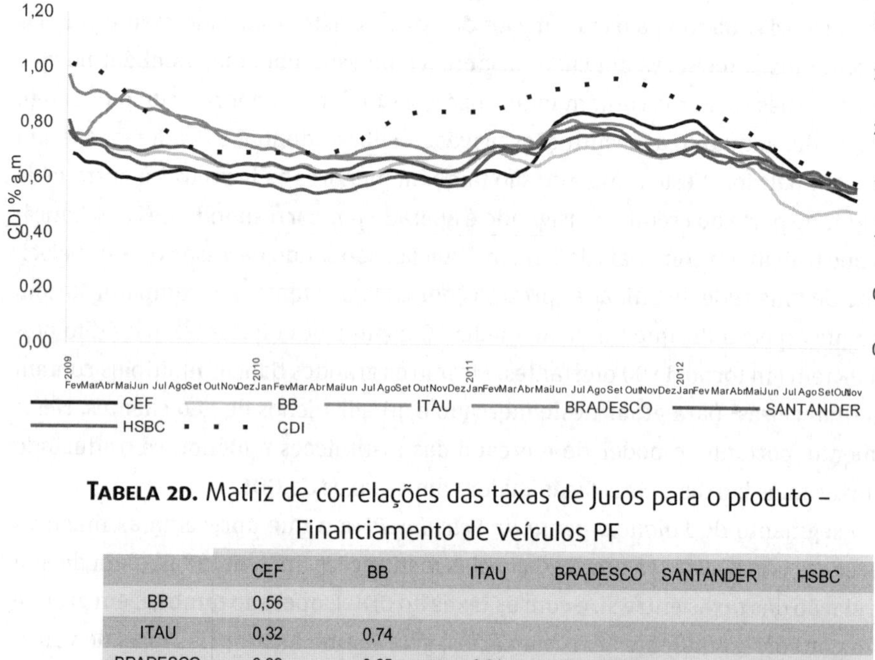

TABELA 2D. Matriz de correlações das taxas de Juros para o produto –
Financiamento de veículos PF

	CEF	BB	ITAU	BRADESCO	SANTANDER	HSBC
BB	0,56					
ITAU	0,32	0,74				
BRADESCO	0,39	0,85	0,84			
SANTANDER	0,70	0,80	0,63	0,80		
HSBC	0,77	0,58	0,43	0,59	0,77	
CDI	0,64	0,75	0,53	0,69	0,71	0,73

Fonte: Ranking dos Bancos divulgado pelo BCB em www.bcb.gov.br/?INFOPBAN

Os segmentos PJ apresentam taxas inferiores às praticadas para PF. No caso do *Capital de Giro com juros prefixados*, produto exclusivo para PJ, também podemos notar que as instituições públicas praticam taxas em geral menores que as privadas e não há correlações extremas entre as taxas cobradas pelas instituições. Neste segmento, há a atuação de em torno de 70 instituições, com as menores operando em nichos regionais ou de setores econômicos, sem a necessidade de estabelecer redes de agências, contando com poucos escritórios. É claro que a capilaridade da rede assume papel importante no atendimento das micro e pequenas empresas, mas neste produto também atuam os bancos públicos estaduais e regionais, além dos bancos de desenvolvimento regionais. Diante destas características, e apesar da inadimplência alta (7,2% em 06/2012) observamos taxas mais baixas, sinalizando maior importância do preço na concorrência.

GRÁFICO 2.4 Capital de giro juros prefixados PJ
Médias móveis 60 dias

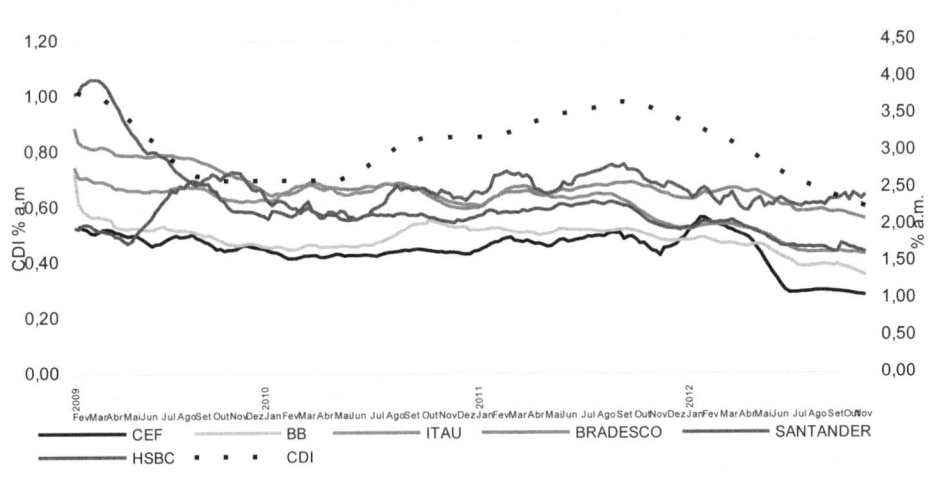

TABELA 2E. Matriz de correlações das taxas de Juros para o produto – Capital de giro

	CEF	BB	ITAU	BRADESCO	SANTANDER	HSBC
BB	0,69					
ITAU	0,58	0,69				
BRADESCO	0,59	0,61	0,65			
SANTANDER	0,47	0,50	0,57	0,45		
HSBC	0,32	0,43	0,30	0,57	0,10	
CDI	0,61	0,71	0,38	0,33	0,20	0,44

Fonte: Ranking dos Bancos divulgado pelo BCB em www.bcb.gov.br/?INF

O segmento *capital de giro com juros flutuantes* se assemelha ao anterior, mas apresenta alta correlação com as taxas do CDI, já que os contratos geralmente são indexados ao CDI ou à TR. Apesar do número de ofertantes ser em torno de 40, menor que o do capital de giro com juros prefixados, o risco de alteração da taxa básica de juros fica com o cliente, permitindo redução nas taxas.

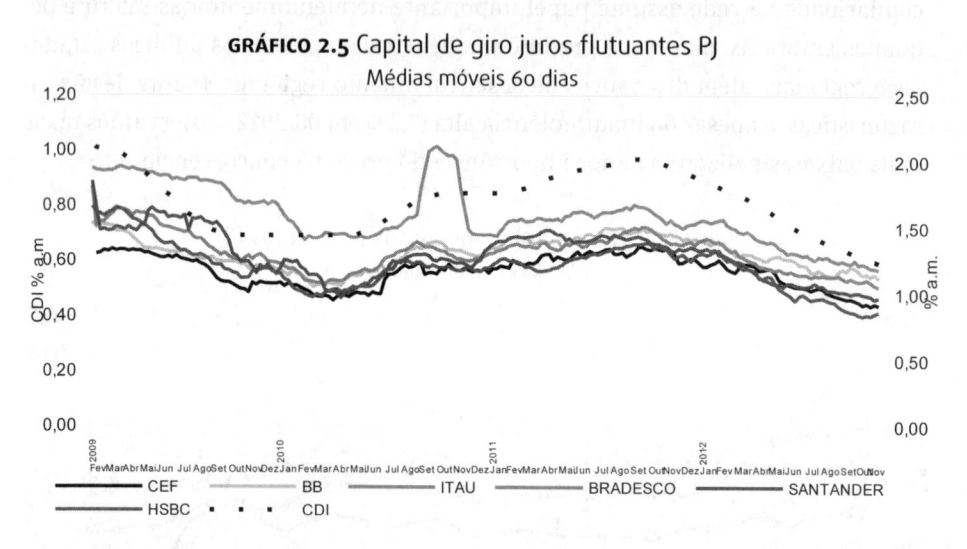

GRÁFICO 2.5 Capital de giro juros flutuantes PJ

Médias móveis 60 dias

TABELA 2F. Matriz de correlações das taxas de Juros para o produto – Capital de giro juros flutuantes PJ

Tabela 2F	CAPITAL DE GIRO JUROS FLUTUANTES PJ					
	CEF	BB	ITAU	BRADESCO	SANTANDER	HSBC
BB	0,49					
ITAU	0,35	0,28				
BRADESCO	0,59	0,53	0,48			
SANTANDER	0,48	0,38	0,39	0,57		
HSBC	0,62	0,49	0,46	0,71	0,53	
CDI	0,70	0,66	0,39	0,70	0,52	0,73

Fonte: Ranking dos Bancos divulgado pelo BCB em www.bcb.gov.br/?INFOPBAN

No produto *desconto de duplicatas* também é possível distinguir taxas mais baixas praticadas pelas instituições públicas e mais altas pelos maiores bancos privados, Itaú e Bradesco. Também aqui há em torno de 70 ofertantes, praticamente os mesmos que trabalham com o produto capital de giro com juros prefixados, estando sob as mesmas condições. As garantias requeridas para a operação, as duplicatas, não são totalmente fidedignas, pois o desconto muitas vezes é escritural, ou seja, o cedente do título o emite e decide se este gera crédito na conta. Em outros termos, o título não passa pelo banco para verificação da existência de contrapartida comercial. Mesmo existindo contrapartida, a garantia continua frágil, pois depende em primeira instância do risco de crédito do sacado, desconhecido pelo ofertante. A inadimplência neste produto estava, no mês de junho de 2012, em 7,46% aa. Este produto de crédito acaba assumindo características de capital de giro, com as taxas não ficando particularmente baixas.

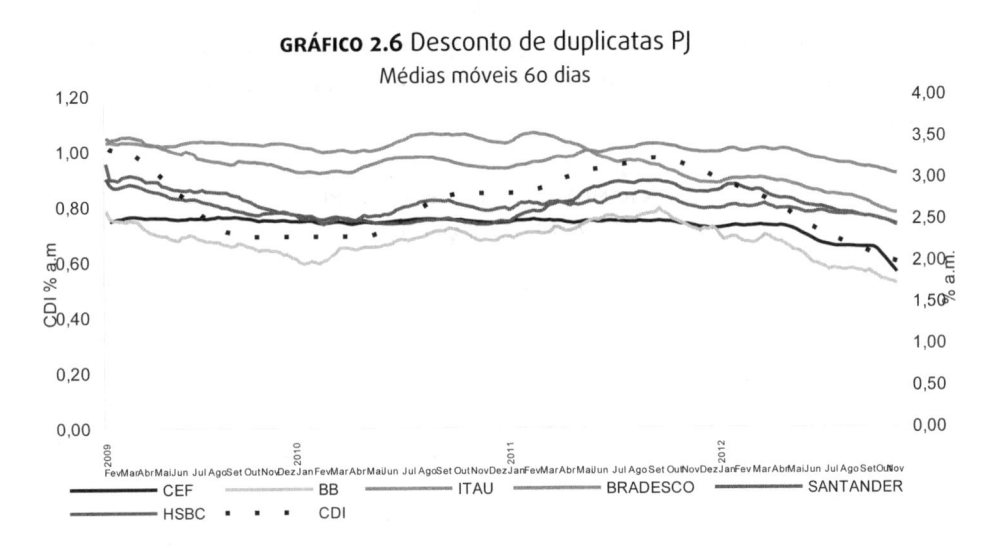

GRÁFICO 2.6 Desconto de duplicatas PJ

Médias móveis 60 dias

TABELA 2G. Matriz de correlações das taxas de Juros para o produto – Desconto de duplicatas PJ

	CEF	BB	ITAU	BRADESCO	SANTANDER	HSBC
BB	0,63					
ITAU	0,78	0,48				
BRADESCO	0,41	0,62	0,09			
SANTANDER	0,33	0,57	-0,07	0,77		
HSBC	0,55	0,62	0,45	0,64	0,58	
CDI	0,51	0,78	0,31	0,70	0,70	0,58

Fonte: Ranking dos Bancos divulgado pelo BCB em www.bcb.gov.br/?INFOPBAN

A *conta garantida* é um tipo de crédito rotativo, com características semelhantes às do cheque especial, entretanto, com mais colaterais envolvidos, como as demais operações de PJ. A Caixa não opera com o produto conta garantida, por isto ela não está registrada no Banco Central, mas tem um produto semelhante, o crédito rotativo PJ. Aqui é possível perceber uma grande disparidade entre as taxas praticadas, sua pouca correspondência com as taxas do CDI, e também podemos notar a capacidade de alteração de taxas demonstrada pelo Santander, que no início de 2011 elevou as taxas que praticava em 50% aproximadamente. Isto demonstra a pouca elasticidade da demanda em relação ao preço, pois qualquer produto que sofresse tal elevação, sem aumento correspondente dos competidores, sofreria brusca redução nas vendas. Podemos afirmar que o poder de mercado é significativo, e a concorrência não se dá em preços. Concorrendo para elevar as taxas deste produto, está a inadimplência extrema, com 8,6% da carteira com atraso superior a 90 dias, em junho de 2012.

GRÁFICO 2.7 Conta garantida PJ

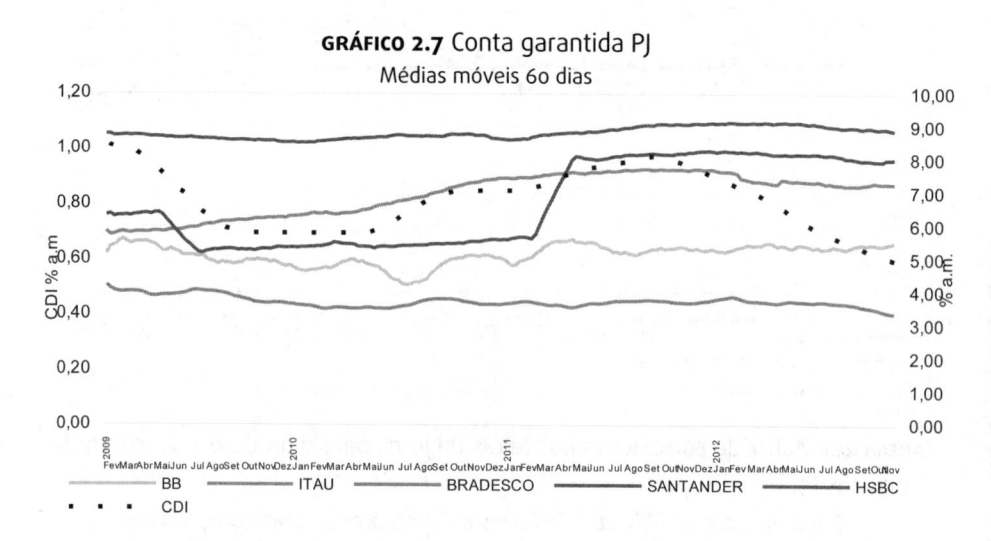

TABELA 2H. Matriz de correlações das taxas de Juros para o produto – Conta garantida PJ

	BB	ITAU	BRADESCO	SANTANDER	HSBC
BB					
ITAU	0,34				
BRADESCO	0,00	-0,26			
SANTANDER	0,56	0,68	-0,10		
HSBC	0,45	0,65	0,01	0,82	
CDI	0,20	0,30	0,44	0,25	0,25

Fonte: Ranking dos Bancos divulgado pelo BCB em www.bcb.gov.br/?INFOPBAN

Efeitos no mercado de crédito da redução dos juros pelos bancos públicos federais

Além da literatura especializada afirmar, já é senso comum que no Brasil se praticam taxas de juros muito elevadas, e elevados também são os *spreads* apropriados pelas instituições financeiras operando no país. Nos primeiros meses do ano de 2012, após a divulgação dos resultados de 2011, o governo acentuou as críticas aos bancos, atribuindo a eles parte da responsabilidade sobre tal situação.[7] No início de março de 2012, o governo começou a montar um plano para os bancos públicos federais iniciarem a queda dos juros cobrados ao cliente.[8] No dia 28 de março de 2012, ocorreu uma reunião, a convite do Governo Federal, entre o Ministro da Fazenda, o Presidente do Banco Central, o Presidente da Febraban e os presidentes dos maiores bancos do Brasil, públicos, privados nacionais e privados estrangeiros, com o objetivo do governo de cobrar a redução dos juros praticados pelos bancos.[9] Como não houve sinalização dos bancos privados na direção que o governo gostaria, este trouxe o debate a público de maneira incisiva.[10] Então, os bancos públicos federais lançaram pacotes de redução de juros.[11] Os bancos privados reagiram, colocando o problema do *spread* de volta para o governo, apresentando uma lista de 20 medidas a serem adotadas pelo Governo Federal.[12] O profissional contratado como presidente da Febraban, Murilo Portugal, ex-Secretário Executivo

---

7   "Dilma quer coibir ganho excessivo de banco", *O Globo*, 10/02/2012; "Fazenda considera juros bancários muito elevados", *Folha de São Paulo*, 14/02/2012.

8   "Governo articula com bancos públicos redução do spread", *Agência Estado*, 14/03/2012; "Governo quer que BB e Caixa 'roubem' clientes", *Correio Braziliense*, 15/03/2012; "O novo foco da Caixa", *Istoé Dinheiro*, edição 754, 18/03/2012; "Barbosa diz que governo estuda reduzir spread bancário", *Agência Estado*, 23/03/2012.

9   "Mantega discute spreads com dirigentes de bancos públicos e privados", *Valor Econômico*, 28/03/12; "Mantega exige juros menores de bancos" *Correio Braziliense*, 29/03/2012; "Na volta de Dilma, sai pacote de BB e Caixa", *Valor Econômico*, 29/03/12.

10   "Bancos levam pito de Dilma", *Correio Braziliense*, 04/04/2012.

11   "Em consonância com o governo, BB reduz taxas de juros", *Valor*, 04/04/2012; "BB corta juros em ofensiva que pressiona bancos", *Valor*, 05/04/2012; "No BB, 'hoje é dia de juros, bebê!'", *Folha de São Paulo*, 05/04/12; "Caixa anunciará corte de juros na segunda-feira", *Valor*, 05/04/12.

12   "Spread depende de garantia melhor, diz Lisboa, do Itaú", *Valor*, 09/04/2012; "Bancos vão debater juromenor com governo", *Folha de São Paulo*, 07/04/2012; "Febraban quer redução dos impostos pagos pelos bancos", *Folha de São Paulo*, 09/04/2012; "Receita dos bancos para o spread cair", Valor, 11/04/2012"Spread depende de contraparte do governo", *Valor*, 11/04/2012, "Bola está com o Governo, diz banco privado", *Folha de São Paulo*, 11/04/2012.

do Ministério da Fazenda, no período Pallocci, queimou-se no papel de interlocutor enquanto representante da classe dos banqueiros. O Governo Federal optou por tratar do assunto diretamente com os principais banqueiros.

Diante da posição dos bancos privados em atribuir ao Estado toda a culpa pelos altos *spreads* cobrados, o governo subiu o tom da discussão.[13] Mesmo com a imprensa alinhada com o conservadorismo tomando partido,[14] a ofensiva do governo forçou uma mudança no discurso dos bancos privados, começando com o HSBC, banco de capital controlador com origem estrangeira que anunciou cortes nas taxas praticadas.[15] O HSBC foi seguido pelo Santander,[16] logo depois pelos grandes bancos nacionais privados Bradesco e Itaú.[17] Ao longo dos meses seguintes, novas rodadas de redução nas taxas ocorreram, tanto dos bancos públicos como privados.

Aparentemente, o governo foi bem sucedido na sua intenção de provocar a redução nas taxas de juros praticadas no país, pelo menos no embate midiático, *mas qual foi a extensão deste sucesso?* Passados dois trimestres, desde o início do debate e as reduções dos juros, podemos analisar o real alcance das medidas do governo. Para isto, apresentaremos os dados referentes às médias das taxas de juros praticadas pelos seis maiores bancos múltiplos nos meses de novembro de 2011 a fevereiro de 2012, ou seja, antes da ofensiva do governo, e faremos a comparação com as médias praticadas entre os meses de julho de 2012 e outubro de 2012, após as rodadas de baixas de juros. Apresentaremos estas taxas descontadas da taxa do CDI para os períodos, retirando os efeitos da redução da taxa básica de juros da economia para isolarmos os efeitos da competição em preços, para os mesmos produtos de crédito já discutidos acima.

---

13   "Governo cobra 'gesto' de bancos privados", *Folha de São Paulo*, 12/04/2012; "Bancos: 'Dilma está irritada'", *Folha de São Paulo*, 12/04/2012; "Mantega rebate a Febraban e diz que bancos têm margem para reduzir o juro", *Estadão.com*, 12/04/2012; "'Bancos têm margem para cortar os spreads'", *Valor*, 13/04/2012; "Mantega sobe o tom contra bancos privados", *Folha de São Paulo*, 13/04/2012.

14   "No grito, os juros não caem", *Veja*, 16/04/2012; "O populismo dos juros", *Época*, 16/04/2012.

15   "HSBC segue BB e Caixa e é o 1º banco privado a reduzir juros", *Reuters*, 12/04/12.

16   "Santander muda avaliação de risco de clientes para cortar juros", *Folha.com*, 17/04/2012; "Bancos privados sinalizam novos cortes", *Valor*, 18/04/2012; "Bancos recuam e preparam juro menor", *Folha de São Paulo*, 18/04/2012.

17   "Bradesco reduz taxas de juros para pessoas físicas e jurídicas", *Valor*, 18/04/2012; "Itaú corta taxas de juros para pessoa física e pequenas empresas", *Valor*, 18/04/2012; "Bradesco, Itaú e Santander cedem e reduzem os juros", *Folha de São Paulo*, 18/04/2012; "Bancos privados jogam a toalha", *O Globo*, 19/04/2012.

GRÁFICO 2.8 Cheque especial PF

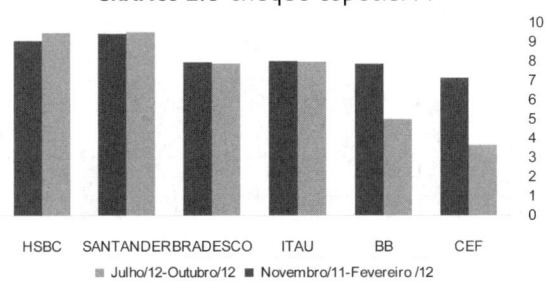

HSBC   SANTANDER BRADESCO   ITAU   BB   CEF

■ Julho/12-Outubro/12   ■ Novembro/11-Fevereiro /12

GRÁFICO 2.9 Crédito pessoal PF

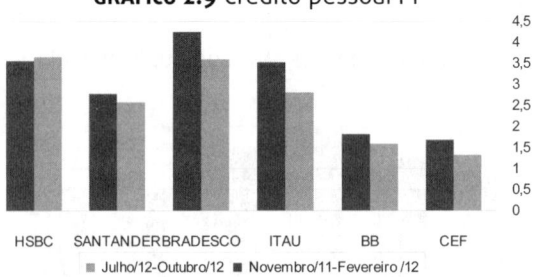

HSBC   SANTANDER BRADESCO   ITAU   BB   CEF

■ Julho/12-Outubro/12   ■ Novembro/11-Fevereiro /12

GRÁFICO 2.10 Financiamento de veículos PF

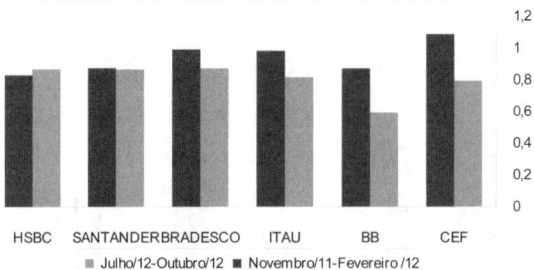

HSBC   SANTANDER BRADESCO   ITAU   BB   CEF

■ Julho/12-Outubro/12   ■ Novembro/11-Fevereiro /12

GRÁFICO 2.11 Capital de giro juros prefix. PF

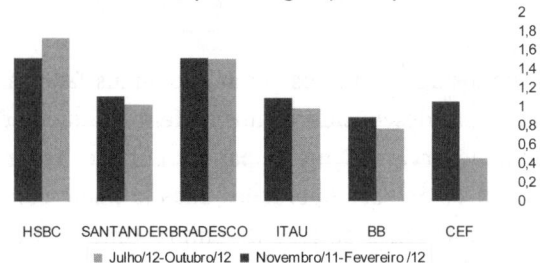

HSBC   SANTANDER BRADESCO   ITAU   BB   CEF

■ Julho/12-Outubro/12   ■ Novembro/11-Fevereiro /12

GRÁFICO 2.12 Capital de giro juros flutuantes PF

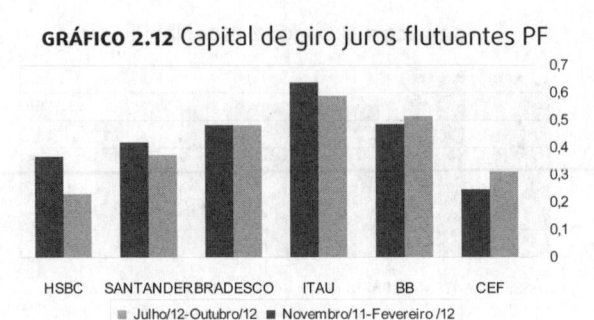

GRÁFICO 2.13 Desconto de duplicatas PJ

GRÁFICO 2.14 Conta garantida PJ

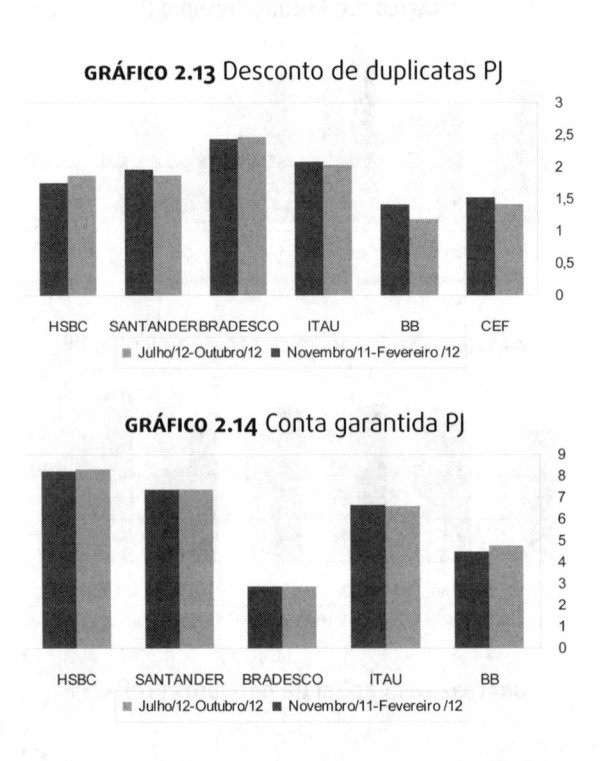

A partir dos dados apresentados acima, podemos fazer algumas constatações. Primeiramente, se desconsiderarmos o efeito da queda da taxa básica de juros na economia, observamos que os bancos públicos federais foram os que mais baixaram os juros de suas operações, mas também constatamos que nenhum banco reduziu as taxas de juro de empréstimo praticadas em todos os produtos pesquisados. Até a Caixa aumentou, no produto capital de giro com juros flutuantes, as taxas praticadas. No outro extremo, o HSBC praticava em todos os produtos, com exceção do capital de giro com juros flutuantes, taxas maiores no período posterior. O Itaú manteve as taxas em três produtos e as reduziu em quatro. O mesmo aconteceu com o Santander, mas as reduções tiveram amplitude menor que no Itaú. O Bradesco manteve as taxas praticadas em cinco produtos, e as diminui em dois.

Devido a essa "atuação compensatória" na precificação de toda a cesta de produtos de empréstimo, como acessório ao comportamento dos juros em cada banco, é necessário também apresentarmos o comportamento das taxas médias do setor bancário, da inadimplência e do volume de concessões mensais para cada segmento, com exceção do capital de giro com juros flutuantes, não divulgado pelo Banco Central.

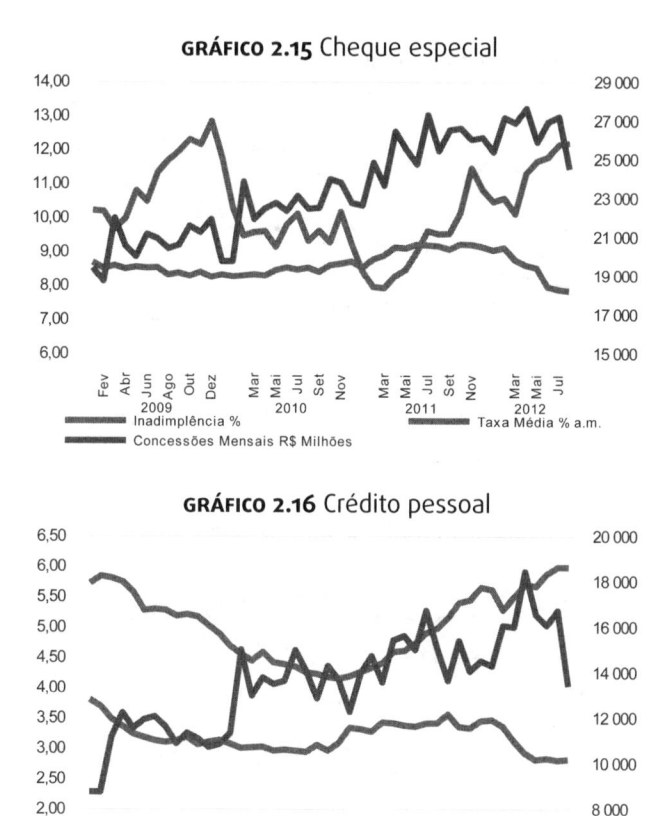

GRÁFICO 2.15 Cheque especial

GRÁFICO 2.16 Crédito pessoal

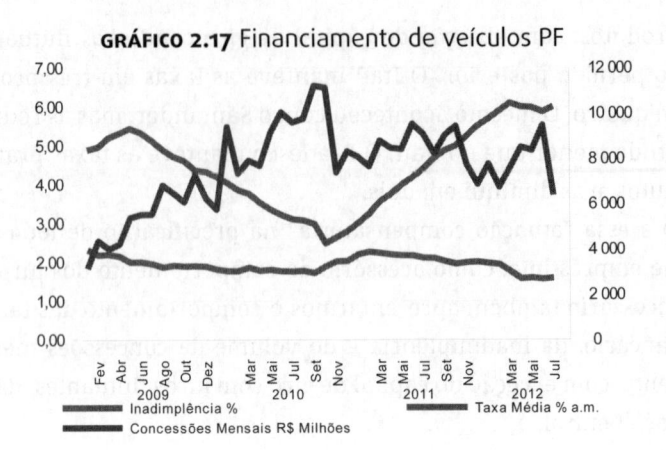

GRÁFICO 2.17 Financiamento de veículos PF

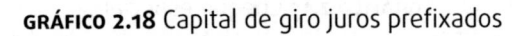

GRÁFICO 2.18 Capital de giro juros prefixados

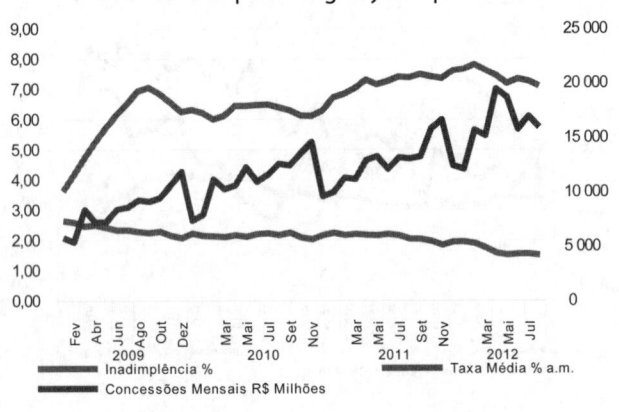

GRÁFICO 2.19 Desconto de duplicatas

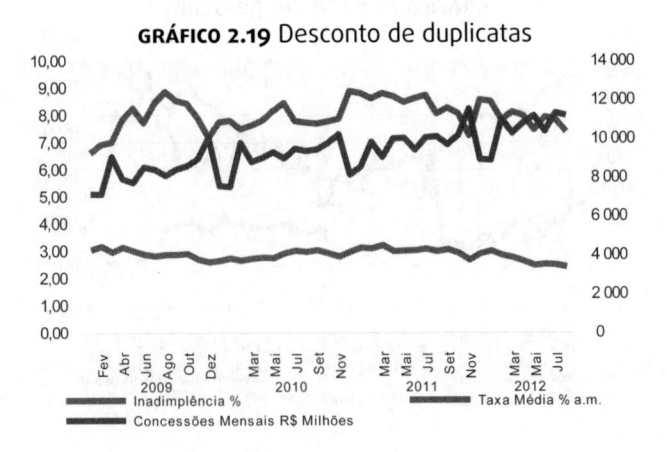

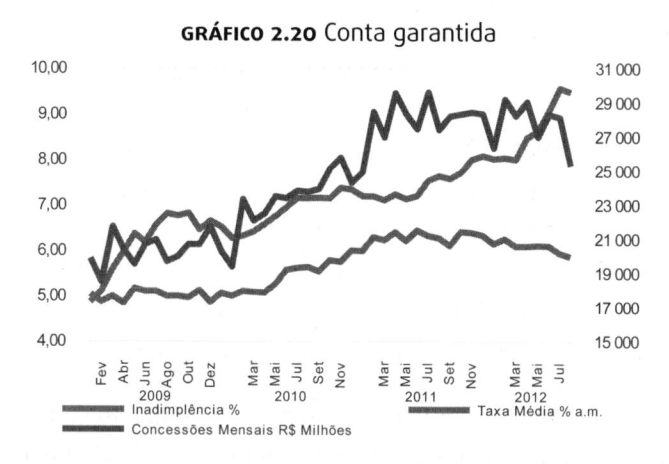

GRÁFICO 2.20 Conta garantida

Ao avaliarmos o resultado das medidas conduzidas pelo governo através dos bancos públicos, podemos constatar que estes reduziram suas taxas de juros no crédito de forma mais acentuada que os bancos privados, contribuindo para baixar as taxas médias no sistema financeiro como um todo. Conseguiram induzir a queda das taxas de juros em alguns segmentos, mais notadamente no crédito pessoal e financiamento de veículos, e em menor medida no capital de giro com juros prefixados. Eles foram incapazes de induzir à queda os juros praticados nos produtos conta garantida, desconto de duplicatas e capital de giro juros flutuantes. Podemos generalizar, dizendo que *as reduções foram maiores nos segmentos onde a concorrência em preços tem maior peso, mas nos segmentos que os bancos têm capacidade de exercer maior poder de mercado, as reduções não ocorreram*, devido às característica que cada segmento apresenta como descrito acima nesta seção. Uma ressalva que deve ser feita é que também *não houve elevação substancial das margens em contexto de elevação da inadimplência*, como observado no passado, e exemplificado nos gráficos acima.

O resultado geral da regulação do mercado de crédito por parte do governo, no que diz respeito às taxas cobradas pelos bancos privados, pode ser descrito como um *sucesso limitado*. Mas no que tange ao SFN como um todo, este resultado foi mais expressivo, pois induziu a outro resultado importante, *o avanço das instituições públicas no mercado de crédito*. De fato, elas obtiveram maior *market-share*!

TABELA 21. Participação no mercado de crédito, CEF e BB, 12/2009 a 09/2012

	Participação de mercado em %	
	CEF	BB
Dezembro 2009	8,8	20,1
Dezembro 2010	10,8	19,8
Setembro 2011	11,8	19,3
Dezembro 2011	12,3	19,2
Setembro 2012	14,5	19,6

Fonte: Informações Financeiras divulgadas pelas instituições (elaboração do autor).

Na Caixa Econômica Federal, se percebe um movimento consistente de expansão da participação e a adoção clara de política de redução de juros, através do *Programa Caixa Melhor Crédito*, contribuiu para a aceleração desta tendência. No Banco do Brasil, há queda na participação, até o final de 2011, mas a redução dos juros, com o *Programa Bom Pra Todos*, marcou a reação do banco no mercado de crédito. Portanto, a redução nas taxas médias praticadas no SFN se deveu tanto à queda das taxas praticadas pelas instituições públicas e privadas, em menor grau nestas, quanto ao avanço da participação de mercado das instituições públicas, que além de reduzir as taxas praticadas operam em nichos de crédito de maior prazo e taxas mais baixas, como o crédito habitacional, o agrícola e o consignado.

Efeitos da redução das tarifas bancárias na concorrência do setor

Após o movimento de redução dos juros pelos bancos públicos, o Governo Federal investiu contra as tarifas bancárias e de prestação de serviços, também consideradas altas e um possível subterfúgio dos bancos privados para compensarem as queda nos juros.[18] Novamente, os bancos públicos tomaram a dianteira na redução das tarifas, como forma de incentivar a concorrência em preços entre as instituições. Apresentamos a seguir um comparativo entre os meses de dezembro de 2011 e outubro de 2012, *antes e depois das rodadas de redução*, para os seis maiores bancos múltiplos atuando no Brasil.

---

18   "A chapa dos bancos esquentou", *Istoé Dinheiro*, edição 760; "Bancos privados devem baixar taxas", *O Estado de São Paulo*, 11/05/2012"; "Banco privado eleva tarifa após cortar juro", *Folha de São Paulo*, 17/05/2012; "Tarifas bancárias sobem 3 vezes acima da inflação", *Agência Estado*, 22/05/2012; "Governo dará publicidade às tarifas bancárias", *Valor*, 23/05/2012; "Mantega quer que bancos baixem juros em até 40%", *Folha de São Paulo*, 27/05/2012; "Bancos privados aumentam tarifas de operações de câmbio em até 240%", *O Estado de São Paulo*, 18/06/2012.

TABELA 2J. Comparação dos Valores das Tarifas bancárias dez/2011-out/2013

	Nº de Tarifas Divulgadas	Redução < 10%	Redução > 10%	Aumento	Tarifas Criadas
CEF	110	10	18	3	3
BB	111	12	20	9	1
ITAÚ	107	16	12	7	7
BRADESCO	109	0	1	19	1
SANTANDER	119	1	1	16	0

Fonte: Valores informados pelas instituições ao BCB, disponíveis em www.bcb.gov.br/?INFOPBAN. Elaboração do autor.

Podemos assim diferenciar o comportamento destes bancos: Caixa e BB lideraram a redução, com o BB reduzindo um número maior, mas em contrapartida com aumento em um maior número de tarifas. O Itaú foi o único banco privado que reduziu um número significativo das tarifas cobradas, mas ao contrário de Caixa e BB, prevalecendo percentuais abaixo de 10% de redução. Por sua vez, houve aumento e criação de número expressivo de serviços. Os demais bancos privados aumentaram diversas tarifas, em movimento contrário ao esperado.

Mais uma vez podemos dizer que *o movimento de indução da concorrência obteve sucesso limitado,* ocorrendo realmente a redução das tarifas nos bancos públicos, mas falhando em induzir os bancos privados a fazerem o mesmo, com a exceção do Itaú.

Após este embate, a discussão passou para a sustentabilidade e os riscos advindos da queda dos juros e da expansão do crédito pelos bancos públicos, "forçada pelo governo". O que mais incomodou aos investidores do mercado acionário foi, pela primeira vez nos últimos dez anos, os grandes bancos múltiplos (exceto Bradesco e Caixa) terem apresentados lucros líquidos menores, nos balanços do terceiro trimestre de 2012, que os do mesmo período do ano anterior, e, consequentemente, queda de rentabilidade patrimonial. No próximo tópico apresentaremos uma investigação mais profunda sobre as causas da desaceleração ou mesmo redução desses lucros.

3. IMPACTOS SOBRE A RENTABILIDADE DOS GRANDES BANCOS MÚLTIPLOS

Após todo o movimento de regulação competitiva do mercado de crédito, a questão que se colocou foi em quanto a rentabilidade dos grandes bancos que atuam no Brasil foi afetada pela redução das taxas de juros praticadas. A imprensa, diante de resultados registrados em balanços trimestrais inferiores aos obtidos no ano de 2011, naturalmente, refletindo opiniões das empresas de consultoria e agência de avaliação de riscos, contratadas pelos bancos, expôs a visão de que a redução das taxas de juro de empréstimo traria redução significativa na margem financeira, e com isso, redução nos montantes do lucro destas instituições. Ademais, como o alvo do governo, após taxas de juros, passou para a regulação das tarifas, tal crítica à ameaça de queda da lucratividade bancária se fortaleceu.

Investigaremos nesta seção, portanto, o comportamento das contas de resultado e dos balanços patrimoniais dos maiores bancos múltiplos brasileiros, tentando estabelecer a magnitude e os determinantes das alterações no padrão de lucratividade destas instituições.

TABELA 3A. Lucro Líquido ajustado (recorrente), em R$ milhões e variação em relação ao mesmo período do ano anterior, com exceção do HSBC, que é apresentado o lucro semestral. Observação: Foram usados os números no padrão contábil BR GAAP e não o lucro gerencial

	CEF		BB		ITAÚ		BRADESCO		SANTANDER		HSBC	
	LUCRO	%	LUCRO	%	LUCRO	%	LUCRO	%	LUCRO	%	LUCRO	%
1T2012	1.164	43,3	2.703	-7,5	3.425	-3,0	2.845	3,9	856	-15,4		
2T2012	1.682	15,0	2.986	-7,6	3.304	-8,3	2.867	1,5	555	-31,6	602	-1,6
3T2012	1.350	4,6	2.657	3,3	3.372	-11,4	2.893	1,0	591	-31,7		
ACUMULADO 2012	4.196	17,7	8.346	-4,4	10.101	-7,7	8.605	2,1	2.003	-25,5		

Fonte: Informações Financeiras divulgadas pelas instituições (elaboração do autor).

Percebemos que, no 1° trimestre de 2012, já se observava, para o BB, Itaú, Santander e HSBC (1° semestre), redução nos valores quando comparados ao mesmo período do ano anterior, ou seja, por sua antecedência, foi fato independente do movimento de regulação competitiva de redução das taxas de juros ou de tarifas. Os únicos bancos que não demonstraram tendência de queda nos lucros foram a Caixa e o Bradesco. Tal movimento se acentuou ao longo do ano no Itaú e no Santander, tendo se revertido no Banco do Brasil. A apresentação do lucro no padrão contábil BR GAAP não traz implicações para comparação temporal, e mesmo em valores absolutos a diferença é pequena, com exceção do Santander, que ainda amortiza o ágio pela compra do ABN-Real.

Comportamento das principais contas de resultado

TABELA 3B: Contas de Resultado selecionadas, acumuladas no três primeiros trimestres de 2012, com exceção do HSBC que é apresentado o período semestral, em R$ milhões e variação em relação ao mesmo período do ano anterior

	CEF		BB		ITAÚ		BRADESCO		SANTANDER		HSBC	
	9M2012	%	9M2012	%	9M2012	%	9M2012	%	9M2012	%	6M2012	%
Receitas de Intermediação Financeira	42.970	10,4	79.657	3,6	76.344	1,6	70.766	5,2	42.857	-0,6	8.775	3,8
Operações de Crédito e Arr. Mercantil	25.190	24,8	52.408	8,6	49.377	3,4	35.946	8,1	32.127	8,2	5.485	3,8
Títulos e Valores Mobiliários	14.212	-0,6	21.727	-8,2	19.557 *	-1,4	22.851	15,8	8.171	-19,3	2.282	23,2
Receita Aplicações Compulsórias	4.369	-15,2	4.808	-9,4	4.561	-34,6	3.171	-30,8	2.454	-21,9	774	-35,2
Custo de Captação no Mercado	20.201	5,5	39.032	-4,0	31.516	-10,5	27.911	-6,7	17.064	-14,1	4.008	-7,2
Margem Financeira antes de PCLD	17.706	14,4	34.374	13,4	41.822	9,0	32.684	12,5	24.534	18,4	4.207	7,2
PCLD	5.579	15,1	11.016	23,3	17.959	24,2	9.804	29,4	11.390	31,0	1.816	63,4
Prestação de Serviços	10.493	12,7	15.587	18,0	15.115	8,3	12.837	15,3	7.386	11,4	1.258	4,8
Tarifas Bancárias	1.669	61,3	4.886	11,6	4.348	15,9			2.286	20,1	433	9,8
Despesas Administrativas	15.571	13,0	20.695	16,4	20.836	2,6	19.451	10,2	13.634	14,4	3.198	0,1
Despesas de Pessoal	9.423	11,4	12.097	15,9	10.287	2,4	9.044	14,2	4.644	16,2	1.313	12,8

*Valor inclui resultado de operações com derivativos.

Fonte: Informações Financeiras divulgadas pelas instituições (elaboração do autor).

Com as principais contas de resultado apresentadas acima, podemos fazer algumas considerações. Primeiro, *não houve redução nas rendas de operações de crédito e arrendamento mercantil de nenhuma instituição pesquisada*, havendo aumentos expressivos na Caixa, BB e Bradesco. Do mesmo modo, *as receitas com prestação de serviços cresceram consideravelmente*, e com exceção do BB, foram puxadas pelo aumento das tarifas bancárias, mostrando que *não houve impacto na receita, devido à concorrência em preços, neste segmento*.

As receitas de títulos e valores mobiliários apresentaram variações heterogêneas, sendo muito positivas no HSBC e Bradesco e muito negativas no Santander e BB, permanecendo praticamente estáveis na Caixa e no Itaú. Retornaremos a estes resultados quando da análise das carteiras de títulos e da sua participação relativas nos ativos das instituições mais adiante. A receita que sofreu maior impacto foi a proveniente da remuneração de depósitos compulsórios, tanto pela redução na Selic, quanto pela mudanças nos percentuais remunerados estabelecidos pelo BC.[19] A redução para as instituições pesquisadas foi da ordem de R$ 6,2 Bilhões, com magnitude nos bancos privados bem superior à dos bancos públicos.

Quanto às despesas mais significativas, os custos de captação foram significativamente menores para as instituições, com exceção da Caixa Econômica

---

19   Circular 3576/2012, Banco Central do Brasil.

Federal, em que houve um ligeiro crescimento, por conta da grande expansão do passivo. Esta redução dos custos de captação foram da ordem de R$ 10 Bilhões para as cinco instituições onde houve redução, e que com a relativa estabilidade das receitas de crédito, *garantiram margens financeiras antes das Provisão para Créditos de Liquidação Duvidosa (PCLD) maiores para todas as instituições pesquisadas*, na ordem de R$ 17,4 Bilhões. Porém, houve aumento significativo nas despesas com PCLD, na ordem de R$ 11,9 Bilhões no conjunto das instituições pesquisadas, impactando na margem financeira bruta. Analisaremos mais detalhadamente a composição destas contas mais adiante. As despesas administrativas também tiveram altas significativas em todas as instituições, com exceção do Itaú e HSBC, assim como as despesas de pessoal, que só se mantiveram estáveis no Itaú.

Operações de crédito e Provisões para Créditos de Liquidação Duvidosa

TABELA 3C. Contas de operações de crédito selecionadas (no país), valor em 30/09/2012 e variação em relação a 30/09/2011

	CEF		BB		ITAÚ		BRADESCO		SANTANDER		HSBC	
	30/09/12	%	30/09/12	%	30/09/12	%	30/09/12	%	30/09/12	%	30/06/12	%
Carteira de Crédito Total	324.499	42,9	439.280	18,0	359.810	7,3	284.367	9,2	207.334	10,1	57.700	5,5
Pessoa Física	50.211	46,0	143.577	14,2	145.662	3,0	113.308	9,1	105.727	10,0	N/D	N/D
Pessoa Jurídica	58.927	58,7	198.046	21,2	244.486	10,3	171.059	9,3	101.606	10,1	N/D	N/D
Imobiliário	190.558	34,9	9.777	55,0	16.687	32,4	21.084	48,9	18.343	21,8	4.456	37,8
Infra-Estrutura e Des. Urbano	22.292	55,9	763	-10,2	0	-	0	-	0	-	0	-
Financiamentos Rurais e Agroindustriais	0	-	97.656	17,6	5.795	-0,7	11.081	-0,4	3.961	-12,3	2.613	-16,7
Saldo de PCLD	18.576	29,8	21.282	14,4	27.682	12,0	20.915	9,6	14.521	27,1	3.583	56,6

Fonte: Informações Financeiras divulgadas pelas instituições (elaboração do autor).

Primeiramente, ao observarmos a expanansão do estoque de crédito, notamos grande diferença entre o comportamento dos bancos de controle estatal e os de controle privado, com especial destaque para a Caixa Econômica Federal, que sozinha foi responsável por um aumento do crédito disponível muito superior a todos os bancos privados somados. Dos R$ 243 bilhões de expansão do volume de empréstimos e financiamentos dos cinco maiores bancos do Brasil, entre setembro de 2011 e setembro de 2012, a Caixa foi responsável por R$ 97,5 bilhões. Outro importante quinhão ficou com o Banco do Brasil, cuja carteira aumentou R$ 78,2 bilhões. Juntos, Itaú Unibanco, Bradesco e Santander, os três maiores bancos privados do país tiveram um crescimento de R$ 67,4 bilhões no estoque de empréstimos e financiamentos. Somente a variação na carteira de crédito habitacional da Caixa correspondeu aproximadamente à soma das variações do estoque de crédito de Itaú e Bradesco.

No período observado, a Caixa tomou a terceira posição quanto ao estoque de crédito do Bradesco, e tudo sugere que logo ultrapassará o Itaú, tomando o segundo posto. Com o desempenho do BB sendo também muito superior ao dos bancos privados, o fato é que os dois maiores bancos múltiplos estatais injetaram em 12 meses na economia crédito novo na ordem de 4% do PIB brasileiro de 2011, o que dá a medida do poder de atuação na manutenção da demanda agregada que estas instituições alcançaram.

É interessante notar que o comportamento do crédito imobiliário nas carteiras de todos os bancos, pois este segmento foi o que mais cresceu em termos relativos em todas as carteiras, com exceção da própria Caixa, pois ela tem carteira comercial proporcionalmente muito inferior do que a carteira imobiliária. Isto mostra que os demais bancos acordaram para as vantagens deste segmento, ampliadas em cenário de juros referenciais mais baixos, indicando cenário de concorrência mais acirrada para a Caixa no segmento em que é líder inconteste com cerca de três quartos do mercado.

Ao mesmo tempo, a Caixa avançou muito nos segmentos de crédito para PF e PJ, aumentando seu estoque em torno de R$ 36 Bilhões, superando o crescimento tanto do Itaú quanto do Bradesco. Tal movimento se torna mais notável quando notamos que a Caixa tem por foco o atendimento a Micro, Pequenas e Médias Empresas, não contando com um segmento *corporate*. Este segmento foi responsável por 95% do aumento de crédito para PJ ocorrido no Itaú e 30% do aumento no Bradesco. Do mesmo modo que os demais bancos avançam nos segmentos tradicionalmente ligados à Caixa, esta também passa a concorrer em segmentos liderados pelos privados, como por exemplo em Cartões de Crédito, operação que cresceu 37,4% na Caixa no período, totalizando R$ 3,8 Bilhões.[20]

Outro ponto relevante é o financiamento da Caixa para o segmento de infraestrutura e desenvolvimento urbano, que também teve crescimento expressivo no período, colocando mais R$ 8 Bilhões na economia. Note-se que a Caixa é praticamente o único ofertante de crédito nesta modalidade, já que o volume no BB é desprezível, e vem caindo, por se tratar de operação advinda da Nossa Caixa incorporada em 2009, não havendo novas contratações.

---

20 Apesar do crescimento expressivo, a Caixa ainda está muito longe dos R$ 37 Bilhões do Itaú, R$ 20 bilhões do Bradesco ou mesmo dos R$ 14 bilhões do Santander.

Quanto às Provisões para Créditos de Liquidação Duvidosa (PCLD), estas cresceram mais que as carteiras de crédito nas instituições privadas e menos que as carteiras de crédito nas estatais, que mais expandiram o crédito. Um detalhamento das PCLD é apresentado a seguir.

TABELA 3D. Composição das PCLD, proporção de créditos em curso anormal e índice de inadimplência (percentual da carteira vencido a mais de 90 dias). Valor em R$ milhões em 30/09/2012 e variação em relação a 30/09/2011, exceto inadimplência e operações de curso anormal em relação ao total do crédito, apresentando variação em pontos percentuais, para o mesmo período das demais contas

	CEF		BB		ITAÚ		BRADESCO		SANTANDER		HSBC	
	30/09/12	%	30/09/12	%	30/09/12	%	30/09/12	%	30/09/12	%	30/06/12	%
Saldo de PCLD	18.576	29,8	21.282	14,4	27.682	12,0	20.915	9,6	14.521	27,1	3.583	56,6
PCLD Requerida	18.576	29,8	19.702	17,6	22.624	15,1	16.904	12,1	14.069	29,9	3.583	56,6
PCLD Adicional	0	-	1.580	-14,6	5.058	0,0	4.011	0,0	451	-23,3	0	-
Curso Anormal/Total do Crédito	20,1	2,0	3,3	-0,1	8,9	0,6	7,9	0,7	13,7	4,6	N/D	N/D
Inadimplência	2,1	0,1	2,7	0,6	5,1	0,4	4,1	0,3	3,6	-1,7	4,8	1,2

Fonte: Informações Financeiras divulgadas pelas instituições (elaboração do autor).

É necessário esclarecer que as PCLD aqui estão subdivididas em *Requerida*, de caráter obrigatório e cujo montante é uma fração do saldo da operação de acordo com o *rating* da mesma, variando de 0% para nível AA a 100% para nível H, e *Adicional*, definida pela instituição de acordo sua percepção do risco e do histórico de comportamento do crédito, dentro de limites também estipulados pelo Banco Central.[21] Desta forma, as instituições têm uma liberdade restrita na composição de suas provisões, permitindo que a sua constituição absorva, voluntariamente, parte das receitas. Porém, não foi o que ocorreu no período apresentado, pois não houve aumento nas contas de *PCLD Adicional*, tendo estas permanecido estáveis no Itaú e no Bradesco e se reduzido no BB e no Santander. A Caixa e o HSBC não explicitam a natureza de suas provisões, mas aplicando a regra de constituição de provisões, definida pelo Banco Central na Resolução 2682/1999, às operações de crédito discriminadas por faixa de *rating* de crédito constatamos que *ambos bancos não se utilizaram do expediente de provisões adicionais*.

---

21 Resolução 2682/1999.

A regulamentação do Banco Central é essencialmente prudencial. Por isto, ela se concentra em estabelecer critérios de classificação de crédito que evitem que as instituições apresentem cenários com riscos menores que o real, necessitando de menores provisões. Porém, esta regulamentação é assimétrica, ao permitir o viés contrário, ou seja, enquadrar as operações de crédito em classificações de risco piores do que estes realmente são, levando, assim, a maiores exigências de provisionamento.

A Resolução 2682/1999, Artigo 4º, diz que para cada faixa de atraso de recebimento de parcelas do crédito, o *rating* da operação deve ser rebaixado para no mínimo tal nível. Isto não impede que se rebaixe além do mínimo exigido, aumentando a exigência de provisionamento. Outro exemplo é a permissão de que para operações com prazo superior a 36 meses, o atraso considerado para reclassificação do *rating* seja contado em dobro. Logo, uma operação vencida a 30 dias pode, para efeito de reclassificação, ser considerada vencida a 60 dias, aumentando as provisões obrigatórias. O Bradesco explicita que recorre a este método, mas a legislação não obriga a que isto fique explícito. Outro exemplo se dá nos créditos renegociados, em que a legislação impede que sejam reclassificados para *ratings* superiores mesmo que o pagamento esteja em dia.

Se a atribuição do *rating* de crédito tem alguns critérios totalmente objetivos, como atraso de pagamentos, por outro lado está sujeita também a critérios de responsabilidade da instituição, como a verificação da administração e da qualidade dos controles do tomador PJ ou sua situação econômico-financeira. Como a atribuição de *ratings* ruins causa maior provisionamento, reduzindo o resultado contábil, sem porém influir no caixa dos bancos, as administrações dos bancos, escolhidas pelos controladores (acionista majoritários), podem *reter receitas, retirando-as dos lucros, e evitando repasses de dividendos aos acionistas minoritários e diminuindo as participações nos lucros e resultados (PLR) dos empregados.*

Outra consideração importante é a relação entre provisões e índice de inadimplência. Este é medido pelo percentual do saldo de operações de crédito com parcelas em atraso por mais de 90 dias em relação ao saldo total das operações de crédito. Por exemplo, dois bancos que apresentem o mesmo índice de inadimplência, mas no primeiro os atrasos estejam concentrados entre 90 e 120 dias e no segundo entre 150 e 180 dias, este deverá constituir provisões 2,3 vezes maior que aquele. Portanto, não há uma relação unívoca entre as duas medidas. O índice de inadimplência no Itaú subiu 0,4 pontos percentuais em setembro de 2012, em comparação com setembro de 2011, enquanto a razão entre provisões e o total da carteira de crédito subiu 0,3 pontos percentuais. Mas, na Caixa, no mesmo período, o índice de inadimplência subiu menos de 0,1 pontos percentuais, enquanto a proporção das provisões na carteira caiu 0,6 pontos percentuais.

Balizados pelas ponderações anteriores, podemos afirmar que *o aumento das PCLD dos bancos privados em ritmo superior ao da expansão da carteira de crédito reflete uma piora na qualidade desta.* Este fato é reforçado pelo aumento da inadimplência, que foi relevante no BB, Itaú, Bradesco e HSBC. Um comportamento aparentemente contraditório se observa no Santander, onde a inadimplência se reduziu muito, mas as provisões subiram muito. Adicionado ao fato do crescimento expressivo das operações em curso anormal,[22] podemos inferir que reduziu-se o valor das operações vencidas a mais de 90 dias, mas as operações com atrasos por prazos menores se elevaram, assim como os atrasos de operações vencidas a mais de 90 dias,[23] provocando reclassificações negativas no *rating* destas operações e exigindo, portanto, maior provisionamento.

Outro fato relevante e também aparentemente contraditório é a grande participação das operações em curso anormal na carteira da Caixa, que alcançou 20% de todas as operações de crédito, porém a inadimplência é a menor entre as instituições apresentadas. Tal fato ocorre porque quando uma operação fica com uma parcela atrasada por mais de 14 dias, todo seu saldo passa a constar como *curso anormal*, mas deixa esta condição quando a parcela é recebida. Como os financiamentos imobiliários, principal componente da carteira de crédito da Caixa, têm prazos muito longos, um grande montante é incorporado nesta conta. Por isso, os financiamentos imobiliários em *curso anormal* representam 83% das parcelas vincendas nesta categoria, os mesmos representam apenas 26% das parcelas vencidas. Desta forma a carteira imobiliária da Caixa permanece com um índice de inadimplência baixo, de 1,7%. Como a carteira imobiliária representava, em setembro de 2012, 58,7% do total do estoque de crédito da Caixa, frente a 33,6% da carteira comercial, a Caixa apresentava no geral índice de inadimplência de apenas 2,06%.

---

22   As operações com parcelas vencidas a mais de 14 dias passam a compor com a totalidade de seu saldo a conta Operações de Crédito em Curso Anormal e passam, de acordo com o atraso verificado, a ter seu *rating* reclassificado negativamente.

23   O grifo chama a atenção para duas situações diferentes, quais sejam aumento de operações com atraso menor que 90 dias e aumento de atraso de operações vencidas a mais de 90 dias. A segunda situação sensibiliza mais as provisões que a primeira e foi o movimento principal Santander.

Títulos e Valores Mobiliários (TVM)
e Aplicações Interfinanceiras de Liquidez (AIL)

TABELA 3E. Contas selecionadas do Ativo, TVM, AIL, Ativo total, valor em R$ milhões em 30/09/2012 e variação em relação a 30/09/2011. Participação destas contas e outras no Ativo total e variações em pontos percentuais no mesmo período

	CEF	%	BB	%	ITAÚ	%	BRADESCO	%	SANTANDER	%	HSBC	%
	30/09/12		30/09/12		30/09/12		30/09/12		30/09/12		30/06/12	
Ativo Total	673.373	33,0	1.103.913	16,2	960.216	14,7	856.288	18,6	442.788	1,6	146.587	3,1
Carteira de Título e Valores Mobiliários (TVM)	125.907	9,8	178.516	13,9	223.511	30,2	242.375	21,5	58.711	-13,8	26.405	3,4
Carteira de Aplicações Interfinanceiras de Liquidez(AIL)	95.582	73,0	214.511	36,3	160.792	67,2	126.772	47,5	40.609	63,9	16.312	-1,1
TVM+AIL	221.490	22,0	393.027	25,1	384.304	43,4	369.147	29,3	99.319	7,0	42.718	1,7
Participação de TVM no Ativo	18,7	-3,9	16,2	-0,3	23,3	2,8	28,3	0,7	13,3	-2,4	18,0	0,0
Participação de TVM + AIL no Ativo	32,9	-0,7	35,6	2,5	40,0	8,0	43,1	3,6	22,4	1,1	29,1	-0,4
Participação do Crédito no Ativo	48,2	3,4	39,8	0,6	37,5	-2,6	33,2	-2,9	46,8	3,6	39,4	0,9
Participação de Operações de Mercado Aberto no total de AIL	97,5	-0,7	89,2	6,6	88,7	11,4	93,0	4,5	70,0	-9,4	71,9	-7,3
Participação de mantidos até o vencimento no total de TVM	34,9	-18,7	9,1	-2,5	1,4	-0,4	1,6	-14,0	1,7	0,3	0,1	0,0
Participação de Títulos Públicos Brasileiros no total de TVM	92,5	-5,3	76,6	6,9	45,6	-0,8	59,1	-2,5	76,9	-3,3	51,4	1,4

Fonte: Informações Financeiras divulgadas pelas instituições (elaboração do autor)

Novamente, a Caixa desponta no crescimento dos Ativos Totais, seguida pelo bloco formado pelo BB e privados nacionais Itaú e Bradesco, com os privados estrangeiros, praticamente, não apresentando crescimento nos seus Ativos. Quando olhamos o comportamento da soma dos Títulos e Valores Mobiliários (TVM) e das Aplicações Interfinanceiras de Liquidez (AIL), vemos que, na Caixa, esta soma cresceu menos que proporcionalmente aos ativos, reduzindo a sua participação no total. Como vimos na Tabela 3C, a carteira de crédito na Caixa cresceu 43%, aumentando a participação relativa do crédito no total dos seus ativos. Isto mostra que essa conjuntura de tendência de queda da taxa de juros foi favorável à substituição das aplicações em títulos por aplicações em crédito.

No BB, o crédito cresceu pouco mais que o total dos ativos, avançando na participação relativa, ainda que ligeiramente. A aplicação dos R$ 154 Bilhões de expansão do ativo foi dividida igualmente, entre TVM+AIL e o restante. Nos bancos privados nacionais, o Ativo total cresceu significativamente, mas tal crescimento não foi alocado para o crédito, mas sim na aplicação em títulos financeiros. Estes aumentaram sua participação no total, e o espaço para crescimento do crédito veio, pode-se dizer, da redução dos depósitos mantidos no

Banco Central.[24] Quanto aos bancos privados estrangeiros, estes mantiveram seu ativos próximos à estabilidade, e com o crescimento apresentado nas carteiras de crédito, este aumentou sua participação no total do Ativo. Cabe ressaltar que no Santander esta participação já é bem alta relativamente aos outros bancos (46,8%), estando no mesmo patamar da Caixa.

Quanto à participação das operações de mercado aberto nas AIL estas cresceram, significativamente, nos bancos privados, em oposição às aplicações no mercado interbancário, em especial no período de junho a setembro de 2012. Mostra mais um sinal de aversão ao risco mais acentuado nos bancos com esta origem de capital. Este fato pode ter sido causado pelos problemas enfrentados por diversos bancos médios no período.

A participação dos títulos mantidos até o vencimento é muito maior na Caixa que nos demais bancos, inclusive o BB, também de controle estatal. Isto foi adotado para evitar MtM (*market-to-mark*) dos títulos de dívida pública prefixados, sujeitos à volatilidade da taxa de juros básica, caso não fossem levados até o vencimento. A Caixa tinha passivos em longo prazo que suportavam essa classificação de parte de sua carteira de títulos. Como chamou atenção Mettenhein (2009), a presença de títulos com este perfil diminui as pressões pró-cíclicas sobre a dívida pública, permitindo diminuição de custo e alongamento dos prazos da dívida. Porém, o patamar de manutenção de títulos já é bem menor que o apresentado por este autor nos bancos estatais, para o período de 2004-2006. Ela vem se reduzindo, rapidamente, mesmo na Caixa, devido aos vencimentos e recompras de títulos de dívida pública.

Observamos também a participação relativamente maior de títulos da dívida pública no total da carteira de TVM na Caixa. Os demais bancos tem uma exposição maior a seus próprios títulos, emitidos e carregados na carteira própria. Aponta no sentido de concentração de risco pelos bancos privados, enquanto há aversão ao risco privado por parte da Caixa.[25]

As Letras Financeiras ficaram conhecidas como "os debêntures dos bancos" por serem similares aos títulos financeiros corporativos emitidos por grande empresa não financeira. Os estoques de Letras Financeiras (LF) e Letras Financeiras

---

24 O BC extinguiu a exigibilidade de compulsórios sobre depósitos à vista a partir 14/09/2012 e reduziu a alíquota dos depósitos a prazo de 12% para 11% a partir 29/0/2012, através Circular 3609/2012. Mas tal movimento não se deu somente por isso, já que os bancos são capazes de determinar, sob certas restrições, a composição do seu passivo.

25 Tal exposição também não é tão alta como sugerem os números do Itaú e Bradesco. Os valores estão subdimensionados pois R$ 70 Bilhões no Itaú e R$ 35 bilhões no Bradesco estão aplicados em cotas de fundos de PGBL/VGBL, que por sua vez aplicam grande parte de seus recursos em títulos públicos.

Subordinadas (LFS) totalizaram R$ 209,1 bilhões em junho de 2012, confirmando a tendência de crescimento observada desde a eliminação desses instrumentos da base de recolhimento compulsório ao Banco Central do Brasil (BCB), como incentivo ao alongamento dos prazos de captação.

Embora sejam segregados como Administração de Recursos de Terceiros, os recursos dos Fundos passaram a constituir importante fonte de financiamento para as instituições financeiras. Cerca de R$ 280,5 bilhões (17% do patrimônio dos Fundos), estão aplicados em "risco privado" dos títulos emitidos por essas instituições, como Certificados de Depósitos Bancários (CDB), LF e LFS. Em junho de 2012, os Fundos de Investimento respondiam por 14,8% do saldo total dos CDB, 79,3% das LF e 85,2% das LFS.

As captações via emissões de títulos de dívida direta foram destinadas, em sua maior parte, para lastrear novas operações de crédito, embora se observe recente crescimento da participação dos ativos líquidos. No entanto, o crescimento mais moderado da carteira de crédito à PJ, nos últimos anos, explica-se, em parte, pelo processo de substituição dessas dívidas pela emissão de títulos, principalmente as debêntures. Foi a forma encontrada para alongar os perfis das dívidas (passivos) e reduzir os custos de captação das empresas não financeiras, tendo em vista a vantagem tributária dessas emissões pela isenção do IOF. Com a queda dos juros e do custo das emissões, grandes empresas passaram a utilizar parte dos recursos captados com a oferta de debêntures para financiar seu capital de giro em vez de investi-los em longo prazo.

Resumindo, os bancos privados nacionais se mostraram muito mais propensos a posições líquidas, reduzindo a participação do crédito no total de seus ativos, embora tivessem conseguido uma expansão significativa destes. Os privados de controle estrangeiro não mostraram uma expansão acentuada de seus ativos, mas aumentaram a participação do crédito nos mesmos. A Caixa tanto expandiu os seus ativos como o fez, principalmente, via expansão do crédito, e do BB pode-se dizer que, assim como a origem de seu capital é de uma sociedade mista, ficou no meio do caminho entre a Caixa e os privados nacionais.

Captação de recursos

No intuito de explicitarmos o apresentado anteriormente nesta seção, relativamente às condições de captação dos recursos necessários a lastrear a expansão dos ativos, que mostrou que o custo desta captação se reduziu para todas as instituições, com exceção da Caixa, apresentamos os dados a seguir.

TABELA 3F. Contas selecionadas do passivo em 30/09/2012 em R$ milhões e variação em relação a 30/09/2011, Custos de Captação acumulados 9 meses de 2012 em R$ milhões e variação em relação a 9 meses de 2011, Participações no total do Passivo em 30/09/2012 e variações em pontos percentuais em relação a 30/09/2011

	CEF		BB		ITAÚ		BRADESCO		SANTANDER		HSBC	
	30/09/12	%	30/09/12	%	30/09/12	%	30/09/12	%	30/09/12	%	30/06/12	%
Depósitos à Vista	22.660	8,0	61.485	6,7	29.818	14,4	33.628	5,5	11.966	-13,7	N/D	N/D
Poupança	169.726	17,5	112.098	17,4	77.414	22,2	65.540	15,8	25.727	-15,0	N/D	N/D
Depósito a prazo	91.943	32,9	286.756	13,4	115.172	-10,8	113.379	-16,5	81.743	11,4	N/D	N/D
Depósitos Interfinanceiros	8.364	-17,5	15.732	15,8	9.516	341,1	323	-12,8	2.990	26,2	N/D	N/D
Depósitos Totais	292.695	19,6	476.073	13,5	231.919	5,1	212.870	-5,2	122.426	2,1	63.117.776	-17,1
Captações no Mercado Aberto	108.897	51,3	214.430	10,1	245.271	25,4	245.537	43,2	73.139	1,5	4.404	-9,9
Aceites e Emissão de Títulos	39.691	115,4	53.737	84,3	57.044	39,2	53.810	63,7	49.223	36,7	17.725	56,2
Custo com Depósitos	12.662	0,2	22.748	-1,0					10285,0	-21,2	6526,0	-16,2
Custos com Captação no Mercado Aberto	5.851	8,5	13.103	-13,1	31516,0	-10,5	13702,0	-4,4	5813,0	-6,7	4008,0	-7,2
Custos com Aceites e Emissão de Títulos	1.686	50,9	N/D	N/D			N/D	N/D	4652,0	6,2		
Participação Depósitos no Total do Passivo	43,5	-4,9	43,1	-1,0	34,4	-9,1	24,9	-6,2	25,6	-1,2	43,1	-10,5
Participação Captação no Total do Passivo	16,2	2,0	19,4	-1,1	36,4	-2,2	28,7	4,9	15,3	-0,8	3,0	-0,4
Participação Aceites e Emissão de Títulos	5,9	3,6	4,9	1,8	5,9	1,1	6,3	1,7	11,1	2,9	12,1	4,1

Fonte: Informações Financeiras divulgadas pelas instituições (elaboração do autor).

Quanto à composição do passivo das instituições, o movimento mais geral é o deslocamento relativo do *funding* de depósitos para as operações de mercado aberto e aceites e emissões de títulos, segmentos que aumentaram sua participação no total, em todas as instituições, com exceção do HSBC. Isto parece ter ocorrido não só porque estes segmentos apresentam maior flexibilidade na determinação de seus volumes, pois não se inserem no campo da concorrência, mas também por conta do custo. Notamos que, na Caixa, por exemplo, o volume de operações no mercado aberto cresceu 51%, mas seu custo acumulado nos nove primeiros meses do ano cresceu somente 8,5%. Sem dúvida, tal movimento só foi possível diante de um cenário de queda na taxa básica de juros. Apesar dessa redução relativa, a captação dos depósitos também apresentou um comportamento favorável para os bancos, principalmente os depósitos de poupança, que cresceram significativamente, exceto no Santander.

Podemos afirmar que o cenário, quanto à captação de recursos pelos bancos, ficou mais favorável no período analisado, com redução de custos e sem restrições de quantidade, contribuindo para a manutenção de elevadas margens financeiras.

Receitas de Prestação de Serviços e Despesas Administrativas

Todos os bancos aqui analisados apresentaram crescimento significativo das suas Receitas de Prestação de Serviços, com o acumulado dos nove primeiros meses do ano variando positivamente desde 4,8% no HSBC a 18% no BB. O componente mais dinâmico desta conta foram as receitas provenientes de tarifas bancárias, que incluem itens como pacotes de serviços, transferências de recursos, operações de crédito ou cadastro, anuidades de cartão de crédito etc. Cresceram, no período, desde 9,8% no HSBC até 61,3% na Caixa. Esta expansão das receitas de tarifas bancárias na Caixa foi resultado da expansão da base de clientes PF em 11,0%, de clientes PJ em 28,4%, e de contas correntes de 18,4% no período em questão. Como o aumento na receita foi mais que proporcional ao da base de contas e clientes, e apesar da redução em diversas tarifas, podemos supor que *a rentabilidade média com tarifas por cliente também subiu, mostrando uma intensificação no relacionamento banco-cliente.* No mesmo período, o BB avançou apenas 4,1% em número de clientes e 3,6% em número de contas correntes, mas foi capaz de aumentar sua receita com tarifas bancárias em 11,6%.

As Despesas Administrativas tiveram comportamento diferenciado entre os bancos, crescendo mais no BB e no Santander e menos no HSBC e Itaú, com a Caixa e o Bradesco em posição intermediária. O resultado destes dois bancos surpreende ao considerarmos que foram os que mais ampliaram o número de agências. Na Caixa, em 12 meses, estas passaram de 2.250 para 2.567 e os PAB's e PAE's passaram de de 2.347 para 2.861. No Bradesco, as agências saltaram de 3.921 para 4.641 e os PAB's e PAE's de 2.980 para 3.774, no mesmo período, refletindo a estratégia do Bradesco de realizar uma expansão orgânica, depois da perda do Banco Postal.

Todos os bancos incorreram em aumentos expressivos das Despesas com Pessoal, com exceção do Itaú, que se manteve praticamente estável. Isto se explica em parte pelo comportamento do emprego no setor, pois, entre os bancos com dados publicados, o Itaú foi o único que reduziu seu quadro de funcionários, e o fez de forma acentuada, como é apresentado a seguir.

TABELA 3G. Número de Funcionários, por banco, para setembro de 2011 e setembro de 2012, e variação entre os períodos

| | Total de Funcionários | | | | | |
	CEF	BB	ITAÚ	BRADESCO	SANTANDER	HSBC
Setembro 2011	85.175	113.594	99.820	101.334	52.770	
Setembro 2012	89.737	114.480	90.427	104.100	55.120	27000*
Variação %	5,4	0,8	-9,4	2,7	4,5	-

Fonte: Informações Financeiras divulgadas pelas instituições (elaboração do autor).
*Aproximado, divulgado pelo banco.

Porém, como mostramos anteriormente, a elevação percentual nas Despesas de Pessoal foi, exceto para o Bradesco, inferior à elevação da margem financeira antes das PCLD. Portanto, não foi, relativamente, o determinante da redução da rentabilidade.

Apresentamos, a seguir, o comportamento, nos períodos acumulados dos 9 primeiros meses de 2012 e 2011, para o *Índice de Cobertura*, igual à razão entre as receitas de prestação de serviços e as despesas de pessoal. Portanto, quanto maior o número, melhor o resultado para o banco. O *Índice de Eficiência Operacional* é igual à razão entre a soma das despesas de pessoal e outras despesas administrativas e a soma das receitas de intermediação financeira e de prestação de serviços. Portanto, quanto menor, melhor é o desempenho do banco. Há ainda o *Índice de Basileia*, que mede o capital ajustado ao risco.

TABELA 3H. Índices de Cobertura, Eficiência e de Basileia

| | CEF | | BB | | ITAÚ | |
	9M2012	9M2011	9M2012	9M2011	9M2012	9M2011
Índice de Cobertura	111,4	110,1	128,9	126,6	146,9	138,9
Índice de Eficiência	58,5	59,6	45,1	42,1	45,0	47,4
Índice de Basiléia	12,6	13,5	14,8	13,9	17,5	15,5

| | BRADESCO | | SANTANDER | | HSBC | |
	9M2012	9M2011	9M2012	9M2011	9M2012	9M2011
Índice de Cobertura	141,9	140,6	159,0	165,9	95,8	103,1
Índice de Eficiência	42,1	42,7	43,5	46,1	58,5	62,3
Índice de Basiléia	16,0	14,7	22,1	24,2	13,2	13,6

Fonte: Informações Financeiras divulgadas pelas instituições (elaboração do autor). *09/2012 **09/2011.

Dos dados acima podemos apreender que *não houve deterioração nas condições operacionais do negócio bancário*, ao contrário, observamos a melhora nos *Índices de Cobertura* para os bancos de capital nacional, público e privado, e a piora para os estrangeiros. Porém, o Santander é ainda o banco com o melhor resultado neste quesito. Quanto ao *Índice de Eficiência* a melhora é geral, com exceção do BB. Logo, *não houve risco aparente de deterioração na eficiência do setor financeiro, devido à política governamental de pressão para concorrência bancária via taxa de juros de crédito.*

Quanto ao *Índice de Basileia*, notamos sua elevação para as instituições de capital privado nacional, e para o Banco do Brasil, e uma redução para os demais. Não há, neste caso, uma avaliação unidirecional, do tipo "quanto maior, melhor", a ser feita. O índice mede o requerimento de capital ponderado ao risco, e tem o limite inferior de 11% imposto pelo Banco Central. Podemos então afirmar que, quanto maior o índice, mais sólida a posição da instituição, portanto, melhor. Porém, a alavancagem financeira faz parte da própria natureza dos bancos como intermediário financeiro *sui generis*. Portanto, quanto maior o índice, menos o banco está exercendo esta função básica de alavancar crédito. Um aumento no índice pode indicar tanto um aumento de capital, como uma posição mais avessa ao risco, principalmente, ao risco de emprestar. Nos parece que *os bancos privados nacionais se enquadram neste último caso, expandindo seus ativos sem elevar o risco e, portanto, o requerimento de capital.* Quanto aos estrangeiros, estão em situações opostas. O Santander ainda está sobre-capitalizado, em decorrência da gigantesca oferta primária de ações de 2009, que arrecadou R$ 14,1 Bilhões. Luta para dar o retorno a estes acionistas. Já o HSBC, cuja matriz, afetada pela crise mundial, reluta em aportar capital na filial brasileira, não possui ações em Bolsa de Valores. Os bancos públicos, por expandirem o crédito em ritmo superior, tiveram que recompor seu capital, fato já realizado pelo Governo Federal no Segundo Semestre de 2012.

4. CONCLUSÃO

Para avaliarmos o papel desempenhado pelos bancos múltiplos de controle estatal mencionados neste trabalho, além dos dados presentes nas seções anteriores, acrescentamos um referencial sobre o comportamento ideal que estes bancos deveriam apresentar para que sejam considerados "bancos com atualização idealizada como pública", segundo Andrade e Deos (2009):

- prover linhas de fomento e de crédito de longo prazo para segmentos que são eleitos como politicamente prioritários e que não são atendidos pelos bancos privados, tendo, em geral, como base para tal ação, um *funding* diferenciado;

- definir novos produtos e/ou novos custos e prazos para produtos já existentes, de forma a induzir o mercado a atuar sob novas bases, isto é, fazendo política de financiamento no sentido mais amplo da expressão;

- regular mais amplamente o mercado, sendo um canal privilegiado para transmitir os impactos das decisões tomadas no âmbito das políticas monetária e creditícia;

- exercer, no mercado de crédito, ações que minimizem a incerteza em momentos em que esta está exacerbada, uma vez que nessas circunstâncias há um "encolhimento" natural e defensivo do crédito por parte do sistema privado.

Como aparece em Deos e Mendonça (2010) "... [é] fundamental a discussão acerca da alocação de recursos nos mercados de crédito, sobretudo a partir da percepção da importância do financiamento de decisões de gasto geradoras de renda e emprego, enfatizando a existência de uma hierarquia entre as categorias de gastos, assim como a necessidade de reduzir as incertezas que as cercam."

No período aqui apresentado, os bancos múltiplos federais apresentaram, ainda que em graus diferenciados, essas características indicadas. Atuaram na expansão do crédito, em geral, diante da retração dos bancos privados, mas com foco em segmentos historicamente negligenciados pelos bancos privados, como habitação e infraestrutura na Caixa e crédito agrícola no BB. Contribuíram para a redução da incerteza dos investidores privados como instrumentos do Estado para manutenção da demanda agregada. Mostraram-se como agentes da regulação da concorrência no setor bancário brasileiro, ao reduzirem as taxas de juros e tarifas que praticavam, e provocar a reação, ainda que limitada, dos bancos privados atuando no país. Sob estes critérios, *a Caixa foi mais efetiva que o BB*, pois além de ofertar mais crédito, também reduziu suas taxas de forma mais acentuada.

A redução das taxas de juros aconteceu, e foi significativa, com a taxa média das operações de crédito caindo de 38,0% a.a., em Janeiro de 2012, para 29,9% a.a., em setembro de 2012, de acordo com o Banco Central. O mesmo aconteceu com o *spread* apropriado pelos bancos, que se reduziu 27,8 p.p., em Janeiro de 2012, para 22,3 p.p., em setembro de 2012. Esta queda ocorreu por três fatores:

1. a redução mais forte das taxas pelos bancos públicos,

2. a reação moderada dos bancos privados, e

3. o avanço dos bancos públicos na participação do mercado de crédito, afetando a ponderação da média.

A redução nas tarifas bancárias aconteceu de forma menos generalizada, com os bancos públicos reduzindo o preço de um número expressivo de serviços, mas não sendo capaz de induzir uma queda correspondente nos bancos privados. Estes, de fato, aumentaram os preços de grande número de serviços. Entretanto, as receitas provenientes de serviços continuaram a crescer, aliás, como vem sendo o padrão, desde a perda de receita inflacionária com o *floating*, obtida na época que vigorava regime de alta inflação.

Não se pode dizer que a rentabilidade dos bancos foi afetada pela queda dos juros, já que a redução das receitas financeiras foi mais que compensada pela queda no custo de captação, ampliando as margens financeiras. Da mesma forma, os Índices de Eficiência e de Cobertura *não mostraram deterioração da capacidade operacional dos bancos de gerarem receita*. O resultado mais apertado, principalmente para os bancos privados, se deveu ao aumento das Provisões para Créditos de Liquidação Duvidosa. Após a análise destas, associada à das demais características da carteira de crédito, *não constatamos que os bancos "esconderam lucro"*, já que as provisões se mantiveram atreladas às exigidas pelo Banco Central, as provisões adicionais de caráter opcional se mantiveram estáveis ou se reduziram, e não houve reclassificação arbitrária de carteiras. Os mais afetados pelas necessidades de constituírem provisões foram os bancos privados, pesando o fato da pequena expansão do crédito destes bancos.

Os bancos múltiplos estatais, sobretudo a Caixa, expandiram o crédito em ritmo muito superior aos privados e chegaram a uma participação de mercado conjunta de 34%. Eles conquistaram esse *market-share* apresentando *índices de inadimplência muito inferiores aos dos bancos privados*. Isso aconteceu principalmente na Caixa, pelas características do crédito imobiliário, principal fator explicativo da expansão de sua carteira de crédito, por ser de longo prazo, com garantia real por alienação fiduciária – em contraste com a garantia hipotecária, mais difícil de executar – e alto custo de *default* para o tomador. Mas tanto a Caixa, quanto o Banco do Brasil, líder do segmento, operam muito com crédito consignado de baixa inadimplência.

Apesar da Caixa, por ser propriedade integral do Tesouro Nacional, ter se mostrado mais ágil e efetiva ao seguir as determinações do Governo, o BB também saiu fortalecido destes eventos, ao reverter um processo de perda de participação de mercado. É fundamental notar que *ambos os bancos vão além das funções de banco público descritas no início da seção, pois todas as ações comerciais são imprescindíveis para cobrir eventuais perdas nas ações sociais*. Eles assumem também importância na concorrência nos diversos mercados que constituem o setor bancário brasileiro, apropriando-se de excedentes que antes eram direcionados ao setor privado. Isto se constitui, de certa forma, um tipo de "arrecadação parafiscal", no sentido que dividendos desses bancos são distribuídos para o Tesouro Nacional. Estes recursos podem ser usados tanto para *a ampliação do superávit primário* quanto para *a capitalização dos próprios bancos*, amplificando a alavancagem financeira de políticas públicas, como a habitacional, a de saneamento básico, e a de crédito agrícola, em escala muito superior (e, portanto, custo relativo inferior) do que seria caso o Tesouro usasse o mesmo recursos diretamente em gastos fiscais.

É difícil determinar se os bancos privados, realmente, restringiram o aumento de suas carteiras de crédito por conta das expectativas, expressas no aumento da inadimplência em algumas linhas de crédito, em especial as de financiamento de veículos, ou se sucumbiram à concorrência agressiva dos bancos públicos. De qualquer forma, em cenário de alterações nos preços relativos básicos da economia, isto é, juro-câmbio-impostos, os bancos privados terão que se ajustar ao novo contexto, modificado de maneira irreversível a não ser ao custo de grande prejuízo para decisões já tomadas. Este modelo projetado para o futuro passará pelo aumento do crédito disponível para firmas e famílias, principalmente o crédito de longo prazo, e captação via novos produtos financeiros com prazos alongados. Operações estruturadas típicas de mercado de capitais também aparecem no horizonte, face ao desafio de *miscigenar uma economia de endividamento bancário com uma economia de mercado de capitais.*

5. REFERÊNCIAS BIBLIOGRÁFICAS

ANDRADE, Rogério Pereira de; DEOS, Simone de. "A trajetória do Banco do Brasil no período recente, 2001-2006: banco público ou banco estatal 'privado'?". *Revista de Economia Contemporânea*, vol. 13, nº 1, abr. 2009, p. 47-79.

ALENCAR, Leonardo S.; RODRIGUES, Eduardo A. de S.; TAKEDA, Tony. *Custos de mudança nas linhas de crédito do setor bancário brasileiro*. Relatório de Economia Bancária e Crédito, Banco Central do Brasil, 2005.

ARAÚJO, L. A.; NETO, P. D. M. J.; PONCE, D. S. (2005). "Competição e concentração entre os bancos brasileiros". In: *Anais do XXXIII Encontro Nacional de Economia* – Anpec, 2005. Disponível em: <www.anpec.org.br/revista/vol7/vol7n3p561_586.pdf>.

BARBACHAN, J. S. F. & FONSECA, M. M. da. "Concentração bancária brasileira: uma análise microeconômica". *Finance Lab Working Paper*, 2004. Disponível em: <www.ibmecsp.edu.br/pesquisa/download.php?recid=2796>.

BELAISCH, Agnes. "Do Brazilian banks compete?". *IMF Working Papers*, nº 113, 2003.

COSTA, Fernando Nogueira da. "Preços inflados". *Textos para Discussão* – Instituto de Economia da Unicamp, Campinas, nº 197, 2011.

_____. *Brasil dos Bancos*. São Paulo: Edusp, 2012.

DEOS, Simone & MENDONÇA, Ana Rosa R. De (2010). "Uma proposta de delimitação conceitual dos bancos públicos". In: JAYME JR., F. G.; CROCCO, M. (orgs.). *Bancos públicos e desenvolvimento*. Distrito Federal: Ipea, 2010, p. 49-72.

DIEESE. "Fusões no setor bancário: emprego e concorrência". *Nota Técnica*, nº 55, 2007.

_____. *As receitas dos bancos com prestação de serviços*, 2006. Disponível em: <http://www.ideconbrasil.org.br/adm_img/pesquisa_2.pdf>.

FIPECAFI. *Estudo sobre a estrutura da taxa de juros no Brasil*, 2004 (trabalho encomendado pela Febraban).

LACERDA, Cláudio de Oliveira. *Liberalização tarifária no contexto concorrencial do setor bancário brasileiro*. Prêmio SEAE, 2006. Disponível em: <www.seae.fazenda.gov.br/conheca_seae/premio-seae/i-premio-seae/resultado-premio-seae-2006--divulgacao-internet-revisto.pdf>.

METTENHEIN, Kurt. "Para uma análise transdisciplinar dos bancos públicos federais na democracia brasileira". In: JAYME JR., F. G.; CROCCO, M. (orgs.). *Bancos públicos e desenvolvimento*. Distrito Federal: Ipea, 2010, p. 105-150.

NAKANE, M. "A test of competition in Brazilian banking". *Documento de Trabalho*, nº 12, Distrito Federal, Banco Central do Brasil, 2001.

NAKANE, M.; KOYAMA, S. *Dispersão das taxas de empréstimos bancários no Brasil*. Avaliação de 3 anos do projeto "Juros e *spread* bancário no Brasil". Distrito Federal, Banco Central do Brasil, 2003.

NAKANE, M.; ALENCAR, L.; KANCZUK, F. "Demand for bank services and market power in Brazilian banking". *Trabalhos para Discussão*, nº 107, Distrito Federal, Banco Central do Brasil, 2006.

OREIRO, J. L. C.; SILVA, G. J. C. "Taxa de juros convencional e rentismo em um modelo pós-keynesiano de firma bancária". In: OREIRO, J. L. C.; PAULA, L. F. (orgs.). *Sistema financeiro: uma análise do setor bancário brasileiro*. Rio de Janeiro: Elsevier, 2007.

PANZAR, J.; ROSSE, J. "Testing for monopoly equilibrium". *Journal of Industrial Economics*, vol. 35, 1987, p. 443-446.

PAULA, L. F.; ALVES JR., A.; MARQUES, M. B. L. "Ajuste patrimonial e padrão de rentabilidade dos bancos privados durante o Plano Real (1994/98)". *Estudos Econômicos*, vol. 31, nº 2, 2001, p. 285-319.

ROCHA, F. A. S. "Evolução da concentração bancária no Brasil (1994-2000)". *Notas Técnicas do BCB*, nº 11, 2001.

SARAIVA, P. J. *Teorias keynesianas sobre bancos e crédito: Tobin, Stiglitz e os pós-keynesianos*. Dissertação (mestrado) – Uerj, Rio de Janeiro, 2008.

SOBRE OS AUTORES

FERNANDO NOGUEIRA DA COSTA é bolsista do Ipea e Professor-Adjunto/Livre-Docente do Instituto de Economia da Universidade Estadual de Campinas (Unicamp)

GABRIEL MUSSO DE ALMEIDA PINTO é graduado em Economia pelo IE-Unicamp e diretor do Sindicato de Bancários de Campinas – São Paulo.

O PAPEL DO ESTADO BRASILEIRO NA CRIAÇÃO DE FRONTEIRA CAPITALISTA E NOVAS NATUREZAS NO PASSADO E FUTURO

1. INTRODUÇÃO

Em 29 de março de 2010, o presidente do Brasil Luiz Inácio "Lula" da Silva, do Partido dos Trabalhadores (PT), lançou a segunda fase do Programa de Aceleração do Crescimento (PAC), um impulso governamental de 1,459 bilhões de reais (620 bilhões de euros) iniciado em 2007, para construir nova infraestrutura e, principalmente, ampliar a capacidade de extração de recursos naturais e energia. Lula mencionou ter ficado impressionado com a nota de Dilma Rousseff (PT), atual Presidente do Brasil e mãe do plano PAC, na qual ela enfatizou que "o último grande investimento em infraestrutura tinha sido feito por Geisel", um dos presidentes militares durante o regime autoritário pré-1984 no Brasil (UOL, 2010). Três anos e meio depois, em 17 de setembro de 2013, o Movimento de Trabalhadores Rurais Sem Terra (MST), na pessoa de João Paulo Rodriguez, coordenador nacional do movimento, rompeu suas antigas relações amigáveis com o governo Dilma, alegando que seu currículo em matéria de reforma agrária tem sido "o pior no Brasil desde o governo Geisel" (*BRASIL 247*, 2013). Ambos os discursos, o da liderança política do país e o do movimento social com 1,5 milhões de membros, sugerem que o Brasil começa a passar por mudanças significativas em suas políticas de desenvolvimento e recursos naturais nos últimos anos. Um novo capítulo se inaugurou na história do desenvolvimento e do meio ambiente do país. Por um lado, quantias enormes têm sido despendidas na realização de novos projetos de energia de grande escala, tais como o projeto da barragem de Belo Monte, com capacidade de 11.233 megawatts na cidade de Altamira, no meio da floresta amazônica oriental e a construção de infraestrutura para iniciar operações de mineração *greenfield* e a expansão de plantações industriais para o investimento massivo da indústria agrícola e florestal. O projeto Belo Monte, custando

17 bilhões de dólares, dos quais mais de dez bilhões foram pagos pelo Banco Nacional de Desenvolvimento (BNDES), faz com que a barragem seja o maior investimento já realizado no país.[1] Enquanto isso, os movimentos dos sem-terra prometem radicalizar seus protestos para combater a interrupção da distribuição de recursos para aquisição de terras para assentamentos. Os movimentos sociais rurais igualam a situação com a última bonança em projetos desenvolvimentistas durante o governo Geisel (1974-1979), quando se viu dinheiro emprestado ser lançado no desenvolvimento de infraestrutura como estradas para atravessar a Amazônia, enquanto que a reforma agrária distributiva estava paralisada.

Essas estradas, como a BR-163; que se estende da capital mundial da soja, Cuiabá, no Estado Mato Grosso, a Santarém, nas margens do rio Amazonas, estão sendo pavimentadas atualmente. A Amazônia está recebendo o tipo de atenção que não recebeu desde que os projetos megalomaníacos e criadores do ônus da dívida na década de 1970, foram abandonados na "década perdida" da crise da dívida dos anos 1980 e a transformação democrática, trazendo novas regras e uma nova constituição (FEARNSIDE, 2007). Em outubro de 2012, a lei florestal do país se tornou muito mais flexível, consolidando o objetivo político sustentado por uma década pela bancada ruralista. Um grupo de renomados cientistas brasileiros e estrangeiros compilou evidências para alertar sobre as consequências da flexibilização, porém quase não houve resultados, já que apenas alterações sutis foram feitas. A medida foi defendida com argumentos de que o Brasil precisa atuar como vanguarda mundial no fornecimento de alimentos para a população mundial em expansão, e que as populações indígenas "ao povoar esparsamente" a vasta extensão da Amazônia, não poderiam ter o privilégio de ocupar tão amplas e "improdutivas" áreas de floresta (ZHOURI, 2010). O projeto de lei foi liderado por Aldo Rebelo do Partido Comunista do Brasil (PC do B), representativo da nova aliança política visando promover o Brasil como uma potência mundial através da criação de corporações nacionais campeãs e da dinamização dos mercados nacionais através de bem-estar social e incentivos de linhas de crédito, mudanças no meio ambiente e "fronteiras de recursos", ocorrendo como consequência de um consenso alcançado neste quadro político (KRÖGER, 2012a).[2] O pano

---

1   A geração de energia hidrelétrica é um componente importante do PAC, totalizando 67,3 bilhões de euros em investimento privado e estatal em todo o Brasil. As barragens encontram feroz resistência das populações prejudicadas, cujos espaços são destruídos por enchentes e outros impactos (SILVA & ROTHMAN, 2011).

2   A noção de "fronteira de recursos" foi adotada pelo governo brasileiro no Primeiro Plano Nacional de Desenvolvimento (I PND, 1972-74). O termo foi usado para diferenciar a Amazônia da região do

de fundo político para impulsionar tal projeto de lei, mal ajustado no contexto do aumento da consciência global sobre as alterações climáticas e preocupações ecológicas, aconteceu em meio a uma tendência de uma década na qual as florestas latino-americanas estiveram em regeneração mais rápida do que anteriormente, e os níveis de desmatamento foram sendo controlados com mais vigor que antes (HECHT, 2011). A flexibilização ao acesso florestal – defendida como racionalização das leis existentes as quais estipulam, por exemplo, que 80% das florestas devem ser mantidas intactas na Amazônia legal, exigência muito pouco seguida na realidade – pode ser vista como uma estratégia para restaurar aos níveis anteriores, os atuais níveis reduzidos de desmatamento.

Neste ensaio, exploro a dinâmica de transformações das naturezas e fronteiras por um olhar em direção à abertura, colapso e fechamento de fronteiras no Brasil.[3] Grosso modo, a fronteira desenvolvimentista foi mais vigorosamente aberta pela primeira vez na década de 1970 pelos governos militares (embora a fronteira tenha uma história muito mais longa do que isto), depois veio "o colapso" no final dos anos 1980 e 1990, quando o apoio estatal para a exploração se enfraqueceu, mas ressurgiu em meados da década de 2000, sobretudo a partir de 2010. O fechamento se anuncia possivelmente num futuro não muito distante. A análise é baseada em pesquisa empírica original no Brasil desde 2005, na observação participante dentro de movimentos sociais chave que operam na área (associações e movimentos de reservas extrativas, sindicatos rurais, movimentos de populações atingidas por mineração e construções de barragens e movimentos

---

Nordeste; antes foram considerados sinônimos na política desenvolvimentista; depois, a primeira foi considerada a fronteira desenvolvimentista a ser integrada na acumulação do capital nacional através da construção de novas infraestruturas para acesso e utilização de recursos, enquanto que a segunda era tida como uma região despojada, na nova visão que rapidamente foi aceita. O segundo PND (1975-1979) marcou a Amazônia ainda mais fortemente como uma "fronteira de recursos nacionais", significando extração de minerais em particular. Investimentos se concentraram no complexo de mineração de ferro de Carajás, um projeto-chave do governo. Um outro termo, "fronteira tropical", também começou a ser utilizado no segundo PND: isso significou não só extração de minerais, mas também enfatizou que havia amplo "espaço livre" para ser usado, sendo "espaço livre" sinônimo de "tropical" na formulação de políticas (MARQUES, 2007). Da mesma forma, o governo brasileiro hoje vê, cada vez mais, a Amazônia como uma fronteira de extração de minerais que tem amplo "espaço livre", e se concentra em um projeto-chave, Belo Monte, a qual vai produzir a energia necessária para expandir a mineração na Amazônia oriental.

3   Por "fronteira" eu entendo a expansão capitalista em lugares que ainda não foram incorporados em um grau significativo no âmbito da exploração capitalista de recursos, incluindo lugares que são "redescobertos" após um período de intervenção não capitalista interrompendo um período anterior capitalista. Esta definição segue Foweraker (1981).

de sem-terra) e na observação das dinâmicas de mudança do uso atual das terras por investimentos fundiários nas áreas fronteiriças, como aqueles sofridos pelas cidades de Santarém, Belém, Marabá, Imperatriz, Parauapebas e Manaus. Foram realizadas entrevistas com importantes burocratas do Estado e diretores de empresas, bem como intelectuais. Os resultados foram comparados com material de observação participante que recolhi em outros contextos de fronteira na América Latina (especialmente na Colômbia e Venezuela) e na Índia e Lapônia nórdica.

2. NEODESENVOLVIMENTISMO, DINÂMICAS DE FRONTEIRA E NOVAS NATUREZAS

O processo pelo qual as leis ambientais são flexibilizadas para permitir a maior inserção do Brasil na economia global neoliberal como país exportador de matérias-primas tem sido chamado de "neodesenvolvimentismo" por antropólogos, sociólogos e geógrafos (COLETIVO, 2012). Economistas keynesianos – principalmente Luiz Bresser-Pereira (2011) – e cientistas políticos da análise institucional – por exemplo, aqueles em Renato Boschi (2011) – usam o neodesenvolvimentismo mais especificamente em referência ao novo estatismo do Brasil, que utiliza principalmente fundos do Estado nacional, ao invés de criar dívida externa, e inclui considerações de igualdade social numa medida maior que o desenvolvimentismo do século 20, mas que também baseia o crescimento em uma maior exploração dos recursos naturais. Ambas as noções reconhecem como meta a utilização crescente dos recursos naturais, fortemente auxiliada pelo Estado, para aumentar os ganhos econômicos. O neodesenvolvimentismo é um produto de governos supostamente alternativos ou esquerdistas na América Latina, que dão mais ênfase à economia que ao meio ambiente, e podem não ser tão vermelhos quanto se supõe. Eduardo Gudynas (2012) chamou esse grupo de "esquerda marrom" que "não é mais 'vermelho' (propondo grandes mudanças estruturais nas relações de poder), mas que também não está disposto a ser "verde" (estabelecendo limites e controles às atividades das grandes empresas) e adotou como discurso próprio as convicções do extrativismo" (ALIMONDA, 2012: 25).

A "esquerda marrom" tornou-se cada vez mais marrom no Brasil desde que o poder mudou de Lula para Dilma, ex-ministra da mineração e economista. Um grupo de renomados brasileiros estudiosos de política ambiental (COLETIVO, 2012) fazem a importante consideração de que a flexibilização do código de mineração, ora em curso, junto com a flexibilização do código florestal, permite uma flexibilidade maior nas unidades de conservação e nos direitos territoriais das populações impactadas, para benefício das elites capitalistas em expansão. Economistas marxistas como Gabriel Marques (2007) têm ainda mostrado como o neodesenvolvimentismo é baseado nos *booms* da pecuária e mineração na Amazônia. O Estado assume o controle das terras para privatizá-las depois. A Amazônia está se tornando uma colônia mineral-energética para o resto do país e para o capital produtivo multinacional, argumenta Marques (2012).

O objetivo de tentar permitir uma maior expansão da fronteira para ganhos econômicos da elite indica uma outra forma de dinamismo político-econômico que David Harvey (2003) discute: a acumulação por espoliação. Neste padrão de desenvolvimento capitalista, o capital se acumula principalmente pela busca de ativos de custo zero ou de baixo custo, tais como zonas de florestas, que podem ser tomadas e monetizadas facilmente. Percebe-se que o modelo de expansão de plantação brasileiro segue rigorosamente esta estratégia da acumulação por espoliação (KRÖGER, 2012b).

O Brasil não é apenas o anfitrião das estratégias de acumulação por espoliação, baseadas no aproveitamento das vantagens ambientais pela tendência de mercantilização, que Karl Polanyi (2001) identificou como a essência da "criação de criações capitalistas", mas também é composto por uma miríade de diferentes trajetórias de desenvolvimento alternativo, apoiadas não na acumulação primitiva, mas na acumulação capitalista ou não capitalista sem espoliação (desapossamento), ou espaços sem acumulação. Devido a uma forte e generalizada mobilização de movimentos sociais latino-americanos que criou novos obstáculos, tais como uma infinidade de novas áreas de conservação de uso múltiplo (como as reservas extrativas), reservas indígenas e outras áreas reservadas para conservação e/ou comunidades tradicionais, essas barreiras tiveram que ser atacadas em todas as frentes para permitir a elite fundiária poder continuar a existir da maneira como havia feito durante séculos.

Na acumulação sem espoliação, os mercados internos se expandem, os custos de reprodução diminuem, a qualidade da força de trabalho se amplia pelo desenvolvimento rural e industrialização que não expulsam as pessoas da terra (ARRIGHI *et al*, 2011; HART, 2002); ainda pode haver exploração laboral e propriedade individual neste modelo de desenvolvimento, embora a expulsão do campesinato não exista (KRÖGER, 2012b). Além da estratégia alternativa que se encontra num jogo de zero a zero pelos mesmos recursos que as elites espoliadoras precisam para continuar a acumulação primitiva, há também as estratégias que nem sequer entram num caminho de acumulação capitalista, como as comunidades tradicionais e indígenas, que desejam manter seus modos de vida tradicionais e de subsistência e os sistemas de sustento baseados em troca.

O objetivo é ilustrar que há um processo particular de produzir-natureza no Brasil, que é baseado em uma economia política dominante (acumulação por espoliação), o qual tem diferentes sub-lógicas operando dentro dele, mas que também existem projetos alternativos consideráveis que estão sendo promovidos e discutidos. Um argumento chave é que a variação de modos de acumulação corresponde às diferentes formas de meio ambiente no Brasil (e em outros lugares):

Como categorias de análise simples, a Amazônia pode ser vista como composta por paisagens de "Ur nature" (a "natureza selvagem" da conservação clássica), "Neo-naturezas" (as paisagens da agroindústria modernista, onde terra é basicamente um substrato para produção silvo-industrial, agroindustrial ou produção de gado, transformando a paisagem essencialmente em monoculturas) e "sócio-naturezas" (*socioambientalismo*, como é chamado no Brasil e em outros países da América Latina), o campo florestal habitado ou campo mosaico (HECHT, 2011: 4).

O conceito de "natureza selvagem" é cada vez mais contestado por cientistas que encontraram evidências crescentes da ação humana moldando o que teria sido considerada a natureza virgem por centenas de anos, além de ser ainda habitada por seres humanos (HECHT, 2011). A prática social local, que ganhou reconhecimento nacional e internacional por sua mobilização política, também enfatiza as *sócio-naturezas*. A maior parte da atenção dos defensores da acumulação sem desapropriação e da não acumulação está agora, portanto, voltada à criação de *sócio-naturezas*. Mineração, infraestrutura, indústria e outras novas paisagens podem ser consideradas como partes da "Neo-natureza" – se contiverem pelo menos alguma natureza. Mas se são desprovidas de natureza na forma de árvores, grama, água ou outros organismos vivos em quantidades substanciais, talvez estas paisagens não devam nem ser chamadas de novos ambientes (o termo destinado às monoculturas e paisagens afins na nova bioeconomia, bem como as pastagens tradicionais e novas pastagens úmidas na Amazônia), mas serem chamados de espaços de "não natureza". A criação de *não naturezas* e *novas-naturezas* muda as paisagens heterogêneas dramaticamente: esta mudança territorial também resulta em mudanças sociais e simbólicas, que correspondem a esta mudança e a promulgam, mais cedo ou mais tarde (KRÖGER, 2011; 2013a; 2014). A seguir, irei apresentar um panorama dessas transformações em todas as formas de natureza (selvagem, *nova, sócio* e não naturezas) nas mudanças na dinâmica de fronteira do Brasil.

3. A ECONOMIA POLÍTICA DA FRONTEIRA CAPITALISTA

Uma questão-chave a considerar agora é que a fronteira no Brasil está se fechando, argumenta Fernandes (2009) – há cada vez menos espaços que poderiam ser facilmente incorporados pelos capitalismos global e brasileiro. Este argumento de fechamento enfatiza que a fronteira de acumulação capitalista está sendo fechada; o que é um argumento de fechamento bem diferente em comparação com a clássica tese de fechamento da fronteira de Frederick Jackson Turner (1893) na qual ele viu o fechamento da fronteira oeste nos Estados Unidos como resultando positivamente na "civilização de terras selvagens". Browder *et al* (2008) analisam a mais recente fase de expansão da fronteira na história dos 500 anos do Brasil, na qual vidas nativas e naturezas foram exploradas, trata-se do último período que se iniciou sob o capitalismo do Estado autoritário dos anos 1960. Eles argumentam que, em vez de um fechamento de fronteira Turneriano, a situação atual para os colonos na fronteira pioneira se trata de uma transição geracional de uma fronteira para uma situação de pós-fronteira. Otsuki (2011) discute como tais situações de pós-fronteira poderiam ser melhor administradas, argumentando que é essencial a criação de espaços de política pública nos quais atores estatais e não estatais têm autoridade dividida para determinar o uso do território.

Em vez de concentrar a atenção na governança, visando o desenvolvimento sustentável pós-fronteira, tais estudos focados nos níveis de família e municipal-regional, através de estudos de caso (Browder *et al* em Rondônia, Otsuki em Pará do Sul), vou concentrar-me em desenvolver a tese da penetração capitalista de Joe Foweraker (1981) e de outros economistas políticos para explicar as dinâmicas na mais recente abertura de fronteira neodesenvolvimentista e no iminente fechamento da fronteira.

Segundo John Walker *et al* (2009), houve dois grandes períodos de *boom* capitalista na Bacia Amazônica, sendo o primeiro o *boom* da borracha, no final do século XIX, e o segundo a era atual caracterizada por um *boom* de pecuária. A principal diferença entre os dois é que o primeiro pertencia às *sócio-naturezas*, expandindo a fronteira cultural de criação de trabalho e de exploração capitalista do trabalho para a extração global de recursos (PELUSO, 2012), enquanto que o último, não gerando uma acumulação tão grande como o anterior, centralizou-se na expansão de *novas naturezas*, principalmente pastagens, por apropriação ilegal de terras e destruição das *sócio-naturezas* anteriores. A espoliação de terras e a destruição do meio ambiente são mais expressivas atualmente; no *boom* anterior, a reprodução da mão de obra local teve que ser assegurada, pois a extração de borracha dependia das populações que moravam na floresta e do conhecimento que estes possuíam dela, sendo portanto, a borracha não plantada, uma mercadoria dependente de *sócio-naturezas*.

Considerando a extensão territorial, a carne é a principal mercadoria responsável pelo desmatamento e a atual expansão da fronteira de nova natureza (WALKER *et al*, 2009). Destaca-se que 83% do crescimento do gado brasileiro entre 1990-2007 ocorreu na Amazônia, cujo território, em até 80%, ofereceria de moderados até altos valores de renda líquidos para os grileiros (que se apropriam das terras sem comprá-las) para a produção de carne bovina (BOWMAN *et al*, 2012). Desde que a tomada de terras é um fator importante de rentabilidade da pecuária extensiva (ibid) e muito comum no Brasil, a pecuária extensiva é um dos motores principais da expansão da fronteira. O principal grupo econômico diretamente responsável pelo desmatamento são os pecuaristas de média e grande escala, e uma razão para tal é que os pequenos agricultores têm mostrado potencial para estabilizar a expansão da fronteira baseada na melhoria da eficiência do uso da terra, enquanto os grandes fazendeiros continuam a expansão para dentro da floresta, em parte por causa de seus métodos de produção ineficientes (GODAR *et al*, 2012).[4] Mas, considerando a intensidade da mudança e os projetos de investimento particulares como fatores essenciais da consequente expansão das pastagens, projetos desenvolvimentistas liderados pelo Estado e construção de infraestrutura têm sido essenciais para explicar a expansão da fronteira.

A fronteira é criada por suas subpartes de investimento, incluindo energia (Belo Monte e outras barragens), metais (minas, fábricas de ferro-gusa, aço e alumínio), biomassa e combustíveis (silvicultura e óleo de palma etc. expansão de plantações), alimentos e forragem (expansão das pastagens e da soja), infraestrutura (ferrovias, pavimentação das rodovias na Amazônia, portos) e construção. Vistas em conjunto, estas mudanças parecem ser um ressurgimento do modelo de desenvolvimento dos anos 1970 – mas com novas caraterísticas,

---

4   Pablo Pacheco (2012) oferece uma análise divergente em comparação com Godar *et al* (2012), enfatizando o recente aumento das atividades de desmatamento e de pecuária entre os pequenos agricultores da Amazônia, e argumentando que as fronteiras de recursos caracterizados por grandes fazendas de gado têm melhores resultados de desenvolvimento do que aquelas caracterizadas por pequenos agricultores. Considerando que alguns dos pequenos agricultores se uniram com a bancada rural para defender a diluição do Código Florestal Brasileiro em 2012 (RRI, 2014), as limitações do novo código dando como impulso muito mais liberdade *de jure* aos pequenos agricultores para destruir a floresta do que aos latifúndios, fica claro que os pequenos agricultores não formam um grupo unificado no Brasil e que alguns deles estão muito propensos a começar a desempenhar um papel muito maior na destruição da floresta do que antes, com o respaldo jurídico da nova lei florestal.

diferenças e nuances, porque as dinâmicas nacionais e globais mudaram dramaticamente.[5]

Os últimos desenvolvimentos significam a reabertura da fronteira capitalista. Hecht (2011) e outros (por exemplo, HOCHSTETLER & KECK, 2007; KRÖGER, 2013a) abordam muito bem a restrição do desmatamento e as políticas alternativas. Tais políticas, em 2011, foram capazes de diminuir a taxa de desmatamento no Brasil em mais de 70% a partir de 2004; colocaram 7,76% das terras da Amazônia sob proteção ambiental completa, criaram reservas indígenas em 20% das terras da Amazônia e criaram 15 milhões de hectares de reservas extrativistas. No total, estes esforços colocaram mais de 40% da Amazônia sob algum tipo de proteção e 60% destas terras se encontram sob *sócio-naturezas*, ou seja, governadas pelos habitantes locais. Mas neste momento a situação está mudando novamente, pois o capital iniciou um contra-ataque:

> A reformulação do Código Florestal de 1965, em maio de 2011, sugere que novas alianças políticas em todos os níveis podem reformular a Amazônia como fronteira puramente econômica. A explosão da violência contra ativistas rurais sugere ainda que a Amazônia esteja entrando em um novo período. O desenvolvimento na Amazônia é mais dinâmico do que nunca, novas formas de conservação da paisagem estão prestes a experimentar fortes pressões (HECHT, 2011: 14).

Ainda não atingimos a fase na qual a fronteira seria fechada – mas estamos à beira disso. A atual conjuntura histórica mundial é um ponto de inflexão global antes do fechamento da fronteira de recursos globais, o que explica porque agora estamos assistindo a um *boom* de apropriação acelerada de terras. Elites estão lutando pelos últimos bons pedaços de terra (controle) antes que a fronteira seja fechada e novos meios precisem ser encontrados.

---

5   Tem ocorrido inovações que incluem a criação de uma grande rede de assistência social por meio do programa *Bolsa Família*, o aumento do salário mínimo e a oferta de acesso ao crédito através da formalização de empregos, que impulsionaram a demanda potencial e a circulação monetária nos mercados domésticos (KRÖGER, 2012b), e reduziram o ritmo da criação de desigualdade econômica. Esta política teve um impacto misto na criação de *novas naturezas*; por exemplo, as condicionais entradas de dinheiro para famílias e comunidades pobres, cerca de R$ 70,00 por mês por pessoa no caso da Bolsa Família, levaram a uma pressão menor sobre as florestas e o meio ambiente, na medida em que as pessoas não tiveram que recorrer a tais atividades como a extração ilegal de madeira ou abertura de terras agrícolas, o que tem impulsionado a regeneração da floresta (HECHT, 2011).

Há uma necessidade de quadros temporais mais longos uma vez que a apropriação de terras é um fenômeno historicamente construído com raízes profundas (EDELMAN *et al*, 2013). O que há de novo é a marcha de mudança sempre mais globalizada e acelerada que está ocorrendo em muitas fronteiras. Polanyi (2001) enfatizou que diferentes procedimentos legais e de legislação precederam, realizaram, atrasaram e regulamentaram a mercantilização da natureza transformada em terra e da vida humana transformada em mão de obra.

Tem havido uma luta constante entre forças em favor do capitalismo (impulsionadas por um movimento de ideólogos do livre mercado) e aqueles que procuram regulamentá-lo (um contra movimento de atores progressistas do Estado e da Sociedade Civil, que procuram proteger a "sociedade orgânica", ou seja, proteger a vida de ser destrutivamente supermercantilizada sob regras econômicas, buscando manter mercados sob incorporação social, e não o contrário). Cotula (2013) cita o exemplo dos reis Tudor na Inglaterra, que tentaram resistir com medidas legais ao poder crescente das elites responsáveis pelo cercamento das terras, anterior à Revolução Industrial na Inglaterra, mas que em grande parte falharam, porque não havia um exercício confiável da lei, estando os tribunais fortemente sob controle da aristocracia. A tendência ao cercamento das terras (mercantilização das terras) precedeu a mercantillização da mão de obra, ocorrida na década de 1830, por meio de uma dramática nova legislação, que forçou as pessoas a venderem sua mão de obra no momento em que as políticas de remuneração e assistência para os pobres foram abandonadas (COTULA, 2013).

É interessante notar que a mercantilização da mão de obra inglesa veio logo após a Inglaterra ter abolido a escravidão. Assim, a criação dos mercados capitalistas de mão de obra pode ser vista como a solução que os ex-proprietários de escravos encontraram para manter o nível de lucros num contexto em que a escravidão aberta era proibida. O ponto que quero atingir através deste exemplo é que, de situações nas quais as fronteiras se fecham – sejam elas fronteiras de apropriação de seres humanos como propriedade privada, na África colonial, ou da apropriação da maioria das formas de vida (biodiversidade, seres humanos e outras formas da natureza) em um determinado trecho de terra, esvaziando-o para tornar-se uma monocultura – novos empreendimentos capitalistas e tendências de mercantilização podem ser esperados em outras arenas. A dinâmica entre abertura, colapso, reabertura e fechamento de fronteiras no Brasil demonstra como isso ocorre.

Abertura de fronteira

As teorias de fronteira que procuravam explicar a economia política brasileira e mundial tornaram-se proeminentes no final da década de 1970, após a dramática abertura da fronteira pioneira desde os anos 1960 no Brasil. Foweraker (1981) estudou as diferentes fronteiras pioneiras da década de 1970 no Brasil, caracterizadas pelas lutas por terra entre camponeses e grandes empresas econômicas, mediadas por um estado capitalista autoritário. Ele aponta a importância e a especificidade histórica das experiências fronteiriças para a definição dos aspectos econômicos, políticos e ideológicos do estado e da sociedade. A luta de classes é um elemento essencial para explicar como ocorre a acumulação primitiva – uma forma específica do estado capitalista, a de um estado capitalista autoritário, teve de ser concebida no Brasil, para permitir uma expansão violenta da fronteira neste contexto de luta intensa de classe/terra. Foweraker (1981: 3) também argumenta que a "fronteira pioneira" serviu em primeiro lugar não à integração do Brasil nos mercados mundiais, mas "à atividade particular que integra regiões inexploradas na economia nacional".[6]

No sentido tanto da integração nacional como da acumulação capitalista, a "fronteira é um projeto", como argumentou Anna Tsing (2005: 33), usando o caso de Kalimantan na Indonésia. Os processos diários de construção da fronteira são mantidos pela ativa atuação por parte das autoridades, que utilizam tanto a lei quanto a violência, até que o processo conduza ao caos que leva ao fim a produtividade do projeto para as autoridades (TSING, 2005 cf. HOCHSTETLER & KECK, 2007: 154). O uso da violência tem sido a alma da expansão da fronteira da Amazônia brasileira: "Mesmo que os governos estaduais e locais na região não sejam abertamente criminais, eles têm sido, quase por definição, impulsionadores da colonização e do desenvolvimento dentro de suas jurisdições, com poucas (e recentes) exceções" (HOCHSTETLER & KECK, 2007: 154). A violência contra camponeses de parte das elites tem sido maior em fronteiras pioneiras do Brasil do que na colonização do oeste americano (onde a fronteira que foi considerada como livre para colonização se fechou na década de 1890 seguindo a famosa tese fronteiriça de Turner [1893]) (ALSTON *et al*, 1998).[7] Isto porque "a expectativa

---

6   Dado o novo estadismo, neomercantilismo e neodesenvolvimentismo no Brasil (KRÖGER, 2012b), a atual expansão da fronteira também parece servir principalmente ao objetivo da integração econômica nacional, visto por muitos como a base do crescimento econômico atual no Brasil.

7   A violência nos Estados Unidos foi direcionada às populações indígenas, e os camponeses ocidentais estavam em melhor posição política ali que no Brasil.

de que invadir e reivindicar terras públicas será eventualmente recompensada com um título de terras permanente, tem sido o padrão no Brasil há mais de 400 anos", resultando em maiores expectativas de que os pequenos agricultores eventualmente receberiam apoio governamental (FEARNSIDE, 2008: 10). Isto significou que a violência usada para usurpar as pessoas com possíveis direitos legais à terra, baseados em que elas a desenvolveram, tem sido uma parte essencial dos negócios de fronteira no Brasil até agora.

Em geral, o estudo dos modos de produção, dos mecanismos de acumulação, de expropriação dos excedentes para determinados atores, bem como o exame da ampla gama de intervenções políticas, legais e ideológicas por parte do Estado, são os elementos analíticos essenciais para explicar a economia política das fronteiras (FOWERAKER, 1981). Uma distinção de classe aproximada, entre modos de produção e expansão nas fronteiras, semelhante à análise de Foweraker, foi feita por Martins (1984). Martins argumentou que a luta principal era entre as meta-noções dualísticas de "terra de trabalho" e "terra de negócio", com a primeira promulgada por agricultores sem-terra, que viram a terra de fronteira como um lugar de trabalho e subsistência, imbuídos de igualdade, sustentabilidade e democracia; e a segunda promulgada por elites que viram a fronteira com uma paisagem que pode ser definida como espaço vazio e privado, com o objetivo de troca, sendo a terra um *input* e um fator de produção, onde a relação individual com o dinheiro domina, e não um pedaço de terra com a finalidade de manter uma família (WOLFORD, 2010: 193). Esta dicotomia se manteve e foi transformada para formar a situação atual da fronteira que é bem diferente, mas ainda muito semelhante à situação na década de 1970.

Colapso da fronteira

As situações agora e na década de 1970 são completamente diferentes das mesmas nos finais da década de 1980 e durante a década de 1990, quando estudiosos (por exemplo, CLEARY, 1993) pensavam que Foweraker, Martins e outros estivessem enganados em sua previsão de que o capitalismo do Estado autoritário continuaria a homogeneizar e expandir a fronteira capitalista. Os críticos das *teorias de fronteira* da década de 1990 basearam suas argumentações na parada abrupta dos megaprojetos subsidiados pelo Estado na Amazônia e numa redução em direção a um padrão muito mais heterogêneo de desenvolvimento. A evolução de fronteiras novas para fronteiras velhas ou maduras causou impactos múltiplos. Em primeiro lugar, os modos de acumulação mais prontamente disponíveis tendiam a mudar. Especulação e escravidão (intimamente relacionadas ao desmatamento para exploração madeireira) se tornaram modos de acumulação menos proeminentes, à medida em que as fronteiras iniciais amadureceram, dando lugar ao "tradicional" cálculo de produtividade de carne bovina como base de decisões para o uso da terra (FEARNSIDE, 2008).

Cleary argumentou, em 1993 (p. 335), que a fronteira não estava se expandindo ou fechando, mas que tinha entrado em colapso: "A diferença entre a experiência de fronteira no Brasil e nos Estados Unidos agora parece ser que, nos EUA o oeste foi conquistado, enquanto que a fronteira brasileira entrou em colapso antes de atingir grande parte do norte". Cleary (1993: 349) vai ainda mais longe, afirmando que "a fronteira tornou-se sem sentido como construção acadêmica". No entanto, interpretada em termos da atual e galopante apropriação global de terras, da reabertura de fronteiras e da nova conjuntura estadista, a fronteira parece ser qualquer coisa menos uma ferramenta analítica sem sentido. Na verdade, Susanna Hecht (2011), famosa geógrafa da Amazônia e teórica de ecologia política, argumenta que foram precisamente as políticas neoliberais da década de 1990 que conduziram às taxas de desmatamento mais altas: assim, ela chama a expansão do desmatamento de jornada rumo ao norte da "fronteira neoliberal". Economistas políticos argumentam, porém, que a década de 1990 não era tão neoliberal como é geralmente suposto, já que o Estado ainda tinha um papel forte no Brasil, mantendo seu poder indispensável para dirigir a economia, instituições e relações econômicas fundamentais criadas entre as décadas de 1930 e 1950 (LAZZARINI, 2011; KRÖGER, 2012a).

Entre a década de 1980 e o momento atual, certamente se enraizou nas paisagens brasileiras muito mais heterogeneidade do que a tese de penetração capitalista teria previsto (como este ensaio também sugere). Mas isso não deve ser considerado como um resultado da mudança econômica neoliberal ou estadista, considerando que ambos modelos econômicos podem ter efeitos muito semelhantes sobre o meio ambiente; ao contrário, este é um resultado do desenvolvimento político democrático que seguiu mudanças ideológicas e sociais paradigmáticas, todas elas enraizadas em práticas territoriais alteradas. É nesta situação complexa pós-colapso, ou seja, onde a ingerência direta do Estado nos negócios permaneceu no fundo de cena da expansão de fronteira (década de 1990), que a tese central de Foweraker se torna de novo muito fortemente presente, uma vez que a fronteira em colapso foi reaberta – e, novamente, sobretudo pelo capital do Estado, até mesmo pela reabertura dos mesmos projetos deixados inacabados na década de 1970 e meados dos anos 1980 (a barragem de Belo Monte, a pavimentação de rodovias, expansão de minas, construção de ferrovias, e assim por diante).

Reabertura de fronteiras

O atual *boom* global de investimentos rurais impulsionou a reabertura da fronteira. O melhor negócio tem sido ser o primeiro nos mercados de terras baratas, onde a entrada de grandes compradores de terras criou um caminho de acumulação de riqueza capitalista autoalimentado através um aumento rápido de valorização do preço da terra. Na expansão das plantações, as terras mais almejadas foram aquelas em que os preços da terra de pastagem têm sido menores, o que significa expansão nos estados do Maranhão, Pará e Bahia, por exemplo. Os preços da terra de pastagem, em 2006, estiveram correlacionados com o número de conflitos violentos no campo em 2010, conforme mostrou um estudo comparando as diferenças nos modos de expansão das plantações no Brasil (KRÖGER, 2012b). Dada a grande quantidade de pastagens para gado relativamente baratas na Amazônia e as novas variedades de culturas e técnicas de produção mais bem equipadas para suportar as condições naturais no norte do Brasil, é provável que as intensificadas *novas naturezas* das plantações de monocultura verão uma expansão dramática nos próximos anos ao longo das rodovias amazônicas recém-pavimentadas, que ligarão os lugares de investimento essenciais do PAC. O novo código florestal permitirá considerar plantações de eucalipto como reflorestamento natural, sendo este um exemplo de como a mudança discursiva, legislativa e ideológica apoia a criação de *novas naturezas*; elas são vendidas como soluções em situações pós-fronteira, embora conduzam de fato a uma expansão adicional de fronteira. Tais recodificações de novos ambientes como ambientes selvagens vão provavelmente se intensificar, enquanto que a fronteira se fecha, porque reclassificar o ambiente permite a expansão da fronteira de maneira relativamente imperceptível para espaços que já foram supostamente assegurados contra tentativas de expansão para mercantilização.

Fechamento da fronteira

Uma consequência do fechamento são as tentativas para abrir fronteiras em lugares onde não se imaginava ser possível, mesmo nas situações legais desgovernadas nas fronteiras brasileiras, através do desmantelamento de áreas previamente preservadas e territórios indígenas. Além de fixar limites sobre movimentos de capitais, o fechamento das fronteiras também significa que estes camponeses que habitualmente têm sido pioneiros nas novas fronteiras teriam que mudar seus modos centenários de subsistência ou de acumulação. Fearnside (2008: 11) considera o fechamento como um fato positivo que deve ser acelerado para acabar com o desmatamento, mas vê isso acontecendo somente quando a terra disponível termina ou "por uma alteração da política nacional que seja suficientemente visível e aplicada de forma coerente para ser aceita pela população". A atual política econômica nacional, centrada na ideologia desenvolvimentista e nos projetos de mega-investimentos, não é esse tipo de alteração na política; assim, qualquer fechamento previsível depende do fim da terra disponível, ou de fazer um retorno em direção oposta na rota da política de investimento do governo.

As últimas fronteiras já estão sendo incorporadas, para as necessidades de: 1) o crescimento econômico capitalista global; 2) a restauração do controle político-econômico pelos clãs da elite (nacional) no Brasil; e 3) a (desejada, possível) ascensão do Brasil (ou ao menos de alguns brasileiros e corporações brasileiras) no novo poder mundial (através da criação de baixos custos em energia, infra-estrutura etc. subsidiados pelo Estado). Há também um forte impulso vindo da 4) mudança de paradigma de uma economia global de carbono para uma economia verde, na qual a criação de *novas naturezas* fará o papel-chave na forma de bio-economias substituindo combustíveis fósseis, pelo menos no imaginário e numa extensão maior do que anteriormente.

Para conseguir quaisquer destes objetivos, um discurso chave, no Brasil e em outros países, tem sido a negação da situação de fechamento de fronteira pelas elites e pelo Estado. O discurso de recursos ilimitados ainda é predominante no Brasil (May 1999), 500 anos depois da "descoberta". As elites negam que poderia haver falta de terras e tentam enfatizar o tamanho mínimo e relativamente insignificante da terra que estão transformando. Este disfarce cria novos espaços que são oficialmente chamados "livres", "improdutivos" e "nacionalmente não democráticos" (mas que são de fato de baixa densidade populacional, grandes áreas indígenas na Amazônia, rios que não tenham sido aproveitados, minerais que ainda não foram extraídos) e depois apropriados. Uma outra ideologia-chave que expande as fronteiras no Brasil é o direito presumidamente centenário para tomar terras e se obter legitimação para este ato. Como Fearnside (2007: 610) comenta: "Fica-se impressionado pela frequência de comentários por grileiros a outros agentes na região, sugerindo que eles têm um direito dado por Deus para assumir qualquer terreno desocupado e posteriormente obter do governo a legalização de sua reivindicação."

Uma maneira interessante de estudar o fechamento é pesquisar sobre as mudanças políticas, de paisagem e econômicas que a aceitação do fechamento da fronteira causa. McCarthy (2010) estudando a dinâmica da fronteira do óleo de palma na Indonésia, descobriu que aqueles (poucos) camponeses que entenderam que toda a dinâmica da transação de terra havia mudado (não havendo mais possibilidade de vender terras e em seguida comprá-las de volta ou mudar para o interior), e começaram a acumular terras, se tornaram vencedores (capitalistas) no *boom* do óleo de palma (e de celulose) dos últimos anos naquele país. Aqueles que não perceberam a mudança fundamental mas, ao invés, venderam os seus direitos de propriedade de terra *de jure*, se tornaram sem-terra. Uma pequena abertura de oportunidade para grandes ganhos e perdas se abre quando a fronteira se fecha.

No entanto, as transformações capitalistas e criações de propriedade de terras podem ser revertidas pela política. Lee Alston *et al* (2012) comparam a dinâmica de fronteira na Austrália, no Brasil e nos EUA, mostrando como a força política (de fato a capacidade de controle da terra) tem sido utilizada nas situações de expansão da fronteira e pós-fronteiriças para alterar significativamente o boom fronteiriço inicial, a fim de moldar os direitos de propriedade pós-fronteira. No Brasil, com uma história de apropriação de terras por capitalistas de mercadorias, longa e baseada na escravidão, e resistência violenta contra direitos de propriedade de jure oferecidos aos pequenos produtores pelo Estado, o governo foi forçado, por mobilizações camponesas, a alocar 63,2 milhões de hectares de terra aos sem-terra entre 1988 e 2000, enquanto os poderes *de fato*, de camponeses organizados e proprietários de terras lutavam pela terra em conflitos violentos e esporádicos. Esta dinâmica política levou a mudanças significativas nas repartições de recursos iniciais, que favoreceram grandes propriedades e um controle estreito para manter a mão de obra nas plantações e fora dos negócios de ocupação de terra pelos pequenos agricultores das fronteiras, considerada como privilégio dos capitalistas de mercadorias (por exemplo elites de café e, mais tarde, de pecuária) (ALSTON *et al*, 2012). Isto sugere que os Estados, como árbitros de ambas as reivindicações de terras de fato e de jure, são fundamentais para compreender a dinâmica da fronteira.

4. AÇÃO HUMANA E DA NATUREZA NA DINÂMICA DE FRONTEIRA

Enquanto as dinâmicas de fronteira contemporâneas na Indonésia, Papua Nova Guiné e mesmo no Madagáscar parecem ser governadas pela neoliberalização do Estado (comunicação pessoal com Timo Kaartinen, Anu Lounela, Tuomas Tammisto e Jenni Mölkänen, Universidade de Helsinque, 2014), a reabertura da fronteira brasileira é, segundo a evidência acima, principalmente um projeto desenvolvimentista conduzido pelo Estado, que permite comentar sobre as particularidades do fechamento da fronteira liderado pelo Estado. Por um lado, em comparação com a Indonésia, a maior inclusão de jogos políticos mediados pelo Estado na determinação da política de investimento (ver KRÖGER, 2013a para um quadro sobre estes jogos políticos) permitiu aos movimentos sociais terem mais influência, o resultado do fechamento da fronteira sendo mais diversificado do que o da trajetória puramente neoliberal, baseada em políticas privadas na Indonésia (ver MCCARTHY, 2010 para a discussão sobre a Indonésia). Na Indonésia, a fronteira está em expansão, sem qualquer perspectiva de fechamento, exceto a proveniente dos limites naturais, como, por exemplo, *a ação da natureza no fechamento da fronteira*, enquanto que no Brasil a ação contenciosa e empresarial, quando mediada pelo Estado, está levando a um *fechamento político da fronteira*.

Existem diferentes tendências e processos políticos que explicam a limitação contínua dos recursos em andamento: resistência, mediação de interesses políticos pelo Estado e agências corporativas (KRÖGER, 2013a). Estes processos políticos podem explicar o tipo de influência humana imposta à natureza. No entanto, o meio ambiente também age, como convincentemente tem mostrado a ecologia política. Hecht (2011: 6) indica que a ação da natureza toma parte na abertura de fronteiras, em interação dinâmica com mecanismos econômicos e políticos: "Oscilações climáticas agravaram as tendências de desmatamento associados com a expansão da 'fronteira neoliberal' principalmente da soja de exportação e do crescente gado de boi amazônico, enquanto incêndios se espalhavam nas florestas adjacentes, nas pastagens e queimaram florestas degradadas". Mas só a natureza não pode abrir fronteiras; a ação humana é necessária. Vulnerabilidades aos riscos naturais, como incêndios, são aumentadas com a ação humana inicialmente abrindo fronteiras. Esta ação pela natureza ainda não é levada em conta, porque o projeto neodesenvolvimentista é baseado nas velhas ideias de progresso científico que ocorre quase automaticamente e independentemente da natureza, cuja abundância é interminável. Contratempos e ciclos de retroação, como diminuição das chuvas em função do desmatamento, não são considerados.

Também os impactos de projetos não são calculados em sua totalidade. A barragem de Belo Monte, por exemplo, vai inundar uma enorme área de floresta tropical, cerca de 1.500 Km², e cientistas calcularam que as emissões de metano provenientes da vegetação em decomposição assim inundada irão resultar em altas emissões de carbono, equivalentes à capacidade de energia da barragem sendo produzida por carvão. Isto significa que o termo "renovável" que o governo usa não deve ser ligado a grandes barragens em regiões florestais. Esses projetos se tornaram particularmente não renováveis quando sua finalidade e impacto gerais são considerados: a energia da barragem é destinada principalmente à abertura de novas minas e suas usinas de processamento (principalmente fábricas de aço, ferro-gusa e alumínio) na Amazônia Oriental, que consomem quantidades enormes de energia e não são viáveis sem energia barata.

O complexo industrial beneficiário da venda de maquinário para a barragem é o mesmo que se beneficiaria das novas vendas de máquinas de mineração para as novas minas. Um grande número de fornecedores de máquinas europeus, tais como a empresa finlandesa Metso, está entre estes fornecedores de tecnologia, que são raramente detectados porque escapam ao olhar crítico de observadores que concentraram sua atenção nas companhias operacionais e no Estado. No entanto, projetos só podem ser compreendidos tendo-se em conta os agentes poderosos que juntos compõem a ação corporativa para obter a expansão dos mercados para sua tecnologia – a qual pode ser obsoleta e não a melhor solução global, como é tipicamente o caso.

Alguns brasileiros, os grandes capitalistas, se tornaram ricos nessa trajetória e já estão moldando a economia mundial aumentando trajetórias de acumulação neodesenvolvimentistas em outros lugares (KRÖGER, 2012a), como na África. A ascensão dos chamados BRICS, na medida em que o Brasil está em foco, tem sobretudo significado a ascensão destes novos capitalistas globais do sul global. Não significou a ascensão destes países ou nações em termos de aumento de toda a sua base de cidadania: algumas pessoas caíram, e muitas, através destes desenvolvimentos, perderam seus meios de subsistência e terras para apoiar a construção de novos impérios mundiais e riqueza privada.[8]

Sendo este o caso, o discurso sobre o *boom* do emprego graças à abertura de fronteiras é a forma principal de legitimar os projetos, particularmente perante as classes trabalhadoras. Os atuais trabalhadores sem-terra na Amazônia Oriental remontam ao Projeto Grande Carajás (década de 1980), onde minas foram abertas, e ferrovias, cidades e outras infraestruturas construídas (BUNKER

---

8   Os BRICS (Brasil, Rússia, Índia, China e África do Sul) estão expandindo novas fronteiras capitalistas em todo o mundo; por exemplo, agentes político-econômicos do Brasil, tanto em Moçambique, através do megaprojeto de plantações "proSavana", quanto no Canadá, através da aquisição da companhia de extração de minerais Inco pela empresa brasileira Vale.

e CICCANTELL 2005). Esta destruição dos usos anteriores da terra empregou um grande número de pessoas que chegaram de outros lugares nos anos em que o capital foi gasto na área. Mas agora, quando a fronteira está fechada na principal área de Carajás, o que resta são enormes conflitos em torno da terra e massas de sem-terra. Será que a mesma dinâmica vai ser replicada enquanto a fronteira se move rumo ao oeste, buscando o coração da Amazônia? Parece que sim. De 20.000 a 40.000 pessoas serão deslocadas pela barragem de Belo Monte, cuja construção está em curso, apesar das graves violações dos procedimentos de parcelamento de investimento exigidos pelas leis nacionais e internacionais. No entanto, advogados públicos, como Felício Pontes, se queixaram sobre estas mudanças drásticas, lançando várias ações coletivas. Assim fizeram movimentos sociais que se tornaram cada vez mais radicais e bem organizados e começaram a entrar em conflito com os projetos neodesenvolvimentistas para defender seus direitos. Muitas reservas extrativas (que se tornaram mais populares e bem sucedidas com o passar tempo) têm sido criadas nas fronteiras de atividade econômica (HECHT, 2011). Hoje, as reservas enfrentam a pressão de fortes interesses hostis que procuram transformar estas terras em *novas* ou *não naturezas*. A reabertura da fronteira é um projeto da elite e do atual governo Dilma, enquanto a tentativa de reduzir essa abertura e fechar a fronteira através de áreas de proteção é um impulso para uma ampla coalizão de agentes de resistência progressista.

O Futuro: o que muda com o fechamento da fronteira?

Com o fechamento da fronteira, as trajetórias de criação de riqueza irão mudar à medida em que ganhos rápidos não estarão mais disponíveis com tanta facilidade. Quando uma fronteira existe, aqueles que estão deslocados ainda aceitam isso mais facilmente, pois pensam que podem se mudar para outro pedaço de terra, como ilustram os estudos sobre a fronteira de recursos na Indonésia (MCCARTHY, 2010). Isto permitiu ao governo brasileiro evitar resolver a distribuição altamente desigual da terra através de uma reforma agrária. Em vez de distribuir terras improdutivas às populações dos sem-terra, como requerido pela Constituição de 1988, o governo optou por instalar comunidades na fronteira de recursos ao norte (FERNANDES, 2009). Esta opção não é mais viável, visto que estas terras são amplamente povoadas, inadequadas ou protegidas, e que não muitos estão ainda interessados em ir para o interior. A situação difícil dos arrendatários individuais não organizados (os posseiros), dos quilombolas e dos povos indígenas se agravou, estando eles envolvidos numa quantidade maior de conflitos pela terra do que os camponeses organizados (OLIVEIRA, 2010: 75). Os governos de Lula e Dilma têm enfatizado que eles focalizam mais na erradicação da "pobreza extrema" do que na reforma agrária (OLIVEIRA, 2010: 95). O governo optar pela não distribuição pode ser um sinal de que quer preservar as terras existentes para outros fins.

5. CONCLUSÕES: UM FECHAMENTO ACELERADO DA FRONTEIRA

Os anos recentes têm visto a reabertura inesperada da fronteira desenvolvimentista no Brasil, com o Estado estando ao leme deste desenvolvimento da infra-estrutura e da indústria, agora disseminando o capitalismo oligárquico e estadista com fundos nacionais, em vez de empréstimos do Banco Mundial ou outros empréstimos internacionais (como na década de 1970). Enquanto isso, um movimento social crescente, agentes estatais progressistas, argumentos científicos e mobilizações levaram a uma configuração política-ideológica, na qual uma expansão da fronteira sócioambientalmente danosa é mais difícil e outros desenvolvimentos alternativos estão mais fortemente presentes. Tanto uma maior regulação dos espaços pós-fronteiriços, como o bloqueio de expansão ulterior nas principais áreas de pressão para expansão têm ocorrido em um grau significativo. O novo impulso, a partir do projeto de crescimento acelerado (PAC), em conjunto com o novo poder dado às populações tradicionais e indígenas para governarem suas áreas de conservação com usos múltiplos, tornou a situação mais próxima a uma situação de fechamento de fronteira, falta de terra para projetos desenvolvimentistas de cima para baixo. Isto levou a maiores pressões para acabar com a expansão capitalista, ou para abrir áreas não capitalistas já reconhecidas oficialmente como pertencentes às *sócio-naturezas* ao invés de novas ou *não naturezas*. É nestes pontos de pressão que as teses da penetração capitalista de Foweraker (1981) e da extração desigual de recursos globais e da acumulação dos excedentes capitalistas globais se aplicam com força, ainda que não possam explicar a totalidade do desenvolvimento da fronteira como alguns estudos (BROWDER *et al*, 2008) sugeriram.

Os negócios no contexto de fechamento de uma fronteira diferem drasticamente dos realizados em contextos não fronteiriços, pois vendas de terra e de recursos são *de jure* permanentemente, devidas ao acelerado encarecimento dos valores dos ativos. Simultaneamente ao *boom* global da apropriação de terras entre 2008 e 2013, tem havido um declínio acentuado no reconhecimento *de jure* dos direitos das comunidades e dos recursos em países com florestas tropicais, apesar dos compromissos e promessas de detentores do poder para salvaguardar esses direitos, levando a uma diminuição de cinco vezes na área de florestas garantidas para propriedade comunitária, comparado ao período 2002-2008 (RRI, 2014). Por causa do valor das terras aumentado dramaticamente em termos monetários – o que é contabilizado como crescimento do PIB – governos preocupados em demonstrar notável crescimento do PIB são propensos a permitir processos de dominação, mesmo quando danosa e liderada por interesses privados. Isto leva a um fechamento acelerado da fronteira, enquanto isso, simultaneamente, as *sócio-naturezas* apoiadas por ideologias democráticas de ecologia política também se apossam de grandes áreas de terra, onde *novas* ou *não naturezas* – marcas típicas das fronteiras capitalistas atuais, hoje numa conjuntura histórica global baseada na territorialização e expansão do capitalismo com base na tomada de terras – não podem ser expandidas facilmente. Os fechamentos de fronteiras assistidos pelo Estado são uma maneira rápida de criar aumentos de dois dígitos no PIB à medida que o valor dos ativos aumenta, tanto através da especulação e nova escassez, quanto através da acumulação por alguns poucos. A mercantilização de "populações extra" (e.g. tribos indígenas) como mão de obra para os capitalistas, segue o processo inicial de cercamento de terras nas descrições da tradicional penetração capitalista. No entanto, uma vez que o mesmo tipo de apropriação desta mão de obra como trabalhadores industriais, ou empurrando os novos sem-terra para as novas fronteiras, como aconteceu nas revoluções industriais anteriores, já não é mais uma opção viável, esta dinâmica preditiva na teoria clássica sobre a fronteira pioneira deveria ser reconsiderada.

Tanto Evans (2010) e Li (2011) destacam que, no cenário global atual, nem o modelo de desenvolvimento estatal do século XX (Evans), nem a urbanização do terceiro mundo (Li) podem oferecer empregos a todos aqueles expulsos das áreas rurais, das economias de subsistência e ao campesinato em migração e em busca de mercantilização como assalariados. Estes pontos também podem ser apoiados com base em metodologistas da teoria do sistema mundial tais como McMichael (1992), enfatizando que comparações devem ser comparações incorporadas, isto tendo em conta o *problema Galton* (RAGIN, 1994) no qual uma instância de observação influencia outra mais recente num mundo global – como, por exemplo, a industrialização de um país tornando impossível, ou difícil, a reprodução por um outro país do mesmo padrão de crescimento, ao transformar toda a estrutura global das relações (KRÖGER, 2013b). Quando as *últimas* fronteiras globais fecham – como está começando a acontecer agora – o resultado final é totalmente diferente do que quando uma fronteira regional fecha, mas novas fronteiras de extração de recursos (até agora ainda não capitalistas) permanecem sendo abertas no resto do mundo (por exemplo Sibéria, Ártico, e África), às quais a pressão de crescimento extra, inerente ao capitalismo, pode voltar sua atenção. O resultado nesta situação vai ser uma dramática transformação do capitalismo em um outro paradigma que já não se concentra na mercantilização da natureza, mas sim nos seres humanos e outras formas imprevistas de assegurar margens de lucro, ou o fim do crescimento capitalista, conforme argumentou Wallerstein (1974), considerando o capitalismo como formado essencialmente por sua natureza sistemática mundial.

O tempo dirá se Belo Monte, como eixo central da industrialização da Amazônia Oriental e da política neodesenvolvimentista do governo Dilma, foi o começo do fim, levando ao fechamento da fronteira. Um resultado provável é uma situação em que uma parte do território seja marcada por *sócio-naturezas* complexas governadas democraticamente pelas populações residentes, e outra parte constituída por diferentes *novas* e não naturezas, marcadamente nas mãos de cada vez menos capitalistas do Estado e da elite, porém terras "não marcadas" estão esgotadas. Desta forma, o fechamento da fronteira se aproxima e a dinâmica política na qual a política de recursos naturais está fundamentada se tornará cada vez mais essencial para explicar as dinâmicas de fronteira. Ambas as ações, corporativas e contenciosas, bem como a ação da natureza, terão um papel cada vez mais importante nas naturezas e fronteiras nos ambientes tornados mais vulneráveis às mudanças perigosas por parte do estabelecimento humano de novas e não naturezas.

REFERÊNCIAS BIBLIOGRÁFICAS

ALIMONDA, Héctor. "Debating development in Latin America: from ECLAC to the Brazilian workers' party". In: Bartelt, Dawid D. (ed.). *Inside a champion: an analysis of the Brazilian development model*. Berlim: Heinrich Böll Foundation, 2012, p. 18-30.

ALSTON, Lee; LIBECAP, Gary; MUELLER, Bernardo. "Property rights and land conflict: a comparison of settlement of the U.S. Western and Brazilian Amazon frontiers". In: COATSWORTH, John & TAYLOR, Alan. *Latin America and the World Economy since 1800*. Cambridge: Harvard University Press, 1998, p. 55-84.

ALSTON, Lee; HARRIS, Edwyna; MUELLER, Bernardo. "The development of property rights on frontiers: endowments, norms, and politics." *Journal of Economic History*, 72, 2012, p. 741-770.

ARRIGHI, Giovanni; ASCHOFF, Nicole; SCULLY, Ben. "Accumulation by dispossession and its limits: the southern African paradigm revisited". *Studies in Comparative International Development*, vol. 45, nº 4, 2011, p. 410-38.

BOSCHI, Renato (ed.). *Variedades de capitalismo, política e desenvolvimento na América Latina*. Belo Horizonte: Editora UFMG, 2011.

BOWMAN, Maria *et al*. "Persistence of cattle ranching in the Brazilian Amazon: a spatial analysis of the rationale for beef production". *Land Use Policy*, 29, 2012, p. 558-68.

BRASIL 247. "MST compara Dilma a Geisel e avisa: vai radicalizar". 17 set. 2013. Disponível em: <http://www.brasil247.com/pt/247/brasil/115233/>.

BRESSER-PEREIRA, Luiz. 2011. "From old to neo-developmentalism in Latin America". In: OCAMPO, José Antônio & ROSS, Jaime (eds.). *The Oxford Handbook of Latin American Economics*. Oxford: Oxford University Press, 2011, p. 108-129.

BROWDER, John *et al*. "Revisiting theories of frontier expansion in the Brazilian Amazon: a survey of the colonist farming population in Rondônia's post-frontier, 1992-2002". *World Development*, vol. 36, nº 8, 2008, p. 1469-1492.

CLEARY, David. "After the frontier: problems with political economy in the modern Brazilian Amazon." *Journal of Latin American Studies*, vol. 25, nº 2, 1993, p. 331-349.

COLETIVO Brasileiro de Pesquisadores da Desigualdade Ambiental. "Desigualdade ambiental e acumulação por espoliação: o que está em jogo na questão ambiental?". *E-cadernos*, 17, 2012, p. 164-183.

COTULA, Lorenzo. "The new enclosures? Polanyi, International Investment Law and the Global Land Rush". *Third World Quarterly*, vol. 34, nº 9, 2013, p. 1605-1629.

EDELMAN, Marc; OYA, Carlos; BORRAS, Saturnino. "Global land grabs: historical processes, theoretical and methodological implications and current trajectories". *Third World Quarterly*, vol. 34, nº 9, 2013, p. 1517-1531.

EVANS, Peter. "Constructing the 21st Century Developmental State: Potentialities and Pitfalls". In: EDIGHEJI, Omano (ed.). *Constructing a democratic developmental State in South Africa: potentials and challenges*. Capetown: HSRC Press, 2010, p. 37-58.

FEARNSIDE, Philip. "Brazil's Cuiabá-Santarém (BR-163) Highway: the environmental cost of paving a soybean corridor through the Amazon". *Environmental Management*, vol. 39, nº 5, 2007, p. 601-614.

FEARNSIDE, Philip. "The roles and movements of actors in the deforestation of Brazilian Amazonia". *Ecology and Society*, vol. 13, nº 1, 2008.

FERNANDES, Bernando. "The MST and Agrarian Reform in Brazil". *Socialism and Democracy*, vol. 23, nº 3, 2009, p. 90-99.

FOWERAKER, Joe. *The Struggle for Land: a political economy of the pioneer frontier in Brazil from 1930 to the present day.* Cambridge: Cambridge University Press, 1981.

GODAR, Javier; TIZADO, E. Jorge; POKORNY, Benno. "Who is responsible for deforestation in the Amazon? A spatially explicit analysis along the Transamazon Highway in Brazil". *Forest Ecology and Management*, 267, 2012, p. 58-73.

GUDYNAS, E. "Estado compensador e nuevos extractivismos: las ambivalencias del progresismo sudamericano". *Nueva Sociedad*, 237, 2012, p. 128-146.

HART, Gillian. *Disabling globalization: places of power in post-apartheid South Africa.* Berkeley, CA: University of California Press, 2002.

HARVEY, David. *The New Imperialism.* Oxford: Oxford University Press, 2003.

HECHT, Susanna. "From eco-catastrophe to zero deforestation? Interdisciplinarities, politics, environmentalisms and reduced clearing in Amazonia". *Environmental Conservation*, 39, n° 1, 2011, p. 4-19.

HOCHSTETLER, Kathryn & KECK, Margaret. *Greening Brazil: environmental activism in State and society.* Londres: Duke University Press, 2007.

KRÖGER, Markus. "Promotion of contentious agency as a rewarding movement strategy: evidence from the MST-paper industry conflicts in Brazil". *Journal of Peasant Studies*, vol. 38, n° 2, 2011, p. 435-58.

_____. "Neo-mercantilist capitalism and post-2008 cleavages in economic decision-making power in Brazil". *Third World Quarterly*, vol. 33, n° 5, 2012a, p. 887-901.

_____. "The expansion of industrial tree plantations and dispossession in Brazil". *Development and Change*, vol. 43, n° 4, 2012b, p. 947-973.

_____. *Contentious agency and natural resource politics.* Londres: Routledge, 2013a.

_____. "Globalization as the 'pulping' of landscapes: forestry capitalism's north-south territorial accumulation". *Globalizations*, vol. 10, n° 6, 2013b, p. 837-853.

_____. "The political economy of global tree plantation expansion: a review". *Journal of Peasant Studies*, vol. 41, n° 2, 2014, p. 235-261.

LAZZARINI, Sérgio. *Capitalismo de laços: os donos de Brasil e suas conexões.* Rio de Janeiro: Elsevier, 2011.

LI, Tania. "Centering labor in the land grab debate". *Journal of Peasant Studies*, vol. 38, n° 2, 2011, p. 281-98.

MARQUES, Gilberto. *Estado e desenvolvimento na Amazônia: a inclusão amazônica na reprodução capitalista brasileira.* Tese (doutorado) – CPDA/UFRRJ, Rio de Janeiro, 2007.

_____. "Amazônia: uma moderna colônia energético mineral". *Ciência & Tecnologia,* 49, 2012, p. 32-45.

_____. *A militarização da questão agrária no Brasil.* Petrópolis: Vozes, 1984.

MAY, Peter (ed.). *Natural resource valuation and policy in Brazil: methods and cases.* Nova York: Columbia University Press, 1999.

McCARTHY, John. "Processes of inclusion and adverse incorporation: oil palm and agrarian change in Sumatra, Indonesia". *The Journal of Peasant Studies,* vol. 37, n° 4, 2010, p. 821-850.

McMICHAEL, Philip. "Rethinking comparative analysis in a post-developmental context". *International Social Science Journal,* 133, 1992, p. 351-65.

OTSUKI, Kei. "Framing frontier governance through territorial processes in the Brazilian Amazon". *Local Environment,* vol. 16, n° 2, 2011, p. 115-128.

PACHECO, Pablo. "Actor and frontier types in the Brazilian Amazon: assessing interactions and outcomes associated with frontier expansion". *Geoforum,* 43, 2012, p. 864-74.

PELUSO, Nancy. "What's Nature got to do with it? A situated historical perspective on socio-natural commodities". *Development and Change,* 43, 2012, p. 79-104.

POLANYI, Karl. *The Great Transformation: the political and economic origins of our time.* Boston: Beacon Press, 2001 [1994].

RAGIN, Charles. *Constructing social research: the unity and diversity of method.* Thousand Oaks, CA: Pine Forge, 1994.

RRI. *Lots of words, little action: will the private sector tip the scales for community land rights?* Washington, D.C.: Rights and Resources Initiative, 2014.

SILVA, Patrícia & ROTHMAN, Franklin. 2011. "Press representation of social movements: Brazilian resistance to the Candonga hydroelectric dam". *Journal of Latin American Studies,* vol. 43, n° 4, 2011, p. 725-754.

TSING, Anna. *Friction: an ethnography of global connection.* Princeton: Princeton University Press, 2005.

TURNER, Frederick. "The significance of the frontier in American History". In: *Proceedings of the American Historical Association for 1893*. Reprinted in expanded form as "The Frontier in American History". Mineola: Dover Publications, 1893, p. 199-222.

UOL Notícias. *Leia a íntegra do discurso do presidente Lula no lançamento do PAC 2*. 29 mar. 2010. Disponível em: <http://noticias.uol.com.br/especiais/pac/ult-not/2010/03/29/leia-a-integra-do-discurso-do-presidente-lula-no-lancamento-do--pac-2.jhtm>.

WALKER, John *et al.* "Ranching and the new global range: Amazônia in the 21st century". *Geoforum*, vol. 40, nº 5, 2009, p. 732-745.

WALLERSTEIN, Immanuel. *The modern world-system: capitalist agriculture and the origins of the european world economy in the sixteenth century*. Nova York: Academic Press, 1974.

WOLFORD, Wendy. *This land is ours now: social mobilization and the meanings of land in Brazil*. Londres: Duke University Press, 2010.

ZHOURI, Andréa. "'Adverse forces' in the Brazilian Amazon: developmentalism versus environmentalism and indigenous rights". *The Journal of Environment & Development*, vol. 19, nº 3, 2010, p. 252-73.

AGRADECIMENTOS

Queria agradecer a Timo Kaartinen, Anu Lounela, Tuomas Tammisto, Jenni Mölkänen, Jussi Pakkasvirta, Florencia Quesada e Maria-Therese Gustafsson pelos comentários. Sou grato também aos que me ofereceram seu tempo para entrevistas e para organizar visitas de campo: Ulisses, Gabriela, Ádima, Maria Raimunda, Tito, Rogério, e a todos aqueles que não pude citar aqui. A pesquisa foi financiada pela Academia da Finlândia e pela Fundação Kone. Todas as opiniões são do autor.

SOBRE O AUTOR

MARKUS KRÖGER é pesquisador de pós-doutorado da Academia da Finlândia, na Universidade de Helsinque, Departamento de Estudos Políticos e Econômicos, com doutorado em Ciências Políticas. Publicou diversos trabalhos sobre: questões da política de recursos naturais, apropriação ilegal de terras, efeitos da atuação de movimentos sociais, a política de desenvolvimento florestal e mudanças rurais na América Latina. Seu livro mais recente se intitula *Contentious Agency and Natural Resource Politics*.

② POLÍTICAS **SOCIAIS**

CIDADANIA COMO CONSUMO: NOVAS CLIVAGENS DA CIDADANIA ESTRATIFICADA NO BRASIL[1]

CARLOS HENRIQUE SANTANA

INTRODUÇÃO

A trajetória de desenvolvimento econômico brasileiro dos últimos 20 anos tem apresentado desdobramentos ambíguos sobre o comportamento dos atores políticos e sociais. Desde 1994, quando o Brasil adotou uma política de estabilização inflacionária, foi possível observar um padrão caracterizado pelo aumento das capacidades fiscais do estado nacional que projetou a carga tributária para 35% do PIB. O grosso desse montante foi capturado pela administração central do Estado nacional, voltado para satisfazer a necessidade de financiamento da dívida pública, que cresceu de forma exponencial em decorrência do modelo de política monetária apoiada em elevadas taxas de juros.

Até o início dos anos 2000, o baixo investimento público e privado congelou as oportunidades de crescimento econômico e mobilidade de renda. As esferas subnacionais que são, por definição, as maiores provedoras de serviços públicos para cidadania foram exauridas de suas possibilidades de investimento ao longo da implementação das políticas de restrição fiscal. A privatização dos bancos públicos estaduais, a adoção da lei de responsabilidade fiscal, privatização das empresas estatais de distribuição de energia, proibição de empréstimos dos bancos públicos aos estados e municípios, entre outras medidas, contribuíram para o esgotamento da capacidade de investimento das esferas subnacionais. No entanto, o baixo dinamismo da economia brasileira até 2003 não pressionou de forma significativa os serviços públicos disponíveis nas cidades brasileiras. A renda se manteve altamente concentrada, o desemprego elevado e os poderes públicos central e subnacionais não investiram em decorrência de elevados superávits primários.

---

1   Agradeço aos comentários e críticas de Arnaldo Lanzara, Charles Pessanha, Cláudio André de Souza, Daniela Kabengele e Jaqueline Lé às versões anteriores do presente artigo.

A partir de 2003, houve uma mudança no padrão distributivo, do investimento e do emprego da sociedade brasileira que produziu um enorme impacto na capacidade de provimento de serviços públicos. O governo central adotou uma série de políticas fiscais e creditícias de estímulo ao consumo que garantiram um ciclo de investimento contínuo e patamares de desemprego reduzidos. As políticas distributivas apoiadas na valorização real do salário mínimo (e seus impactos sobre a previdência rural), ampliação de programas de transferência de renda (como o bolsa família), e a expansão de modalidades de crédito subsidiado injetaram enorme liquidez na economia, ampliando o mercado de consumo de massas e produzindo uma desconcentração da renda atestada pelos indicadores de Gini.

Embora seja equivocado falar em nova classe média, como querem alguns autores,[2] é perceptível a emergência de novos estratos sociais renda no Brasil que trouxeram consigo maiores expectativas de acesso a bens e serviços que os poderes públicos não se prepararam para prover. O grau de exclusão de bens e serviços básicos para cidadania no Brasil sempre foi muito elevado, em paralelo com patamares históricos de desigualdade de renda. Não se trata de dizer que a mobilidade de renda tenha sido a causa exclusiva das novas expectativas de bens e serviços que o poder público deveria prover. Mas este artigo vai avaliar como as expectativas de reconhecimento e *status* a partir da inserção numa sociedade de consumo estimularam demandas que não seriam compreensíveis se não houvesse uma mobilidade crescente da renda.

Em certa medida, essa discussão se coaduna com as antinomias da emergência do cidadão como consumidor, em que a expansão da acumulação privada ocorre com a ratificação e em decorrência de territórios de exceção (STREECK, 2012; ONG, 2010). Embora o Brasil nunca tenha experimentado um modelo de *welfare state* pleno e tenha se caracterizado por um padrão de cidadania regulada por padrões de acesso a direitos determinados pela estratificação ocupacional (SANTOS, 1979), a constituição de 1988 parecia ter criado as condições normativas para o estabelecimento de direitos sociais substantivos universais, que indicavam ser prenúncio de um modelo de cidadania mais isonômica. A criação de um sistema público nacional de saúde universal (SUS) e da previdência rural incorporou contingentes populacionais expressivos da sociedade brasileira na esfera dos direitos sociais sem condicionalidades ocupacionais, como ocorrera cinquenta anos antes com a criação da Consolidação das Leis do Trabalho (CLT). No entanto, como será observado, essa agenda promissora foi

---

2   O debate conceitual sobre a "nova classe média" tem produzido ampla controvérsia na literatura: Néri (2010), Pochmann (2012); Souza *et al* (2010); Bartelt (2013).

aos poucos desmontada ao longo dos anos 1990 por políticas econômicas orientadas pela privatização e restrição fiscal do orçamento público, voltada para satisfazer as necessidades de financiamento da dívida. Essa trajetória resultou no subfinanciamento das políticas públicas e a incapacidade crônica das diversas esferas de poder de satisfazerem as necessidades de provisão de bens e serviços fundamentais. Paralelamente, esse cenário criou as condições para que segmentos de renda média da sociedade procurassem saídas de mercado para satisfazer as necessidades por educação, saúde, segurança, transporte, previdência e outros.

As políticas de Estado neoliberais esgotam a capacidade fiscal deste de prover bens e serviços que poderiam garantir a superação da cidadania estratificada. Como consequência, o crescimento exponencial de empresas privadas, orientadas para provisão desses serviços essenciais, é uma indicação de um novo padrão de estratificação do acesso à cidadania que foi amplamente aceito por setores de renda media da sociedade, até porque serviu também para reafirmar sua diferenciação e o *status* social. Atualmente, conglomerados educacionais privados possuem redes de escolas e faculdades espalhadas por todo o país e respondem por 16,5% das matrículas no ensino básico e por 87% das matrículas dos estudantes no ensino superior, com precária garantia de qualidade pelos órgãos regulatórios governamentais; planos de saúde privados se tornaram gigantes comerciais que controlam mais da metade das despesas de serviços de saúde, boa parte deles, atualmente, sob controle de fundos de investimento estrangeiros; fundos de pensão privados se tornaram atores-chave na oferta de previdência complementar para segmentos de renda média e são também jogadores cruciais no mercado de ações, respondendo por um fundo de poupança privada de 19% do PIB; as vendas de veículos privados no Brasil, com subsídios e incentivos fiscais governamentais, nunca foram tão elevadas e em franco contraste com a ausência de recursos e políticas para o transporte coletivo; a violência urbana delimitada por aspectos espaciais, raciais e etários encerra na sua dimensão mais dramática – a segurança – a estratificação de renda do acesso e bens e serviços que deveriam ser públicos.

Essa trajetória ambivalente de expansão de bens e serviços de cidadania se coaduna com um novo modelo de desenvolvimento centrado no Estado, mas que não retroagiu em relação às reformas orientadas para o mercado que caracterizaram os anos 1990. Esse modelo que emergiu nos anos 2000 na América Latina assumiu uma posição intermediária entre o modelo neoliberal ortodoxo que lhe antecedeu e as ambições do universalismo igualitário de direitos que caracterizou o *welfare* europeu do pós-guerra. Esse modelo intermediário, no qual o Brasil se inclui, tem sido denominado de neoliberalismo imbricado (*embedded neoliberalism*) e se caracteriza pela retomada do Estado como promotor da produção econômica por meio da combinação de intervenções ativas pelo lado da oferta e da demanda, incluindo promoção das exportações, desonerações tributárias e expansão do crédito, sem romper com os compromissos de abertura comercial e na conta de capital (KURTZ & BROOKS, 2008; BAN, 2013). Nesse aspecto, a expansão da classe média ganhou funcionalidade num contexto de ampliação estratificada de bens e serviços em paralelo com o esgotamento fiscal do Estado. A noção fundamental de direitos que deveria articular as relações e normas para políticas públicas foi substituída pela capacidade de consumo. Nesse aspecto a melhor política pública é enquadrada como aquela que garante transferências públicas mínimas aos grupos de baixa renda como meio para aumentar o seu poder de consumo sem desestimular o trabalho. Essas políticas também não devem sobrecarregar os empregadores ou descontrolar o déficit público. Dessa forma, as políticas sociais não contemplam mais uma agenda normativa dos direitos, mas sim as demandas funcionais do bom desempenho macroeconômico, à medida que as políticas de combate à pobreza ocorrem por meio de instrumentos de crédito e transferências voltados para ampliação do mercado nacional e à redução da vulnerabilidade nacional às crises internacionais (FLEURY 2013).

GRÁFICO 1
EVOLUÇÃO DA TAXA DE DESEMPREGO E DO COEFICIENTE DE GINI

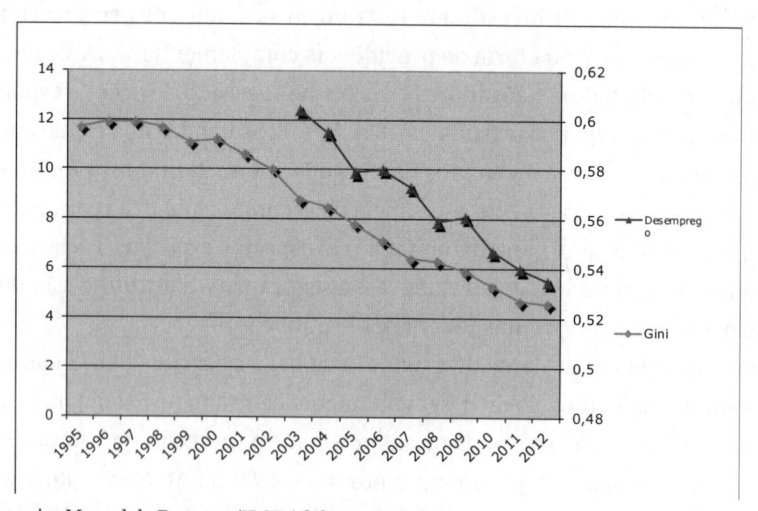

Fonte: Pesquisa Mensal de Emprego/IBGE (elaboração própria).

Os temas cruciais das demandas sociais dos protestos de rua de meados de 2013 identificaram problemas com transporte público, corrupção, saúde, educação, segurança, e despesas com os jogos da copa do mundo.[3] No entanto, a percepção da sociedade sobre tais problemas e suas causas não é uniforme e tem dependido do enquadramento que as organizações como a imprensa e instituições políticas têm dado a elas. Nesse sentido, a leitura sobre o significado dos protestos ainda é um tema sob disputa entre os diversos grupos de interesse que procuram usá-los para justificar suas agendas políticas de reformas. Nesse artigo, vou relacionar as principais demandas que emergiram durante os protestos de junho com o retorno de padrão estratificado de acesso a bens e serviços públicos que tem caracterizado a cidadania como consumo no modelo atual de crescimento brasileiro.

CAPACIDADE FISCAL DO PODER PÚBLICO E SEUS PROBLEMAS

O sucesso das políticas públicas depende crucialmente de três eixos complementares: a capacidade de arrecadação tributária governamental, prioridades das despesas, e meios burocráticos eficazes para fazê-lo. Em geral, a literatura que questiona a capacidade gerencial do poder público de oferecer os serviços e bens indispensáveis para vida coletiva não enfatiza quais são as prioridades orçamentárias e os instrumentos tributários dos governos. É nessa dimensão da discussão que podem residir as barreiras cruciais às políticas públicas que a sociedade passou a exigir num contexto de mobilidade de renda.

No âmbito da arrecadação, é preciso reconhecer que o sistema tributário brasileiro é ambivalente. Empresas e grandes fortunas privadas possuem capacidade de recorrerem a instrumentos que os permitem negligenciar regras de pagamento de impostos que incidem sobre todos os demais contribuintes. É o que se chama na literatura de ocultação de bens, elisão e/ou evasão fiscal, empregados pelos afortunados para evitar a tributação estatal sobre seu patrimônio. Os mecanismos incluem brechas na legalidade formal em que leis especiais exoneram as classes abastadas da contribuição; planejamento tributário decorrente da desregulamentação dos fluxos internacionais e consolidação de paraísos fiscais; e, finalmente, mecanismos técnicos que impedem ou dificultam a cobrança dos créditos tributários, por meio da blindagem patrimonial dos devedores e de recursos judiciais postergadores. É importante salientar, como é possível depreender da descrição acima, que embora a carga tributária brasileira tenha alcançado 35%

---

3   Pesquisa Ibope realizada nas regiões metropolitanas das maiores capitais brasileiras, após as manifestações de junho de 2013, mostrou que esses eram os principais temas de reivindicação (Pesquisa CNI-Ibope Edição Especial, Julho de 2013, ver http://pt.slideshare.net/ NucleoMultimidiaEstado/pesquisa-cni-ibope-julho-13).

do PIB, essa contribuição não incide isonomicamente sobre todos os indivíduos e grupos da sociedade. O sistema tributário é regressivo, ou seja, os meios legais e ilegais de evasão disponíveis às grandes fortunas permitem que esses grupos paguem proporcionalmente menos impostos. Um dos aspectos perversos dessa lógica tem sido o padrão de correção da tabela do Imposto de Renda. Entre 1996 e 2001 a tabela do IR foi congelada e, desde então, todos os demais reajustes foram feitos abaixo da inflação, o que gerou uma defasagem de 66%. Enquanto os lucros de dividendos acima de R$ 60 mil estão isentos de IR desde 1995, o congelamento da tabela implicou numa redução do piso de isenção do Imposto, que era 6,6 salários mínimos e hoje é de 2,5 salários mínimos. Isso significa que o imposto passou a incidir mais sobre as faixas mais baixas de renda assalariada (*O Estado de S. Paulo*, 25/12/2013).

Entre os mecanismos legais de renúncia e benefícios fiscais pode-se destacar o juro sobre capital próprio (JCP). Tal mecanismo permite que as empresas paguem a seus sócios juros sobre o capital investido, forjando uma despesa fictícia na pessoa jurídica que reduz o lucro tributável de Imposto de Renda e da contribuição social sobre o lucro em 34%. O acionista que recebe o JCP é privilegiado ao ser tributado com uma alíquota única de 15% do IR retido na fonte, o que não leva o rendimento à incidência da tabela progressiva de até 27,5%. Recentemente, a maior empresa privada brasileira e uma das maiores mineradoras do mundo, a Vale, aderiu a um programa do governo federal de parcelamento de dívidas tributárias que resultou numa redução do débito em R$ 24 bilhões. São impostos sobre o lucro das filiais da empresa no exterior cujo pagamento foi postergado por meio de ações judiciais e que agora serão pagos ao longo de 14 anos, com uma grande dedução (*Folha de S. Paulo*, 28/11/2013).

Diariamente é possível ler nos principais jornais que o Brasil é o campeão dos impostos e que isso impede a realização de investimentos e a geração de empregos. Mas há pouca notícia sobre o total da dívida que o governo federal tem direito a receber de grandes empresas e fortunas privadas. Até dezembro de 2012, a dívida ativa da União somava R$ 1,14 trilhão. Os grandes devedores sonegam deliberadamente, confiando que o trâmite para execução da dívida no judiciário pode ser postergado e que, quando isso não for mais possível, seu pagamento poderá ser feito de forma parcelada e com abatimento do valor. Esse cenário também se reproduz nas esferas subnacionais. As prefeituras de todas as capitais brasileiras possuem, em média, crédito de dívidas ativas para receber que ultrapassam mais de 100% da receita orçamentária. As grandes capitais poderiam resolver diversos problemas de infraestrutura urbana e serviços públicos se cobrassem essa dívida e recebessem esses recursos. Salvador, por exemplo, possui crédito de dívida equivalente a 323% do orçamento, Rio de Janeiro 181%, São Paulo 148% e Recife 156%. Caso a União e as esferas subnacionais programassem a cobrança da dívida num prazo de dez anos, a União poderia receber valores anuais de R$ 114 bilhões, e os estados de São Paulo, Rio de Janeiro e Rio Grande do Sul recolheriam R$ 22,6 bilhões, R$ 5 bilhões, R$ 3 bilhões anuais, respectivamente. Enfim, o montante de recursos não é pequeno e poderia ter um impacto significativo na capacidade de investimento do poder público e promover justiça tributária (GUEDES, 2013).

Ao lado da sonegação tributária, os municípios têm poucos instrumentos para alcançar autonomia tributária e depender menos dos repasses do governo federal (*O Estado de S. Paulo*, 05/01/2014). As cidades sofrem com o aspecto regressivo da estrutura tributária, quando se verifica que a participação do Imposto Predial Territorial Urbano (IPTU) decresceu de forma expressiva como participação do bolo tributário. Segundo a pesquisa organizada pelo economista da IBRE/FGV, José Roberto Afonso, em 2012 foram arrecadados quase R$ 20 bilhões de IPTU, uma média de R$ 101,5 per capta, ou 1,2% da carga tributária do Brasil. Como o IPTU incide proporcionalmente sobre o valor da propriedade imobiliária, ele possui um caráter fortemente distributivo, porque atinge uma das principais formas de renda especulativa. Em termos comparados, em 1970 o IPTU representava 0,29% do PIB, enquanto o ISS somava 0,16%, mas em 2012 esses valores se inverteram e o IPTU agora responde por apenas 0,45% e o ISS representa 0,93% do PIB. Como o ISS é um imposto que incide sobre o consumo, ele perde a dimensão distributiva. Para efeitos de comparação, na Inglaterra esse mesmo imposto sobre a propriedade imobiliária representa 3,5% do PIB. Além disso, o índice de sonegação também é elevado e apenas 32% dos imóveis residenciais pagam o imposto, ou seja, os municípios não conseguiram se apropriar da renda do *boom* imobiliário recente e só ficaram com o ônus de administrar o inchaço urbano (MAIA, 2013).

Uma das repercussões imediatas desse esgotamento da capacidade tributária das esferas subnacionais é uma maior dependência de repasses oriundos do governo federal, como o Fundo de Participação dos Municípios (FPM). Segundo a Confederação Nacional dos Municípios, as cidades brasileiras elevaram as despesas com pessoal em relação à receita corrente líquida em 50,4% e estão próximos ao teto permitido pela Lei de Responsabilidade Fiscal (que é de 54% para os funcionários do executivo). No entanto, esse esgotamento não se deve ao aumento físico do quadro de funcionários municipais, mas sim à queda de arrecadação dos impostos destinados ao FPM, a exemplo do Imposto sobre Produtos Industrializados (IPI), Imposto de Renda (IR) e da CIDE. A consequência imediata disso foi a redução do orçamento inicial do FPM de R$ 80,8 bilhões para R$ 72,3 bilhões (*Valor Econômico*, 10/05/2013). As políticas de desoneração tributária adotadas pelo governo federal para estimular a economia possuem um impacto negativo sobre as finanças de estados e municípios (especialmente aqueles que dependem mais de repasses do FPM) com repercussões sobre as políticas públicas adotadas por essas esferas. Ainda segundo pesquisa elaborada pelo IBRE/FGV, o governo federal deixou de arrecadar R$ 274 bilhões em 2013 com desonerações tributárias e subsídios, puxados especialmente pelas renúncias previdenciárias, cortes no PIS/Confins, o Simples, e benefícios fiscais oriundos de subsídios de crédito (*O Estado de S. Paulo*, 30/12/2013). Nesse contexto, talvez um dos aspectos mais graves dessa trajetória seja a rejeição de prefeitos e governadores para adotarem a elevação progressiva do piso salarial nacional dos professores. A Confederação Nacional dos Municípios (CNM), por exemplo, defende que o cálculo de reajuste dos salários dos professores seja feito com base no INPC e não no crescimento do custo mínimo por aluno, o que teria jogado o piso dos professores para R$ 1.252 e não R$ 1.865, caso a regra tivesse sido adotada desde 2008 (*Valor Econômico*, 11/12/2013).

Outro eixo importante para compreensão das políticas públicas, a análise das prioridades das despesas orçamentárias do poder público. Ao observar como o bolo orçamentário é dividido, é possível notar que o maior percentual das despesas é direcionado para o financiamento da dívida pública, seguida por despesas com previdência e saúde. Dessa forma, para entender porque não há recursos para ampliar investimentos em educação, segurança pública, infraestrutura urbana, demandas que emergiram com os protestos de meados do ano no Brasil, é preciso compreender como a política monetária engessou a liberdade fiscal do poder público de realizar investimentos. Ou seja, a restrição fiscal para realização de investimentos pode ser compreendida não apenas como uma fatalidade decorrente da carga de endividamento público, mas também como uma opção de política cujo custo foi aceito pelos tomadores de decisão, pelo sistema político e, em alguma medida, pela própria sociedade para superar o problema da inflação. Até hoje, quando o espantalho da inflação é brandido, o sistema político se recolhe no consenso de que a única saída é a restrição fiscal e a elevação dos juros. No entanto essa bandeira consensual tem atingido mais negativamente os grupos sociais vulneráveis que precisam de políticas públicas mais abrangentes. Como já observamos acima, com as deduções tributárias para grandes empresas, o esforço fiscal não é o mesmo para todos os grupos da sociedade. A seguir, veremos como o poder público tem orientado benesses fiscais a setores econômicos particulares sob a justificativa dos benefícios de externalidades positivas sobre o investimento e geração de empregos, nem sempre observados.

Em 2007 o governo federal lançou o Programa de Aceleração do Crescimento voltado para obras de infraestrutura econômica e social. O modelo foi baseado na desoneração fiscal de produtos industriais e buscava ampliar a oferta de emprego na indústria de construção. Com a crise financeira de 2008, esse programa foi aprofundado e foram lançados o PAC II e o programa habitacional Minha Casa, Minha Vida, formulado pelo empresariado da construção civil e pelo governo federal. Desde então, ocorreu o *boom* imobiliário que impulsionou a economia, com o desemprego na construção civil caindo de 9,8% para 2,7% entre 2003 e 2012, e o investimento de capitais privados no mercado residencial cresceu 45 vezes, passando de R$ 1,8 bilhão em 2002 para 79,9 bilhões em 2011, e os subsídios governamentais cresceram de R$ 784,7 mil para mais de R$ 5,3 bilhões, no mesmo período. A consequência imediata desse processo, além da oferta de emprego, foi o aumento exponencial do preço dos imóveis nos últimos anos. A elevação média em São Paulo foi 153% entre 2009 e 2012, e no Rio de Janeiro o aumento foi 184%, no mesmo período. Os demais desdobramentos desse fenômeno foram a captura das melhores terras urbanas pelo capital imobiliário; expulsão violenta dos grupos com baixa renda para áreas urbanas periféricas; invasão de áreas de proteção ambiental; e incêndios sistemáticos em favelas localizadas em áreas urbanas.

Paralelo aos subsídios à construção civil, o governo também adotou uma política de desoneração da indústria automobilística. Até 2001 havia em doze metrópoles brasileiras 11,5 milhões de carros e 4,5 milhões de motos, mas em 2011 esses números já haviam saltado para 20,5 milhões de carros e 18,3 milhões de motos. Para facilitar essa expansão descomunal da frota de veículos, o governo brasileiro ofereceu isenções e subsídios, deixou de arrecadar em impostos R$ 26 bilhões desde 2008, enquanto a indústria automobilística enviou para o exterior US$ 14 bilhões em lucros (MARICATO, 2013). Há mais subsídios públicos disponíveis para circulação do veículo privado do que para o transporte coletivo. O transporte individual recebe isenções e subsídios da ordem de R$ 16 bilhões por ano, enquanto o transporte coletivo recebe R$ 2 bilhões (relação de 8 para 1). Os efeitos imediatos dessa transformação foram os custos ambientais e de segurança. Nas cidades com mais de 60 mil habitantes o transporte individual foi, em 2010, responsável por 87% das emissões de poluentes locais. Os dados de violência no trânsito são outro efeito perverso: morrem no Brasil 40 mil pessoas por ano, a maioria relacionada ao uso de veículos privados, com índices por habitante entre 4 e 6 vezes superiores aos dos países da OCDE (VASCONCELLOS, 2012).

Esse é um cenário que reforça uma dimensão importante na trajetória de políticas públicas dos últimos dez anos no Brasil. A expansão do mercado de consumo de massas não foi acompanhada pelo aumento proporcional da participação das despesas fiscais do governo federal em áreas fundamentais de políticas públicas que deveriam garantir a oferta de bens e serviços públicos voltados para acolher essas demandas de mobilidade social. Abaixo é possível observar três gráficos e uma tabela com dados sobre a evolução do orçamento da União voltada para as cinco principais despesas ao longo do último decênio.

GRÁFICO 2

RESULTADO PRIMÁRIO, JUROS NOMINAIS E NFSP*

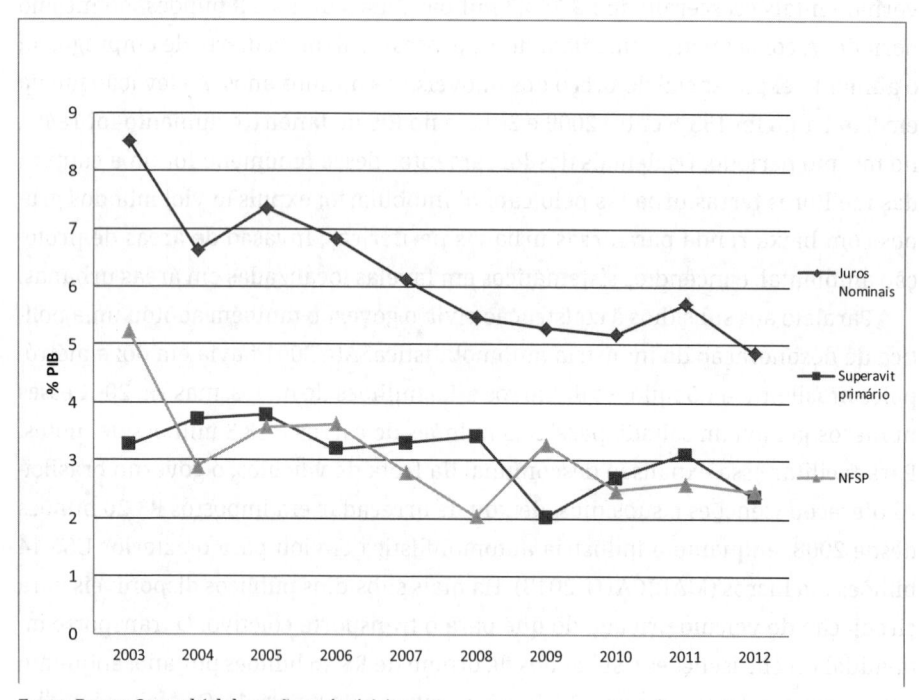

Fonte: Banco Central (elaboração própria).[4]

*Necessidade de Financiamento do Setor Público.

---

4 Bacen (Departamento de Relacionamento com Investidores e Estudos Especiais) Indicadores Fiscais – Série "Perguntas Mais Frequentes" (PMF), 2013.

TABELA 1. Despesas do Governo Central do Brasil
(bilhões de reais deflacionados pelo IGP-DI -2012)

	2000	2002	2004	2006	2008	2011
Assistência Social (Bolsa Família)	11,659	13,648	21,626	31,187	35,471	47,928
Previdência Social	245,205	258,202	258,195	307,500	318,211	380,988
Saúde	53,211	53,298	51,437	57,503	54,013	66,544
Educação	27,869	27,708	22,671	25,087	27,139	46,118
Refinanciamento da dívida pública	790,060	494,181	568,494	545,325	343,836	509,397

Fonte: SIAFI – STN/CCONT/GEINC.

GRÁFICO 3
DESPESAS DO GOVERNO CENTRAL DO BRASIL
(DEFLACIONADO PELO IGP-DI)

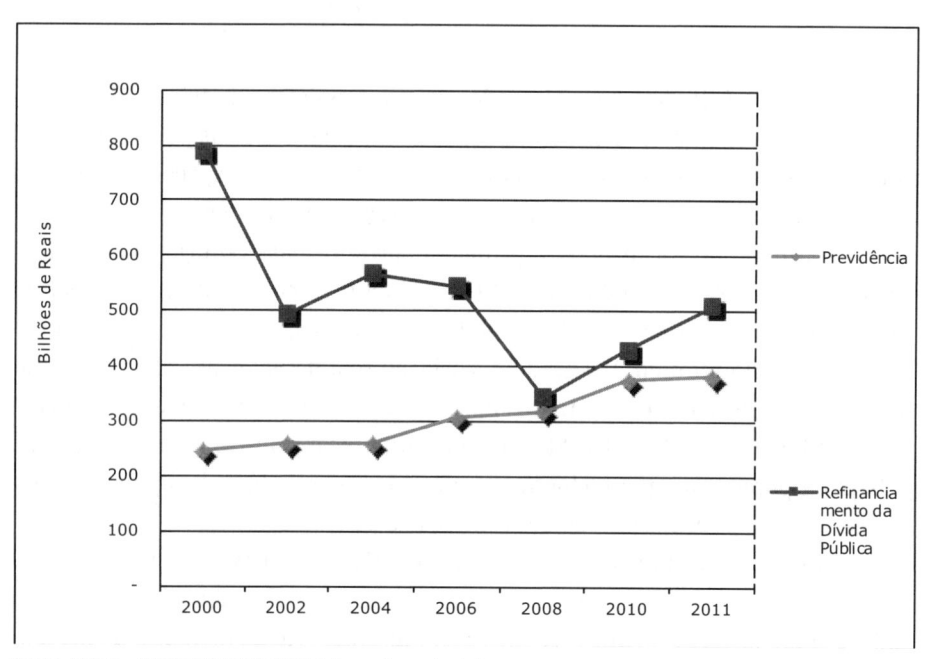

Fonte: SIAFI – STN/CCONT/GEINC (elaboração própria)

GRÁFICO 4
DESPESAS DO GOVERNO CENTRAL DO BRASIL
(DEFLACIONADO PELO IGP-DI)

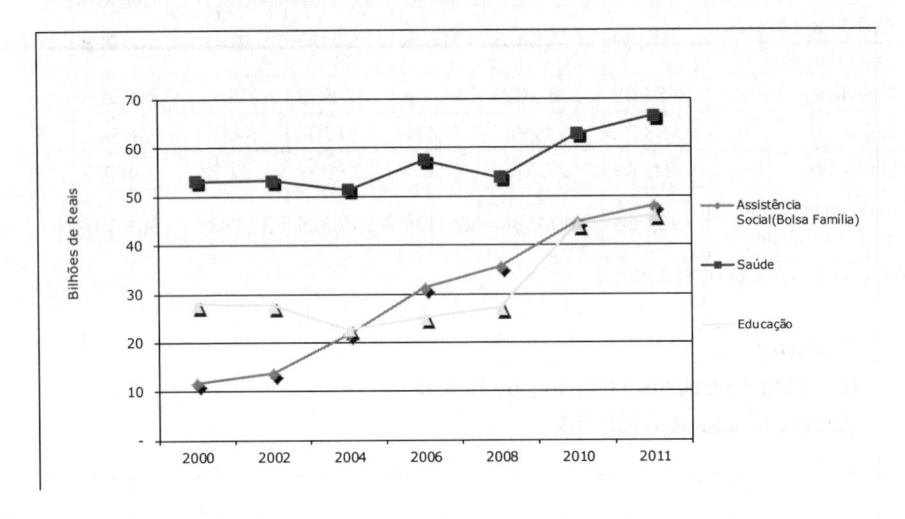

Como é possível observar pelo dados acima, a assistência social que contempla programas sociais de enorme impacto para as camadas mais pobres da sociedade (com é o caso do Bolsa Família) foi a rubrica com o mais expressivo aumento de recursos. Mais do que quadruplicou as dotações no período. No entanto, ao lado dos programas focalizados, a principal alavanca para redução significativa das desigualdades de renda no Brasil tem sido a política de valorização real do salário mínimo e seu impacto da previdência social, cujos pagamentos são indexados ao salário mínimo. Desde 2003, variação real do valor do salário mínimo foi 56,6%. No período acima destacado, a previdência obteve um aumento real dos seus benefícios de 53,4%. São recursos que alcançam camadas ainda mais pobres da população, que incluem trabalhadores rurais sem qualquer acesso a bens e serviços públicos em regiões remotas do país.

O fato é que o volume de recursos da previdência é a única despesa que concorre com o montante despendido com o refinanciamento da dívida pública, essa sim o grande fardo fiscal que restringe qualquer margem de manobra de investimentos públicos do Brasil. Embora seja possível observar uma tendência de queda da participação dessa despesa de capital, isso ainda não foi revertido em mais investimentos em áreas fundamentais de políticas públicas como saúde e educação. No período observado, a saúde continua sendo um serviço subfinanciado, com um crescimento real de recursos de apenas 25%. Na educação, as despesas federais literalmente estacionaram entre 2000 e 2008, quando os recursos da área ainda eram submetidos às desvinculações de receita da União (um mecanismo que subtraía até 20% de receitas vinculadas para contribuir na consolidação do superávit fiscal). Quando as despesas de educação foram retiradas desse cálculo, ocorreu um aumento substancial a partir de 2009, que mais do que dobrou os investimentos no setor em termos absolutos. Contudo, como é possível observar pelos gráficos apresentados, as despesas com o serviço da dívida ainda é a principal despesa fiscal. E o retorno da taxa básica de juros para patamares reais acima de 4% ao ano tende a manter esse quadro de restrição por mais algum tempo.

TABELA 2. Despesa Primária por função municípios, estados e governo federal 2011 (porcentagem do PIB)

	Municípios	Estados	Governo Federal
Educação	1,87	2,10	1,2
Saúde	1,68	1,40	1,71
Previdência	0,38	1,75	8,67
Assistência Social	0,22	0,11	1,1
Transporte	0,18	0,6	0,46
Urbanismo	0,81	0,1	0,1
Administração	0,88	0,63	0,41

Fonte: Balanço Geral da União (*apud* ALMEIDA, 2013).[5]

Como é possível observar pela tabela acima, os principais bens e serviços que foram alvo dos protestos e mobilizações de rua no Brasil possuem fontes orçamentárias de financiamento distintas. Na educação, estados e municípios respondem por 3,97% do PIB em investimento na área, enquanto o governo federal contribui com apenas 1,2% do PIB. Na saúde, essa disparidade não é tão grande, mas a relação se mantêm, com as esferas subnacionais respondendo por 3,08% do PIB, enquanto do governo central despende 1,71%. Nessas duas áreas de política social, a compreensão dos entraves de alocação dos recursos depende de uma análise sobre as múltiplas responsabilidades de cada uma das esferas de poder e sua capacidade de coordenação para produzir um bom serviço ao usuário final. Não há dúvidas de que, com exceção de poucas ilhas de excelência, a qualidade dos serviços das escolas públicas de ensino básico e dos hospitais públicos é muito precária.

---

5   Mansueto Almeida. *Despesas com Educação no Brasil*. 5 set. 2013. Disponível em: <http://mansueto. wordpress.com/2013/09/05/despesa-com-educacao-no-brasil-2/>.

Ao lado das despesas orçamentárias, o governo federal brasileiro possui instrumentos parafiscais para promover investimentos em segmentos relevantes para políticas públicas. Os bancos públicos estatais (especialmente BNDES, Banco do Brasil e Caixa Econômica) cumprem esse papel de forma destacada, especialmente nos segmentos de infraestrutura, crédito habitacional e agrícola. Em virtude da restrição fiscal causada pela política de estabilização inflacionária, os bancos públicos estatais sofreram uma dura retração na sua capacidade de ofertar crédito para a economia. Eles perderam participação no volume total de crédito de 19,1% para 8,6% do PIB entre 1995 e 2002. Contudo, mesmo com as privatizações do período, os bancos públicos federais se mantiveram como os *comanding heights* da economia. Ao lado das fontes orçamentárias e empresas estatais, como a Petrobras, os bancos públicos se mantiveram como líderes na provisão setorial de investimentos para infraestrutura de transporte, energia, saneamento e construção civil no último decênio, segmentos intensivos em trabalho e bens de capital. Após a crise financeira de 2008, os bancos públicos voltaram a desempenhar um papel destacado na provisão de crédito, com aportes garantidos pelo tesouro nacional, que transferiu como empréstimo aos bancos públicos R$ 439 bilhões desde a crise de 2008.

Contudo, mesmo com a redução da taxa de juros básica (Selic) em 2011 e o recuo dos depósitos compulsórios pelo Banco Central, como medidas para injetar liquidez de crédito, os *spreads* bancários não declinaram de forma proporcional para o tomador de empréstimos. Foi necessário que os bancos públicos tomassem iniciativa de redução agressiva dos *spreads*, aumentando sua participação sobre o volume de crédito ofertado e forçando os bancos privados a reagirem (DIEESE, 2013). O governo orientou os bancos públicos federais como instrumento anticíclico de crédito e, atualmente, esses bancos lideram a oferta global de crédito do sistema bancário brasileiro, respondendo por mais da metade do estoque de crédito disponível. O BNDES e a Caixa Econômica responderam sozinhos por 39% dos financiamentos para infraestrutura entre 2010 e 2012. Se a isso forem somados contribuições de outros bancos públicos (aqueles garantidos pelo tesouro nacional), além de fundos de investimento patrocinados por instituições públicas, as pesquisas estimam que o governo seja responsável por 65% dos aportes de investimento para infraestrutura nos últimos três anos (FRISCHTAK & DAVIES, 2014).

A despeito da iniciativa dos bancos públicos para expandir o crédito, obrigando as demais instituições privadas a acompanharem a redução dos *spreads*, ainda há preocupação acerca das clivagens regionais que podem ser produzidas pelo modelo de concessão privada na área de infraestrutura. O hiato de investimento em infraestrutura entre o Sudeste e o Sul, de um lado, e as demais regiões do país, por outro, tende a ser reforçada com o novo modelo de concessão que deslanchou em 2013.[6] Guiada pelo aumento da taxa de retorno dos investidores e pela Taxa Interna de Retorno (TIR) dos projetos, além de recursos do BNDES, as concessões tendem a privilegiar cidades e estados que já concentram parte significativa da renda e da atividade econômica.

GRÁFICO 5

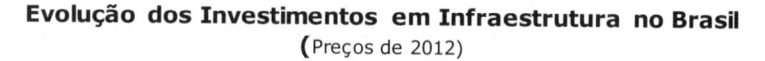

Evolução dos Investimentos em Infraestrutura no Brasil
(Preços de 2012)

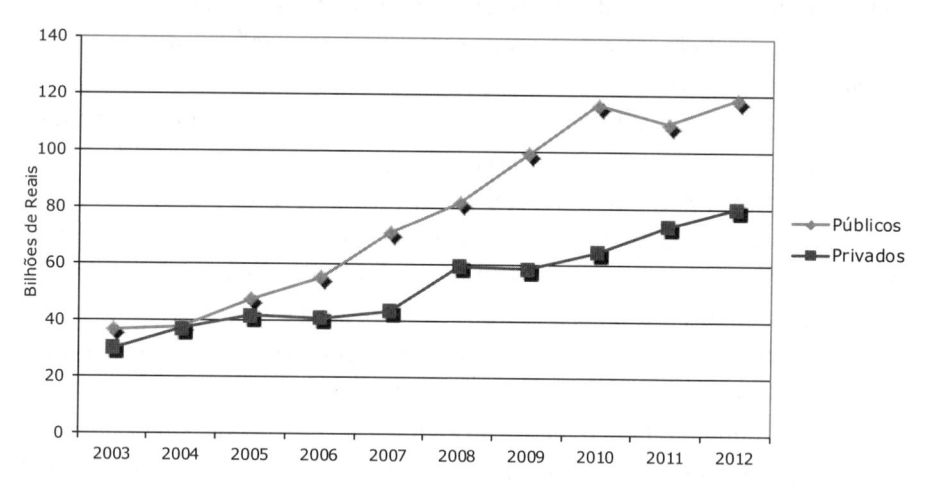

Fonte: ABDIB e Inter B Consultoria.[7]

Ao mesmo tempo, como é possível observar pelo gráfico acima, o crédito ao setor público vem crescendo de forma acentuada desde 2008 e mais do que dobrou como percentual do PIB. O governo decidiu ampliar os limites de endividamento das esferas subnacionais (estados e municípios), permitindo que elas possam tomar empréstimos dentro e fora do país, o que era até então

---

6   Segundo Tânia Bacelar, o modelo de concessão privada que se consolidou vai privilegiar o sul e o sudeste e exigirá uma política de investimento público diferenciado para as demais regiões. Ver em Ângela Lacerda. "Infraestrutura precisa atrair investimento". *O Estado de S. Paulo*, 23/09/2013.

7   Investimentos em transporte, energia, saneamento e telecomunicações.

vetado para impedir o descontrole da dívida e não ameaçar a política fiscal. Em meados de 2012, o BNDES criou uma linha de crédito de R$ 20 bilhões voltados para tentar impulsionar os investimentos. Em decorrência dessa mudança o volume de crédito para esferas subnacionais expandiu-se 61,7% entre 2012-13, bem acima dos 4,8% tomados pelo próprio governo central no mesmo período. Apesar dessa mudança inicial, o volume de crédito ao setor público ainda é bastante reduzido quando comparado ao setor privado. Enquanto união, estados e municípios respondem por R$ 137,7 bilhões, o setor privado responde por R$ 2,47 trilhões nos últimos doze meses (*Valor Econômico*, 29/11/2013). A novidade nesse processo está no ritmo de crescimento da oferta de crédito, atualmente o dobro para o setor público em relação ao privado. Essa pode ser uma indicação das demandas de investimento em bens e serviços que o poder público está sofrendo, especialmente as esferas subnacionais, onde as manifestações eclodiram com uma agenda cuja responsabilidade imediata de estados e municípios.

Finalmente, é pelo lado do crédito à pessoa física que se explica a expansão do mercado de consumo de massas, o ciclo perene de investimentos e as novas expectativas de bens e serviços na sociedade brasileira. A criação do crédito consignado, a redução dos compulsórios bancários pelo Banco Central e outras formas de redução do *spread* bancário injetou um volume de recursos que alavancou o crédito à pessoa física de 6 para 16% do PIB entre 2004 e 2013.

Através da expansão do crédito, o governo federal conseguiu contornar parcialmente as restrições orcamentárias impostas pela política monetária. No entanto, essa foi uma saída que sacrificou a dimensão universalista na provisão de bens e serviços para a cidadania. A medida que o acesso à saúde, educação, segurança, habitação, previdência e transporte estiveram vinculados, de um lado, à oferta subsidiada de crédito atrelada a uma fonte de renda, e de outro, à renúncia fiscal e tributária para que empresas e famílias mantivessem o ciclo de consumo; o padrão estratificado de acesso a esses bens foi reafirmado, como veremos a seguir através da análise dos efeitos dessa trajetória sobre a violência, educação, saúde, previdência e corrupção.

GRÁFICO 6

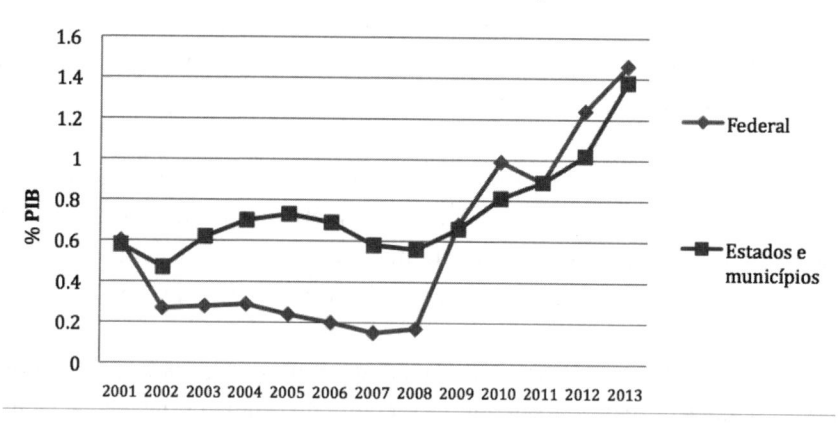

Fonte: Banco Central do Brasil (Elaboração própria a partir de dados do BCB-Depec).

GRÁFICO 7

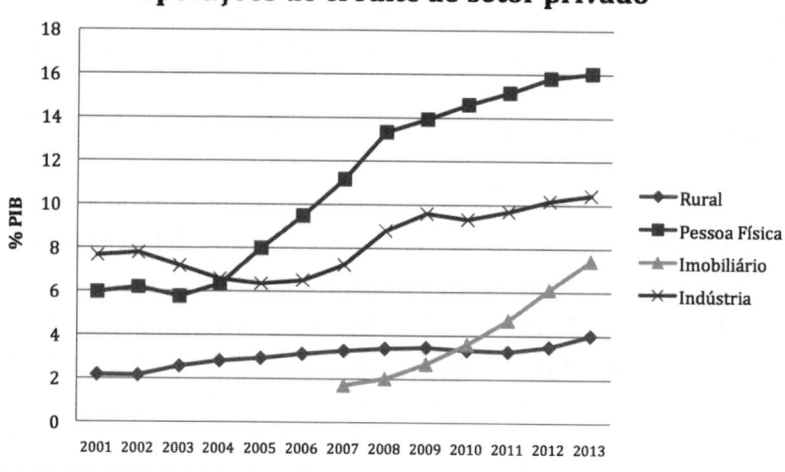

Fonte: Banco Central do Brasil (Elaboração própria a partir de dados do BCB-Depec).

VIOLÊNCIA

Segundo a pesquisa nacional sobre vítimas de violência no Brasil, realizada pela Secretaria Nacional de Segurança Pública, em parceria com o Centro de Estudos de Criminalidade e Segurança Pública (Crisp) e com o Instituto Datafolha, 21% dos entrevistados confirmam já terem sofrido alguma violência, como assalto, furto, estupro, sequestro e agressão. A pesquisa entrevistou 78 mil pessoas em 336 minicípios, entre 2011 e 2012. Esses números da violência variam geograficamente, sendo mais intensos onde o aparato administrativo do Estado é excasso e/ou precário, como ocorre nas regiões Norte e Nordeste do país (*O Estado de S. Paulo*, 05/12/2013). Um dos desdobramentos da política econômica neoliberal é o agravamento das clivagens da violência que acomete os grandes centros urbanos brasileiros. A segmentação espacial, racial e etária das vítimas de violência urbana é o sinal mais contundente da transformação da segurança numa mercadoria no balcão da cidadania como consumo.

As fronteiras de exceção nas grandes cidades têm se acentuado, reforçando as dicotomias entre os distintos segmentos raciais e de renda na sociedade. O Brasil encerrou o ano de 2010 com 52.260 homicídios, uma taxa de 27,3 assassinatos por 100 mil. Talvez o índice mais alarmente seja o perfil das vítimas de homicídio: 272.422 indivídios negros entre 2002 e 2010, o que corresponde a 30.269 assassinatos por ano. Para efeitos de comparação, a média de mortos anuais na guerra do Iraque (2003-2009) foi de 15,7 mil pessoas. Ao lado desses números, vale ressaltar que, nesse mesmo período (2002-2010), o Brasil registrou um decréscimo do número anual de vítimas de homicídio brancas de 18.867 para 14.047, ou queda de 25%. Entre as vítimas negras ocorreu o inverso: um aumento de 29,8%, de 26.952 para 34.983.

Esse cenário fica ainda mais grave, se localizarmos o grupo etário que é a maior vítima dos homicídios. A taxa de homicídios entre os jovens negros de 15 e 29 anos foi de 72 para cada 100 mil, enquanto dentro da população negra total essa taxa foi de 36 para cada 100 mil. Esses números demonstram que morre duas vezes e meia mais jovens negros do que brancos no Brasil. Ao observar a distribuição espacial dessas ocorrências de homicídios será possível verificar que alguns estados e municípios possuem números ainda mais alarmantes, ultrapassando 100 homicídios para 100 mil jovens negros. Cidades como João Pessoa registraram em 2010 assassinatos de 16 brancos (4,9 para 100 mil) e 545 negros (140,7 para 100 mil), enquanto em Maceió foram 17 vítimas brancas e 774 negras (WAISELFISZ, 2013). Com esses dados é possível também depreender como a violência é distribuída no espaço urbano e, portanto, como o próprio poder público distribui as forças de segurança na cidade. Os maiores índices de homicídios ocorrem precisamente onde o Estado não garante a presença da polícia, relegando essas populações à ação tirânica de grupos criminosos que impõem suas próprias leis.

Esse cenário foi aos poucos se tornando economicamente funcional, porque ao invés de exigir do poder público uma política de segurança pública universal, a sociedade foi encontrando saídas próprias pela via do mercado. A consolidação da segurança privada como recurso embutido em qualquer investimento imobiliário, residencial ou comercial, é prova disso. Segundo dados da OEA, o Brasil possui um pequeno exército de segurança privada: são 4,9 pessoas para cada policial (OEA, 2012). Outra forma de adaptação tem sido os acordos formais e informais entre o poder público e o crime organizado. Esse é o caso, por exemplo, do estado de São Paulo, onde o organização criminosa Primeiro Comando da Capital (PCC) desempenha um papel na estabilidade da população carcerária e conseguiu estabelecer um regime centralizado de conduta da prática criminosa que garantiu uma redução significativa dos casos de homicídio no estado (FELTRAN, 2013). Paralelamente, desde 2000, as forças policiais subnacionais vêm, de forma inédita, organizando greves por melhores condições salariais e de trabalho. Entre as demandas estavam a criação de uma carreira e um piso nacional salarial para os policiais, que foi imediatamente rechaçada pelos governadores e governo federal, que se queixaram da falta de recursos fiscais, tendo em vista a lei de responsabilidade fiscal.

EDUCAÇÃO E SAÚDE

Apesar do aumento substancial das despesas *per capta* em educação básica, reveladas na tabela 3 (a seguir), os estudos internacionais ainda são categóricos em afirmar que o Brasil é um dos países que menos investem na área. Segundo os estudos da OCDE, revelados pelo Programa Internacional de Avaliação de Alunos (PISA), o Brasil investe anualmente, em média, US\$ 26.765 por aluno entre 6 e 15 anos, enquanto a média entre os países que compõem a OCDE é de US\$ 83.382. Na última avaliação da PISA, realizado entre 65 países em 2012, o Brasil conseguiu melhorar alguns indicadores, mas o país ainda está nas últimas colocações em provas que avaliam conhecimentos na área de matemática, leitura e ciências (AGÊNCIA BRASIL, 08/12/2013). Numa escala de habilidades que vai de 0 a 6, quase 70% dos estudantes não ultrapassam o nível 1.

TABELA 3. Despesa Real por aluno das instituições públicas entre distintos níveis de ensino (R$ de 2011)

	Todos os níveis	Educação básica	Educação infantil	Ensino médio	Educação superior
2000	1.962	1.633	1.867	1.557	18.050
2001	2.031	1.693	1.686	1.772	17.839
2002	2.026	1.678	1.588	1.247	16.912
2003	2.029	1.704	1.827	1.432	14.818
2004	2.147	1.822	1.947	1.333	15.001
2005	2.282	1.933	1.843	1.348	15.255
2006	2.657	2.307	1.995	1.844	15.385
2007	3.074	2.695	2.435	2.161	16.309
2008	3.524	3.097	2.596	2.497	17.370
2009	3.814	3.353	2.568	2.635	17.576
2010	4.353	3.813	3.134	3.153	19.141
2011	4.916	4.267	3.778	4.212	20.690

Fonte: INEP (atualizados pelo INPC – *apud* Almeida 2013).[8]

O cenário de subinvestimento se reflete nas expectativas salariais não atendidas dos professores do ensino básico. Ao longo de 2013, as greves por melhores salários em todo o país levaram cerca de 100 mil professores à paralisação, o que somou mais 400 dias úteis sem aula (*Valor Econômico*, 5/12/2013). Enquanto a greve dos professores da rede estadual na Bahia paralisou as aulas por 115 dias em 2012, a greve dos professores da rede municipal do Rio de Janeiro resultou em 56 dias sem aulas em 2013, e foi um dos desdobramentos mais dinâmicos das grandes manifestações ocorridas em junho daquele ano no Brasil. Em grande medida, esses movimentos sindicais exigem o cumprimento da norma legal que estabelece o piso nacional salarial dos professores, hoje de R$ 1.567. Muitos estados e municípios não cumprem o reajuste salarial docente para garantir esse mínimo estabelecido por lei, alegando que não possuem condições fiscais para cumprirem essa determinação, utilizando para isso estratégias judiciais para postergar ou simplesmente não cumprir a lei.

---

8 Mansueto Almeida, "Despesas com Educação no Brasil", 5 de dezembro de 2013, http://mansueto. wordpress.com/2013/09/05/despesa-com-educacao-no-brasil-2/.

Para este cenário há pelo menos duas causas a serem ressaltadas: a omissão do governo federal na complementação orçamentária da educação básica para estados e municípios com baixa capacidade de arrecadação e uma reduzida profissionalização burocrática dessas esferas subnacionais, o que resulta em corrupção ou desperdício dos recursos disponíveis. Embora seja possível observar o crescimento das despesas per capta na tabela 3, a participação do governo central ainda é muito baixa em termos relativos: 1,2% do PIB. Mesmo assim, a maior parte de tais recursos é voltada para educação secundária técnica e superior. A educação básica ainda é financiada pelas esferas subnacionais, sem um aparato de coordenação administrativa nacional que garanta mecanismos meritocráticos de seleção dos professores, e bases comuns de avaliação e progressão de conteúdo curricular. Um dos resultados dessa expansão descoordenada e subfinanciada das matrículas é a baixa qualidade do quadro de professores. Segundo dados do INEP, baseados no censo escolar de 2012, mais da metade dos professores do ensino médio da rede pública não possui formação específica em sua área de ensino. Nas áreas de física e química, por exemplo, a formação dos professores na área é de apenas 17,7% e 33,3%, respectivamente. No Estado da Bahia, apenas 8% dos professores tem formação especifica (*Folha de S. Paulo*, 26/12/2013).

O outro lado do subinvestimento decorre das transferências fiscais que o governo realiza ao permitir que as despesas da classe média com educação dos filhos possam ser deduzidas do imposto de renda. O volume de recursos orientado para financiar bolsas de estudos subsidiadas nas universidades privadas representa outra forma de financiamento público substancial, com baixa contrapartida em termos de qualidade de ensino. Os dados mais recentes indicam que o governo federal deixou de arrecadar R$ 3,97 bilhões em tributos, que as faculdades privadas renunciaram com a oferta de bolsas para o Prouni, desde que o programa foi criado em 2005 (*Folha de S. Paulo*, 04/08/2013). Segundo dados do Ministério da Educação, o Fies e o Prouni atualmente respondem por 31% das matrículas das instituições de ensino superior privada. O orçamento do Fundo de Financiamento Estudantil (Fies) triplicou no curto espaço de três anos (2011-2013), saindo de R$ 1,8 bilhões para R$ 7,5 bilhões, com recursos oriundos de empréstimos dos bancos públicos com taxas de juros subsidiadas (*Valor Econômico*, 11/03/2014). O crescimento exponencial no último decênio das matrículas nas universidades privadas, estimuladas pelo farto crédito governamental e regras frouxas de avaliação da qualidade, tem produzido um cenário de descrédito generalizado da formação acadêmica. Na última década, o número de matrículas nas instituições de ensino superior praticamente dobrou e hoje o Brasil possui 2416 faculdades (87% delas privadas). Paralelamente, o índice de analfabetismo funcional entre esses estudantes universitários saltou de 24 para 38% no mesmo período, segundo o Instituto Paulo Montenegro (vinculado ao Ibope). São estudantes incapazes de interpretar e associar informações, muito menos analisar tabelas, gráficos ou fazer contas mais complexas (BBC BRASIL, 09/10/2013). Esse é o cenário que só tem beneficiado conglomerados privados e fundos de investimento que atuam abertamente na concentração acionária de faculdades em operações agressivas no mercado de ações, onde a última questão em jogo é a pesquisa e o ensino de qualidade.[9]

No âmbito da saúde, o cenário não tem sido diferente. Embora reconhecido internacionalmente como um dos mais bem sucedidos sistemas de saúde universal fora dos países da OCDE (GRAGNOLATI; LINDELOW; COUTTOLENC, 2013), o Sistema Único de Saúde (SUS) ainda sofre com sérios problemas de coordenação federativa e subfinanciamento (PIOLA & VIANNA, 2009). Apesar da expansão do SUS, as despesas com saúde continuam sendo mantidas majoritariamente pelas famílias (55%). Uma parte das despesas públicas líquidas em saúde se desloca para o gasto tributário, seja através de deduções de imposto de renda com despesas das famílias com saúde, seja via isenções tributárias para empresas proverem assistência de saúde a seus empregados. Esse padrão de despesas de recursos públicos representa um dos aspectos mais regressivos no acesso estratificado à cidadania, pois financia majoritariamente os que têm renda para declarar, bons empregos e planos de saúde (KERSTENETZKY, 2012; PAIM et al, 2011). Uma das principais formas de dedução fiscal que as empresas utilizam para abater despesas com planos de saúde de seus empregados é a garantia legal de transformar essas despesas em benefício trabalhista, computando-as como custo operacional. Isso permite o abatimento tanto no imposto quanto o repasse desses custos para os preços de finais de produtos e serviços. Nesse cenário se configura uma assimetria brutal, no qual os gastos médios per capta para os que estão cobertos por

---

9   Nos últimos seis anos, foram realizadas 180 fusões, aquisições e incorporações de empresas da área de educação. Na última década, os fundos de *private equity* – que compram participações em empresas – ampliaram suas inversões no setor educacional e prepararam os grupos do setor para a abertura de capital. Este ano os grupos Kroton e a Anhanguera anunciaram a fusão de suas operações. A Kroton é controlada pelo fundo Advent e a Anhanguera, pelo fundo Pátria. Com quase 1 milhão de alunos e uma receita bruta de R$ 4,3 bilhões, a empresa resultante dessa transação, a mais vultosa do setor educacional, terá 15% de todos os alunos de ensino superior do país e será a maior empresa de ensino do mundo. Ver também Felipe Rousselet e Glauco Faria, "Educação sob o domínio do capital. Estrangeiro". *Revista Fórum*, edição 124, 23 ago. 2013.

planos de saúde são aproximadamente três vezes maior do que para os demais cidadãos brasileiros, ou seja, 75% da população que depende exclusivamente do SUS tem à disposição quase a mesma quantidade de médicos que atendem 25% da população beneficiada pelos planos de saúde privados (SCHEFFER; AZEVEDO; BAHIA, 2011). Essa é uma trajetória que tende a ser reforçada, tendo em vista os dados do Instituto de Estudos em Saúde Suplementar, a medida que o Brasil tem expandido exponencialmente o número de beneficiários dos planos de saúde, para 49 milhões em 2013 ante 39,3 milhões em 2007.[10] Outro aspecto determinante da precariedade dos serviços é a fragmentação institucional do sistema de saúde brasileiro, refletida na falta de integração entre os modelos de assistência de saúde e as redes de serviços das três esferas de governo, implicando superposição dos níveis de atenção, baixa economia de escala e racionalidade técnica (HAMILTON & FONSECA, 2003).

Como é possível observar pelo gráfico 5, as despesas do governo federal com saúde cresceram pouco em termos gerais, mas a alocação dos recursos se concentra em áreas com populações mais necessitadas. As instalações ambulatoriais cresceram de 2,2 para 3,6 por 10.000 habitantes entre 1990 e 2009, acompanhado da ampliação em 70% das consultas médicas no mesmo período. O Programa Saúde da Família se tornou o principal carro chefe que dá sustentação à abrangência dos serviços de saúde, com a cobertura de 100 milhões de brasileiros e impactos significativos na redução da mortalidade infantil e a melhoria de outros indicadores, especialmente nas regiões norte e nordeste. Paralelo a isso, contudo, ainda persistem sérias barreiras no acesso a cuidados especializados e de alta complexidade, além da elevada dependência de recursos privados para financiamento, que responde por metade das despesas com saúde no país.

Embora a literatura especializada ressalte corretamente o aperfeiçoamento regulatório dos mecanismos de provisão orçamentária para despesas de saúde e educação (ARRETCHE, 2012), ainda prevalecem, como salientado acima, padrões de bifurcação do financiamento. Os mecanismos de renúncia fiscal e tributária, sejam eles de caráter temporário (anticíclico) ou permanente, corroem os instrumentos orçamentários que poderiam garantir sustentação de longo prazo às políticas. De outro lado, a manutenção de uma política monetária baseada em juros altos e sua consequente restrição fiscal impede que o governo federal possa

---

10   Ao lado desse crescimento notável, os grandes planos de saúde estão sendo vendidos a fundos de investimento estrangeiros: Intermédica foi comprada pela gestora americana de *private equity* Bain Capital por cerca de R$ 2 bilhões em março de 2014; a Amil foi vendida em 2012 para a americana United Health por US$ 4,9 bilhões.

admitir políticas que ampliem sua participação no orçamento de saúde e educação, de modo que cada um deles alcance 10% do PIB.

PREVIDÊNCIA

O regime de previdência no Brasil não era e não é isonômico para todos os trabalhadores. Na base da pirâmide estão aqueles que ganham até um salário mínimo de aposentadoria, que se ocupam majoritariamente de trabalhos precários e não têm sequer como comprovar uma contribuição regular para o Regime Geral de Previdência Social (RGPS), o que também inclui a aposentadoria rural. Em seguida, encontram-se os segmentos ligados ao regime de contribuição da CLT (Consolidação das Leis do Trabalho), sob o qual estão a maioria dos assalariados formais empregados no setor privado e que constitui o regime da maioria dos aposentados brasileiros. Há, ainda, os funcionários públicos associados ao regime jurídico único, em sua maioria servidores públicos federais, cuja característica básica é a aposentadoria pelo teto do rendimento.[11] E, finalmente, os trabalhadores empregados em empresas de grande porte, privadas ou estatais, geralmente empresas internacionalizadas que possuem um regime de previdência complementar fechado próprio, que são os chamados fundos de pensão.

Embora a maioria numérica dos trabalhadores aposentados esteja entre aqueles vinculados ao Regime Geral de Previdência Social (24,3 milhões), esses trabalhadores possuem menos recursos organizacionais que lhes permitam defender seus interesses, especialmente num contexto de recessão e alto desemprego, como o que prevaleceu nos anos 1990. Por outro lado, a minoria dos trabalhadores fortemente organizada num contexto de ofensiva contra direitos sociais procuraram usar seus recursos organizacionais para defender seus direitos setoriais. Somando os servidores públicos federais aposentados das três esferas de poder mais os beneficiados pelas Entidades Fechadas de Previdência Complementar (fundos de pensão) teremos 1,46 milhões de beneficiários (PREVIC, 2010). Essa síntese dos regimes de previdência do Brasil certamente mereceria maiores detalhamentos, mas serve para os propósitos imediatos deste artigo.

Num contexto de reformas orientadas para o mercado no Brasil, nos anos 1990, os fundos de pensão foram compelidos a participarem de consórcios de privatização

---

11   Com o Projeto de Lei nº 1.992/2007 sancionado na Lei nº 12.618, de 30 de abril de 2012, o governo passou a limitar as aposentadorias dos servidores públicos federais pelo teto do Regime Geral de Previdência Social. Para os servidores que ganham acima desse valor a complementação da aposentadoria será feita pela Funpresp, fundo de pensão nos moldes do regime de previdência complementar privada.

das empresas estatais, associados com empresários nacionais e estrangeiros sob financiamento do BNDES. Havia, então, um debate sobre modelos de previdência no qual figurava duas opções: o modelo de repartição e o modelo de capitalização (GRUN, 2005). Ao longo do último decênio houve um conflito sobre decisões de investimento realizados pelos fundos de pensão (especialmente aqueles associados à poupança dos empregados das empresas estatais – Previ, Funcef e Petros) feitos durante o período de privatização, que opuseram o grupo hoje hegemônico no controle dos fundos de pensão e aquele que os controlavam durante os anos 1990. O exemplo mais notório dessas disputas ocorreu em torno do setor de telecomunicações, no qual se arrastaram demandas em tribunais domésticos e internacionais entre fundos de pensão, bancos privados nacionais e estrangeiros em torno do controle da Brasil Telecom, com direito a um roteiro de filme de espionagem (VALENTE, 2013).

À exceção das disputas acionárias, contudo, não houve qualquer questionamento de mérito sobre a participação em si mesma dos fundos de pensão nos consórcios de privatização por parte da nova coalizão que chegou ao poder em 2003. Pelo contrário, as sucessivas entrevistas dos dirigentes sindicais dos fundos de pensão demonstram plena afinidade com o modelo de capitalização.[12] Isso não quer dizer que essa elite dirigente sindical seja favorável à privatização do regime geral de previdência, como ocorreu em muitos países da América Latina, mas agora seus interesses em torno da preservação da poupança previdenciária dos trabalhadores das estatais estão orientados pelo jogo financeiro de valorização das ações, da qual passou a ser detentora desde as privatizações na segunda metade dos anos 1990. Desse ponto de vista, o argumento de Sarah Brooks e Marcus Kurtz salientando a emergência de um neoliberalismo imbricado encontra aqui sua expressão mais aguda. É possível dizer que, num contexto de ameaças de privatização e deterioração salarial, a saída em torno do modelo de capitalização da previdência acentuou o caráter estratificado de acesso a direitos por parte dos assalariados, ao mesmo tempo em que deslocou as preferências de segmentos

---

12   Ver artigo de Guilherme Lacerda e Jorge Arraes, "Governança nas empresas brasileiras globais", *Valor Econômico*, 08/04/2011; Entrevista com o ex-presidente da Previ, Sérgio Rosa: "Eu não estava aqui quando o portfólio foi montado. A maior parte dos investimentos ocorreu em função das privatizações, mas acho que houve uma combinação *sui generis*. De um lado, havia os representantes do BB e do governo buscando contribuir para o processo de privatização, orientando o fundo a integrar os consórcios. Por outro lado, havia representantes dos participantes dentro da Previ com uma visão nacionalista, desenvolvimentista, dizendo: 'já que vai privatizar, vamos entrar. Somos investidores de longo prazo, então, vamos ajudar essas empresas a não caírem na mão de qualquer um'. Não houve um grande plano de investimento" ("Rosa diz que poder na Vale é compartilhado", *Valor Econômico*, 26/01/2009)

com alto poder de barganha (Santana, 2012). É útil ressaltar, contudo, que essa conversão pragmática da elite dirigente sindical brasileira não foi uma opção insólita, mas encontrou paralelos no seio da base sindical da social democracia europeia no contexto da crise de financiamento dos seus regimes de previdência (CIOFFI & HÖPNER, 2006).

Para entender como os distintos modelos de previdência reforçam o padrão estratificado de acesso a renda e aos direitos vale a pena destacar a estrutura de remuneração desses sistemas. A remuneração paga pelas maiores taxas de juros do mundo tem favorecido um segmento da classe média alta sindicalmente organizada, cuja poupança previdenciária é remunerada tanto pelos ativos de renda variável, ações de empresas negociadas na bolsa de valores brasileira, quanto por ativos de renda fixa (especialmente títulos da dívida pública), correspondentes à maior parte do patrimônio dos fundos de pensão brasileiros. Enquanto o salário mínimo – instrumento básico dos principais mecanismos de distribuição de renda e indexador da variação do valor das aposentadorias do Regime Geral de Previdência – obteve um ganho real de 53% entre 2003 e 2011, o conjunto dos fundos de pensão filiados à Abrapp[13] elevou seu patrimônio 272% no mesmo período.

Outro aspecto que reforça a dimensão estratificada do sistema de previdência no Brasil teve início em 2011 quando o governo federal iniciou a política de desoneração das despesas trabalhistas, voltado para reduzir os custos de contratação e manter os ciclos de investimento das empresas na economia. O efeito direto dessa política tem sido a redução das fontes de financiamento do Regime Geral de Previdência com implicações negativas na dimensão distributiva mais importante das políticas sociais. No próximo ano, estima-se que mais de 50 setores da economia serão beneficiados com a desoneração da folha de pagamento e que a renúncia fiscal deve alcançar R$ 24,7 bilhões em 2014. Ademais, o que era até agora uma política anticíclica transitória já entrou nos planos do governo para se tornar uma decisão permanente (*Valor Econômico*, 19/12/2013).

CORRUPÇÃO

Até hoje as pesquisas sobre corrupção ainda estão às voltas com problemas metodológicos para delimitar o problema entre a esfera das instituições e da percepção da sociedade.[14] Ainda não está claro se a rejeição da opinião

---

13 Associação Brasileira das Entidades Fechadas de Previdência Complementar.

14 As últimas pesquisas comparadas sobre corrupção, encomendadas pela Transparência Internacional, mostram que os brasileiros consideram os partidos políticos, o Congresso e a polícia como as

pública às organizações políticas e partidárias decorre do enquadramento editorializado da notícia produzida pela imprensa ou se a principal causa da baixa popularidade é produto da experiência diária do cidadão médio com estes mesmos atores e instituições políticas. Por isso, geralmente, as pesquisas comparadas sobre o assunto tem um vício de origem, porque se baseiam na percepção que a sociedade tem sobre o assunto, sem considerar os limites de constituição desta (CONVERSE, 1964; BOURDIEU, 1973).

Ao lado dos problemas metodológicos, os estudos sobre o comportamento da imprensa brasileira durante as eleições têm apontado tendências de cobertura jornalística tendenciosa (ALDÉ, MENDES e FIGUEIREDO 2007).[15] O padrão de concentração acionária, controle de audiência e *market share* da verba publicitária dos conglomerados de mídia no Brasil conferem a determinados grupos um poder de alinhamento da opinião pública que não encontra paralelo em outros países e não pode ser desconsiderado nessa discussão. A TV aberta, que possui o maior alcance em termos de audiência entre o grande público, controla 64% de toda a verba publicitária disponível.[16] Como o braço de televisão das organizações Globo, por exemplo, controla 73% da verba de publicidade da TV aberta, isso representa 47,2% de toda a verba publicitária do país sob controle de uma única empresa, a TV Globo. Ao lado desse grau de concentração oligopólica, o Brasil não dispõe de um marco regulatório das comunicações atualizado que promova a diversidade de fontes de notícias e limite à propriedade cruzada. A Inglaterra aprovou, ano passado, novos mecanismos regulatórios que procuram inibir a produção jornalística de má fé e a invasão da privacidade por parte das empresas de mídia. Na Argentina, a suprema corte reconheceu a constitucionalidade da Ley de Medios, aprovada em 2009, que obriga o grupo Clarín a abrir mão de 240 licenças de TV aberta e fechada sob seu controle. No Brasil, o código que regula as comunicações é de 1962 e qualquer discussão sobre sua

---

instituições mais desacreditadas. A média brasileira (70%) de descrédito nas instituições públicas é superior à mundial (50%). Jamil Chade, "Partidos são 'corruptos ou muito corruptos' para 81% dos brasileiros". *O Estado de S. Paulo*, 08/07/2013.

15 Ver também o site Manchetômetro, elaborado pelo Laboratório de Estudos de Mídia e Esfera Pública (Lemep), do Instituto de Estudos Sociais e Políticos da Uerj.

16 Dados do projeto Inter-Meios, coordenado por Meio & Mensagem e auditado pela Pricewaterhouse Coopers, estima que o bolo publicitário total de 2012 foi R$ 44,9 bilhões. Desse montante, a TV aberta respondeu por 64,7%. O projeto Inter-Meios reúne os principais meios de comunicação para contabilizar o volume de investimento publicitário em mídia no Brasil. Rodrigo Manzano, "Inter-Meios: setor cresce 5,98% em 2012", *Meio&Mensagem*, 18 mar. 2013

atualização vem sendo interditada pelas empresas de comunicação como ação de censura por parte do poder público (MARTINS, 2014).

Considerando que a maioria dos eleitores não possui contato direto com máquinas partidárias, representantes do parlamento e do executivo, cabe perguntar qual seria a interface governamental que poderia informar a experiência negativa do eleitor médio sobre a política? O acesso precário a bens e serviços providos pelo poder público municipal e estadual, com vícios de clientelismo e patronagem política e corporativa, constitui a barreira mais dolorosa para a dignidade cidadã. Esses vícios guardam um amplo espectro de práticas delituosas que já se configuram, em graus diversos, como cultura operacional da sociedade e dos governos. Ao contrário de uma visão fundada numa espécie de culturalismo atávico, em que a prática de corrupção estaria vinculada a aspectos do "caráter" do brasileiro, a literatura analiticamente mais produtiva tem associado a corrupção à constituição de normas informais que institucionalizam práticas consideradas moralmente degradantes, mas cotidianamente toleradas (FILGUEIRAS, 2009). Parece ainda mais produtivo enquadrar o problema como um dilema de ação coletiva. Por exemplo, os estudos sobre os custos estratificados de acesso aos direitos por meio do judiciário sugerem um terreno de análise menos pantanoso para compreensão dos incentivos institucionais das opções de saída não convencionais, como é o caso da noção de máfia descentralizada e justiça lotérica (SANTOS, 1993).

Por outro lado, a literatura que estuda o comportamento predatório de burocracias, do tipo *rent seeking*, convencionou considerar que existem condições que criam mais ou menos oportunidades para um comportamento extrativo da renda pública por parte das elites políticas e grupos de interesse (STIGLER, 1971). Pensar a corrupção no Estado do ponto de vista dos dilemas de ação coletiva implica um deslocamento das expectativas voluntaristas de comportamento ético por parte dos administradores públicos, para direção de arranjos institucionais de controle mútuo que criem incentivos para cooperação e universalismo de procedimentos.

A existência de órgãos independentes de controle das ações do executivo, judiciário e parlamento; constituição de uma burocracia profissionalizada e estável, ao estilo weberiano; existência de ciclos de competição eleitoral com participação de partidos e organizações de oposição; além das liberdades civis típicas de um regime democrático. Considerando esse cardápio básico de incentivos, o Brasil detém um arranjo institucional bastante saudável para conter a ação predatória de grupos *rent seeking*, o que não quer dizer que eles tenham deixado de existir e operar. Se observarmos onde esse comportamento predatório é mais acentuado, lá encontraremos falhas fundamentais em um ou mais dos aspectos destacados acima. Num judiciário opaco, com poucos mecanismos de fiscalização externa, onde prevalece a procrastinação no andamento de processos, elevados custos do acesso à justiça, e o sentimento de assimetria no acolhimento das demandas judiciais da sociedade.[17] Nas pequenas cidades, onde a máquina pública sofre com deficiências burocráticas mais graves, a exemplo da baixa profissionalização e instabilidade de carreira.

No entanto, os mecanismos de controle externo do executivo federal, sejam eles estatais (como o tribunal de contas) ou privados (como a imprensa), têm desempenhado um papel relevante nas políticas públicas, inovando os meios de contenção da corrupção. O fortalecimento de algumas carreiras de Estado, por meio de novos concursos públicos e reestruturação administrativa, contribuiu para isso.[18] Ao mesmo tempo, pouco se destaca no debate sobre corrupção a corrosão das capacidades estatais que levaram a máquina pública à captura por grupos predadores decorreu de uma longa ausência de investimentos motivada pelas restrições fiscais sobre a qual se assentou a política monetária vigente desde 1994. Processos de sucateamento e terceirização dos serviços fundamentais providos pelo poder público foram alvos fáceis de captura por grupos *rent seeking*. Como foi possível destacar nas seções anteriores, uma das premissas do padrão de acesso estratificado a bens e serviços se baseia no solapamento sistemático das condições que deveriam constituir o esteio da isonomia republicana na arrecadação e emprego dos recursos públicos. Essa é uma das deficiências da teoria do *rent seeking* que vem sofrendo críticas sistemáticas a partir de estudos comparados (SCHAMIS, 2002). A subtração de renda das elites burocráticas encasteladas com o objetivo de miná-las por asfixia, via privatizações e sucateamento institucional, tem resultado, muitas vezes, num efeito inverso ao esperado: o aumento

---

17 No Brasil, o prazo médio para que uma ação no judiciário tenha uma solução final é de oito anos. Segundo pesquisa da Secretaria da Reforma do Judiciário, só vale a pena acionar a justiça se o autor tiver um valor muito alto para receber pela ação e se também dispuser de estrutura jurídica permanente, o que apenas uma minoria da sociedade tem. Ver dados em Aline Pinheiro, "Estudo mostra impacto da ação do Judiciário na economia". *Consultor Jurídico*, 2 dez. 2005; DIEST/Ipea e CNJ/DPJ, "Custo unitário do processo de execução fiscal na justiça federal". *Comunicados do Ipea*, n° 83, 31 mar. 2011.

18 Consolidou-se o padrão de carreira com estabilidade em decorrência da expansão do número de servidores estatutários, além da elevação geral do nível de escolaridade, especialmente na esfera municipal, onde se encontra hoje mais da metade do total da ocupação do setor público. Ver dados em IPEA/DIEST. "Ocupação no Setor Público Brasileiro: tendências recentes e questões em aberto". *Comunicados do Ipea*, n° 110, 8 set. 2011.

da corrupção através da captura do setor público por grupos de predadores privados. Nesse sentido, uma estratégia para qualificar o grau de vulnerabilidade das estruturas burocráticas à corrupção possa ser através da análise das chamadas capacidades estatais (EVANS & RAUCH, 1999).

TABELA 4. Quantitativo (força de trabalho) dos Servidores Públicos Federais Civis Ativos do Poder Executivo por Órgãos de Administração SIAPE

	1997	1999	2001	2003	2005	2007	2009	2011	2013
Educação	174.966	165.510	163.479	164.870	173.181	180.895	199.174	227.848	244.557
Saúde	123.159	110.804	104.948	105.238	106.079	106.259	105.456	99.962	97.564
Previdência Social	45.718	41.566	40.121	40.254	42.202	39.771	39.006	38.239	40.562
Justiça	23.261	23.113	20.685	21.244	25.502	27.915	29.130	31.183	32.276
Fazenda	26.207	26.958	26.098	25.622	26.404	33.233	34.301	34.348	33.618

Fonte: Boletim Estatístico de Pessoal / Ministério do Planejamento, Orçamento e Gestão.

TABELA 5. Despesa Anual de Pessoal Civil do Poder Executivo
(R$ bilhões correntes)

	1997	1999	2001	2003	2005	2007	2009	2011	2013
Educação	5,359	6,399	7,062	8,865	11,576	14,049	19,267	25,914	30,880
Saúde	3,844	4,455	4,873	5,498	6,652	7,404	10,140	13,098	14,530
Previdência e Assistência Social	2,582	3,001	3,388	4,102	5,160	6,219	7,915	9,015	8,945
Justiça	1,885	2,063	1,957	2,517	3,325	4,445	5,705	6,417	6,828
Fazenda	2,742	3,202	3,835	4,725	6,551	9,016	11,596	13,586	14,562

Fonte: Boletim Estatístico de Pessoal / Ministério do Planejamento, Orçamento e Gestão.

TABELA 6. Quantitativo (força de trabalho) dos Servidores Públicos Federais Civis Ativos do Poder Executivo, por nível de escolaridade do cargo, segundo os órgãos da adminstração – SIAPE

	Superior		Intermediário		Auxiliar		Sem Informação		Total
Educação	147.455	60.3%	75.574	30.9%	9.162	3.8%	12.366	5.1%	244.557
Saúde	15.815	29.7%	21.857	41%	5.258	9.9%	10.392	19.5%	53.322
Previdência e Assistência Social	10.227	25.2%	28.499	70.3%	61	0.2%	1.775	4.4%	40.562
Justiça	15.058	46.7%	14.398	44.6%	432	1.3%	2.388	7.4%	32.276
Fazenda	22.645	67.4%	9.234	27.5%	387	1.2%	1.352	4%	33.618

Fonte: Boletim Estatístico de Pessoal / Ministério do Planejamento, Orçamento e Gestão.

TABELA 7. Quantitativo dos ocupantes de DAS por situação de vínculo e nível de escolaridade SIAPE

Nível da Função	Servidor de Carreira	Sem Vinculo	Nível Superior	Total
DAS 1	5.435	1.768	66%	7.203
DAS 2	4.663	1.497	77%	6.16
DAS 3	3.081	1.254	85%	4.335
DAS 4	2.505	1.001	92%	3.506
DAS 5	769	304	96%	1.073
DAS 6	145	73	97%	218
Total	16.598	5.897	78%	22.495

Fonte: Boletim Estatístico de Pessoal / Ministério do Planejamento, Orçamento e Gestão.

A partir da seleção das cinco maiores áreas, tanto em termos das políticas públicas que interessam o escopo desse artigo, quanto em termos de volume de recursos e estrutura burocrática envolvidos, é possível fazer algumas observações sobre as condições de profissionalização e coesão burocrática que poderiam garantir maior ou menor insulamento a ação predatória de grupos *rent seeking*. O perfil de escolarização e o vínculo profissional desses quadros também pode servir para apontar o *esprit de corp* burocrático. Ao mesmo tempo, a partir desses dados também seria possível tecer alguns comentários sobre a sustentabilidade burocrática na oferta de bens e serviços demandados pela sociedade recentemente.

Algumas constatações imediatas podem ser feitas: entre as cinco áreas ministeriais com maior número de funcionários apenas três apresentaram aumento do número de quadros. Mesmo assim, trata-se de um incremento vegetativo (entre 30 e 40% no intervalo de 1997 e 2013) certamente abaixo das demandas por bens e serviços produzidas pela mobilidade de renda verificada no período. O número de funcionários da saúde e previdência, duas áreas cruciais para consolidação de direitos sociais com impacto fundamental sobre a redução da desigualdade, foram sensivelmente reduzidos. Os exemplos conspícuos da saúde e educação podem ser observados na expansão desordenada das matrículas do ensino superior privado, em decorrência da escassez de vagas nas universidades públicas, e no crescimento exponencial do seguro de saúde privado (planos de saúde), devido a precariedade do atendimento no SUS. Por outro lado, a recuperação salarial desses mesmos funcionários nos últimos dez anos foi significativa, o que pode ter implicado na melhoria da qualidade da oferta dos serviços. Tanto na área de saúde quanto na educação o volume de recursos com pessoal dobrou em termos absolutos entre 2007 e 2013. Em termos de qualificação dos quadros, a educação e a fazenda se destacam com mais de 60% dos funcionários com formação universitária, contrastados pela área de previdência e saúde com menos da metade desse percentual.

Entre os funcionários ocupantes de cargos e funções de confiança o governo federal dispõe de 93.423 vagas para nomeação política. Uma parte desses cargos, chamados de Direção de Assessoramento Superior (DAS), constitui a alta elite burocrática que assume funções de direção em autarquias e ministérios, e somam 22.495 funcionários. De acordo com a tabela 7,74% desses cargos de confiança são ocupados por servidores de carreira e 78% são compostos de quadros altamente qualificados, com nível universitário e pós-graduação. Esse perfil também é bastante ilustrativo porque sugere elevado grau de profissionalismo e especialização, ancorados na memória institucional e coesão intraburocrática, considerando as chances elevadas de progressão na carreira, as posições de direção. Portanto, as acusações de "aparelhismo" da máquina pública por partidos ou outros interesses externos como fator de desvirtuamento das funções públicas não parece ser procedente. Se é correto apontar as deficiências do setor público na provisão de bens e serviços a sociedade, não é acertado atribuir como causa exclusiva desses problemas a corrupção. Embora tenha ocorrido uma recuperação salarial dos rendimentos dos funcionários públicos federais nas áreas selecionadas, o número de funcionários ainda é pequeno e, em muitos casos, regrediu. Ou seja, a recomposição das capacidades estatais foi parcial e ainda depende da margem de manobra orçamentária ditada pela política monetária.

CONCLUSÃO

Segundo Wolfgang Streeck, existe uma antinomia fundamental entre a socialização pelo consumo e a socialização através da comunidade política. A socialização pelo consumo é monológica e não dialógica, voluntária e não obrigatória, individual e não coletiva. A cidadania estaria, nesse sentido, orientada para produção de *bens políticos*, cujos resultados raramente são ideais do ponto de vista dos interesses do indivíduo. Ao contrário do consumo, a cidadania implica numa espécie de vínculo obrigatório entre membros da comunidade política em que o não atendimento das preferências individuais deve ser compensada pela satisfação cívica na produção de bens políticos por meio de um processo democrático legítimo. Como a política se orienta pela criação e regulamentação da ordem social, seus resultados não podem ser decompostos em diferentes produtos que contemplem os gostos individuais, ou seja, o consumo de bens políticos e a participação dos consumidores na produção desses bens não podem ser voluntários (STREECK, 2012).

O que acontece quando uma parcela de bens e serviços que constitui o lastro substantivo da cidadania é negociada tendo em vista as preferências individuais do consumidor e não como bens políticos? A consolidação de um modelo de cidadania estratificada pelo consumo no Brasil não é um fenômeno novo nem peculiar ao país. No entanto, como o Brasil não conseguiu adotar um modelo de *welfare* pleno, a trajetória recente de incorporação das clivagens de consumo atualizou e reforçou aspectos perversos da cidadania regulada. A estrutura de preferências das distintas faixas de renda e segmentos ocupacionais dentro da sociedade brasileira, em relação aos bens políticos, parece não compartilhar dos mecanismos de obrigação mútua que deveriam vincular a comunidade política. O ressentimento de parcela de grupos de renda intermediário em relação a perda de espaço relativo nas esferas de reprodução simbólica e de *status,* como a universidade, o aeroporto, o shopping, em decorrência da chegada dos novos grupos de consumidores estimulados por políticas institucionais e pelo crédito abundante, denuncia a dificuldade de reconhecimento mútuo dentro da comunidade política.

Uma das consequências mais salientes desse processo tem sido a emergência de um arraigado conservadorismo social, refletido não apenas em agendas sectárias como também no rechaço da política como mecanismo de cooperação para prover a oferta de bens coletivos. Embora os grupos de interesse continuem ativos no sistema político, pressionando as esferas decisórias em favor de suas agendas, o discurso da corrupção contaminou a opinião pública, inibindo a sociedade do esforço de compreensão do sistema político, que hoje se inclina para soluções extrainstitucionais, como é o caso de aspirações de candidaturas de membros do judiciário a partir de uma plataforma discursiva antipartidária. A literatura recente tem observado essa tendência em diversos estratos sociais, mesmo aqueles que estão se beneficiando da mobilidade renda. O fenômeno do realinhamento eleitoral destacado por André Singer (2012), por exemplo, salienta que esse contingente de eleitores do subproletariado que passou a votar Lula compartilha de valores conservadores. O acesso a direitos de cidadania, como educação e saúde, através de políticas de crédito para acessar a universidade privada e o plano de saúde privado, confere ao esforço individual a alavanca causal que justifica ascensão social não como benefício com custos compartilhados (como de fato são), mas como conquistas privadas fruto exclusivo do esforço pessoal. A difusão de uma ética evangélica apoiada numa ascese privada do trabalho tem reforçado esse aspecto.

Talvez a maior ironia se deva ao fato de que foi justamente uma coalizão de esquerda que criou as condições para essa trajetória. Para conciliar a estabilidade monetária, o governo federal teve que abrir mão da agenda de expansão dos direitos sociais universais, baseada numa provisão orçamentária que as elevadas taxas de juros não admitiam. Ao mesmo tempo, o governo teria que fazer a reforma tributária progressiva e desarmar os benefícios fiscais e tributários setorializados que também beneficiam segmentos de renda média. O fundo tributário comum teria que ser reforçado caso o Estado desejasse universalizar com qualidade bens e serviços que constituem os direitos sociais. No entanto, essa pareceu ser uma tarefa política que a coalizão não pode ou não estava disposta a enfrentar. A saída acabou sendo pela conciliação via mercado. A expansão do mercado interno através do crédito e do reforço de estímulos fiscais e tributários setorializados manteve o desemprego baixo, produziu mobilidade de renda, provocando um sentimento de bem estar social. Contudo, essa trajetória foi adotada esvaziando o conteúdo propriamente político, no sentido dado por Streeck, que obriga os consumidores desses bens a um vínculo moral, próprio de uma comunidade de direitos. Como restabelecer esse elo e impedir que o conservadorismo social degringole para um conservadorismo político é, certamente, um dos desafios mais sérios para quem nutre expectativas de transformações profundas no regime de cidadania no Brasil.

REFERÊNCIAS BIBLIOGRÁFICAS

AGÊNCIA BRASIL. *Brasil investe metade do recomendado pela OCDE para o ensino básico*, 8 dez. 2013.

ALDÉ, Alessandra; MENDES, Gabriel; FIGUEIREDO, Marcus. "Tomando partido: imprensa e eleições presidenciais em 2006". *Política e Sociedade*, nº 10, abr. 2007.

ARRETCHE, Marta. "Federalismo e igualdade territorial: uma contradição em termos?". *Dados*, Rio de Janeiro, vol. 53, nº 3, 2010, p. 587-620.

BAN, Cornel. "Brazil's liberal neo-developmentalism: new paradigm or edited orthodoxy?". *Review of International Political Economy*, vol. 20, nº 2, 2013, p. 298-331.

BARTELT, Dawid Danilo (org.). *A "Nova Classe Média" no Brasil como conceito e projeto político*. Rio de Janeiro: Fundação Heinrich Böll, 2013.

BBC BRASIL. *Geração do diploma lota faculdades, mas decepciona empresários*. 9 out. 2013.

BOURDIEU, Pierre. "L'opinion publique n'existe pas". *Questions de Sociologie*, Minuit, Paris, 1984, p. 222-235

CIOFFI, John & HÖPNER, Martin. "Political paradox of finance capitalism: interests, preferences and center-left party politics in corporate governance reform". *Politics & Society*, vol. 34, nº 4, 2006.

CONVERSE, Philip. "The nature of belief systems in mass publics". In: APTER, David (org.). *Ideology and discontent*. Nova York: The Free Press of Glencoe, 1964.

DIEESE. "Um novo cenário para o setor financeiro no Brasil". *Nota Técnica*, nº 123, abr. 2013.

ESTADO DE S. PAULO, O. "Só 8% dos municípios brasileiros arrecadam mais do que gastam". 5 jan. 2014.

_____. "Benefícios fiscais sobem 18% e devem superar R$ 300 bilhões". 30 dez. 2013.

_____. "Nova tabela do IR aumenta cobrança de impostos sobre salários". 25 dez. 2013.

_____. "Brasileiros do Norte e Nordeste são as maiores vítimas de crimes no País". 5 dez. 2013.

EVANS, Peter & RAUCH, James. "Bureaucracy and growth: a cross-national analysis of the effects of "weberian" state structures on economic growth". *American Sociological Review*, vol. 64, nº 5, out. 1999, p. 748-765.

FELTRAN, Gabriel. "Vinte anos de PCC em São Paulo: o espaço entre governo e crime". *Le Monde Diplomatique Brasil*, nº 67, fev. 2013.

FILGUEIRAS, Fernando. "A tolerância à corrupção no Brasil: uma antinomia entre normas morais e prática social". *Opinião Pública*, Campinas, vol. 15, nº 2, nov. 2009, p. 386-421.

FLEURY, Sonia. "Do *welfare* ao *warfare* state". *Le Monde Diplomatique Brasil*, nº 65, fev. 2013.

FOLHA DE S. PAULO. "55% dos professores dão aula sem ter formação na disciplina". 26 dez. 2013.

_____. "Prouni rende isenção fiscal de R$ 4 bi a faculdades privadas". 4 ago. 2013.

_____. "Vale adere ao Refis e reduz dívida com o fisco em R$ 24 bi". 28 nov. 2013.

FRISCHTAK, Cláudio & DAVIES, Katharina. "O investimento privado em infraestrutura e seu financiamento". In: PINHEIRO, Armando C.; FRISCHTAK, Cláudio R. (orgs.). *Gargalos e soluções na infraestrutura de transportes*. Rio de Janeiro: Editota FGV, 2014.

GRAGNOLATI, Michele; LINDELOW, Magnus; COUTTOLENC, Bernard. *20 anos de construção do Sistema de Saúde no Brasil: uma avaliação do Sistema Único de Saúde,* Washington D.C.: Banco Mundial, 2013.

GRÜN, Roberto. "O 'nó' dos fundos de pensão". *Novos Estudos Cebrap,* n° 73, 2005, p. 19-31.

GUEDES, Odilon. "Para atender às reivindicações dos que foram à luta". *Le Monde Diplomatique Brasil,* set. 2013.

HAMILTON, Wanda; FONSECA, Cristina. "Política, atores e interesses no processo de mudança institucional: a criação do Ministério da Saúde em 1953". *História, Ciências, Saúde Manguinhos,* Rio de Janeiro, vol. 10, n° 3, 2003, p. 791-825.

KERSTENETZKY, Célia. *O Estado de bem-estar social na idade da razão.* Rio de Janeiro: Elsevier, 2012.

KURTZ, Marcus & BROOKS, Sarah. "Embedding neoliberal reform Latin America". *World Politics,* 60, jan. 2008, p. 231-80.

MAIA, Samantha. "Na selva urbana, o fraco paga mais". *Carta Capital – Relatório Metrópoles* (Gigantes Incontroláveis), ano XIX, n° 777, 4 dez. 2013.

MARICATO, Ermínia. "É a questão urbana, estúpido!". *Le Monde Diplomatique Brasil,* ago. 2013.

MARTINS, Franklin. "Nada além da Constituição". *Carta Capital,* edição 781, 2014.

NÉRI, Marcelo. *A Nova Classe Média.* Rio de Janeiro: Editora FGV/CPS, 2010.

OEA. *Report on Citizen Security in the Americas 2012* – Official Statistical Information on Citizen Security provided by the OAS Member States.

ONG, Aihwa. *Neoliberalism as exception: mutations in citizenship and sovereignty,* Durham: Duke University Press, 2006.

PAIM, Jairnilson *et al.* "The Brazilian Health System: history, advances and challenges". *The Lancet,* 9 maio 2011.

PIOLA, Sérgio & VIANNA, Solon (orgs.). "Saúde no Brasil: algumas questões sobre o Sistema Único de Saúde (SUS)". *Cepal,* abr. 2009.

POCHMANN, Marcio. *Nova classe média? O trabalho na base da pirâmide social brasileira.* São Paulo: Boitempo, 2012.

PREVIC. *Boletim Estatístico Semestral de População e Benefícios da Previdência Complementar*, jul.-dez. 2010. Disponível em: <http://www.previdenciasocial.gov.br/>.

SANTANA, Carlos Henrique. *Trajetórias de reformas e mudanças institucionais na semiperiferia: abertura financeira e capacidades estatais no Brasil e Índia*. Tese (doutorado em Ciência Política) – Instituto de Estudos Sociais e Políticos/Uerj, Rio de Janeiro, 2012.

SANTOS, Wanderley G. dos. *Cidadania e Justiça: a política social na ordem brasileira*. Rio de Janeiro: Campos, 1979.

_____. "Fronteiras do Estado mínimo: indicações sobre o híbrido institucional brasileiro". In: *Razões de Desordem*. Rio de Janeiro: Rocco, 1993.

SCHAMIS, Hector. *Re-forming the State: the politics of privatization in Latin America and Europe*. Ann Arbor: University of Michigan Press, 2002.

SCHEFFER, Mário; AZEVEDO, Graciara; BAHIA, Ligia. "Aporte de recursos públicos para planos privados de saúde". In: SANTOS, N. R.; AMARANTE, P. D. C. (orgs.). *Gestão pública e relação público-privado na Saúde*. Rio de Janeiro: Cebes, 2011.

SINGER, André. *Os sentidos do lulismo*. São Paulo: Companhia das Letras, 2012.

SOUZA, Jessé et al. *Os batalhadores brasileiros: nova classe média ou nova classe trabalhadora*. Belo Horizonte: Editora UFMG, 2010.

STIGLER, George. "The Theory of Economic Regulation". *Bell Journal of Economics and Management Science*, vol. 2, nº 1, primavera 1971, p. 3-21.

STREECK, Wolfgang. "Citizens as customers – considerations on the new politics of consumption". *New Left Review*, 76, jul.-ago. 2012.

VALENTE, Rubens. *Operação Banqueiro: as provas secretas do caso Satiagraha*. São Paulo: Geração Editorial, 2013.

VALOR ECONÔMICO. "Prefeituras elevam gasto com pessoal e ficam perto do teto permitido pela LRF". 10 dez. 2013.

_____. "Prefeitos aumentam pressão por FPM". 11 dez. 2013.

_____. "Crédito a Estados e municípios dispara". 29 nov. 2013.

_____. "Greves de professores somam mais de 400 dias úteis sem aula no país em 2013". 5 dez. 2013.

_____. "Fies e Prouni já respondem por 31% de matrículas de universidades privadas". 11 mar. 2014.

_____. "Dilma e Mantega defendem perpetuar desoneração da folha". 19 dez. 2013.

VASCONCELLOS, Eduardo. "O transporte urbano no Brasil". *Le Monde Diplomatique Brasil*, 1º jun. 2012.

WAISELFISZ, Julio. "A cor dos homicídios no Brasil". *Le Monde Diplomatique Brasil*, nº 67, fev. 2013 (dados extraídos do Sistema de Informações de Mortalidade do Ministério da Saúde).

SOBRE O AUTOR

CARLOS HENRIQUE SANTANA, doutor em ciência política pelo Instituto de Estudos Sociais e Políticos da UERJ, é pesquisador associado do Instituto Nacional de Ciência e Tecnologia (INCT-PPED) e desenvolve pesquisa de pós-doutorado na Universidade Técnica de Darmstadt, Alemanha. É autor de diversos artigos e co-autor de coletâneas, como Development and Semi-periphery, publicada pela Anthem Press. É editor da revista acadêmica Desenvolvimento em Debate, vinculada ao INCT. Contato: carlloz@hotmail.com.

A CONTINUIDADE DAS POLÍTICAS PÚBLICAS DE COMBATE À POBREZA NO BRASIL: UMA ANÁLISE PÓS-REDEMOCRATIZAÇÃO

ROBERTA SOUSA

INTRODUÇÃO

Este artigo tem como foco de análise as políticas públicas de combate à pobreza no Brasil nos governos pós-redemocratização, iniciando o estudo pelo governo Sarney (PMDB) e encerrando no governo Lula (PT). A hipótese em destaque é que existe uma continuidade no núcleo central das políticas formuladas na área social, ou seja, um padrão que pode ser explicado em grande medida pela permanência da burocracia em cargos estratégicos de formulação e pelo *locus* das políticas sociais na arena redistributiva. A análise compreende o período de 1985 a 2010 e corresponde às políticas sociais formuladas em cada governo, dando ênfase aos arranjos gerenciais, fruto das escolhas da burocracia e do governo vigente, no propósito de combater à pobreza. Um dos pontos de análise será a criação do Ministério do Desenvolvimento Social e Combate à Fome – MDS em 2004 que parece ter sido um grande ganho institucional para a área social, tendo em vista que os governos anteriores optaram por distribuir em diferentes ministérios as políticas direcionadas para as pessoas em situação de pobreza. Em relação aos números, se percebe uma diminuição ano pós ano das pessoas em situação de pobreza, com especial aceleração nos anos de governo de Fernando Henrique Cardoso (PSDB) e nos dois governos de Luiz Inácio Lula da Silva (PT) – sendo os resultados positivos atribuídos à implementação de políticas de transferência de renda, como o Programa Bolsa-Escola e posteriormente o Programa Bolsa-Familia. Com a institucionalização da estrutura ministerial responsável pelas políticas sociais, facilitou o acompanhamento dos recursos orçamentários e a execução das políticas. Porém, o que se percebe é que a área social, mesmo com o crescente orçamento disponível, ainda não consegue recrutar ou despertar o interesse de altos funcionários públicos e, além disso, não consegue implementar as políticas públicas de combate à pobreza em uma arena regulatória ou distributiva, como as políticas econômicas e fiscais. A continuidade das políticas sociais na arena redistributiva implica em um perfil focalizado das políticas, com margem para o comportamento clientelístico, condicionando, muitas vezes, o recrutamento de profissionais para escalões diferentes da Administração Pública Federal, que apresentam grande relevância estratégica para a definição da agenda de políticas.

POLÍTICAS PÚBLICAS NO CONTEXTO DE REDEMOCRATIZAÇÃO

Os fatores que levaram ao regime autoritário não são os mesmos que levam a democracia como apontam O'Donnell e Schimitter (1988). De modo que o processo de transição carrega consigo muitas incertezas que variam conforme a duração e a severidade do regime e nos resultados das primeiras eleições pelos seguintes fatores: morte das principais lideranças de oposição, esvaziamento da sociedade civil, medo de participar, ausência de motivação política, entre outros. No Brasil, a redemocratização foi marcada pela morte de um dos principais políticos responsáveis pela volta da democracia. Tancredo Neves (PMDB) um experiente político vence as eleições indiretas para a presidência do Brasil. Com a sua morte, seu vice, Sarney toma posse na presidência para o período de 5 anos de governo. Os desafios do primeiro presidente pós-regime militar não se limitavam às expectativas frustradas com a morte de Tancredo Neves, mas pelo cenário econômico e social que anunciavam uma crise, exigindo reformas urgentes para que o país superasse os impasses de crescimento.

Em relação às políticas sociais Draibe (1999: 101) aponta que houve no Brasil dois ciclos de reformas sociais. A primeira foi na década de 1980 em um cenário de instabilidade econômica e de democratização. E a segunda na metade dos anos 90, pautado pela complexa agenda de estabilização, reformas institucionais e consolidação democrática.

> Anteriormente, no final dos anos 70 a democratização projetou para a área social uma agenda reformista da transição democrática, cujo processamento, moldado, sobretudo pela Constituição de 88 esbarrou nas mesmas contradições e indefinições do movimento político maior em que se inscreveu, ainda que tenha introduzido mudanças significativas, entre elas a valorização do princípio social, impulso a universalização do acesso aos programas e no caso da seguridade

> social, um certo afrouxamento do vínculo contributivo como princípio estruturador do sistema e a determinação de valores mínimos dos benefícios. Se é verdade que essa agenda conferiu centralidade a questão social, é também certo que seu processamento foi parcial e modesto, provavelmente em consequência dos movimentos e sinais contrários emanados tanto das restrições econômicas quanto das distorções corporativistas dos interesses organizados (DRAIBE, 1999: 101).

Neste sentido Lamas (1997: 65-66) observa que a política social é uma das ferramentas primordiais que dispõem o governo, dada sua importância como política pública e que hoje ocupa um lugar relevante tanto nas agendas governamentais como na preocupação da academia e das organizações da sociedade civil. De modo que na década de 80 e 90 houve um crescimento acentuado no número de pessoas em situação de pobreza na América Latina, devido, em grande parte, aos ajustes fiscais. Em termos percentuais, nesse período 46% da população estava em situação de pobreza comprovando o desafio dos governos nesta temática. Bem como, a necessidade de formular políticas pela burocracia instalada.

Na análise de Loureiro *et al* (2010: 108) da democracia pós 1988, as decisões fundamentais sobre as políticas públicas encontram-se nas mãos do Executivo, e a burocracia continua sendo seu principal *policymaker*, já que a incapacidade de exercício da função governativa parece ser ainda característica central dos partidos políticos. Neste sentido, Pacheco (2010: 289) lembra que no presidencialismo de coalizão, como o brasileiro, a politização da burocracia aparece ainda para garantir o apoio congressual ao presidente, através de negociação de acordos sobre pastas e cargos de ministros. Os cargos em comissão existentes em ministérios, fundações e autarquias federais representam cerca de 4% do total de ativos.

Para Abrucio *et al* (2010) as mudanças realizadas no governo Sarney não foram capazes de mudar a configuração dos interesses estabelecidos. O autor exemplifica com a ação de extinguir o DASP em 1986 e criar para o seu lugar a Secretaria de Administração Pública, ligada diretamente à Presidência da República, que parece não ter conseguido funcionar na prática. Segue um breve diagnóstico da burocracia na gestão Sarney:

> A fraqueza política do governo Sarney também ocorria na relação com os servidores públicos, que à época passavam tanto por problemas de desorganização do Estado – saída dos quadros mais antigos, piora nos salários, falta de perspectiva

de carreira – bem como de reorganização sindical em meio a democratização do país (ABRUCIO *et al*, 2010: 55).

As mudanças continuam com a transformação da FUNCEP – Fundação Centro de Formação do Servidor Público na ENAP – Escola Nacional de Administração Pública, tendo como modelo a ENA – *École Nationale d'Admiistration* da França. Essa ação levou a criação da carreira dos gestores públicos – Especialistas em Políticas Públicas e Gestão Governamental. Bresser-Pereira (1998) observa que é uma carreira de altos administradores públicos que recebem uma orientação rigorosamente burocrática (com excesso de controle), voltada para a crítica ao passado patrimonialista e não para o futuro.

No governo Collor as ações foram no sentido de desmantelamento de diversos setores e políticas públicas, além da redução de atividades estatais essenciais (ABRUCIO *et al*, 2010). Na visão de Abrucio *et al* (2010) no governo Itamar Franco se chegou a fazer diagnósticos sobre a situação da burocracia. Porém, os avanços só se darão na gestão de FHC com a implementação da Reforma do Estado com a criação do MARE – Ministério de Administração e Reforma do Estado, baseando suas ações em experiências internacionais.

Para Bresser-Pereira (1998: 182) em Brasília, no momento em que Fernando Henrique Cardoso chega ao governo, continuava dominante uma cultura fortemente burocrática, cujo inimigo era o patrimonialismo. No governo Collor o inimigo era a corrupção. Então, quando Itamar Franco assumiu o governo, a resposta encontrada para a burocracia foi mais controle formal e rigidez sobre todos os processos, instituindo a Lei das Licitações (Lei 8666) e a criação da Secretaria Federal de Controle. De modo, que não houve mudança de paradigma burocrático – a luta para pôr fim ao patrimonialismo e a corrupção impediram avanços no sentido da modernidade gerencial.

As mudanças na burocracia federal afetam diretamente na formulação das políticas públicas e na sua relevância em termos de agenda de governo. Assim, segundo Freitas (2007: 68) o redesenho dos sistemas de proteção social começa em meados da década de 1980 em alguns países do Cone Sul, e na virada dos anos 90, em outros, perseguindo objetivos comuns, como: a) descentralização dos programas e políticas; b) maior participação comunitária; c) focalização do público-alvo; d) concentração do gasto social em investimentos mais do que em custeio e e) integração dos programas e políticas, ampliando seus efeitos sinérgicos. No Brasil, a Constituição de 1988 estabeleceu a assistência social como política pública e, em dezembro de 1993, foi sancionada a Lei Orgânica da Assistência Social (LOAS). A implementação da LOAS foi extremamente difícil, tendo em vista o processo de reestruturação do Estado, a tradição conservadora e clientelista presente no enfrentamento dos problemas sociais e o paralelismo de ações que continuou a existir e inclusive se ampliou durante o governo de FHC, com a criação do Programa Comunidade Solidária.

Conforme Draibe (2003: 74) o combate à pobreza no governo FHC seguiu as prioridades estabelecidas: redução da mortalidade infantil; desenvolvimento da educação infantil e do ensino fundamental; geração de ocupação e renda; qualificação profissional; melhoria das condições de alimentação dos escolares e das famílias pobres; melhoria das condições de moradia e de saneamento básico e fortalecimento da agricultura familiar. Liderado pelo Programa Comunidade Solidária, foi concebido como uma estratégia inovadora de coordenação das ações federais, em parceria com estados, municípios e sociedade, segundo os princípios da descentralização e da solidariedade. Na sua frente pública e sob a ação supervisora da Secretaria Executiva, foram selecionados vinte programas que seriam canalizados, em ação simultânea, aos segmentos sociais mais carentes, focalizados pelos critérios territorial (municípios) e de renda (familiar).

De acordo com Costa (2009: 701) o governo FHC aderiu à agenda da focalização e, ao mesmo tempo, ampliou a descentralização federativa na saúde e educação. A agenda da descentralização, nestas áreas, apresenta estreita relação, no Brasil, com a democratização e a crítica à centralização autoritária do regime militar e não com a agenda da reforma do Estado dos anos 90. Para Tiezzi (2004: 52) a responsabilidade de execução dos diferentes componentes da política social no governo FHC se distribui pela União, Estados e Municípios, numa estrutura descentralizada de gestão. No plano federal, fica a cargo de cerca de dez ministérios, sendo que cinco – Previdência Social, Saúde, Educação, Desenvolvimento Agrário e Trabalho e Emprego, que possuem grandes estruturas burocráticas – movimentam grande parte dos recursos e são responsáveis pelo financiamento e controle normativo de políticas e programas que, em seu conjunto, atendem a mais de 150 milhões de pessoas do total de 50 programas que compõem a Rede de Proteção Social.

Para Draibe (2003) a Rede de Proteção Social pode ser entendida como um sistema de proteção social em sentido abrangente, com conotação similar ao de *Estado* (ou *regime) de Bem-Estar Social* ou do conceito mais recentemente disseminado, o de *Social Policy System*. O termo proteção remete à ideia de proteção contra riscos sociais, tanto os velhos e clássicos – perda previsível da renda do trabalho, como os contemporâneos – ter emprego decente, educar os filhos, viver nas megalópoles, habitar e alimentar-se condignamente etc. Tais conceitos são de maior amplitude, portanto, que o de seguridade social, usualmente referido à previdência, saúde e assistência social.

A gestão dos ministérios foi feita no governo FHC no formato de Câmaras Setoriais, reunindo ministros por área temática ou macroproblemas, sob o comando operacional da Casa Civil, com a presença permanente dos Ministérios do Planejamento e Orçamento e da Fazenda, em todas as Câmaras, de forma a facilitar – quando não garantir – os recursos financeiros e orçamentários às decisões tomadas. A estas Câmaras atribuiu-se a função de construir consensos para as políticas de governo, "facilitando" as decisões do governo como tal. Além disso, possibilitou a todos os ministros e ministérios clareza maior da agenda prioritária de governo. Os resultados da ação das Câmaras Setoriais de Governo foram desiguais. Entre as bem-sucedidas, estão a Câmara de Política Econômica – que se reuniu semanalmente até o fim do governo, quase sempre com a presença do Presidente da República, a Câmara de Infra-Estrutura e a Câmara de Política Social (TIEZZI, 2004: 52-53).

Com a chegada da esquerda ao poder no Brasil, foi percebido como um importante passo em direção ao fortalecimento da democracia, com a manutenção das regras e alternância pacífica de partido político no governo, garantindo estabilidade política para as decisões do presidente. De acordo com Costa (2009: 701) a coalizão política que assume o governo sob a liderança de Lula (PT) não tinha agenda social definida e explícita. Na visão do autor existe uma ausência de agenda social, que pode ser explicada pela falta de uma compreensão da real complexidade estrutural do sistema de proteção social no país pelo Partido dos Trabalhadores e seus intelectuais orgânicos. Em outra direção, existe uma forte expectativa pela trajetória política do partido na defesa dos mais pobres, na inovação de programas sociais em prefeituras e pelo próprio programa de governo, que estabelece como meta acabar com a fome no Brasil.

Costa (2009) descreve que em 2003, é criado o Ministério Extraordinário da Segurança Alimentar e Combate à Fome (MESA), ligado diretamente à Presidência da República. A difusa agenda do MESA fica comprovada na interminável agenda de ação governamental para o setor em 2003: políticas estruturais (7); políticas especificas (8); políticas locais (4); políticas para pequenas e médias cidades (4) e políticas para áreas rurais (6). Neste sentido, Freitas (2007: 71) argumenta que em dezembro de 2003, com a extinção do MESA e a posterior criação do Ministério de Desenvolvimento Social e Combate à Fome (MDS), houve a criação da Secretaria Nacional de Segurança Alimentar e Nutricional que incorporou o Programa Fome Zero, e ficou responsável pelo Apoio a Comunidades Quilombolas; Cisternas;

Cozinhas Comunitárias; Programa de Restaurantes Populares; Programa Nacional de Banco de Alimentos; Carteira Indígena; Programa Cartão Alimentação; Programa de Aquisição de Alimentos; Agricultura Urbana e Programa de Educação Alimentar e Nutricional.

Um dos principais resultados da política social formulada ao longo dos anos foi o sucesso na diminuição das desigualdades de renda na região Nordeste, foco dos principais programas sociais, como o Bolsa-Família. No gráfico a seguir é possível perceber uma queda no Coeficiente de Gini abaixo da linha de tendência, reforçando a literatura sobre os resultados positivos do conjunto continuado de políticas com foco na diminuição da pobreza. É relevante perceber ainda a inflexão demonstrada no gráfico a partir da estabilidade econômica e a implementação de políticas de transferência de renda a partir de 1995.

GRÁFICO 1. Coeficiente de Gini para a Região Nordeste (1981-2008)

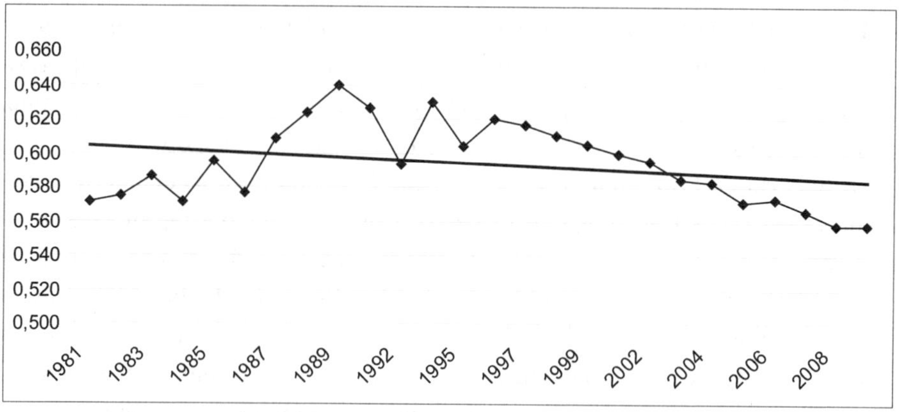

Fonte: Ipeadata. Elaboração própria.

Costa (2009) em seu trabalho sobre a política de proteção social no Brasil conclui que as políticas sociais do governo Lula não se caracterizam necessariamente por inovações, mas sim por manutenção e/ou ampliação das políticas originadas no governo anterior. Neste sentido, Pereira (2009) explica que o governo Lula causa surpresa ao dar continuidade às políticas, poisvindo de um partido historicamente defensor de uma agenda universalista de proteção social, manteve e/ou ampliou as bases institucionais do arranjo de proteção social "minimalista" e "focalizado" já implementado pelo governo FHC. Pereira (2009) ao analisar o trabalho de Costa (2009), argumenta que é possível identificar uma nova agenda de política pública que buscou introduzir um conjunto importante de inovações no setor social, mesmo diante das restrições impostas pela necessidade do ajuste. As principais inovações de política social da década de 90 incluem o Programa Bolsa-Escola, o Fundo de Desenvolvimento do Ensino Fundamental e Valorização do Magistério – Fundef, e o Fundo de Combate à Pobreza. Costa (2009) apresenta ainda evidências claras de que a linha de atuação do governo Lula, principalmente a partir de 2004, consolidou e ampliou os programas de transferência de renda já criados no governo FHC.

A INSTITUCIONALIDADE DAS POLÍTICAS PÚBLICAS DE COMBATE À POBREZA E SUA CONTINUIDADE

A gerência, coordenação, acompanhamento e avaliação dos programas com foco nas pessoas em situação de pobreza foi a motivação para a criação de um Ministério, que assim concentrasse os esforços administrativos do Programa Bolsa-família. Com isso, o Decreto nº 5209 de 17 de setembro de 2004 estabelece o Ministério do Desenvolvimento Social e Combate à Fome – MDS como gestor do Programa Bolsa-família e um Conselho Gestor Interministerial, com o MDS na presidência e a participação dos seguintes ministérios: Educação; Saúde; Planejamento, Orçamento e Gestão; Fazenda; Casa Civil e Caixa Econômica Federal.

A história do Programa de Transferência de Renda no Brasil começa no governo de Fernando Henrique Cardoso (PSDB) em 2001 com o Programa Nacional de Renda Mínima, de caráter universalista no seu nascedouro para depois se transformar em política focalizada, com a introdução de condicionalidades. A Lei nº 10219 de 11 de abril de 2001 cria o Programa Nacional de Renda Mínima vinculado à educação, chamado de Bolsa-Escola. Os recursos para a implementação do Programa eram provenientes do Fundo Nacional de Desenvolvimento da Educação e transferidos para o Ministério da Educação.

Na Lei ainda fica expresso o objetivo do Programa:

> Constitui o instrumento de participação financeira da União em programas municipais de garantia de renda mínima associado a ações socioeducativas, sem prejuízo da diversidade dos programas municipais (Presidência da República, 2004).

A ideia do Programa parecia ser estimular o protagonismo dos municípios, na formulação de políticas semelhantes, de cunho complementar, no sentido de gerar maior impacto no público-alvo. A Lei ainda prevê a criação de um conselho de controle social, composto por representantes do poder público e sociedade civil.

O Brasil e o México foram os primeiros países a implementarem políticas de transferência de renda de acordo com Cecchini e Martinez (2012: 88). Na década de 1990 mais de 35 tipos de programas de transferência foram implementados em 19 países da América Latina. Em 2009 estes programas beneficiaram 113 milhões de pessoas em situação de pobreza e extrema pobreza.

A grande maioria dos programas sociais implementados como transferência de renda apresentam condicionalidade e são focalizados. Na visão de Lamas (1997: 69-70) a focalização das políticas sociais se converteu em um objetivo desejado, tendo em vista que ela permite concentrar os gastos nas pessoas que mais podem se beneficiar com eles. Com isso, economiza dinheiro e melhora a eficiência dos programas. Esta conduta pode gerar discriminações, é um risco. A autora ainda lembra que existem diferentes formas de focalizar a política. As opções que se adotam não são somente técnicas, sofrem influência de fatores políticos, ideológicos associados a uma visão que se tem da pobreza e suas causas, e as características do sistema político e a prevalência de direitos cidadãos considerados universais. Cecchini e Martinez (2012: 92; 101; 104) definem categorias para os programas de transferência de renda como *soft, strongand networks* com condicionalidades. Assim, na categoria *soft* de condicionalidades está o Programa Bolsa-Familia, tendo em vista o seu objetivo principal de fornecer um nível básico de bem estar às famílias em situação de pobreza. Na categoria *strong* de programa de incentivo a demanda com forte condicionalidade está o México com o Programa Oportunidades e Costa Rica com o Programa Avancemos. A ideia é que as famílias acessem os serviços de saúde e educação. O programa exerce um acompanhamento intenso do cumprimento das condicionalidades e aplicação de penalidades. Além disso, é feito um constante trabalho de conscientização em torno dos objetivos do programa e da minimização dos estigmas em torno da participação das famílias no programa, tendo em vista a possibilidade de serem rotuladas de pobres, gerando mais exclusão. A categoria de programa de sistema de coordenação ou *networks* com condicionalidades pode ser entendido como uma continuidade da categoria 2 ou chamado de terceira geração de programas de transferência de renda. Incluem-se nesse modelo o Programa Solidariedade no Chile e o Programa Juntos na Colômbia.

No Brasil as políticas sociais implementadas desde a redemocratização sofreram muitas interrupções em termos de recursos, espaço na agenda e na velocidade de implementação. Na visão de Draibe (1999: 102) algumas variáveis podem ser apontadas como problemáticas na execução da agenda de reformas sociais, tais são:

- Em que pese o esforço para ampliar e diversificar as fontes, o *financiamento* permaneceu ainda muito dependente de contribuições sociais e em decorrência das oscilações econômicas que afetam diretamente a massa salarial;

- Recursos financeiros destinados as políticas sociais continuaram *centralizadas* no Executivo, apesar da descentralização fiscal, de forte teor municipalista, realizada pela reforma tributária de 1988;

- Permanência de fortes *privilégios corporativos* no sistema de políticas sociais. Em outras palavras, as diretrizes igualitárias e universalistas não foram suficientemente fortes para enfrentar a defesa corporativista de benefícios especiais e em consequência de comprometimento de parte dos recursos com privilégio de categorias sociais particulares. Com efeito, somente a reforma da saúde foi realizada.

Em relação ao poder de agenda dos presidentes no Brasil sempre se observou nos últimos governos de Fernando Henrique Cardoso (PSDB) e Lula (PT) um índice elevado, principalmente na aprovação de Medidas Provisórias pelo Legislativo. Então, quais as variáveis poderiam explicar o comportamento das políticas sociais ao longo do tempo, como o baixo sucesso das reformas? Para Figueiredo, Salles e Vieira (2011: 206) o êxito do presidente em legislar se supõe que seja oriundo da formação do próprio governo e a criação de coalizões. O Brasil, entre 12 países analisados como Costa Rica, México (governos unipartidários); Bolívia, Brasil, Chile, Colômbia, Equador, Panamá (governos de coalizão); Argentina, Paraguai, Uruguai, Venezuela (utilizam ambos os tipos de governo), apresenta o nível mais alto de fragmentação partidária, contando com governos majoritários em 72% do tempo compreendido em seus primeiros 18 anos de democracia. Numa análise sobre o índice de aprovação dos Projetos de Lei ou Medidas Provisórias enviados pelo Executivo Federal para o Legislativo, o Brasil apresenta, entre os 12 pases estudados, o segundo maior índice de aprovação com 84,9% dos projetos de lei aprovados. O índice mais alto foi verificado no México com 94,2% de aprovação. Para os autores existem fatores que podem pressionar a agenda legislativa dos governos como os problemas econômicos, fiscais, desigualdade social, pobreza, inflação e o contexto internacional.

Bem, se o governo tem alto poder de agenda e consegue aprovar seus projetos no Legislativo, nos cabe agora saber o papel da burocracia nas políticas sociais e sua real influência. Sobre o funcionamento da burocracia no governo FHC, Loureiro *et al* (2010: 106) afirma que o governo fez uso de duas estratégias.

A primeira foi à segmentação da burocracia e a segunda foi a nomeação de um secretário-executivo para os ministérios cedidos aos partidos de sua base de sustentação no Congresso. Essa ação tinha com objetivo garantir que as decisões tomadas seguissem a orientação geral do núcleo do governo. Pode ser vista também como uma decisão estratégica de coordenação política para evitar possíveis desvios de meta e indisciplina programática por parte dos ministros oriundos de partidos políticos diferentes. Pacheco (2010: 294) explica que no governo de FHC houve uma alteração do conceito de profissionalização da burocracia, que passou a ser entendido como a capacidade de mensurar e avaliar resultados, controlar custos e buscar eficiência, comunicar, comparar resultados e avaliar desempenho.

Antes disso, Bresser-Pereira (1998: 179) afirma que a preocupação maior do governo Collor era cortar custos, reduzir o tamanho da máquina do Estado e demitir. Porém, segundo o autor havia também uma preocupação com a qualidade da burocracia e dos serviços gerados pelo Estado. Ainda assim, o governo Collor diminuiu o número de servidores públicos, mesmo que estudos apontassem a ineficiência quase que generalizada como problema maior a ser resolvido. Um estudo realizado no inicio do governo Itamar Franco diagnostica que a burocracia existente apresenta uma baixa capacidade para formular, planejar e controlar as políticas públicas. O estudo ressalta ainda a inexistência de um plano de carreira e de uma remuneração atrativa (BRESSER-PEREIRA, 1998: 180).

No sentido de aumentar a profissionalização do setor público e sua eficiência Spink (2001: 141) faz referência às iniciativas do Banco Interamericano de Desenvolvimento – BID na aprovação de 100 ou mais programas no período de 1990 e 1995 nos quais os componentes "fortalecimento" e "reforma do Estado" estavam sempre presentes. Neste sentido, havia também o financiamento do Banco Mundial para os programas de "Modernização do setor público" para os países da América Latina na década de 90 e a ONU na sua Assembleia Geral de 1996 orientava seus parceiros e agências a concentrar suas atividades no desenvolvimento de recursos humanos e no treinamento para a eficiência da gestão pública. Portanto, não parece ser um movimento interno de modernização da burocracia, mas uma ação coordenada por organismos multilaterais em diversas partes do mundo, com foco em países em estágio inferior de desenvolvimento.

De acordo com Pacheco (2010) e BID (2007) o Brasil vem sendo considerado um dos países latino-americanos onde o serviço civil é dotado de maior grau de profissionalização. A profissionalização é entendida aqui como o cumprimento dos requisitos básicos do modelo burocrático clássico weberiano, como o recrutamento meritocrático no ingresso do serviço público por meio de um sistema formal e impessoal de exames consistentes. Para Pacheco (2010: 278) uma das explicações para a posição destacada do Brasil é o fato de ter sido o primeiro país latino-americano a constituir corpos permanentes de Estado. Um outro fator foi a institucionalização da forma de ingresso no serviço público por meio de concurso, inscrita na Constituição de 1988. A autora segue o raciocínio explicativo com a inserção da variável política na escolha da burocracia:

> O modelo de formação da burocracia é até hoje inacabado, tendo sempre convivido com outras formas de ingresso e de permanência nos quadros de pessoal – interinos, extra-numerários, outras formas de vínculo precário, além dos cargos de livre nomeação. A explicação corrente remete a politização da máquina pública, por meio do clientelismo e do poder de nomeação utilizado pelos governantes como moeda de troca no jogo político-partidário. [...] entre os anos de 1995 e 2008 a despesa com pessoal do Executivo federal passou, em valores correntes, de R$ 31,5 bilhões para R$ 110,3 bilhões, o que equivale a um aumento de 450% (PACHECO, 2010: 278, 281).

Neste sentido, é possível perceber na tabela abaixo o aumento crescente de contratações em cargos de confiança na categoria de Direção e Assessoramento Superior – DAS, bem como o quantitativo de gratificações sob a gestão e escolha do Executivo.

TABELA 1. Cargos de Confiança e gratificações do Executivo federal (1997-2010)

Ano	1997	1998	1999	2000	2001	2002	2003	2004	2005	2006	2007	2008	2009	2010
DAS	17607	17183	16306	17389	17995	18374	17559	19083	19925	19797	20159	20599	21217	21870
Total Geral	70705	69341	59715	66040	71409	68931	67774	67798	69753	73096	75881	76857	81564	86086

Fonte: Ministério do Planejamento. Elaboração própria.

Em uma análise mais apurada sobre os ocupantes dos cargos de confiança é possível perceber um alto grau de profissionalização, em que apresentamos o seguinte conceito:

Profissionalização equivale á existência de corpos fortemente protegidos por meio de disposições rígidas, homogêneas e extensivas a todos indistintamente, dificilmente alteráveis, que permanecem no imaginário de todos como a solução para o que é considerado o principal obstáculo à constituição dos corpos permanentes do Estado: seu uso político clientelista (PACHECO, 2010: 292).

No governo Lula as atividades de controle interno da burocracia era executada pela Secretaria Federal de Controle da Controladoria Geral da União (LOUREIRO *et al*, 2010: 106). Neste sentido, Abrucio *et al* (2010: 67) entende que o governo Lula continuou uma série de iniciativas oriundas de experiências anteriores com foco na modernização do Estado, particularmente no reforço de algumas carreiras, no campo do governo eletrônico e na nova moldagem da Controladoria Geral da União, um instrumento no combate à ineficiência e a corrupção. Assim, é importante perceber as inovações administrativas, principalmente no acompanhamento das políticas sociais, como o Bolsa-Família. Um dos exemplos citados pelo autor como ponto fraco na gestão Lula foi o chamado "loteamento dos cargos públicos" entre vários partidos políticos, fragmentando o governo e impedindo a disseminação das boas práticas entre os ministérios. Vejamos se os argumentos se confirmam nos números de despesa com pessoal.

GRÁFICO/TABELA 2. De Desenvolvimento So

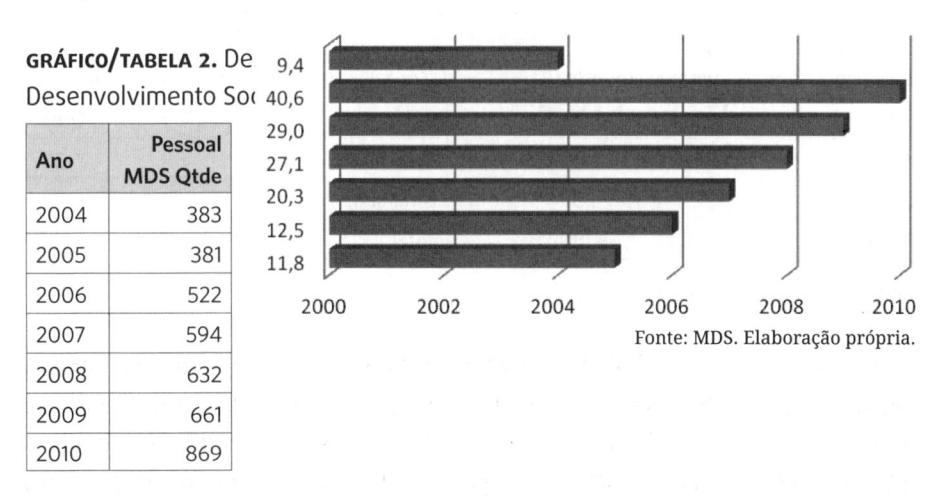

Ano	Pessoal MDS Qtde
2004	383
2005	381
2006	522
2007	594
2008	632
2009	661
2010	869

Fonte: MDS. Elaboração própria.

Ao analisar o ingresso dos Especialistas em Políticas Públicas e Gestão Governamental, cargo criado no sentido de profissionalizar a administração pública com a inserção de altos burocratas (BRESSER-PEREIRA, 1998), Cruz (2010) faz uma síntese da distribuição destes profissionais que pode ter referência com a agenda estratégica do governo Lula, assim temos:

> Conforme órgão supervisor de carreira 67% dos membros estão concentrados em 10 ministérios: Planejamento, Orçamento e Gestão (22%); Fazenda (14%); Presidência (14%); Justiça (10%); Educação (9%); Cultura (9%); Minas e Energia (8%); Saúde (7%); Desenvolvimento Social e Combate a Fome responsável pelo Bolsa-Família (7%) (CRUZ, 2010: 322-323).

Em relação ao perfil destes gestores especialistas, Cruz (2010) mostra que cerca de 40% são mestres e 25% são doutores. Já em relação à graduação, são diversas as áreas, confirmado o caráter generalista da carreira.

TABELA 3. Perfil dos funcionários MDS

SERVIDORES POR SEXO

Sexo	Qtde	%
Masculino	346	42,2
Feminino	474	57,8
Total	820	100%

MÉDIA DE IDADE POR SEXO

Sexo	Qtde
Masculino	47
Feminino	45
Média	40

ESCOLARIDADE – NÍVEL SUPERIOR POR SEXO

Sexo	Qtde
Masculino	41
Feminino	39
Total	80

ESCOLARIDADE – NÍVEL INTERMEDIÁRIO POR SEXO

Sexo	Qtde
Masculino	54
Feminino	47
Total	101

Fonte: MDS. Elaboração própria.

Fica visível, na distribuição dos altos funcionários, aprovados nos últimos concursos, quais as áreas são consideradas estratégicas para o governo. De modo que a área social, representada pelo Ministério do Desenvolvimento Social e Combate à Fome (MDS) fica apenas com 7%. De modo que as políticas sociais ao longo dos anos parecem que foram formuladas por um grupo distinto deste que agora compõem o MDS. A burocracia que compõe o MDS nos leva a concluir que o seu papel principal na atualidade é gerenciar as políticas de combate a pobreza, tendo em vista que a formulação das principais políticas como o Programa Bolsa-familia foi realizada antes de 2004, data da criação do Ministério. A continuidade das políticas pelos diferentes governos e partidos políticos reforçam a hipótese que existe um grupo responsável pelo estabelecimento da agenda social no Brasil – altos burocratas, insulados e preservados das mudanças políticas e de pessoal que não estão no MDS, mas em outro ministério ou instituição – o desafio é identificar este grupo e sua lotação na administração pública federal.

As políticas sociais no Brasil têm uma trajetória de muitas semelhanças, principalmente pelo *locus*, pela sua origem no momento da formulação. Para Draibe (1999: 139) os direitos sociais previstos na Constituição de 88 só começaram a vigorar ou serem implementados no ano de 1992 e 1993. De modo que os gastos sociais são fortemente influenciados pelo aumento dos gastos da previdência social e pela universalização dos serviços como saúde e educação. Em 1995-1996 os gastos sociais são impulsionados pelo aumento dos gastos com qualificação profissional (60%), saneamento básico (45%), ensino fundamental (26%), saúde (20%) e seguro desemprego (15%). Assim, é possível afirmar que as políticas de combate a pobreza na década de 80 foram fortemente marcadas pela forte centralização no governo federal, caracterizado como um conjunto descoordenado de programas, pelo caráter fragmentado e descontínuo das ações, pela grande ineficácia, em termos de seus resultados e impactos junto aos grupos necessitados e mais que tudo, pelo acentuado grau de clientelismo com que eram operados na década de 90. Ainda que medidas de natureza legislativas delimitem, nos dois ciclos de reformas sociais, as principais mudanças da área, as alterações efetivas vêm se dando de modo incremental e cumulativo, afetando, sobretudo concepções valorativas e estilos de políticas.

De acordo com o Ipea (2012) revelar o montante efetivamente gasto nas políticas sociais, diante do total de recurso mobilizado pelo governo federal ajuda a indicar a direção concreta de sua atuação, além de indicar os ajustes realizados no conjunto das políticas públicas – consequência da luta entre diversos atores e interesses por melhores posições junto ao fundo público.

TABELA 4. Trajetória do gasto social Federal brasileiro –
Assistência Social (incluso Bolsa-Família), 1995 a 2010

Ano	% PIB	R$ bilhões
1995	0.08	1.7
1996	0.09	2
1997	0.17	3.8
1998	0.24	5.5
1999	0.29	6.8
2000	0.4	9.8
2001	0.49	12.4
2002	0.6	15.8
2003	0.66	17.4
2004	0.75	21.4
2005	0.83	24.4
2006	0.91	28.3
2007	0.93	31.5
2008	0.97	35.4
2009	1.06	39.4
2010	1.07	44.2

Fonte: IPEADATA. Elaboração própria.

TABELA 5. Gasto social em relação ao PIB por país na América Latina

Argentina, 2010	0,2	Honduras, 2010	0,24
Bolívia, 2009	0,33	Jamaica, 2009	0,4
Brasil, 2009	**0,47 Bolsa Familia**	Mexico, 2010	0,51
Chile, 2008	0,11	Panama, 2009	0,22
Colômbia, 2009	0,39	Paraguai, 2010	0,36
Costa Rica, 2009	0,39	Republica Dominicana, 2009	0,51
Equador, 2010	1,17	Trinidad e Tobago, 2009	0,19
El Salvador, 2008	0,02	Uruguai, 2009	0,45
Guatemala, 2010	0,32	Peru, 2010	0,14

Fonte: CECCHINI e MARTINEZ, 2012. Elaboração própria.

De acordo com Draibe (1999: 104) na metade dos anos 80, o nível de gasto social do Brasil comparava-se ao alcançado por paises de desenvolvimento social médio – cerca de 15% do PIB, mas destacava-se pela sua baixa efetividade, tendendo proporcionalmente a beneficiar menos os grupos mais necessitados da população conforme dados do Ipea, 1998. Em 1988 a composição do gasto público social foi de US$ 67,5 bilhões, divididos assim: 64,1% união, 22,3% estados e 13,6% municípios. Em 1995 o gasto social público com Assistência Social foi dividido assim: 34% união, 39,8% estados e 26% municípios.

Draibe (1999: 108) assinala que do ponto de vista regional, da equidade dos gastos, verifica-se que as regiões menos desenvolvidas apresentam valores *per capita* até duas vezes inferiores aos verificados nas regiões e estados mais ricos. Analisando os governos, Draibe aponta que no período de 1990 a 1996 houve fortes oscilações nos gastos sociais. No governo Collor sofreu forte diminuição, no governo Itamar e FHC se percebeu uma recuperação do gasto social com uma forte tendência de crescimento, de evolução ano a ano. No governo Lula esses gastos se consolidam e representam uma das principais políticas implementadas.

CONCLUSÃO

Para compreender como as políticas de combate à pobreza passam a fazer parte da agenda de governo, torna-se necessário entender a burocracia, sua formação, suas preferências, como os diversos atores escolhem as políticas e como interagem entre si. O contexto para a observação da burocracia é o Estado, sob a gestão de vários governos e diferentes partidos políticos no período pós-redemocratização. Um ponto de inflexão para a análise das políticas sociais e sua institucionalidade é a criação do MDS e com ele as ferramentas de acompanhamento e avaliação.

A criação do Ministério do Desenvolvimento Social e Combate à Fome – MDS em 2004 foi um grande ganho institucional para a área social, tendo em vista que os governos anteriores optaram por distribuir em diferentes ministérios as políticas direcionadas para as pessoas em situação de pobreza. A caminhada institucional para conquistar o *status* de ministério estratégico na prática parece que será longa. Os dados mostram que o MDS possui 820 funcionários, sendo que somente 80 possuem nível superior, apontando para uma baixa qualificação formal. Em reforço ao argumento, os últimos aprovados em concurso público para o cargo de Especialista em Políticas Públicas e Gestão Governamental somente 7% foram lotados no MDS. Com isso, se percebe um longo caminho de negociações, disputas e arranjos conciliatórios para formar um ministério com uma burocracia correspondente à importância das políticas formuladas.

A discussão das causas da pobreza poderia ser um caminho para a mudança ou transição da arena redistributiva para a regulatória ou distributiva, transformando os benefícios em direitos. A manutenção de um *status quo* da pobreza priva a ascensão de outras políticas de cunho não reformistas simplesmente, mas de mudanças profundas e parece esse ser um problema – o medo daqueles que se beneficiam com atual situação, que impedem essas políticas de serem formuladas ou debatidas. Uma outra mudança interessante seria a alteração da nomenclatura "beneficiários" para cidadãos, pois este último remete à direitos e não a benefícios, que podem deixar de existir a qualquer tempo, sem que resolva de fato o problema da pobreza. Uma das críticas ao programas de transferência de renda na América Latina é que parece ser mais fácil disponibilizar dinheiro para as famílias acessarem serviços universais como saúde e educação do que mudar ou ajustar os mecanismos que geram a exclusão, a pobreza e a desigualdade.

Uma ressalva é importante para entender a complexidade do grupo que formula as políticas, uma delas é que o poder não é exercido de forma monolítica. O segundo ponto é a contradição e o conflito de interesses entre os atores. O terceiro ponto é que mesmo contraditórios, os interesses se consolidam e se transformam em políticas.

O que fica momentaneamente sem resposta neste artigo é o motivo pelo qual as políticas sociais de transferência de renda implementadas, na sua grande maioria, utilizam o mecanismo de Medida Provisória mesmo com uma coalizão majoritária e poder institucional de agenda teoricamente suficientes para promover profundas mudanças nesse campo, principalmente na geração de direitos para as pessoas em situação de pobreza. Essa postura evitaria descontinuidades programáticas com a mudança de governo e a garantia de recursos para o sucesso da implementação ao longo do tempo. A continuidade histórica de políticas que geram benefícios temporários é uma característica dos governos brasileiros.

REFERÊNCIAS BIBLIOGRÁFICAS

ABRUCIO, Luiz Fernando; PEDROTTI, Paula; PO, Marcus Vinicius. "A formação da burocracia brasileira: a trajetória e o significado das reformas administrativas". In: LOUREIRO, Maria Rita; ABRUCIO, Fernando L.; PACHECO, Regina S. (orgs.). *Burocracia e política no Brasil: desafios para o Estado democrático no século XXI.* Rio de Janeiro: Editora FGV, 2010.

BID (Banco Interamericano de Desenvolvimento). *A política das políticas públicas: progresso econômico e social na América Latina*. Washington: BID, 2007.

BRESSER-PEREIRA, Luiz Carlos. *Reforma do Estado para a cidadania: a reforma gerencial brasileira na perspectiva internacional*. São Paulo: Enap, 1998.

CECCHINI, Simone; MARTINEZ, Rodrigo. *Inclusive social protection in Latin America: a comprehensive, rights-based approach*. Santiago: United Nations Publication, 2012.

COSTA, Nilson do Rosário. "A proteção social no Brasil: universalismo e focalização nos governos FHC e Lula". *Ciência & Saúde Coletiva*, vol. 14, n° 3, 2009, p. 693-706.

CRUZ, Rachel. "Carreiras burocráticas e suas transformações: o caso dos gestores governamentais no Brasil". In: LOUREIRO, Maria Rita; ABRUCIO, Fernando L.; PACHECO, Regina S. (orgs.). *Burocracia e política no Brasil: desafios para o Estado democrático no século XXI*. Rio de Janeiro: Editora FGV, 2010.

DRAIBE, Sonia M. "A política social no governo FHC e o Sistema de Proteção Social". *Tempo Social*, USP, vol. 15, n° 2, 2003, p. 63-101.

_____. "As políticas sociais nos anos de 1990". In: BAUMANN, Renato (org.). *Brasil: uma década em transição*. Rio de Janeiro: Campus, 1999.

FIGUEIREDO, Argelina Cheibub; SALLES, Denise Lopes; VIEIRA, Marcelo Martins. "Determinantes políticos e institucionales del exito legislativo del ejecutivo en América Latina". In: SAEZ, Manuel Alcantara; MONTERO, Mercedes Garcia (org.). *Algo más que presidentes: el papel del poder legislativo en América Latina*. Zaragoza: Fundácion Manuel Gimenez Abad, 2011.

FREITAS, Rosana de C. M. "O governo Lula e a proteção social no Brasil: desafios e perspectivas". *Revista Katálysis*, Florianópolis, vol. 10 n° 1, jan./jun. 2007, p. 65-74.

IPEA. *Nota técnica: Gasto social federal – prioridade macroeconômica no período de 1995-2010*. Brasília, 2012.

LAMAS, Alicia Esperanza. "Mitos e desafios da politica social". In: FERRO, Maria Cristina Rojas de; GUTIERREZ, Adriana Delgado (orgs.). *Politica Social: desafios e utopias*. Santa Fé de Bogotá: Pontificia Universidad Javeriana, 1997.

LOUREIRO, Maria Rita. "O controle da burocracia no presidencialismo". In: *Burocracia e reforma do Estado*. São Paulo: Fundação Konrad Adenauer, 2001, p. 47-73

LOUREIRO, Maria Rita; PEREIRA, Fabio; GOMIDE, Alexandre. "Democracia e gestão macroeconômica: a agenda fiscal do governo Lula". In: SOLA, L.; LOUREIRO, M.

R. (orgs.). *A nova agenda democrática: economia política, justiça e políticas sociais.* Rio de Janeiro: Editora FGV, 2009.

LOUREIRO, Maria Rita; OLIVIERI, Cecília; MARTES, Ana Cristina Braga. "Burocratas, partidos e grupos de interesse: o debate sobre política e burocracia no Brasil". In: LOUREIRO, Maria Rita; ABRUCIO, Fernando L.; PACHECO, Regina S. (orgs.). *Burocracia e política no Brasil: desafios para o Estado democrático no século XXI.* Rio de Janeiro: Editora FGV, 2010.

O'DONNELL, G. & SCHIMITTER, P. *Transições do regime autoritário: primeiras conclusões.* São Paulo: Vértice, 1988.

PACHECO, Regina Silvia. "Profissionalização, mérito e proteção da burocracia no Brasil". In: LOUREIRO, Maria Rita; ABRUCIO, Fernando L.; PACHECO, Regina S. (orgs.). *Burocracia e política no Brasil: desafios para o Estado democrático no século XXI.* Rio de Janeiro: Editora FGV, 2010.

SPINK, Peter. "Possibilidades técnicas e imperativos políticos em 70 anos de reforma administrativa". In: BRESSER-PEREIRA, Luiz Carlos; SPINK, Peter (orgs.). *Reforma do Estado e administração pública gerencial.* Rio de Janeiro: Editora FGV, 2001.

TIEZZI, Sergio. "A organização da política social do governo Fernando Henrique". *São Paulo em Perspectiva*, vol. 18, nº 2, 2004, p. 49-56.

SOBRE O AUTOR

ROBERTA SOUSA é doutoranda em Ciência Política e bolsista CNPq pela Universidade Federal do Rio Grande do Sul – UFRGS. Contato: robertasousa1@gmail.com.

BUROCRACIA DE BASE: RELAÇÕES INTERGOVERNAMENTAIS E A MOBILIZAÇÃO POPULAR NA POLÍTICA DE AIDS NO BRASIL[1]

JESSICA A. J. RICH

ESTRATÉGIAS FEDERAIS DE CONTROLE DO COMPORTAMENTO SUBNACIONAL

A tendência recente de descentralização fiscal e administrativa tem tido efeitos decididamente desiguais na governança local na América Latina. Conforme vários autores têm demonstrado, a descentralização não só promove a inovação política no nível local, mas também confere aos políticos uma margem de manobra maior para utilizar os recursos e promover objetivos partidários ou pessoais ao invés de melhorias nas políticas públicas (EATON, 2006; FOX, 1994; TULCHIN & SELEE, 2004). Além disso, dada a longa história de governança descentralizada na América Latina, a súbita delegação de autoridade sobre os programas da área social tem revelado uma profusão de instituições fracas no nível local que carecem de capacidade para lidar com o aumento em suas responsabilidades (ABERS & KECK, 2009; GRINDLE, 2007). Assim, a descentralização não tem melhorado de maneira uniforme a governança subnacional, mas, ao invés disso, tem aumentado a diferença entre lideranças políticas locais e atores sem atuação de destaque nas políticas locais (FALLETI, 2010; GRINDLE, 2007; SOUZA, 1998).

Na arena da política fiscal, um pequeno grupo de autores tem destacado as estratégias inovadoras que executivos nacionais têm desenvolvido para limitar as despesas subnacionais descontroladas nos anos 1990. Tais autores têm focado em casos nos quais os tomadores de decisão no âmbito federal se engajaram acerca de disputas com políticos provincianos sobre a implementação de reformas de austeridade fiscal, utilizando de maneira estratégica seu arsenal de ferramentas políticas, tais como o poder de decreto do executivo e, em alguns casos, o controle

---

1   Artigo originalmente publicado em inglês na *Latin American Politics and Society*, vol. 55, nº 2, 2013, p. 1-25.

partidário no Congresso (EATON & DICKOVICK, 2004; MONTERO, 2001a, b). Em contraste com a noção inicial de descentralização, como sendo um processo linear e irreversível, tais autores do federalismo fiscal sugerem, por outro lado, que a descentralização muda o campo de disputa – no qual os embates entre políticos nacionais e subnacionais emergirão no que concerne à distribuição de autoridade (ARRETCHE, 2002; MONTERO, 2001a, b). Disputas entre oficiais do governo federal e políticos subnacionais são particularmente intensas no Brasil, um caso de federalismo "forte" ou "intenso", no qual os governadores exercem uma larga influência nas políticas nacionais (ABRUCIO, 1995; ARRETCHE, 2002; SAMUELS, 2003; SOUZA, 1997).

Na arena da política social, casos recentes de desenvolvimento exitoso de programas subnacionais em regiões politicamente atrasadas no Brasil também têm sido atribuídos à habilidade do governo em promover novos padrões para construção de fortes mecanismos federais de vigilância, tais como o surpreendente sucesso dos programas municipais de saúde no estado do Ceará (TENDLER, 1998) e do Bolsa Família, principal programa brasileiro de combate à pobreza (FENWICK, 2009). Contrário à ideia de que a burocracia central se reduziria como resultado da descentralização, estes autores têm demonstrado que os burocratas federais responsáveis pelos programas sociais nacionais têm redefinido sua missão, fortalecendo seu foco na vigilância (TENDLER, 1998). Não obstante, até o momento poucos autores têm examinado de maneira rigorosa as novas estratégias que os burocratas centrais têm desenvolvido para direcionar o comportamento político subnacional.

Este artigo argumenta que para o entendimento pleno das dinâmicas das relações intergovernamentais na arena da política social, devemos necessariamente olhar além dos atores governamentais. Com poucas ferramentas para controlar diretamente o comportamento político local após a descentralização, os burocratas nacionais estão, por outro lado, se apoiando em interesses organizados fora do Estado. A sociedade civil emerge como um importante recurso para responsabilizar os políticos locais em um contexto de governança descentralizada, graças à sua habilidade para monitorar a performance do governo subnacional e de chamar a atenção do público para as falhas políticas (ABERS & KECK, 2009; RICH & GÓMEZ, 2012). Considerando que o governo federal é limitado em sua capacidade regulatória local, tanto pela geografia quanto pelas fronteiras de seu alcance legal, os grupos da sociedade civil têm o potencial de controlar de perto as dinâmicas políticas locais e de usar táticas contenciosas para direcionar o comportamento político local.

Burocratas federais usam a capacidade dos grupos da sociedade civil para monitorar a implementação de políticas locais e para ajudar a identificar problemas no nível subnacional. Considerando que burocratas nacionais são incapazes de manter uma vigilância constante dos comportamentos locais e estatais – especialmente em um país da extensão do Brasil, com 26 estados e 5.564 municipalidades – organizações locais da sociedade civil se encontram em uma melhor situação para vigiar a implementação de políticas. Assim, quando os burocratas nacionais constroem canais institucionais de comunicação com organizações locais da sociedade civil, eles podem aumentar sua capacidade de monitorar políticas locais e desenvolverem estratégias efetivas para intervenção.

Organizações locais da sociedade civil também podem pressionar políticos subnacionais a implementar diretrizes de políticas nacionais, utilizando estratégias que se situam fora do escopo da autoridade legal que os burocratas federais possuem. Ao contrário dos funcionários públicos, organizações da sociedade civil podem fazer uso de táticas de pressão pública, tais como marchas pelas ruas, petições públicas e apelos à imprensa. Organizações da sociedade civil podem também fazer uso de um amplo leque de canais institucionais, tais como *lobby* no legislativo e nas cortes, para pressionarem políticos a investirem em serviços na área social. Burocratas federais dedicados à política de AIDS no Brasil enfrentam uma variedade de políticos subnacionais recalcitrantes, através de vantagens comparativas da sociedade civil, dando apoio à mobilização de grupos locais de ação cívica de AIDS por meio de financiamento federal.

Este modelo centrado na sociedade civil para controlar o comportamento de políticos tem sido amplamente ignorado pela literatura acadêmica recente, embora seja objeto de ampla discussão entre acadêmicos e tomadores de decisão na América Latina. A ampla comparação entre relatos, tanto escritos quanto informais, acerca deste fenômeno sugere que novas alianças entre burocratas do governo e organizações da sociedade civil têm emergido em bolsões importantes por toda a região, os quais este artigo chama de burocracias ativistas – um novo e pouco estudado tipo de político na América Latina (ABERS & VONBÜLOW, 2011). De maneira específica, na medida em que instituições democráticas e transparentes de governo se materializaram pela região, uma ampla variedade de cidadãos preocupados com reformas assumiu cargos nas burocracias da área social como uma forma de avançar mudanças políticas a partir de dentro do Estado. Estes burocratas progressistas, quando encaram políticos ingovernáveis ou apáticos, apoiam-se em alianças com a sociedade civil para promover seus objetivos.

A política de AIDS no Brasil é um exemplo paradigmático deste fenômeno. Graças à natureza de seu desenvolvimento durante o período da transição democrática, a burocracia nacional brasileira para AIDS foi preenchida por um número relativamente amplo de burocratas preocupados com reformas. Durante os anos 1990, quando a AIDS se espalhava dos enclaves urbanos para as regiões rurais e subdesenvolvidas, estes burocratas federais progressistas encaravam o crescente desafio de supervisionar os serviços de prevenção à AIDS em um amplo número de Estados e municipalidades, alguns dos quais eram governados por políticos corruptos ou desinteressados, cuja autonomia tinha aumentado graças à descentralização administrativa e fiscal. Como uma solução ao seu desafio de governança local, estes burocratas federais mobilizaram grupos da sociedade civil por todo o país com o intuito de pressionar políticos subnacionais a implementar as diretrizes nacionais de política de AIDS. Burocratas federais lançaram esta campanha através do financiamento de novas organizações da sociedade civil voltadas para o tema da AIDS, de sua inclusão em conselhos participativos e até mesmo treinando-os como lobistas. Como resultado, a comunidade engajada com o tema da AIDS se expandiu de poucas dúzias de organizações no final dos anos 1980, concentradas em poucas cidades mais ricas, para mais de mil organizações espalhadas por todo o Brasil em 2010.

Diferentemente dos estudos recentes, que enfatizam as relações entre os políticos eleitos em vários níveis do governo, o argumento aqui sugere que a questão das relações intergovernamentais é entrelaçada com a questão das relações Estado-sociedade. Ele parte de leituras recentes do que Evans (1996) chama de "sinergia Estado-sociedade" – novas alianças entre burocratas estatais e grupos da sociedade civil em busca de objetivos políticos compartilhados. Até agora, a maior parte dos estudos de sinergia têm enfatizado os efeitos positivos da cooperação entre burocratas e cidadãos locais em relação aos resultados de desenvolvimento, minimizando as dinâmicas políticas que guiam estas alianças e suas implicações para o desenvolvimento político futuro. Este artigo contribui para explicar porque a sinergia emerge em algumas áreas políticas e não em outras, mediante a análise dos fatores subjacentes que levam os burocratas a mobilizar grupos da sociedade civil como aliados – como uma solução ao desafio da crescente responsabilidade política local face à fraca capacidade regulatória.

Este argumento também avança com relação a um conjunto crescente da literatura que examina como é que novas divisões dentro do sistema de

Estados, nos níveis tanto doméstico quanto internacional, tem aberto oportunidades novas para ativistas desfavorecidos fazer alianças com elites ativistas. No nível internacional, Keck e Sikkink (1998) apontam que a globalização, e especificamente o desenvolvimento de novas tecnologias de comunicação, tem tornado, de maneira repentina, organizações internacionais de direitos humanos acessíveis aos grupos ativistas locais que buscam fazer demandas contra seus governos domésticos. Lidando com políticos domésticos indiferentes, ativistas locais procuram se espelhar em grupos de direitos humanos no mundo desenvolvido, que direcionam seus vastos recursos humanos e financeiros para influenciar a política no sul global em prol de seus aliados, naquilo que as autoras chamam de "efeito bumerangue". Este artigo sugere que o ímpeto para alianças entre cidadãos da elite e cidadãos marginalizados também pode vir de cima.

A evidência apresentada neste artigo se baseia em 17 meses de pesquisa de campo no Brasil, que foi conduzida entre 2007 e 2010. Esta pesquisa se baseia em três métodos de coleta de dados. Primeiro, mais de 100 entrevistas semiestruturadas foram conduzidas com líderes da sociedade civil, burocratas, políticos e funcionários do Banco Mundial. Segundo, foram observadas mais de 40 reuniões de tomadores de decisão, reuniões estas que congregavam burocratas e líderes da sociedade civil de todo o Brasil. Terceiro, a aprofundada informação adquirida a partir das entrevistas e das observações foi completada com um *survey* pela internet (que continha mais e 100 perguntas) com os diretores de 123 associações voltadas para questões de AIDS em dois Estados: Rio de Janeiro e São Paulo. Estes 123 *surveys* representam uma taxa de resposta de 52%.

Este artigo traça o desenvolvimento da burocracia nacional de AIDS no Brasil, primeiro mostrando como o programa nacional de AIDS se desenvolveu em um setor central do Estado, com burocratas orientados para o desenvolvimento e relativamente autônomos, e então descrevendo os grandes desafios com os quais os burocratas de AIDS tem de lidar a fim de sustentar seu êxito político frente à autoridade descentralizada. O artigo detalha a estratégia formulada pelos burocratas federais para superar seu fraco poder regulatório: a mobilização de associações locais para monitorar as políticas e fazer pressão política para o desenvolvimento de políticas de prevenção à AIDS. Ele conclui descrevendo novos padrões de mobilização cívica ao redor da AIDS que têm emergido no Brasil e discute as implicações deste argumento para o estudo da descentralização e da participação política em outros contextos políticos.

DE UM PROGRAMA PERIFÉRICO PARA UM BOLSÃO DE EFICIÊNCIA

Os políticos brasileiros têm sido louvados pela comunidade de desenvolvimento internacional por suas respostas progressistas à epidemia de AIDS nas últimas duas décadas.[2] Em 1996, como é de conhecimento, o Ministro da Saúde José Serra garantiu aos cidadãos o acesso livre e sem custos às drogas antirretrovirais – um benefício social não observado até mesmo em países mais ricos, como Estados Unidos e muitos países da Europa. Em 2001, o Presidente Fernando Henrique Cardoso e o Ministro da Saúde José Serra entraram em conflito com companhias farmacêuticas multinacionais, organizações internacionais de empréstimos e países economicamente poderosos, tais como os Estados Unidos, com relação ao acesso a remédios genéricos – uma condição necessária para que o governo continuasse a prover tratamento gratuito a cidadãos infectados pelo HIV. Desde 1992, ambas as principais administrações presidenciais pós-transição (Fernando Henrique Cardoso e Luiz Inácio Lula da Silva) têm colocado a AIDS como uma prioridade de investimento na área social.

As atitudes progressistas dos políticos brasileiros tem certamente tido um papel direto para facilitar os impressionantes avanços políticos do Brasil no combate a AIDS. A perspectiva popular, contudo, contradiz o papel central tanto das organizações da sociedade civil quanto dos burocratas federais no direcionamento de tais decisões políticas. Em contraste, este artigo destaca as maneiras indiretas pelas quais os novos políticos programáticos do Brasil têm promovido um desenvolvimento progressivo das políticas sociais, mediante a provisão de condições para o desenvolvimento de atores autônomos estatais e da sociedade civil com a capacidade de demandar reformas políticas a partir de fora da arena política partidária.

No Brasil, a mobilização cívica em torno da AIDS emergiu originariamente no início dos anos 1980, em meio à transição democrática e no rastro de uma onda nacional de movimentos sociais pró-democracia, durante a qual uma gama de organizações altamente díspares – de associações de bairro a sindicatos – adquiriu um caráter politizado para se opor ao regime militar. Com relação a muitos dos outros movimentos que tinham se mobilizado no Brasil durante a década anterior, este novo movimento de combate à AIDS abrange uma variedade particularmente profunda de atributos que facilitam uma mobilização política efetiva: se apoiava na classe média alta urbana, que gozava de

---

2   A expressão *pocket of efficiency* é indicada em Geddes (1990: 225).

abundantes recursos organizacionais; uma estrutura de movimento persuasiva, baseada em questões de direitos humanos; e uma fortuita abertura na estrutura de oportunidade política, que é explorada a fim de pressionar por suas demandas (GALVÃO, 2000; GAURI & LIEBERMAN, 2006; NUNN, 2009; PARKER, 2003, 2009; PARKER & TERTO, 2001).

Especificamente, o núcleo inicial dos ativistas no movimento contra a AIDS se centrava em homens homossexuais nos epicentros urbanos que eram abundantemente mantidos com capital material, humano e social.[3] Além disso, na medida em que instituições democráticas foram restabelecidas no Brasil, a partir de meados dos anos 1980, novas oportunidades políticas emergiram para o avanço de respostas governamentais à AIDS nestes enclaves urbanos a partir de dentro do Estado. Ativistas homossexuais fora do governo – juntamente com ativistas de saúde pública que se encontravam no governo – tiraram vantagem destas aberturas para mobilizar uma resposta convincente e relativamente exitosa a AIDS nos estados de São Paulo e Rio de Janeiro (além de alguns outros estados).[4]

Apoiando-se em iniciativas progressistas no nível municipal e estatal que tinham resultado deste movimento inicial de combate a AIDS no Brasil, uma burocracia de AIDS se desenvolveu gradualmente de 1985 até 1990, quando o presidente de curta duração, Fernando Collor, conduziu um período desastroso tanto para o desenvolvimento do Estado em geral quanto para o programa nacional de AIDS em particular.[5] Durante este período, o movimento de combate à AIDS foi particularmente ativo em sua crítica da administração, lançando uma robusta campanha de opinião pública para pressionar o governo federal a reinvestir em programas de AIDS e na mudança de sua abordagem nacionalista e severa de desenvolvimento de políticas de AIDS (GALVÃO, 2000; PARKER, 2009). Ativistas

---

3   Sobre o movimento gay no Brasil antes e durante o advento da AIDS, ver Daniel e Parker (1993); Green (1994); Macrae (1990); Trevisan (2000).

4   Esses burocratas de mentalidade ativista da saúde pública faziam parte da ampla onda de políticas orientadas para os movimentos sociais que surgiram na década de 1970 no Brasil. No caso do ativismo público de saúde, estudantes, médicos, pesquisadores e outros profissionais de saúde tinham construído o movimento sanitarista (reforma da saúde) no final de 1970 e início de 1980 como uma resposta política às desigualdades extremas de cuidados da saúde de combate ao sistema – em nome das comunidades pobres e buscando o acesso universal aos cuidados de saúde.

5   Com muitas áreas políticas sofrendo da mesma forma, uma ampla insatisfação popular com o governo Collor se uniu no Movimento pela Ética na Política, centrando-se em uma campanha de pressão da opinião pública para o impeachment do presidente. Herbert "Betinho" de Souza, um dos principais líderes movimento da AIDS, postou-se à frente deste movimento mais amplo – como bem reflete o forte perfil social e político dos primeiros líderes do movimento de AIDS no Brasil.

de combate a AIDS fizeram avançar tal campanha nas arenas doméstica e internacional, utilizando suas conexões sociais no Brasil para garantir uma presença robusta na mídia nacional (CATTONI, 2008; RAMOS, 2008) e utilizando suas redes globais para gerar críticas na mídia internacional e entre organizações internacionais de direitos humanos (PARKER & TERTO, 1997; SOLANO, 2000). Um sinal do êxito de tal estratégia "sanduíche" de pressão política foi que Collor colocou a política de AIDS como uma área prioritária para reforma durante sua tentativa derradeira de restabelecer a legitimidade de sua administração.

Em 1992, o novo diretor do programa, Lair Guerra, reconstruiu a burocracia nacional de AIDS mediante duas estratégias chave que refletem tendências mais amplas na governança latino-americana no início dos anos 1990. Em primeiro lugar, ela respondeu às críticas prévias do movimento social através da integração das organizações da sociedade civil no processo político, contratando-as como consultores e incorporando suas opiniões em decisões políticas cruciais (GALVÃO, 2000; SOLANO, 2000; PARKER, 2009). O programa nacional de AIDS também contratou líderes chave do movimento de AIDS como burocratas do governo, que aceitaram de imediato a chance não apenas de um avanço na carreira, mas também de avançar a política de AIDS a partir de dentro. A burocracia federal de AIDS era assim povoada por um número significativo de ativistas dentro do Estado, que adotavam os mesmos objetivos da sociedade civil e que mantinham conexões pessoais com líderes da sociedade civil.

Em segundo lugar, Guerra desenvolveu uma poderosa e semi-independente infraestrutura para burocracia dos programas de prevenção à AIDS, mediante o apoio técnico e financeiro do Banco Mundial. Este aporte direto de recursos do Banco Mundial (US$160 milhões) em 1994 teve um papel chave na transformação do programa nacional brasileiro de AIDS de um setor relativamente fraco da burocracia em um setor modelo do Estado brasileiro (GALVÃO, 2000; PARKER, 2003; STERN, 2003; WORLD BANK, 2004). Talvez mais importante que o impacto financeiro direto do empréstimo foram os meios administrativos que tal empréstimo conferiu ao desenvolvimento de uma burocracia de AIDS forte e progressista. DDe maneira específica, o acordo de empréstimo colocava o controle sobre a administração do orçamento de AIDS nas mãos da Unesco (Organização das Nações Unidas para a educação, a ciência e a cultura), permitindo ao programa de prevenção contornar a complexa máquina burocrática que tinha historicamente limitado a efetividade da elaboração de políticas do Estado brasileiro (CÂMARA & LIMA, 2000: 59). Enquanto os burocratas nacionais determinavam todos os aspectos substantivos da política brasileira de AIDS, a Unesco determinava as regras concernentes ao gasto, contratações e salários. Esta "terceirização" da gestão burocrática facilitou o desenvolvimento de uma burocracia de AIDS relativamente autônoma, povoada por profissionais altamente treinados, protegidos dos cortes de despesas federais e sem obrigação de seguir procedimentos e regras padronizadas (STERN, 2003). O Banco Mundial também desempenhou um papel chave para facilitar a estratégia posterior da burocracia de AIDS de expansão de suas alianças com a sociedade civil, tendo como foco um percentual relativamente amplo de empréstimos para financiamento de projetos não governamentais (CÂMARA & LIMA, 2000: 59; PARKER, 2003: 161; SOLANO, 2000: 86-127).

O empoderamento da burocracia nacional brasileira de AIDS se traduziu em surpreendentes avanços políticos. O tratamento da AIDS emergiu como referência do setor de serviços do Brasil, propagado por políticos como um exemplo de grande progresso pós-transição no setor de desenvolvimento social. Em contraste com o difamado sistema de saúde brasileiro, o programa nacional de AIDS é popularmente conhecido como "o sistema de saúde que deu certo". E enquanto o efeito do modelo de política de AIDS do Brasil na incidência nacional do HIV não tem sido avaliado de maneira rigorosa, a avaliação dos serviços de tratamento da AIDS compara estes de maneira consideravelmente favorável com relação à qualidade geral dos serviços de saúde no Brasil.[6]

ENCARANDO O DESAFIO DA GOVERNANÇA DESCENTRALIZADA

Ainda que o HIV se espalhasse nacionalmente de poucos epicentros urbanos para alcançar áreas subdesenvolvidas, burocratas nacionais de AIDS encaravam barreiras cada vez mais fortes para implementar de maneira efetiva diretrizes políticas nacionais no nível subnacional – a despeito de seu "insulamento" relativo com relação ao clientelismo e a ineficiência que permeia outros setores da burocracia brasileira. Considerando que a AIDS tinha se espalhado no Brasil inicialmente entre círculos de homens gays que se encontravam em uma situação financeira relativamente estável, por volta dos anos 1990 as infecções começaram a atingir subpopulações muito

---

6   A incapacidade de avaliar o impacto da política sobre os resultados do HIV é um importante problema global, fato é que uma das razões da a comunidade global da AIDS ainda está copiando modelos de políticas nacionais de países que parecem ter reduzido com sucesso a sua incidência do vírus, em um pouco de esperança cega sobre que as políticas são de fato os fatores causais. No entanto, o impacto causal de modelos de políticas nacionais em comparação com outros fatores epidemiológicos na redução da incidência de AIDS já tenha entrado em questão em diversos casos de sucesso de renome, tais como Uganda.

mais pobres – e mais amplas, como mulheres e crianças. Geograficamente, o vírus se alastrou das zonas mais ricas do sudeste para os estados mais pobres do nordeste e outros – e para muitas áreas com parca infraestrutura de saúde pública.

O desafio de prover serviços de prevenção e tratamento a AIDS em áreas com parca infraestrutura de saúde pública colocava um teste significativo para a reputação do programa de AIDS no que dizia respeito à provisão de um serviço de alta qualidade. Desenvolver programas efetivos de prevenção ao HIV em comunidades extremamente pobres – com baixos níveis médios de educação e com a presença de religiões tipicamente evangélica – também testava a capacidade do programa de AIDS de criar mensagens efetivas de prevenção do HIV em comunidades marginalizadas.

Tais desafios epidemiológicos e culturais têm sido exacerbados pela ordenança de descentralizar a autoridade sobre a gestão da política de AIDS para os governos estaduais e municipais, onde há uma profunda variação tanto na capacidade burocrática quanto na vontade política de investir em programas de tratamento e prevenção da AIDS. No Brasil, os objetivos da governança descentralizada são resguardados pela Constituição de 1988, e o sistema de saúde pública mais amplo já tem sido descentralizado em conformidade com os mandatos constitucionais (ARRETCHE, 2004). Consequentemente, a descentralização da autoridade sobre os programas de AIDS foram amplamente vistos entre os burocratas federais como um estágio inevitável do desenvolvimento das políticas nacionais (CHEQUER, 2008; GRANGEIRO, 2008; TEIXEIRA, 2008). Além disso, estes burocratas consideravam a descentralização como sendo uma necessidade prática para a expansão nacional dos programas de AIDS para novas regiões e Estados (*Valor Econômico*, 2006). Assim, após uma série de programas pilotos no início dos anos 2000, o Brasil descentralizou a gestão da política de AIDS para os níveis estadual e municipal em 2005, dividindo as responsabilidades políticas entre os dois níveis de governo.

O desenho do sistema descentralizado de política de AIDS, chamado por seus autores de política de incentivos, foi pensado especificamente para superar os hiatos na prestação de contas e na capacidade burocrática do nível local que têm desafiado o sistema de saúde pública descentralizado do Brasil.[7] Contudo, na prática a burocracia federal de AIDS tem continuado a encarar fortes desafios no direcionamento da implementação das políticas subnacionais, refletindo os problemas enfrentados pelos burocratas nacionais em outras áreas do serviço social. De fato, os mecanismos regulatórios são tão fracos no Brasil que até mesmo a coleta

---

7   Sobre os desafios da reforma da saúde pública, ver Arretche (2004).

de informações básicas acerca do comportamento de gastos no nível subnacional tem sido destacada como um problema nas avaliações tanto do programa de saúde pública do Brasil quanto de seus programas de AIDS (USAID, 2007; WORLD BANK, 2007). Em outras palavras, faltam informações – a fundação básica para a prestação de contas – no setor brasileiro de serviços, o que sugere que a burocracia nacional quase não tem controle direto sobre a gestão do programa no nível estadual ou no nível local.

Na ausência de um governo empoderado com capacidade de vigilância, um número significativo de políticos estaduais e locais usualmente se apropriam, de maneira indevida, dos recursos transferidos do nível federal aos programas de serviço social para propósitos pessoais ou políticos. O antigo secretário da saúde do Estado do Rio de Janeiro, por exemplo, foi indiciado por ter se apropriado de R$700 milhões do sistema de saúde pública em 2005 (*O Globo*, 2008; SAÚDE BUSINESS WEB, 2008). Na área de AIDS, enquanto os mecanismos federais de monitoramento das despesas têm atingido um sucesso maior na prevenção da apropriação indevida dos recursos federais pelos políticos, um número significativo de governadores e prefeitos tem preferido deixar os fundos federais para o combate à AIDS em suas contas bancárias, para não mobilizar recursos locais de outros programas mais populares em termos políticos como contrapartida para prover os fundos necessários a implementação do programa de AIDS. No estado de Goiás, por exemplo, a secretaria estadual de saúde tinha gastado apenas 57% das transferências federais de recursos para o combate da AIDS desde 2003. No final de 2009, nenhuma das transferências federais para o combate da AIDS direcionadas para Goiás tinham sido retiradas da conta bancária em 32 meses (documento governamental não publicado).

Baixos investimentos subnacionais em programas de infraestrutura de AIDS tem se traduzido em sérios problemas políticos estaduais e municipais que ameaçam a reputação do Brasil como um líder global de combate a AIDS. Estoques vazios de drogas antirretrovirais não apenas põem em perigo a saúde de pacientes individuais de AIDS mas também poderiam indiretamente promover no Brasil vírus resistentes aos medicamentos (*O Estado de São Paulo*, 2010). Atrasos de vários meses no processamento CD4 e testes de carga viral, que são necessários para prescrever a terapia de drogas para portadores de HIV, similarmente impedem os cidadãos de acessar as políticas de combate a AIDS (*Valor Econômico*, 2006).

As autoridades nacionais e os documentos publicados atribuem as falhas das autoridades subnacionais na aplicação dos recursos federais de prevenção à AIDS a uma combinação entre a baixa capacidade burocrática e a ausência de vontade política em investir na AIDS (WORLD BANK, 2010). De acordo com um burocrata nacional, aprofundando na questão do desafio colocado pelos políticos subnacionais,

> Apesar das limitações dos recursos [nacionais], o governo brasileiro tem investido em políticas de DST/AIDS. Mas não podemos nos esquecer que a autoridade é descentralizada, onde estados e municipalidades têm suas próprias responsabilidades. E, infelizmente, nem todos eles cumprem com suas responsabilidades. Assim, não é suficiente ter um Ministério da Saúde transferindo recursos [suficientes para estados e municipalidades]. Com frequência tais recursos simplesmente ficam parados em suas contas bancárias porque não há vontade política [para movimentá-los] (CASIMIRO, 2010).

Uma estratégia centrada na sociedade civil para a regulação da política de AIDS

Na ausência de mecanismos efetivos de vigilância, burocratas nacionais de AIDS têm sido forçados a buscar métodos alternativos para garantir que governadores e prefeitos implementem as diretrizes de política nacional. Associações não governamentais estavam disponíveis como um recurso, graças às relações colaborativas que tinham se formado entre burocratas e ativistas de combate a AIDS durante o desenvolvimento inicial da burocracia federal de AIDS. Ainda, os grupos ativistas de combate a AIDS se concentravam em um pequeno número de centros urbanos onde a AIDS havia se espalhado inicialmente. Assim, a medida que a AIDS se espalhava para novas cidades e regiões, os burocratas federais procuravam promover o desenvolvimento de novas associações de prevenção à AIDS em áreas com poucas organizações pré-existentes da sociedade civil e, ao mesmo tempo, buscavam engajar essas associações já existentes como aliados políticos na questão da AIDS nos níveis estatal e municipal do governo.

Este esforço para cultivar associações não governamentais como aliados políticos para o desenvolvimento de programas de prevenção à AIDS tem sido uma estratégia relativamente declarada da burocracia federal, que fazem referência a isso não apenas em conversas privadas como também na arena pública. Numa declaração gravada, o diretor da burocracia nacional de AIDS de 1996 a 2000 e de 2004 a 2006 observou: "necessitamos criar as condições para sustentar o [desenvolvimento geral da política de AIDS] que [temos] vivenciado. Se não tivermos um movimento social forte, estabelecido no nível local, será muito difícil de atingi-lo" (CHEQUER, 2007). No mesmo evento, um representante da burocracia de AIDS de São Paulo notou que "de dentro da máquina estatal, você frequentemente não pode, não gerencia, ou não está em uma posição para propor coisas. É por isso que é fundamental para a sociedade estar junta conosco pressionando [o governo]" (KALICHMAN, 2007).

FINANCIAMENTO DE PROJETOS

Uma estratégia utilizada pelos burocratas federais para mobilizar aliados políticos na questão da AIDS na sociedade civil tem sido enfatizar no financiamento de projetos. Em contraste com a era corporativista da governança no Brasil, quando o financiamento federal para grupos não governamentais era usado para cooptar organizações da sociedade civil com o intuito de silenciá-las, os burocratas nacionais encarregados dos programas de prevenção à AIDS têm usado o financiamento federal para encorajá-las a gritar ainda mais alto.

Primeiro, o governo federal distribui uma soma visivelmente significativa de recursos financeiros para grupos não governamentais, atingindo 10% do orçamento de prevenção ao HIV para a sociedade civil. O programa nacional de AIDS também retém uma parcela significativa do controle sobre como distribuir os recursos, a despeito da descentralização formal da gestão da política de AIDS. Entre 1999 e 2008, o governo brasileiro financiou o surpreendente número de 4.108 projetos de AIDS da sociedade civil, com alocações consistentes de financiamentos ao longo dos anos (série histórica). Além disso, burocratas do nível estatal agora distribuem apenas cerca da metade do financiamento destinado para associações não governamentais de AIDS (R$12 milhões, ou US$7,1 milhões).[8] Enquanto isso, o programa nacional de AIDS continua a distribuir R$10 milhões (US$5,9 milhões) diretamente para os grupos cívicos locais. O programa nacional de AIDS também reserva recursos adicionais a cada ano para apoiar a sociedade civil, o que soma o total de R$25 milhões (US$11,5 milhões) em financiamento federal direto para associações locais de AIDS em 2006 (CSHR, 2006), a despeito da descentralização ostensiva da autoridade fiscal e administrativa sobre a política de AIDS.

Segundo, a burocracia federal de prevenção à AIDS tem alocado uma porção significativa deste financiamento para a sociedade civil a fim de apoiar projetos que se centram na ação cívica (ver tabela 1). Este uso político dos

---

8 Enquanto um significativo grau da autoridade política AIDS é descentralizada para o nível municipal, o orçamento do fundo-a-fundo para as organizações não governamentais ainda é controlado pelos governos estaduais, devido às preocupações sobre a variação da capacidade burocrática a nível municipal.

contratos de projetos por ONGs é inesperado, dado que o Banco Mundial tem provido a vasta maioria do financiamento para os projetos de organizações não governamentais dedicadas à prevenção da AIDS no Brasil. Em particular, o Banco Mundial inicialmente promoveu a prática de ter como alvo o financiamento de associações cívicas de combate a AIDS mediante o uso de uma lógica tecnocrática que enfatizava a *"expertise"* relativa dos grupos não governamentais na busca pelas "populações marginalizadas" (BANCO MUNDIAL, 1998). Não obstante, o Banco Mundial praticamente deixou aos burocratas brasileiros a habilidade para decidir acerca da alocação dos financiamentos para associações de combate à AIDS; e os burocratas federais, guiados por uma necessidade estratégica de cultivar o apoio político para o desenvolvimento de políticas de AIDS fora do Estado, fizeram uso de tais financiamentos para apoiar os projetos de ação cívica política e de treinamento de ativistas.

TABELA 1. Apoio Federal Direto para Grupos da Sociedade Civil 2006

Recursos Federais para Grupos da Sociedade Civil	(Real 2006)	(Porcentagem do total)
Advocacy e Eventos	3,039,336	10
Projetos de advocacy	177,404	
Projetos de assessoria juridica	1,210,586	
Fortalecimento de rede	126,900	
Parada gay	776,665	
Outros eventos	747,781	
Projetos estratégicos	5,776,583	19
Fundos para pesquisa	13,515,377	45
Inovação tecnológica	220,432	
Pesquisa geral	13,294,945	
Serviços	1,070,694	4
Fundos para trabalho com comunidades específicas	6,726,200	22
Projeto Afro-Atitude	1,310,400	
Crianças e adolescents	56,400	
Casas de apoio para adultos com AIDS	5,359,400	
Total	30,128,190	100

Fonte: Documento não-publicado da unidade SCDH do Departamento Nacional de DST/AIDS. SCDH 2006.

Por exemplo, a burocracia nacional usou a assessoria jurídica em direitos humanos e DST/HIV/AIDS para encorajar as associações de AIDS a usarem as cortes para denunciarem abusos de direitos humanos. Em 2007, o programa nacional de AIDS financiou 37 grupos locais de assessoria jurídica em todas as cinco regiões do Brasil, com o maior número de grupos financiados no nordeste, uma região notória pelas violações dos direitos humanos e violência relacionada às questões de gênero (documento governamental não publicado; ver também Departamento de DST, AIDS e Hepatite Viral). Os grupos financiados tinham que registrar violações de direitos humanos contra cidadãos em suas áreas respectivas, coletando e arquivando queixas e promovendo cursos de educação jurídica para treinar líderes comunitários na promoção dos direitos humanos. De acordo como um burocrata,

> Se não há uma ação por parte dos estados que respondam à magnitude de discriminação, preconceito e exclusão social que existe – ou até mesmo o reconhecimento destes como fatores que exacerbam a epidemia – você tem que oferecer alternativas, certo? Se os estados não dão apoio, você tem que [...] oferecer alternativas [...] [Assim] o [programa nacional de AIDS] lançou este financiamento de assessoria jurídica, que oferece apoio financeiro para as organizações não governamentais desenvolverem uma infraestrutura básica [para entrarem na justiça no caso de violações de direitos humanos] com um profissional na área jurídica, um advogado que possa atender pessoas vítimas de discriminação relacionada à AIDS e que não são capazes de obter ajuda nos espaços formalmente estabelecidos (BARBOSA, 2010).

Minha observação no Estado do Rio de Janeiro foi que grupos de assessoria jurídica tinham uma porção significativa de suas demandas contra agências governamentais por abusos, tais como a suspensão de benefícios dos trabalhadores. Em outras palavras, o programa nacional de AIDS tem financiado organizações da sociedade civil para que estas entrem com ações jurídicas contra o Estado.

O programa nacional de AIDS também tem apoiado financeiramente o desenvolvimento de alianças de grupos ativistas nos níveis regional e nacional, mediante o financiamento de projetos de "fortalecimento de redes" e de "eventos". Como notado, burocratas veem o ativismo local como um elemento chave para garantir o avanço contínuo da política de AIDS em áreas problemáticas. Contudo, na medida em que a AIDS no Brasil começou a afetar grupos mais pobres e estados mais rurais, o capital humano que sustenta o movimento de AIDS se espalhou de um centro de ativistas experientes, conectados com círculos sociais poderosos, para novos líderes com uma menor experiência de ativismo e menos capital social para alavancar suas demandas junto ao governo.

Burocratas federais de AIDS estão, assim, financiando a colaboração regional e nacional entre organizações não governamentais de AIDS, com o objetivo de superar os desequilíbrios regionais visando o fortalecimento do movimento de AIDS. Os financiamentos para "redes" e "eventos" objetivam especificamente a emergência de novos líderes da sociedade civil local em áreas menos desenvolvidas, colocando-os em contato com grupos mais antigos e politicamente mais experientes. O financiamento de "redes", por exemplo, é um projeto que prepara grupos cívicos menores para participarem efetivamente em pelo menos um de quatro "espaços políticos" prioritários: redes guarda-chuva estaduais e municipais de ONGs de AIDS (conhecidas como fóruns de ONGs), conselhos de políticas de saúde, conselhos municipais de política de AIDS (chamados de comissões de AIDS), ou frentes parlamentares de AIDS (Ministério da Saúde, 2009).

O financiamento de "eventos" segue a mesma lógica de construir alianças interassociacionais, apoiando o contato entre organizações de ação cívica voltadas para a questão da AIDS e já bem estabelecidas e grupos mais novos através do pagamento dos custos relacionados às conferências e reuniões de movimentos sociais de AIDS. Os burocratas dão grande importância para a participação de novos líderes da sociedade civil em tais eventos, pois "eventos são um importante mecanismo para troca de experiências, onde líderes da sociedade civil acabam desenvolvendo habilidades e *expertise*" (CASIMIRO, 2010). Consequentemente, a burocracia federal de AIDS frequentemente subsidia a viagem e o alojamento para grupos advindos de áreas rurais e comunidades urbanas pobres. O programa nacional de AIDS aumentou ainda mais seu comprometimento com o treinamento de novos ativistas de combate a AIDS em 2009, mediante uma nova categoria de financiamento para a "formação de jovens líderes em DST/AIDS". Este projeto, lançado pela burocracia federal de AIDS, prepara, por 11 meses, jovens por todo o país para serem ativistas nas questões de AIDS.[9]

Através do uso de financiamento federal para AIDS voltado para organizações da sociedade civil, visando apoiar projetos de ação cívica, reforçar a cooperação através das regiões entre associações locais de AIDS, e treinar novos ativistas de combate a AIDS da sociedade civil, os burocratas nacionais objetivam financiar grupos da sociedade civil com o propósito explícito de apoiar e expandir a

---

9   Um jovem líder de cada estado é selecionado para o programa. Em 2009, jovens de apenas três estados brasileiros participaram do projeto.

mobilização política entre grupos cívicos locais – e consequentemente fortalecer a pressão externa sobre políticos dos níveis estadual e local, tendo em vista a melhoria da gestão das políticas de AIDS.

CONTATO PESSOAL

Os burocratas federais encarregados dos programas de prevenção à AIDS também têm cultivado grupos de apoio político na sociedade civil através de mecanismos não financeiros. Estrategicamente, os burocratas federais têm desenvolvido relações pessoais com líderes da sociedade civil em todo o país, utilizando essas relações para obter informações sobre os desafios políticos subnacionais da AIDS e mobilizar o apoio da sociedade civil para campanhas políticas específicas.

Institucionalmente, o programa nacional de AIDS tem dedicado uma unidade burocrática inteira, o setor Sociedade Civil e Direitos Humanos (CSHR), com o objetivo de construir relacionamentos com líderes de base. Seu objetivo específico é monitorar, mobilizar e fortalecer os grupos locais da sociedade civil que trabalham com HIV/AIDS em todo o país. Ou, nas palavras de Eduardo Barbosa, ex-diretor da unidade CSHR, sua missão é "manter uma resposta da sociedade civil independente e coerente para a AIDS", "fornecer informações a sociedade civil para que eles tenham as ferramentas para fazer a defesa," e "fortalecer os movimentos locais de AIDS para que possam ter influência política local, fiscalização do governo e promover políticas de AIDS progressistas" (Barbosa, 2008).

Em outras palavras, o objetivo fundamental do setor CSHR é mobilizar os grupos de interesse não governamentais da AIDS para apoiar os seus objetivos políticos. Além disso, a unidade CSHR é o maior e mais bem financiado setor do programa nacional da AIDS, o que reflete a sua importância central para os objetivos gerais da burocracia federal encarregada das políticas de prevenção.

Os burocratas federais na unidade da CSHR perseguem seu objetivo de mobilização em grande parte através da participação da sociedade civil nos comitês nacionais das políticas da AIDS, em reuniões e em eventos. No Brasil, o governo tem garantido a grupos da sociedade civil um assento oficial na mesa de debates políticos, a medida que as prioridades de política social são definidas, constitucionalmente, não por funcionários do governo, mas pelos conselhos participativos que distribuem um número igual de assentos para representantes do governo, prestadores de serviços e organizações da sociedade civil. O objetivo explícito desses conselhos é o de ampliar a representação de interesses no desenho de políticas em todas as classes sociais. Na área da política de AIDS, no entanto, os conselhos participativos nacionais também servem a um propósito estratégico para os burocratas do governo: manter um fluxo regular de comunicação e fomentar a confiança entre os burocratas federais e os grupos locais da sociedade civil, que os burocratas utilizam para coletar informações de associações não governamentais acerca dos desafios locais da política da AIDS.

Por exemplo, durante a fase piloto de descentralização das políticas de AIDS em 2003, a burocracia federal criou um novo grupo de política participativa chamado Conselho Nacional de Articulação com Movimentos Sociais, CAMS. Múltiplas fontes de evidência sugerem que o principal ímpeto por trás da criação do conselho foi o de reforçar a colaboração com os grupos da sociedade civil em resposta aos desafios que a descentralização colocou para a sustentação do sucesso da política da AIDS no Brasil. Por exemplo, o artigo II do regimento interno CAMS descreve um dos principais objetivos do Conselho como "promover a sustentabilidade técnica, ético, financeiro e político de [políticas nacionais da AIDS do Brasil]", no contexto de um sistema nacional de saúde descentralizado" (CAMS 2004). Além disso, em uma revisão das atas das reuniões trimestrais da CAMS de 2004 a 2009 evidencia-se que os problemas diretamente relacionados à descentralização da política de AIDS foram discutidos em 19 das 21 reuniões gravadas da CAMS.

Nessas reuniões, os representantes da sociedade civil frequentemente levantaram preocupações sobre a má conduta do governo em seus estados ou regiões, e os representantes do governo, muitas vezes conduziram a discussão sobre formas de promover a participação da sociedade civil de forma mais organizada no monitoramento e controle do comportamento do governo. Em outras palavras, o CAMS serve como uma importante ferramenta para monitorar a administração política descentralizada da AIDS, institucionalizando o compartilhamento de informações e a colaboração entre burocratas nacionais e grupos da sociedade civil local. Além disso, o CAMS é apenas um dos muitos conselhos participativos da AIDS que estrutura a colaboração entre os grupos da sociedade civil do Estado e em nível nacional.

Ademais, os burocratas federais dos programas de prevenção à AIDS têm cultivado aliados da sociedade civil por meio de reuniões e eventos que ocorrem fora do âmbito das instituições de formulação de políticas participativas. Por um lado, a burocracia federal leva líderes locais da sociedade civil à capital do país, Brasília, para uma infindável variedade de conferências, workshops, sessões de treinamento e comícios. Por outro lado, os próprios burocratas viajam regularmente a todos os 26 Estados do Brasil para participar de eventos que envolvam grupos da sociedade civil locais. Estes eventos muitas vezes servem para múltiplos propósitos. No plano externo, eles enfrentam os desafios específicos da política nacional de AIDS.

Mas, além disso, esses eventos e reuniões aprofundam as relações de colaboração entre burocratas e líderes não governamentais (e entre os líderes da sociedade civil) por meio da resolução de problemas de ação coletiva em longos períodos de intensa interação. Esses eventos constituem também oportunidades para os líderes da sociedade civil compartilharem informações detalhadas sobre as falhas políticas locais com os burocratas nacionais – ajudando os burocratas nacionais da AIDS a determinar onde, quando e como intervir no processo político.

Conforme um burocrata, refletindo as opiniões expressadas por todos os entrevistados no setor do CSHR da burocracia federal da AIDS:

> [A participação em eventos locais] é fundamental. Eu procuro atender quase todas as solicitações de eventos (...) porque ali que eu consigo também ter um, um sinalizador da ponta, do que está acontecendo, seja com o usuário na ponta que está tendo um mal atendimento, seja nas relações governo/sociedade civil local. Então ali eu tenho esse sinalizador de como que o governo local está vendo essas ações da sociedade civil, como a sociedade civil se relaciona com o governo (...). E eu acredito que esses espaços também acabam fortalecendo os laços na medida em que você está presente, você possibilita mesmo o estabelecimento mesmo de canais de confiança. Então você acaba recebendo informações, você acaba agindo como um articulador mesmo e intermediador de algumas situações que são difíceis no contexto local (BARBOSA, 2008).

FIGURA 1. Frequência de Contato entre Diretores de Associações Locais da AIDS e as Burocratas nacionais (Estado do Rio de Janeiro e São Paulo)

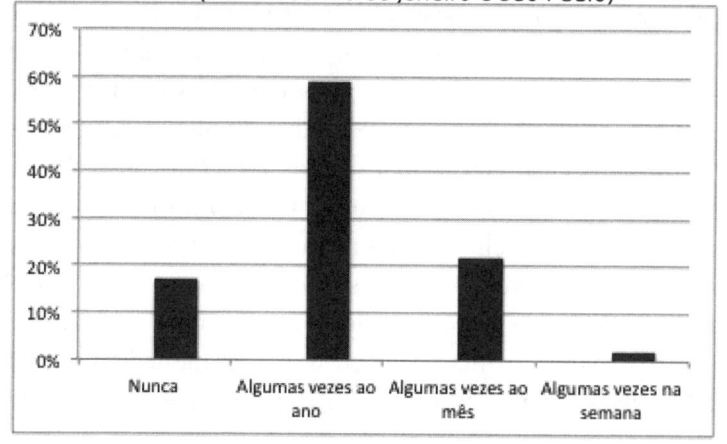

Os resultados da pesquisa virtual de 2009 com 123 diretores de grupos não governamentais relacionados com a AIDS nos Estados do Rio de Janeiro e São Paulo mostram que eles apoiam as reivindicações de burocratas da AIDS sobre a frequência de seu contato com líderes da sociedade civil (ver figura 1). Cerca de 83% dos diretores dos grupos locais da AIDS relataram algum tipo de contato pessoal com um burocrata federal da AIDS, pelo menos algumas vezes por ano, e impressionantes 22% dos entrevistados relataram contato pessoal com um burocrata nacional várias vezes por mês, apesar da autoridade política da AIDS está concentrada entre os funcionários estaduais e municipais. Nas entrevistas qualitativas, informantes da sociedade civil de cinco Estados relataram suas relações com os burocratas nacionais como excelente, e a maioria dos líderes que começou a trabalhar com AIDS antes de 2005 afirmou que sua relação com os burocratas federais não tinha enfraquecido após a descentralização.

Considerando os objetivos de mobilizar e sustentar movimentos locais de prevenção à AIDS, em apoio aos propósitos políticos dos burocratas, seria provável que estes viajassem mais frequentemente a Estados com políticas atrasadas ou para Estados com redes de ativistas da AIDS mais fracas. Na prática, paradoxalmente, os burocratas federais parecem viajar com mais frequência para regiões industrializadas, com forte preexistência das redes da sociedade civil, o que contraria sua missão declarada de fortalecer e disseminar a mobilização da sociedade civil em torno da política nacional AIDS.

Todavia, o menor grau de frequência com que eles viajam para regiões Norte e Centro-Oeste, com redes da sociedade civil, em geral, mais fracos, não equivale à menor atenção a esses Estados, pelo menos por três razões. Primeiro, as conferências regionais e nacionais tendem a serem realizadas nos Estados com a maior mobilização da sociedade civil em torno AIDS, dando aos burocratas razões adicionais para comparecer – e oportunidade de se reunir com líderes da sociedade civil de todo o país. Em segundo lugar, as áreas com fracas redes da sociedade civil são muitas vezes difíceis de alcançar, envolvendo muitas horas de viagem e custo elevado para que os burocratas possam comparecer. Curiosamente, os burocratas expuseram várias histórias de esforços extremos para viajar a Estados com políticas mais ineficazes aos problemas específicos da política de AIDS, por exemplo, em áreas profundas da selva, acessível apenas por pequenos aviões, com motor a hélice, ou por uma viagem de vários dias através de carro e barco. Ao mesmo tempo, os burocratas federais da AIDS estão se atrelando cada vez mais à tecnologia digital, incluindo a video conferência, para manter contato regular com a sociedade civil local e burocratas em áreas de difícil acesso.

Em terceiro lugar, os burocratas federais da AIDS dependem das redes regionais de ativistas mais fortes para várias finalidades, inclusive para apoiar a disseminação do ativismo da AIDS para novas regiões. Por um lado, estas redes de ativistas mais experientes e mais fortes servem como principais fontes de apoio político para os burocratas federais da AIDS para influenciar debates sobre políticas da AIDS no cenário nacional e internacional. Portanto, manter o contato com eles é fundamental para promover o desenvolvimento das políticas da AIDS do Brasil ao mais alto escalão do governo. Por outro lado, os burocratas também induziram as organizações mais experientes da AIDS a apoiar a disseminação de organizações dos ativistas da AIDS em novas regiões, por exemplo, por meio de subsídios de viagem para as organizações da AIDS de São Paulo para treinar grupos não governamentais de regiões distantes em defesa da AIDS.

Os burocratas federais utilizam as informações que eles ganham a partir de suas relações próximas com líderes da sociedade civil em todo o país para realizar suas intervenções no processo político subnacional. Na verdade, apesar da descentralização da gestão da política da AIDS, os burocratas federais investem uma parcela significativa de sua carga de trabalho, respondendo pessoalmente aos problemas políticos subnacionais, a exemplo da mediação de conflitos locais. De acordo com um funcionário federal, "[desde a descentralização], temos trabalhado muito como mediadores entre diferentes grupos [locais], por exemplo, em brigas entre Estados e municípios, entre organizações [da sociedade civil] e do município ou do Estado" (DUDA, 2010).

Os burocratas federais também usaram seu contato pessoal com os grupos locais da sociedade civil para mobilizar, fora a pressão política, em prol de várias campanhas políticas específicas da AIDS. Na arena legislativa, por exemplo, em 2007 os burocratas federais lançaram um esforço nacional para criar bancadas estaduais da AIDS no Congresso Nacional (frentes parlamentares da AIDS) a fim de estimular a criação de uma legislação estadual e municipal voltada a uma política de prevenção.[10] Sua estratégia fundamental para a construção dessas bancadas no Congresso era de reunir redes de organizações não governamentais da AIDS em todo o país para liderar os esforços basilares da bancada. As viagens dos burocratas federais para todos os 26 Estados equivaleu, essencialmente, a uma campanha de mobilização popular, à realização de campanhas de sensibilização e a programas de instrução com os líderes ativistas, além de fornecer

---

10   Burocratas da AIDS já haviam desenvolvido uma bancada da AIDS do Congresso no nível federal.

aconselhamento e apoio técnico a grupos da sociedade civil, à medida que concordavam em assumir um projeto da bancada no Congresso Nacional.

De acordo com o burocrata atualmente responsável pelo desenvolvimento da bancada no Congresso Nacional,

> No nível local, nós não temos isso (...) não somos muitos presentes lá. Por isso, é importante que a sociedade civil reforce esses laços com o poder legislativo. No nível local, incentivar a sociedade civil para a construção de um canal direto de comunicação com o poder legislativo, e postar-se como uma retaguarda para quando eles precisarem, quando eles questionarem, quando tiverem uma questão, quando tiver algum evento que seja importante para nós irmos, para quando eles precisarem de orientação (LIMA, 2010).

Subjacente a essa lógica, uma razão mais explicitamente política também pode estar levando os burocratas federais a incentivar a sociedade civil a liderar o esforço na bancada parlamentar em nível subnacional. Pelo fato do lobbying político local estar claramente fora do âmbito da burocracia federal, uma tentativa do Estado de formar grupos parlamentares em torno das políticas de prevenção à AIDS corre o risco de ser um retrocesso político. Ao implantar as associações não governamentais para liderar o esforço, os burocratas estatais podem pressionar por legislação progressista da AIDS sem parecer ultrapassar seus limites jurisdicionais.

NOVOS MODELOS DE MOBILIZAÇÃO DA SOCIEDADE CIVIL

Embora o foco desse artigo seja sobre as estratégias dos burocratas federais ao invés do conjunto mais complexo de mecanismos que tem guiado á expansão das mobilizações populares sobre a política da AIDS ao longo das ultimas décadas, o esforço da burocracia claramente tem tido um impacto relevante no número e na diversidade de associações engajadas no processo político da AIDS.

O número associações de AIDS cresceu dramaticamente após 1992, quando a burocracia federal começou a distribuir fundos para projetos de organizações não governamentais. Enquanto se estimavam que 50 organizações trabalhavam no Brasil com AIDS, no inicio da década de 1980 (GALVÃO, 2000), o programa nacional de AIDS registrou oficialmente 508 associações de AIDS em 2002 e 695 organizações em 2009 (Ministério da Saúde, 2003 (Ministério da Saúde, 2003).[11]

---

11   Para os números de 2009, ver Departamento de DST, AIDS e Hepatites Virais.

Devido a ênfase particular do programa nacional da AIDS na expansão da parceria com organizações não governamentais em regiões carentes, o crescimento no número de associações da AIDS foi gritante nas regiões mais pobres do Brasil, o Norte, o Nordeste e o Centro-Oeste. Enquanto na década de 1980 as associações da AIDS estavam mais inteiramente concentradas nos quatro maiores Estados industrializados, São Paulo, Rio de Janeiro, Porto Alegre e Bahia, após 2002, as associações da AIDS passam a existir em todos os 26 estados, incluindo Norte e Nordeste. Estas duas regiões são as mais necessitadas, na maior parte cobertas por ampla zona de florestas e desertificações, classificadas com os menores índices nacionais em educação e em renda. A ampla maioria dessas associações no Norte e no Nordeste receberam fundos por meio de contratos federais (Ministério da Saúde, 2003). Contudo, todas as minhas informações, tanto no governo quanto na sociedade civil, atribuem a essa maciça expansão do número de grupos não governamentais da AIDS a projetos com financiamento federal.

Além da expansão geográfica das associações da AIDS para novas regiões, a nova política federal de financiamento dos projetos de grupos não governamentais deflagrou um crescimento elevado do número de associações da AIDS nos centros de mobilização já estabelecidos. Em 2000, apenas nos Estados do Rio de Janeiro e São Paulo, contabilizei pessoalmente 231 "associações da AIDS" autoidentificadas, oficialmente registrados, além de aproximadamente 1.000 associações de serviços de prevenções ao HIV distribuindo preservativos ofertados pelo programa nacional da AIDS, e um adicional de 100 organizações de base comunitária não registradas, pertencentes a uma rede de prevenção da AIDS não governamental. Apesar da maior disponibilidade de outras fontes de financiamento para as regiões Norte e Nordeste, a dependência de fundos governamentais também parece ser bastante alta entre as associações da AIDS nesses Estados: 80% dos entrevistados em minha pesquisa estavam recebendo ao menos algum financiamento do governo em 2010; 60% dos entrevistados informaram empregar recursos do governo para cobrir ao menos 25% dos despesas operacionais; e 21% dos entrevistados receberam acima de 75% do seu orçamento de fontes do governo.

Os esforços federais para apoiar a colaboração entre associações de AIDS têm também contribuído para o desenvolvimento de redes guarda-chuva em novas regiões (os chamados fóruns de ONGs da AIDS), que estruturam a coordenação política entre novas organizações não governamentais da AIDS. Em resposta a uma campanha de capacitação, organizada pelo movimento AIDS e financiada pela burocracia federal, há agora uma base de rede guarda-chuva de organizações não governamentais da AIDS em 26 Estados do Brasil. Tais formas são estruturadas verticalmente em um arranjo federativo, culminando em uma aliança das ONGs da AIDS. Tal estrutura federativa de colaboração entre associações da AIDS serve para definir um conjunto único de estratégias para formação da demanda entre todos os Estados do Brasil e, politicamente, mobiliza organizações em novos Estados e regiões, contribuindo assim, criticamente, para reforçar a influência do movimento da AIDS.

Contudo, a estrutura nacional de colaboração assegura que esses mesmos desafios de todas as regiões do Brasil sejam adicionadas na agenda de defesa do movimento nacional da AIDS. No encontro nacional bianual, por exemplo, centenas de representantes eleitos, vindos de cada uma das cinco regiões do Brasil, desenvolvem e votam nas prioridades políticas do movimento da AIDS e nas estratégias para os próximos dois anos, nos quais os representantes do movimento se reunirão com um amplo quadro de comissões políticas, nacionais e internacionais da AIDS. A burocracia federal da AIDS tem financiado fortemente essa rede regional e nacional de reuniões desde meados da década de 1990 (GALVÃO, 2000).

Embora esteja para além do escopo desse artigo, há também algumas evidências que sugerem que as associações em novas regiões do Brasil começaram a exercer influência sobre o processo político local da AIDS. Em março de 2010, os fóruns das ONGs da AIDS inauguraram bancadas parlamentares em oito Estados e duas municipalidades. Tais Estados incluem não apenas os líderes políticos engajados nas políticas de prevenção à AIDS, com suas bem estabelecidas redes ativistas da AIDS (mais fáceis de obter os votos necessários no Congresso para registrar uma bancada), mas também alguns Estados sem longa história de ativismo da AIDS, como os Estados rurais do Amazonas e do Rio Grande do Norte (Lista dos estados ativistas da AIDS).[12] Bancadas subnacionais da AIDS também já alcançaram alguns avanços legislativos. Por exemplo, oito Estados já aprovaram leis proibindo explicitamente a discriminação contra as pessoas portadoras de HIV/AIDS, (disponível em: www.aids.gov.br/legislacao acessado em: janeiro de 2013).

Grupos da sociedade civil em novas regiões tem também participado dos protestos políticos da AIDS. Por exemplo, a série recente de passeatas através do Brasil, incluindo não apenas as redes de ONGS já estabelecidas em São Paulo

---

12 Em março de 2010, os estados com as causas do Congresso foram Amazonas, Ceará, Minas Gerais, Paraná, Rio de Janeiro, Rio Grande do Norte, Rio Grande do Sul e São Paulo. Os municípios foram Alfenas (no estado de Minas Gerais) e Santos (no estado de São Paulo).

e Rio de Janeiro, mas também as redes da AIDS dos Estados nordestinos do Maranhão, Pernambuco, Ceará e Paraíba chamaram atenção pública para os estoques esvaziados de medicamentos ARV (*O Estado de São Paulo*, 2010). As entrevistas qualitativas fornecem evidencias de que a combinação de *lobby*, protestos e outras formas de defesa têm levado à reforma política em um número significante de casos.

Nesse sentido, a mobilização não governamental em torno da política de AIDS está longe de ser uniforme entre os Estados ou regiões. Em termos de seus interesses, recursos, objetivos e estratégias políticas, os tipos de associações que têm se mobilizado em torno da política de AIDS variam de Estado para Estado; e, em um número significante de áreas, as associações locais parecem exercer pouca influência por conta própria. Tal variação é de se esperar, ancorada no nosso presente entendimento dos efeitos da governança descentralizada sobre a organização política e sobre a participação. O ponto desse artigo, contudo, não é alegar que as políticas locais não afetam fortemente as oportunidades de organização e participação política, mas, ao invés disso, expor que as políticas nacionais também continuam a afetar as oportunidades para a participação local.

DISCUSSÃO E CONCLUSÃO

O presente artigo identifica uma nova estratégia utilizada pelos burocratas nacionais para regular o comportamento dos políticos subnacionais: a mobilização da sociedade civil como o "cão de guarda" do governo e defensora política. Em função da descentralização fiscal e administrativa, os funcionários federais em toda a América Latina têm perdido sua capacidade direta para controlar o comportamento dos políticos subnacionais. Na área da política fiscal, os executivos nacionais tem respondido a este novo problema regulatório através da recentralização da autoridade formal sobre decisões dispendiosas. Na área de política social, entretanto, a recentralização direta de responsabilidade para a administração da maioria dos programas sociais não é desejado pelos políticos nacionais e poucas vezes são viáveis. Como consequência, o governo federal deve buscar estratégias alternativas para manter o controle sobre a administração dos programas sociais estaduais e municipais. Uma estratégia, enfatizada pela burocracia nacional da AIDS, é mobilizar os movimentos bases locais a agir como "cães de guarda" e defensores políticos – monitorando o comportamento dos governos subnacionais, sancionando os políticos que falham no cumprimento com os padrões nacionais, e buscando proteções políticas legislativas e judiciais. Uma aliança política entre os burocratas nacionais e grupos da sociedade civil local apresenta, assim, uma solução surpreendente para executivos nacionais para um problema aparentemente intratável.

Quais são, então, as condições sob as quais os burocratas são propensos a olhar para a sociedade civil como um recurso estratégico? Onde mais, de toda forma, pode-se esperar encontrar a formação similar de aliança Estado-sociedade? É esse estudo de caso uma história sobre por que a política da AIDS no Brasil é especial, ou ela explica uma tendência mais ampla em governança? A análise nesse artigo sugere que a combinação de três fatores encorajam burocratas a mobilizar grupos civis como aliados políticos. Essas três condições não estão presentes naquilo que pensamos como burocracia do estado médio, mas também não são únicos para o setor da AIDS no Brasil.

Primeiramente, a presença dos burocratas comprometidos pode ser chave. Inovar as estratégias contraria o caráter essencial da maioria dos burocratas. Muitos até tem como seu objetivo principal aderir às regras e procedimentos que receberam dos seus superiores. Em contraste, os burocratas encarregados de políticas de prevenção à AIDS estavam profundamente dedicados a seus objetivos e inovaram nas estratégias para fazer avançar tais políticas, porque os procedimentos existentes eram ineficazes. Pelo menos, então, os burocratas que inovam nas formas de pensar e atuar têm que ser comprometidos com uma meta mais abrangente. Aderir às regras e procedimentos tem que ser um meio para se atingir um final distinto em relação a natureza da sua origem e não um objetivo em si mesmo.

Em segundo lugar, a análise dos setores da política da AIDS do Brasil sugere que se os burocratas vão mobilizar a sociedade civil na arena política, eles também têm que ser dependentes de aportes externos para atingir seus objetivos políticos. Em suma, os burocratas de carreira são conhecidos pelo seu pessimismo em relação a ativistas cívicos como radicais e, assim, como um obstáculo geral à busca dos objetivos burocráticos. Além disso, mesmo os burocratas de maior consciência cívica são suscetíveis a incorporar a sociedade civil de forma significativa para as decisões políticas poderem alcançar seus objetivos de forma autônoma. Greenstone e Peterson atribuem este comportamento não inclusivo mesmo por burocratas esquerdistas radicais à necessidade dos burocratas para gerenciar um conflito fundamental entre engajar a participação cívica nas decisões políticas e de rotinização das operações internas de sua agência. Enquanto alguns burocratas de esquerda podem considerar a missão de mobilizar a participação cidadã na formulação de políticas, a sobrevivência de sua agência e, portanto, suas próprias carreiras, depende da sua capacidade para desenvolver a reputação por eficiência, a formulação de políticas eficazes (GREENSTONE & PETERSON, 1976 [1973]: 220).

Pelo fato da participação cívica no desenvolvimento de políticas ser inerentemente um processo ineficiente e volátil, mesmo esses burocratas podem limitar a entrada da sociedade civil sobre a política a fim de aumentar a eficiência e a racionalidade de suas operações. No entanto, para os burocratas que não têm capacidade de atingir os seus objetivos políticos de forma autônoma, o apoio de grupos da sociedade civil pode proporcionar um necessário "impulso de poder" (NEEDLEMAN & NEEDLEMAN, 1974: 103). No caso da política de AIDS no Brasil, os burocratas envolvem os grupos da sociedade civil como aliados porque dependem da pressão política externa para assegurar a execução das suas políticas progressistas.

Há uma variedade de obstáculos para efetivar a formulação de políticas eficazes que podem levar os burocratas a olhar para fora do Estado em busca de suporte. No contexto da autoridade política descentralizada, os burocratas em toda a América Latina estão enfrentando o desafio de assegurar a implementação das suas políticas no contexto de fraca capacidade de regulação. Ao mesmo tempo, os burocratas podem contar com o apoio do lado de fora para compensar a posição marginalizada da sua agência na estrutura de poder do Estado. Por exemplo, os planejadores comunitários americanos de Needleman *e* Needleman não tinham autoridade para controlar a implementação de qualquer um dos serviços da cidade que eles propusessem – todas elas controladas por vários órgãos operacionais em toda a cidade, que resistiram a qualquer forma de cooperação com o departamento de planejamento (NEEDLEMAN & NEEDLEMAN, 1974: 89-98). Apelidado de "guerrilheiros administrativos", um subconjunto desses planejadores mobilizou os advogados da comunidade para as suas propostas, como a sua "única arma eficaz" na arena política (NEEDLEMAN & NEEDLEMAN, 1974: 110-14).

Os burocratas podem, ainda, depender de aliados políticos de fora para preservar a autonomia da sua agência. De acordo com Carpenter (2001), amplas coalizões de apoio entre os políticos e os grupos da sociedade civil ajudam os burocratas a impor custos políticos específicos a qualquer ator que poderia tentar conter as atividades da burocracia (p. 33).

Finalmente, a análise do setor da política da AIDS no Brasil sugere que certo grau de capacidade da sociedade civil pode ser importante para motivar os burocratas a olhar para fora do Estado em busca de apoio. Quando as organizações civis não têm as habilidades para operar efetivamente na arena política, envolvê-los como aliados políticos exige dos burocratas um grande investimento em tempo e recursos para treiná-los como defensores políticos, sem qualquer garantia de um resultado eficaz. No caso da política de AIDS no Brasil, os burocratas federais foram motivados a olhar para a sociedade civil, em primeiro lugar, porque a base do núcleo de grupos cívicos de AIDS já havia provado a sua eficácia como "cães de guarda" e como defensores, e eles mobilizaram novos grupos de defesa, em grande parte, através do intermédio de organizações já estabelecidas de defesa da AIDS. Por outro lado, em relação a tuberculose, os burocratas enfrentam o mesmo desafio de assegurar a implementação política, mas sem um público mobilizado de defensores cívicos. Eles só começaram uma estratégia centrada na sociedade civil depois que um pequeno grupo de ativistas da AIDS passou a incorporar a política da tuberculose em sua agenda de defesa (RICH & GÓMEZ, 2012).

Certamente, a noção de que uma relação de colaboração entre Estado e sociedade depende da presença de uma sociedade civil forte está bem estabelecido na literatura acadêmica – desde as teorias de corporativismo social (por exemplo, SCHMITTER, 1971: 126, 174) até a nova geração de estudos sobre governança participativa na América Latina (AVRITZER, 2009; WAMPLER, 2007). Em contraste com as teorias existentes de intermediação de interesse, no entanto, o caso da política de AIDS no Brasil sugere que o grau e o alcance da organização cívica também podem expandir significativamente como resultado da mobilização estratégica pelos burocratas. Ao mesmo tempo em que certo grau de resistência da sociedade civil incentivou os funcionários do governo encarregados de políticas de prevenção à AIDS a trabalhar com grupos cívicos, estes atores estatais também foram motivados a desempenhar um papel independente e construtivo na mobilização política em torno de tais políticas, apoiando a expansão da organização cívica e a mobilização nas regiões onde prefeitos ou governadores se opuseram à decisão política transparente e ágil.

Poderíamos chamar estes atores estatais – que apoiam a organização cívica e o *advocacy* como meios de atingir seus objetivos de política pública – de burocratas ativistas.[13] Os burocratas ativistas não têm sido identificados na literatura estadunidense sobre as políticas da América Latina, mas eles operam numa variedade de contextos políticos nacionais (ABERS & VON BÜLOW, 2011). Na América Latina atual, eles são frequentemente dedicados a agendas políticas esquerdistas

---

13   Sou grata aos membros do seminário de pesquisa das políticas latino-americana na Universidade de Berkeley do outono de 2011, e a Rebecca Abers em particular, por me ajudar a decidir sobre o termo *burocratas ativistas*.

e precisam de aliados mobilizados dentre as classes médias para contornar as elites conservadoras. Depois da onda de mobilização cívica que acompanhou a transição democrática nos anos 80, burocratas ativistas da esquerda tem surgido em contextos tão diversos quanto o setor do meio ambiente no Brasil (HOCHSTETLER & KECK, 2007), Chile, e México, o sector dos sem trabalho na Argentina (SCHIPANI, 2008), e o setor de desenvolvimento social em Colômbia.[14] Da mesma forma, no rastro do movimento dos direitos civis nos EUA nas décadas de 1960 e 1970, os burocratas ativistas estavam presentes em agências de desenvolvimento econômico (GREENSTONE & PETERSON, 1976 [1973]: 36-37) e nos departamentos de urbanismo (NEEDLEMAN & NEEDLEMAN, 1974: 120). No entanto, o ativismo burocrático não é o domínio exclusivo da esquerda política. Na Europa, por exemplo, os burocratas ativistas da Comissão Europeia, o braço administrativo da União Europeia, têm atraído uma grande quantidade de atenção acadêmica recente (por exemplo, HOOGHE, 1999; SCHMIDT, 1998).[15] Em vez de lutar por políticas pró-pobres, no entanto, esses burocratas ativistas estão comprometidos com uma política de agenda de integração europeia – buscando o apoio de grupos de interesse de direita ligados às elites econômicas.

O foco no Estado como agente de mobilização popular contraria a concepção dominante do Estado como uma forma de governo em que a divisão principal é entre os atores dentro e fora do governo. Pelo contrário, esta exploração do ativismo burocrático sobre do setor político da AIDS – configura um quadro do Estado como uma entidade plural, com diferentes atores cujos objetivos podem entrar em conflito. As divisões entre as elites políticas podem proporcionar oportunidades políticas para grupos marginalizados, incentivando membros do governo para mobilizar coalizões de apoio para os seus objetivos políticos entre grupos fora do Estado, a fim de aumentar a sua influência contra adversários dentro do governo. A recente tendência mundial da desagregação e descentralização do Estado apenas aumentou as divisões entre os membros políticos – o que sugere que os estudiosos da política latino-americana devem aumentar sua atenção para as novas relações de desenvolvimento entre atores estatais e interesses organizados da sociedade e as implicações destas novas alianças para desenvolvimento de políticas.

---

14 Comunicações pessoais com Javiera Barandarián no Chile, Brian Burke sobre a Colômbia, Shane Dillingham no setor educacional no México, Gustavo García López no setor ambiental, no México, e Andres Schipani sobre o setor de desemprego na Argentina.

15 Sou grata à Chris Ansell, Rebecca Chen, e Bart Watson, por me apontar exemplos de ativismo burocrático na União Europeia.

Notas

Sou grata a Ruth Berins Collier, Matthew Flynn, James Mahon, Alison Post, membros do seminário de pesquisa de Berkeley América Latina (incluindo Benjamin Allen, Lindsay Mayka, Simeão Nichter e Neal Richardson), e os quatro revisores anônimos do LAPS por suas ideias e sugestões sobre este artigo. Um agradecimento especial a Kenneth Foster pelos generosos comentários sobre uma versão anterior deste artigo. O apoio à pesquisa de campo no Brasil foi fornecido pela Fundação Inter-americana e pelo Instituto de Estudos Internacionais da Universidade de Califórnia, Berkeley.

REFERÊNCIAS

ABERS, Rebecca & KECK, Margaret. "Mobilizing the State: the erratic partner in Brazil's participatory water policy". *Politics & Society*, vol. 39, nº 2, 2009, p. 289-314.

ABERSAND, Rebecca; VON BÜLOW, Marisa. "Movimentos sociais na teoria e na prática: como estudar o ativismo através da fronteira entre estado e sociedade?". *Sociologias*, vol. 13, nº 28, 2011, p. 52-84.

ABRUCIO, Fernando. *Os Barões da Federação: os governadores e a redemocratização brasileira*. São Paulo: Hucitec, 1998.

ARRETCHE, Marta. "Toward a unified and more equitable system: health reform in Brazil". In: KAUFMAN, R. & NELSON, J. (eds.). *Crucial needs, weak incentives*. Baltimore/Washington: The John Hopkins Press/The Woodrow Wilson Center, 2004.

_____. "Federalismo e relações intergovernamentais no Brasil: a reforma de programas sociais". *Dados – Revista de Ciências Sociais*, vol. 45, nº 3, 2002, p. 431-458.

AVRITZER, Leonardo. *Participatory institutions in democratic Brazil*. Baltimore, MD: Johns Hopkins University Press, 2009.

BARBOSA, Barbara. Bureaucrat, Department of Civil Society and Human Rights, Department of STD/AIDS, Ministry of Health. Entrevista ao autor. Brasília, 17 mar. 2010.

BARBOSA, Eduardo. Adjunct Director of Brazil's National AIDS Program and former director of the Civil Society Unit. Entrevista ao autor. São Paulo, 18 nov. 2008.

BIEHL, João. "The Activist State: global pharmaceuticals, AIDS, and citizenship in Brazil". *Social Text* 80, vol. 22, nº 3, 2004, p. 105-132.

CÂMARA, Cristina & LIMA, Ronaldo. "Historica das ONGs/AIDS e sua contribuição no campo das lutas sociais". *Cadernos Abong*, 28, 2000, p. 29-74.

CARPENTER, Daniel. *The forging of bureaucratic autonomy: reputations, networks, and policy innovation in executive agencies, 1862-1928*. Princeton: Princeton University Press, 2001.

CASIMIRO, Gilvane. Bureaucrat, Department of Civil Society and Human Rights, Department of STD/AIDS, Ministry of Health. Entrevista ao autor. Brasília, 16 mar. 2010.

CATTONI, Bruno. Founder of *Grupo Pela VIDDA*, Rio de Janeiro. Entrevista ao autor. Rio de Janeiro, 5 set. 2008.

CHEQUER, Pedro. Quoted from a public address at the seminar "Social Control and AIDS in the State of São Paulo". São Paulo, mar. 2007

_____. Director of Brazil's National AIDS Program 1996-2000, 2004-2008. Entrevista ao autor. Via Skype, 16 dez. 2008.

COLLIER, Ruth B. & COLLIER, David. *Shaping the political arena: critical junctures, the labor movement, and regime dynamics in Latin America*. Notre Dame, IN: University of Notre Dame Press, 1991, p. 169-195.

DANIEL, Herbert & PARKER, Richard. *Sexuality, politics, and AIDS in Brazil: in another world*. Londres/Nova York: Routledge/Falmer, 1993.

DUDA, Rubens. Bureaucrat, Department of Civil Society and Human Rights, Department of STD/AIDS, Ministry of Health. Entrevista ao autor. Brasília, 18 mar. 2010.

EATON, Kent. "Decentralization's nondemocratic roots: authoritarianism and subnational reform in Latin America". *Latin American Politics & Society*, vol. 48, n° 1, 2006, p. 1-26.

EATON, Kent & DICKOVICK, Tyler. "The politics of re-centralization in Argentina and Brazil". *Latin American Research Review*, vol. 39, n° 1, 2004, p. 90-122.

O ESTADO DE SÃO PAULO. "Falta de remédios contra AIDS causa protestos". 28 abr. 2010.

EVANS, Peter. "Government action, social capital and development: creating synergy across the public-private divide". *World Development*, vol. 24, n° 6, 1996, p. 1119-1132.

FALLETI, Tulia. *Decentralization and subnational politics in Latin America*. Cambridge: Cambridge University Press, 2010.

FENWICK, Tracy Beck. "Avoiding governors: the success of Bolsa Família". *Latin American Research Review*, vol. 44, nº 1, 2009, p. 102-131.

FLYNN, Matthew. "Public production of anti-retroviral medicines in Brazil, 1990-2007". *Development and Change*, vol. 39, nº 4, 2008, p. 513-536.

FOX, Jonathan. "The difficult transition from clientelism to citizenship: lessons from Mexico". *World Politics*, vol. 46, nº 2, 1994, p. 151-184.

GALVÃO, Jane. *AIDS no Brasil: a agenda de construção de uma epidemia*. Rio de Janeiro: Associação Brasileira Interdisciplinar de AIDS, 2000.

GAURI, Varun & LIEBERMAN, Evan S. "Boundary institutions and HIV/AIDS policy in Brazil and South Africa". *Studies in Comparative International Development*, vol. 41, nº 3, 2006, p. 47-73.

GLOBO, O. "Ex-secretário de Saúde e mais nove são presos em operação". Rio de Janeiro, 15 jul. 2008.

GRANGEIRO, Alexandre. Coordinator of Brazil's National AIDS Program 2003-2004, Adjunct Coordinator 2000-2003. Entrevista ao autor. São Paulo, 12 dez. 2008.

GREEN, James. "The emergence of the Brazilian Gay Liberation Movement, 1977-1981". *Latin American Perspectives*, vol. 21, nº 80, 1994, p. 38-55.

GREENSTONE, J. David & PETERSON, Paul E. *Race and authority in urban politics: community participation and the war on poverty*. Chicago: The University of Chicago Press, 1973.

GRINDLE, Merilee Serrill. *Going local: decentralization, democratization, and the promise of good governance*. Princeton: Princeton University Press, 2007.

HOCHSTETLER, Kathryn & KECK, Margaret E. *Greening Brazil: environmental activism in State and society*. Durham: Duke University Press, 2007.

HOOGHE, Liesbet. "Supranational activists or intergovernmental agents? Explaining the orientations of Senior commission officials toward European integration". *Comparative Political Studies*, vol. 32, nº 4, 1999, p. 435-463.

KALICHMAN, Artur. Adjunct Director of the State STD/AIDS Program, São Paulo. Quoted from a public address at the seminar "Social Control and AIDS in the State of São Paulo". São Paulo, mar. 2007.

KECK, Margaret E. & SIKKINK, Kathryn. *Activists beyond borders: advocacy networks in international politics*. Ithaca, NY: Cornell University Press, 1998.

LIMA, Noemia. Bureaucrat, Department of Civil Society and Human Rights, Department of STD/AIDS, Ministry of Health. Entrevista ao autor. Brasília, 19 mar. 2010.

MACRAE, Edward. *A construção da igualdade*. Campinas: Editora da Unicamp, 1990.

MINISTÉRIO DA SAÚDE (2003). *Catálogo de organizações da sociedade civil HIV/AIDS 2001/2002*.

MONTERO, Alfred P. "After decentralization: patterns of intergovernmental conflict in Argentina, Brazil, Spain, and Mexico". *Publius*, vol. 31, n° 4, 2001a, p. 43-64.

_____."Decentralizing democracy: Spain and Brazil in comparative perspective". *Comparative Politics*, vol. 33, n° 2, 2001b, p. 149-169.

NEEDLEMAN, Martin L. & NEEDLEMAN, Carolyn E. *Guerrillas in the bureaucracy: the community planning experiment in the United States*. Nova York: Wiley, 1974.

NUNN, Amy. *The politics and history of AIDS treatment in Brazil*. Providence, RI: Springer, 2009.

PARKER, Richard. "Building the foundations for the response to HIV/AIDS in Brazil: the development of HIV/AIDS policy, 1982-1996". *Divulgação em Saúde para Debate*, 27, 2003, p. 143-183.

_____. "Civil society, political mobilization, and the impact of HIV scale-up on health systems in Brazil". *JAIDS – Journal of Acquired Immune Deficiency Syndrome*, vol. 52, n° 1, 2009, p. 49-51.

PARKER, Richard & TERTO JR., Veriano. *Solidariedade: ABIA na virado do milênio*. Rio de Janiero: ABIA, 2001.

RAIZER, Elisabeth. *O estatal, o público e o privado e suas expressões na epidemia de Aids*. Tese (doutorado) – PUC-SP, São Paulo, 1997.

RAMOS, Silvia. Membro fundador e presidente da ABIA (Associação Brasileira Interdisciplinar de AIDS). Entrevista ao autor. Rio de Janeiro, 1° set. 2008.

SCHIPANI, Andrés. "Organizando el descontento: movilizaciones de desocupados enla Argentina y Chile durante las reformas de mercado". *Desarrollo Económico*, vol. 48, n° 189, 2008, p. 85-118.

SCHMIDT, Susanne K. "Commission activism: subsuming telecommunications and electricity under European competition law". *Journal of European Public Policy*, vol. 5, nº 1, 1998, p. 169-184.

SOLANO, Nelson. "As organizações não governamentais e a coordenação nacional de DST/AIDS". *Cadernos Abong*, 28, 2000.

STERN, Elliot. *Evaluation of Unesco Brazil's Contribution to AIDS II* (Unesco, BR/2005/PI/H/19, 2003).

TEIXEIRA, Paulo. Coordinator of Brazil's National AIDS Program 1992-1993, 2000-2003. Entrevista ao autor. São Paulo, 26 nov. 2008.

TENDLER, Judith. *Good government in the tropics*. Baltimore, MD: Johns Hopkins University Press, 1998.

TREVISAN, João Silverio. *Devassos no paraíso*. Rio de Janeiro: Record, 2000.

USAID. *Audit Report*, nº 1-512-07-007-P, 2007.

THE WORLD BANK. *World Bank Implementation Completion Report, Brazil: AIDS and STD Control Project (Loan 3659-BR)*, report nº 18730, 1998.

_____. *Project Performance Assessment Report: Brazil – First and Second AIDS and STD Control Projects*, report nº 28819, 2004.

_____. *Governance in Brazil's Unified Health System (SUS): Raising the Quality of Public Spending and Resource Management*, report nº 36601-BR, 2007.

_____. *World Bank Project Appraisal Document*, report nº 54060-BR, 2010.

RICH, Jessica A. J. & GOMEZ, Eduardo J. "Centralizing decentralized governance in Brazil". *Publius: The Journal of Federalism*, vol. 42, nº 4, 2012, p. 636-661.

SAMUELS, David. *Ambition, federalism, and legislative politics in Brazil*. Cambridge: Cambridge University Press, 2003.

SAMUELS, David & ABRUCIO, Fernando Luiz. "Federalism and democratic transitions: the "new" politics of the governors in Brazil". *Publius: The Journal of Federalism*, vol. 30, nº 2, 2000, p. 43-61.

SAÚDE BUSINESS WEB. Ex-autoridades da saúde são presas por desvio de verba. Rio de Janeiro, 21 jul. 2008.

SCHMITTER, Philippe C. *Interest conflict and political change in Brazil.* Stanford: Stanford University Press, 1971.

SOLANO, Nelson. "As organizações não governamentais e a coordenação nacional de DST/AIDS". *Cadernos Abong*, 28, 2000, p. 75-130.

SOUZA, Celina. *Constitutional Engineering in Brazil: The Politics of Federalism and Decentralization.* Londres: Palgrave Macmillan, 1997.

_____. "Intermediação de interesses regionais no Brasil: o impacto do federalismo e da descentralização". *Dados*, vol. 41, nº 3, 1998.

TULCHIN, Joseph S. & SELEE, Andrew (eds.). *Decentralization and democratic governance in Latin America.* Washington, D.C.: Woodrow Wilson International Center for Scholars, 2004.

VALOR ECONÔMICO. "Descentralização dá mais eficiência ao sistema, mas ainda causa problemas". São Paulo, 12 abr. 2006.

WAMPLER, Brian. *Participatory budgeting in Brazil: contestation, cooperation, and accountability.* University Park, PA: Penn State Press, 2007.

SOBRE O AUTOR

JESSICA A. J. RICH é pesquisadora de pós-doutorado no Center For Inter-American Policy and Research (CIPR), na Tulane University, e professora no Departamento de Ciências Políticas na Marquette University (EUA).

POLÍTICAS SOCIAIS NO "NOVO" FEDERALISMO APÓS A CONTITUIÇÃO DE 1988: IMPASSES E AVANÇOS

CRISTIANE KERCHES DA SILVA LEITE

FRANCISCO FONSECA

INTRODUÇÃO E PROBLEMATIZAÇÃO[1]

Mudanças na formulação e na implementação de políticas públicas, em escala mundial, vêm ocorrendo desde a década de 1980 na perspectiva da maior descentralização administrativa. Estudos recentes, entre os quais do Banco Mundial (Bird), têm atribuído aos governos locais papel central na prestação de serviços públicos. A institucionalização de reformas pró-descentralização de políticas sociais, em termos administrativos, no Brasil, tem ocorrido concomitantemente às reformas centralizadoras na área fiscal, demonstrando o complexo arranjo federativo no qual os entes federados articulam-se de forma distinta nas várias áreas de ação governamental (ALMEIDA, 2005). Dado esse contexto, deve-se enfatizar o papel dos organismos multilaterais, em razão de terem influenciado fortemente a agenda da descentralização das políticas sociais, reforçando o discurso da "eficiência" na administração pública, entendida como relação "custo/benefício". As proposições, tanto do FMI como do BIRD e do BID, são bastante controversas, notadamente na América Latina, devido às contrapartidas exigidas aos empréstimos para financiamento de políticas públicas e, também, à recomendação de que sejam aplicadas nos mais distintos lugares, independentemente de suas particularidades. Há impactos inegáveis na formação da agenda das políticas públicas dos países periféricos, tanto do ponto de vista das práticas administrativas como do conteúdo das políticas. A prioridade do critério da viabilidade econômica e

---

1   Este texto, aqui retrabalhado, revisto e complementado, teve como base o artigo publicado pelos autores intitulado "Federalismo e políticas sociais no Brasil: impasses da descentralização pós-1988", publicado na Revista Organização & Sociedade (2011, volume 18, número 56). Naquele texto discutimos o processo de descentralização e as relações intergovernamentais abordando os casos do sistema de saúde e da educação. Neste texto, partindo também do sistema de saúde, abordamos o sistema da assistência social e o programa Bolsa Família.

financeira das intervenções, independente do alcance e da efetividade de metas sociais, tem gerado conflito em áreas de políticas aonde há grupos sociais organizados que defendem especialmente políticas de cunho redistributivo (Viana, 2009).

No Brasil, paradoxalmente o processo de redemocratização proveniente das lutas sociais contra a ditadura militar foi associado, de maneira não prevista e com distintos significados – notadamente por maior participação popular nos processos decisórios – com a das agências multilaterais, cujos pressupostos eram outros. Num outro plano, destaque-se que o desenho institucional do federalismo brasileiro torna-se ainda mais complexo tendo em vista as políticas sociais descentralizadas e focalizadas terem alterado as relações intergovernamentais. Aqui, de forma similar às recomendações das agências multilaterais, a focalização é fortemente contestada por diversos segmentos com o argumento de que não altera essencialmente as estruturas sociais, o que implicaria naquilo que Esping-Andersen (1991) chamou de "mercadorização".

No que tange a unificação dos programas de transferência de renda, como o Programa Bolsa Família, o Governo Federal tende, como um vetor, a se relacionar diretamente com as esferas locais de governo (municipais). Será que este desenho tende a reduzir ou mesmo dispensar a participação da esfera estadual de governo na implementação das políticas? Em que medida esse processo também ocorre nas políticas sociais nas áreas de saúde e assistência social é analiticamente relevante: nesta, particularmente o SUAS e o Programa Bolsa Família. Diante da institucionalidade clássica federativa, os estados membros da federação estariam, em certa medida, se tornando coadjuvantes quanto à elaboração das principais políticas públicas sociais?

Mesmo com formas distintas de coordenação das políticas pelo Governo Federal, deve-se enfatizar como as áreas de saúde e de assistência social expressam a consolidação de um novo padrão de relacionamento – isto é, direto – entre Governo Federal e municípios, por meio da implementação do Sistema Único de Saúde (SUS) e do Sistema Único de Assistência Social (SUAS): neste, o desenho institucional foi fortemente inspirado no SUS. Trata-se da tendência à *lógica da institucionalização de sistemas*, em que, a partir da União, são construídos arcabouços legais e institucionais cujo objetivo é descentralizar ações, programas e recursos desde que adequados e circunscritos aos formatos advindos e propugnados pelo Governo Federal, tornando-se, dessa maneira, Sistemas Nacionais. Mais ainda, a tendência quanto à divisão dos poderes fiscal e financeiro dos sistemas federativos aponta para maior presença dos governos tipicamente locais (AFONSO, 2007), vetor esse já em curso, enfatize-se, no caso brasileiro, mas não num sentido unidirecional, como veremos. Dessa forma, tendo como contexto político a articulação dos entes federativos em diferentes coalizões, em que o Executivo Federal tem proeminência no processo de formulação de várias áreas de políticas, indaga-se como ocorre o processo de implementação dos serviços sociais descentralizados nos estados e em políticas públicas setoriais.

Assim, o objetivo deste texto é refletir sobre a descentralização como variável explicativa, ou seja, o processo de coordenação federativa em algumas áreas das políticas sociais e seus efeitos nas relações intergovernamentais. Inversamente, destaque-se que não se pretende examinar dados empíricos consolidados, mas elaborar uma reflexão de caráter mais conceitual quanto aos dilemas da descentralização das políticas sociais no Brasil, apontando certas tendências, enfatize-se, e suas complexidades e paradoxos. Pretende-se, além do mais, refletir em que medida o movimento descentralizador – cujo grande marco é a Constituição de 1988 –, que define as relações federativas na área de políticas focalizadas de transferência de renda, baseado na aludida relação direta entre o Governo Federal e os Municípios, caracteriza, em certa medida, as áreas de política universais de saúde e assistência social. Daí surge a seguinte indagação: quais impactos da institucionalização dos sistemas únicos nas relações federativas, notadamente o papel dos estados na produção de políticas sociais? Esta é uma questão que demanda reflexão a partir de um horizonte temporal prospectivo mais amplo acerca do funcionamento dos sistemas únicos e do Programa Bolsa Família. Contudo, foram elaborada hipóteses iniciais, levando em conta o atual estado da arte da implementação do SUS, do SUAS e do Programa Bolsa Família, especificamente observando-se a relação entre os gestores das três esferas de governo, além do aspecto relacionado ao legado histórico das políticas prévias (ARRETCHE, 2000; MENICUCCI, 2007).

Note-se que o quadro político e institucional, a partir do qual os mecanismos de coordenação federativa na área da saúde e da assistência social foram implementados, é fundamental para avaliar os resultados de políticas sociais gerados desde a década de 1990. Como um todo, na área da saúde os municípios ofertaram historicamente serviços relacionados ao atendimento básico, enquanto os estados e a União se responsabilizaram pelos serviços de média e alta complexidade.[2]

---

2 Segundo Paulus Júnior e Cordonis Júnior (2006: 16), "em 1977 o Ministério da Saúde já reconhecia que o papel primordial da esfera municipal era o de estruturar uma rede de serviços básicos dentro dos princípios da atenção primária, mas à época, nenhum passo concreto foi dado por ele nesta direção. O primeiro encontro municipal do setor saúde, realizado em Campinas em maio de 1978,

Na área da assistência social a descentralização administrativa apresenta dimensão de um duplo desafio: institucionalizar e legitimar um campo de atuação estatal historicamente marcado pela caridade e pela iniciativa privada e, ao mesmo tempo, coordenar ações dos entes federados (COSTA & PALOTTI, 2011: 212). Essas distintas trajetórias das subáreas das políticas sociais devem ser consideradas na análise do impacto da descentralização ocorrida na década de 1990, nas relações intergovernamentais, na medida em que os estados permaneceram importantes ofertadores de serviços sociais ou mesmo atores chave na organização dos serviços regionalizados de saúde (BARRETO JÚNIOR & SILVA, 2004). Há também diferenças políticas e institucionais entre estados, mas que não serão objeto de análise neste texto. Em outras palavras, a construção político/federativa das políticas públicas sociais desde a década de 1990, mediada pelas trajetórias históricas das áreas sociais, têm impactado de maneira complexa o histórico papel político dos governos estaduais. Uma avaliação mais aprofundada desse processo ainda deverá ser realizada, mas são apontas algumas tendências neste texto.

Por fim, este capítulo está estruturado da seguinte forma: análise das intercorrências dos primórdios da implementação das políticas sociais descentralizadas no Brasil e o aprofundamento da tendência descentralizadora no plano fiscal; breve discussão de aspectos do SUS, do SUAS e do Programa Bolsa Família relacionados à descentralização e às relações federativas, e considerações finais.

A COMPLEXIDADE DO FEDERALISMO BRASILEIRO E A DESCENTRALIZAÇÃO

Em termos conceituais, entende-se que federalismo e descentralização não são conceitos similares porque "não implicam engenharias políticas gêmeas" (ARRETCHE, 2002); quanto aos *estados federativos*, podem ser definidos como "uma forma particular de governo dividido verticalmente, de tal forma que diferentes níveis de governo têm autoridade sobre a mesma população e território" (LIJPHART, 1999 *apud* ARRETCHE, 2002: 27-28). Já *descentralização* refere-se à "distribuição das funções administrativas entre os níveis de governo" (RIKER, 1987 *apud* ARRETCHE, 2002: 29). Note-se que formas distintas de transferência de recursos e de delegação de funções permitem que um nível de governo detenha

---

concluiu pela atenção primária à saúde como prioridade dos municípios deixando os casos mais complexos (atendimentos secundários e terciários) para a União e para os Estados" (JÚNIOR, Paulus; JÚNIOR, Cordonis. 2006, p. 16).

funções de gestão de uma determinada política independentemente de sua autonomia política e fiscal (ARRETCHE, 2002: 29).

O contexto federativo no Brasil após 1990 pode ser caracterizado por movimentos descentralizadores na organização das políticas sociais e relações fiscais que se chocaram e conviveram de forma conflituosa com a permanência de tendências centralizadoras (ALMEIDA, 2005, ARRETCHE, 2012) caracterizadas por extensas prerrogativas legislativas da União, grande capacidade regulatória e significativo controle sobre alocação de recursos (ARRETCHE, 2012).

Devido à redemocratização, no princípio dos anos 1990, as instituições políticas federativas já estavam instituídas, e havia fatores externos e internos formadores de uma agenda de descentralização de políticas sociais no Brasil. Em 1993, o – sempre controverso – Banco Mundial publicou um relatório denominado "Investindo em Saúde", em que introduziu novos conceitos ao debate internacional sobre políticas de saúde e, com certo ineditismo, mudou algumas de suas posições adotadas durante a década de 1980. O Bird, portanto, moderou o discurso antiuniversalização dos serviços de saúde – devido a pressões de grupos vulneráveis em diversos lugares –, reconhecendo a necessidade de uma maior abrangência, mas condicionada a políticas focalizadas (acesso aos pobres, foco nas famílias e na educação da mulher); procurou medir a efetividade das intervenções de saúde em termos de custos; argumentou no sentido da divisão entre financiamento e provisão: financiamento deveria ser por meio de impostos destinados a determinados fins e "dinheiro deve seguir o paciente" e não ser alocado diretamente para as unidades prestadoras do serviço; indicou que a provisão pública deveria ser voltada somente aos serviços essenciais em áreas em que haveria necessidade de muitos subsídios e incentivos à competição entre provedores de serviços; apoiou a descentralização do gerenciamento; e enfatizou a repartição de responsabilidades entre níveis de governo e o setor privado (MATTOS, 2001). Como se vê, trata-se de nova postura.

Internamente, desde o final dos anos 1970 e início dos anos 1980 desenvolveu-se uma agenda democratizante que objetivava garantir a democratização das políticas e da administração pública. A ênfase na descentralização e na participação dos cidadãos na formulação e implementação de políticas públicas deveria garantir que a redemocratização não se limitasse à mudança de regime político, mas se enraizasse em instituições e práticas (FARAH, 2006).

Deve-se ressaltar, como apontamos, o papel das agências multilaterais em todo o ciclo das políticas públicas nos países periféricos, de tal maneira que o desenho dessas políticas provém em larga medida dessas entidades, com implicações distintas. Não se pode afirmar, contudo, que não tenha havido resistências e negociações internas, assim como mudanças de posições. Dessa forma, a formação da agenda descentralizante, com seus componentes internos e externos, não garantiu a institucionalização de políticas sociais descentralizadas. Afinal, a implementação de políticas descentralizadas, com suas respectivas instituições, na gestão de políticas públicas ocorreu somente a partir de meados da década de 1990: "As evidências de que havia ocorrido descentralização do gasto social pareciam indicar que havia também ocorrido descentralização das políticas sociais" (MÉDICI, 1994 *apud* ARRETCHE, 2002).

Diversas explicações são possíveis para essa dissonância entre gasto social descentralizado e ausência de estruturas políticas institucionais descentralizantes. Desde a "Nova República" até meados da década de 1990 a agenda social esteve submetida às contingências da agenda econômica, seja do orçamento, seja do da distribuição de poder nas estruturas decisórias governamentais. Em consequência, deu-se um processo de retração e desmantelamento das políticas sociais no Brasil naquele período (MEDEIROS, 2001), por vários motivos: a crise econômica da década de 1980 causou retração dos recursos para a área social; a estrutura legislativa e executiva montada no período autoritário favoreceu o uso eleitoreiro das políticas sociais na transição para a democracia; a falta de apoio político impediu a geração de programas de grande impacto social; e o excesso de expectativas acerca da nova Constituição (MEDEIROS, 2001). Para Arretche (2004), o formato que resultou da Constituição de 1988 foi o das chamadas competências concorrentes para a maior parte das políticas sociais brasileiras: "qualquer ente federativo estava constitucionalmente *autorizado* a implementar programas nas áreas de saúde, educação, assistência social, habitação e saneamento. Simetricamente, nenhum ente federativo estava constitucionalmente obrigado a *implementar* programas nessas áreas" (ARRETCHE, 2004: 22).

Portanto, o processo de descentralização das políticas sociais no Brasil foi caracterizado, na primeira metade da década de 1990, como "caótico, lento, insuficiente ou mesmo inexistente" (MEDEIROS, 2001; ALMEIDA, 2005; AFFONSO e SILVA, 1996 *apud* ARRETCHE, 2002). Entre 1990 e 1992 configura-se a descentralização acelerada e caótica, caracterizada por vazios institucionais em determinados setores de política social e superposições em outros; por privilégio de ações assistenciais e fragmentadas pelo Executivo que favoreciam o fisiologismo e o clientelismo; e por cortes drásticos de orçamento sob a justificativa da necessidade de descentralização administrativa (FAGNANI, 1997 *apud* MEDEIROS, 2001: 17). Somente a partir da segunda metade da década de 1990 é que "foi significativamente alterada a distribuição de competências entre municípios, estados e governo federal para a provisão de serviços sociais" (ARRETCHE, 2002: 31). A autora argumenta que a descentralização efetiva das políticas sociais passou a ocorrer somente "quando o governo federal reuniu condições institucionais para formular e implementar programas de transferência de atribuições para os governos locais" (ARRETCHE, 2002: 45).

Durante o primeiro mandato do Governo FHC, iniciou-se a implementação de reformas nas políticas sociais rumo à alteração na distribuição de competências entre municípios, estados e governo federal na provisão de serviços sociais (ARRETCHE, 2002: 31). Desenhou-se forte movimento de transferência de funções de gestão para os municípios, conforme demonstram "a desestatização dos serviços habitacionais e de saneamento, a transferência da totalidade dos serviços de atenção básica para os municípios e a significativa municipalização da oferta de matrículas no ensino fundamental" (ARRETCHE, 2002: 31).

Dessa forma, as reformas nas políticas sociais foram mais do que reformas de gestão administrativa. Afinal, várias mudanças, como a descentralização das políticas, a articulação de fato entre os diversos programas e a parceria entre governo e movimentos sociais foram inovações que permitiram a redução das práticas clientelistas, distanciamento das políticas assistenciais e continuidade dos programas.[3] Farah (2006) exemplifica uma série de inovações em governos locais que correspondem a novos conteúdos de política e novos processos: os governos locais passaram a se envolver com a extensão da cidadania a novos segmentos da população (crianças, idosos, deficientes, comunidades indígenas), rompendo com a centralização federal e o assistencialismo; políticas de geração de emprego e renda: ideia de fomento de um mercado local com a criação de instituições de crédito locais para pequenos e médios produtores; nova governança na formulação e na implementação de políticas públicas: conselhos de educação e saúde, cooperativas e mutirões para construção de casas populares, orçamento participativo. Também são exemplos de novas práticas as parcerias para a provisão de serviços públicos com ONGs e a comunidade: gestão de escolas e gestão de unidades de saúde (além dos conselhos); prestação integral de serviços por

---

3   Como tema de pesquisa para futuros trabalhos, deve-se ressaltar a permanência de práticas clientelistas na vida política brasileira, sendo os parlamentos o melhor exemplo, mesmo com a universalização das políticas sociais. Para utilizar uma terminologia conhecida, as várias gramáticas convivem no Brasil (NUNES, 1997).

entidades não estatais: serviços de creche e transporte coletivo urbano; ações integradas e de intersetorialidade (colaboração de diferentes agências estatais); articulação entre governos de mesmo nível: consórcios intermunicipais (lixo, recursos hídricos, especialmente saúde e meio ambiente; redes de atores e entidades).

Assim, de políticas assistenciais emergenciais e benevolentes passa-se a uma visão da assistência social como direito social, ou seja, universalização do acesso e gratuidade dos serviços públicos. A tensão entre um modelo mais inclusivo e um modelo mais estratificador transmutou-se para o debate entre políticas universalizantes e focalizadas. Contudo, há vertentes que entendem que, dentre as mudanças importantes dos últimos vinte anos nas políticas sociais no Brasil, está a introdução de critérios de delimitação territorial do público-alvo que, aliados aos de renda, permitiram melhor focalização dos beneficiários (MEDEIROS, 2001: 18).

Deve-se notar que em meio a esses processos, questões fiscais deram maior complexidade à convivência entre elementos descentralizadores e centralizadores. A descentralização fiscal, um aspecto da descentralização política, é entendida como aumento relativo dos recursos financeiros colocados à disposição dos estados e municípios em relação à União. Foi a partir da década de 1980 que o processo descentralização fiscal em prol dos municípios se intensificou (SERRA & AFONSO, 1999: 6). Segundo os autores, a fração dos dois principais impostos federais – sobre a renda (IR) e sobre o valor adicionado pela indústria (IPI) – transferida aos fundos de participação dos Estados (FPE) e dos Municípios (FPM) aumentou de 18% para 44% entre 1980 e 1990. Considerando todas as transferências constitucionais, chega-se a uma parcela transferida de 47% do IR e 57% do IPI. Em 1980, este total era de 20% (SERRA & AFONSO, 1999).

A partir da promulgação da Constituição em 1988 foi consolidada a capacidade de tributação própria das esferas subnacionais de governo: no caso dos estados, ampliou-se a base de incidência do imposto estadual sobre a circulação para todas as mercadorias e serviços (ICMS) de comunicações e transportes. Paralelamente, foram aumentadas em 25% as transferências desse imposto aos municípios (SERRA & AFONSO, 1999: 6-7). Em resumo, comparando as últimas quatro décadas e meia, pode-se dizer que os governos central e estadual diminuíram sua importância relativa na divisão federativa dos recursos tributários. Paradoxalmente, ao mesmo tempo em que a Constituição de 1988 ampliou o percentual das receitas fiscais da União, compartilhadas com os governos subnacionais, também permitiu a expansão dos recursos do Governo Federal por meio das *contribuições sociais*, cujo objetivo deveria ser o financiamento das políticas sociais. Na década de 1990 os recursos não partilhados, à disposição da União, foram acrescidos com a criação da Contribuição Provisória sobre Movimentações Financeiras (CPMF), em julho de 1993 (ALMEIDA, 2005: 34). Segundo Rezende e Afonso (2004), apesar de seu ímpeto descentralizador, na prática a Constituição de 1988 implantou um *federalismo fiscal duplo:* por um lado criou mecanismos de transferência de grande parte dos recursos arrecadados por meio dos principais tributos federais – IR e IPI – para estados e municípios; por outro criou contribuições sociais para financiar as responsabilidades sociais da União.

Simultaneamente à implementação da agenda de descentralização administrativa dos serviços sociais e da política fiscal (no sentido do *modus operandi* e da gestão), ocorreram outros importantes processos: a implementação de reformas recentralizadoras na área fiscal que envolveram a criação de um programa de redução da presença do setor público na atividade bancária, o Proes, em 1996 (LEITE, 2001; GARMAN; LEITE; MARQUES, 2001); e a renegociação da dívida dos estados, iniciada nos marcos da Lei nº 9496/97, que regulamenta o Programa de Apoio à Reestruturação Fiscal e Financeira, paralelamente à criação institucional de um novo marco de ordenamento fiscal, a Lei de Responsabilidade Fiscal (LRF), sancionada em maio de 2000 (LEITE, 2006; TAVARES, 2005). Essas mudanças reduziram espaços de autonomia financeira e fiscal dos entes federativos. Especialmente no caso da LRF – lei controversa entre os atores políticos nacionais, sobretudo quanto à suposta participação do Banco Mundial em sua elaboração–, esse fenômeno é importante na medida em que a lei não foi regulamentada para incluir a União nos rigores da mesma. Há, portanto, regras de administração das finanças públicas muito mais rígidas para os estados e municípios do que para a União. Isso demonstra que o federalismo brasileiro permaneceu desbalanceado, com forte poder de indução e veto pela União.

Neste diapasão Arretche (2012) argumenta, na contramão dos autores que trabalham com a hipótese da predominância das tendências descentralizadoras no contexto posterior a 1988 (os chamados movimentos centrífugos que marcariam o sistema político brasileiro no período da redemocratização). Segundo a autora, a supremacia da União tem raízes profundas na história do Estado-nação brasileiro e se manifesta nas

> amplas iniciativas legislativas da União (preservadas na Constituição de 1988), combinadas com limitadas oportunidades institucionais para o veto dos governos subnacionais. [...] O governo federal pode iniciar legislação em

praticamente qualquer área de política, ao passo que os governos subnacionais não têm competências legislativas exclusivas (ARRETCHE, 2012: 16).

Ademais, a União influencia a agenda dos governos subnacionais por meio do poder dos ministérios federais em regulamentar e supervisionar políticas executadas pelos entes subnacionais, além do poder de gasto da União (ARRETCHE, 2012: 20).

Portanto, trata-se de, como aludido, de "arranjo federativo complexo", isto é, "tendências descentralizadoras e impulsos centralizadores materializaram-se em instituições que fizeram da federação um arranjo cooperativo complexo, no qual governo federal, estados e municípios articularam-se de maneiras diversas nas diferentes áreas de ação governamental" (ALMEIDA, 2005: 38).

O SISTEMA ÚNICO DE SAÚDE (SUS), O SISTEMA ÚNICO DE ASSISTÊNCIA SOCIAL (SUAS) E O PROGRAMA BOLSA FAMÍLIA (PBF): DESCENTRALIZAÇÃO E RELAÇÕES FEDERATIVAS

Uma das grandes mudanças que ocorreram com a Constituição de 1988 foi a redefinição da *Seguridade Social* no Brasil, incluindo-se Previdência, Saúde e Assistência Social, num arcabouço de princípios e objetivos em que se destacam: a universalidade da cobertura e do atendimento; a uniformidade e equivalência dos benefícios e serviços; a diversidade da base de financiamento; a democratização e descentralização da gestão, com participação da comunidade (DRAIBE, 1997 *apud* BARRETO JÚNIOR & SILVA, 2004).

A regulamentação da Seguridade Social, por meio da legislação infraconstitucional, gerou arranjos institucionais do SUS e do SUAS altamente complexos que, contudo, não será possível desenvolver neste texto. Privilegia-se aqui abordar aspectos da implementação relacionados à descentralização e à relação entre os gestores municipais, estaduais e federais, incluindo o Programa Bolsa Família como uma estrutura que faz parte da área da Assistência Social e que aprofundou a lógica da descentralização. Assim, pode-se levantar hipóteses que expliquem o impacto da descentralização das políticas sociais nas relações intergovernamentais. Afinal, em cada uma das áreas observam-se diferentes processos de construção político/institucional que, por sua vez, sugerem diferentes impactos nas relações federativas. Vejamos abaixo os três exemplos: SUS, SUAS E PBF.

O Sistema Único de Saúde (SUS)

Criado a partir da Constituição Federal de 1988 (Artigos 196 a 200), teve como principais marcos normativos a Emenda nº 29, a Regulamentação da PEC nº 29, a Lei nº 8080/90, a Lei nº 8142/90, a Norma Operacional Básica (NOB SUS 93), a Norma Operacional Básica do Sistema de Saúde (NOB SUS 01/96), a Norma Operacional da Assistência à Saúde (NOAS SUS 2002) e o Pacto pela Saúde 2006 (Consolidação do SUS e suas Diretrizes Operacionais).

Desse conjunto de regras estabeleceu-se a seguinte distribuição intergovernamental de funções: à União coube o financiamento e a formulação da política nacional de saúde, bem como a coordenação das ações intergovernamentais. O Governo Federal – isto é, o Ministério da Saúde – tem autoridade para tomar as decisões mais importantes nessa política setorial. A edição de portarias ministeriais tem sido o principal instrumento de coordenação das ações nacionais em saúde, com forte poder de indução sobre a política setorial (BAPTISTA, 2007). Segundo este autor, o predomínio da atuação do Ministério da Saúde e do Poder Executivo Federal na condução da política da saúde, por meio do caráter indutor das portarias ministeriais, têm suscitado críticas de vários grupos que atuam no setor, especialmente os gestores estaduais e municipais e do Conselho Nacional de Saúde, que reclamam da falta de participação nos processos decisórios.

O conteúdo dessas portarias consistiu, em grande medida, em condicionar as transferências federais à adesão de estados e municípios aos objetivos da política federal. As portarias, ao representarem importantes recursos institucionais, aumentam exponencialmente a capacidade federal de coordenar as ações dos governos estaduais e municipais (ARRETCHE, 2004). Nesse modelo de distribuição de funções, coube aos governos locais implementar as políticas formuladas pelo Ministério da Saúde, com grande dependência das transferências federais e das regras definidas pelo Ministério. A participação de estados e municípios no processo de formulação da política de saúde, por sua vez, está institucionalizada por meio de Conselhos com representação dos mesmos. Nesse sentido, a institucionalização desses espaços de negociação suprimiu do Ministério da Saúde a possibilidade de estabelecer, unilateralmente, as regras de funcionamento do SUS (ARRETCHE, 2004). Trata-se de mais um aspecto da complexidade do processo em foco.

Note-se que o fortalecimento do vetor municipal no sistema público de saúde no Brasil constituiu-se a partir de um processo político-administrativo descentralizador, envolvendo a transferência de serviços, responsabilidades, poder e recursos da esfera federal para a estadual e a municipal (LEVCOVITZ; LIMA; MACHADO,

2001). Os instrumentos desse processo foram a municipalização das políticas, o maior controle público por meio da criação dos Conselhos Municipais de saúde, o estabelecimento das prioridades locais no Plano Municipal de Saúde e a centralização dos recursos financeiros para financiamento da política local no Fundo Municipal de Saúde (BARRETO JÚNIOR & SILVA, 2004). No que tange às implicações para o relacionamento entre as esferas de governo, a Lei Orgânica de Saúde, Lei nº 8.080, de setembro de 1990, definiu, entre outras, as atribuições e competências de cada nível de governo. Aos municípios coube o gerenciamento e a execução dos serviços públicos de saúde, por meio da criação dos sistemas locais. Aos estados coube promover a descentralização dos serviços e ações de saúde, prestando apoio técnico e financeiro aos municípios. Apenas supletivamente os estados executarão ações e serviços de saúde. Suas atribuições referem-se, principalmente, ao acompanhamento, ao controle e à avaliação das redes hierarquizadas do SUS, bem como à gestão dos sistemas públicos de alta complexidade, de referência regional e estadual (BARRETO JUNIOR & SILVA, 2004). De acordo com os autores, o gestor estadual sofreu, relativamente, o maior impacto no processo de descentralização "ao ter o seu papel original de executor de ações e de contratante de serviços privados e filantrópicos substituído por uma função de coordenação, apoio e regulamentação do sistema estadual de saúde" (BARRETO JUNIOR & SILVA, 2004: 49).

Especificamente quanto à edição das *Normas Operacionais Básicas* (NOBs) do SUS, orientaram esse processo na medida em que constituíram instrumentos de regulação da descentralização, tratando de aspectos como divisão de responsabilidades, relações entre gestores e critérios de transferência de recursos federais para estados e municípios (LEVCOVITZ; LIMA; MACHADO, 2001). Enquanto as três NOBs da década de 1990 – nº 91, 93 e 96 – desenharam um quadro de municipalização em que a relação entre Governo Federal e municípios foi privilegiada, a Norma Operacional da Assistência à Saúde (NOAs) 01/02 aponta para atribuição de novas responsabilidades ao gestor estadual, com a entrada na agenda do SUS da regionalização dos serviços e da oferta dos de alta complexidade (BARRETO JUNIOR & SILVA, 2004).

A despeito de diferenças importantes quanto ao contexto em que foram formuladas (LEVCOVITZ; LIMA; MACHADO, 2001), essas três NOBS SUS fortaleceram a relação entre o Governo Federal e os municípios. Por exemplo, na NOB SUS 01/91adotou-se o critério de transferência negociada de recursos para os municípios, configurando tentativa de centralização dos recursos pela União (LEVCOVITZ; LIMA; MACHADO, 2001): nesta NOB observa-se o esvaziamento do papel do gestor estadual e a ampliação do papel dos Municípios na construção do Sistema de Saúde.

Já a NOB SUS 01/93, segundo Levcovitz, Lima e Machado (2001), reafirmou a relação direta entre o nível federal e o municipal no modelo de *gestão semiplena* – aspectos da descentralização das ações e serviços de saúde, instituídos pela Norma Operacional Básica SUS 01/93, que foram efetivamente implementados –, por meio da implementação das transferências "fundo a fundo" dos recursos federais e transferências automáticas aos fundos municipais para a assistência ambulatorial e hospitalar. Os municípios habilitados na gestão semiplena tinham total autonomia para programar a execução dos recursos na diferentes áreas assistenciais. Para os estados, esta NOB possibilitou o redimensionamento de seu poder de interferência na condução da política da saúde: ao atribuir funções mais complexas ao gerenciamento dos sistemas de informações; ao dividir a responsabilidade sobre a aprovação de critérios de distribuição dos recursos federais entre os municípios; e também sobre a definição dos municípios aptos para receberem a transferência automática "fundo a fundo" (LEVCOVITZ; LIMA; MACHADO, 2001: 278). No entanto, não foram definidas as novas funções para os governos estaduais, como também os recursos e instrumentos para a sua implementação, o que, por si só, é sintomático.

Quanto à NOB SUS 01/96, promoveu profunda reestruturação ao avançar na responsabilização dos municípios na gestão da saúde. Foi criado o SUS municipal, "que consiste em subsistemas, um para cada município, que devem responder pela totalidade das ações e de serviços de atenção à saúde no âmbito do SUS" (BARRETO JUNIOR & SILVA, 2004: 52). De acordo com os autores, esta NOB também redefiniu o papel dos estados e da União na gestão do sistema ao determinar que seriam corresponsáveis pelo SUS em suas respectivas competências ou na ausência da função municipal.

Entre 2001 e 2002 houve intenso debate entre secretários estaduais e municipais e o Conselho Nacional de Saúde em torno dos *limites da municipalização*. A NOAS SUS 01/02 estabeleceu espaço institucional de responsabilidade do gestor estadual ao destacar a regionalização dos sistemas como estratégia de hierarquização dos serviços de saúde e de busca de maior equidade com a elaboração do Plano Diretor de Regionalização – PDR. A operacionalização desse plano e das estratégias de regulação do sistema tornou-se responsabilidade dos estados, assim como a coordenação da "Programação Pactuada e Integrada", que previu a parcela de recursos a ser gasta em cada município para áreas específica de alta complexidade.

Conclui-se que o exemplo da implementação do SUS indica que estaria ocorrendo mudança no vetor municipalista no sentido de adequá-lo a processos que demandam esforços regionais de implementação – serviços de maior densidade tecnológica e relacionados às especialidades médicas –, especialmente em casos de baixa capacidade executiva em municípios pequenos. Se, inicialmente, o processo de descentralização fora profundamente marcado pela municipalização da gestão, incluindo-se recursos e instrumentos administrativos, a partir dos anos 2000 os gestores estaduais estão reconquistando espaços políticos e institucionais ao assumirem a coordenação de ações intermunicipais e regionais. No entanto, esse processo também se deve a movimentos de cooperação intermunicipal articulados pelos Consórcios de Saúde. Em muitos casos a gestão intermunicipal no plano dos Consórcios entra em conflito com as instâncias regionais oriundas do plano estadual, fenômeno esse que torna mais complexa a análise dos impactos da descentralização nas relações intergovernemantais. Conforme Ribeiro e Costa (2000), os Consórcios Intermunicipais de Saúde:

> representam parcerias estabelecidas entre governos municipais de determinadas microrregiões que pactuam regras de financiamento de serviços e de acesso de clientelas com base em recursos dos municípios associados. Mais recentemente alguns governos estaduais têm contribuído com recursos técnicos e financeiros para fomentar parcerias locais, embora sejam observados casos onde as secretarias estaduais de saúde competem ou buscam exercer maior controle sobre essas iniciativas de regionalização da atenção à saúde (RIBEIRO & COSTA, 2000, p. 175).

Em outras palavras, na área da saúde a análise dos impactos da descentralização não pode se restringir às relações entre Governo Federal, estados e municípios, mas deve incluir a relação entre os próprios municípios no que tange a temas específicos. Mais ainda, a complexidade do fenômeno em tela indica diversas faces e facetas, o que exige outras pesquisas de profundidade como forma de compreendê-lo.

O Sistema Único de Assistência Social (SUAS)

O legado histórico de uma política como variável explicativa dos diferentes contornos e trajetórias dos processos de descentralização administrativa das políticas sociais nos anos 1990 e 2000 (ARRETCHE, 2004, MENICUCCI, 2007), ao influenciar o leque de opções disponíveis dos atores políticos é corroborado por um conjunto de fenômenos. Entre outros, pode-se citar o incentivo (ou impedimento) ao desenvolvimento de grupos de interesse organizados, a conformação de aprendizado social e de capacidade institucional das burocracias públicas (COSTA & PALOTTI, 2011: 213), e a recente institucionalização da área da Assistência Social *vis-à-vis* sua trajetória histórica.

Historicamente, a trajetória da Assistência Social foi permeada por práticas fi-lantrópicas, pontuais, emergenciais e paliativas. O modelo configurado teve como característica a desarticulação e o caráter desordenado, tendo sido subsidiado pelo Estado e executado por instituições filantrópicas da sociedade, que lidavam com a pobreza de forma residual e por meio da caridade (MESTRINER, 2005 *apud* GUARÁ & JESUS, 2008; CARDOSO JR. & JACCOUD, 2005 *apud* COSTA & PALOTTI, 2011). A assistência social foi marcada por uma institucionalização periférica e fragmentada, sem diretrizes para atuar como política pública e descolada da lógi-ca da promoção de direitos sociais (COSTA & PALOTTI, 2011: 214).

O histórico de institucionalização débil e residual, com predomínio da inicia-tiva privada sem fins lucrativos na provisão dos serviços, impôs obstáculo adi-cional ao processo de responsabilização estatal tendo em vista o caráter sócio-assistencial das intervenções. Dessa forma, a descentralização enfrenta o duplo desafio de institucionalizar e legitimar o campo de atuação estatal e, ao mesmo tempo, coordenar ações dos entes federados (COSTA & PALOTTI, 2011: 212).

Contudo, durante a década de 1980 mudanças importantes marcaram a conformação de uma nova imagem[4] (BAUMGARTNER & JONES 1993) para a área da assistência social. Os movimentos para essa mudança da política, que se iniciaram na comunidade epistêmica do Serviço Social com a proposta de se repensar as práticas de assistência com um caráter mais técnico, profissional, mas com princípios de cidadania, foram ao longo dos anos ganhando espaço nos debates científicos e nas instituições governamentais como a SAS (Secretaria de Assistência Social) e a LBA (Legião da Boa Vontade), por meio da incorporação, pelo corpo técnico e mesmo político destes órgãos, das ideias e conceitos trazidos pela comunidade epistêmica do Serviço Social. No momento da Constituinte, as articulações se intensificaram e se aceleraram. Esse importante momento para as políticas sociais foi também para a política de Assistência Social uma "janela

---

4   Segundo Baumgartner & Jones (1993) um aspecto fundamental para que a mudança em política pública ocorra é a forma como o problema é apresentado na arena pública, uma vez que a manei-ra como é definido e exposto beneficia a mudança ou a manutenção. Dessa forma, para que uma questão interrompa a situação de "equilíbrio" e receba a atenção da classe política e do governo é necessária a construção de um *novo entendimento* sobre ela, ou uma *nova imagem de política (policy image)*; por isso é central na dinâmica política a disputa que visa à apresentação e à definição de um problema (CAPELLA, 2007).

de oportunidade" crucial, pois a política de assistência ocupou seu espaço nas discussões e ganhou o estatuto de política pública na nova Constituição Federal, entrando oficialmente na agenda governamental do país.

A Assistência Social foi reconhecida como direito e dever do Estado no âmbito da Seguridade Social nos artigos 203 e 204 da Constituição Federal de 1988. Não mais como política isolada e complementar à Previdência Social, a Assistência diferenciou-se enquanto política pública como um dos tripés da Seguridade Social em conjunto com a Previdência e a Saúde, conforme preconiza o Art. 194: "A seguridade social compreende um conjunto integrado de ações de iniciativa dos Poderes Públicos e da sociedade, destinadas a assegurar os direitos relativos à saúde, à previdência e à assistência social." (BRASIL, 1988). Segundo Sposati (2003), a inclusão da assistência social na Constituição significou que o conceito de população beneficiária não era mais o de marginal ou carente, mas assume que suas necessidades advêm da estrutura social e não da inaptidão ou da má vontade dos indivíduos, rompendo assim, de vez, os resquícios do liberalismo. Os dispositivos constitucionais reafirmam o caráter não contributivo, assim como a descentralização político-administrativa e a participação da sociedade na formulação e no controle da política de assistência social (COSTA & PALOTTI, 2011: 214).

Ao longo da década de 1990, a assistência social não acompanhou o ritmo da consolidação institucional percebida nas outras políticas sociais, notadamente na saúde.[5] O presidente Collor vetou a primeira proposta da Lei Orgânica de Assistência Social em 1990, havendo somente no Governo Itamar Franco condições políticas para uma nova coalizão política que apoiasse a relativa recuperação do financiamento social. O Executivo e o Congresso Nacional adotaram medidas para redirecionar as políticas de assistência social e de saúde aos princípios da CF 1988, e a Lei Orgânica da Assistência Social foi promulgada em 1993 (ENÉAS, 2011). A Lei Orgânica de Assistência Social (LOAS - Lei n. 8 742/1993) reitera as orientações normativas de descentralização e participação popular. A prestação estatal desse direito continua a ser competência concorrente entre os três níveis de governo. O repasse de recursos financeiros aos entes federados fica vinculado à existência de Conselho, Fundo e Plano de Assistência Social (art. 30 da LOAS, *idem*), com o requisito para que o orçamento da seguridade preveja alocação própria de recursos nos respectivos Fundos (COSTA e PALOTTI 2011: 214).

---

5   O SUAS foi regulamentado somente nos anos 2000, enquanto o SUS foi regulamentado no início dos anos 1990. Para uma análise sobre este gap temporal entre a institucionalização de ambos, ver Enéas (2011).

Além da regulamentação da estrutura implementadora descentralizada, a LOAS prescreveu a criação de Conselhos deliberativos e paritários, cimentando o caminho da construção institucional da gestão pública e participativa da política de assistência social. As iniciativas de municipalização, o fomento ao controle social, a criação de Conselhos e a estruturação de Secretarias municipais específicas para a assistência construíram ao longo dos anos 1990 institucionalidade para a política. Porém, até aquele momento a institucionalidade criada ainda era desarticulada e sem a organicidade que foi conquistada posteriormente com a normatização da NOB/SUAS em 2005 (ENÉAS, 2011). Por exemplo, o financiamento da política e a distribuição de competências entre os entes federados permaneceram indefinidos. O financiamento da política manteve-se dicotômico: os serviços de combate à pobreza e de assistência foram organizados por meio de transferências regulares e automáticas, baseadas em séries históricas, ao passo que os programas e projetos ficaram submetidos ao estabelecimento de convênios pela esfera federal. As competências entre os entes federados permaneceram difusas e imprecisas, não havendo incentivos para a criação, em estados e municípios, de capacidades institucionais para assumir as responsabilidades de gestão em rede da política (LIMA, 2004 *apud* COSTA & PALOTTI, 2011: 215). A força do *lobby* de grupos conservadores (LBA) e as dificuldades de consolidação institucional da área marcaram o contexto inóspito, que somente se alterou em 2003, com o início do Governo Lula (COSTA & PALOTTI, 2011; ENÉAS, 2011).

No início do segundo ano do governo de Lula, assumiu a direção do Ministério da Assistência Social uma comunidade epistêmica que trouxe consigo base consensual alinhada com a concepção de Assistência Social como política pública e direito de cidadania, tendo passado a influenciar ações efetivas ao implementar princípios éticos, políticos e programáticos (LIMA, 2004 *apud* ENÉAS, 2011). A criação do Sistema Único da Assistência Social (SUAS) concretizou deliberação da IV Conferência Nacional de Assistência Social, em 2003, que contou com ampla participação de diversos segmentos e atores do campo da assistência, prevendo uma forma inovadora de se entender a assistência social, tendo como referência direta de coordenação institucional o Sistema Único de Saúde (SUS) (COSTA & PALOTTI, 2011).

O SUAS estabeleceu dois níveis de atenção distintos para a política de assistência social, semelhante ao SUS: a Proteção Social Básica (voltada à baixa complexidade) e a Proteção Social Especial (voltada à média e alta complexidade). A Proteção Básica objetiva processar a inclusão social de famílias que se encontram em situação de vulnerabilidade social, decorrente da pobreza e privação de capacidades. A Proteção Especial, por sua vez, caracteriza-se pelo foco em famílias em situação mais precária que as famílias atendidas no modelo da Proteção Básica.[6] O SUAS organizou ainda três níveis de gestão da política: Inicial, Básico e Pleno, modalidades existentes somente para os municípios, não havendo habilitação para os estados. Cada nível de gestão indica um comprometimento distinto da esfera municipal quanto ao atendimento sócio/assistencial. Em todos os níveis os municípios devem contar com Conselho, Fundo e Plano próprios de assistência social, e devem se comprometer a realizar aportes no orçamento para esta política. Nos níveis Básico e Pleno, o município se compromete a constituir de fato uma rede de assistência social, com equipamentos governamentais de articulação territorial (COSTA & PALOTTI, 2011: 216).

Com o intuito de reiterar a centralidade do Estado na prestação da assistência social, o SUAS propôs a criação de dois equipamentos públicos, respectivamente para a Proteção Básica e Especial: os Centros de Referência da Assistência Social (CRAS) e os Centros de Referência Especial da Assistência Social (CREAS). Costa e Palotti (2011) argumentam que a análise do processo de implementação dos CRAS em Minas Gerais remete à importância da ação indutora dos governos estaduais e a centralidade da coordenação de iniciativas entre as instâncias estaduais e federal para o desenvolvimento da municipalização, de acordo com Arretche (2000). Segundo os autores,

> a ativação da esfera estadual na articulação da política imprimiu incentivos para que a descentralização avançasse mesmo sem a expansão do cofinanciamento federal, em 2007; ofereceu um novo conjunto de recursos para que os municípios pudessem assumir as novas atribuições e competências preconizadas pela NOB-SUAS, por meio do cofinanciamento de despesas de capital (investimento); sustentou o custeio de parte dos municípios que receberam repasses de investimento e não tinham garantidos os recursos do PAIF. A estratégia de atuação da esfera estadual passou ainda por correções de rota, como no caso da mudança no formato de financiamento dos investimentos, de pulverizados para focalizados e mais substantivos. Houve diminuição da abrangência de municípios a serem cofinanciados, mas ampliou-se a qualidade do cofinanciamento realizado, com maior força indutora (COSTA & PALOTTI, 2011: 230).

---

6   As famílias atendidas pela rede de Proteção Especial estão em situação de desestruturação, de completo abandono ou de rompimento dos vínculos comunitários e familiares, em alguns casos com patente violação de direitos.

O Programa Bolsa Família (PBF)

No Brasil, os programas de assistência social, mais especificamente sob a forma de transferência de renda direta para os beneficiários, expandiram-se na década de 1990 sem incluir repasses aos governos subnacionais. Em 2003 o Programa Bolsa Família incorporou os benefícios do Auxílio Gás, o Bolsa Escola, o Bolsa Alimentação e o Cartão Alimentação (posteriormente do Programa de Erradicação do Trabalho Infantil – PETI. Com relação ao desenho institucional, os programas não envolviam um comando centralizado, nem suas ações eram integradas por alguma forma de coordenação por uma instituição. Cada ministério criava e implementava o seu programa, firmando, conforme o caso, convênios com os governos subnacionais para a seleção e cadastramento dos beneficiários, como também do acompanhamento e monitoramento das contrapartidas exigidas em alguns deles, tais como vacinação das crianças e matrícula e permanência na escola. Havia ausência de coordenação institucional, mas que fora enfrentada pelo Projeto Alvorada (coordenação de intervenções em áreas mapeadas com os menores índices de desenvolvimento humano no país) e pela utilização do conceito de rede de proteção social.

Formulado e administrado pelo Ministério de Desenvolvimento Social e do Combate à Fome (MDS) em 2003, o Bolsa Família é operacionalizado a partir de convênios que o Governo Federal faz com as prefeituras, que são responsáveis pela triagem dos interessados e cadastramento dos beneficiários num sistema eletrônico gerenciado e monitorado pelo Governo Federal (AFONSO, 2007). Dessa forma, a implementação das ações de transferência de renda do Programa Bolsa Família fortaleceram o eixo de coordenação intergovernamental entre União e municípios. Segundo Licio, Mesquita e Curralero (2011: 463):

> enquanto a União financia e regulamenta o Programa, grande parte da execução está localizada no nível municipal. As famílias beneficiárias estão em todos os 5.565 municípios e no Distrito Federal, devendo ser atendidas e acompanhadas pelos órgãos locais. O cadastramento e a gestão de benefícios, assim como a prestação dos serviços básicos de saúde, educação e assistência social e articulação de programas complementares, ocorrem nos municípios, com base na oferta do poder local.

O atual discurso do Banco Mundial, como aludimos, atribui papel central aos governos locais – com ênfase na esfera da municipalidade – na prestação dos serviços públicos, dando ênfase ao argumento de que um governo mais próximo do cidadão deve agir combinando flexibilidade gerencial com responsabilização e priorizando as ações escolhidas pela comunidade local que apresentem o menor custo de transação possível.[7] Nesse sentido, o caso do Programa Bolsa Família é paradigmático. A partir da segunda metade da década de 1990 o Governo Federal criou programas de assistência social para atender objetivos específicos nas áreas sociais, notadamente educação e saúde, e para atingir públicos focalizados – basicamente crianças e adolescentes pobres – por meio de transferência de renda direta ao beneficiário, raramente incluindo repasses aos governos subnacionais. Note que em 1996 foram implementados o Programa Benefício de Prestação Continuada e o Programa de Erradicação do Trabalho Infantil (PETI); em 1999, o Programa Agente Jovem; em 2001, o Programa Bolsa Escola e o Bolsa Alimentação; em 2002, o Auxílio Gás; em 2003, o Cartão Alimentação e, no mesmo ano, por meio da Lei nº 10.836/2004, o Bolsa Família.

De acordo com Senna *et al* (2007: 90), o desenho do Programa Bolsa Família prevê a ação coordenada dos três níveis de governo e de diversos setores governamentais e não governamentais, caracterizando-se como um processo de implementação marcado pela descentralização, intersetorialidade e controle social. Na prática, o programa consolida um novo padrão de relacionamento direto entre o governo federal e municipal, afastando o nível estadual. Note que o estado de São Paulo, devido ao seu porte e poder político, é um exemplo singular de governo subnacional que criou um programa próprio de transferência de renda – Renda Cidadã – que cruza os dados do cadastro federal, mas atende apenas famílias que não estão contempladas pelo Bolsa Família. Claramente aspectos político/partidários ajudam a explicar a rivalidade entre este programa e o federal que, contudo, em razão do poder econômico da União, é exceção no contexto brasileiro.

Trata-se de novo padrão, na medida em que o nível estadual exercia funções de coordenação relevantes nos programas iniciais, tanto no PETI quanto no programa de Benefícios de Prestação Continuada e nos agentes comunitários de saúde. No Programa Bolsa Escola, contudo, já se nota a relação direta entre o Governo Federal e os municípios (AFONSO, 2007: 29). Apesar da atuação restrita dos estados, Licio, Mesquita e Curralero (2011) destacam o importante papel dos governos estaduais em apoiar o trabalho de coordenação da União ao mobilizar os municípios que estão no seu território, bem como ao monitorar as ações que

---

7 Os aspectos ideológicos dessa assertiva são evidentes.

são realizadas e fornecer suporte tecnológico e capacitação aos municípios mais desestruturados administrativamente (p. 464).

No que tange à intersetorialidade, observa-se a ausência de indução e coordenação no âmbito do Bolsa Família pelos níveis federal e estadual de governo (SENNA *et al*, 2007: 91). Apesar de o Bolsa Família representar tentativa de enfrentar a fragmentação da intervenção do Estado na área social, ainda não foram construídos canais de diálogo eficientes entre os diferentes setores de governo nas três esferas político-administrativas. "O desenvolvimento concreto da intersetorialidade ainda se encontra dependente da iniciativa do nível local, o que não é suficiente para sustentar experiências existosas nessa área" (SENNA *et al*, 2007: 91). Nesta perspectiva intersetorial, Afonso (2007) argumenta que a integração das políticas de transferência de renda com outras políticas sociais, sobretudo as ações focadas no desenvolvimento local, poderiam levar os governos subnacionais para o centro das decisões.

Licio, Mesquita e Curralero (2011) propõem análise da dinâmica federativa da gestão do Programa Bolsa Família observando distintas dimensões – tais como transferência de renda, acompanhamento de condicionalidades e articulação de programas complementares –, o que permite não apenas "analisar as relações entre os diversos níveis de governo mas também as implicações federativas derivadas da perspectiva intersetorial que rege o Programa" (*idem*, 2011: 459). Segundo as autoras, o padrão hierarquizado de relações intergovernamentais adotado para implementação da transferência de renda não se verifica nas dimensões intersetoriais, caracterizadas por maior negociação, como também nas dimensões dos programas complementares, mais desarticulados.

O PBF tem se desenvolvido na sua primeira década como um articulador das políticas sociais no sistema de proteção social na medida em que todas as famílias beneficiárias devem ser acompanhadas pelas áreas de saúde, educação e assistência social no âmbito das condicionalidades do Programa. O Programa articula, ainda, programas complementares, entendidos como ações que permitem às famílias o desenvolvimento de capacidades geradoras de renda, ainda que sem assegurar sua inserção no mercado formal de trabalho, possuindo papel fundamental para a efetiva superação da pobreza (LICIO, MESQUITA e CURRALERO, 2011: 463).

Desta forma, Licio, Mesquita e Curralero (2011) argumentam que se verifica um modelo negociado de relações intergovernamentais na dimensão das condicionalidades. As políticas de saúde, educação e assistência social, de caráter universal, possuem dinâmicas próprias de negociação intergovernamental, de modo que o PBF precisa respeitar as sistemáticas estabelecidas em cada área e adequar-se para que os resultados sejam alcançados. Conforme Arretche (2004), cada área desenvolveu uma sistemática de coordenação federativa a partir de legados e condições políticas e institucionais distintas. Ademais, as autoras argumentam que há crescente busca pela maior integração entre as políticas nos três níveis de governo, que se deve à premissa de que a atuação intersetorial dará conta de uma abordagem integral da situação de vulnerabilidade em que vivem as famílias beneficiárias.

> Nesse sentido, destaca-se a criação do "Fórum Intersetorial e Intergovernamental de Condicionalidades do PBF", por meio da Portaria Interministerial MDS/MEC/MS nº 2/2009, formado por representantes do MDS, do MEC, do MS e das entidades de representação de estados e municípios nas três áreas. Tal espaço, voltado para a negociação e o estabelecimento de consensos entre os diversos atores envolvidos, não propõe substituir as estruturas de pactuação de cada política envolvida, mas busca primordialmente aperfeiçoar o papel das condicionalidades, negociar e articular a participação dos demais níveis de governo e a responsabilização política dos atores (ARRETCHE, 2004, p. 467).

Com relação aos programas complementares, há um padrão ainda desarticulado de relações intergovernamentais, refletindo problemas de escala, imaturidade da coordenação federativa dessas políticas, fragmentação das iniciativas e sua dificuldade em alcançar os segmentos mais pobres da população (LICIO, MESQUITA e CURRALERO, 2011: 468). As autoras exemplificam com o caso do programa Planseq/Próximo Passo, de qualificação profissional do Ministério do Trabalho, cuja articulação com o PBF deu-se sob o protagonismo do governo federal em praticamente todas as etapas de implementação, sem atuação articulada dos demais entes federados, o que refletiu, em certa medida, a descoordenação da política de emprego, com sobreposições e vácuos de atuação dos entes federativos (p. 468).

Trata-se portanto de situações complexas, que necessitam ser analisadas setorialmente, mas que apontam para o vetor da centralização das políticas públicas de forma a conectar diretamente União e municípios.

CONSIDERAÇÕES FINAIS

As discussões trazidas neste texto demonstram que não é simples avaliar os impactos da descentralização das políticas sociais nas relações intergovernamentais.

Trata-se de tarefa que demanda esforços de vários pesquisadores com diferentes abordagens metodológicas (por exemplo, institucionais e empíricas) e em distintas áreas e subáreas de políticas públicas federativas. Por exemplo, nas áreas de saúde e assistência social (assistência aos diferentes níveis de complexidade), é importante observar as distintas formas de articulação federativa na concepção e operacionalização da gestão. Neste texto, procurou-se analisar a complexidade do problema com base no processo político/institucional pós-1988, amparando-se em trabalhos recentes e tendo como foco algumas das principais políticas sociais brasileiras.

Em linhas gerais, percebe-se tensão entre o vetor municipalista e a permanência de arranjos políticos e institucionais nos quais os estados são protagonistas em termos orçamentários e administrativos, com contornos não unívocos: seja como executor, articulador, indutor, entre outras possibilidades, de políticas públicas. Pode-se dizer que o vetor municipalista se fortaleceu, no aspecto fiscal, desde a Emenda Passos Porto (EC nº 23/83), portanto antes da Constituição de 1988, que aumentou a capacidade de gasto dos municípios (via aumento das transferências) e conviveu, desde a década de 1990, com a expansão dos recursos federais por meio das contribuições sociais e com o novo ordenamento fiscal (sintetizada pela LRF). Esse processo envolveu mudanças recentralizadoras concretizadas na reforma dos bancos públicos estaduais, na renegociação das dívidas dos estados e na promulgação da Lei de Responsabilidade Fiscal (LRF).

No quesito social, o maior programa de transferência de renda do país, o Bolsa Família, baseia-se em relações intergovernamentais que privilegiam a relação direta entre o Governo Federal e os municípios. Além do avanço nos processos de municipalização do ensino fundamental e de transferência de recursos federais aos municípios no âmbito do SUS, alguns programas recentes reforçam o vetor municipalista com a transferência direta de recursos do Governo Federal aos municípios em outras áreas mais específicas. Várias políticas públicas demonstram isso: o Programa Nacional de Apoio ao Transporte Escolar (de 2004); o Programa Dinheiro Direto na Escola (de 1995 e ampliado em 2009); o Programa Nacional de Alimentação Escolar (Merenda Escolar, de 1988); o Programa Nacional do Livro Didático (de 1929 e ampliado em 2001); e o próprio Plano de Desenvolvimento da Educação (PDE).

Quanto ao SUS, seu processo de implementação abriu espaço, na última década, para atuação relevante dos gestores estaduais na articulação regional e intermunicipal. Já na área de educação, os estados têm importante papel ofertador do ensino médio e educação de jovens e adultos no país: 90,4% e 55,2% do total das despesas com ensino médio e educação de jovens e adultos, respectivamente, são executadas pelos estados. Contudo, como um todo a lógica de funcionamento do Fundef/Fundeb restringe enormemente os espaços de articulação intergovernamental entre os atores subnacionais, a despeito de casos em que, paradoxalmente, a iniciativa política dos estados pode tornar mais efetivo o resultado de sua municipalização.

Assim, é prematuro afirmar peremptoriamente que as características municipalizadoras do processo de descentralização das políticas sociais enfraquecem radicalmente o papel dos estados nas relações federativas brasileiras. Os estados desempenham papel importante enquanto gestores nas áreas de saúde, de educação e de assistência social. Na divisão federativa das despesas funcionais, segundo dados de 2005, enquanto a despesa em assistência social divide-se em 70,4% da União, 10% dos estados e 19,6% dos municípios, na área de saúde e de educação as atribuições de gastos são mais descentralizadas e equilibradas entre estados e municípios: 18,9% das despesas globais em saúde são realizadas pela União, 37,3% pelos estados e 43,7% pelos municípios; 13,8% das despesas globais de educação são realizadas pela União, 48% pelos estados e 38,1% pelos municípios (AFONSO, 2007: 20). Note que 87,3% da despesa com atenção básica é realizada pelos Municípios. Já a despesa da assistência hospitalar e ambulatorial é mais equilibrada: 47,4% estadual e 42,1% municipal.[8]

Tendo em vista esse quadro, reitere-se a importância de se problematizar os impactos da descentralização nas relações federativas, num contexto político e institucional complexo, uma vez que marcado por forças simultaneamente centrípetas e centrífugas e por mediações, arranjos e (re)negociaçõesque se dão entre elas, o que aponta para um federalismo com direções diversas. Além disso, outros atores, exógenos e endógenos, tais como, respectivamente, as entidades internacionais e os movimentos sociais, entre outros, participam, de forma assimétrica, da arquitetura política e institucional da descentralização, demonstrando que o vetor dos constituintes de 1988 está eivado de temas e questões não previstos quando da elaboração da Constituição e que adquirem contornos que dependem de cada política setorial. Esse processo está se delineando justamente após os vinte anos da Constituição, devido, entre outros elementos, à lógica dos sistemas nacionais presentes nas políticas públicas sociais, entre outros fatores.

---

8   Outros dados são igualmente importantes, tais como: 55,9% da despesa em ensino fundamental é realizada pelos Municípios e 43,2% pelos estados. 90,4% das despesas do ensino médio provém do nível estadual; 63,8% e 70,5% é despesa federal de ensino profissional e superior, respectivamente e, 55,2% e 50% é despesa estadual em educação de jovens e adultos e educação especial, respectivamente (AFONSO, 2007).

Outra forma de compreensão dos dilemas e impasses da descentralização das políticas sociais no Brasil, nesse contexto, relaciona-se à noção de redes de atores e de instituições, governamentais e não governamentais, que se articulam em diferentes arenas, inclusive territoriais, para além, portanto, da conformação federativa clássica. Procurou-se, neste texto, explorar as vicissitudes da descentralização no Brasil contemporâneo à luz do modelo federativo, tendo em vista a necessidade de aprofundar seus alcances e limites. Os referidos processos retratados no texto requerem, crescentemente, análises ainda mais refinadas em razão da dimensão, da complexidade e do caráter multifacetado das políticas públicas brasileiras, na medida em que convivem com conformações diversas no extenso e contraditório universo brasileiro nas políticas sociais.

REFERÊNCIAS BIBLIOGRÁFICAS

AFFONSO, Rui. "A federação no Brasil: impasses e perspectivas". In: AFFONSO, Rui & SILVA, Pedro Luiz Barros (orgs.). *A federação em perspectiva: ensaios selecionados*. São Paulo: Fundap, 1995, p. 57-75.

AFONSO, José Roberto. "Descentralização fiscal, políticas sociais e transferência de renda no Brasil". *Instituto Latinoamericano y del Caribe de Planificación Económica y Social* (Ilpes), Cepal, Serie Gestão Pública, Santiago do Chile, nº 63, fev. 2007.

_____. *Descentralização Fiscal na América Latina: estudo de caso do Brasil*. Santiago, Nações Unidas/Cepal, 1994.

ALMEIDA, Maria Hermínia Tavares. "Recentralizando a Federação?". *Revista de Sociologia e Política*, Curitiba, vol. 24, jun. 2005, p. 29-40.

ARRETCHE, Marta. *Estado federativo e políticas sociais: determinantes da descentralização*. Rio de Janeiro/São Paulo: Revan/Fapesp, 2000.

_____. "Relações federativas nas políticas sociais". *Educação e Sociedade*, vol. 23, nº 80, set. 2002, p. 25-48.

_____. "Federalismo e políticas sociais no Brasil: problemas de coordenação e autonomia". *Revista São Paulo em Perspectiva*, vol. 18, nº 2, jun. 2004, p. 17-26.

_____. *Democracia, federalismo e centralização no Brasil*. Rio de Janeiro: Editora FGV; Editora Fiocruz, 2012.

BARRETO JÚNIOR, Irineu Francisco & SILVA, Zilda Pereira. "Reforma do Sistema de Saúde e as novas atribuições do gestor estadual". *São Paulo em Perspectiva*, vol. 18, nº 3, set. 2004, p. 47-56.

BAPTISTA, Tatiana Wargas de Faria. "Análise das portarias ministeriais da saúde e reflexões sobre a condução nacional da política de saúde". *Cadernos de Saúde Pública*, Rio de Janeiro, vol. 23, nº 3, mar. 2007, p. 615-626.

BAUMGARTNER, Frank R. & JONES, Bryan D. *Agendas and instability in American politics*. Chicago: University of Chicago Press, 1993.

CAPELLA, Ana Claudia. "Perspectivas Teóricas sobre o Processo de Formulação de Políticas Públicas». In: HOCHMAN, G.; ARRETCHE, M.; MARQUES, E. (orgs.) *Políticas públicas no Brasil*. Rio de Janeiro: Editora Fiocruz, 2007.

COSTA, Bruno L. D. & PALOTTI, Pedro L. M. "Relações intergovernamentais e descentralização: uma análise da implementação do SUAS em Minas Gerais". *Revista de Sociologia e Política*, vol. 19, nº 39, jun. 2011.

ENÉAS, Daniella P. *A trajetória de institucionalização do sistema único de assistência social: processo de consolidação de uma imagem política*. Monografia (conclusão de curso em Gestão de Políticas Públicas) – EACH-USP, São Paulo, 2011.

ESPING-ANDERSEN, Gosta. "As três economias políticas do Welfare State". *Revista Lua Nova*, São Paulo, nº 24, set. 1991.

FALLETTI, Tulia. "Efeitos da descentralização nas relações intergovernamentais: o Brasil em perspectiva comparada". *Sociologias*, Porto Alegre, vol. 8, nº 16, jul./dez. 2006, p. 46-85.

FONSECA, Francisco. "Democracia e participação no Brasil: descentralização e cidadania face ao capitalismo contemporâneo". *Revistas Katálysis*, dossiê "Democracia e Participação", Florianópolis, UFSC, vol. 10, nº 2, jul./dez. 2007, p. 245-255.

FARAH, Marta Ferreira Santos. "Inovação e governo local no Brasil contemporâneo". In: JACOBI, Pedro & PINHO, José A. (orgs.). *Inovação no campo da gestão pública local – novos desafios, novos patamares*. Rio de Janeiro: Editora FGV, 2006, p. 41-76.

GARMAN, Christopher C. B.; LEITE, Cristiane K. S.; MARQUES, Moisés S. "Impactos das relações Banco Central x Bancos Estaduais no arranjo federativo pós-1994 – análise à luz do caso Banespa". *Revista de Economia Política*, vol. 21, nº 1 (81), jan./mar. 2001, p. 40-61.

GOMES, Gustavo M. & MAC DOWELL, Maria C. "Descentralização política, federalismo fiscal e criação de municípios: o que é mau para o econômico nem sempre é bom para o social". *Texto para Discussão*, Brasília, Ipea, nº 706, fev. 2000.

GUARÁ, Isa M. F. R.; JESUS, N. F. "Assistência social e políticas de enfrentamento da pobreza". In: CALLEGARI, C.; BATISTA, S. (org.). *Políticas Públicas e direitos humanos.* 1ª ed. Brasília: Ed. Fundação João Mangabeira, 2008, vol. II, p. 239-319.

KHAIR, Amir; AFONSO, José Roberto; OLIVEIRA, Weder. "Lei de Responsabilidade Fiscal: os avanços e aperfeiçoamentos necessários". In: MENDES, Marcos (org.) *Gasto público eficiente: 91 propostas para o desenvolvimento do Brasil.* São Paulo: Instituto Fernand Braudel, 2006, p. 275-318.

KUGELMAS, Eduardo. "A evolução recente do regime federativo no Brasil". In: HOFMEISTER, W. & CARNEIRO, J. M. B. (orgs.). *Federalismo na Alemanha e no Brasil.* São Paulo: Konrad-Adenauer Stiftung, 2001, p. 29-49.

LEAL, V. Nunes. *Coronelismo, enxada e voto.* São Paulo: Alfa-Omega, 1978.

LEITE, Cristiane K. S. *Autoridade monetária e federalismo no Brasil: uma reflexão sobre a reforma do sistema de bancos públicos estaduais.* Dissertação (mestrado) – Departamento de Ciência Política da FFLCH-USP, São Paulo, 2001.

_____. *O processo de ordenamento fiscal no Brasil na década de 1990 e a Lei de Responsabilidade Fiscal.* Tese (doutorado) – Departamento de Ciência Política da FFLCH-USP, São Paulo, 2006.

LEVCOVITZ, E.; LIMA, L.; MACHADO, C. "Política de saúde nos anos 90: relações intergovernamentais e o papel das Normas Operacionais Básicas". *Ciência e Saúde Coletiva*, vol. 6, nº 2, 2001, p. 269-291.

LICIO, Elaine C.; MESQUITA, Camile S.; CURRARELO, Claudia R. B. "Desafios para a coordenação intergovernamental do Programa Bolsa Família". *Revista de Administração de Empresas*, vol. 51, nº 5, out. 2011.

LIMA, Luciana Dias. "Conexões entre o federalismo fiscal e o financiamento da política de saúde no Brasil". *Ciência e Saúde Coletiva*, vol. 12, nº 2, 2007, p. 511-522.

MATTOS, Rubens de Araújo. "As agências internacionais e as políticas de saúde nos anos 90: um panorama geral da oferta de ideias". *Ciência e Saúde Coletiva*, vol. 6, nº 2, 2001, p. 377-389.

MEDEIROS, Marcelo. "A trajetória do Welfare State no Brasil: papel redistributivo das políticas sociais nos anos 1930 aos anos 1990". *Texto para Discussão*, Rio de Janeiro, Ipea, nº 852, 2001.

MENICUCCI, Telma. *Público e privado na política de assistência à saúde no Brasil: atores, processos e trajetórias*. Rio de Janeiro: Editora Fiocruz, 2007.

MORA, Mônica & VARSANO, Ricardo. "Fiscal decentralization and subnational fiscal autonomy in Brazil: some facts of the nineties". *Texto para Discussão*, Rio de Janeiro, Ipea, nº 854, dez. 2001.

NUNES, Edson. *Gramática política do Brasil: clientelismo e insulamento burocrático.* Rio de Janeiro: Zahar, 1997.

PAULUS JÚNIOR, Aylton & CORDONI JÚNIOR, Luiz. "Políticas públicas de Saúde no Brasil". *Revista Espaço para a Saúde*, Londrina, vol. 8, nº 1, dez. 2006, p. 13-19. Disponível em: <www.ccs.uel.br/espacoparasaude>.

PIANCASTELLI, Marcelo & CAMILO, Ronaldo. "Redistribuição do gasto público em democracias federativas: análise do caso brasileiro". *Texto para Discussão*, Brasília, Ipea, nº 1001, nov. 2003.

RANGEL, Marcos de Almeida. *Resgates financeiros, restrição orçamentária fraca e postura fiscal nos estados brasileiros.* Dissertação (mestrado) – Departamento de Economia da PUC/Rio, Rio de Janeiro, 1999.

REZENDE, Fernando; AFONSO, José Roberto R. "A Federação Brasileira: fatos, desafios e perspectivas". In: ADENUAER, K. (org.). *Federalismo e integração econômica regional – desafios para o Mercosul.* Rio de Janeiro: Editora FGV/Forum of Federations, 2004, p. 301-362.

RIBEIRO, José M.; COSTA Nilson R. "Regionalização da assistência à saúde no Brasil: os consórcios municipais no Sistema Único de Saúde (SUS)". *Planejamento e Políticas Públicas*, nº 22, dez. 2000, p. 173-220.

SAMUELS, David. "A economia política da reforma macroeconômica no Brasil (1995-2002)". *Dados – Revista de Ciências Sociais*, , Rio de Janeiro, vol. 46, nº 4, 2003, p. 805-835.

SENNA, Mônica; BURLANDY, Luciene; MONNERAT, Giselle; SCHOTTZ, Vanessa; MAGALHÃES, Rosana. "Programa Bolsa Família: nova institucionalidade no campo da política social brasileira?". *Revista Katálisys*, Florianópolis, vol. 10, nº 1, jan./jun. 2007, p. 86-94.

SERRA, José; AFONSO, José Roberto R. "Finanças públicas municipais: trajetórias e mitos". *Conjuntura Econômica*, vol. 45, nº 10, 1991, p. 44-50.

_____. "Federalismo fiscal à brasileira: algumas reflexões". *Revista do BNDES*, Rio de Janeiro, vol. 6, nº 12, dez. 1999, p. 3-30.

SPOSATI, Aldaíza. "A menina LOAS". Texto para a Conferência de Abertura da *IV Conferência Nacional de Assistência Social*. Brasília, 2003.

TAVARES, Martus. "Vinte anos de política fiscal no Brasil: dos fundamentos do novo regime à Lei de Responsabilidade Fiscal". *Revista de Economia & Relações Internacionais*, vol. 4, nº 7, jul. 2005, p. 79-101.

VIANA, Ana Luiza d'Ávila & MACHADO, Cristiani V. "Descentralização e coordenação federativa: a experiência brasileira na saúde". *Ciência e Saúde Coletiva*, vol. 14, nº 3, jun. 2009, p. 807-817.

VIANA, Lúcio H. V. *A influência do Banco Interamericano de Desenvolvimento na formulação de políticas públicas: análise das condições de financiamento do Programa de Reabilitação da Área Central no Município de São Paulo – Procentro*. Dissertação (mestrado) – EAESP-FGV, São Paulo, 2009.

SOBRE OS AUTORES

CRISTIANE KERCHES DA SILVA LEITE é doutora em Ciência Política pela FFLCH/USP e professora do curso de Graduação e Pós-graduação em Gestão de Políticas Públicas da EACH/USP. Contato: ckerches@uol.com.br

FRANCISCO FONSECA é doutor em História Social pela História/USP, professor do Programa de Graduação e Pós-graduação em Administração Pública e Governo da FGV/SP. Contato: frankiko@uol.com.br.

POLÍTICAS DE COMBATE À POBREZA NA AMÉRICA LATINA NOS ANOS 2000. BREVE ANÁLISE DOS CASOS DE BOLÍVIA, EQUADOR E VENEZUELA

WAGNER IGLECIAS

O presente artigo tem por objetivo discutir algumas questões relativas ao desenvolvimento socioeconômico dos países, com foco na América Latina contemporânea, partindo do pressuposto de que o Estado tem recobrado, nos últimos anos, centralidade naquele processo. Como se sabe, durante os anos 1990 a região abraçou com forte entusiasmo as reformas de corte neoliberal, que traziam consigo a concepção de que as forças do mercado, mais do que a ação governamental, podiam libertá-la das históricas amarras da pobreza e da desigualdade que a caracterizam há séculos. No entanto, diante dos resultados pífios alcançados pelos governos neoliberais, e por conta da chegada ao poder, a partir dos anos 2000, de governos progressistas em diversos países do continente, ganhou força uma outra concepção, mais voltada à centralidade do Estado nas políticas destinadas à melhoria das condições de vida dos segmentos mais pobres da sociedade.

Neste artigo abordaremos as políticas públicas de combate à pobreza e, por extensão, à desigualdade social, em três países da região: Bolívia, Equador e Venezuela. A escolha destes três estudos de caso deve-se ao fato de que estas nações levaram a cabo, a partir dos anos 2000, alguns dos projetos mais arrojados de resgate da dívida social na região, ainda que outros países também governados por forças de esquerda, como Argentina, Brasil e Uruguai, tenham também desenvolvido importantes políticas de combate à pobreza. Na Venezuela, no Equador e na Bolívia, porém, parece ter havido condições políticas para a implementação de projetos políticos comprometidos com transformações sociais e econômicas mais profundas do que aquilo que pôde ser observado em relação a outros países do continente.

Para além destes dois grupos de países há também os casos de Chile, Colômbia, Paraguai e Peru, que também colecionam números de relativo sucesso no combate à pobreza no período, com maior destaque para Peru e Chile. No entanto, são nações que seguiram governadas, nos anos 2000, por forças políticas de direita, mais afeitas ao ideário de que a racionalidade do mercado é o melhor instrumento para o combate à pobreza, ainda que não seja o único e se faça acompanhar, obviamente, pelo Estado. Já o panorama centro-americano e caribenho é bastante diverso, contando com nações como Cuba, que obviamente tem no Estado o motor para a promoção de políticas sociais, e países como Haiti, Honduras, Guatemala e Nicarágua, com índices de pobreza bem mais elevados que a maioria das nações sul-americanas. Por fim, há ainda o caso do México, um dos raros países latino-americanos que durante os anos 2000 vivenciou o aumento dos índices de pobreza.

A pobreza é um problema estrutural na América Latina, decorrente do modelo de inserção da região na economia mundial, desde o início do século XVI, por conta de sua colonização pela potências europeias. É também fruto da própria formação social interna de cada uma de suas colônias e, por consequência, dos países latino-americanos surgidos a partir dos movimentos de independência do início do século XIX. A América Latina é marcada, historicamente, pela integração subordinada e subalterna à economia mundial e por disparidades sociais internas das mais agudas do mundo. Incorporada ao capitalismo europeu na condição de fornecedora de recursos naturais, a região jamais conseguiu atingir os níveis de competitividade dos centros mais dinâmicos da economia mundial, inicialmente a Europa e a partir de fins do século XIX os Estados Unidos. As classes dominantes locais foram historicamente reduzidas quase que somente à função de feitoras do mecanismo de extração de riquezas locais cujo destino eram os países desenvolvidos. Como estratégia de compensação daquela condição, as burguesias latino-americanas buscaram aprofundar os mecanismos de exploração interna, sobre as massas trabalhadoras do campo e das cidades, de algumas regiões sobre outras dentro de um mesmo país ou mesmo de um país sobre os seus vizinhos (SANTOS *et al*, 2009). O resultado concreto disso foi a criação de sociedades profundamente desiguais, marcadas por enormes bolsões de pobreza, desigualdades regionais, desenvolvimento limitado dos mercados domésticos e ausência de direitos de cidadania para a grande maioria da população.

Algumas experiências esparsas ao longo do século XX buscaram, em meio a crises do Estado oligárquico e através do protagonismo governamental, superar a velha vocação agroexportadora da América Latina, e tiveram algum êxito tanto na diversificação da estrutura econômica como numa razoável melhoria das condições de vida de parcelas da massa trabalhadora. Estes foram os casos do Brasil sob Vargas, do México sob Cárdenas e da Argentina sob Perón, sociedades que em período relativamente curto de tempo se transformaram de rurais em urbanas, de agrárias em industriais, de tradicionais em modernas, em meio a processos nos quais a rápida criação de massas de trabalhadores urbanos deu origem a uma série de novas demandas políticas e sociais que não puderam ser acomodadas nos instrumentos clássicos e institucionalizados de participação política, como apontam, por exemplo, Octávio Ianni, Gino Germani e Torcuato di Tella (GERMANI; DI TELLA; IANNI, 1973).

Cabe assinalar, no entanto, que a incorporação destes novos atores ao universo político foi feita em geral por meio de uma lógica corporativista, pela qual aos setores populares não era possível constituir-se como plenos sujeitos de direitos, mas sim como massas de apoio ao governante de turno ou ao modelo político vigente que lhes estendia uma rede limitada e seletiva de benefícios sociais, naquilo que Weffort chamou de "Estado de Compromisso" (WEFFORT, 1978). Ressalte-se, além disso, que ainda assim tais iniciativas de pactuação de classes não eram hegemônicas. Vistas de forma pejorativa por seus adversários, as iniciativas populistas contavam com a oposição permanente de amplos setores das elites econômicas locais, e não raro foram solapadas por golpes de Estado voltados a reestabelecer os esquemas anteriores de superexploração interna dos setores populares pelas burguesias nacionais e internacionais.

A pobreza e a radical desigualdade social permenecem sendo há séculos, portanto, dois dos mais marcantes traços da realidade latino-americana, atravessando arranjos políticos os mais diversos, como os experimentos populistas ou as ditaduras de direita. E nas últimas décadas, mesmo em plena reconstrução das instituições democráticas, o problema agravou-se. Primeiramente por conta da falência do modelo de crescimento adotado até meados dos anos 1970, baseado inicialmente na substituição de importações e depois no financiamento externo. Os dois choques do petróleo, de 1973 e 1979, acrescidos da mudança do ambiente econômico mundial a partir da chegada ao poder de Margareth Thatcher no Reino Unido, e principalmente de Ronald Reagan nos EUA, constituíram-se em duros golpes às economias latino-americanas. A mudança da política monetária estado-unidense a partir do início da década de 1980, promovendo um enxugamento da liquidez mundial de recursos que havia financiado boa parte das economias latino-americanas na década anterior, levou a maioria dos países da região à bancarrota (TAVARES & FIORI, 1993).

Não apenas a América Latina tornou-se, à época, o patinho feio da comunidade financeira internacional como a *débâcle* de suas economias nacionais representou o aprofundamento da recessão, o aumento do desemprego e a erosão fiscal do Estado, que minou sua capacidade de investimento, especialmente em relação às políticas sociais. A principal consequência do desarranjo econômico que solapou nossos países naquela época foi um expressivo aumento da pobreza em praticamente todo o continente. Acrescido a ele ocorreu também o aprofundamento do fosso entre ricos e pobres, radicalizando a já bastante acentuada concentração de renda e de riqueza que caracteriza o continente.

Mais grave, ainda, foi a perda de importantes graus de autonomia na gestão da economia por parte dos vários países que declararam a moratória de suas dívidas externas ou vivenciaram o completo descontrole das contas públicas e a explosão da inflação. Como resultado, tiveram de adotar o receituário de duro ajuste fiscal preconizado por instituições multilaterais como o Fundo Monetário Internacional (FMI), bem como foram levados a aceitar as diretrizes do Banco Mundial para diversas políticas públicas, posto que aquela instituição apresentava-se, naquele momento, como o principal, se não o único, financiador e garantidor de sua implementação.

O resto da História é amplamente conhecido. A América Latina atravessou a década de 1980 em crise, com baixos índices de crescimento econômico e ostentando impressionantes cifras relativas à pobreza e à miséria, bem como manteve-se como uma das regiões mais desiguais do planeta. A partir da virada para os anos 1990 o continente converteu-se em um dos principais laboratórios para a aplicação de medidas econômicas ortodoxas, sofrendo todas as consequências da onda neoliberal que varreu boa parte do mundo à época. Processos de abertura comercial profundos e muitas vezes abruptos, privatização de ativos e empresas estatais e desregulamentações de toda ordem, visando tornar os países novamente atraentes aos capitais transnacionais, foram alguns instrumentos implementados em vários países da região. Daí resultaram graves processos de desestruturação da estrutura produtiva pré-existente, com impactos nos níveis de emprego e nas formas de organização produtiva e mesmo social de largas parcelas da população, no campo e nas cidades. Como não podia deixar de ser, a falência do arremedo de Estado de Bem Estar que os países latino-americanos haviam construído nas décadas anteriores, em meio a frágeis contextos institucionais e espasmos de democracia e sua substituição por um radical modelo cujo principal destinatário era o capital e não a maioria da sociedade, não poderia resultar em outra coisa que não a produção de mais pobreza e mais desigualdade social, agravando os problemas seculares da região.

De acordo com a Comissão Econômica para a América Latina e o Caribe (Cepal), em 1980 havia 136 milhões de pessoas classificadas como pobres no continente, sendo que destas 62 milhões estavam na condição de miseráveis (pobreza extrema, ou indigência). Os pobres constituiam, naquele ano, 40,6% da população latino-americana, chegando os considerados miseráveis ou indigentes a representar 18,6% do total. Dez anos depois, em 1990, a quantidade de pobres chegou a 204 milhões de pessoas, ou 48,4% da população latino-americana. Os que estavam em condição de miserabilidade, naquele ano, eram 95 milhões, correspondendo a 22,6% dos latino-americanos. Em 2002, mais de uma década após a introdução das reformas neoliberais em diversos países da região, a América Latina chegou ao impressionante recorde de 226 milhões de pessoas vivendo na pobreza, sendo que destes 99 milhões eram considerados indigentes ou miseráveis (CEPAL, 2013).

Nos anos 1990 as políticas de combate à pobreza levadas a cabo por diversas nações latino-americanas contaram não apenas com recursos do Banco Mundial como com o próprio protagonismo daquela instituição no desenho de diversos programas, cabendo muitas vezes aos governos nacionais e locais apenas as tarefas de implementação e monitoramento. As prioridades estabelecidas pelo Banco priorizavam ações focalizadas, voltadas quase que exclusivamente a situações de pobreza extrema. Os programas em geral contavam com um teto limitado de recursos e não passavam de medidas compensatórias destinadas àqueles estratos sociais mais severamente prejudicados pela aplicação das medidas econômicas ortodoxas preconizadas pelo FMI. Além disso não estavam contemplados naquelas ações nenhum tipo de protagonismo aos beneficiários delas, cabendo a eles o papel de meros receptores dos programas.

Nos anos 2000, no entanto, os números da pobreza e da miséria no continente experimentaram uma tendência de reversão e passaram a cair, ainda que a quantidade de pobres e miseráveis permanecesse em patamares bastante elevados. Entre 2002 e 2012 a pobreza na América Latina diminuiu de 43,9% para 28,2% da população, e a indigência decresceu de 19,3% para 11,3% (CEPAL, 2013). Especificamente entre os anos de 2009 e 2012, segundo a Cepal, o total de indivíduos pobres na região declinou de 184 milhões para 167 milhões de pessoas, o que correspondeu a uma queda de 32,8% do total de habitantes do continente em 2009 para 28,8% em 2012. No mesmo período o número de pessoas consideradas miseráveis ou indigentes caiu de 73 milhões para 66 milhões, o que correspondeu a um recuo de 13% para 11,4% dos latino-americanos (CEPAL, 2013).

Uma explicação corrente para a redução da pobreza na América Latina nos anos 2000 aponta para o *boom* de *commodities* no mercado mundial durante a década, motivada sobretudo pelo aumento das importações chinesas. Os países da região teriam conseguido acumular reservas e por meio do aumento da arrecadação de recursos teriam financiado a expansão dos programas sociais. A melhoria da situação econômica de alguns deles, com o aumento da atividade produtiva e por consequência do nível de emprego teriam ajudado, também, a irrigar com recursos financeiros regiões geográficas e setores da população que anteriormente encontravam-se muito descapitalizados. Seria, portanto, principalmente pela melhoria das condições do mercado mundial, ocorridas durante os anos 2000, que a América Latina teria tido a oportunidade de aplacar, ainda que parcialmente, o problema da pobreza, por meio de políticas e programas desenvolvidos sob a liderança do Estado. (CITAÇÃO)

Na sequência deste capítulo abordaremos os aspectos gerais que levaram Bolívia, Equador e Venezuela a obter importantes conquistas no tocante à diminuição da pobreza e da indigência. Nossa hipótese de trabalho é a de que, sem desprezar a questão da melhoria do ambiente econômico internacional para as exportações latino-americanas nos anos 2000, nestes três países uma correlação de forças políticas progressistas conseguiu liderar governos cuja prioridade era o resgate da dívida social histórica para com suas populações, em sua maioria privadas, desde sempre, de condições dignas de vida. Adotaremos um enfoque multidimensional da pobreza, entendendo-a não apenas como a privação de recursos monetários, mas também como um conjunto mais amplo de carências, como a falta de acesso a alimentos, a postos de trabalho, a moradia etc., bem como a ausência ou o acesso precário a serviços públicos de educação, saúde, transportes etc.

AS POLÍTICAS DE COMBATE À POBREZA NA BOLÍVIA

A Bolívia notabilizou-se, ao longo da História, por ser um dos países mais pobres da América Latina. Freneticamente explorada desde os princípios da colonização espanhola por conta das reservas de prata de Potosi, constituiu-se como um país de baixo dinamismo econômico e forte concentração de renda, de viés não somente de classe mas também étnico. Por meio dele uma pequena minoria branca concentrou historicamente a propriedade da terra e os principais recursos do país enquanto uma imensa maioria indígena permaneceu por séculos na pobreza e na indigência.

Desde sua independência, em 1825, o país foi marcado por forte instabilidade política e graves problemas econômicos, os quais não foram sanados pela revolução de 1952, voltada a conferir um papel de maior proeminência do Estado na economia e uma melhor distribuição da riqueza e do acesso à terra. O país permaneceu, sob diferentes governos, até os anos 1980, dependente da exportação de bens primários, como petróleo, gás e estanho e cuja renda continuava a ser apropriada por pequenas elites. Na década de 1980, arrastada pela crise da dívida externa que varreu a América Latina, e diante do processo hiperinflacionário, a Bolívia chegou a ser transformada numa espécie de laboratório de testes de medidas econômicas extremas, de caráter monetarista, sob os auspícios do FMI. Conforme aponta Vera, para além das medidas monetárias mais duramente restritivas, voltadas a debelar o descontrole dos preços, foram aprovadas medidas que visavam a atração do investimento estrangeiro, como a revisão da lei que autorizava igual tratamento a capitais externos e capitais nacionais, a autorização das parcerias entre petroleiras de fora e as estatais, a privatização de empresas estatais e uma drástica redução das tarifas de importação, levadas ao nível mais baixo da região. O Banco Central foi tornado independente e ao Estado coube cada vez mais o papel regulador em relação à economia, radicalmente distinto do antigo papel interventor preconizado após a revolução de 1952 (VERA, s/d).

As medidas econômicas adotadas a partir dos anos 1980, essencialmente restritivas e voltadas a privilegiar mais o capital externo que os problemas sociais do país fez com que a Bolívia chegasse à virada do século tendo dois em cada três habitantes classificados como pobres, segundo os parâmetros internacionalmente aceitos. Mercado e Leiton-Quiroga classificam a pobreza boliviana como um fenômeno endêmico, permanente, motivado tanto pelos baixos índices de crescimento econômico do país como pela estrutura social fortemente engessada, que inviabiliza qualquer tipo de mobilidade social numa sociedade estruturalmente muito desigual (MERCADO & LEITON-QUIROGA, 2009). Mobilidade que ficou ainda mais comprometida durante as décadas de 1980 e 1990, tanto pela falência do modelo de desenvolvimento anterior quanto pela adoção do instrumental neoliberal, por si só altamente concentrador da riqueza e altamente excludente. Importante ressaltar, além disso, que a pobreza boliviana guarda também forte recorte étnico e também de gênero. Os mais pobres entre os pobres e os estratos sociais vivendo sob condições de indigência são em geral grupos indígenas, sendo que dentro deles as condições das mulheres chegam a ser piores que as dos homens. E foram estes grupos justamente os mais penalizados pelos desacertos econômicos daquelas duas décadas.

A reversão do quadro de pobreza extrema na Bolívia é bastante recente, e ainda está longe de ser satisfatória. No entanto, o país conheceu nos últimos anos alguns resultados positivos advindos de suas políticas de combate à pobreza. Provavelmente tal fenômeno guarde forte relação com a persistência dos níveis de exclusão social existentes no país durante a década de 1990, que parecem estar na raiz do ressurgimento ou do fortalecimento dos movimentos sociais, sobretudo indígenas, cada vez mais organizados a partir daquela época. Os protestos populares voltados principalmente à revisão das formas de apropriação dos recursos naturais do país, visando uma melhor distribuição da renda aferida com sua exportação, são a chave explicativa para se compreender as transformações recentes vividas pela Bolívia. A chamada "Guerra da Água", ocorrida em Cochabamba, em 2000, é um dos exemplos de levantes populares bem-sucedidos que o país conheceu nos anos recentes.

A paralisação da cidade contra o aumento de tarifas de água por parte de uma empresa privada que controlava o fornecimento do bem, sob os auspícios inclusive do Banco Mundial, ganhou tanto corpo que o então presidente Hugo Banzer teve de decretar estado de sítio. O movimento foi amplamente vitorioso, com o cancelamento do contrato firmado entre a prefeitura da cidade e uma empresa estado-unidense que controlava o serviço e a própria revogação da lei de privatização das águas no país. Mas mais que isto, a derrota política e ideológica de Banzer levou-o a renunciar, e sinalizou inclusive um período de profunda instabilidade política no país, resultando na própria falência do sistema partidário tradicional, desde a década de 1980 muito envolvido com as reformas orientadas para o mercado e os interesses internacionais e de uma pequena minoria da sociedade boliviana.

O país seria ainda sacudido pela chamada "Guerra do Gás", iniciada em 2002, quando o governo de Jorge Quiroga, que havia sucedido a Banzer, anunciou a intenção de exportar gás para Estados Unidos e México por meio de um porto chileno. Protestos populares se deram em várias partes do país, tanto para que se priorizasse o fornecimento do produto ao mercado doméstico quanto para que seu preço de exportação fosse justo. Já sob o governo de Gonzalo Sanchez de Lozada, filho de tradicional família de políticos liberais, a partir de 2003, intensificou-se o modelo privatista e voltado à atração de investimentos estrangeiros, com a transferência de patrimônio estatal a capitais externos. Como resultado, a mobilização dos setores populares aumentou e os protestos se intensificaram. Os movimentos sociais mudaram a pauta política do país, exigindo a nacionalização dos recursos naturais e a convocação de uma Assembleia Nacional Constituinte, voltada a refundar o Estado boliviano, e projetaram as lideranças de Evo Morales e Felipe Quispe, ligados a setores sindicais e camponeses, respectivamente.

A intensificação dos conflitos entre movimentos populares e o governo de Sanchez de Lozada resultaram em dezenas de mortos e na própria renúncia do então presidente. Para além de camponeses e sindicalistas, ganhavam protagonismo definitivo na cena política boliviana a partir de então os movimentos indígenas. Que voltaram a atuar decisivamente nos protestos populares de 2005, voltados à convocação da Constituinte e à estatização dos recursos naturais, e resultaram na renúncia do então presidente Carlos Meza, sepultando definitivamente o antigo sistema partidário boliviano e abrindo caminho para a chegada ao poder de uma frente de movimentos populares congregadas no Movimento ao Socialismo (MAS), sob a liderança de Evo Morales.

A Bolívia passou por importantes transformações políticas e econômicas desde que Morales venceu as eleições e assumiu a presidência da república, em 2006, por meio de sua conhecida *Revolución Democrática y Cultural*, a partir do conceito de *Vivir Bien* (*Suma Qamaña*), que não somente preside todos os planos de seu governo, como o Plano Nacional de Desenvolvimento e o Bolívia digna, soberana, produtiva e democrática como é a essência da própria carta constitucional aprovada pelo país em 2008 (VILLARROEL & HERNANI-LIMARINO, 2012). Na Bolívia desenvolveu-se, ao longo das duas últimas décadas, o conceito de *Vivir Bien*, a partir do progressivo empoderamento dos movimentos indígenas. Tratou-se de um processo de resgate e revalorização da cosmovisão indígena. Em linhas gerais pode-se definir o *Suma Qamaña* como "vida plena", ou "viver em plenitude". Ter uma existência em comunhão com a *Pachamama* (natureza) e com os demais seres vivos, a partir de conceitos como tempo cíclico, comunidade, irmandade e complementariedade. Mais adiante neste mesmo capítulo abordaremos em maiores detalhes o conceito, a partir da abordagem do *Buen Vivir* (*Sumak Kawsay*) equatoriano, bastante similar ao *Suma Qamaña* boliviano.

O fato que gostaríamos de ressaltar, na presente seção, são os avanços da Bolívia, sobretudo em direção à diminuição da pobreza e da indigência. Ainda que os dados disponibilizados pela Cepal sejam esparsos ao longo da última década, abarcando apenas alguns anos, é possível aferir que aquele país tem experimentado uma sensível queda do percentual de pobres e indigentes em sua sociedade. No ano 2000 os pobres respondiam por 63,7% da população, ao passo que os indigentes constituíam 38,8%. Onze anos depois, em 2011, alterações significativas haviam ocorrido. Os pobres haviam declinado para 36,3% dos bolivianos, enquanto os indigentes eram 18,7%, conforme demonstra o gráfico a seguir. Ainda são percentuais bastante elevados se comparados aos de outros países da região. Contudo a quantidade de pessoas pobres declinou 42,5% na Bolívia no período de uma década.

GRÁFICO 1. Bolívia – Taxas de pobreza e indigência (em %) entre 2000 e 2011

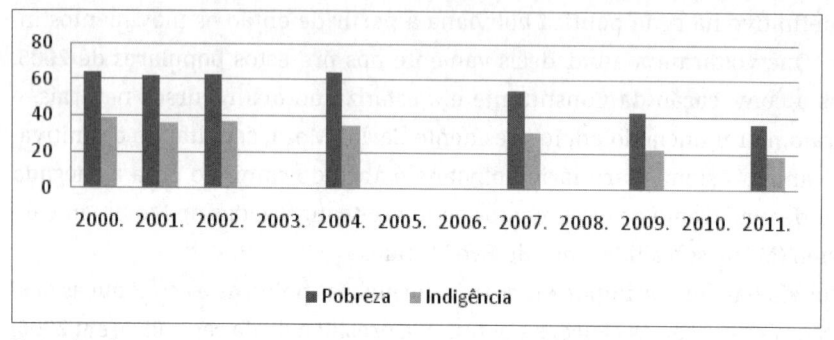

Fonte: Cepal

Diante de resultados tão significativos, mesmo que ainda haja muito por fazer para erradicar a pobreza estrutural que o país vive há tanto tempo, cabe discorrer sobre as medidas adotadas nesta última década que proporcionaram à Bolívia alcançar patamares de inclusão social nunca antes conhecidos no país. Em primeiro lugar, a retomada da capacidade fiscal do Estado boliviano foi um item fundamental para que o mesmo pudesse desenvolver políticas sociais mais abrangentes que resultassem em melhorias efetivas das condições de vida da maioria da população. Neste sentido medidas como a revisão do marco regulatório relativo à exploração e comercialização dos hidrocarburetos, em especial o gás, e a renacionalização de setores estratégicos, como petróleo, eletricidade, telecomunicações, transporte aéreo, transporte ferroviário e metalurgia resultam em aumento da arrecadação e maior capacidade de financiamento das políticas sociais por parte do Estado, combinada com austeridade fiscal e reversão de prioridades foram itens estratégicos. De fato, o gasto público voltado às áreas sociais na Bolívia tem aumentado nos últimos anos. Em 1996, por exemplo, ele representou 14,74% do PIB. Dez anos depois, em 2006, já chegava a 16,67% e em 2010 alcançou 18,86%, segundo a *Unidad de Análisis de Políticas Económicas y Sociales*, órgão que produz as estatísticas oficiais do país. Ainda segundo o mesmo órgão os gastos em saúde saltaram de 2,45% para 3,58% do PIB entre 1996 e 2010. Os gastos em educação de 5,61% para 7,35% no período.

Medida importante no combate à pobreza e à indigência foi a criação de uma série de programas de transferência de renda, destinados a grupos focalizados da pobreza, como os idosos, que anteriormente não contavam com proventos de aposentadoria, e as crianças das áreas rurais, que antes apresentavam altas taxas de evasão escolar e baixo rendimento no ensino. Somam-se a eles programas de combate à desnutrição, ao déficit habitacional, ao analfabetismo e à ausência de vacinações contra doenças, amplamente difundidos nos últimos anos.

Um terceiro ponto a ser ressaltado diz respeito ao reconhecimento oficial da plurinacionalidade boliviana, por parte do Estado, e à criação de mecanismos de empoderamento local, conferindo maior protagonismo às diversas comunidades e territórios que constituem o país, num patamar jamais conhecido anteriormente na História da Bolívia. Tal medida levou a níveis inéditos a interlocução entre poder público e sociedade civil, com efetiva possibilidade desta exercer influência sobre as decisões levadas a cabo pelos gestores públicos. Ao mesmo tempo em que esse modelo inovador de democracia de base se espraia, não sem contradições, pelo país, o MAS de Evo Morales fortaleceu, ao longo da última década, seu caráter fortemente institucional, passando de pequenas votações à histórica vitória em 2006, com cerca de 54% dos votos para a presidência da república e à sua reeleição em 2010, com dez pontos percentuais a mais que o resultado obtido quatro anos antes. Em larga medida as vitórias eleitorais de Evo e do MAS são resultado de suas bandeiras sociais e das políticas efetivamente implementadas destinadas a combater a pobreza e a indigência que marcaram a Bolívia por séculos.

AS POLÍTICAS DE COMBATE À POBREZA NO EQUADOR

Desde que alcançou sua independência, no início do século XIX, o Equador figurou entre os países mais pobres e menos desenvolvidos da América do Sul. Constituiu-se como mais uma de tantas nações latino-americanas, inserida na lógica subalterna da expansão colonial europeia, marcada por uma sociedade fraturada entre ricos e pobres e pela excessiva e praticamente exclusiva dependência econômica dos recursos naturais. Marcado pelo rodízio de oligarquias no poder, o Equador atravessou quase toda a sua História como país independente enfrentando grande instabilidade política. Desde o fim da ditadura militar, em 1979, há 35 anos atrás, o país contou com doze presidentes, além de duas juntas militares.

Apenas em 2007 iniciou-se um período de estabilidade democrática na História recente do país. Ganhou a eleição presidencial e assumiu o poder a Alianza País, agremiação de esquerda comandada pelo economista Rafael Correa. No ano seguinte foi aprovada por referendo uma nova Constituição, não sem grande resistência da burguesia tradicional e da Igreja Católica ainda que o partido governista contasse com 80 das 130 cadeiras do Parlamento. Tratava-se de uma Carta de caráter progressista e pautada no conceito de *Buen Vivir* (*Sumak Kawsay*, em idioma quéchua), tomado a partir de então como instrumento e objetivo de desenvolvimento social e econômico do país. Assim como para o caso da Bolívia, no Equador a chegada da esquerda ao poder, pela primeira vez na História do país, resultou na refundação do Estado, por meio de um processo constituinte voltado a garantir a ampliação de direitos a toda a população. Como assinala Boaventura de Sousa Santos, "o constitucionalismo transformador é uma das instâncias (talvez a mais decisiva) do uso contra-hegemônico de instrumentos hegemônicos". (SANTOS, 2010). Aumentou-se significativamente os canais de interlocução entre o Estado e a sociedade civil organizada, e foi feito um importante rearranjo nas prioridades relativas aos gastos públicos, com notáveis avanços em direção ao financiamento de políticas sociais, dirigidas sobretudo aos mais pobres.

O *Buen Vivir*, pano de fundo da chamada *Revolución Ciudadana* do governo Correa, refere-se à introdução de uma nova agenda de desenvolvimento, que tem por base filosófica a recuperação de conceitos civilizatórios dos povos originários da região dos Andes. Em linhas bastante gerais podemos definir o *Sumak Kawsay* como a essência da cosmovisão dos povos indígenas daquela região da América do Sul, pela qual antes de tudo o que existe está a vida, vivida em sua plenitude a partir de relações de harmonia e equilíbrio. Com a Mãe Terra, primordialmente, e desta com todos os seres vivos, e dos seres vivos entre si, em seguida. Trata-se de uma forma de pensar a existência humana bastante diversa do paradigma ocidental predominante há pelo menos cinco séculos, baseado no capitalismo, no consumismo e no individualismo que estariam levando o mundo a viver uma grave e intermitente crise econômica, social e política. O *Sumak Kawsay* é uma filosofia que busca resgatar a cooperação, o aspecto comunal da vida em sociedade, a comunhão entre os indivíduos, e deles com a natureza. Ou seja, uma utopia que pretende recriar a sociedade, ou resgatar um tipo de sociedade suplantado pela sociedade do consumo, e, por extensão, repensar a própria essência do Estado.

É importante ressaltar que a progressiva ascensão do conceito de *Buen Vivir*, hoje alçado, ainda que em meio a inúmeras contradições, a própria essência programática do governo Correa se deveu ao crescente empoderamento do movimento indígena equatoriano ocorrido entre os anos 1980 e 1990. Diversos levantes indígenas, camponeses e populares ocorreram no país nas últimas décadas, chegando mesmo a ter papel de relevo na queda de presidentes comprometidos, em maior ou menor grau, com o receituário econômico neoliberal, como se deu nos casos de Abdalá Bucaram, em 1997, Jamil Mahuad, em 2000, e mesmo Lúcio Gutiérrez, em 2005. Presidentes eleitos com discursos progressistas mas que, uma vez no poder, caminharam em direção a acordos com instituições multilaterais como o FMI e/ou adotaram ajustes econômicos danosos aos setores mais pobres da população. Mas não se pense que foram os indígenas culpados pelo fim daqueles governos. Ao contrário, a atuação crescente do movimento indígena, por meio de greves, protestos e sucessivas mobilizações constituiu-se ao longo dos anos numa dinâmica que resultou em maior legitimidade dos governantes eleitos e, por extensão, na governabilidade do Estado equatoriano, tradicionalmente abalado até então por inúmeras crises políticas.

Os movimentos indígenas do Equador, assim como na Bolívia, são de caráter obviamente étnicos, e sobretudo antissistêmicos. Trazem à esfera pública um forte questionamento não apenas do modelo de acumulação existente nestes países como também do modelo de representação política por eles adotados. Inclusive do modelo de incorporação à sociedade na condição de camponeses, conforme foram historicamente encarados e tratados pelo Estado. Em outros termos, pleiteam não somente políticas públicas inclusivas, que resgatem a dívida social secular para com os povos originários, mas anseiam também pelo seu reconhecimento étnico e cultural. Assim como demandam a superação da democracia liberal e da economia de mercado por outras formas de organização da sociedade e de inclusão do país no concerto internacional. Entre estas organizações indígenas que tiveram papel fundamental na reorganização das relações entre Estado e sociedade civil no país estão a Confederação das Nacionalidades Indígenas Equatorianas (Coniae), fundada em 1986, e o Movimento de Unidade Plurinacional Pachakutik Novo País (PK), primeiro partido político indígena criado no país, em 1995.

Ainda que eleito com apoio de parcelas importantes do movimento indígena, o presidente Rafael Correa mantém com eles, desde o início de seu governo, relações relativamente conflituosas. Ao que parece a avaliação das lideranças indígenas é a de que se trata, obviamente, de um governo bem mais progressista e inclusivo que o de seus antecessores, e promotor de políticas sociais inéditas na História do país, sobretudo direcionadas aos mais pobres. No entanto Correa segue sendo alvo de críticas por parte do movimento indigenista, sobretudo em relação ao reconhecimento da autonomia dos povos originários e à questão da busca de outra matriz de desenvolvimento econômico que não seja o velho extrativismo que marcou a História do país desde o período colonial.

Independentemente das rusgas entre Correa e parte de sua base de apoio social, que são os indígenas, as taxas de pobreza e indigência no Equador sofreram significativa queda durante os anos 2000 e nos dois primeiros anos da presente década, conforme demonstra o gráfico a seguir. Em 2000 61,6% dos equatorianos eram pobres, sendo que 31,8% estavam na condição de indigentes. Apenas no ano de 2010 a taxa de pobres caiu abaixo dos 40% da população, atingindo 39,1%, enquanto naquele mesmo ano os indigentes somavam 16,4% dos equatorianos. No ano de 2012, 32,2% da população do país ainda permanecia na condição de pobreza, ao passo que destes, 12,9% eram considerados indigentes. Ainda são percentuais elevados, mas indicam querda de cerca de 50% no caso dos pobres e quase 60% no caso dos indigentes no período.

GRÁFICO 2. Equador – Taxas de pobreza e indigência (em %), anos 2000 e 2001 e 2004 a 2012

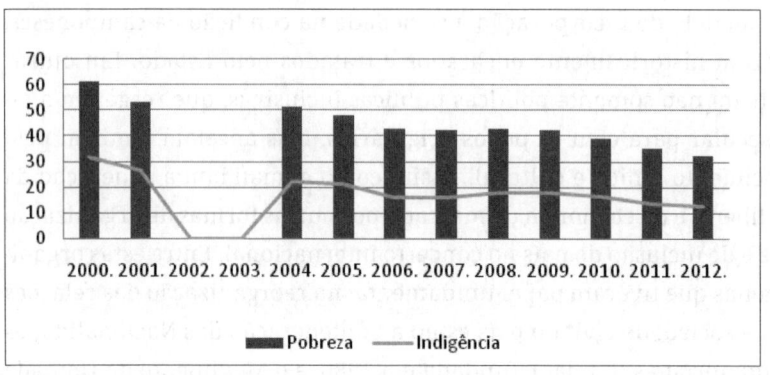

Fonte: Cepal

Entre as prioridades do governo Correa para o segundo mandato, conquistado nas eleições de 2013, está a erradicação do analfabetismo e a ampliação do acesso da população ao ensino superior. Em 2005 a taxa de analfabetismo no país chegava a 8,6% da população, tendo decrescido para 7,9% em 2012. Já a média de escolaridade da população passou de 9,06 anos em 2005 para 9,52 anos em 2012, de acordo com o *Sistema Integrado de Indicadores Sociales del Ecuador*. O governo imagina que é necessária uma revolução educacional, científica e tecnológica para que o país possa superar a tradicional vocação econômica de país exportador de bens primários. Um dos principais projetos do governo é a Escola do

Milênio, unidades escolares de ensino fundamental distribuídas por todo o país, seja em comunidades indígenas ou bairros periféricos das grandes cidades, e dotadas de avançada infraestrutura tecnológica. Ainda segundo o *Sistema Integrado de Indicadores Sociales del Ecuador*, o gasto público em educação no país passou de 2,56% do PIB em 2005 para 5,28% em 2012.

O país tem investido bastante também em programas de medicina preventiva e assistência primária à saúde, com a recuperação e o aumento do número de hospitais públicos. Ainda segundo o *Sistema Integrado de Indicadores Sociales del Ecuador*, o gasto público em saúde saltou de 1,14% do PIB em 2005 para 2,29% em 2012. Em habitação os percentuais também cresceram. Os investimentos na área passaram de 0,23% do PIB em 2005 para 0,61% em 2012, bem como foram construidas pelo governo, até o momento, cerca de 200 mil casas para a população de baixa renda. Programas de transferência de renda a bolsões de extrema pobreza, como o *Bono de Desarrollo Humano*, beneficiaram 1,2 milhão de mães de família em todo o país em 2012. O programa também tem sido destinado a idosos pobres e pessoas com deficiências físicas. Em 2009 cerca de 370 mil idosos eram beneficiados pelo programa, passando a 588 mil em 2012. Também em 2009 eram 45 mil deficientes físicos que faziam parte do programa, chegando a 104 mil em 2012. As transferências de renda a famílias muito pobres têm feito cair de modo persistente, além disso, o trabalho infantil no país, que passou de 17% das crianças e adolescentes de 5 a 17 anos em 2006 para 5,9% em 2012. Apesar de todos estes números positivos, o gasto social em relação ao PIB no Equador ainda é baixo se comparado a outros países da região. Em 2005 apenas 7,92% do PIB eram destinados às políticas sociais, tendo passado a 7,40% em 2008 e alcançado 9,90% em 2012. Além disso o país tem investido na construção ou recuperação da infraestrutura de serviços básicos, como a expansão do saneamento básico. O acesso à rede de água passou de 71% dos domicílios do país em 2005 para 74,5% em 2012, e o acesso à rede de esgoto de 52,9% a 65,5% dos domicílios no mesmo período.[1]

Outras políticas importantes, direcionadas à população mais pobre, tem sido aquelas de reconhecimento das distintas etnias que conformam a sociedade equatoriana, com a garantia de cotas em universidades públicas e na carreira diplomática equatoriana para indígenas e afro-equatorianos.

As conquistas da chamada *Revolución Ciudadana*, porém, são bastante criticadas à esquerda e à direita. Os conservadores associam o governo Correa a um ambiente de excessiva intervenção do Estado na economia, enquanto os

---

1   Fonte: *Sistema Integrado de Indicadores Sociales del Ecuador*.

esquerdistas o veem como um governo conciliador, que não rompe com os pressupostos básicos do neoliberalismo, inclusive no âmbito de algumas de suas principais políticas sociais. Mas na recente eleição que lhe conferiu mais um mandato Correa teve vitória inconteste nas urnas, colhendo o reconhecimento da maioria da população sobretudo em relação às políticas voltadas ao resgate da antiga dívida social do país para com os mais pobres.

AS POLÍTICAS DE COMBATE À POBREZA NA VENEZUELA

A Venezuela tem uma História recente bastante particular, quando comparada à maioria de seus vizinhos latino-americanos. Desde o final dos anos 1950, após a derrubada do general Pérez Jiménez e o estabelecimento do *Pacto de Punto Fijo*, o país foi governado por elites civis que lograram mantê-lo sob uma relativa estabilidade democrática e chegaram mesmo a esboçar a construção de uma rede de políticas de proteção social. Estabilidade democrática e proteção social que não eram encontráveis, juntas, em países que foram sacudidos por golpes militares a partir de meados da década de 1960 e durante os anos 1970, como Brasil, Argentina, Bolívia, Guatemala, Uruguai, Chile, Equador, Peru e El Salvador, por exemplo. Mais que isso, a condição, também bastante particular na região, de grande produtor e exportador de petróleo deu ao Estado venezuelano a possibilidade de financiar políticas públicas que poderiam garantir condições de vida dignas à maioria de sua população. Aparentemente tratava-se de uma equação perfeita, com a combinação entre a bonança econômica advinda da produção e exportação de uma *commodity* altamente valorizada no mercado mundial e uma institucionalidade sólida, garantida pela existência e pelo revezamento de dois partidos burgueses no poder, e a parceria deles com a principal central sindical do país, a *Confederación de Trabajadores de Venezuela (CTV)*, que conferia base social e legitimidade ao modelo.

Cabe ressaltar, no entanto, que mesmo tendo sido beneficiada pelos choques do petróleo promovidos pelos países árabes na década de 1970, a Venezuela não apenas não foi além de um esboço de construção de um Estado de Bem Estar Social como mergulhou em profunda crise econômica a partir dos anos 1980. A própria opção preferencial pela especialização na produção de petróleo, e a renúncia a desenvolver outros ramos da economia, feita ainda no início do século XX, foi um fator detonador da crise que o país vivenciou nas duas décadas finais daquele século. Mais que isso, foi um fator fundamental para a criação de uma estrutura econômica cujo comando e cujos benefícios foram historicamente concentrados nas mãos de uma pequena elite que amalgava as altas esferas da política e do mundo empresarial. Como resultado o país, embora institucionalmente estável entre fins dos anos 1950 e fins dos anos 1980, e portanto muito diferente da maioria de seus vizinhos no tocante à democracia naquele período, guardava forte relação com eles no que dizia respeito ao peso da pobreza e sobretudo da desigualde social.

Irmanada a seus vizinhos não apenas na proporção de indivíduos pobres e na desigualdade entre o topo e a base da pirâmide social, a Venezuela viu-se também como um país latino-americano em crise, como tantos outros, a partir da década de 1980, quando o Estado foi progressivamente perdendo capacidade de investimento em políticas sociais. A crise fiscal, motivada principalmente pela queda do preço do petróleo no mercado mundial, levou o país a adotar o receituário econômico do FMI, a partir de 1989, com a eleição do até então desenvolvimentista Carlos Andrés Pérez. As consequências do ajuste das contas públicas pelo prisma da ortodoxia monetarista se deu quase imediatamente, com o aprofundamento da recessão econômica e a piora das condições de vida da maioria da população. Como resultado, a Venezuela adentrou aos anos 1990 em meio a uma instabilidade política que há muito não experimentava. Em 1992 houve a tentativa de golpe militar, liderada pelo então jovem oficial Hugo Chávez, no ano seguinte ocorreu o *impeachment* do presidente Andrés Pérez e dali por diante, já sob o governo de Rafael Caldera, a institucionalidade política do país construída sobre o *puntofijismo* só se enfraqueceu. Entre 1990 e 1994 a proporção dos venezuelanos vivendo abaixo da linha da pobreza aumentou de 39,8% para 48,7% (CEPAL, 2013).

A eleição de Chávez, em 1998, significou não somente o fim do velho modelo democrata bipartidário que marcou a História venezuelana por quatro décadas como uma forte reversão de prioridades em relação ao papel do Estado no tocante ao desenvolvimento econômico e social. A votação das chamadas leis habilitantes, em 2001, dava ao Estado maior participação e responsabilidade em relação ao planejamento e à operação de diversas atividades econômicas, provocando o rechaço por parte dos setores dominantes até então. Referimo-nos aqui à lei de terras, lei de pesca e lei de hidrocarbonetos, que provocaram fortes conflitos entre os interesses econômicos estabelecidos e o novo governo (MARINGONI, 2009). Como resultado ocorreu a histórica greve dos funcionários da Petróleos de Venezuela (PDVSA) e a tentativa frustrada de golpe de Estado levada a cabo pela oposição no ano de 2002. As consequências econômicas e sociais da instabilidade política se fizeram sentir nos anos posteriores, até que o governo pudesse retomar as rédeas da economia e finalmente conseguir implantar programas mais abrangentes de combate à pobreza.

Durante os anos 2000 a Venezuela apresentou indicadores de uma constante queda da porcentagem da população pobre e indigente. No ano 2000 os pobres na Venezuela somavam 44% da população, sendo que 18% eram considerados miseráveis ou indigentes. Mas após a crise política e econômica acima mencionada a quantidade de pessoas vivendo abaixo da linha da pobreza atingiu 48,2% da população, sendo que destes 22,2% eram considerados indigentes. Embora não tenham sido disponibilizados os dados para o ano seguinte, 2003, percebe-se uma curva descendente, tanto para o percentual de pobres quanto para o de miseráveis, de 2004 em diante no país conforme mostra o gráfico a seguir, sendo que em 2012 o percentual de pessoas pobres caiu a 23,9%, e o de indigentes a 9,7% da população.

GRÁFICO 3. Venezuela – Taxas de pobreza e indigência (em %), 2000-2012

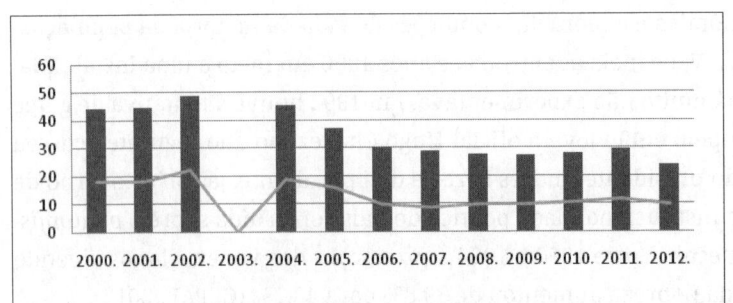

Fonte: Cepal.

O mais importante instrumento de combate à pobreza adotado pelo chavismo são as *Misiones*. Elas consistem num amplo leque de políticas sociais, focalizadas nos estratos mais pobres da população, e de certa forma buscam recuperar e até mesmo superar a estrutura de bem estar social construída nos anos 1960 e 1970 pelo *puntofijismo*. Elas consistem de programas diversos, como a *Misión Mercal*, voltada a combater a fome e a desnutrição por meio do fornecimento de alimentos ou de sua venda a preços subsidiados para a população de baixa renda. Os beneficiários atendidos pelo programa passaram de 494 mil pessoas em 2003 para mais de 12 milhões em 2013, de acordo com o *Sistema Integrado de Indicadores Sociales de Venezuela*. Ainda segundo o mesmo órgão do governo venezuelano enquanto haviam sido vendidas 45 mil toneladas de alimentos a preços subsidiados em 2003 através da rede Mercal, em 2013 aquela cifra já havia chegado a mais de 4 milhões de toneladas.

Um dos ícones da política social venezuelana na última década e meia tem sido a *Misión Barrio Adentro*, destinada a prover bairros pobres e favelas de serviços médicos e ambulatoriais. Segundo os dados oficiais foram realizadas, entre 2003 e 2013, cerca de 656 milhões de consultas médicas no âmbito desta missão. Foram criadas também outras missões, voltadas a combater o analfabetismo e a elevar o nível educacional médio da população, como a *Misión Robinson*, que contou com algumas dezenas de pedagogos cubanos e mais de 100 mil facilitadores venezuelanos e por meio da qual, cerca de dois anos após seu início, possibilitou à Venezuela ser declarada pela Organização das Nações Unidas para a Educação, Ciência território livre do analfabetismo em 2005, após alfabetizar mais de 1,4 milhão de adultos. Paralelamente criou-se a *Misión Robinson II*, com o objetivo de garantir o ensino primário aos alunos que iam sendo alfabetizados. E também a *Misión Ribas*, destinada a preparar as pessoas que aspiravam chegar a um curso universitário. Em 2006 mais de 700 mil alunos estavam matriculados naquela missão. Além delas foi criada também a *Misión Sucre*, que garantiu acesso ao ensino superior a milhares de pessoas e que até 2013 formou mais de 253 mil profissionais em diversas áreas.[2]

Um outro programa muito simbólico do esforço venezuelano de superação da pobreza foi a *Gran Misión Vivienda*, criada em 2011 e destinada a combater o crônico déficit habitacional e de condições de moradia existente no país. Até 2013 o programa havia construído, segundo dados oficiais, cerca de 400 mil casas populares em toda a Venezuela, somando esforços governamentais, privados e da sociedade civil. Entre os parceiros do governo venezuelano naquela iniciativa estiveram empresas de países como Irã, Brasil, Bielorrússia, Portugal, China e Rússia, além de empresas nacionais e cooperativas de trabalhadores.

Outras diversas *misiones* foram implementas no país nos últimos quinze anos, destinadas a promover a atividade agrícola de pequena propriedade, a desburocratizar e baratear os custos de emissão de documentos para o cidadão comum e ainda os programas focalizados na população indígena ou descendente, voltados a melhorar suas condições sociais.

As políticas de combate à pobreza na Venezuela, no entanto, padeceram de alguns problemas. O primeiro deles é relativo ao financiamento. O Estado venezuelano vê aumentada sua capacidade fiscal de implementação de políticas e de

---

2   Fonte: *Sistema Integrado de Indicadores Sociales de Venezuela*.

realização de investimentos na proporção em que crescem as receitas de exportação do país, baseadas quase exclusivamente no petróleo. Uma espécie de governo que trabalha na boca do caixa, promovendo melhorias na vida dos setores populares à medida em que vê aumentados os recursos advindos da venda do petróleo. Um segundo problema diz respeito à confusão institucional existente entre o governo venezuelano e seus ministérios e a própria PDVSA, que durante os anos Chávez passou a formular e implementar, ela própria, alguns programas sociais.

Permanentemente acossado pelos setores tradicionais da política venezuelana, situados à direita do espectro ideológico, o governo enfrentou inúmeras crises políticas ao longo dos catorze anos de presidência de Hugo Chávez, e muitas vezes o cronograma e a abrangência dos programas sociais foram afetados por estas crises. Em certa medida o apoio popular maciço ao chavismo caminhou sempre muito condicionado à ampliação das políticas sociais. Por outro lado, porém, a criação de conselhos populares nos bairros pobres e favelas resultou em interessantes experiências de democracia local, pelas quais a própria população beneficiária dos programas gerenciava temas como distribuição de alimentos, educação popular, saúde pública e moradia, por meio da eleição de representantes oriundos das próprias comunidades. Como afirmam Paiva e Ouriques,

> é inquestionável que as políticas sociais na Venezuela, através das *misiones*, estão não só reduzindo a pobreza, mas subsidiando uma nova práxis política, onde a população é protagonista da construção de políticas públicas, muito além dos tradicionais direitos alcançados pela via do mercado capitalistae sancionados pelo Estado burguês (Paiva; Ouriques, 2006).

Envolta em grave crise econômica nos últimos anos, a Venezuela vê ainda as conquistas sociais de sua *Revolución Bolivariana* ameaçada após o desaparecimento de Chávez. Apesar do apoio de amplos setores populares a ela, os referendos e eleições para diversos cargos executivos realizados nos últimos anos, marcados por vitórias muito apertadas para o governo ou para as oposições, têm mostrado uma sociedade crescentemente polarizada. A liderança de Nicolás Maduro, embora legitimamente eleito, segue sendo contestada por setores conservadores, dentro e fora do país. As várias correntes da oposição se dividem entre radicalizar o discurso e a ação contra o governo ou buscar negociar com ele, neste caso na perspectiva de que a deterioração dos fundamentos econômicos lhes garanta uma vitória no referendo revogatório previsto para 2015 e, por consequência, a volta ao poder.

CONSIDERAÇÕES FINAIS

A pobreza e a indigência continuam sendo, conforme demonstram os dados oficiais, dois dos mais graves problemas sociais da América Latina. No entanto na última década a região observou um contínuo declínio do número absoluto de indivíduos vivendo sob aquelas condições, bem como caiu a participação percentual dos pobres e indigentes na população em geral. Contudo não há uma tendência única e geral em relação à dinâmica da pobreza e da indigência no continente. Há países em que a queda foi bem mais acentuada do que em outros, bem como há nações em que os patamares de pessoas vivendo na pobreza ou indigência mantiveram-se quase inalterados, quando não mesmo cresceram.

Os casos específicos de Bolívia, Equador e Venezuela durante os anos 2000 demonstram que a chegada ao poder de forças políticas muito mais comprometidas com as demandas populares do que as forças políticas tradicionais que durante décadas pelo voto ou pelas armas revezaram-se no comando destes países, implicou em importantes rearranjos na apropriação do excedente econômico por eles produzidos. E nos três casos tratou-se de países de estrutura econômica pouco diversificada, nos quais este excedente, resultante sobretudo das exportações de bens primários, era historicamente enviado em grande parte para o exterior e em menor parte apropriado pelas elites econômicas internas.

Os governos de Hugo Chávez, Evo Morales e Rafael Correa significaram ou tem significado, portanto, mudanças na apropriação daquele excedente produzido por seus respectivos países. São governos que são fruto e ao mesmo são produtores da intensificação do conflito distributivo nestas sociedades. Representam um período histórico em que recupera-se, em meio a toda sorte de tensões políticas, a centralidade do Estado como promotor do desenvolvimento sócio-econômico e provedor de políticas públicas que tenham como prioridade as demandas da maioria da sociedade, e em especial dos seus segmentos mais pauperizados.

Cabe ressaltar, porém, que nos três casos, e não apenas neles, mas em toda a América Latina, há uma excessiva dependência da produção e exportação de *commodities* valorizadas no mercado internacional para que se alcance um aumento da capacidade de investimento do Estado em políticas sociais. Os dados que mostram a intensificação do comércio entre a América Latina e a Ásia, e sobretudo a China, durante os anos 2000 comprovam essa hipótese. Mas é importante ressaltar que os níveis de crescimento econômico chinês, embora ainda entre os mais elevados do mundo, estão em trajetória descendente nos últimos anos. Se eventualmente vier a passar o *boom* de *commodities* que beneficiou a América

Latina nos últimos quinze anos, como será possível manter o nível, a abrangência e a profundidade das políticas sociais entre nossos países, largamente financiadas pelo aumento da capacidade fiscal do Estado? Mais do que isto, como será possível eventualmente retroceder, se necessário for, no provimento de bens públicos e serviços sociais à maioria da população, ainda mais depois que se despertou o protagonismo das massas, como se vê nos casos de Bolívia, Equador e Venezuela?

Lembremos que para além da dependência do comércio exterior como forma de aumento da capacidade fiscal do Estado, a América Latina continua apresentando baixos índices de ganhos de produtividade, quando comparada a outras regiões do mundo. O passo seguinte às políticas praticamente emergenciais criadas para resgatar milhões de pessoas da pobreza e da indigência parece que estará, necessariamente, num choque de qualificação educacional e de preparo para o mercado de trabalho. Mas há recursos para tanto? Como pensar neste passo posterior, se muitas vezes observa-se que nem mesmo os programas mais básicos de atenção à pobreza e à indigência parecem estar consolidados? Diante de uma eventual desaceleração das economias latino-americanas nos próximos anos, em que medida as eventuais contradições que poderão surgir entre as forças progressistas no poder e suas próprias basse de apoio na sociedade não poderão resultar na derrota destes projetos de esquerda e no retorno ao poder das forças conservadoras, pautadas pela ideologia da primazia do mercado sobre o Estado e prontas a reimplantar a ortodoxia neoliberal?

Por fim, em que medida as bem-sucedidas políticas de combate à pobreza e a indigência nos três países analisados neste artigo, e em diversas outras nações latino-americanas, não reforçam o perfil extrativista de nosso continente? Porque se tais políticas tornaram-se mais abrangentes, assim o foi não apenas por uma questão de que passaram a ser priorizadas, mas também porque aumentou a quantidade de recursos para financiá-las. E esse aumento se deu pelo crescimento das exportações, numa matriz de comércio exterior que nada tem de nova na História da região. O aumento da exploração, produção e exportação de gás natural na Bolívia ou de petróleo na Amazônia equatoriana, por exemplo, tem impactos ambientais terríveis, com o comprometimento da biodiversidade das matas, dos lençóis freáticos e reservas de água, do solo, da fauna e da atmosfera. Representam também impactos nefastos em relação à manutenção da cultura de inúmeras nações indígenas, há séculos vivendo sobre territórios ricos em recursos minerais que são fruto da cobiça de grandes corporações transnacionais. Insistir no modelo extrativista como fonte de financiamento para a superação da pobreza acaba por reiterar a velhíssima vocação econômica e a tradicional inserção da América Latina na economia mundial, reeditando nosso passado colonial.

As experiências de Venezuela, Equador e Bolívia nos mostram inegáveis avanços no combate àquelas que, ao lado da desigualdade social, são as maiores feridas social destes países, e de toda a América Latina: a pobreza e a indigência. Nestas nações muitos indivíduos deixaram de ser pobres ou miseráveis, mas em geral ainda vivem com restrições, como de resto ocorre em vários outros países latino-americanos que também conseguiram diminuir a pobreza nesta última década. Muitos destes indivíduos tornaram-se consumidores, ainda que de baixa renda, e sobretudo tornaram-se sujeitos de direitos. Sentem-se cidadãos. Uma reversão econômica que os leve de volta ao patamar anterior de pobreza pode ter impactos políticos gravíssimos para a região.

REFERÊNCIAS BIBLIOGRÁFICAS

CEPAL. *Panorama Social da América Latina 2013*. Santiago, 2013

GERMANI, Gino; DI TELLA, Torcuato; IANNI, Octavio. *Populismo y contradiciones de clase en Latinoamerica*. México D.F.: Ediciones Era, 1973.

MARINGONI, Gilberto. *A Revolução Venezuelana*. São Paulo: Editora Unesp, 2009.

MATTEI, Lauro. "Pobreza na América Latina: heterogeneidade e diferenças intra-regionais". *Texos para Discussão do Instituto de Estudos Latino Americanos da Universidade Federal de Santa Catarina* (IELA-UFSC), Florianópolis, n° 1, 2009.

MERCADO, Alejandro F.; LEITON-QUIROGA, Jorge. "The dynamics of poverty in Bolivia". *Revista Latinoamericana del Desarrollo Económico*, La Paz, n° 11, 2009.

MIDEROS M., Andrés. "Ecuador: Definición y medición multidimensional de la pobreza, 2006-2010". *Revista Cepal* 108, dez. 2012.

PAIVA, Beatriz; OURIQUES, Nildo. "Uma perspectiva latino-americana para as políticas sociais: quão distante está o horizonte?". *Katálysis*, Florianópolis, vol. 9, n° 2, jul./dez. 2006, p. 166-175.

SANTOS, Boaventura de Sousa. *Refundación del Estado en América Latina. Perspectivas desde una epistemología del Sur*. Lima: Instituto Internacional de Derecho y Sociedad; Programa Democracia y Transformación Global, 2010.

SANTOS, T.; SADER, E.; MARTINS, C. E.; SOTELO VALENCIA, A. *América Latina e os desafios da globalização. Ensaios dedicados a Ruy Mauro Marini*. Rio de Janeiro: Editora PUC-Rio; São Paulo: Boitempo, 2009.

Sistema Integrado de Indicadores Sociales del Ecuador – www.siise.gob.ec.

Sistema Integrado de Indicadores Sociales de Venezuela – www.sisov.mppp.gob.ve.

TAVARES, Maria da Conceição; FIORI, José Luis. *Desajuste global e modernização conservadora*. São Paulo: Paz e Terra, 1993.

Unidad de Análisis de Políticas Económicas y Sociales de Bolívia – www.udape.gob.bo

VERA, Miguel. *Pobreza, desigualdad y movilidad social en Bolivia: una sintesis de la evidéncia empirica reciente*. (s/d)

VILLARROEL, Paul; HERNANI-LIMARINO, Werner. "La evolución de la pobreza en Bolívia: un enfoque multidimensional". *Revista Latinoamerican del Desarrollo Económico*, La Paz, nº 20, 2013.

WEFFORT, Francisco. *O Populismo na política brasileira*. Rio de Janeiro: Paz e Terra, 1978.

SOBRE O AUTOR

WAGNER IGLECIAS é doutor em Sociologia e professor e pesquisador do Curso de Graduação em Gestão de Políticas Públicas e do Programa de Pós-Graduação em Integração da América Latina da Universidade de São Paulo.

③

SOCIEDADE **CIVIL** e **POLÍTICAS PÚBLICAS**

INSTITUIÇÕES PARTICIPATIVAS DA DEMOCRACIA BRASILEIRA: AS OUVIDORIAS E OS CONSELHOS DE SAÚDE COMO INOVAÇÃO INSTITUCIONAL

FERNANDO CARDOSO LIMA NETO · PAULO RENATO FLORES DURÁN

INTRODUÇÃO: REDEMOCRATIZAÇÃO, PARTICIPAÇÃO E CONTROLE SOCIAL

A década de 1980 representa um marco importante na história da democracia no Brasil, quando o poder militar começou a perder força diante das pressões democráticas que vinham se intensificando desde a década anterior. No começo dos anos 1970, o cenário de crise econômica e de crescimento da inflação começou a minar a legitimidade do poder militar diante da população em geral. Já na segunda metade daquela década, setores organizados da sociedade voltaram a atuar nas arenas políticas nacionais. A criação dos Comitês Brasileiros de Anistia, a recuperação do movimento estudantil e do movimento sindical, as grandes passeatas e manifestações contra a ditadura foram alguns dos sinais mais evidentes da transição lenta, gradual e planejada em direção ao regime democrático. Embora tenha sido iniciada no final da década de 1970, essa transição tomou um impulso decisivo no início da década seguinte. Após séculos de dominação autoritária (com alguns raros e breves períodos de liberalismo e democracia), a década de 1980 foi o momento de consolidação (para alguns até de criação) da sociedade civil no Brasil. Pela primeira vez, a sociedade se organizava de modo a conseguir estabelecer um poder de contraposição ao poder do Estado. Novos atores e novas modalidades de ação se proliferavam no cenário político nacional.

Em 1988, a promulgação da nova Constituição Federal coroava uma década de avanço e consolidação democrática no Brasil. A resistência à ditadura militar, as manifestações pela redemocratização, o empoderamento de novos atores, a ampliação e diversificação dos direitos, o fortalecimento da sociedade civil foram alguns ingredientes da transformação radical do cenário político naquele momento. A Constituição de 1988 refletiu a ampliação das arenas de atuação política no país e fortaleceu os laços societários da sociedade civil e o seu protagonismo na formulação e controle das políticas públicas nacionais. Este foi o momento da formação de conselhos gestores de política pública, ouvidorias públicas, realização de plebiscitos, orçamentos participativos e audiências públicas, processos que institucionalizaram a participação cívica em território nacional (GURZA LAVALLE, 2010; GURZA LAVALLE *et al*, 2006; AVRITZER, 1994). A criação desses novos canais de participação política no país diversificou não apenas o estatuto e as atividades dos atores dentro da sociedade civil, mas também inaugurou um espaço novo e amplo de parcerias entre Estado e sociedade civil, um processo que seria intensificado nas duas décadas seguintes (AVRITZER, 2004; LOPEZ *et al*, 2011).

Após a consolidação do regime democrático, pouco a pouco o Estado brasileiro pôde se desvencilhar da mácula autoritária que até recentemente parecia pertencer à sua própria natureza. Ainda que repleta de limitações, a consolidação do regime democrático no Brasil implicou no desenvolvimento de práticas de controle democrático que foram sendo institucionalizadas com o tempo. Neste artigo, concentramos atenção em dois desses canais: os conselhos gestores de política e as ouvidorias públicas. Passados mais de vinte anos de criação dessas instituições, avaliaremos nas sessões seguintes se elas cumprem ou não o potencial democrático que lhes fora investido à época de sua origem. Nosso objetivo principal é investigar os potenciais e limitações dessas duas instituições participativas, apontando flancos da literatura e sugerindo encaminhamentos de pesquisa para enfrentar osdesafios de uma agenda de pesquisa que se debruça sobre as relações entre Estado/sociedade. Para isso, nos concentraremos nos conselhos gestores da área de saúde e nas ouvidorias públicas do âmbito federal.

O entusiasmo que até meados da década de 1990 caracterizou o olhar acadêmico sobre a sociedade civil tem sido hoje em dia contrabalanceado com a preocupação em avaliar e revisar o progresso democrático no Brasil, mesurando o alcance e o impacto de suas principais realizações (GURZA LAVALLE & BUENO, 2011; AVRITZER, 2010; MELO & SÁEZ, 2007; SORJ & OLIVEIRA, 2007). Alguns autores sustentam que o potencial progressista e democrático da Constituição Federal de 1988 não foi plenamente concretizado no país e que os direitos e garantias constitucionais ainda colidem com uma cultura política que foi ao longo do tempo viciada por práticas de paternalismo e clientelismo político (NUNES, 2003). Nesse sentido, velhos diagnósticos sobre a capacidade das instituições executivas e legislativas produzirem governabilidade, passaram por revisão teórica e analítica. Antes de promover ingovernabilidade (SHUGART & CAREY, 1992; MAINWARING, 1993), as instituições políticas brasileiras – com os correlatos mecanismos de coalizões partidárias e multipartidarismo – são eficazes governativamente (FIGUEIREDO & LIMONGI, 1999 e 2007: 148). Esse dado é importante, porque desfaz certos mitos sobre a política brasileira e suas gramáticas, cedendo espaço para que outros formatos institucionais – como as ouvidorias e os conselhos de políticas – apareçam como constituintes do processo de democratização das relações ente Estado e sociedade.

OUVIDORIAS PÚBLICAS FEDERAIS E PARTICIPAÇÃO

A gênese histórica das ouvidorias públicas remontam ao final do século XVIII e início do XIX, na Europa, quando foram estabelecidos os *ombudsmen*, instituições voltadas para mediar a comunicação da população com o Estado e assim, aprimorar o controle da administração e justiça na sociedade de corte.[1] No Brasil, as raízes históricas desse modelo de organização também se estendem até o Século XIX, mais precisamente o período imperial. Contudo, foi apenas no último quarto do século XX que a instituição do *ombudsman* recebeu a denominação de ouvidoria e passou a ser discutida de modo mais incisivo na formulação de Decretos-Lei que visavam institucionalizar essa atividade no Brasil, o que só foi possível acontecer a partir da derrocada do governo militar (CARDOSO, 2010).

Atualmente, as ouvidorias públicas no Brasil estão plenamente estabelecidas e institucionalizadas. Existem mais de 1.000 ouvidorias atuando nos níveis federais, estaduais e municipais. Contudo, apesar de estarem consolidadas institucionalmente, pouco se sabe sobre essas ouvidorias. Seja no âmbito da produção acadêmica universitária ou no âmbito da produção estatal de estatísticas e controle administrativo, existem poucos estudos e informações sobre esse amplo universo. As raras exceções ficam por conta do trabalho de Lyra (2004), Gomes (2000), Cardoso (2010) e nos levantamentos realizados no âmbito do Instituto de Pesquisa Econômica Aplicada (Ipea). Neste artigo, levaremos em consideração essas esparsas, mas importantes, contribuições para sistematizar as informações disponíveis e analisar criticamente se o nível de institucionalização das ouvidorias é proporcional ao nível de efetividade democrática dessas organizações.

Em geral, os estudos e levantamentos sobre as ouvidorias no Brasil revelam um cenário de precariedade no que tange à contribuição dessas organizações para a participação cidadã. Lyra (2004) aponta para a grande distância entre os ideais democráticos que configuram o que deveria ser a "razão de ser" de uma

---

[1] Evidências da expansão do ombudsman no "capitalismo moderno" são referidas no longo e detalhado trabalho de Andrew Shonfield (1968: 608-616).

ouvidoria e suas práticas de gestão. As ouvidorias deveriam mediar as relações entre Estado e sociedade e zelar pelos princípios da administração pública, legalidade, impessoalidade, moralidade, publicidade e eficiência (LYRA, 2004: 194). No entanto, o fato da maior parte dos ouvidores serem nomeados pela autoridade máxima do órgão público compromete essa função democrática. Lyra defende a necessidade de autonomia da ouvidoria pública, que se traduza em mandato e escolha do seu titular por um colegiado independente do gestor, com a participação da sociedade." Gomes (2000) e Cardoso (2010) chamam atenção para o mesmo problema, destacando os efeitos perversos dos mecanismos de escolha do ouvidor. Esses trabalhos são pioneiros no tema das ouvidorias e apresentam um cenário de debilidade no que tange ao cumprimento de suas funções democráticas. Os autores convergem para a ideia que o tema da autonomia é um elemento chave para compreender o propósito democrático das ouvidorias, mas que é inexistente ou seriamente comprometida no plano das instituições públicas brasileiras. Para discorrer sobre essa questão da autonomia das ouvidorias, expomos agora os resultados de uma pesquisa sobre ouvidorias conduzida pelo Ipea.

OUVIDORIAS E AUTONOMIA

Levando em consideração sua natureza de contrapoder (poder que visa moderar o próprio poder) e sua finalidade de contribuir para o amadurecimento da democracia participativa no Brasil, o tema da autonomia é central para efetivar o potencial democrático dessas instituições. Não é possível pensar a razão de ser das ouvidorias sem levar emconsideração sua condição de autonomia. O tema da autonomia das instituições políticas é fundamental para o exercício da governança democrática e da democracia participativa, em especial quanto às parcerias e conflitos do Estado com a sociedade civil ou o mercado.

Na pesquisa realizada pelo Ipea, levou-se em consideração os atos normativos que regulamentam o funcionamento das ouvidorias públicas. O objetivo era analisar as condições de autonomia que são conferidas a essas instituições. Os atos normativos são instrumentos legais que preveem as atribuições da ouvidoria em particular, bem como a sua administração interna. Assim, no próprio atonormativo já é possível identificar questões fundamentais para que a ouvidoria funcione de modo autônomo, tais como o procedimento de escolha do ouvidor, o poder vinculatório da instituição, seus mecanismos de prestação de conta e de organização em rede. A pesquisa levou em consideração os atos normativos de 93 ouvidorias vinculadas à Presidência da Republica, que foram selecionadas a partir da base de dados do Sistema de Informações Organizacionais do Governo Federal (SIORG).

Os dados coletados nessa pesquisa do Ipea (LIMA NETO *et al*, 2014) foram interpretados tendo como parâmetro de observação um modelo ideal de estrutura e funcionamento de uma ouvidoria pública, parâmetros que foram elaborados através do exame detalhado dos próprios atos normativos. Assim, levando em consideração as funções primordiais de uma ouvidoria, isto é, a sua capacidade de integrar o cidadão na gestão dos órgãos públicos, foram identificadas no material coletado as disposições normativas que mais se aproximam desse ideal e acentuadas suas características centrais para formulação dessa referência ideal. Feito isso, o modelo ideal foi contraposto a cada ato normativo individual através de relações de aproximação e afastamento para avaliar o nível de autonomia técnica, autonomia política e *accountability* de cada instituição.

Em linhas gerais, o modelo ideal de ouvidoria proposto na pesquisa deveria orientar sua estrutura administrativa para uma gestão autônoma e transparente, de modo a estabelecer, preservar e aprimorar sua função principal de controle social. O primeiro e mais importante aspecto observado para assegurar essas condições foram os mecanismos de escolha para o cargo de ouvidor. Os mecanismos mais adequados para a escolha de um ouvidor autônomo são aqueles realizados de forma independente do da autoridade máxima do órgão público, o que favorece a consideração de critérios técnicos e assegura condições de autonomia no exercício da função.

No caso das ouvidorias públicas brasileiras, os poucos mecanismos externos de escolha do ouvidor são referentes à nomeação pelo Presidente da República. Esse é o caso, por exemplo, das ouvidorias do Serviço Florestal Brasileiro e da Agência Nacional de Transportes Aquaviários. A maior parte das ouvidorias opera mecanismos internos de escolha do ouvidor. Dentre as alternativas apresentadas, aquelas em que o ouvidor é designado pelo conselho de administração da instituição é a que detém melhores condições para limitar a influência do presidente, diretor ou chefe. As ouvidorias da Empresa Brasileira de Correios e Telégrafos e da Petrobrás são exemplos desse modelo. Muitas vezes, o exercício da função de ouvidor é exercido mediante mandato. Quando isso acontece, a maior parte das organizações prevê dois anos prorrogáveis por igual período. Os mecanismos de escolha do ouvidor, a delimitação de suas funções e da duração de sua gestão são elementos fundamentais para considerar o grau de autonomia política de cada ouvidoria.

Outro aspecto importante sobre a autonomia das ouvidorias diz respeito à autonomia técnica. Além de escapar às ingerências da política no exercício de sua função, a ouvidoria deve dispor de condições técnicas que assegurem o cumprimento de suas atribuições. Neste particular, foi levado em consideração o poder vinculatório de cada instituição, isto é, a capacidade dela funcionar como uma ferramenta de participação do cidadão na gestão das organizações públicas. Para isso, a função da ouvidoria deve ser muito mais do que apenas um processamento de informações referentes à organização. As decisões tomadas e propostas pelas ouvidorias devem dispor de legitimidade suficiente para influenciar a administração da organização. Quanto mais integrada administrativamente e influente no processo decisório da organização pública, melhores serão as condições das ouvidorias para o exercício de suas funções. Neste sentido, além de expor claramente as incumbências e prerrogativa das ouvidorias, os atos normativos deveriam ser igualmente claros sobre a exigência de colaboração por parte de qualquer funcionário e de todos os estratos administrativos.

Na pesquisa, foi observado que, atualmente, o nível de autonomia técnica das ouvidorias públicas é tão precário quanto o nível de autonomia política. Na maior parte dos casos, as ouvidorias são concebidas como meros espaços de sugestão, sem qualquer garantia de efetividade ou influência no processo decisório das instituições públicas. Se, por um lado, não cabe à ouvidoria confundir suas prerrogativas institucionais com os setores da organização encarregados do processo decisório, por outro lado, tampouco cabe reduzi-la a um receptáculo de sugestões que não possuem nenhum tipo de influência sobre o processo decisório. A maior parte das instituições reduz de maneira vaga e pouco articulada a função da ouvidoria à sugestão de melhorias para as organizações. As exceções à regra ficam por conta de instituições como a ouvidoria do Ministério de Integração Nacional, da Fundação Oswaldo Cruz, do Departamento Nacional de Infraestrutura de Transportes, da Companhia de Desenvolvimento dos Vales do São Francisco e do Parnaíba, da Eletronorte e de algumas Universidades, cujos atos normativos preveem a possibilidade da ouvidoria recomendar a instauração de processos administrativos.

Associado ao poder vinculatório, o acesso da ouvidoria a qualquer informação sobre a organização pública, servidores, empregados e demais colaboradores é uma dimensão importante para sua autonomia técnica. Mais uma vez, a maior parte dos atos normativos não trata esse assunto de maneira explícita. Muitos dos que o fazem recorrem a proposições demasiadamente vagas. Dentre as poucas ouvidorias que especificam de que maneira lhes é assegurado o acesso a todas as informações da organização e de seus funcionários, vale mencionar os casos da ouvidoria do Ministério de Integração Nacional e do Conselho Regional de Engenharia e Agronomia do Paraná, cujos atos normativos estabelecem que o fornecimento de informações à ouvidoria deva ser realizado em caráter prioritário e regime de urgência.

A garantia de sigilo das informações também é um elemento importante no âmbito da autonomia técnica, ressalvado o direito ao contraditório. Cerca de metade dos atos normativos fazem menção à garantia de sigilo das informações e identidade do manifestante, mesmo quando não mencionam que as ouvidorias devem ter assegurado o acesso às informações da organização. Dentre os atos normativos que mencionam acesso às informações, cerca de metade mencionam também a questão do sigilo. O fato de haver muitos casos em que o sigilo não é mencionado ou é mencionado sem estar ligado ao acesso às informações leva a crer que esse tema seja sobrevalorizado na elaboração dos atos normativos.

Além da questão da autonomia política e técnica, outro elemento importante para tratar da efetividade democrática das ouvidorias públicas identificado na pesquisa tem a ver com o tema das relações de *accountability*. Para tratar desse tema, foram abordados os mecanismos de prestação de conta existentes nas ouvidorias. A prestação de conta pode ser interna ou externa, visando o Estado ou a sociedade, de maneira direta ou indireta. Quando ocorrem no âmbito interno, as prestações de conta têm como público alvo apenas os funcionários da organização e, neste sentido, não contribuem para o aprimoramento do controle social. Por sua vez, no âmbito externo, as prestações de conta estão mais próximas do modelo ideal de governança democrática, pois oferecem retorno à sociedade e estimulam a participação dos cidadãos.

As prestações de conta realizadas em âmbito externo podem ser realizadas de diversas maneiras. Elas podem ser direcionadas aos indivíduos que acionam a ouvidoria, à sociedade de um modo geral ou ao Estado. Embora não se trate de mecanismos excludentes (é possível combinar essas quatro dimensões), a prestação de conta direcionada à sociedade é o modelo mais adequado para estimular a participação dos cidadãos na gestão das instituições públicas, pois não restringe o canal de participação a um indivíduo isolado.

Diferentemente dos outros tópicos analisados, em geral os atos normativos mencionam objetivamente a necessidade de prestar conta das atividades da ouvidoria. Fazem isso especificando trâmites institucionais e estabelecendo prazos. Contudo, a maioria foca apenas na prestação de conta oferecida ao indivíduo manifestante/reclamante. Neste sentido, terminam por restringir o alcance das relações de *accountability*, que deveriam ser direcionadas não apenas para o indivíduo manifestante, mas para toda sociedade. Embora atenda às exigências da Lei de Acesso à informação, a prestação de conta individualizada restringe demasiadamente o alcance das relações de accountability. Apenas dois atos normativos mencionam claramente o imperativo de relatórios elaborados para conhecimento amplo da sociedade. A Universidade Federal de Santa Maria solicita que seja conferida ampla publicidade aos relatórios semestrais que a ouvidoria apresenta à Reitoria. Por sua vez, a Fundação Oswaldo Cruz propõe divulgar, através de diversos canais de comunicação, o trabalho realizado pela Ouvidoria, assim como informações e orientações que considerar necessárias ao desenvolvimento de suas ações. Há ainda muitos casos em que predominam formas internas de prestação de conta, quando são elaborados relatórios e indicadores sobre a ouvidoria para Diretorias, Conselhos e Comitês das próprias organizações. Mais uma vez, é preciso levar em consideração que essas maneiras variadas de prestação de conta não são exclusivas. Um modelo ideal de ouvidoria deveria contemplar todas as dimensões no nível interno e externo.

O fato de a maioria dos atos normativos focar exclusivamente no retorno dado ao cidadão ou à própria organização é mais um indicador da precariedade das ouvidorias no que tange àquele que deveria ser seu propósito principal: o controle social. Os mecanismos de *accountability* são ferramentas poderosas para o incentivo de participação apenas quando direcionadas para estratos mais amplos da sociedade.

Outro fator de empoderamento das ouvidorias é a possibilidade de se organizarem em rede, dinamizando e ampliando seus laços institucionais. A organização em rede pode ocorrer em duas dimensões. A rede pode ser interna, quando a atividade de um ente estatal exige a descentralização de ouvidorias, seja por conta da especificidade e/ou complexidade de suas áreas de atuação. As ouvidorias da Fundação Oswaldo Cruz e do Sistema único de Saúde são exemplos desse modelo de organização. A atuação nacional da Fundação Oswaldo Cruz implica na montagem de uma complexa entre ouvidorias situadas em níveis municipal, estadual e federal. Por sua vez, o Sistema Único de Saúde apresenta ouvidorias temáticas que formam um complexo de ouvidorias reunidas em rede. Existem ainda outros modelos de organização interna de rede, como os casos dos governos de Mina Gerais e Pernambuco, em que há uma rede estadual voltada para oferecer efetividade às ações de suas respectivas ouvidorias.

CONSELHOS GESTORES DE POLÍTICAS E PARTICIPAÇÃO: O CASO DOS CONSELHOS DE SAÚDE

As reflexões que ora se apresentam sobre os Conselhos de Saúde, entendidos como conselhos gestores de políticas (TATAGIBA, 2002), estão associadas aos resultados de uma pesquisa maior, referida as políticas de saúde e participação social no estado do Rio de Janeiro, realizada no âmbito da ENP/Fiocruz.[2] A pesquisa teve por objetivo analisar os processos de decisão e deliberação que ocorrem no âmbito da Secretaria Estadual de Saúde (SES/RJ) e no Conselho Estadual de Saúde (CES/RJ), durante os períodos dos governos estaduais de Rosinha Garotinho e Sergio Cabral. Muito embora, neste texto que ora se apresenta ao leitor, não sejam analisados resultados dessa pesquisa em específico, as tendências e desafios apresentados a seguir sobre os Conselhos de Saúde, nutriram-se da pesquisa de campo realizada junto aos conselheiros estaduais de saúde do Rio de Janeiro.[3]

Os Conselhos de Saúde, através da Lei 8142/90, se organizaram como esferas deliberativas da política de saúde, tendo por âmbito de atuação as três esferas da federação (União, estados e municípios). A ideia motora foi a de organizar uma arena de debate público entre atores estatais e societais – incluindo aí a categoria dos atores de mercado (CÔRTES, 2009a e 2009b) (os prestadores privados de serviços: as misericórdias e as filantrópicas, por exemplo). O objetivo foi institucionalizar a participação societária nos canais de definição das políticas de saúde, sendo a sua estrutura de representação paritária, dividida entre usuários/sociedade; profissionais de saúde; e gestores e prestadores privados de serviços.

Nas políticas de saúde, a engenharia institucional que cria os Conselhos de Saúde ordenou esses espaços de deliberação através, ao menos, de três aspectos que expressam a maior intenção do Estado em estreitar as relações com a Sociedade. O primeiro passo foi dado com a decisão de que os Conselhos de Saúde cobririam as três esferas da federação; assim, em cada município, em cada estado e no âmbito da União, as Secretarias e o Ministério da Saúde deveriam organizar e institucionalizar colegiados participativos ou Conselhos de Saúde. O

---

2   Projeto de Pesquisa "Políticas de Saúde, Gestão, Intersetorialidade, Regionalização e Participação Social no Estado do Rio de Janeiro", coordenado por Silvia Gerschman (DAPS/ENPS/Fiocruz). O projeto obteve financiamento do CNPq e da Faperj (na modalidade Cientista do Nosso Estado).

3   As reflexões sobre os Conselhos de Saúde fazem parte da tese de doutorado de Paulo Durán, intitulada "Dilemas do controle social na construção do Sistema Único de Saúde (SUS) no âmbito do estado do Rio de Janeiro: um estudo sobre o Conselho Estadual de Saúde (CES/RJ)", e defendida em julho de 2013 na ENSP/Fiocruz.

segundo ponto importante no aprimoramento da democracia participativa nos processos de deliberação nas políticas de saúde referiu-se à ideia de distribuir as cadeiras/assentos nos Conselhos de Saúde paritariamente, ou seja, os atores que efetivamente representam as demandas da sociedade seriam eleitos segundo a divisão entre usuários/sociedade (50% das cadeiras/assentos), profissionais de saúde (25%) e gestores e prestadores de serviços (25%), e segundo o princípio da representação política, ou seja, o ator eleito "age em nome de" (*acting for*) (PITKIN, 1997). O princípio da paridade das cadeiras nos Conselhos de Saúde conferiria maior capacidade de capilaridade às demandas sociais por parte da estrutura decisória do Estado, muito embora por si só o princípio da paridade somente indique o "mínimo procedimental" (DAHL, 1979)[4] de organização dos conselhos gestores. O terceiro ponto, referente à inovação institucional contida na afirmação dos Conselhos de Saúde como efeito da democratização, é o que estabelece a representação política de atores da sociedade civil como *sujeitos políticos* capacitados para o exercício do controle social das ações dos gestores governamentais (GERSCHMAN, 2004a). Desse modo, atores oriundos dos mais diversos estratos da sociedade civil organizada cumpririam o papel de deliberar sobre as ações do Estado que efetivamente impactassem na modernização dos sistemas de saúde. São exemplos de atores dos estratos da sociedade civil, as Federações de Associações de Moradores, as ONGs, variadas frações de movimentos sociais (mulheres, agricultores, negros, portadores de patologias e necessidades especiais, entre outros).

Porém, nos anos 1980 e 1990, na contramão das políticas de ajuste, "a efetividade dos Conselhos relaciona-se à pressão exercida pelos usuários, pelos movimentos sociais organizados e profissionais de saúde e à maior proximidade da população com as autoridades locais" (GERSCHMAN, 2004a: 244). Acrescente-se o fato de que, para vários pesquisadores, a criação das *comissões intergestores* (a CIT – Comissão Intergestores Tripartite – e a CIB – Comissão Intergestores Bipartite),[5] nos anos 1990 e em concomitância com a institucionalização dos cole-

---

4 Segundo Dahl, os elementos procedimentais (ou *procedural minimum*) – tais como, sufrágio universal, liberdade de expressão e de associação, eleições regulares, competição partidária etc. – são fundamentais para garantia da *reprodução da democracia*, embora não sejam suficientes (DAHL, 1979: 108).

5 A Comissão Intergestores Tripartirte (CIT) funciona a nível federal e agrega gestores das três esferas da federação: cinco membros do Ministério da Saúde (MS), cinco do Conselho Nacional de Secretários Estaduais de Saúde (Conass) e cinco do Conselho Nacional de Secretários Municipais de Saúde (Conasems). A Comissão Intergestores Bipartite (CIB) funciona a nível estadual e conta com

giados de participação (Conselhos e Conferências de Saúde), representou a secundarização do papel político do *controle social* (CÔRTES, 2009b; SILVA, 2000; SILVA & LABRA, 2000; GERSCHMAN, 2004a, 2004b).

A fragmentação das demandas sociais e, consequentemente, dos novos movimentos sociais, imprimiram certa paralisia ao movimento popular em saúde. Apesar de os chamados novos movimentos sociais terem modificado em inúmeros aspectos suas agendas políticas, essas novas demandas encontraram, na década de 1990, grande dificuldade de penetração dos decisores de políticas (*policymakers*) na arena decisórias do Estado e, por fim, no processo e formulação de políticas públicas (LABRA, 1999; ESCOREL, 2009).

A transição à democracia e a luta pelos direitos de cidadania e liberdades civis e políticas geraram a revitalização da sociedade civil (pluralismo partidário, surgimento de novos movimentos sociais, aumento dos níveis de associativismos, entre outros aspectos). Porém, ao contrário da *vituose* que gira em torno de muitos estudos, como apontou Dagnino, o processo de abertura na via da democratização fundamental se caracterizou pela fragmentação e não linearidade, o que corta as possibilidades de "conceber a sociedade civil como o demiurgo do aprofundamento democrático" (DAGNINO, 2002: 279). Também a cultura política brasileira, conservando práticas autoritárias e corporativistas – além dos fenômenos clientelistas e das relações de patronagem, como no caso do Rio de Janeiro (DINIZ, 1982) –, deixa entrever sérias lacunas e desafios. Na verdade, como ressalta Dagnino (2002, p. 282),

> o impacto da sociedade civil sobre o desempenho do Estado (*governance*) é uma tarefa que não pode se apoiar num entendimento abstrato dessas categorias como compartimentos separados, mas precisa contemplar aquilo que as articula e as separa, inclusive aquilo que une e opõe as diferentes forças que as integram, os conjuntos de interesses expressos em escolhas políticas: aquilo que está sendo aqui designado como projetos políticos.

Ou seja, o lugar ocupado pela formação dos Conselhos de Saúde e a significação do projeto de Reforma Sanitária brasileira requerem que se reconheçam estes como espaços e/ou lugares políticos abertos a apropriações, interferências,

---

membros escolhidos pelos secretários estaduais de saúdes e pelos secretários municipais de saúde. As CIBs são espaços de articulação e pactuação política e tem como funções orientar, regulamentar e avaliar os aspectos operacionais da descentralização das ações políticas na saúde.

elaboração de concertações etc., na formulação, implementação e avaliação de agendas para as políticas governamentais. A *ossatura material* do Estado, como ressaltou Poulantzas, estrutura-se como *autonomia relativa* em relação às classes e frações de classe. Assim, o Estado funcionaria, aqui, como organizador da institucionalização da participação e do fortalecimento dos interlocutores políticos, que se tornam imprescindíveis para a legitimidade da democracia; de outra parte, uma determinada *forma Estado* pode colocar-se como *desorganizadora* das lutas sociais que se procuram fazer representar nas instâncias estatais (POULANTZAS, 2000: 128-130 e 143).

A questão, portanto, dos *conselhos gestores de políticas* – como é o caso dos Conselhos de Saúde – coloca em xeque, não somente a sua capacidade de incorporar atores relevantes que carregam consigo uma pluralidade de demandas fragmentadas, mas também sua própria inserção nos mecanismos e processos político-democráticos, tanto em seu caráter propriamente deliberativo como no normativo (ou da formação de uma arena dialógica que leve os atores a encontrarem parâmetros mínimos, ou *razoáveis*, de decisão sobre aquilo que consideram ser o justo – *fair*) (RAWLS, 2000: 98).

Muito embora a institucionalização dos Conselhos de Saúde representar avanço significativo da democracia brasileira, depois de duas décadas de enraizamento na realidade sociopolítica de estados e municípios, ainda persistem intensos dilemas quanto à legitimidade dos atores que efetivam alguns dos modos de representação nesses espaços ou arenas políticas de deliberação. Além de uma indefinição (ou falta de clareza) quanto ao próprio papel do conselheiro de saúde, os desafios de afirmação do controle social sobre as ações do Estado são dilemas vivenciados pelos representantes da sociedade e profissionais de saúde. Assim, diversas pesquisas vêm apontando que os Conselhos de Saúde poderiam ter efetivado um *papel político* na agenda política da saúde, mas suas ações estão amalgamadas com as escolhas dos gestores de governo. Ou seja, a falta de uma autonomia política dos conselheiros instituiria uma relação de dependência (ou de aliança) com as escolhas políticas do próprio Estado; deixariam, portanto, de espelhar a própria autonomia das demandas societárias perante os decisores de políticas (*policymakers*).

Se, por um lado, o conceito de controle social, em diversas abordagens da teoria social moderna, foi identificado por vários autores como forma de controle do Estado sobre a sociedade ou desta sobre os indivíduos, por outro, será explicitado como a atividade do controle social faz parte, atualmente, da própria maneira como a sociedade vê, analisa e julga as ações do Estado. Torna-se importante tal discussão na medida em que, se por um lado houve uma *conceptual turn* – no que se refere à ideia mesma de controle social, e que apontaria para uma via de valorização da ação social de sujeitos políticos nos canais de tomada de decisão política –, por outro lado, a própria democracia ainda enfrenta desafios contundentes no que se refere à integração (*social embeddedness*) do efetivo papel desses atores na arena estatal. Por isso, serão mobilizados aportes da teoria democrática contemporânea, no sentido de discutir aspectos oriundos do processo de deliberação em espaços públicos de participação. Intenta-se avançar na reflexão de que, se há uma considerável trajetória de institucionalização da mobilização societária nos conselhos de políticas pública desde os anos 1990, ainda é uma questão a legitimidade do papel dos próprios conselheiros como atores integrados *ao* processo decisório. Parte-se do pressuposto de que há desafios de legitimação do papel do controle social que se efetivaria pelas diversas mobilizações societárias (sociedade, trabalhadores e profissionais) perante as ações dos representantes do Estado.

Nas políticas de saúde, os novos movimentos sociais provocam novas relações com os poderes constituídos, na medida em que buscam a autoafirmação da mobilização societária como *instituinte do instituído* (FALEIROS *et al*, 2006; PAIM, 2008). A esse aspecto, relacionam-se as formações dos Conselhos de Saúde e das Conferências de Saúde, entendidos como espaços onde o processo deliberativo não ocorre "por cima" – afirmação das hegemonias da *ruling class* – mas efetiva--se na inclusão das demandas da sociedade "por baixo", através da ênfase da participação social como *conquista* de novos espaços no processo decisório (DEMO, 2009: 23; ESCOREL & BLOCH, 2005: 96; GUIZARDI *et al*, 2004: 16).

Assim, por exemplo, faz parte do processo deliberativo a discussão dos próprios procedimentos institucionais que outorgam o direito de deliberar;[6] ou seja, do sentido do *dever-poder* inscrito nas próprias competências do sujeito político conselheiro e que lhe é outorgado pela própria legislação e resoluções do SUS (emitidas pelo Ministério da Saúde, pelo Conselho Nacional de Saúde e construídas localmente pelos Conselhos Estaduais e Municipais de Saúde[7]).

---

6   Isso ocorre, por exemplo, no processo de formação – a cada quatro anos – das Conferências de Saúde (nacional, estaduais e municipais). Todas as Conferências têm seu próprio Regimento Interno, que explicita: as temáticas; a organização e a estrutura da comissão organizadora; as atribuições das comissões organizadoras e de relatoria; a forma de eleição das propostas. Todos esses pontos são discutidos nas plenárias dos Conselhos de Saúde.

7   Referimo-nos aos seguintes exemplos: Lei 8142/90; Resolução 33/92, 333/03 e 453/12; os Regimentos Internos, construídos por cada um dos Conselhos de Saúde (nacional, estaduais e municipais).

Faria parte do processo de tomada de decisão dentro dos Conselhos de Saúde a discussão crítica que os conselheiros fazem acerca dos documentos legais que legitimam e colocam as regras do processo de deliberação. Implica isso o grau de conhecimento que os conselheiros têm das ferramentas que normatizam a dinâmica e o processo de deliberação e a frequência desses nas reuniões plenárias. Ocorre que, atipicamente, os Conselhos de Saúde ainda enfrentam dilemas próprios ao papel político dos conselheiros, impondo-se a esse sujeito político a necessidade de participar ativamente no processo de deliberação, e que ocorre no espaço soberano dos Conselhos: a Plenária. Diversos autores ressaltam que esse espaço, propriamente constituinte do processo de deliberação política nos Conselhos, é sistematicamente secundarizado em razão de um processo de decisão política que ocorreria *ex ante*às reuniões plenárias (CÔRTES, 2009b; GOULART, 2010; LABRA, 2001, 2008 e 2010).

O aprofundamento dos espaços públicos de deliberação e sua democratização, portanto, depende não somente da efetivação do controle social, mas igualmente da forma como a participação é vivenciada e da legitimidade das representações que ocupam assento nos Conselhos de Saúde. Segundo Giddens (2002: 75), essa perspectiva formativa do ator refere-se a capacidade de *monitoração reflexiva da ação*, ou seja, no caráter deliberado do próprio agente de "autointerrogar-se em termos do que está acontecendo" à sua volta e dentro de si mesmo. Segundo Pereira, "os movimentos sociais são, portanto, atores fundamentais na construção de espaços deliberativos de forma a manter uma postura crítica em relação às instituições públicas, procurando tematizar novas questões que serão analisadas e comparadas com as propostas já existentes, colaborando, assim, com o processo de aprofundamento democrático" (2012: 81).

Na literatura recente sobre os Conselhos de Saúde, vem-se ressaltando o desconhecimento e despreparo dos conselheiros – principalmente representantes da sociedade – para o efetivo processo de tomada de decisão. Com isso, vários autores têm ressaltado a ausência de políticas de capacitação ou educação permanente para os conselheiros; além disso, é um consenso entre autores, a distância que se cria entre a atividade representativa dos conselheiros e suas bases sociais (ou categorias/setores representados). No limite, como colocam alguns desses autores, inúmeras distorções podem ser identificadas na atividade dos conselheiros de saúde – desde aquelas relacionadas à representatividade das cadeiras/assentos nos Conselhos de Saúde, passando pela falta ou ausência de mecanismos claros de capacitação dos atores para atuar no processo deliberativo, até as distorções próprias da *máquina estatal* e suas práticas tipicamente clientelistas e corporativistas (COTTA *et al*, 2009, 2011; GERSCHMAN, 2004b; LABRA, 2008; MARTINS *et al*, 2007). Alguns aspectos desses obstáculos à construção do processo de deliberação nos Conselhos de Saúde são respaldados pelos resultados das 11ª e 12ª Conferências Nacionais de Saúde. No que se refere ao controle social, o Relatório Final da 11ª Conferência Nacional de Saúde coloca que "os Conselhos de Saúde carecem de estrutura, capacitação e assessoria para *assumirem as tarefas decorrentes de uma postura mais ativa* de apropriação e uso das informações, *refletindo-se em controle social pouco efetivo*" (BRASIL, 2001: 44, grifos nossos). Esse diagnóstico revela, não somente a falta de independência de trabalho nos Conselhos de Saúde, mas também a falta de autonomia dos conselheiros perante à gestão. Colocam-se em xeque não somente o caráter efetivo do controle social a partir da participação ativa e instituinte dos representantes da sociedade e profissionais de saúde, mas também os vínculos que se estabelecem com o gestor das Secretarias de Saúde:

> os Conselhos de Saúde carecem de autonomia frente ao Executivo, pois muitos não têm orçamento próprio, e outros são instituídos por decreto e não através de Lei. São comuns os "Conselhos Cartoriais", atrelados ao gestor, com vícios na representação dos diversos segmentos, inclusive de usuários, *comprometendo a autonomia política*. São ainda apontados vícios na elaboração dos regimentos dos Conselhos e Conferências, que nem sempre são discutidos de forma democrática com os conselheiros. Em suma, *os atuais instrumentos para a garantia da autonomia dos Conselhos frente ao gestor são insuficientes para evitar a dependência*, a concentração e o abuso do pode (BRASIL, 2001, p. 44-45, grifos nossos).

A questão do caráter deliberativo dos Conselhos de Saúde, assim como problemas oriundos da representatividade dos conselheiros são destaques dos resultados da 12ª Conferência Nacional de Saúde:

> [os Conselhos de Saúde] enfrentam ainda obstáculos importantes, dentre os quais: *o não exercício de seu caráter deliberativo na maior para dos municípios e estados*; as precárias condições operacionais e de infra-estrutura; a ausência de outras formas de participação; *a falta de uma cultura de*

> *transparência e de difusão de informações na gestão pública;*
> *e a baixa representatividade e legitimidade de alguns conse-*
> *lheiros nas relações com seus representados* (BRASIL, 2004,
> p. 101, grifos nossos).

O que os autores e documentos governamentais pautam, em geral, refere-se, de um lado, à inconclusão do processo de democratização da participação social nos processos de tomada de decisão política dentro dos Conselhos de Saúde (GERSCHMAN, 2004a, 2004b); de outro lado, à não associação da ideia instituinte do controle social nas políticas de saúde somente ao caráter fiscalizatório das ações da gestão por parte de representantes da sociedade (FALEIROS *et al*, 2006; PAIM, 2008). Para alguns pesquisadores, acrescentar-se-ia o fato de que o papel político dos Conselhos de Saúde vem sendo secundarizado (SANTOS & GERSCHMAN, 2006). Como colocam Côrtes e colaboradores,

> com a institucionalização das Comissões Intergestores
> Tripartite e Bipartites, ali passou a ser discutida a maior par-
> te das questões relativas ao financiamento, descentralização
> e estrutura gestora do SUS e estruturação e funcionamento do
> sistema de saúde. Estas instâncias de pactuação federativa fo-
> ram colocadas no centro da arena política da área, reduzindo
> o interesse de gestores e prestadores de serviços em controlar
> as atividades do Conselho, visto a partir de então como fórum
> decisório secundário (CÔRTES, 2009a, p. 67-68).

Assim, para que o controle social se legitime como cultura política dentro do SUS, é preciso amadurecer o caráter participativo de sujeitos políticos, entendendo-se a participação como um processo de conquista da sociedade civil e não como benefício estendido pelo Estado às *classes subalternas*. Ao contrário, seriam essas classes (ou sujeitos políticos) que invertem o caráter do controle social (agora, "de baixo para cima") e aproximam as demandas da sociedade à política pública através do exercício da representação (PITKIN, 1997).

Nesse sentido, práticas como a dos conselhos de políticas públicas (nas áreas da saúde, assistência social, educação, entre outras) – que proliferam nos três âmbitos da federação – podem trazer consigo esses projetos emergentes da sociedade civil e dos novos movimentos sociais, rompendo com *dependências de trajetória* e transformando, continuamente, a cultura política dentro desses canais participativos. Muito embora padeçam de "limitações significativas", como a socialização política dos atores societais (MANWARING & VIOLA, 1987: 174), vários autores ressaltam que existem potenciais políticos na formação desses colegiados de participação social nas arenas políticas decisórias (BISPO JÚNIOR & GERSCHMAN, 2013).

Mas, no âmbito de um contexto social em que imperam lógicas ainda perversas de desigualdades sociais e em que culturas políticas como a do fisiologismo e clientelismo guiam a ação do Estado, os Conselhos de Saúde deparam-se com o desafio de instaurar, de fato, suas próprias instâncias como *espaços de democracia deliberativa*. Entre esses desafios, o isolamento de segmentos das mobilizações societárias e a falta de recursos próprios para realização das atividades concernentes ao controle social colocam em lados opostos a Sociedade e o Estado (ESCOREL & MOREIRA, 2011: 299).

Seria possível afirmar que, se por um lado, nas últimas três décadas, as transformações vivenciadas no âmbito da sociedade civil e dos novos movimentos sociais apontam para tendências inovadoras e de diversificação das formas de participação (tais como os conselhos de políticas), por outro, a confluência entre projetos muitas vezes antagônicos de Estado e Sociedade se impõe como um desafio à democratização dos espaços públicos no Brasil. No limite, como coloca Labra (2006: 380), "as unidades associativas sofrem o impacto do déficit mais geral da sociedade brasileira de atributos próprios de 'comunidade cívica'". Assim também, como ressaltado pelo trabalho de Putnam (2005: 102), a participação pressupõe uma série de *relações horizontais de reciprocidade e confiança*, que são apreendidas na base e nos fundamentos da socialização constante dos indivíduos; importante questão no que se refere ao aprofundamento e capacitação dos sujeitos políticos conselheiros, na via do controle social.

O papel do Estado foi central na formação dos Conselhos de Saúde e na organização dos movimentos sociais em saúde em esferas deliberativas da política de saúde no âmbito nacional, estadual e municipal. Isso significou a institucionalização dos movimentos e, consequentemente, da participação da sociedade nos processos e canais de definição das políticas de saúde. Porém, assume-se ainda que os colegiados de participação do SUS são, de fato, estruturas orgânicas do Poder Executivo, e os conselheiros interagem de modo a pactuar os interesses dos projetos políticos da gestão; assim, existiriam barreiras institucionais referentes ao exercício do controle social, tanto no que se refere ao caráter representativo das cadeiras/assentos quanto ao papel e mecanismos de participação.

OUVIDORIAS E CONSELHO EM PERSPECTIVA COMPARADA

As referências teóricas que orientam as diretrizes gerais desta proposta podem ser organizadas em três níveis diferentes, apresentados aqui em ordem decrescente de abstração. O primeiro deles situa o problema analisado dentro do contexto mais amplo de intensificação dos processos globais que afetam as fronteiras e competências tradicionais do Estado nação (REIS, 1998; WOLFE, 1989). Os processos históricos da globalização colocaram em novas bases a soberania dos Estados nacionais e o seu monopólio para concessão de direitos aos indivíduos. Hoje, as transformações da cidadania ganham forma em um cenário de intensificação de processos globais, como, por exemplo, os fluxos de mercados, tecnologias e populações. Essas transformações nos levam para além do modelo clássico de Marshall (1967) sobre a cidadania e exigem outras formulações a fim de tratar das novas configurações entre solidariedade social e pertencimento político que têm surgido no mundo (ELLISON, 2011). A experiência das ouvidorias públicas federais e dos conselhos de saúde tornam possível abordar essa discussão à partir de um problema empírico inovador e, por isso mesmo, com um enorme potencial criativo dentro deste campo.

O segundo nível de orientação teórica desta reflexão diz respeito à experiência da participação no Brasil. O avanço da democracia está condicionado não apenas à criação de instituições democráticas, mas, sobretudo, a uma integração dinâmica e inclusiva entre a participação, os direitos fundamentais e a representação política (GURZA LAVALLE & ISUNZA VERA, 2010; TOURAINE, 1994). Hoje em dia, o entusiasmo que até meados da década de 1990 caracterizou o olhar acadêmico sobre a sociedade civil tem sido contrabalanceado com a preocupação em avaliar e revisar o progresso democrático no Brasil, mesurando o alcance e o impacto de suas principais realizações (GURZA LAVALLE & BUENO, 2011; AVRITZER, 2010; MELO & SÁEZ, 2007). Alinhado a essa perspectiva de debate, o segundo eixo de orientação teórica situa, portanto, o problema da efetividade democrática dentro da discussão mais geral sobre participação (O'DONNELL, 1998: 40).

O terceiro nível de orientação teórica diz respeito à dimensão especificamente empírica do problema tratado. Apesar de se tratar de um fenômeno recente na vida política brasileira, o processo de criação e multiplicação das ouvidorias no Brasil já vem passando por grandes transformações. A mais importante delas diz respeito a atribuição de novos papeis a essas instituições, que passam a atuar como instrumentos de controle social. Ao invés de adotar uma postura reativa em que as ouvidorias são tomadas apenas como receptores de reclamações da sociedade, alguns autores defendem a legitimidade das ouvidorias públicas como protagonistas na promoção da cidadania, isto é, uma postura proativa em que as ouvidorias são tomadas como instrumentos da democracia participativa destinados a cumprir funções de mediação entre a sociedade e o poder público (CARDOSO, 2010; LYRA, 2004). O projeto apresentado dialoga diretamente com esta abordagem na construção teórica e empírica do problema aqui tratado.

De outra parte, a inovação institucional provocada pela criação dos conselhos de saúde nos anos 1990, levantou a questão da autonomia política dos atores que representam parcelas do *demos* nessas arenas (portadores de patologias e necessidades especiais; mulheres; doentes renais e crônicos; associações de bairro; entre outras). Enquanto espaços públicos institucionalizados, pertencentes à estrutura do poder executivo (União, estados e municípios), os Conselhos são arenas deliberativas da política de saúde, responsáveis pelo controle social. Este é um dos grandes desafios dos Conselhos de Saúde – assim como de outras modalidades de conselhos de políticas (TATAGIBA, 2002) – visto que o processo de construção da autonomia dos sujeitos políticos, e a independência de seus trabalhos perante as escolhas políticas do Estado, é parte de uma constante habituação desses atores com os valores democráticos e republicanos e com a intrincada linguagem política dos principais documentos governamentais que estabelecem normativas e procedimentos para a formulação, implementação e controle das ações de governo.

A importância, tanto das ouvidorias como dos conselhos gestores de políticas, atesta a necessidade de valorização dessas modalidades de espaços públicos de participação da sociedade. Longe de funcionarem somente como arenas de articulação e representação de interesses difusos, essas instituições participativas revitalizam o potencial de emporamento e de engajamento cívico da própria sociedade. Ou seja, são espaços onde a sociedade pode demandar diretamente seus pleitos aos atores estatais, além de participar da formulação e avaliação das políticas públicas. A importância de entendê-los com caixa de ressonância da sociedade, suas demandas e interesses, leva a ideia de que os atores societais podem encontrar dentro das estruturas do pode executivo lugares próprios à pedagogia cívica, formadora da cidadania e dos direitos dos cidadãos. Sem confundirem-se com a pedagogia autoritária do Estado, os espaços públicos institucionalizados revitalizam o lugar do conflito político e/ou social como momento importante da democratização fundamental.

CONCLUSÃO

A questão chave dessa discussão é a autonomia da sociedade – a formação do ator como necessária à construção da democracia (TOURAINE, 1984) – focando a relação entre Estado e sociedade a partir de dois espaços das ouvidorias e dos Conselhos de Saúde. Os dois formatos institucionais – preservando-se todas as diferenças estruturais e normativas[8] – têm como objetivo a aproximação entre Estado e sociedade, através da institucionalização de formatos participativos que ensejam a cidadania ativa. São também modalidades de espaços públicos onde a sociedade pode exercer o controle social e participar da construção de agendas políticas de governo como ressaltado por Mouffe (2007), reestabelecendo o lugar *do* político *na* política. Assim, a busca pelo fortalecimento da democracia política passa, inevitavelmente, pelo protagonismo e participação ativa da sociedade nesses espaços públicos.

Os resultados das pesquisas, contudo, indicam um considerável distanciamento entre o propósito ideal dessas instituições e suas atuais condições concretas. Tanto no universo das ouvidorias públicas quanto no universo dos conselhos de saúde, é possível identificar um mesmo problema: a falta de autonomia dessas instituições compromete a efetividade do seu potencial democrático no que tange à participação e controle social. No caso das ouvidorias, o problema consiste, sobretudo, na carência de orientações normativas claras e específicas quanto às funções dessa instituição no fomento à participação e controle social. Essa lacuna termina por implicar em obstáculos nos mecanismos de escolha do ouvidor, na capacidade de influenciar o processo decisório do órgão e na promoção de *accountability*. No caso dos conselhos, a falta de autonomia política dos conselheiros é traduzida na relação de dependência com as escolhas políticas que terminam por obstruir ou minimizar sua capacidade de atuar no processo deliberativo das políticas públicas.

Em lugar de retraduzir velhas gramáticas políticas brasileiras (como clientelismo, cooptação etc.), tanto as ouvidorias como os conselhos gestores de políticas devem reintroduzir um lugar da sociedade *no* Estado. Através das instituições participativas da democracia, a sociedade e seus atores se reencontram com a política através desses canais formalizados pelo próprio Estado – aquilo que Weber caracterizou como uma marca importante da dominação moderna ou legal: que "dispõe de um direito de *queixa* regulamentado" (1999: 707). O caráter – em termos de formato institucional, estrutura organizativa etc. – de ouvidorias e conselhos gestores de políticas

---

8 Esses aspectos serão debatidos em outro trabalho dos autores, através de uma pesquisa em andamento.

podem ser diferentes, mas o objetivo de ambos espaços públicos preserva esse lugar de *queixa* como poder da sociedade nos processos decisórios do Estado.

REFERÊNCIAS BIBLIOGRÁFICAS

AVRITZER, L. "Sociedade civil, instituições participativas e representação: da autorização a legitimidade da ação". *Dados*, vol. 50, nº 3, 2007.

_____. "Sociedade civil e participação no Brasil democrático". In: MELO, C. R. & SÁEZ. M. A. (orgs.). *A democracia brasileira: balanço e perspectivas para o século 21*. Belo Horizonte: Editora UFMG, 2007.

_____ (ed.). *Sociedade civil e democratização*. Belo Horizonte: Del Rey, 1994.

_____. *Participação em São Paulo*. São Paulo: Editora Unesp, 2004.

BISPO JÚNIOR, J. P.; GERSCHMAN, S. "Potencial participativo e função deliberativa: um debate sobre a ampliação da democracia por meio dos conselhos de saúde". *Ciência & Saúde Coletiva*, vol. 18, nº 1, dez. 2013.

BOSCHI, R. *A arte da associação: política de base e democracia no Brasil*. São Paulo: Vértice; Rio de Janeiro: Iuperj, 1987.

BRASIL (CONSELHO NACIONAL DE SAÚDE). *11ª Conferência Nacional de Saúde:* o Brasil falando como quer ser tratado: efetivando o SUS – acesso, qualidade e humanização na atenção à saúde com controle social. Brasília: Ministério da Saúde, 2001.

_____. *12ª Conferência Nacional de Saúde:* saúde, um direito de todos e um dever do Estado – a saúde que temos, o SUS que queremos. Brasília: Ministério da Saúde, 2004.

CARDOSO, Antonio S. Rito. "Ouvidoria Pública como Instrumento de Mudança". *Texto para Discussão*, Ipea, 2010.

CÔRTES, S. V. (org.). *Participação e saúde no Brasil*. Rio de Janeiro: Editora Fiocruz, 2009a.

_____. "Sistema Único de Saúde: espaços decisórios e a arena política de saúde". *Cadernos de Saúde Pública*, vol. 25, nº 7, jul. 2009b.

COTTA, R. M. M. *et al.* "O controle social em cena: refletindo sobre a participação popular no contexto dos Conselhos de Saúde". *Physis*, vol. 21, nº 3, 2011.

_____ *et al.* "Participação, controle social e exercício da cidadania: a (des)informação como obstáculo à atuação dos conselheiros de saúde". *Physis*, vol. 19, nº 2, 2009.

DAGNINO, E. (org.). *Sociedade civil e espaços públicos no Brasil.* São Paulo: Paz e Terra, 2002.

DAHL, R. A. "Procedural democracy". In: LASLETT, P.; FISHKIN, J. (ed.). *Philosophy, politics, and society.* 5th series. New Haven: Yale University, 1979.

DEMO, P. *Participação é conquista.* 6ª ed. São Paulo: Cortez, 2009.

DINIZ, E. *Voto e máquina política: patronagem e clientelismo no Rio de Janeiro.* Rio de Janeiro: Paz e Terra, 1982.

ELLISON, N. "Rumo a uma nova política social: cidadania e reflexividade na modernidade tardia". *Desigualdade e Diversidade – Revista de Ciências Sociais da PUC-Rio,* nº 8, jan./jul. 2011.

ESCOREL, S. *Reviravolta na saúde.* 1ª reimpr. Rio de Janeiro: Editora Fiocruz, 2009.

_____; BLOCH, R. A. "As conferências nacionais de saúde na construção do SUS". In: LIMA, N. T. *et al* (org.). *Saúde e democracia: história e perspectivas do SUS.* 1ª reimpr. Rio de Janeiro: Editora Fiocruz, 2005.

_____; MOREIRA, M. R. "Desafíos de la participación social en salud en las nuevas agendas de la Reforma Sanitaria Brasileña: democracia deliberativa y efectividad". In: FLEURY, S.; LOBATO, L. V. C. (orgs.). *Participación, democracia y salud.* Buenos Aires: Lugar, 2011.

FALEIROS, V. P. *et al. A construção do SUS: história da Reforma Sanitária e do processo participativo.* Brasília: Ministério da Saúde, 2006.

FIGUEIREDO, A. C.; LIMONGI, F. *Executivo e legislativo na nova ordem constitucional.* Rio de Janeiro: Editora FGV, 1999.

_____. "Instituições políticas e governabilidade: desempenho do governo e apoio legislativo na democracia brasileira". In: MELO, C. R. & SÁEZ. M. A. (orgs.). *A democracia brasileira: balanço e perspectivas para o século 21.* Belo Horizonte: Editora UFMG, 2007.

GERSCHMAN, S. *A democracia inconclusa.* 1ª reimpr. Rio de Janeiro: Editora Fiocruz, 2004a.

_____. "Conselhos Municipais de Saúde: atuação e representação das comunidades populares". *Cadernos de Saúde Pública,* vol. 20, nº 6, nov./dez. 2004b.

GIDDENS, A. *Modernidade e identidade.* Rio de Janeiro: Zahar, 2002.

GOMES, M. E. A. C. "Do instituto do ombudsman à construção das ouvidorias públicas no Brasil". In: LYRA, R. P. (org.). *A ouvidoria na esfera pública brasileira*. João Pessoa: Editora da UFPB; Curitiba: Editora UFPR, 2000, p. 49-124.

GOULART, F. "Dilemas da participação social em saúde no Brasil". *Saúde em Debate*, vol. 34, nº 84, 2010.

GUIZARDI, F. L. *et al.* "Participação da comunidade em espaços públicos de saúde: uma análise das conferências nacionais de saúde". *Physis*, vol. 14, nº 1, jan./jun. 2004.

GURZA LAVALLE, Adrian; HOUTZAGER, Peter; CASTELLO, Graziela. "Representação, Pluralização da Representação e Sociedade Civil". *Lua Nova*, nº 67, 2006, p. 49-103.

GURZA LAVALLE, Adrian. "Civil society s claims to political representation in Brazil". *Comparative International Development*, 45, 2010, p. 43-77.

LABRA, M. E. "Análise de políticas, modos de *policy-making* e intermediação de interesses: uma revisão". *Physis – Revista de Saúde Coletiva*, vol. 9, nº 2, 1999.

_____. "Conselhos de Saúde: visões 'macro' e 'micro'". *Civitas*, vol. 6, 2006.

_____. "É possível aferir a qualidade da representação dos usuários nos conselhos de saúde?". *Divulgação em Saúde para Debate*, nº 43, jun. 2008.

_____; SILVA, O. F. "As instâncias colegiadas do SUS no Estado do Rio de Janeiro e o processo decisório". *Cadernos de Saúde Pública*, vol. 17, nº 1, jan./fev. 2001.

LAVALLE, A. G.; CASTELLO, G. "Sociedade, representação e a dupla face da *accountability*". *Cadernos CRH*, vol. 21, nº 52, jan./abr. 2008.

LAVALLE, A. G. *et al.* "Representação política e organizações civis: novas instâncias de mediação e os desafios da legitimidade". *Revista Brasileira de Ciências Sociais*, vol. 21, nº 60, 2006.

LIMA NETO, Fernando; CARDOSO, Antonio R.; AMARAL, Ronald M. *O desafio da autonomia: análise sobre os atos normativos das ouvidorias públicas brasileiras*. Relatório de pesquisa, Ipea, 2014.

LOPEZ, Felix G.; LEÃO, Luciana; GRANGUEIA, Mario Luis. "State, third sector, and the political sphere in Brazil: evolution and current scenario". *International Journal of Sociology*, vol. 41, nº 2, 2011, p. 50-73.

LYRA, Rubens P. (org.). *Autônomas x obedientes: a ouvidoria pública em debate*. Paraíba: Editora da UFPB, 2004.

MAINWARING, S.; VIOLA, E. "Novos movimentos sociais: cultura política e democracia". In: SCHERER-WARREN, I.; KRISCHKE, P. J. (org.). *Uma revolução no cotidiano? Os novos movimentos sociais na América do Sul.* São Paulo: Brasiliense, 1987.

MAINWARING, S. "Presidentialism, multipartism and democracy: the difficult combination". *Comparative Political Studies,* vol. 26, nº 2, jul. 1993.

MARSHALL, T. H. *Cidadania, classe social e status.* Rio de Janeiro: Zahar, 1967.

MARTINS, P. C. *et al.* "Conselhos de Saúde e a participação social no Brasil: matrizes da utopia". *Physis,* vol. 18, nº 1, 2008.

MELO, C. R. & SÁEZ. M. A. (orgs.). *A democracia brasileira: balanço e perspectivas para o século 21.* Belo Horizonte: Editora UFMG, 2007.

MOUFFE, C. *En torno a lo político.* 1ª ed. México D.F.: Fondo de Cultura Económica, 2007.

NUNES, Edson. *A gramática política do Brasil.* Rio de Janeiro: Zahar, 2003.

O'DONNELL, G. "*Accountability* horizontal e novas poliarquias". *Lua Nova,* nº 44, 1998.

PAIM, J. *Reforma Sanitária Brasileira: contribuição para a contribuição e crítica.* Rio de Janeiro: Editora Fiocruz; Salvador: Edufba, 2008.

PEREIRA, M. A. "Movimentos sociais e democracia: a tensão necessária". *Opinião Pública,* vol. 18, nº 1, jun. 2012.

PITKIN, H. F. *The concept of representation.* Berkeley: University of California Press, 1997.

POULANTZAS, N. *O Estado, o poder, o socialismo.* 4ª ed. São Paulo: Graal, 2000.

PUTNAM, R. *Comunidade e democracia: a experiência da Itália moderna.* Rio de Janeiro: Editora FGV, 2005.

RAKOVE, M. *Don't make no waves... don't back no losers: an insider's analysis of the Daley machine.* Bloomington: Indiana University Press, 1975.

RAWLS, J. *O liberalismo político.* 2ª ed. São Paulo: Ática, 2000.

SANTOS, M. A. B.; GERSCHMAN, S. "O Sistema Único de Saúde como desdobramento das políticas de saúde do século XX". *Revista Brasileira de Ciências Sociais,* vol. 21, nº 61, jun. 2006.

SHONFIELD, A. *Capitalismo moderno.* Rio de Janeiro: Zahar, 1968.

SHUGART, M.; CAREY, J. *Presidents and assemblies: constitutional desing and electoral dynamics.* Cambridge: Cambridge University Press, 1992.

SILVA, I. F. *O processo decisório nas instâncias colegiadas do SUS no estado do Rio de Janeiro.* Dissertação (mestrado) – ENSP/Fiocruz, Rio de Janeiro, 2000.

TATAGIBA, L. F. "Os conselhos gestores e a democratização das políticas públicas". In: DAGNINO, E. (org.). *Sociedade civil e espaços públicos no Brasil.* São Paulo: Paz e Terra, 2002.

TOURAINE, A. *O retorno do actor.* Lisboa: Instituto Piaget, 1984.

WEBER, M. *Economía y sociedade: esbozo de sociología* comprensiva. México D.F.: Fondo de Cultura Económica, 1999.

SOBRE OS AUTORES

FERNANDO CARDOSO LIMA NETO é professor adjunto do Departamento de Ciências Sociais da PUC-Rio. Doutor em Sociologia pela UFRJ e EHESS.

PAULO RENATO FLORES DURÁN é professor adjunto do Departamento de Ciências Sociais da PUC-Rio. Doutor em Ciências pela ENSP/Fiocruz e mestre em Ciências Sociais pela PUC-Rio.

A REPRESENTAÇÃO POLÍTICA DOS ATORES DA SOCIEDADE CIVIL EM DOIS CONSELHOS ESTADUAIS DE SEGURANÇA ALIMENTAR E NUTRICIONAL NO BRASIL[1]

JOANA TEREZA VAZ DE MOURA
LORENA MADRUGA MONTEIRO

INTRODUÇÃO

Este estudo analisa a problemática da representação política em dois conselhos estaduais a partir de um questionamento que está presente em praticamente todos os estudos sobre os novos espaços de participação social: se eles realmente "democratizam a democracia"[2] ou se produzem uma assimetria na representação, seja caracterizada pela falta de comprometimento do representante, seja pela discrepância entre interesses dos representantes e dos representados, ou pelas características dos representantes que podem reproduzir uma relação de poder baseada em diferenças culturais, políticas, sociais ou econômicas.

Acredita-se que a reflexão proposta seja pertinente para novos estudos sobre representação política, já que procura entender como os representantes atuam em favor dos representados e em que medida essas ações estão em consonância com os interesses destes ou se, ao contrário, existe a concentração do poder por parte de um pequeno grupo no interior dos conselhos, gerando, por vezes, certo distanciamento das demandas da base. De forma geral, a representação política exercida por atores da sociedade civil é coletiva e ocorre através de um conglomerado heterogêneo de organizações, que atuam em nome de segmentos específicos, diferindo da representação de interesses pessoais ou de indivíduos. Essas entidades possuem

---

1 O presente artigo é uma versão modificada de MOURA, Joana Tereza Vaz; MONTEIRO, Lorena Madruga. "Democratização ou assimetria da representação: Notas sobre os Conselhos Estaduais de Segurança Alimentar e Nutricional". *Política & Sociedade*, vol. 9, 2010, p. 89-114.

2 Referencia-se aqui o título do famoso livro organizado por Boaventura de Sousa Santos *Democratizar a democracia: os caminhos da democracia participativa*, editado em 2002, por realçar esses espaços como capazes de reconstruir a democracia participativa a partir da luta contra a trivialização da cidadania e em prol de uma vida democrática de alta intensidade.

formatos organizacionais os mais variados e relações com seus públicos nem sempre explícitas ou claras, por vezes apenas simbólicas (MOURA, 2009)

Isso posto, uma hipótese que parece bastante razoável sobre o que acontece no espaço dos conselhos é que representantes das diversas organizações que neles participam, muitas vezes, se distanciam da base e podem acabar se transformando numa nova elite política ou, mais que isso, muitas vezes, os conselhos são compostos por "personalidades"[3] que não têm uma organização que as sustente, descaracterizando o conceito de representação. Nesse sentido, é de se supor que em muitos conselhos acaba ocorrendo um processo de assimetria da representação.

Como base empírica, tomaram-se como referência dois Conselhos Estaduais de Segurança Alimentar e Nutricional – o do Rio Grande do Sul e o do Ceará – ambos criados em 2003[4] e tendo como especificidade a composição majoritária de organizações da sociedade civil (1/3 de representantes do poder público e 2/3 de representantes da sociedade civil), o que qualifica o debate em torno da representação.[5] Trata-se, portanto, de uma análise crítica do funcionamento desses conselhos, problematizando a questão da representação através dos representantes das mais variadas organizações que os compõem. Acredita-se, nesse sentido, que tal esforço analítico permitirá compreender mais aspectos relacionados à representação desenvolvida por atores da sociedade civil nesses novos espaços de debate sobre políticas públicas.

A escolha por analisar os Conselhos de Segurança Alimentar desses estados federativos deve-se ao fato de ambos apresentarem certa consolidação na sua estrutura e dinâmica de funcionamento, terem em sua composição membros com trajetórias diversas e apresentarem algumas distinções que auxiliam no momento de proceder a uma análise comparativa. Dessa forma, não se pretende estigmatizar a região Nordeste como atrasada e não participativa e um Sul como

---

3   Os Conselhos de Segurança Alimentar e Nutricional são compostos pela representação de especialistas, pesquisadores e profissionais que atuam na área temática específica. Isso chama a atenção porque se refere a indivíduos, ou seja, dá-se ênfase a um atributo pessoal, que não necessariamente tem o sentido de representação de entidades. Fere-se, assim, segundo teorias, o princípio básico da representação social, que é a escolha de representantes de instituições que devem ser eleitos entre seus pares.

4   O Consea Nacional foi criado em 1993, porém destituído em 1994 para dar lugar ao Programa Comunidade Solidária, sendo recriado em 2003. Os Conseas estaduais e municipais foram criados a partir de 2003, impulsionados pelo Consea Nacional.

5   Com exceção dos Conselhos de Saúde, que têm a composição partilhada entre usuários, técnicos e poder público, os demais conselhos são paritários, ou seja, são compostos por ½ de representantes do poder público e ½ de representantes da sociedade civil.

participativo e moderno, uma vez que se encontram tanto municípios pouco participativos no Sul, quanto municípios bastante ativos no Nordeste do Brasil (AVRITZER, 2007).

Os procedimentos metodológicos utilizados consistiram na realização de entrevistas com os representantes de diferentes tipos de organizações sociais participantes dos Conselhos e análise documental, incluindo as Atas das reuniões dos conselhos, e estão detalhados em Moura (2009).[6]

O texto está organizado em quatro partes principais. Inicialmente, empreende-se, através da literatura especializada, uma reflexão sobre os conselhos no Brasil e o surgimento de novas formas de participação social e política após a implementação dessas inovações institucionais. Em seguida, problematiza-se a questão da representação das bases nos conselhos através dos pressupostos da literatura especializada, para então apresentar as regras e a estrutura dos Conselhos de Segurança Alimentar estudados, especialmente o aspecto da composição desses espaços. Segue-se, finalmente, a análise do perfil dos conselheiros e da questão da representação nos Conselhos de Segurança Alimentar, a qual nos dá subsídios para pensar que tipo de configuração representativa é essa que viabiliza tais estruturas institucionais.

OS CONSELHOS NO BRASIL: A PARTICIPAÇÃO DE NOVOS ATORES NO DEBATE PÚBLICO

A reflexão sobre o surgimento dos conselhos está diretamente ligada à manifestação popular caracterizada por diversos movimentos sociais no final dos anos 1970 e início dos 1980. Esses movimentos surgiram como novos atores na cena política do País (SADER, 1998), capazes de transformar a conjuntura política da época e iniciar um novo processo em busca de maior participação e de novas formas de relação com o Estado.

No Brasil, o debate sobre participação, especificamente no período de transição – entre fins da década de setenta e final dos anos oitenta do século XX –, apresentava-se fortemente marcado pelo contexto político-ideológico da época. Frente à experiência da ditadura militar, o Estado e, mais do que isto, o campo político institucional, passa a ser apresentado como o espaço do autoritarismo, sendo os seus agentes identificados como responsáveis pela opressão e repressão aos interesses sociais excluídos do bloco no poder. Por outro lado, a sociedade civil

---

6   As entrevistas e documentos utilizados para este artigo são oriundos da pesquisa de campo para a tese de doutorado da primeira autora.

torna-se o campo da resistência ao poder autoritário, com uma homogeneização discursiva dos seus agentes, então percebidos como democráticos, autônomos e portadores da dinâmica da transformação social e política do país (SILVA, 2003). O marco da transição é a Constituição Federal promulgada em 1988, que "definiu um novo arranjo federativo, com significativa transferência de capacidade decisória, funções e recursos do governo nacional para os estados e, especialmente, para os municípios" (ALMEIDA, 1995: 92).

Nas legislações ordinárias regulamentadoras da Constituição, foram previstos conselhos colegiados paritários, em geral deliberativos, tendo em sua composição representantes do governo e da sociedade civil, visando controlar e fiscalizar as políticas sociais. Portanto, assistiu-se, ao longo da década de 1990, à proliferação de fóruns, conselhos, comitês e parcerias que buscavam instituir, nos diversos níveis de governo e nas mais variadas áreas de atuação do Estado, novos espaços de participação social.

Não se pode negar que a abertura de novos canais de relacionamento entre sociedade civil e Estado – exemplificada pela implementação dos diversos espaços públicos como conselhos, câmaras setoriais, orçamentos participativos, fóruns etc. –, com suas complexas dinâmicas de funcionamento e uma disputa constante de poder entre diferentes projetos políticos, trouxe uma ampla gama e novos conceitos para a compreensão do que estaria acontecendo em países com democracias recentes, uma vez que os conselhos gestores são hoje tão importantes quanto os espaços legislativos na mediação entre sociedade e Estado, e para a representação e participação do interesse coletivo. Esses conselhos têm sido criados desde o nível municipal até o nível federal e passam a ser, em muitos casos, condição para que o município receba determinadas verbas para as chamadas áreas sociais, principalmente nas áreas de saúde, assistência social, educação, direitos da criança e do adolescente etc.

Vários estudos têm atentado para o papel dos conselhos na formulação e implementação de políticas públicas, consequentemente no papel destes para o aprofundamento da democracia (CHAIA & TÓTORA, 2002; SANTOS JR; RIBEIRO; AZEVEDO, 2004; CORTES, 2005; DAGNINO, 2002; FUKS & PERISSINOTO, 2006; GOHN, 2000; TATAGIBA, 2002). Mesmo que apresentem abordagens diferentes, estes estudos apontam para alguns limites e desafios a serem enfrentados pelos conselhos que merecem ser destacados por estarem diretamente relacionados com as questões que perpassam o presente texto.

O primeiro ponto a ser destacado refere-se à questão específica da representação e indica que os conselhos estudados se constituem como espaços em que os representantes mantêm certo distanciamento da base. O vínculo do representante com os demais participantes das organizações sociais é bastante frágil. Os conselheiros tendem a defender suas próprias opiniões, e não as propostas e posicionamentos resultantes de discussões com os membros envolvidos.

Outro aspecto que merece destaque e que está presente em praticamente todos os estudos sobre os conselhos refere-se à predominância do discurso burocrático e técnico, identificado geralmente com os representantes do poder público e que inibe a atuação dos demais conselheiros. Esta competência privilegia os conhecedores do tema e do "jogo", fazendo com que aqueles que não os conhecem se excluam do debate, muitas vezes até se eximindo da participação nos conselhos.

Também merece destaque a composição desses espaços. Os estudos indicam que existe um profundo desequilíbrio no processo decisório caracterizado pela composição. Apesar do reconhecimento do governo, ao atribuir a representantes da sociedade civil 50% ou mais de assento nos conselhos, é oportuno não esquecer que diferenças estruturais influenciam plenamente na construção de interesses coletivos (OFFE & WIESENTHAL, 1984). O estímulo advindo desses espaços, ao buscarem a participação de organizações da sociedade civil, assegurando-lhes o protagonismo, não parece se ater a essas relações de poder existentes e nem sequer se preocupa com as diferenças estruturais da composição social de um conselho. Além disso, não se define claramente a noção de participação que está sendo proposta, a qual parece estar relacionada somente a um assento no conselho. O acesso a um assento não implica uma efetiva participação no sentido atribuído tanto por Demo (1994) – "Participar é conquistar o espaço da participação" –, quanto no desenvolvido por Oakley e Marsden (1985), quando se referem ao *empowering*, cuja interpretação mais comum relaciona-se com a aquisição de poder: poder em termos de acesso e controle de recursos necessários ao desenvolvimento.

Contudo, Abramovay (2001) chama a atenção para a existência de conselhos gestores como uma das mais inovadoras experiências em formas de gestão de recursos públicos. Por mais que os conselhos ainda tendam a reproduzir um ambiente contrário à ampla discussão de assuntos públicos, a sua simples existência coloca pessoas que, até então, não tinham acesso à discussão desses assuntos inseridas no debate de temas antes ausentes de sua vida. Na mesma direção, Lüchmann (2005) elenca alguns fatores que têm sido apontados como relevantes para a implementação e sustentação de experiências participativas, quais sejam: o empenho, vontade e compromisso político-governamental; a capacidade de organização e articulação da sociedade civil; e o desenho institucional. Tudo isso visando à efetivação dos princípios de pluralidade, igualdade e publicidade. Porém, o desafio ainda é a desigualdade social e as diferenças de interesses.

A dinâmica representativa dos conselhos se torna, então, um grande desafio a ser enfrentado por analistas, já que movimentos sociais e demais organizações da sociedade civil têm de apreender e utilizar-se desse novo formato institucional de relação com o Estado. Na medida em que compõem o aparato decisório do Estado, os conselhos articulam no seu espaço os representantes escolhidos em pleitos eleitorais, via partidos políticos (os governantes e seu bloco de ocupantes de cargos de confiança e funcionários), e os representantes da sociedade civil, via os mais diferentes movimentos sociais e organizações (FERRAZ, 2005).

PROBLEMATIZANDO A QUESTÃO DA REPRESENTAÇÃO

A despeito de uma visão idealizada da representação, tal como aquela apresentada por Hanna Pitkin (1967: 221), que a definiu como "um arranjo público, institucionalizado", caracterizado por quatro diferentes dimensões: a formalista, a simbólica, a substantiva e a descritiva (PITKIN, 2006), cada qual representando formas distintas de conexão entre representantes e representados, o objetivo deste trabalho é problematizar, dentro dessa relação, a questão das formas de delegação e a representação dos interesses das bases.

Mesmo que a noção de representação substantiva, na qual os representantes atuam de acordo com as demandas das *bases* (CORTES, 2007), e a de representação descritiva, na qual os representantes compartilham o mesmo perfil social ou demográfico dos representados, viabilizem, embora de modo normativo, compreender que características e que tipo de atuação dos representantes seriam necessários para um processo representativo efetivo, essas noções não exploram em que medida os representantes se relacionam com seus representados.

A concepção de Pierre Bourdieu sobre campo, representação e delegação, por sua vez, mostra-se fundamental para uma maior compreensão da dinâmica, dos impasses e dos desdobramentos da representação nos Conseas, sobretudo porque o autor ressalta a ideia de campo como espaço de conflitos, de embates, de desigualdade de força. Da mesma forma, sua reflexão sobre o efeito de censura que o campo político exerce é esclarecedora para a compreensão da postura de alguns conselheiros frente aos "competentes" tecnicamente.

Bourdieu (1989) ressalta que a participação na política implica uma capacidade de conhecimento que foi formulada por um pequeno grupo e que não é acessível a todos, sendo que esse conhecimento é fundamental, pois legitima a entrada ou permanência no campo político:

> O campo político, entendido ao mesmo tempo como campo de forças e como campo das lutas que têm em vista transformar a relação de forças que confere a este campo a sua estrutura em dado momento, não é um império: os efeitos das necessidades externas fazem sentir nele por intermédio sobretudo da relação que os mandantes, em conseqüência de sua distância diferencial em relação aos instrumentos de produção política, mantém com os seus mandatários e da relação que estes últimos, em conseqüência das suas atitudes, mantêm com as suas organizações. O que faz com que a vida política possa ser descrita na lógica da oferta e da procura é a desigual distribuição dos instrumentos de produção de uma representação do mundo social explicitamente formulada: o campo político é o lugar em que se geram, na concorrência entre os agentes que nela se acham envolvidos, produtos políticos, problemas, programas, análises, comentários, conceitos, acontecimentos, entre os quais os cidadãos comuns, reduzidos ao estatuto de consumidores, devem escolher, com probabilidade de mal--entendido tanto maiores quanto mais afastados estão do lugar de produção (BOURDIEU, 1989, p. 164).

Para ele, o campo configura-se como um espaço estruturado de posições, onde os ocupantes têm características diversas. Em relação à representação de grupos, Bourdieu (1989) sinaliza que o campo político é um dos menos livres; as classes dominadas não têm poder de influência, a não ser quando estão organizadas entre si, ou em partidos, associações, grupos de pressão etc. Neste sentido, uma organização permanente é quem deve produzir a representação da classe. Segundo ele, as representações são transcendentes, além de produto de uma construção histórica, porque:

> Quando o ato de delegação é realizado por uma única pessoa em favor de uma única pessoa, as coisas são relativamente claras. Porém, quando uma única pessoa é depositária dos poderes de uma multidão de pessoas, ela pode

estar investida de um poder transcendente a cada um dos mandantes (BOURDIEU, 1990, p. 188).

O campo político pode ser então o lugar de concorrência pelo monopólio do direito a falar em nome dos representados, uma vez que o "porta-voz" se apropria da palavra (ou do silêncio) dos representados, procurando se apropriar, também, de sua força (BOURDIEU, 1990). Nesse sentido, quanto mais desfavorecidos econômica e culturalmente os cidadãos, a alternativa que se apresenta a eles é a demissão pela abstenção ou o desapossamento pela delegação, pois:

> A delegação representa um ato de magia que permite fazer existir o que não passava de uma coleção de pessoas plurais, uma série de indivíduos justapostos. [...] Quanto mais despossuídas são as pessoas, sobretudo culturalmente, mais elas se veem obrigadas e inclinadas a confiar em mandatários para ter voz política. De fato, os indivíduos em condição isolada, silenciosos, sem palavra, sem ter nem a capacidade nem o poder de se fazerem ouvir, de se fazerem entender, estão diante da alternativa de calar e de ser falados (BORDIEU, 2004, p. 193).[7]

Falar em "demissão por abstenção ou desapossamento por delegação, como alternativa", sinaliza um processo de escolhas. Em se tratando de "campo político"[8] e de cidadãos comuns, na maioria das vezes a luta cotidiana pela sobrevivência não materializa condições de escolha, tornando-se agentes atomizados (as) e não organizados (as). Assim, a categoria *politicamente passivos* pode significar uma estratégia de resistência para atuar no jogo político com armas de que não dispõem. Sem um discurso político próprio, sem domínio do "economês" e com a pressão da sobrevivência, joga-se no espontaneísmo, ora com maior ou menor interesse.

---

7   Bourdieu P. "A delegação e o fetichismo político". In: Bordieu P, organizador. *Coisas ditas*. São Paulo: Brasiliense; 2004. p. 189-206.

8   Para Bourdieu (1990), as lutas políticas ocorrem num campo estruturado e estruturante que se constitui como campo de forças relacional, cujo eixo de relações se dá entre dominantes e dominados, numa dimensão, e entre mandantes e mandatários (e destes com suas organizações), noutra dimensão, todos posicionados diferencialmente em relação aos instrumentos de produção de representações legítimas do mundo social. No *campo político*, é através da *concorrência direta* entre os agentes que são gerados "produtos políticos" (problemas, programas, análises, comentários, conceitos, acontecimentos), entre os quais os cidadãos comuns devem "escolher", de tal maneira que a vida política pode ser descrita como um mercado de bens regido pela lógica da oferta e da procura.

Por outro lado, a aquisição de um capital delegado obedece à lógica da "investidura", fruto de um longo investimento de tempo, de trabalho, de devoção à instituição e/ou ao movimento social a que se pertence. O agente que é investido desse tipo de capital pode não possuir nenhuma outra qualificação, a não ser que a instituição lhe dê esse tipo de treinamento. É a instituição que controla, nesse caso, o acesso à notoriedade pessoal, controlando o tipo de posição que o agente vai assumir no campo político, o tipo de publicidade política que o agente vai usar. Portanto, a aquisição desse tipo de delegação é produto de uma transferência limitada e provisória de:

> um capital detido e controlado pela instituição e só por ela: é o partido que, por meio da ação dos seus quadros e dos seus militantes, acumulou no decurso da história um capital simbólico de reconhecimento e de fidelidade e que a si mesmo se dotou, pela luta política e para ela, de uma organização permanente de membros permanentes capazes de mobilizar os militantes, os aderentes e os simpatizantes e de organizar o trabalho de propaganda necessário à obtenção dos votos e, por esse meio, dos postos que permitem que se mantenham duradouramente os membros permanentes (BOURDIEU, 2002, p. 192).

Esse tipo de delegação depende do capital econômico e cultural do agente político, pois a fidelidade a um partido e até a um movimento social é "tanto mais completa quanto mais fraco for o capital econômico e cultural que eles possuíam antes da sua entrada" (BOURDIEU, 2002: 198). Portanto, a conexão entre capital cultural, indicado na escolaridade, e capital econômico com o tipo de relação que o agente estabelece com a causa e o grupo que representa é significante para a condução do processo representativo.

Torna-se, assim, interessante analisar os tipos de capitais mobilizados e valorizados pelos agentes que representam os movimentos sociais nos conselhos para fazer valer as demandas das bases (BOURDIEU, 1998), uma vez que, recentemente, uma série de estudos tem apontado uma relação significativa entre maiores investimentos escolares e militância em uma série de instituições e causas coletivas (SIMÉANT & DAUVIN, 2002; MATONTI & POUPEAU, 2004). Além disso, pode-se situar também a inserção desses representantes pelos diversos conselhos como um engajamento político, se é tomada a noção de carreira política enquanto um processo múltiplo, que envolve uma complexidade de esquemas de ação em variados espaços sociais (FILLIEULE, 2001).

Portanto, em linhas gerais, são essas questões que norteiam nossa reflexão, ainda que de modo preliminar, sobre a representação das bases nos conselhos. Em outras palavras, trata-se de compreender as relações de poder que se estabelecem nestes espaços, compostos por diferenciados atores portadores de interesses específicos e distintos. Tal perspectiva exige que se analise quem são esses representantes, qual é a configuração dos espaços nos quais participam e como funcionam, para compreender as possibilidades da representação dos atores sociais nessas arenas. Para tanto, é preciso demonstrar se a estrutura, as regras e o funcionamento de um determinado conselho por si só garantem uma relação mais direta entre representantes e representados nessas instâncias decisórias, ou se outras variáveis são mais significativas, como o perfil e as trajetórias militantes desses agentes, no sentido de indicar o distanciamento das bases e um indício de um processo assimétrico de representação. Portanto, a questão é saber se a configuração institucional dos conselhos afeta o papel dos representantes.

Regras e estruturas dos Conselhos de SAN no Brasil

Os diferentes arranjos institucionais influenciam o formato da participação social e de representação nos conselhos? O contexto e as diferentes dinâmicas regionais geram efeitos em suas características e em seus processos representativos? É o que este item busca analisar, uma vez que essas questões sinalizam alguns elementos importantes para compreender a representação, dado que as leis de criação dos conselhos estipulam regras definindo quem pode participar, assim como o tipo de relação estabelecida entre o conselho e o poder público, criando constrangimentos ou abrindo possibilidades de participação na arena pública. Ou seja, trata-se de um processo de mediação entre sociedade e Estado para a representação e participação do interesse coletivo.

Os Conseas analisados, apesar de tratarem do mesmo tema, têm diferentes formas de organização e funcionamento, e isso é determinado por suas configurações. Observou-se que, mesmo que tenham origens e objetivos aparentemente semelhantes, apresentam configurações diferenciadas. Mesmo assim, a criação dos Conseas sinaliza algumas questões interessantes para entender a representação e como determinados conselheiros foram escolhidos, fortalecendo a hipótese de que uma "elite" estaria sendo criada dentro desses conselhos.

O primeiro fator que merece destaque refere-se ao caráter consultivo dos Conseas. O fato de serem reconhecidos e haver legislação que lhes dá poder não garante que as proposições sejam acatadas pelo poder público, uma vez que eles têm apenas o papel de aconselhamento. Nesse caso, os tradicionais executores de políticas públicas continuam com o poder. O processo decisório nesses conselhos é fragilizado devido a esse caráter, e vai depender do poder público aceitar ou não as propostas por eles enviadas. Mais ainda, pode depender de contatos pessoais entre alguns conselheiros que têm acesso direto com o poder público, fortalecendo o seu caráter personalista e individualista de reivindicar.

O segundo fator que limita uma atuação mais propositiva dos conselhos é a composição desses espaços. A presença forte da sociedade civil no Consea RS têm relação com o processo que levou à sua criação, o que fez com que o seu desenho institucional fosse diferente de muitos outros conselhos estaduais. No Consea RS, metade da cota destinada aos representantes da sociedade civil, 1/3 dos 2/3 destinados a organizações desse tipo, é escolhido por seus pares, através do Fórum Estadual de Segurança Alimentar e Nutricional. O outro 1/3, conhecido como "sociedade civil nominada", é escolhido pelo poder público. Portanto, existe esta separação entre organizações da sociedade civil, que são divididas entre aquelas que fazem parte do Fórum Estadual de SAN e as que fazem parte da chamada sociedade civil nominada. Os 16 representantes advindos do Fórum representam-no no Conselho e foram escolhidos dentre aqueles indivíduos que tinham maior militância na área. Entretanto, alguns outros integrantes foram indicados pelo próprio coordenador do Fórum, a partir de contatos com pessoas que não faziam parte deste. Isso revela que o processo de escolha dos representantes no Consea RS é bastante complexo, conforme ilustra o depoimento de uma representante do Fórum:

> Como eu sempre tive essa militância no Fórum e nas reuniões e se escolheu algumas pessoas que tinham essa militância e que participavam do Fórum (inclusive eu na época era do fórum técnico metropolitano de Segurança Alimentar), eu fui escolhida. Quem coordenava o Fesans, na época, era o atual presidente do Consea RS, e ele tinha uma característica pessoal de ver as pessoas que não participavam do Fórum e que eram importantes para estarem no Consea RS e daí ele apresentava os nomes para o Fórum e esse aceitava ou não e, então, caso o Fórum aceitasse, essa pessoa era indicada para participar no Consea RS.

Essa fala aponta uma dificuldade vivenciada pelo Consea RS com relação à sua composição, corroborando com a hipótese que se trabalha nesse artigo, uma vez que um indivíduo (atual presidente) acaba por escolher as pessoas para participar do Conselho, independentemente de fazerem parte de organizações ou não. Esse aspecto demarca a posição dos indivíduos neste Conselho que, indicados pelo presidente, se sentem legitimados para falar em nome de uma parcela da população que não tem acesso à segurança alimentar.

Ao analisar a composição do Consea CE, o problema da dificuldade de separação entre sociedade civil e Estado aparece claramente. Apesar das especificidades regionais, a criação do Consea CE se deu de forma muito semelhante à do Consea RS, embora o desenho institucional marque uma grande diferença. O depoimento da ex-presidente do Consea CE exemplifica esse processo:

> A gente pode intervir muito pouco na escolha de quem iria participar do Consea. Porque a lei, ou melhor, a lei não, o decreto, porque aqui não é lei, é decreto, foi feito pelo Governo, enviado para Assembleia e a gente não teve muita opinião e nem influência. O que a gente conseguiu foi colocar o Fórum Estadual de Segurança Alimentar, e pressionar um pouco para alguém das Pastorais, mas no mais foi eles que decidiram, inclusive a representação da sociedade civil não é boa.

Segundo Avritzer (2007), a presença dos movimentos sociais urbanos no Ceará não foi significativa, durante o período da redemocratização, tal como foi no Rio Grande do Sul. Teve forte presença no estado o chamado *mudancismo*, um movimento de reforma política e administrativa centrado na organização do Estado. Esse movimento, criado com a chegada do grupo político liderado por Tasso Jereissati e Ciro Gomes ao poder no Estado, contribuiu de muitas maneiras para a criação da sociedade civil, incentivando a criação de diversos tipos de organizações civis, principalmente as de produtores (TENDLER *apud* AVRITZER, 2007). Nesse sentido, percebe-se um caso de participação onde o Estado foi o maior incentivador.

Foi sob o signo da ruptura, expresso no slogan "governo das mudanças", que o grupo de empresários liderados por Tasso Jereissati (hoje expoente nacional do Partido da Social Democracia Brasileira – PSDB) ocupou a cena política cearense. Tal proposta, ancorada não só em grupos empresariais, mas também em intelectuais, partidos de esquerda e outros setores organizados da sociedade civil, impôs-se como "nova forma de fazer política". Essa forma, baseada em uma representação simbólica temporal, definida a partir de um "antes e depois", apresentou uma oposição clara às formas tradicionais de poder aglutinadas em torno do coronelismo (BARREIRA, 1994a). Percebe-se claramente a diferença em relação à sociedade civil do Rio Grande do Sul, que emerge por contestação a um Estado autoritário, ao contrário do que ocorre no Ceará, onde emerge a partir de incentivos estatais, ficando, muitas vezes, refém do Estado.

De acordo com o Regimento Interno do Consea CE e com o decreto nº 27.008, de 15 de abril de 2003, publicado no Diário Oficial do Estado, em 17 de abril de 2003, o Consea CE é "composto por trinta e cinco membros designados pelo Governador do Estado, sendo quatorze representantes de órgãos da Administração Estadual e vinte e um representantes de outras organizações, dentre organismos federais, da sociedade civil e de cooperação internacional". Ainda, nessa composição percebe-se claramente uma forte presença da área patronal, conforme demonstra a ex-presidente do Consea CE em seu depoimento:

> Hoje no Consea tem que a maioria é sociedade civil, mas sociedade civil entre aspas, porque muitos dessa sociedade civil são aliados ao Governo. Por exemplo, o Rotary, o Lyons, são dois que servem o Governo. O empresariado da sociedade civil, área patronal, está muito representada (comércio, indústria, agricultura); além disso, tem a FIEC, a Associação dos Jovens Empresários, então a área patronal está muito forte, e, por outro lado, nem todos eles participam.

Para muitos, ainda faltam representações de organizações indígenas, da Associação Brasileira de ONG's (Abong), de movimentos populares e sindicais. Para o representante da Cáritas, é preciso rever a composição do Consea CE, porque muitas entidades não sabem o que é segurança alimentar. Conforme sua fala:

> Aqui no Ceará o que eu percebo é que a maioria das instituições não tem discussão e nem trabalhos diretos com a segurança alimentar. Eu vejo que somente a Cáritas tem esse trabalho. Quem são as outras instituições? Por exemplo, a Universidade que tem feito algumas discussões, tem pautado alguns temas, mas que está lá. A Fiec, o Rotary que é um monte de gente que diz que tem trabalhado com segurança alimentar, mas que é distribuir sopas, mais a questão do assistencialismo, mais compensatória, que acaba não emancipando as pessoas.

Tal afirmativa tem relação com a questão de que a indicação dos conselheiros e suas respectivas organizações pelo poder público fere o próprio sentido da representação da sociedade civil, na medida em que, em muitos casos, só os atores considerados confiáveis pelo poder público são chamados a participar (SANTOS, 2004). Por isso observa-se que todos os esforços da sociedade civil no Consea CE são para que o presidente seja sempre um de seus representantes. Enquanto no Consea Nacional e no Consea RS, isso consta do Regimento interno, no Consea CE isso ainda está em disputa. Sobre este ponto, a ex-presidente do Consea CE e representante da UFC considera que: "Quando o presidente é da sociedade civil, ele tem mais autonomia e mais independência; se a gente quer propor políticas e exercer o controle social é muito melhor que ele seja coordenado e orientado a partir da sociedade civil."

Percebe-se que no Consea RS existe uma forte predominância de indivíduos ligados a movimentos sociais, sindicatos, federações e/ou confederações, impulsionando o debate sobre SAN, já que são, em sua maioria, representantes do Fórum estadual de SAN. Nas últimas décadas do século XX e neste século, estas organizações têm tido posições de liderança no alargamento de questões políticas que tem a ver com direitos, em todos os sentidos, desde os direitos individuais até questões relacionadas com a biodiversidade. Deve-se a elas a incorporação de temas no debate público que até então tinham ficado de fora e que, na maioria das vezes, não eram sequer considerados como legítimos (PINTO, 2003).

O Consea CE, por sua vez, tem muito menos representantes da sociedade civil que o Consea RS; são somente 19. Como no Consea RS, no do Ceará a presença de movimentos sociais, confederações, associações e sindicatos é considerável em relação a outros setores da sociedade civil. Entretanto, neste as Confederações e associações são referentes à área patronal, o que o diferencia substancialmente daquele. Por fim, é importante assinalar que outro fator limitante é com relação à sua autonomia. O Consea RS tem um caráter um pouco mais desvinculado do Governo, pelos projetos políticos das próprias organizações representantes da sociedade civil, diferentemente do Consea CE, que tem, entre os representantes da sociedade civil, várias pessoas ligadas ao Governo.

Portanto, pode-se considerar que a busca por uma composição mais plural e diversificada é um processo constante, dependente do entendimento tanto do Conselho quanto do poder público de quais seriam os grupos sociais legitimados para falar em nome da SAN. Neste sentido, o item abaixo explora, mesmo que preliminarmente, a questão da formação desses conselheiros e como eles se relacionam com os seus representados, a fim de problematizar em que medida ocorre um processo de "elitização" nos espaços dos conselhos.

A ATUAÇÃO E A TRAJETÓRIA DOS CONSELHEIROS: UM PROCESSO ASSIMÉTRICO DE REPRESENTAÇÃO?

Como foi visto, a configuração institucional, além, é claro, das dinâmicas regionais, é um fator que condiciona a representação social nesses conselhos, porque as leis e/ou decretos de criação dos Conseas sinalizam elementos importantes para a sua análise. Além disso, para a reflexão proposta, é necessário delimitar de que modo a falta de vínculos do representante com a base combinada à sua trajetória política reforça o argumento da emergência de um processo de assimetria de poder e de representatividade no interior dos conselhos.

Boa parte da literatura sobre os conselhos enfatiza a assertiva de que o vínculo institucional entre conselheiros e organizações sociais é um dos aspectos centrais para que os conselhos se efetivem como espaços plurais e legítimos de representação de interesses de segmentos sociais. É importante notar, segundo Santos (2004), que, para que a cogestão entre a sociedade civil e o Estado, na formulação de políticas públicas, se traduza realmente num aprofundamento da democracia, é necessária a garantia de um espaço de consulta às bases, tanto na eleição do representante, quanto nas definições das posições a serem tomadas. É muito importante definir como os diferentes atores da sociedade civil, agrupados em blocos, são autorizados para falar em nome de determinados grupos específicos ou de pessoas.

Nos Conseas observou-se a presença de representantes que fazem parte de movimentos sociais e de fóruns que estiveram diretamente ligados à luta pelo direito à alimentação e à redução da fome e da miséria nos últimos anos. Tornaram-se, desta forma, legitimados para falar em nome de uma grande parcela da população que não tem acesso à alimentação saudável e, por este motivo, foram escolhidos para integrar os Conseas. Desse modo, tendo em mente estas considerações, analisou-se, através dos dados coletados nas entrevistas, a representatividade nos Conseas através de duas variáveis: a forma como o representante foi escolhido e o meio utilizado pelo representante para consultar a base.

Em relação ao primeiro ponto existem duas formas no processo de escolha do conselheiro por sua instituição: a centralizada e a coletiva. A prática centralizada na escolha dos representantes é expressa pela indicação direta do presidente da organização ou pela indicação dos Governadores dos estados do Rio Grande do Sul e do Ceará. A prática coletiva refere-se à escolha dos conselheiros por reuniões da direção ou em espaços ampliados e abertos a todos os associados, como as assembleias, plenárias ou fóruns de SAN. Com relação a estes últimos, Santos (2004: 133) assinala que "a eleição de organizações representantes da sociedade civil em fóruns próprios aponta para um tipo de representação que vai além da própria instituição do conselheiro, tendo em vista que este precisa se legitimar diante de um segmento social".

Os dados da pesquisa revelaram a existência de um vínculo institucional entre os conselheiros e as organizações sociais do Consea do Rio Grande do Sul, caracterizado pela escolha dos representantes em fóruns próprios, como no caso do Fórum estadual de SAN RS, que escolhe 1/3 dos conselheiros; ao contrário do que acontece no Consea CE, em que os representantes, em sua maioria, são escolhidos pela forma centralizada.

Percebe-se que o vínculo institucional entre os conselheiros e as organizações sociais no Consea CE é mais frágil, já que 60% dos entrevistados foram escolhidos mediante a prática centralizadora, seja pela indicação direta do Presidente da organização, seja pela indicação do Secretário estadual. Mesmo somando os indicados de forma coletiva com aqueles conselheiros que declararam ter sido escolhidos via eleição, este número ainda fica aquém daqueles indicados de forma centralizada. Isso revela a fragilidade da relação dos representantes com a sua base.

A representatividade também foi medida pela relação estabelecida entre representante e representado, isto é, analisando-se se o representado legitima a atuação dos seus representantes, através da realização de reuniões, de encontros ou por outros meios.

Os mecanismos de consulta à base citados como mais utilizados foram as reuniões/plenárias com os membros da instituição. Alguns conselheiros citaram a troca de emails como uma fonte de relacionamento com a base, e outros ainda indicaram o encontro em eventos. Entretanto, essa é uma questão recorrente do problema da representação política: a dificuldade de relacionamento com a base. Quais seriam os melhores meios para se relacionar com a base? As reuniões periódicas são os principais mecanismos de informação, fiscalização e acompanhamento das decisões do Consea, para os representados. É nessas reuniões que os integrantes das entidades conseguem debater e apresentar demandas para que o representante leve para o Consea. Os outros meios utilizados (e-mails, eventos, relatórios) só conseguem dar conta do *feedback*, isto é, os integrantes da entidade só acompanham as decisões num momento posterior, não conseguindo ter interferência na atuação do representante. O depoimento de um representante do Fórum estadual de SAN do RS, também participante da ONG CAMP, revela a dificuldade de se articular com a base e de essa relação se dar somente em alguns eventos, como abaixo:

> Nós acabamos indo para o Consea, muito como representação das ONGS, da Abong (rede de ONGs). Porque a gente enquanto Camp participou muito da organização do Fórum Social Mundial, principalmente os que foram em Porto Alegre. Em função dessa relação com a Abong a gente chega no Consea via Fesans, pela representação da Abong. [...] A gente tem a vantagem de ser uma instituição que dialoga com todas as matizes, com as diferentes ideologias. Quando a gente chama, o pessoal se reúne, mas acaba sendo uma atuação residual. Só acontece quando tem conferência ou quando é uma mobilização específica.

Outra conselheira indicada pelo Fórum revela em sua entrevista essa complexidade da representação.

> No Fórum eu represento a Associação Gaúcha de Nutrição, que tem de sócios, contando nutricionistas e técnicos, umas 280 pessoas. Eu sou a vice-presidente. A gente tem reuniões da diretoria mensais, e tem vários conselhos, que também vão se reunindo ao longo do mês e deliberando as suas demandas e depois a gente faz reuniões, palestras, encontros e discute sobre o tema. A gente traz gente para palestrar sobre o tema. Uma relação de fazer coisas científicas, passar conhecimento.

É relevante notar que alguns entrevistados responderam não ter um meio de comunicação com a base (23% e 30%, respectivamente para os Conseas RS e CE). Isso pode ser explicado pelo formato da composição desse conselho, em que participam algumas entidades patronais (sociedade civil nominada no Consea RS e diversas entidade ligadas ao empresariado no Consea CE). Os conselheiros dessas entidades não precisam da autorização da base para defender os seus pontos de vistas e/ou concepções. Offe e Wisenthal (1984) já chamavam a atenção para esse aspecto. Para eles, enquanto os capitalistas têm um poder de sanção individual, os trabalhadores dependem inteiramente de suas organizações, ou seja, as lideranças das organizações do capital têm uma maior capacidade de acionar sanções do que as do trabalho, muito mais vinculadas aos membros da base e com menor autonomia.

Outro aspecto que tem relação com a hipótese que se trabalha nesta análise de que ocorre certa assimetria da representação nos Conseas é que os representantes distanciam-se da base, e em alguns casos não constroem nenhum tipo de relação com ela. Isso se verificou quando se contrasta o processo de escolha dos representantes com os meios utilizados pelos representantes da sociedade civil para consultar as bases. Aqueles cuja representação foi decidida coletivamente tendem a consultar sua base através de reuniões, além de outras formas como relatórios, e-mails, comunicações etc. Já aqueles que foram nomeados (indicação individual, centralizada) não consultam suas bases, e quando o fazem é através de e-mails, eventos, relatórios etc.

Esta questão do distanciamento das bases pode ter relação com os tipos de capitais que dispõem os diferentes conselheiros, a exemplo dos capitais escolares. Dentre os conselheiros, tanto do Consea RS, quanto no do Ceará, analisados, destaca-se o fato de que a maioria possui ensino superior e estudos pós-graduados. Importa registrar, nesse sentido, que a maioria possui titulação escolar em áreas relacionadas com os eixos de discussão técnica dos Conseas (Nutrição, Ciências Sociais, Agronomia, Direito, Economia, Veterinária), embora alguns casos apresentem formações escolares em outras áreas (Teologia, Letras etc.). Portanto, pode-se dizer que, em termos de formação escolar, os representantes das diversas entidades nos Conseas destacam-se pelo seu conhecimento técnico, como especialistas da temática de segurança alimentar, não pelo seu relacionamento com suas bases.

Tal argumento clarifica-se quando contrastamos as trajetórias escolares dos representantes com sua trajetória associativa. Embora se tenha poucos dados que possibilitem uma inferência conclusiva, é possível indicar que quanto maior a escolarização dos conselheiros, menor militância associativa em geral. No entanto, o ingresso em vários tipos de militância associativa desses conselheiros tem relação com o desenvolvimento de sua carreira profissional. Nesse sentido, esse fato não inviabiliza e até incrementa aquelas proposições as quais relacionam maior escolaridade com maiores disposições para a militância associativa, mas refere-se a um tipo particular de uma militância associativa: a especializada. Como relata uma Conselheira ligada à Universidade Estadual do Ceará.

> Em termos de minha trajetória eu sempre trabalhei com grupos populacionais e com a representação de classe. Porque quando da minha formação eu fui para a região norte e

trabalhei 9 anos no Amazonas. Sempre trabalhei na questão de formar entidades representativas dos profissionais, criamos, fomos representante de conselhos de nutricionistas lá, eu fui a primeira turma de mestrado, trabalhei com crianças pré-escolares, com crianças de uma cidade à beira do Rio madeira, fiz diagnóstico nutricional dessas crianças, mas também trabalhei com idosos, adolescentes, nós fizemos algumas pesquisas com grupos populacionais, durante o mestrado e eu era nutricionista de um hospital, sobre doenças tropicais, sempre ligado à pesquisa.

Portanto, o modo como são escolhidos os representantes, as formas de consultas às bases, assim como suas trajetórias, considerando a formação educacional e a sua militância associativa revelam como se relacionam com suas bases, e como ocorre o processo de representação nos Conseas. Nessa direção, os dados analisados indicaram que, por um lado, certos representantes atuam como um grupo que detém o monopólio do conhecimento técnico sobre a segurança alimentar, e, por outro lado, outros atuam de forma individual, como "personalidades" indicadas, que não tem relação nenhuma com as bases e nem com a causa que defendem.

CONSIDERAÇÕES FINAIS

As principais indicações obtidas demonstraram que, ao contrário da representação eleitoral tradicional, na representação política da sociedade civil, nesses conselhos os representantes têm legitimidade pelo reconhecimento acerca de seu grau de competência e qualificação, e não necessariamente do vínculo direto com a base. Muitos representantes se constituem como detentores do saber sobre SAN, com tem dificuldades em dialogar com os setores tradicionalmente excluídos e, mais ainda, se transformam em "personalidades" detentoras desse poder; sob essa ótica, não se preocupam em ter um respaldo da base, pois são os conhecedores da temática.

Observou-se, também, que a experiência de estruturação dos conselhos, principalmente os de Segurança Alimentar e Nutricional, ainda é algo recente em nossa sociedade, e sua importância não esconde suas ambiguidades e contradições. Ao contrário, tem sido grande a polêmica sobre o seu significado político, as consequências de sua institucionalização e a participação da sociedade civil.

O que se verifica na prática é a fragilidade dos conselheiros diante da centralização do poder nas mãos de alguns poucos, especialmente daqueles especialistas no tema de SAN. Mesmo que as presidências dos Conseas sejam preferencialmente exercidas por representantes da sociedade civil e que incentivem a participação e a discussão, muitos representantes pouco se manifestam, pouco discordam das opiniões do presidente. Muitas vezes a figura do presidente, numa postura centralizadora e autoritária, dificulta e até impede os debates, forçando consensos.

Com relação à questão da representatividade, os conselhos estudados também se constituem como espaços em que os representantes mantêm certo distanciamento da base. O vínculo do representante com os demais participantes das organizações sociais é bastante frágil, já que acontece ocasionalmente e por meio de reuniões esporádicas para informes e repasses. Assim, a hipótese de que os representantes conservam em suas decisões certa independência frente à base pode ser confirmada. Isso não quer dizer que não exista uma legitimidade da representação. Porque, ao contrário da representação eleitoral tradicional, em que o representante (eleito) deve se identificar com o representado (eleitor), na representação política coletiva, os representantes podem ter legitimidade pelo reconhecimento acerca de seu grau de competência e qualificação, e não necessariamente pelo vínculo direto com a base.

Acredita-se que essas indicações, ainda que preliminares, acerca da questão da representação nos Conseas tragam novos modos de ver a participação social nessas inovações institucionais. Nessa direção, não apenas os Conselhos de criação recente, como os de Segurança Alimentar, mas principalmente aqueles que de certa forma já são consolidados e socialmente reconhecidos, como os de Saúde, devem ser repensados a partir de sua representação. Portanto, o que de fato deve ser ressaltado é que se deve pensar em novas formas de prestação de contas e de relações entre representantes e representados.

REFERÊNCIAS BIBLIOGRÁFICAS

ABRAMOVAY, Ricardo. "Conselhos além dos limites". *Revista Estudos Avançados*, vol. 15, nº 43, set./dez. 2001.

ALMEIDA, Maria H. T. de. "Federalismo e política sociais". *Revista Brasileira de Ciências Sociais*, nº 28, 1995.

ARRETCHE, Marta. "Mitos da descentralização: mais democracia e eficiência nas políticas públicas?". *Revista Brasileira de Ciências Sociais*, São Paulo, nº 31, jun. 1996.

AVRITZER, Leonardo. *Participação política em São Paulo*. São Paulo: Editora Unesp, 2004.

_____. "A participação social no Nordeste". In: AVRITZER, Leonardo (org.). *A participação social no Nordeste*. Belo Horizonte: Editora UFMG, 2007.

BARREIRA, Irlys A. F. "Modernização política e questão social. Diagramas do poder local". *Caderno CRH*, UFBA, vol. 7, nº 20, 1994.

BOSCHI, Renato. "Descentralização, clientelismo e capital social na governança urbana: comparando Belo Horizonte e Salvador". *Dados*, Rio de Janeiro, vol. 42, nº 4, 1999.

BOURDIEU, Pierre. *Razões práticas: sobre a teoria da ação*. Campinas: Papirus, 1996.

_____. *O poder simbólico*. 2ª ed. Rio de Janeiro: Bertrand Brasil 1998.

_____. *In other words: essays towards a reflexive sociology*. Tradução Matthew Adamson. Cambridge: Polity Press, 1990. Tradução de obras diversas.

BRASIL. Portal do Governo. Disponível em: <http://www.brasil.gov.br/governo_federal/estrutura/empresas/>. Acesso em: 10 out. 2008.

CHAIA, Vera & TÓTORA, Silvana. "Conselhos municipais e a institucionalização da participação política: a Região Metropolitana de São Paulo". In: SANTOS JUNIOR, O. A.; RIBEIRO, L. C. de Q.; AZEVEDO, S. de. (orgs). *Governança democrática e poder local: a experiência dos conselhos municipais no Brasil*. Rio de Janeiro: Revan/Fase, 2004.

CONSEA. *Ofício nº 070*, 2007.

CORTES, Soraya. "Fóruns participativos e governança: uma sistematização das contribuições da literatura". In: LUBAMBO, Cátia; COELHO, Denílson; MELO, Marcus A. (orgs.). *Desenho institucional e participação política: experiência no Brasil contemporâneo*. Petrópolis: Vozes, 2005.

_____. "Perfil dos delegados da 10ª Conferência Nacional de Saúde". In: *Conferência Nacional de Saúde On Line*. 2007. Disponível em: <http://www.datasus.gov.br/cns/documentos/Perfildelelegados10.htm>. Acesso em: 10 dez. 2008.

COSTA, Sérgio. "Contextos da construção do espaço público no Brasil". *Novos Estudos Cebrap*, nº 47, mar. 1997.

DAGNINO, Evelina. "Sociedade civil, espaços públicos e a construção democrática no Brasil: limites e possibilidades". In: DAGNINO, Evelina (org.). *Sociedade civil e espaços públicos no Brasil*. São Paulo: Paz e Terra, 2002.

_____. "Sociedade civil, Participação e cidadania: de que estamos falando?". In: MATO, Daniel (coord.). *Políticas de ciudadanía y sociedad civil en tiempos de globalización*. Caracas: Faces/Universidad Central de Venezuela, 2004.

DAHL, Robert. *Who governs?* New Haven: Yale University Press, 1961.

DISCH, Lisa. *Representation "Do's and Dont's": Hanna Pitkin's* The concept of representation. 2005. Disponível em: <www.univ-paris8.fr/scpo/lisadisch.pdf>. Acesso em: 10 jan. 2007.

DOIMO, Ana Maria. *A vez e a voz do popular: movimentos sociais e participação política no Brasil pós 70.* Rio de Janeiro: Relume Dumará, 1995.

FERRAZ, Ana Targina R. *Impactos da experiência conselhista sobre as atividades políticas e organizativas dos movimentos sociais na saúde: o caso do movimento popular de saúde de Campinas-SP.* Tese (doutorado em Ciências Sociais) – Unicamp, Campinas, 2005.

FILLIEULE, O. "Propositions pour une analyse processuelle de l'engagement individuel: Post Scriptum". *Revue Française de Science Politique*, vol. 51, nº 1-2, 2001.

GOHN, Maria da Glória. *Conselhos gestores e participação sociopolítica.* São Paulo: Cortez, 2003.

KIYOTA, Norma. *A representação dos agricultores familiares em espaços de participação social no sudoeste do Paraná.* Tese (doutorado em Desenvolvimento Rural) – PGDR/UFRGS, Porto Alegre, 2007.

LÜCHMANN, Ligia H. H. "Os sentidos e desafios da participação". *XXI Congresso Brasileiro de Sociologia* – SBS, UFMG, Belo Horizonte, 2005.

_____. "A representação no interior das experiências de participação". *Lua Nova*, nº 70, 2007.

MATONTI, Frédérique & POUPEAU, Franck. "Le capital militant: essai de définition". *Actes de la Recherche en Sciences Sociales*, nº 154, *2004*.

MOURA, Joana Tereza V. *A representação política de organizações da sociedade civil nos Conselhos de Segurança Alimentar e Nutricional e a busca pela legitimidade.* Tese (doutorado em Ciência Política) – UFRGS, Porto Alegre, 2009.

OFFE, Claus; WIESENTHAL, Helmut. "Duas lógicas da ação coletiva: notas teóricas sobre a classe social e a forma de organização". In: OFFE, C. *Problemas estruturais do estado capitalista.* Rio de Janeiro: Tempo Brasileiro, 1984.

PINTO, Céli R. J. *ONGs, exclusão e política no Brasil* [mimeo], 2003.

_____. "Espaços deliberativos e a questão da representação". *Revista Brasileira de Ciências Sociais*, São Paulo, vol. 19, n° 54, fev. 2004a.

_____. "A sociedade civil institucionalizada". *Política e Sociedade*, Florianópolis, vol. 5, 2004b.

PITKIN, Hanna F. *The concept of representation*. Berkeley/Los Angeles/Londres: University of California Press, 1967.

_____. "Representação: palavras, instituições e ideias". *Lua Nova*, n° 67, 2006.

PUTNAM, Robert. *The comparative study of political elites*. New Jersey: Prentice-Hall, 1976.

SADER, Eder. *Quando novos personagens entraram em cena: experiências, falas e lutas dos trabalhadores da Grande São Paulo (1970-1980)*. Rio de Janeiro: Paz e Terra, 1988.

SANTOS, Boaventura de (org.). *Democratizar a democracia: os caminhos da democracia participativa*. Rio de Janeiro: Civilização Brasileira, 2002.

SANTOS JUNIOR, O. A.; RIBEIRO, L. C. de Q.; AZEVEDO, S. de. (org.). *Governança democrática e poder local: a experiência dos conselhos municipais no Brasil*. Rio de Janeiro: Revan/Fase, 2004.

SANTOS, Mauro R. M. "A representação social no contexto da participação institucionalizada. O caso dos conselhos municipais do Rio de Janeiro". In: SANTOS JUNIOR, O. A.; RIBEIRO, L. C. de Q.; AZEVEDO, S. de. (org.). *Governança democrática e poder local: A experiência dos conselhos municipais no Brasil*. Rio de Janeiro: Revan/ Fase, 2004.

SILVA, Marcelo Kunrath. "Tradições associativas populares e democracia: uma análsie comparativa das experiências de Orçamento Participativo na Região Metropolitana de Porto Alegre". *XXIV Congresso da ALAS*, 2003.

_____; MARQUES, Paulo Eduardo M. "Democratização e políticas públicas de desenvolvimento rural". In: SCHEINDER, Sérgio *et al*. *Políticas públicas e participação social no Brasil rural*. Porto Alegre: Editora UFRGS, 2004.

SCHUMPETER, Joseph. *Capitalismo, socialismo e democracia*. Rio de Janeiro: Zahar, 1984.

SIMÉANT, J.; DAUVIN, P.; C.A.H.I.E.R. *Le travail humanitaire: les acteurs des ONG, du siege au terrain*. Paris: Presses de Sciences Po, 2002.

TATAGIBA, Luciana. "Os conselhos gestores e a democratização das políticas públicas no Brasil". In: DAGNINO, Evelina (org.). *Sociedade civil e espaços públicos no Brasil*. São Paulo: Paz e Terra, 2002.

YOUNG, Iris Marion. "Civil society and its limits". In: YOUNG, Iris Marion. *Inclusion and democracy*. Oxford: Oxford University Press, 2000.

SOBRE OS AUTORES

JOANA TEREZA VAZ DE MOURA possui graduação em Administração pela Universidade Federal de Lavras (2001), mestrado em Ciências Sociais: Desenvolvimento, Agricultura e Sociedade pela Universidade Federal Rural do Rio de Janeiro (2004) e doutorado em Ciência Política pela UFRGS (2009). Atualmente é professora do Departamento de Políticas Públicas do Centro de Ciências Humanas, Letras e Artes da Universidade Federal do Rio Grande do Norte (UFRN). Tem experiência na área de Ciências Sociais principalmente nos seguintes temas: políticas públicas, Estado, sociedade civil, representação, agricultura familiar, desenvolvimento rural, construção de interesses, conselhos municipais, democracia, participação.

LORENA MADRUGA MONTEIRO possui graduação em Ciências Sociais pela Universidade Federal do Rio Grande do Sul (2004), mestrado e Doutorado em Ciência Política pela Universidade Federal do Rio Grande do Sul (2011). Pesquisadora associada aos grupos de pesquisa "Ciências Sociais na América Latina" (Cisoal/UFRGS) e "Instituições Políticas e pensamento político brasileiro" (UFPEL), e ao Instituto de Pesquisa e Tecnologia (ITP). Tem experiência na área de Ciência Política e Sociologia, atuando principalmente nos seguintes temas: sociologia política, elites, ciências sociais, educação brasileira, burocracia e políticas públicas. Atualmente é professora Titular I da Faculdade Integrada Tiradentes (FITS). Filiação institucional: Núcleo Interdisciplinar de Pós-Graduação do Centro Universitário Tiradentes – Unit/Maceió.

ESTADO E SOCIEDADE CIVIL: *ACCOUNTABILITY* E AMPLIAÇÃO DA ESFERA PÚBLICA DE CONSELHOS GESTORES[1]

VERONICA TEIXEIRA MARQUES

1. INTRODUÇÃO

O trabalho objetiva discutir a participação como um direito do cidadão e apresenta o conceito de *accountability* como forma de afirmação e controle do poder público. Inicialmente explica as funções e estabelece a importância dos conselhos gestores no direito, inerente ao cidadão de um Estado Democrático, de participar das ações governamentais.

A partir disso discute como os conselhos gestores contribuem a favor da paridade entre Estado e Sociedade Civil, condição *sine qua non* para efetivação da gestão democrática, e são apresentadas as dificuldades encontradas para que as propostas e decisões tomadas ocorram efetivamente.

Nessa linha de raciocínio o trabalho parte da definição da *accountability* como a capacidade da prestação de contas das atividades governamentais para a sociedade e das ações de sanção para os sujeitos que violaram deveres públicos. Por fim, analisa que os conselhos gestores, quando pautados na legitimidade permitida pela *accountability* potencializam as próprias condições de controle social e viabilizam a ampliação da esfera pública na gestão pública participativa, concretizando a participação como um direito.

2. OS CONSELHOS GESTORES

Os conselhos gestores são considerados instrumentos de controle e instituições participativas permanentes definidas pela legislação como parte da estrutura do Estado. Têm a função de incidir sobre políticas públicas em áreas específicas (tais

---

1 Este artigo apresenta considerações trabalhadas em um dos capítulos da tese de doutorado de Marques (ver referências bibliográficas – Tese ainda não publicada) financiada com bolsa do CNPq na UFBA entre 2005 e 2009.

como: educação, saúde, assistência social, dentre outras), que produzem decisões e possuem no seu corpo de representação, membros do Estado e da Sociedade na condição de igualdade de direitos à voz e voto.

A criação dos conselhos gestores está prevista na Constituição Federal de 1988 e tem como um de seus principais objetivos capilarizar a participação no Governo para as instâncias estadual e municipal. Podem ser entendidos como espaços de controle social e participação e "configura o desenho institucional caracterizado como o novo paradigma de democracia em sociedades complexas" (MARQUES, 2010, p. 268). Além disso, "os conselhos gestores são hoje tão importantes quanto os espaços legislativos na mediação entre sociedade e Estado, e para a representação e participação do interesse coletivo" (MOURA & MONTEIRO, 2010, p. 120).

Os conselhos gestores regulamentam as ações dos órgãos aos quais estão vinculados, deliberando ou não, reivindicações feitas pela população e pelas demandas elencadas em cada reunião de conselho. De forma geral, os conselhos têm caráter deliberativo e cogestor, podendo também ter função mobilizadora, fiscalizadora e consultiva.

O primeiro passo para garantir o papel de deliberação e cogestão está no instrumento jurídico que legaliza a criação de cada conselho, viabilizando garantia legal para funcionarem. Ou seja, a lei de criação e o regimento destas instituições. Entretanto, a existência legal dos conselhos não garante a efetiva ação destes organismos públicos de acompanhamento e controle (MARQUES *et al*, 2008).

O papel dos conselhos, como instrumento para o controle popular da gestão pública, permite que os cidadãos se integrem à cogestão administrativa, identificando e contribuindo na constituição de políticas públicas que levam em consideração cada realidade representada. Moura e Monteiro (2010) a partir da percepção de Abramovay (2001) reiteram que a mera existência dos conselhos gestores "coloca pessoas que, até então, não tinham acesso à discussão desses assuntos, inseridas no debate de temas antes ausentes de sua vida" (2010: 121). Assim, os conselhos não apenas possibilitam o monitoramento da gestão pública e funcionam como canais de comunicação viabilizando a transparência da gestão, como permitem uma interação/inclusão dos cidadãos no acompanhamento, controle e proposição de políticas públicas.

As funções dos Conselhos Gestores

A Controladoria Geral da União – CGU (2008) considera os conselhos espaços de participação popular na gestão pública e classifica-os de acordo com suas funções que podem ser de fiscalização, mobilização, deliberação ou consultoria.

A CGU indica como fiscalizadora, a função onde os conselhos realizam o controle e acompanhamento das ações de gestão dos governantes. Também realizam o acompanhamento da execução das políticas públicas e a verificação do cumprimento da legislação, podendo solicitar esclarecimentos aos responsáveis, denunciar aos órgãos fiscalizadores, ou aplicar sanções, previstas na lei, em caso de descumprimento.

A literatura sobre as funções dos conselhos gestores indica que a função fiscalizadora, permite o acompanhamento de processos, documentação e mudanças na legislação, além de denúncias e processos.

Já a função mobilizadora, caracteriza-se pelo estímulo à contribuição da sociedade civil para formular e divulgar a importância da participação popular na gestão pública. Ao chamar a atenção da sociedade para os canais de denúncia, ao explicar o papel de deliberação e fiscalização dos conselhos, a sociedade estará recebendo estímulos para participar através do acompanhamento das ações governamentais e no controle da oferta de serviços (MARQUES *et al*, 2008).

Infelizmente, a função de mobilização é muito frágil, sendo uma das funções que menor efetividade tem no desenvolvimento dos trabalhos dos conselhos. Já a função deliberativa é entendida pelos estudiosos como a função onde efetivamente se dá a participação dos conselhos.[2] Essa função de deliberação se caracteriza pela tomada de decisões, seja sobre estratégias a serem usadas pela administração, seja pelo estabelecimento de leis, pela autorização de caráter transitório para cumprimento de determinados requisitos, seja fixando normas para as instituições públicas e privadas integrantes do sistema municipal ou estadual.

Geralmente, a partir da análise e discussão sobre matérias de sua área de atuação, os conselhos deliberam sobre a questão, apresentando suas propostas ao executivo. Também elaboram normas complementares e interpretam a legislação e as normas de sua área de atuação.

Já a função consultiva dos conselhos, se realiza por sugestões e opiniões para os gestores em relação a determinadas políticas públicas, e também como respostas de consultas que lhe são submetidas.

Pode-se ainda identificar outra função, exercida pelos conselhos gestores: a propositiva. Esta se delimita nas situações em que os conselhos emitem opinião

---

2   Ver Tatagiba (2002), Oliveira (2008), Bordignon (2009a e 2009b).

e oferecem sugestões. Essas situações se caracterizam quando o Conselho participa da discussão e da definição de políticas e do planejamento, propostos pelo executivo, sendo que na maioria das situações, essa função se constitui quando o executivo necessita de algum parecer ou precisa de uma opinião mais técnica.

Um aspecto significativo precisa ser pontuado nesta discussão sobre o funcionamento dos conselhos. Mesmo os cidadãos que não são membros de conselhos gestores, podem acompanhar, cobrar, sugerir, propor e fornecer informações pertinentes à área de atuação de cada conselho.

Apesar de ser função da gestão pública (municipal, estadual ou federal) em sua respectiva instância tornar públicos os dados relativos a todos os conselhos existentes, não há uma divulgação adequada sobre a existência dos conselhos, suas funções e prerrogativas. Seja nos sites das Prefeituras, das Secretarias Municipais e/ou Estaduais, são raras as instituições que disponibilizam informações para que a sociedade tenha acesso adequado à identificação de dados essenciais como: número de membros; periodicidade de reuniões; regulamento jurídico de criação do conselho; cronograma e locais das reuniões do conselho; atas ou resumo de pauta das reuniões; número de telefone e/ou e-mail para contato; lista de membros e respectiva representação, bem como período de mandato. A falta de acesso a dados como esses prejudica essencialmente a prerrogativa democrática e participativa que se atribui aos conselhos.

Voltando à discussão sobre as funções dos conselhos, é importante salientar, que muitos dos recursos públicos de origem federal, são liberados apenas quando há, nos estados e nos municípios, conselhos gestores específicos a determinadas áreas de atuação, como os Conselhos de Educação, Conselhos de Assistência Social, Conselhos de Saúde etc.

Além desses conselhos, que estão mais especificamente relacionados às esferas estadual e federal, também podem ser identificados, aqueles conselhos que, de acordo com Oliveira (2008, p. 105), relacionam-se com funções executivas e estão envolvidos com metas vinculadas ao provimento concreto de acesso a bens e serviços elementares ou metas de natureza econômica. O autor cita como exemplos os conselhos municipais de alimentação escolar, de habitação, de desenvolvimento rural.

Outros conselhos, também relevantes, são os identificados como "conselhos temáticos", existentes na esfera municipal, criados por iniciativa local ou estímulo estadual, associados ao grande movimento de ideias ou temas gerais[3] que, por força de alguma peculiaridade de perfil político ou social, passam a compor a

---

3   Ver Gohn (2000); Teixeira (1996).

agenda do executivo. Esses tipos de conselhos, de acordo com Oliveira (2008), seguem, em regra, as características dos conselhos gestores, podendo ter formatos diversificados sem vínculos formais com algum sistema ou legislação nacional. Podem ser caracterizados como conselhos temáticos os conselhos de direito da mulher, de cultura, de esporte, de transporte, de patrimônio cultural, de urbanismos, promoção da igualdade racial, entre outros.

Assim, percebe-se que os conselhos gestores (denominados por alguns de conselhos políticos) são conselhos institucionalizados e ligados às políticas públicas estruturadas ou concretizadas em sistemas nacionais, ou seja, previstos na legislação, se constituindo em sua maioria, como obrigatórios. Estes conselhos são considerados parte integrante do sistema nacional, com atribuições legalmente estabelecidas no plano de formulação e implementação das políticas, na respectiva esfera governamental, complementando principalmente os instrumentos de planejamento e fiscalização das ações do executivo.

Neste grupo situam-se os conselhos de saúde, de assistência social, de educação, de direitos da criança e do adolescente.

> Com o processo de descentralização das políticas sociais, promovido pelo governo federal esses conselhos se tornaram peças centrais para municipalização dos serviços públicos e legalmente indispensáveis para o repasse de recursos federais para os municípios (OLIVEIRA, 2008, p. 105 e 106).

Uma importante contribuição para a análise dos conselhos gestores foi dada por Tatagiba (2002) ao definir um Perfil dos Conselhos em seu trabalho sobre os Conselhos Gestores e a democratização das políticas públicas no Brasil.[4]

Para a Tatagiba (2002), alguns princípios fundamentais de funcionamento dos Conselhos são a participação e representação que se verificam na observação da diversidade e pluralidade, assim como na dinâmica interna e no processo decisório. Estes, a dinâmica e o processo decisório, são definidos pelas condições de funcionamento dos conselhos.

Sobre esses princípios de participação, de representação, dinâmica interna e processo decisório, apresenta-se a seguir, uma discussão que identifica esses princípios enquanto ideais de forma comparada ao que pode ser observado na literatura citada neste artigo.

---

4   Ver Tatagiba (2002).

Princípios de Participação em Conselhos Gestores

Aqui estão apresentados princípios de participação de conselhos gestores, elaborados a partir da proposição de Tatagiba (2002) que os caracteriza em dois blocos: 1) Participação e representação: diversidade e pluralidade e; 2) Dinâmica interna e processo decisório: condições de funcionamento.

Assim, no intuito de melhor visualizar esses princípios de participação foi elaborada uma tabela onde em uma coluna são identificadas as características entendidas como viabilizadoras de conselhos de participação e controle social e em outra coluna as características efetivas dos conselhos gestores, identificadas nas diversas análises feitas sobre estudiosos desses conselhos.[5]

QUADRO 1. Princípios fundamentais de funcionamento dos Conselhos Gestores: diferenças entre teoria e prática

Princípios	Características ideais	Características efetivas
Participação e representação: diversidade e pluralidade	Deve existir diversidade na composição social e institucional na composição dos conselhos, tanto da sociedade quanto do Estado, além de paridade entre esses;	Em parte significativa dos casos, nos conselhos gestores, o número de representantes do governo é maior que o da sociedade civil;
Participação e representação: diversidade e pluralidade	A representatividade deve ser institucional e não individual, sendo que a representação governamental deve ser constituída por responsáveis pelas áreas das políticas sociais e por outros que atuem em áreas afins, como o poder executivo, o poder legislativo, universidades e fundações, possibilitando que não haja apenas representantes do executivo municipal;	Os estudos demonstram que nos representantes do governo, a representatividade é efetivamente institucional, mas se caracteriza como política de governo e não como política de Estado, já que os indicados pelo executivo prestam conta de suas atividades, deliberações e decisões;

5   GOHN, 2000; TATAGIBA, 2002; DAGNINO, 2002; CHAIA & TÓTORA, 2002; SANTOS JR; RIBEIRO & AZEVEDO, 2004; CORTES, 2005; FUKS & PERISSINOTO, 2006; SIPIONI & SILVA, 2013; ZAMBON & OGATA, 2013; GURGEL & JUSTEN, 2013.

Princípios	Características ideais	Características efetivas
Participação e representação: diversidade e pluralidade	Os representantes da sociedade civil devem representar setores e grupos organizados como associações de moradores, organizações não governamentais, entidades filantrópicas, assistenciais, religiosas, movimento social, sindicais (sindicatos e associações profissionais) e patronais (entidades de classe e prestadoras de serviços);	Em relação aos representantes da sociedade a representatividade é, em grande proporção, individual e não institucional, seja nos casos das representações dos movimentos sociais, das associações: não há efetivamente uma relação de mão dupla, onde os representantes levem as questões dos conselhos para seus órgãos, antes das decisões e mesmo depois delas. Há sérias dificuldades na formulação de critérios de participação no conjunto das entidades da sociedade civil, assim como uma fragilidade dos vínculos entre conselheiros com suas entidades ou órgãos públicos;
Participação e representação: diversidade e pluralidade	A escolha dos representantes por parte do governo deve se constituir por órgãos ou setores da administração (direta ou indireta) indicados pelo chefe do poder executivo (funcionários que ocupam cargos de chefia ou não, assessores, outros);	A participação dos representantes públicos é obrigatoriamente vinculada às funções dos cargos que ocupam e a troca desta representação (órgão, setores, pessoas) ocorre conforme o interesse e a vontade do governante. Já a escolha dos órgãos a terem representação, também é uma deliberação dos governantes, cabendo a estes órgãos escolhidos, definirem conforme sua própria decisão a indicação/votação/escolha do(s) representante(s) que participará (ao) do conselho.
Participação e representação: diversidade e pluralidade	Por parte da sociedade civil, a escolha dos representantes deve ser de membros das entidades, escolhidos por seus pares, em fórum próprio. A participação dos representantes da sociedade civil é voluntária, podendo ser substituída sempre que as organizações sociais assim decidirem;	Apesar da representação social da sociedade civil mostrar-se diversa, está limitada a segmentos sociais com maior capacidade de organização e presença na cena pública;

Princípios	Características ideais	Características efetivas
Participação e representação: diversidade e pluralidade	Os mandatos devem ser periódicos e não deve haver remuneração para a participação nos conselhos, apesar de poderem receber em situações específicas e previstas em lei, algum tipo de ajuda de custo (auxílio transporte, alimentação, outros);	A maioria dos regimentos permite uma recondução de mandato. Entretanto, constata-se que membros efetivos ou suplentes se perpetuam nos conselhos, pois geralmente participam de mais de um órgão (seja da sociedade civil, seja do governo). Há uma diversidade sobre a questão da remuneração: essa variação está ligada ao tempo de existência do Conselho e ao contato desse conselho com outras experiências;
Participação e representação: diversidade e pluralidade	Os conselheiros deveriam representar a diversidade da sociedade, não apenas no que se refere aos órgãos da sociedade, mas à renda, escolaridade etc;	Em geral os conselheiros apresentam maior renda e escolaridade em relação à média da população e são portadores de uma "cultura cívica" diferente da maioria da população (participação em atividades de caráter social e político, filiação partidária, grau de informações sobre os acontecimentos sociais em geral, capacitação técnica e política);
Participação e representação: diversidade e pluralidade	Deve haver pluralidade não apenas entre os membros dos Conselhos, mas no processo de funcionamento dos mesmos;	Há uma dificuldade dos conselheiros em lidar com a pluralidade, seja pela resistência dos representantes da sociedade civil no reconhecimento da pluralidade constitutiva do Estado, seja na compreensão sobre a legitimidade da participação nos conselhos, de outras entidades que não as da área da política específica;

Princípios	Características ideais	Características efetivas
Participação e representação: diversidade e pluralidade	Os conselhos devem possuir técnicos capacitados e dotação orçamentária que viabilize a capacitação dos conselheiros;	Há uma variação entre os municípios / secretarias municipais que viabilizam a capacitação técnica dos seus conselheiros, explicada pela dotação orçamentária, maior experiências com instrumentos de gestão pública compartilhada, participação popular – exigência de capacitação pelos órgãos que constituem o Conselho;
Dinâmica interna e processo decisório: condições de funcionamento	Os conselhos devem impreterivelmente ser subsidiados por técnicos legislativos, além de possuírem infraestrutura mínima de funcionamento: lugar adequado para reuniões; equipamentos para registro e arquivamento de documentos, leis etc que definam uma memória das deliberações e decisões dos conselheiros;	As condições técnicas administrativas não são adequadas: não há sistematização dos registros e os técnicos não têm preparo e/ou orientação suficiente para subsidiar, seja jurídica, analítica ou imparcialmente, os conselheiros;
Dinâmica interna e processo decisório: condições de funcionamento	Os conselhos devem ser dotados de instrumentos de divulgação de suas ações, mobilização da sociedade e transparência de suas pautas, deliberações, decisões e consequências nas políticas públicas;	Os conselhos e neles os seus técnicos, não são habilitados/autorizados a publicizar as informações e dados do Conselho. Nem recursos humanos nem recursos tecnológicos possibilitam a divulgação e a mobilização da sociedade civil;
Dinâmica interna e processo decisório: condições de funcionamento	Os Conselhos devem ser conduzidos autonomamente, de forma que a presidência e outras funções que constituam o conselho se definam por votação entre os membros, proporcionando que não ocorra um controle do executivo sobre suas agendas, de forma que o Estado permita e viabilize a efetiva gestão pública participativa;	Geralmente não há uma efetiva autonomia dos conselhos. Os presidentes são geralmente os representantes do executivo, e quando esta não é uma caracterização inerente aos regimentos internos dos conselhos é resultado da eleição dos pares que entendem ser mais fácil que o funcionamento dos conselhos se constitua sob a presidência de um conselheiro representante do executivo;

Princípios	Características ideais	Características efetivas
Dinâmica interna e processo decisório: condições de funcionamento	Os conselhos devem exercer sua função deliberativa;	Há uma fragilidade nos processos de deliberação, em função do acúmulo de atividades voltadas geralmente à fiscalização;
Dinâmica interna e processo decisório: condições de funcionamento	Os conselhos devem exercer sua função fiscalizadora;	Raramente os conselhos participam do processo de fiscalização dos gastos, não participam da prestação de contas e não têm adequados instrumentos de fiscalização, já que não são canais de denúncias, ou instancias fiscalizadoras. Há conselhos que não oportunizam aos conselheiros o acesso adequado às informações sobre o poder público dentro da área especifica de atuação;
Dinâmica interna e processo decisório: condições de funcionamento	Os conselhos devem exercer sua função mobilizadora;	Há uma baixa, e em diversos casos, nenhuma atividade mobilizadora por parte dos conselhos e conselheiros. Além disso, há uma ausência de divulgação sobre as atividades e resultados das ações dos Conselhos;
Dinâmica interna e processo decisório: condições de funcionamento	Os conselhos devem exercer sua função consultiva;	A função consultiva raramente á ativada pelo executivo ou pela própria sociedade civil. No primeiro caso, em função das decisões de gabinete, e em outros, pela falta de conhecimento da sociedade civil sobre a existência, prerrogativas e funções dos conselhos;
Dinâmica interna e processo decisório: condições de funcionamento	Os conselhos devem ter dotação orçamentária própria para viabilizar a adequada capacitação de técnicos e conselheiros, além de possibilitar a manutenção de instrumentos adequados de gestão, divulgação e mobilização da sociedade.	Muitos dos conselhos não possuem dotação orçamentária adequada à sua autonomia, estando as decisões que envolvem recursos, sempre controladas pelo executivo.

Fonte: MARQUES (2009) – Elaborada pela autora a partir dos textos de Teixeira (1996), Tatagiba (2002), Gohn (2000), Oliveira (2008), e pelas pesquisas de campo sustentadas nas entrevistas, acompanhamento de reuniões dos conselhos municipais de educação sergipanos (2009) e na leitura de atas, resoluções e pareceres de conselhos gestores de educação e de saúde (2009-2011).

Chama-se a atenção sobre os princípios de pluralidade e paridade, necessários na busca de um equilíbrio numérico e político na composição dos conselhos no tocante à diversidade de setores representantes da sociedade civil, bem como diferentes instâncias do poder público. Outro aspecto importante é o de que Estado e sociedade civil possuem representatividade nos conselhos através de suas organizações, mas possuem interesses e valores distintos, por vezes antagônicos, e que geram uma pluralidade além da dicotomia entre Estado e sociedade ao refletir-se nas clivagens internas de cada um destes.

Além disso, pode-se salientar não apenas a questão numérica, mas também ao equilíbrio nas tomadas de decisões. Observa-se ainda que a relação entre conselheiros (representantes do governo e da sociedade civil) diz respeito à natureza pública dos acordos realizados no próprio conselho, pois, "os argumentos usados para balizar os acordos devem ser possíveis de serem sustentados publicamente" (OLIVEIRA, 2008, p. 110). Isso significa dizer que essa publicidade é o diferenciador do processo, pois nele percebe-se a distinção da troca de favores, de práticas clientelísticas e de ações de cooptação.

Tais questões levam à reflexão sobre os limites e os desafios dos conselhos no que diz respeito a sua efetividade em prol da democratização e do alcance da finalidade para a qual existem.

Em recente trabalho, Gurgel e Justen (2013) chamaram a atenção para alguns pontos que são comuns nas análises feitas nos últimos anos por estudiosos dos conselhos gestores e pontuam que

> (1) de modo geral, os Conselhos não utilizam meios de divulgação de suas atividades (revistas, páginas eletrônicas etc.), o que faz a população, via de regra, desconhecê-los; (2) a adesão pela comunidade é baixa, devido ao desconhecimento da estrutura dos Conselhos, de seus objetivos e de sua utilidade. Isso se reflete no baixo envolvimento nas eleições para conselheiros representantes dos usuários; (3) por outro lado, os Conselhos são muito valorizados por quem os frequenta. São vistos, porém, como espaços de reivindicações específicas e denúncias pontuais (2013, p. 369).

Não se pode negar que em sua concepção inicial os conselhos devem desempenhar uma função importante dentro da gestão pública participativa, já que foram criados como intuito de regulamentar as ações dos órgãos aos quais estão vinculados, para deliberar reivindicações feitas pela população e pelas demandas elencadas pelo próprio conselho em suas reuniões específicas. O que, infelizmente, não significa que desempenhem adequadamente as suas funções como indicado no quadro analítico deste artigo. De forma geral, os conselhos têm previsto em seus instrumentos jurídicos de constituição, assim como em seus regimentos internos, funções de caráter deliberativo e cogestor. Além disso, como salienta Labra (2006) são raros os debates substantivos já que "a maior parte do tempo de cada reunião mensal é gasta na discussão de assuntos internos" (2006, p. 13).

O que se conclui é que apesar de importantes para o avanço democrático a existência legal dos conselhos e a caracterização/definição de suas funções não garantem a efetiva ação desses organismos públicos de acompanhamento e controle social.

Há outra questão que merece ser discutida e que não é ponto pacífico entre os autores que estudam a temática: a de que quanto mais conselhos envolvidos na gestão pública houver, maior será a participação social e maior democratização da gestão pública será viabilizada. Esta concepção espelha bem o quanto de expectativa recai sobre esses novos arranjos institucionais, que têm um potencial de democratização ou de transformação política. Como lembra Oliveira (2008), a institucionalização dos conselhos e de outras formas de gestão pública no Brasil, está atrelada a um contraditório processo de democratização, cheio de ambiguidades e ainda inconcluso.

Esse processo de democratização está inserido em um contexto de reforma do Estado, onde os conselhos, em geral, se tornaram parte da vida política local, se transformando em fenômeno nacional, desde a década de 90 do século XX, década também conhecida como a "década dos conselhos". Além do fenômeno de ampliação desses espaços, essa década também foi caracterizada por outras experiências participativas e de deliberação no país como, por exemplo, o Orçamento Participativo (OP).

> Cabe lembrar, que a criação e difusão desses novos arranjos institucionais não se constituem em um fenômeno especificamente brasileiro, pois a implantação desses novos espaços vem sendo estimulada por agências multilaterais e organismos internacionais que financiam e formulam políticas públicas desde a Índia à América Latina, passando pela África (OLIVEIRA, 2008, p. 14-15).

Mais do que a participação em fóruns de discussão, os conselhos devem ser entendidos como controle social, ou seja, devem se constituir pelo acompanhamento da realização de despesas por parte dos gestores públicos, em outras palavras, fiscalização do planejamento para uso dos recursos públicos e participação na elaboração do orçamento que constituirá os gastos do governo.

Além do controle durante o planejamento dos recursos, a sociedade deve estar atenta ao uso dos recursos públicos, observando o seu destino e sua correta aplicação para o interesse social. O controle social se compõe de forma efetiva no monitoramento e fiscalização da gestão pública se constituindo em um mecanismo de prevenção da corrupção e defesa dos interesses pessoais, familiares e sociais, pois os recursos públicos devem atender aos interesses de toda a sociedade. É um direito de cada cidadão e da sociedade com um todo.

Na teoria política contemporânea, o debate a respeito da democracia tem como um de seus alicerces a discussão sobre a garantia institucional para uma ampla participação no processo de deliberação pública, especificamente daqueles que serão afetados pelas decisões que serão tomadas. Assim, observa-se que espaços públicos institucionalizados como os conselhos gestores podem garantir um mínimo de participação que venha a viabilizar o que os cientistas políticos chamam de *accountability*.

3. OS CONSELHOS GESTORES E A *ACCOUNTABILITY*

A *accountability*, conceito sem tradução, pode ser observada nos conselhos gestores quando entendidos como instrumentos de gestão pública participativa. De acordo com Scheder (*apud* CARNEIRO, 2000, p. 1), a compreensão sobre o que é a *accountability* pode ser discutida em duas dimensões ou conotações específicas: a do retorno ou prestação de contas das atividades governamentais para a sociedade e a das ações de sanção para os sujeitos que violaram deveres públicos. Neste sentido, pode-se identificar que uma noção que se caracteriza pela "capacidade de resposta" e pela "capacidade de punição". A capacidade de resposta seria a obrigação dos oficiais públicos em informar e explicar os seus atos – entendo-se aqui a obrigação como ação anterior à exigência da população. Já a capacidade de punição seria a definição de sanções e a perda de poder daqueles que violem deveres públicos.

Essa configuração pressupõe a existência de poder e o controle do mesmo. Seguindo esse raciocínio Schedler (1999) identifica uma terceira dimensão da *accountability*, intimamente ligada à dimensão da prestação de contas, que é a da justificativa das ações governamentais. As dimensões da prestação de contas e a de sanção possibilitam que o governo seja transparente e permitem que ocorra o acompanhamento por parte da sociedade. À essa capacidade de resposta, atrelada à capacidade de punição e à prestação de contas, designa-se aqui como processo de publicização, que cria oportunidades para um maior envolvimento e consequente participação, como também estimula um possível controle do governo por parte da sociedade.

Carneiro (2000) aponta neste sentido para dois outros conceitos, também sem tradução para o português que derivam da *accountability*: o de *enforcement*, que aqui se pode identificar como a capacidade de impor sanções e o de *ansewerability*, que se refere à capacidade de resposta. A primeira ideia está atrelada ao controle de abuso de poder, ou seja, sujeitar o poder ao exercício das sanções, enquanto a segunda engloba a relação entre a informação sobre as decisões governamentais e a necessidade dos governantes explicarem suas decisões e a própria divulgação delas.

Para definir os alvos da *accountability*, inicialmente, é preciso entender que o seu exercício só tem sentido se está voltada ao espaço público de maneira que preserve suas dimensões de informação, justificação e sanção. E assim, outra necessidade premente se refere às distinções entre os conceitos de *accountability* vertical, horizontal e societal.

O conceito de *accountability* vertical está atrelado ao mecanismo do voto na garantia da representatividade, além de possibilitar a análise da capacidade de governança, já o conceito de *accountability* horizontal se refere à possibilidade do controle mútuo dos poderes que se auto fiscalizam e segundo O'Donell, está mais ligado à existência de,

> agências estatais que têm o direito e o poder legal e que estão de fato dispostas e capacitadas para realizar ações, que vão desde a supervisão de rotina a sanções legais ou até o impeachment contra ações ou emissões de outros agentes ou agências do Estado que possam ser qualificadas como delituosas (O'DONELL, 1998, p. 40).

A *accountability* societal, entendida como mecanismo de controle não eleitoral e que utiliza instrumentos institucionais e não institucionais, permite a avaliação de políticas, procedimentos e de governantes, diferente da vertical, que avalia plataformas e resultados, sem permitir analisar governantes específicos.

Assim, pode-se dizer que nem a *accountability* horizontal ou a vertical, apesar de imprescindíveis para a agenda democrática, garantem de forma completa a legitimidade da democracia, pois como indica Carneiro (2000), as eleições e os mecanismos de *checks and balances*,[6] possibilitados pela separação de poderes, não viabilizam a ideia implícita de soberania popular ensejada na democracia, já que:

> Diferentemente da *accountability* horizontal e vertical, os agentes da *accountability* societal apresentam diferenças quanto aos recursos que dispõem, uma vez que não possuem segundo essa definição, mandato para sanções legais, mas apenas simbólicas, ainda que algumas ações dessa forma de controle possam gerar sanções legais. Essa limitação da qualidade do constrangimento a ser exercido pelos mecanismos de *accountability* societal, retirando daí a capacidade de ação direta desses mecanismos na gestão governamental constitui, a meu ver, uma limitação para a compreensão dos conselhos, por exemplo, como instrumentos de uma *accountability* ampliada (CARNEIRO, 2000, p. 6).

Além do conceito de *accountability*, uma vez que os conselhos gestores atuam sobre a formação da opinião pública local, estes conselhos podem ser apresentados como exemplos de esfera pública local ativa e como espaços em que os conflitos sociais e políticos são tematizados e ganham ressonância no corpo da sociedade e na esfera administrativa municipal.

Aqui os conselhos gestores são considerados como espaços *possíveis* de construção de novas relações políticas para criar "condições para construção de correntes de opinião pública e uma nova cultura política, crítica e participativa. Espaços que possam delimitar novas relações de poder" (ALMEIDA, 2002, p. 4).

Um aspecto importante diz respeito ao fato de que a implantação dos conselhos gestores[7] de forma mais ampla e os conselhos municipais de forma mais específica são instrumentos do governo, mas que têm a inserção de grupos e indivíduos que representam o Estado e também aqueles que representam a sociedade

---

6   Expressão da Ciência Política que se refere aos acordos, trocas e negociações realizadas entre duas ou mais partes.

7   Aqui se chama a atenção para existência de conselhos gestores atrelados aos governos estaduais e mesmo às conferencias setorizadas: as Conferências locais (municipais e/ou estaduais), assim como nacionais, que são organizadas pelo Estado na promoção de um debate com participação da sociedade civil, setores organizados da economia e órgão públicos, para proposição deliberativa de propostas coletivas de políticas públicas em setores como: educação, saúde, meio ambiente, ciência e tecnologia, segurança pública, assistência social etc.

civil, sendo, portanto capazes de tencionar a proposta institucional dos conselhos e de transformá-los.

É exatamente dessa forma que os conselhos se institucionalizam, já que quando cumprem a legislação, que exige instrumentos de gestão pública participativa, cada prefeitura tem como principal objetivo, uma administração "democrática e popular" – que prega a inversão de prioridades e a promoção da participação da sociedade. Aqui, chama-se a atenção para o conceito de empoderamento, ou seja, uma forma de consciência política que faz a crítica das desigualdades e injustiças existentes, mas, ao mesmo tempo, é capaz de ver na ação coletiva a forma de alcançar reformas progressivas (SOUZA, 2001).

Marques *et al* (2006) chamam a atenção para o fato de que, o que para alguns estudiosos pode ser considerado como formas de aumentar a eficiência dos governos com consequências de aumento de justiça social – ou seja, o acesso de pessoas e grupos historicamente excluídos ao processo decisório – também pode ser compreendido como retórica de governante, políticos que tentam manipular a sociedade e o Estado

Admitindo-se que a experiência dos conselhos gestores, bem como seus resultados, possam ser induzidos e coordenados pelos governos, é importante frisar que suas dinâmicas não são conjuntos consolidados de visões ou valores, não são, portanto, estáticos. Também de acordo com Marques *et al* (2006), seu processo é dinâmico, "alterando-se de forma permanente segundo a correlação de forças atuantes na sociedade, tanto civil, quanto política, proporcionando um campo de disputa permanente, que busca a formação de consensos, legitimidade e direção" (MARQUES *et al*, 2006, p. 5).

Pode-se dizer que os conselhos gestores se inserem no processo de construção da sociedade civil. Isto, entendendo-se a sociedade civil, desde a concepção que trata o termo como processo de privatização – implicando a expansão do mercado e a limitação do Estado – passando pela noção liberal da corrente humanista – que atribui ao espaço da sociedade civil o processo de aprofundamento da participação comunitária em projetos públicos, que aumentam a performance do governo e sua aceitação pública – até a noção de cunho gramschiniano. Esta, apesar de manter a concepção da sociedade civil distinta do Estado, desloca-a da esfera de base material para a esfera superestrutural, passando a concebê-la como o lugar da formação do poder ideológico (distinto do poder político, no sentido estrito) e dos processos de legitimação da classe dominante (BOBBIO, 2002).

Desse modo, é possível compreender os conselhos gestores como variáveis capazes de viabilizar o aperfeiçoamento dos processos deliberativos democráticos, inclusive na criação de esferas públicas locais ativas, democráticas e com participação popular.

Levando em consideração que sua concepção básica se estrutura no aparato estatal da elaboração e da gestão de políticas sociais, a função dos conselhos gestores adquire uma capacidade de interferir em agendas políticas, podendo influenciar em ações e metas governamentais, já que têm uma estrutura legalmente definida e institucionalizada.

4. OS CONSELHOS GESTORES COMO ESFERAS PÚBLICAS DE PARTICIPAÇÃO

Há autores como Houtzager; Gurza Lavalle; Acharya, (2004) que consideram os conselhos gestores como instrumentos que permitirão aumentar a eficiência dos governos, e trarão como consequência um aumento de justiça social – entendida aqui como o acesso de pessoas e grupos que historicamente foram excluídos do processo decisório.

Há, porém, outros teóricos como Almeida (1999, 2002), para os quais a importância dos conselhos como instrumentos de gestão pública participativa servem de simples retórica de governantes, bem como meios de manipulação e busca de manutenção do poder para aqueles que "são" o Estado.

Entretanto, mesmo na estrutura administrativa do Estado, há segmentos políticos com interesses distintos e que envidam esforços para oportunizar uma relação de forças mais equilibrada dentro dele, já que estes conselhos proporcionam a inserção de grupos e indivíduos capazes de tencionar a proposta institucional com interesses e valores diferentes.

Os conselhos gestores, como, por exemplo, os conselhos de educação e de saúde, por serem instrumentos obrigatórios definidos pela legislação brasileira fazem com que prefeitos e secretários municipais "não tenham alternativas", e que "criem" e mantenham em funcionamento esses conselhos. Isso porque o processo de descentralização das políticas sociais, promovido pelo governo federal, fez com que os mesmos se tornassem peças chaves na estrutura dos municípios e seus serviços públicos, indispensáveis legalmente para autorização de repasse dos recursos federais para os municípios.

Como discute Otair de Oliveira, os conselhos adquirem "novo sentido e papel a partir da Constituição de 1988, na medida em que aponta para a autonomia dos municípios na organização dos seus próprios sistemas municipais de educação dentro do princípio da gestão democrática" (2008, p. 118).

Mas enquanto essa autonomia se estrutura, na relação entre municípios e governo federal, as relações estabelecidas entre os membros dos conselhos – representantes da sociedade e representantes do governo municipal (Estado) – não têm condições de autonomia efetiva. Isso porque a disputa pelo poder dentro dos fóruns de deliberação que se constituem os conselhos, apesar de serem perpassadas por valores e interesses distintos, estão envolvidos por significados históricos e formais do papel do Estado no processo decisório.

Ao mesmo tempo não se pode inferir que todas as deliberações, decisões e ações dos conselhos sejam sempre induzidas e coordenadas pelos governos, já que a presença de atores distintos, representantes de instituições diversas, compõe uma dinâmica que não é um conjunto consolidado de visões ou valores, não sendo então, algo estático e imutável.

Esse dinamismo, não apenas desejado, mas percebido – mesmo que em poucas situações – altera-se constantemente em função da correlação de forças que perpassam a sociedade, viabilizando um campo de disputa permanente, que atrai consensos, procura legitimidade e pretende dar e ter direção. Disto depreende-se, que instrumentos de gestão pública participativa como os conselhos gestores se inserem no processo de construção da sociedade civil.

Assim, é possível compreender os conselhos gestores, como variáveis capazes de viabilizar o aperfeiçoamento dos processos deliberativos democráticos, inclusive na criação de esferas públicas locais ativas, democráticas e com participação popular.

Aqui algumas considerações merecem ser realizadas para indicar a importância da noção de opinião pública para a análise das relações entre os conselhos gestores, a sociedade civil e a revigoração da esfera pública.

A constituição da opinião pública e da vontade política está, irremediavelmente, ligada à presença de uma esfera pública discursiva (MARQUES *et al,* 2006). A esfera pública é entendida então como uma arena para a percepção, identificação e tratamento dos problemas de toda sociedade, sendo ainda o espaço para os cidadãos, de forma coletiva, se engajarem no debate e na justificação dos conteúdos normativos da política (HABERMAS, 1997). Mais do que isso, "se constitui como o espaço da formação de uma opinião pública política, crítica e de legitimidade democrática" (MARQUES *et al,* 2006, p. 6).

É a opinião pública constituída criticamente, na esfera pública discursiva, que legitima a vontade política. No contexto de uma democracia eletiva representativa, como é a brasileira, essas questões trazem à tona, possibilidades de análises como as que veem a crise de legitimidade dos regimes representativos como uma expressão da percepção de parte da população do descompasso entre os seus interesses e vontades com as ações de seus representantes políticos (HANSEN, 2006).

Essa opinião pública, de acordo com Hansen (2006), é formada criticamente nos contextos comunicativos formais e informais de um público racional de pessoas privadas, e assim, proporciona identificar que as prescrições normativas e as ações políticas executadas e instituídas pelo Estado, se constituem legitimamente em nome do corpo social, de forma que geram um movimento circular intrínseco fazendo com que recaiam sobre ele próprio durante o processo.

O fato de o sistema político, que é estruturado no Estado de direito, diferenciar-se internamente em domínios do poder administrativo e comunicativo, é outra questão importante. O sistema político então está aberto ao "mundo da vida" habermasiano, aqui entendido como o mundo da reprodução simbólica, que se constituem como espaços da cultura, das instituições e da socialização dos indivíduos.

Na medida em que o sistema de ação político está embutido em contextos do mundo da vida, a elaboração institucionalizada da vontade e da opinião precisa estar sustentada em contextos comunicacionais informais da esfera pública, nas associações e na esfera privada (HABERMAS, 1997, p. 84). Para que sejam democraticamente legítimas, a formação da opinião e da vontade institucional deve incorporar as demandas e opiniões emergentes da sociedade civil.

São as posições contrárias e favoráveis às questões discutidas que proporcionam a delimitação da esfera pública, sendo os argumentos e as informações, elaborados como opiniões focalizadas. São essas opiniões, o modo como são construídas e a repercussão que provocam, que se transformam em opinião pública.

> Para Habermas, uma opinião pública não é representativa no sentido estatístico, não podendo, pois, ser confundida com os resultados de pesquisas de opinião: ela não constitui um agregado de opiniões individuais, pesquisadas uma a uma ou privadamente manifestas. Desse modo, a rigor, a opinião pública não poder ser medida estatisticamente, podendo-se, apenas, isolar as tendências de opinião que concorrem, num determinado contexto, para a formação social da opinião (MARQUES *et al*, 2006, p. 7).

Ao atuarem como espaços da formação democrática da opinião e da vontade, as esferas públicas da sociedade civil, como as constituídas nos conselhos municipais e outros conselhos gestores, tornam-se as instâncias geradoras de poder legítimo. Esse poder, gerado a partir do debate, da racionalidade se apresenta como interlocutor do poder administrativo possível não só por seu caráter normativo, mas porque esse é resultado do primeiro.

Hansen (2006) chama atenção para o papel que as estruturas comunicativas da opinião pública têm nos processos de legitimação do poder administrativo ao lidar racionalmente com os atos do sistema político. Para a autora, é no controle do exercício do poder político que a noção de esfera pública proporciona as condições de garantia das liberdades em sociedades em que um subsistema especializado (o sistema político) produz decisões com poder obrigatório para todos.

Na análise de instrumentos de gestão pública participativa, entre eles os conselhos municipais, há três questões sobre a concepção do espaço público dentro da sociedade civil sobre os quais é necessário refletir. O primeiro deles é o de "implementação", isto é, apesar de governos criarem mecanismos de participação na tentativa de integrar grupos desfavorecidos para que tenham voz e voto em processos decisórios, os mais poderosos desenvolvem ações e discursos que impedem a participação desses grupos. O segundo problema é o da "desigualdade", entendo-se aqui a desigualdade socioeconômica que deixa um abismo sobre a compreensão de conceitos, leis entre outras questões que são dificultadas pelo acesso à informação e conhecimento formal.

Já o terceiro problema é o da cooptação, e aqui entendido como principal problema pois, "mesmo que os espaços de participação sejam genuinamente representativos, o desequilíbrio entre o governo e os participantes, no que se refere ao controle da informação e dos recursos, faz com que a participação seja manipulada pelos membros do governo" (SOUZA, 2001, p. 7).

A sociedade civil, entendida como um espaço de construção de um senso coletivo de obrigações sociais pode ser tratada como uma esfera solidária que tem responsabilidades sociais. Quando se relaciona com o estado, a sociedade civil se amplia e contribui com os processos que legitimam o poder estatal. Pode se observar que,

> se por um lado a inclusão na agenda do Estado de temáticas e demandas oriundas das classes populares impõe ao Estado um caráter contraditório e fragmentado, por outro é essa permeabilidade que possibilita vislumbrar novos espaços de democratização social e política, a exemplo

> do novo espaço público denominado público não-estatal, (onde se situam os fóruns, conselhos, OP) que define redes e articulações, entre a sociedade civil e representantes do poder público, para a gestão de parcelas da coisa pública que dizem respeito ao atendimento das demandas sociais. (MARQUES *et al*, 2006, p. 9).

Vale realizar aqui uma ênfase aos fóruns de participação e aos fóruns de decisão. Ambos são espaços importantes de deliberação com participação popular, diferenciam-se, porém no seguinte aspecto: enquanto os fóruns de decisão costumam ser mais restritos aos populares, os fóruns de participação possuem um maior número de populares.

A participação e o envolvimento dos grupos partícipes nos fóruns de participação proporcionam a deliberação destes, de forma a produzir ressonâncias no corpo político, gerando respostas da administração pública, caracterizando a relação entre os conselhos e a gestão pública. As cidades, enquanto espaço territorial, trazem em si a conformação de espaços públicos deliberativos. O planejamento local e municipal, por sua reduzida escala territorial "tende a ter uma grande proximidade do cidadão e seus problemas e uma grande aderência aos instrumentos institucionais de gestão e intervenção". Essa relação espacial dos cidadãos com a cidade facilita o envolvimento na vida pública e que se envolvam melhor em mecanismos de participação da população "comprometendo a sociedade com as decisões e com as iniciativas e prioridades, viabilizando, portanto, a mobilização das energias da sociedade" (BUARQUE, 1999, p. 33).

Na medida em que os atores sociais, os grupos partícipes têm acesso às informações, possuem dados adequados para atuar efetivamente nos fóruns de decisão nos quais estão inseridos – sejam eles os conselhos, audiências públicas, ou plenárias do OP – estes espaços podem se tornar pragmaticamente verdadeiras esferas públicas democráticas ao debater, decidir e propor ações em seu âmbito de atuação.

Assim, pode-se dizer que os conselhos gestores podem ser abordados como instâncias constituintes do processo de construção de uma esfera pública discursiva, de legitimidade democrática e com participação popular.

Entendendo os conselhos enquanto recursos institucionais, capazes de se tornarem novas esferas públicas, também é possível interpretá-los como espaços de revitalização da democracia. Ou seja, como instâncias capazes de atender às prescrições e às demandas normativas de visões sobre a democracia que estão circunscritos dos problemas efetivados pela necessidade que o Estado tem de oferecer respostas à sociedade através de mecanismos de participação popular no gerenciamento público e na esfera política.

A concepção de cidadania que permite a participação abrange a noção de direitos civis e políticos que o cidadão exerce em face de um Estado ou cidade-estado, ou a condição de ser cidadão/cidadã em face de um corpo social organizado. De acordo com Freitag (2002), a ideia adquirida da Antiguidade, de que a cidadania está atrelada ao direito de participação política nos negócios da *polis*,[8] conduz a elaboração dos instrumentos jurídicos pertinentes à questão da cogestão e corresponsabilidade, como é o caso do Estatuto da Cidade.[9]

Este estatuto garante como prerrogativa de cidadania a cogestão, que é também uma das prerrogativas dos conselhos municipais.

> Os organismos gestores das regiões metropolitanas e aglomerações urbanas incluirão obrigatória e significativa participação das populações e de associações representativas dos vários segmentos da comunidade, de modo a garantir o controle direto de suas atividades e o pleno exercício da cidadania (FREITAG, 2002, p. 221).

Já de acordo com Almeida (1999), esferas de participação da cidadania, como as constituídas pelos conselhos gestores, estão proporcionando a construção de uma nova esfera pública que interfere na democracia. Isso se for possível acreditar que uma opinião pública ativa tem condições de ser construída não apenas "formando opinião *na* esfera pública política, mas também sobre os canais de debate, sobre os poderes deliberativos (o que deliberar) e formas deliberativas (como deliberar) pertinentes a esta esfera e suas instâncias" (ALMEIDA, 1999, p. 13). Assim, estariam combinados mecanismos participativos que ampliam os instrumentos de representação, viabilizando a cogestão pública.

5. CONSIDERAÇÕES FINAIS

A participação pode ser trabalhada conceitualmente como direito, já que não pode existir democracia se não houver formas de participação. Os conselhos

---

8   Cidade.

9   O Estatuto da Cidade define os parâmetros que devem orientar a política urbana, e entre suas 16 diretrizes constantes do artigo 2º, a segunda merece destaque "por meio da participação da população e de associações representativas dos vários segmentos da comunidade, na formulação, execução e acompanhamento de planos, programas e projetos de desenvolvimento urbano" (FREITAG, 2002: 220-221).

gestores mostram-se importantes instrumentos de participação no Brasil e a existência deles pode e deve ir além da mera obrigatoriedade para recebimento de verbas nas áreas específicas que representam. A função primordial destas instituições é, em realidade, possibilitar a participação direta dos cidadãos em relação às ações do governo em instância municipais e estaduais. Os conselhos são assim, instrumentos que possibilitam a cogestão pública, o controle por parte da sociedade das realizações do poder público, que podem contribuir para a construção da legitimidade democrática com a participação popular.

É necessário salientar que a participação como direito se exerce enquanto cidadania, pois se viabiliza, por um lado, as interferências no Estado, por outro lado pode exigir do Estado o respeito e a plena concretização dos direitos.

Os princípios de pluralidade e paridade são necessários na busca de um equilíbrio numérico e político na composição dos conselhos no tocante à diversidade de setores representantes da sociedade civil, bem como diferentes instâncias do poder público. Além disso, é preciso salientar que Estado e sociedade civil possuem representatividade nos conselhos através de suas organizações, mas possuem interesses e valores distintos, por vezes antagônicos, e que geram uma pluralidade além da dicotomia entre Estado e sociedade ao refletir-se nas clivagens internas de cada um destes, assim como a questão numérica e o equilíbrio nas tomadas de decisões. A institucionalização dos conselhos e de outras formas de gestão pública no Brasil está atrelada a um contraditório processo de democratização, cheio de ambiguidades e em processo.

Não menos importante é natureza pública dos acordos realizados no próprio conselho já que a relação entre conselheiros (representantes do governo e da sociedade civil) diz respeito à publicidade, fator diferenciador do processo onde se percebe a distinção da troca de favores, de práticas clientelísticas e de ações de cooptação. Essas questões levam à reflexão sobre os limites e os desafios dos conselhos no que diz respeito a sua efetividade em prol da democratização e do alcance da finalidade para a qual existem.

O que se conclui é que apesar de importantes para o avanço democrático a existência legal dos conselhos e a caracterização/definição de suas funções não garantem a efetiva ação desses organismos públicos de acompanhamento e controle social.

Não é ponto pacífico entre os principais autores que estudam a temática a relação de que quanto mais conselhos envolvidos na gestão pública houver, maior será a participação social e maior democratização da gestão pública será viabilizada. Esse processo de democratização está inserido em um contexto de reforma do Estado, onde os conselhos, em geral, se tornaram parte da vida política.

Mesmo assim, é possível indicar que a elaboração de uma esfera pública sustentada na cidadania está intrinsecamente relacionada ao envolvimento da sociedade civil e à sua participação. Isso significa dizer uma participação que vá além dos procedimentos de *accountability*, ou seja, da prestação de contas das atividades governamentais para a sociedade e a das ações de sanção para os sujeitos que violaram deveres públicos. Entretanto, essa participação também deve estar alicerçada no debate e na deliberação como formas de entender as necessidades do "outro" e permitir a convivência pacífica entre os diversos de deferentes interesses.

Aqui a discussão sobre o direito de participação realizada através dos conselhos gestores como forma de controle das ações do governo por parte da sociedade, permite observar que essa participação – legalizada pelo Estado, como mecanismos institucionais – legitima a relação entre Estado e sociedade civil através de deliberações na esfera pública que possibilitam à sociedade uma chance real de controle nos diversos sentidos da *accountability* de forma a possibilitar o controle mais efetivo da administração pública em espaços que revitalizam a democracia.

REFERÊNCIAS BIBLIOGRÁFICAS

ABRAMOVAY, R. "Conselhos além dos limites". *Revista Estudos Avançados* (Dossiê Desenvolvimento Rural), São Paulo, USP, vol. 15, nº 43, set./dez. 2001, p. 121-141.

ALMEIDA, Jorge. "Convergencia tecnológica, espacio público y democracia". Trabalho apresentado no *Colóquio Bugs 2001 – Globalismo e Pluralismo*, Montreal, abr. 2002.

_____. "Mídia, opinião pública ativa e esfera pública democrática". *Comunicação & Política*, Rio de Janeiro, vol. 6, nº 1, jan.-abr. 1999.

BOBBIO, N. *Elogio da serenidade. E outros escritos morais*. São Paulo: Editora Unesp, 2002.

BORDIGNON, Genuíno. *Gestão da Educação no Município: sistema, conselho e plano*. São Paulo: Ed. e Livraria Instituto Paulo Freire, 2009(a).

BORDIGNON, Genuíno. *Sistema Nacional Articulado de Educação: o papel dos Conselhos de Educação*. Disponível em: <http://conae.mec.gov.br/images/stories/pdf/artigo_genuino.pdf>. Acesso em: 27 nov. 2009(b).

BUARQUE, Sergio C. *Metodologia de Planejamento do Desenvolvimento Local e Municipal Sustentável*. Material para orientação técnica e treinamento de multiplicadores e técnicos em planejamento local e municipal – Projeto de Cooperação Técnica Incra/IICA, 1999.

CHAIA, Vera; TOTORA, Silvana. "Conselhos Municipais: descentralização, participação e limites institucionais". In: BOGUS, L.; RIBEIRO, L. C. Q. *Cadernos Metrópole*, São Paulo, nº 8, Educ, 2002.

CARNEIRO, C. B. L. "Governança e accountability: algumas notas introdutórias". *Texto para Discussão*, nº 13. Belo Horizonte: Fundação João Pineiro, 2004.

CORTES, Soraya. "Fóruns participativos e governança: uma sistematização das contribuições da literatura". In: LUBAMBO, Cátia; COELHO, Denílson; MELO, Marcus A. (orgs.). *Desenho institucional e participação política: experiência no Brasil contemporâneo*. Petrópolis: Vozes, 2005.

CONTROLADORIA GERAL DA UNIÃO – CGU. *Controle social: programa olho vivo no dinheiro público*. Brasília, 2008. Disponível em: <http://www.portalzinho.cgu.gov.br/canal-do-professor/controlrSocialFinal.pdf>. Acesso em: 27 nov. 2009.

DAGNINO, E. "Sociedade civil, espaços públicos e a construção democrática no Brasil: limites e possibilidades". In: DAGNINO, E. (org.). *Sociedade civil e espaços públicos no Brasil*. Rio de Janeiro: Paz e Terra, 2002, p. 279-301.

FREITAG, Barbara. *Cidade dos Homens*. Rio de Janeiro: Tempo Brasileiro, 2002.

FUKS, Mario & PERISSINOTTO, Renato. "Recursos, decisão e poder: conselhos gestores de políticas públicas de Curitiba". *Revista Brasileira de Ciências Sociais*, vol. 21, nº 60, fev. 2006, p. 67-81. Disponível em: <http://www.scielo.br/scielo.php?script=sci_arttext&pid=S0102-69092006000100004&lng=pt&nrm=iso>

GOHN, M. G. M. "O papel dos conselhos gestores na gestão urbana". In: *Repensando a experiência urbana na América Latina: questões, conceitos e valores*. Buenos Aires: Clacso, 2000.

GURGEL, Claudio & JUSTEN, Agatha. "Controle social e políticas públicas: a experiência dos Conselhos Gestores". *Revista de Administração Pública* [on-line], vol. 47, nº 2, 2013, p. 357-378.

HABERMAS, Jürgen. *Direito e democracia: entre facticidade e validade*. Vol. I. Rio de Janeiro: Tempo Brasileiro, 1997 (Biblioteca Tempo Universitário, 101).

HANSEN, Messiluce da R. *Esfera pública, democracia e jornalismo: as representações sociais de cidadania em "Veja" e "IstoÉ"*. São Cristóvão: Editora UFS, 2006.

HOUTZAGER, Peter P.; GURZA LAVALLE, Adrián; ACHARYA, Arnab. "Atores da sociedade civil e atores políticos: participação nas novas políticas democráticas em São Paulo". In: AVRITZER, Leonardo (org.). *A participação em São Paulo*. São Paulo: Editora Unesp, 2004, p. 257-322.

LABRA, Maria Eliana. "Conselhos de saúde. Visões 'macro' e 'micro'". *Civitas – Revista de Ciências Sociais*, vol. 6, nº 1, 2006.

MARQUES, V. T. *et al.* "Estrutura formal do orçamento participativo: categorias para compreensão no caso Aracaju". *Revista Eletrônica Urbanidades*, UnB, 2006.

_____. *Gestão pública participativa em Aracaju: apoio técnico ao executivo local*. Relatório de Projeto de Extensão, UFS, 2008.

MARQUES, Verônica Teixeira. *Conselhos Municipais de Educação e Democracia: relações entre Estado e Sociedade nos Conselhos Municipais de Educação em Sergipe*. Tese (doutorado) – UFBA, Salvador, 2009.

_____. "Democracia e participação como direito". In: BERTOLDI, Márcia R.; OLIVEIRA; Kátia C. S. de (coords.). *Direitos Fundamentais em construção: estudos em homenagem ao ministro Carlos Ayres Britto*. Belo Horizonte: Fórum, 2010.

MOURA, J. T. V.; MONTEIRO, L. M. "Democratização ou assimetria da representação: notas sobre os Conselhos Estaduais de Segurança Alimentar e Nutricional". *Política & Sociedade* [on-line], vol. 9, 2010, p. 115-150.

O'DONNELL, Guilhermo. "*Accountability* horizontal e novas poliarquias". *Lua Nova*, 44, 1998.

OLIVEIRA, Otair Fernandes de. *O Conselho Municipal de Educação no Brasil: práticas políticas e deliberação pública em Nova Iguaçu*. Tese (doutorado) – Instituto de Filosofia e Ciências Humanas, Uerj, Rio de Janeiro, 2008.

SANTOS JÚNIOR, O.; AZEVEDO, S.; RIBEIRO, L. C. Q. (orgs.). *Governança democrática e poder local: a experiência dos conselhos municipais no Brasil*. Rio de Janeiro: Revan/Fase, 2004.

SCHEDLER, A. "Conceptualizing accoutability". In: SCHEDLER, A.; DIAMOND, L.; PLATTNER, M. F. (eds.). *The self-restraining state: power and accountability in new democracies*. Londres: Lynne Riemer, 1999.

SOUZA, Celina. "Construção e consolidação de instituições democráticas: papel do orçamento participativo". *São Paulo em Perspectiva*, São Paulo, vol. 15, nº 4, 2001.

Disponível em: <http://www.scielo.br/scielo.php?script=sci_arttext&pid=S0102883 92001000400010&lng=en&nrm=iso>. Acesso em: 19 nov. 2006.

SIPIONI, Marcelo E. & SILVA, Marta Z. "Reflexões e interpretações sobre a participação e a representação em conselhos gestores de políticas públicas". *Revista de Sociologia e Política*, vol. 21, nº 46, jun. 2013, p. 147-158.

TATAGIBA, Luciana. "Os conselhos gestores e a democratização das políticas públicas no Brasil". In: DAGNINO, Evelina (org.). *Sociedade civil e espaços públicos no Brasil*. São Paulo: Paz e Terra, 2002, p. 47-103.

TEIXEIRA, E. C. "Movimentos sociais e conselhos". *Cadernos Abong*, nº 15, jul. 1996, p. 7-20.

ZAMBON, Vera D. & OGATA, Márcia N. "Controle social do Sistema Único de Saúde: o que pensam os conselheiros municipais de saúde". *Revista Brasileira de Enfermagem* [on-line], vol. 66, nº 6, 2013, p. 921-927.

SOBRE O AUTOR

VERONICA TEIXEIRA MARQUES é Doutora em Ciências Sociais pela UFBA, mestre em Ciência Política pela UFPE e graduada em Ciências Sociais pela UFS. Atualmente é pesquisadora do Instituto de Tecnologia e Pesquisa (ITP), do Núcleo Interdisciplinar de Pós-Graduação do Centro Universitário Tiradentes – Unit/Maceió, da Graduação em Direito e do Programa de Pós-Graduação em Direito da Universidade Tiradentes – Unit/Aracaju. Também é Líder do Grupo de Pesquisa "Políticas Públicas de Proteção aos Direitos Humanos- CNPq", pesquisadora do Núcleo de Análises e Pesquisas em Políticas Públicas de Segurança e Cidadania/Napsec da SSP/SE, com experiência em planejamento e gestão na área de Projetos de Pesquisa, atuando nas áreas de políticas públicas e controles democráticos, direitos humanos, gestão pública participativa, democracia, orçamento participativo e participação popular. Contato: veronica.marques@hotmail.com

A INTERFACE ENTRE OS REGIMES INTERNACIONAIS E A FORMAÇÃO DA AGENDA DOMÉSTICA: ANÁLISE DA FORMULAÇÃO DO PROGRAMA NACIONAL DE DIREITOS HUMANOS NO BRASIL

ALESSANDRA GUIMARÃES SOARES

ANA CLÁUDIA NIEDHARDT CAPELLA

INTRODUÇÃO

Todos os dias surgem diversas questões oriundas das mais variadas áreas de atuação do Estado, que demandam atenção por parte do governo. As relações cotidianas entre sociedade e Estado tomam a forma de problemas e soluções, demandas e ofertas, necessidades e satisfações. Algumas questões são entendidas pelos tomadores de decisão como prioritárias, enquanto outras, mesmo sendo de interesse vital para certos indivíduos e até mesmo qualificadas como questões de interesse público, podem ser descartadas. Quando obtém êxito em chegar à atenção governamental, essas demandas podem não alcançar prioridade dos formuladores de políticas, recebendo apenas um tratamento de rotina. Para outras questões, os formuladores podem se mostrar imediatamente sensíveis e preocupados. Os meios e mecanismos pelos quais uma questão é reconhecida como prioritária, mobilizando a ação dos formuladores, são investigados nos estudos sobre formulação de políticas, principalmente nas análises que privilegiam a formação da agenda, a primeira e talvez mais crítica fase do ciclo de políticas públicas (KINGDON, 2003).

Simmons (2009) apresenta uma abordagem diferenciada e complementar para o estudo de formulação de políticas. Essa autora destaca o papel exercido pelo cenário internacional na ascensão de um determinado tema na agenda doméstica. A literatura de políticas públicas, de uma forma geral, tende a focalizar processos domésticos para explicar a formulação de políticas, tratando o cenário externo como elemento contextual e não como parte do processo de produção de políticas. No entanto, como Simmons mostra, as instituições internacionais influenciam as agendas domésticas ao sinalizarem prioridades para os governos. Além disso, elas focalizam também a atenção da sociedade em relação a seus direitos, permitindo que essa negocie a partir de uma posição de maior força do que teria em caso de ausência desse compromisso firmado pelo governo no plano internacional.

Nesse sentido, esse estudo busca contribuir para o entendimento do processo de formulação de políticas públicas de direitos humanos no Brasil. Procuramos analisar as formas pelas quais essa política se constitui como uma questão prioritária para o governo, a partir do momento em que passa a fazer parte de sua agenda. Nesse aspecto, é de fundamental importância compreender suas conexões com o regime internacional específico para essa área.

Os direitos humanos no Brasil passaram a ganhar um papel de destaque com a Constituição Federal de 1988 e, desde então, com o auxílio das instituições internacionais que lidam com esse tema, veem adquirindo cada vez mais espaço na agenda política nacional. Já no início da década de 1990, o país aderiu formalmente aos mais importantes instrumentos internacionais na área de direitos humanos, como o "Pacto Internacional sobre Direitos Econômicos, Sociais e Culturais", "Pacto Internacional sobre Direitos Civis e Políticos" e a "Convenção Contra a Tortura e Outros Tratamentos ou Penas Cruéis, Desumanos ou Degradantes". Porém, o reforço necessário para que as instituições democráticas brasileiras se tornassem mais sensíveis a essa temática e mais abertas aos apelos internacionais de garantia e promoção desses direitos, veio apenas após a Conferência de Viena de 1993 (SACAVINO, 2008).

Um dos objetivos dessa Conferência era que os direitos humanos passassem a ser materializados como conteúdo programático da ação dos Estados nacionais e, por essa razão, recomendou-se que os países formulassem e implementassem Programas e Planos Nacionais de Direitos Humanos. Seguindo essas recomendações, foi elaborado no primeiro mandato do governo Fernando Henrique Cardoso (FHC), o Programa Nacional de Direitos Humanos – PNDH I (Decreto nº 1904, de 13 de maio de 1996). Ao elaborar o PNDH I o então presidente integrou a proteção e a promoção dos direitos humanos como política de governo. O conteúdo desse programa, além de ter se inserido dentro dos princípios definidos pelo Pacto Internacional de Direitos Civis e Políticos também seguiu as recomendações da Conferência de Viena de 1993 (BRASIL, 1996).

Assim, o objetivo deste trabalho é analisar a formulação da política brasileira de direitos humanos. Para tanto, partiremos de uma discussão a respeito dos regimes internacionais de direitos humanos do Sistema Universal da ONU (SUONU),[1] de

---

1   O regime de direitos humanos das Nações Unidas, foco de nossa análise, pode ser dividido em várias categorias, sendo duas as principais: Sistema Universal ou global e Sistema Regional. No primeiro os

forma a esclarecer como os arranjos institucionais se estabelecem nessa área. Em seguida, serão apresentadas e debatidas as relações entre regimes internacionais e a agenda doméstica, de forma a esclarecer o processo de formulação de políticas, considerando tanto a literatura acerca dos regimes internacionais, quanto a literatura de políticas públicas. A análise da formulação do PNDH I é desenvolvida nas duas seções seguintes, com base nos modelos teóricos anteriormente abordados e com amparo no estudo empírico que buscou verificar o impacto da agenda externa na formulação do programa brasileiro a partir de dois instrumentos internacionais do SUONU: a VDPA (sigla em inglês para a Declaração e o Programa de Ação de Viena de 1993) e o ICCPR (sigla em inglês para Pacto Internacional de Direitos Civis e Políticos).[2] A escolha desses instrumentos internacionais baseou-se no texto de introdução do próprio PNDH I, o qual informa que a elaboração do programa segue a recomendação da Conferência de Viena e que o mesmo se insere dentro das diretrizes do Pacto Internacional de Direitos Civis e Políticos.

1. BREVES CONSIDERAÇÕES SOBRE OS REGIMES INTERNACIONAIS DE DIREITOS HUMANOS

O sistema internacional tem exercido cada vez maior influência sobre as políticas nacionais, a qual pode ser mais perceptível em políticas públicas diretamente relacionadas ao ambiente externo, como nas áreas de defesa e comércio e em áreas com menor interface com o cenário internacional, como saúde e previdência (HOWLETT & RAMESH, 2003). Assim, para entender a política de direitos humanos desenvolvida no Brasil, torna-se fundamental compreender suas conexões com o regime internacional específico para essa área.

Para compreender os efeitos do sistema internacional na produção de políticas públicas de um país, estudiosos cunharam o termo "regimes internacionais". Esse termo carece de consenso por parte dos teóricos. Porém característica comum que perpassa os trabalhos nessa área é o reconhecimento que os regimes internacionais são instituições socialmente construídas e, ainda mais, mecanismos de concertação política, que tem por objetivo facilitar acordos entre os atores e reduzir os custos de negociação. Ante a ausência de uma definição conceitual sobre regimes internacionais, nesse trabalho,

---

regimes aceitam assinatura, a princípio, de qualquer país (HEYNS, 2006) e no segundo apenas dos países de cada uma das regiões.

2   Esses instrumentos internacionais estão disponíveis em: <http://www2.ohchr.org/spanish/law/>. Acesso em: 20 jan. 2011.

adotamos a definição de Krasner para quem os regimes constituem "princípios, normas, regras e procedimentos para a tomada de decisão, implícitos ou explícitos, em função dos quais as expectativas dos atores convergem em uma determinada área ou tema das relações internacionais" (KRASNER, 1983: 3).[3] O regime internacional de direitos humanos pode ser entendido, portanto, como o conjunto de princípios que regem essa área".

É preciso levar em consideração, no entanto, que os regimes internacionais variam consideravelmente em sua forma, escopo e abrangência, grau de adesão e os instrumentos por meios dos quais são colocados em prática (HAGGARD e SIMMONS, 1987). No caso dos regimes internacionais de direitos humanos, seus arranjos diferem da maioria das outras formas de institucionalização da cooperação internacional. De acordo com Moravcsik (2000) as instituições internacionais geralmente são desenhadas para regular a política externa, porém no caso dos direitos humanos essas instituições regulam as atividades internas dos Estados que, de forma geral, não são garantidas por ações interestatais "A peculiaridade desses regimes [de direitos humanos] reside preferivelmente na capacitação dos cidadãos para agirem judicialmente para contestar as atividades nacionais de seu próprio governo" (MORAVCSIK, 2000, p.217).[4]

Para Simmons (2009), os regimes de direitos humanos são singulares, porque eles são negociados internacionalmente, mas criam partes interessadas quase que exclusivamente no âmbito interno. Na área dos direitos humanos, acordos intergovernamentais são projetados para dar aos indivíduos direitos que, em grande parte, devem ser garantidos e respeitados por seus próprios governos. Ou seja, esses regimes têm impacto sobre a relação entre os cidadãos e o seu próprio governo, pois criam um enorme conjunto de potenciais beneficiários, caso o instrumento internacional entrem em vigor. De acordo com a autora, se os regimes de direitos humanos não têm praticamente quase nenhum interesse relevante entre os Estados em suas relações mútuas, pois a maioria desses acordos simplesmente não têm a capacidade de alterar a política internacional de maneira importante e previsível, o mesmo não ocorre com a política doméstica.

Simmons (2009) entende que os tratados de direitos humanos podem influenciar a política interna de forma muito positiva. Diversamente de outros autores, Simmons vê os atores domésticos não como vítimas sem voz esperando resgate de atores políticos externos altruístas, mas sim como agentes com alguns poderes

3   Tradução nossa.

4   Tradução nossa.

seletivos para escolher as ferramentas que irão ajudá-los a alcançar seus objetivos em relação aos seus direitos. Seu argumento é que

> para cada um dos mecanismos a serem discutidos, o compromisso oficial de um órgão específico do direito internacional ajuda atores locais a estabelecer prioridades, definir o significado, fazer exigências de direitos, e negociar a partir de uma posição de maior força do que teria sido no caso da ausência do compromisso firmado no tratado por seu governo. Os tratados são potencialmente fortes (dão poder), e, presumisse que tanto aqueles que o usariam para reprimir quanto os que o usariam para alcançar liberdades têm um bom reconhecimento desse potencial (SIMMONS, 2009, p. 126).[5]

Apesar da influência das instituições internacionais sobre os processos de produção de políticas públicas no plano doméstico, os estudos que buscam relacionar esses dois fatores na análise de políticas públicas ainda são escassos. O presente estudo busca encontrar elementos teóricos tanto na literatura sobre regimes internacionais quanto na literatura de políticas públicas de forma a permitir a reflexão sobre os efeitos dos regimes internacionais na arena doméstica. Nas próximas seções discutiremos como a formulação de uma política, especialmente o momento da definição da agenda, sofre influências do contexto externo. Por meio da análise empírica, buscaremos verificar em que medida o cenário internacional influenciou a agenda brasileira de direitos humanos.

2. REGIMES INTERNACIONAIS E AGENDA DOMÉSTICA: BASES PARA UM NOVO OLHAR SOBRE A LITERATURA

Simmons (2009) ao levar em conta o papel exercido pelo cenário internacional na ascensão de um determinado tema na agenda doméstica, centra sua análise nos tratados de direitos humanos. Sua discussão é organizada a partir da perspectiva dos atores que podem querer mudança nas políticas e práticas de direitos, para tanto ela considera o papel do Executivo, do Judiciário e dos cidadãos na ascensão de um determinado tema à agenda e também na sua implementação. De acordo com essa autora a chave aqui é a função legitimadora de um compromisso público expresso a um padrão global. Esse compromisso pode ser utilizado estrategicamente por demandantes para melhorar os direitos que eles têm interesse.

---

5   Tradução nossa.

Ou seja, os tratados podem ter uma influência importante na política nacional simplesmente porque eles alteram as prioridades substantivas da agenda legislativa comparado com o que se teria na ausência desse compromisso.

A autora também chama a atenção para o fato que as expectativas em relação ao comportamento de um governo em particular alteram significativamente quando o governo manifesta publicamente seu compromisso em estar legalmente vinculado a um conjunto específico de regras. Nesses casos, os tratados de direitos humanos podem ser considerados, talvez, o melhor instrumento disponível para os Estados soberanos afinarem o foco em determinados comportamentos aceitos e proscritos. Para Simmons (2009) um tratado internacional ratificado pode alterar a agenda doméstica e capacitar agências específicas que tratam de políticas nacionais, pois, em geral, a negociação de um tratado é um evento exógeno ao fluxo de formulação de políticas e legislação nacional. De acordo com essa autora, dificilmente a agenda internacional corresponde exatamente à agenda legislativa doméstica, ao contrário seria uma grande coincidência se um tratado, surgido a partir de processos políticos globais, correspondesse exatamente à agenda legislativa de qualquer governo. Todavia isso não significa que "esses governos se opõem ao tratado, pelo contrário, isto é entender que a extensão, o momento e o teor exato dos tratados globais são exógenos às agendas políticas da maioria dos países" (SIMMONS, 2009: 127).[6]

Segundo Simmons (2009), a ratificação de um tratado internacional pode reorganizar as prioridades de um país e até interferir em suas preferências. Para essa autora, um governo poderia, por exemplo, querer juntar-se à proibição internacional sobre o uso de crianças nas forças armadas, mas não teria feito disso um tema de alta prioridade se o Protocolo Facultativo sobre a Convenção dos direitos das crianças envolvidas em Conflitos Armados não fosse apresentado para consideração pela comunidade internacional. Nesse sentido a decisão de ratificação do instrumento internacional afeta o conjunto de opções políticas de um governo, possivelmente deslocando a reforma de determinados direitos para uma posição mais elevada, do que aquela que teria ocupado na agenda nacional (SIMMONS, 2009). Ou seja, de acordo com essa autora os tratados podem influenciar as prioridades dos legisladores no âmbito doméstico, em especial quando há intensa participação destes em sua elaboração".

Ainda, de acordo com Simmons (2009), em sistemas presidencialistas os tratados podem ter efeitos ainda mais significativos na definição da agenda pois,

---

6   Tradução nossa.

de uma forma geral, nesses sistemas compete ao Executivo negociar os tratados. Isso confere a esse Poder uma maior prerrogativa no que diz respeito a iniciar a agenda legislativa. Nos países em que o Executivo têm fortes poderes institucionais de definição de agenda, a exemplo do Brasil,[7] sua capacidade para inserir na agenda doméstica um determinado tema gerado no cenário internacional pode ser significativa. De acordo com a autora, isso ocorre porque um tratado ratificado fornece ao Executivo uma proposta bastante clara para discutir o *status quo* de uma determinada política, minimizando os problemas dos ciclos legislativos. A existência de um texto com diretrizes reduz o leque de opções disponíveis e oferece ao Executivo um conjunto claro de orientações políticas, isto é, o próprio tratado reforça a capacidade desse Poder para definir a agenda.

A literatura de políticas públicas também destaca o papel do Poder Executivo na definição da agenda doméstica. Os primeiros estudos sistemáticos sobre a formação da agenda governamental foram conduzidos por Cobb e Elder (1972). Os autores buscavam desenvolver uma perspectiva teórica que explicasse como alguns grupos sociais poderiam articular suas demandas e transformá-las em questões capazes de adquirir visibilidade e concentrar a atenção do governo. Tal processo de construção da agenda, fundamental à democracia, foi analisado pelos autores com base na distinção entre dois tipos de agenda: sistêmica e institucional. A agenda sistêmica compreende o conjunto de questões em discussão pela sociedade, num determinado momento. Algumas dessas questões concentrarão a atenção governamental e se moverão para o segundo tipo de agenda identificado pelos autores: a agenda governamental (também denominada agenda institucional ou agenda formal). Em suas explicações sobre a definição da agenda, os autores mostram que algumas questões podem emergir na agenda sistêmica e depois ingressar na agenda governamental (*mobilization model*), mas diversas questões ingressam na agenda a partir do próprio governo (*inside iniciation model*).

Posteriormente aos estudos iniciais de Cobb e Elder, diferentes autores deram continuidade à investigação sobre o processo de formação da agenda. John Kingdon (2003) avança na conceituação de agenda, ao propor uma diferenciação entre o conceito de agenda governamental, tal como definido originalmente por Cobb e Elder (1972) e a noção de agenda decisória. Para Kingdon (2003), uma

---

7   No caso da política de direitos humanos no Brasil, ocorre o mesmo. O Executivo têm maiores poderes de agenda, uma vez que compete a ele a negociação dos atos internacionais no cenário internacional, (arts. 21, I e 84, VIII da CF/88), e ao Legislativo referendar a celebração de tratados pelo Executivo (arts. 49, I, II e 84, VIII, XIX e XX da CF/88). Disponível em: <http://www.planalto.gov.br/ccivil_03/constituicao/constituicao.htm>. Acesso em: 9 maio 2013.

questão passa a fazer parte da agenda governamental quando desperta a atenção e o interesse dos formuladores de políticas. No entanto, dada a complexidade e o volume de questões que se apresentam aos formuladores, apenas algumas questões serão seriamente consideradas num determinado momento. Essas questões compõem a agenda decisória: um subconjunto da agenda governamental que contempla questões que serão consideradas no processo de tomada de decisão pelos formuladores de políticas, ou seja, questões prestes a se tornarem políticas públicas.

Para o autor, "devemos também distinguir entre a *agenda governamental*, o conjunto de assuntos que estão sendo objeto de atenção, e a *agenda decisória*, o conjunto de assuntos dentro da agenda governamental que estão prontos para uma decisão ativa" (KINGDON, 2003: 4).[8] Essa diferenciação se faz necessária, segundo o autor, porque ambas as agendas são afetadas por processos diferentes. O autor argumenta que mudanças na agenda decisória resultam da combinação de três fatores: a forma pela qual um problema é percebido (fluxo de problemas), o conjunto de alternativas disponíveis (fluxo de alternativas ou soluções) e as alterações na dinâmica política e da opinião pública (fluxo político). Já as mudanças na agenda governamental requerem apenas dois dos três fatores acima mencionados: um problema claramente percebido e um momento político favorável (fluxos de problema e político). Uma política pública só tem início, portanto, se uma questão chega à agenda decisória, depois de passar pela agenda governamental.

A análise de Kingdon (2003) sobre a construção da agenda também se afasta da proposição original de Cobb e Elder (1972), que entende a produção de políticas como um processo relativamente ordenado, no qual ao momento da definição da agenda segue-se o processo decisório e, em seguida, a implementação. O modelo de *agenda-setting* desenvolvido por Kingdon (2003) rompe com a lógica de estágios na produção de políticas, propondo um modelo explicativo mais fluído, organizado em torno de fluxos. Para Kingdon, cada um dos três fluxos (*streams*) desenvolve-se de maneira relativamente independente em relação aos demais.

No primeiro fluxo estão questões reconhecidas como problemas e que por esse motivo passam a concentrar a atenção governamental. Alguns mecanismos, como indicadores produzidos sistematicamente (monitoramento de programas governamentais, relatórios de desempenho) e principalmente grandes eventos (desastres, catástrofes, grandes acidentes), contribuem para focalizar a atenção

---

8   Tradução nossa. Grifo do original.

sobre uma questão. No entanto, esses mecanismos não transformam as questões automaticamente em problemas. A interpretação desses eventos e seu entendimento como problemas que demandam ação governamental é que determina o sucesso de uma questão na agenda. No segundo fluxo temos um conjunto de alternativas ou soluções, desenvolvidas por especialistas (pesquisadores, assessores parlamentares, acadêmicos, funcionários públicos, analistas pertencentes a grupos de interesses, entre outros). Essas alternativas, não necessariamente relacionadas à percepção de problemas específicos, circulam por comunidades de *experts*, e enquanto algumas são descartadas, outras sobrevivem podendo chegar à consideração de atores governamentais. Por fim, o terceiro fluxo é composto pela dimensão da opinião pública (percepção geral sobre determinadas questões), das forças políticas organizadas (posicionamento dos grupos de interesse em relação a uma questão, por exemplo) e do próprio governo (mudança de pessoas em posições estratégicas dentro da estrutura governamental, mudanças de gestão, mudanças na composição do Congresso, entre outros fatores).

Em determinadas circunstâncias, esses três fluxos convergem, criando uma possibilidade de mudança na agenda. Em tais oportunidades, um problema é reconhecido, uma solução está disponível e as condições políticas tornam o momento propício para a mudança, permitindo a integração dos três fluxos e possibilitando que questões ascendam à agenda. Quando tais "janelas de oportunidade política" se abrem, entram em cena os empreendedores de políticas, indivíduos dispostos a investir numa ideia e que podem fazer parte do governo (no Poder Executivo, ocupando altos postos ou em funções burocráticas; no Congresso, como parlamentares ou assessores), ou não (participando de grupos de interesse, da comunidade acadêmica, da mídia, por exemplo). Esses indivíduos reconhecem o momento da oportunidade, seu caráter transitório, e agem no sentido de "amarrar" os três fluxos, facilitando o acesso de uma questão à agenda.

O modelo de Kingdon (2003) destaca que a alta administração pública, composta pelo presidente, seus assessores e ocupantes de cargos de direção, geralmente de livre provimento, exercem grande influência sobre a agenda. No poder legislativo, políticos e seus assessores, exercem menor influência. Atores não governamentais, como grupos de interesse, acadêmicos, pesquisadores, consultores, partidos políticos, mídia e opinião pública também participam da definição da agenda de formas distintas. Porém, o autor considera que "nenhum outro ator no sistema político tem a capacidade do presidente em estabelecer agendas numa determinada área de política para todos aqueles que lidam com aquela política" (KINGDON, 2003: 23).[9]

Os estudos sobre a formação da agenda, no campo de políticas públicas, procuram explicar, portanto, como um assunto focaliza a atenção do governo. Sendo assim, esses estudos se debruçam sobre a complexa combinação de fatores que contribuíram para que a atenção dos formuladores de políticas fosse direcionada para um determinado assunto, independente de sua origem (interna ou externa ao contexto nacional). Assim, a relação entre agenda internacional e agenda doméstica não é investigada em profundidade. A literatura sobre os regimes internacionais, por outro lado, ajuda na compreensão das relações entre instituições internacionais e agendas domésticas. Os regimes afetam as agendas domésticas ao promover ou restringir determinadas opções ao formulador de políticas, ajudando a aproximar problemas e soluções. Quando, por exemplo, um determinado tema de direitos humanos é negociado no cenário internacional e um governo participa amplamente dessas negociações, ratificando o tratado e assumindo compromissos de dar efetividade as normas dispostas nesse instrumento, temos um conjunto de alternativas e soluções já delineados por especialistas, e um contexto político favorável à mudança, o que facilita a adoção desse tema no plano doméstico.

Outra forma pela qual os tratados podem influenciar na formulação de uma política pública, de acordo com Simmons (2009), é por meio da mobilização social, através da qual os atores nacionais têm a motivação e os meios para formar e exigir sua efetiva implementação. Tais atores podem influenciar as coalizões políticas, organizar as demandas e promover as práticas do governo, chamando a atenção dos formuladores de políticas para uma questão e facilitando seu ingresso na agenda governamental. Também é possível que na sociedade despontem lideranças na defesa da adoção dos tratados pelo governo. Atuando como empreendedores de políticas, esses atores sociais auxiliam na definição do problema, apontam soluções, e podem propiciar um momento político adequado à ação governamental. Muito embora Simmons trate a questão da *agenda-setting* a partir das perspectivas de que os tratados de direitos humanos podem auxiliar na reorganização dos temas prioritários na agenda governamental, seu argumento não está descolado daquele utilizado por Kingdon. Entendemos que eles se complementam na medida em que os tratados de direitos humanos auxiliam na explicação dos fatores que contribuíram para o ingresso desse tipo de questão na agenda governamental.

---

9   Tradução nossa.

A literatura sobre a formação da agenda governamental desenvolvida na área de políticas públicas procura explicar como o governo prioriza as inúmeras questões às quais está submetido cotidianamente. Por outro lado, a abordagem de Simmons, ao considerar a legislação internacional como um elemento facilitador para a entrada de um determinado tema na agenda governamental, contribui para complementar as análises que tratam da formulação de políticas públicas, que centram-se, sobretudo, na influência dos atores nacionais.

3. INSTITUCIONALIZAÇÃO DA AGENDA GOVERNAMENTAL BRASILEIRA DE DIREITOS HUMANOS

A Conferência de Viena de 1993 foi um dos principais marcos do regime internacional de direitos humanos. Durante sua realização ocorreram vários eventos simultâneos, os quais contaram com a participação de representantes de 171 Estados, mais de 2.000 organizações não governamentais (ONGs) no "Fórum de ONGs" e 814 ONGs denominadas de observadoras na conferência de caráter governamental. Se analisado apenas o aspecto numérico, foi a maior mobilização existente nesse tema, contribuindo para consolidar e promover a importância que os direitos humanos têm para toda a humanidade. O resultado desse trabalho foi a adoção consensual por parte de todos os Estados participantes ao documento final, a Declaração e o Programa de Ação de Viena (ALVES, 2007).

Essa tarefa, contudo, não foi fácil. Durante o período preparatório da Conferência, nos anos de 1991, 1992 e 1993, as fases das negociações foram marcadas por inúmeras divergências. O Comitê Preparatório, designado para elaborar a agenda da Conferência, teve que deixar a cargo da Assembleia Geral da ONU tal tarefa. O anteprojeto de declaração, elaborado em maio de 1993 em Genebra, continha diversas afirmações contraditórias o que tornava o documento ininteligível, inclusive chegou-se a cogitar que a Conferência não se realizaria, ou, pior, que se realizasse traria um retrocesso aos direitos humanos. Em meio a esse quadro de incertezas, a comunidade internacional indicou o Brasil para presidir o Comitê de Redação da Conferência e o resultado foi a elaboração de um documento que serve como marco referencial para os direitos humanos (ALVES, 2007).

A preparação do Brasil para a Conferência de Viena iniciou-se no goverrno do presidente Itamar Franco, quando o então chanceler Fernando Henrique Cardoso, juntamente com representantes do Ministério da Justiça e da Procuradoria Geral da República, alguns parlamentares e organizações não governamentais de direitos humanos, deram início a elaboração de um relatório para diagnosticar os principais problemas e dificuldades do Brasil no que se refere aos direitos humanos. Seu objetivo era elaborar uma agenda nacional de direitos humanos para ser discutida durante as negociações da Conferência Mundial de Direitos Humanos realizada em Viena de 14 a 25 de junho de 1993 (BRASIL, 1996).

Ao analisarmos o caso brasileiro, verificamos que o Brasil participou ativamente das negociações ocorridas durante a Conferência de Viena, inclusive sendo indicado pela comunidade internacional para presidir o Comitê de Redação, órgão encarregado de preparar o documento final da Conferência.[10] Ao ser indicado, sem ter em nenhum momento pleiteado tal função, o Brasil ganhou um voto de confiança da comunidade internacional e, nesse sentido, precisava demonstrar que tinha condições de responder à altura do encargo que lhe fora confiado e foi exatamente o que fez, pois conseguiu que a Declaração e Programa de Ação de Viena fosse aprovado pelos 171 Estados participantes, representando um avanço no tratamento dado aos direitos humanos até então. Esse protagonismo do país, aliado ao processo de redemocratização iniciado com a Constituição de 1988 (CF/88), que incorporou os direitos humanos não só como garantias individuais, mas também como princípios básicos do ordenamento constitucional, alçando-os à intangibilidade com a proibição expressa de sua abolição (artigo 60, § 4º, IV, da CF/1988), auxiliou na construção de uma agenda nacional voltada para esse tema.

Assim, após a Conferência setores do governo e entidades ligadas aos direitos humanos foram convocados, pelo Ministro da Justiça à época, Maurício Côrrea, a elaborar uma agenda nacional de direitos humanos. No ano de 1996, quando Fernando Henrique Cardoso já estava à frente do Executivo, os direitos humanos tornaram-se política governamental, com a institucionalização do Programa Nacional de Direitos Humanos (BRASIL, 1996).

> Em 7 de setembro último, o Presidente Fernando Henrique Cardoso reiterou que os direitos humanos são parte essencial de seu programa de Governo. Para o Presidente, no limiar do século XXI, a *"luta pela liberdade e pela democracia tem um nome específico: chama-se Direitos Humanos"*. Determinou, então, ao Ministério da Justiça a elaboração de um Programa

---

10   O trabalho foi conduzido pelo Embaixador brasileiro Gilberto Vergne Sabóia, Representante Permanente Adjunto perante a ONU em Genebra.

Nacional de Direitos Humanos, conforme previsto na Declaração e Programa de Ação de Viena, adotada consensualmente na Conferência Mundial dos Direitos Humanos, em 25 de junho de 1993, na qual o Brasil teve uma destacada participação (BRASIL, 1996, p. 10).

De acordo com Oliveira (2012), ao recomendar que os países adotassem Programas e Planos Nacionais de Direitos Humanos, a Conferência de Viena serviu para que os Estados desenvolvessem programas voltados para o fortalecimento dos sistemas nacionais para promoção, implementação e monitoramento dos direitos humanos. Para Amaral (2006) o PNDH I é o reflexo imediato da atuação dos diplomatas brasileiros na Conferência de Viena, pois objetivando harmonizar essa participação com as políticas internas, no ano de 1995 o governo do presidente Fernando Henrique Cardoso deu início à elaboração do texto que serviria como base para o PNDH I. A proposta inicial do programa foi elaborada pelo Núcleo de Estudos de Violência da Universidade de São Paulo (NEV/USP)[11] e contou com a participação de diversas organizações da sociedade civil.[12]

Ao elaborar no ano de 1996 o PNDH I, o Brasil tornou-se o terceiro país a criar um plano nacional de direitos humanos, após as iniciativas da Austrália e Filipinas, e o primeiro país da América Latina a seguir a recomendação da Conferência de Viena de 1993. Com isso o país passou a ser referência e o PNDH um guia para a concretização de um projeto político, com vistas a fornecer eficácia aos direitos fundamentais. De acordo com Barazal (2004 *apud* OLIVEIRA, 2012), o programa possibilitou alinhar os princípios democráticos nacionais aos valores definidos pela comunidade internacional e, especialmente, avançar na causa dos direitos humanos. As diretrizes internacionais auxiliaram no desenho da agenda política nacional de direitos humanos, em especial a Conferência de Viena de 1993, pois foi a partir dela que adotou-se uma política pública nacional, o PNDH, voltada para a efetividade desses direitos.

---

11 O Projeto básico do PNDH foi elaborado pelo NEV/USP em decorrência do Contrato de Prestação de Serviços firmado pelo Ministério da Justiça (n° 001/95, Processo administrativo n° 08000.021201/95-79). Corpo Técnico Responsável pelo projeto: Prof. Dr. Paulo Sérgio. Pinheiro, Coordenador Científico do NEV/USP e Relator do Pré-Projeto do Programa Nacional de Direitos Humanos.

12 A proposta do PNDH foi debatida em seis seminários regionais, realizados em: São Paulo, Rio de Janeiro, Recife, Belém, Porto Alegre e Natal. O texto foi apresentado e debatido na I Conferência Nacional de Direitos Humanos, organizado pela Comissão de Direitos Humanos da Câmara dos Deputados. No dia 13 de maio de 1996 o primeiro programa foi promulgado pelo Decreto n° 1904. Disponível em: <http://www.nevusp.org/downloads/down199.pdf>. Acesso em: 3 maio 2012.

Apesar de o PNDH não decorrer de um problema percebido que tenha gerado urgência de intervenção governamental, é possível considerar que o programa promove ganhos simbólicos significativos para o governo e para a sociedade, além de não implicar em grandes embates políticos, uma vez que não impõe perdas a grupos específicos. Promover e proteger os direitos humanos é algo que se espera de um governo que se propõe a consolidar a democracia em um país. Nesse sentido, esses direitos tornam-se o foco central, pois não há como fortalecer a democracia e o Estado de direito enquanto os mesmos não estiverem sendo garantidos a todas as pessoas, sem distinção. Aliás, foi com esse discurso que no ano de 1996 o então presidente Fernando Henrique Cardoso apresentou o PNDH.

> Não há como conciliar democracia com as sérias injustiças sociais, as formas variadas de exclusão e as violações reiteradas aos direitos humanos que ocorrem em nosso país. A sociedade brasileira está empenhada em promover uma democracia verdadeira. O Governo tem um compromisso real com a promoção dos direitos humanos. [...]
>
> Não obstante este conjunto expressivo de iniciativas, o passo de maior conseqüência certamente será o da adoção do Programa Nacional de Direitos Humanos. Este será, estou seguro, um marco de referência claro e inequívoco do compromisso do País com a proteção de mulheres e homens, crianças e idosos, das minorias e dos excluídos (BRASIL, 1996, p. 2).

O PNDH I é apresentado, portanto, como uma importante ferramenta para a garantia dos direitos humanos e consolidação do Estado democrático. Definida a questão dessa forma, as alternativas (ou soluções) já se encontravam circulando no contexto internacional, baseadas sobretudo na Conferência de Viena, e mobilizavam também a comunidade nacional em torno do tema, envolvendo o Núcleo de Estudos de Violência da Universidade de São Paulo (NEV/USP). O contexto político à época favoreceu a elaboração do programa, pois mesmo antes de assumir a Presidência da República Fernando Henrique Cardoso, enquanto chanceler no governo Itamar Franco, já estava diretamente envolvido com as questões ligadas aos direitos humanos. Dessa forma, quando assumiu a presidência, o tema passou a fazer parte do governo, tornando os direitos humanos uma política pública. De fato, como apontado por Simmons (2009), nos sistemas presidencialistas, a competência para negociar os tratados recai sobre o Executivo, o que lhe confere fortes poderes institucionais de definição de agenda. Nesse mesmo sentido,

Kingdon afirma que nenhum outro ator concentra tantos recursos de poder como o presidente. No caso em análise, verificamos que o Executivo, na figura do presidente FHC, foi o ator mais relevante para a inserção do tema na agenda governamental, o que foi um fator fundamental para que a questão se movesse para a agenda decisória, tornando-se uma política pública.

Ao participar ativamente das negociações da Conferência de Viena de 1993, o Brasil reforçou ainda mais a entrada desse tema na agenda governamental. No plano nacional, participaram das negociações a sociedade civil, delegados governamentais dos três Poderes, representantes da Academia e ONGs. No plano internacional, o país, representado por um Embaixador, foi escolhido, atendendo a um pedido da comunidade internacional, para presidir o Comitê de Redação da Conferência. Todos esses fatores contribuíram para o desenho da política nacional de direitos humanos adotada pelo país. Para Simmons (2009), inserir um determinado tema gerado no cenário internacional na agenda doméstica, pode ser significativo quando o Executivo participa ativamente das negociações internacionais, que foi o caso do Brasil. Para a autora, um tratado ratificado fornece ao Executivo uma proposta bastante clara para discutir uma determinada política e a existência de um texto com diretrizes reduz as opções disponíveis, conferindo a esse Poder um conjunto claro de orientações políticas, reforçando, dessa forma, sua capacidade de definir a agenda.

De fato, verificamos que a VDPA (Declaração e o Programa de Ação de Viena) influenciou diretamente na adoção de uma agenda nacional de direitos humanos no Brasil, a qual foi institucionalizada com a elaboração do PNDH. Mas em que medida o desenho do PNDH foi influenciado pelas normas dispostas na VDPA e no ICCPR (Pacto Internacional de Direitos Civis e Políticos)? Na próxima seção vamos analisar a influência do cenário internacional, a partir desses dois instrumentos, no desenho da política de direitos humanos no Brasil. Com esse intuito elaboramos categorias de análise nas quais buscamos agregar temas do PNDH, cada qual correspondente as disposições do programa e seus respectivos itens. A partir dessas categorias, contrapomos as normas dispostas nos instrumentos internacionais (VDPA e ICCPR).

- **Direitos difusos:**[13] proteção do direito à vida, segurança das pessoas (item 3 ao 27); luta contra a impunidade (28 ao 51) e trabalho forçado (58 a 62);

---

13 De acordo com Sarlet (1998: 135), os direitos difusos são "de todos e (de) cada um, de cada um e de todos". O art. 81, § único, I, do Código de Defesa do Consumidor define direitos difusos como sendo aqueles transindividuais, (pertencentes a vários indivíduos), de natureza indivisível (ou seja, só podem ser considerados como um todo), e cujos titulares sejam pessoas indeterminadas, não há

penas privativas de liberdade (63 ao 77); proteção do direito à liberdade de expressão e classificação indicativa (52 ao 57) proteção ao direito igualitário perante a lei (78 ao 91);

- **Direitos dos grupos específicos:** crianças e adolescentes (92 ao 114); mulheres (115 ao 127); população negra (128 ao 149); sociedades indígenas (150 ao 163); estrangeiros, refugiados e migrantes brasileiros (164 ao 169); terceira idade (170 ao 176) e pessoas com deficiência (177 ao 182);

- **Promoção e proteção aos direitos humanos:** educação e cidadania em direitos humanos (183 ao 189); conscientização e mobilização pelos direitos humanos, ratificação dos atos internacionais (190 e 201); implementação e divulgação dos atos internacionais (202 ao 213); apoio a organizações e operações de defesa dos direitos humanos (214 ao 221); implementação e monitoramento do PNDH (222 ao 228).

O Pacto Internacional de Direitos Civis e Políticos

O ICCPR foi aprovado pela ONU em 16/12/66. O Brasil é signatário desse instrumento desde 24/01/1992. Suas normas abarcam de forma mais substancial a categoria "direitos difusos", isso ocorre em razão da própria estrutura do PNDH que se deu em torno da garantia dos direitos civis e políticos.[14] Nesse sentido

> Explicitamente, o primeiro PNDH atribuiu maior ênfase à promoção e à defesa dos direitos civis, ou seja, com 228 propostas de ações governamentais prioritariamente voltadas para integridade física, liberdade e espaço de cidadania de populações vulneráveis ou com histórico de discriminação (CICONELLO *et al*, 2009, p. 7).

Nesse sentido, as normas do Pacto asseguram a todos os direitos nele dispostos, garantindo aos que tiveram seus direitos violados os meios para que se

---

individuação.

14 T. H. Marshall, com sua obra Cidadania, Classe Social e Status, tornou-se referência para outros autores ao periodizar as fases históricas dos direitos (gerações de direitos) no Ocidente. Para esse autor o cidadão pleno é aquele que é titular de três direitos, os civis, os políticos e os sociais, os quais teriam que vir exatamente nessa ordem, pois com base nos direitos civis, nas liberdades civis reivindica-se o direito de votar, de participar do governo do seu país, essa participação política permite as pessoas tomarem conhecimento dos seus direitos e se organizarem para lutar por eles. Em síntese podemos dizer que os direitos civis e políticos abarcam os direitos à liberdade, à segurança, à propriedade, a integridade física e moral da pessoa e à participação na vida pública (CARVALHO, 2008).

defendam judicialmente. Os Estados Partes se comprometem a adotar medidas legislativas e outras que se fizerem necessárias para implementar as disposições do Pacto, bem como o justo remédio para as violações sofridas. Suas normas tratam da igualdade dos homens e mulheres ao gozo de todos os direitos civis e políticos, proíbe que qualquer pessoa seja submetida à tortura, penas ou tratamentos cruéis e degradantes, bem como impede os trabalhos forçados. Dispõe também sobre o direito à liberdade e à segurança, vedando a prisão arbitrária sem fundamento legal, assegurando aos presos todos os recursos necessários a sua defesa e ao tratamento digno. Trata da liberdade de pensamento, consciência e religião e dos direitos a liberdade de expressão, bem como a responsabilização da pessoa por qualquer ato, no exercício desse direito, que faça apologia ao ódio ou a guerra. Abriga também os direitos das crianças à proteção da família, sociedade e legal que sua condição requer, direito ao registro de nascimento e de adquirir uma nacionalidade. Os direitos das minorias de manterem sua identidade cultural, religiosa e linguística e o direito à igualdade perante a lei.

A Declaração e o Programa de Ação de Viena

A VDPA, visa reforçar as normas dispostas na Declaração de Direitos Humanos de 1948, portanto, seus artigos são mais genéricos, abordando direitos mais difusos, os quais perpassam por quase todas as categorias da nossa análise. A VDPA é um dos documentos mais abrangentes sobre os direitos humanos, com a assinatura desse documento a ONU passou a concentrar esforços no fortalecimento das instituições nacionais para garantir a vigência dessas normas. Esse documento serviu, também, para reforçar a importância da interrelação entre democracia, desenvolvimento e direitos humanos em todo o mundo. De acordo com Trindade (2009) a Conferência Mundial de Viena trouxe o reconhecimento que os direitos humanos permeiam todas as áreas da vida humana e por sua universalidade tanto no plano normativo quanto operacional acarretam obrigações para todos.

A VDPA está dividida em três partes: o preâmbulo, que trata dos princípios mais gerais do documento e da Conferência; a parte reservada a declaração em si, que trata da redação das intenções e a afirmação dos princípios básicos dos direitos humanos e por fim o Programa de Ação, onde estão dispostas as normas que orientam a prática em busca da efetividade dos direitos humanos, são diretrizes para um plano de ação que busca a implementação dos princípios da VDPA (HERNANDEZ, 2011). Nessa terceira parte, temos quatro itens (B, C, D e E), no primeiro (B), existem 09 eixos, os quais classificamos da seguinte forma:

1. Igualdade, dignidade e tolerância (arts. 19 ao 24): trata de questões ligadas a eliminação do racismo, discriminação racial e qualquer outra forma de intolerância, com a criação imediata de políticas, instituições e normas nacionais, que visem prevenir e combater essas práticas. Sugere-se a adoção de medidas apropriadas contra a intolerância e outras formas análogas de violência religiosa ou em relação às convicções individuais, garantindo, dessa forma a liberdade religiosa, de pensamento e expressão. Aborda também a adoção de medidas contra qualquer espécie de limpeza étnica, com a responsabilização pessoal de pessoas que tenham cometido ou autorizado atos relacionados a essa prática.

2. Minorias nacionais, étnicas, religiosas e linguísticas (arts. 25 a 27): busca a promoção e proteção dos direitos dessas pessoas, colocando à disposição dos Estados Partes da VDPA, que assim desejarem, profissionais para assessorar nessas questões, objetivando a inserção dessas minorias em todos os aspectos da vida, político, econômico, social, religioso, cultural etc.

3. Populações indígenas (arts. 28 a 32): trata da necessidade de terminar a elaboração da declaração sobre os direitos das populações indígenas. A ONU compromete-se a fornecer assessoramento e assistência técnica as petições dos Estados Partes que buscam benefícios diretos a essas populações, bem como a participação delas em todos os aspectos da sociedade. As demais recomendações visam a criação de um foro permanente que as represente no sistema da ONU.

4. Trabalhadores imigrantes (arts. 33 ao 35): promoção e proteção dos direitos desses trabalhadores e de suas famílias, com ações que visem a harmonia e tolerância dos imigrantes por parte das pessoas do local em que residem. Recomenda-se a assinatura e ratificação pelos Estados Partes da Convenção Internacional sobre a proteção dos direitos de todos os trabalhadores imigrantes e de suas famílias.

5. Direito das mulheres (arts. 36 ao 44): condição de igualdade de todos os direitos humanos (saúde, educação, emprego, segurança, entre outros), com a integração e plena participação da mulher como agente e beneficiária do processo de desenvolvimento. A eliminação de qualquer forma de violência contra a mulher, assédio sexual, estupro, qualquer espécie de exploração, em especial a sexual. A eliminação de toda e qualquer forma de discriminação contra as mulheres (retirada das reservas na Convenção sobre a eliminação de todas as formas de discriminação contra a mulher).

O acesso a informação para que as mulheres possam utilizar de forma eficaz os meios existentes para a proteção dos seus direitos.

6. Direito das crianças (arts. 45 ao 53): trata da necessidade da ratificação universal e da retirada de reservas da Convenção sobre os direitos das crianças, bem como de medidas que objetivem a criação de planos nacionais de ação que promovam e protejam esses direitos, com ênfase naqueles que visem a redução dos índices de: mortalidade infantil, desnutrição e analfabetismo e que garantam água potável e ensino básico. O combate à exploração em todas as suas formas (sexual, trabalhos perigosos, em zonas de guerra ou de conflitos armados, venda de crianças e órgãos, entre outros tipos de abusos), com a derrogação de leis e regulamentos de práticas discriminatórias, especialmente em relação às meninas.

7. Direito de não ser submetido a torturas (arts. 54 ao 61): a proteção desse direito em todas as circunstâncias, dado ser está uma das violações mais atrozes a dignidade humana, incluindo nas situações de conflito armado nacional ou internacional. A erradicação dessa prática através do fortalecimento dos mecanismos existentes (as Convenções internacionais pertinentes). Adoção de medidas concretas a fim de prestar assistência às vítimas. A derrogação de leis que favoreçam a impunidade dos responsáveis por essa violação, com a consequente adoção de legislação interna para punição dessa prática.

8. Desaparecimento forçado (art. 62): adoção de medidas legislativas, administrativas e judiciais, para impedir essa prática e também para punir os criminosos.

9. Direito dos portadores de deficiência (arts. 63 ao 65): igualdade de condições, com o direito a participação ativa em todos os aspectos da vida em sociedade, garantindo-se a não discriminação e a igualdade de oportunidades mediante a supressão de todo e qualquer obstáculo, físicos, econômicos, sociais, psicológicos, ou outros que restrinjam sua participação em sociedade.

No item C, do Programa de Ação temos as questões ligadas à cooperação, desenvolvimento e fortalecimento dos direitos humanos (arts. 68 ao 77). As recomendações visam reforçar o assessoramento e assistência técnica do Centro de Direitos Humanos aos países signatários, com vistas a auxiliá-los no fortalecimento das instituições de defesa dos direitos humanos e da democracia. Para tanto o Centro de Direitos Humanos deverá proporcionar assistência necessária para desenvolver projetos nacionais destinados à reforma das instituições, em especial as penais, com cursos de formação e capacitação de advogados, juízes, servidores, policiais e qualquer outra esfera que se relacione com as questões relativas ao Estado de Direito. Aqui se reforça a relação complementar entre democracia, direitos humanos e direito ao desenvolvimento.

Ainda nesse item, recomenda-se que cada Estado Parte elabore um plano de ação nacional com objetivo de determinar as medidas internas necessárias para a garantia/melhora da promoção e proteção aos direitos humanos. Foi a partir desse item específico que o Brasil elaborou o PNDH.

O item D, versa sobre a necessidade da educação em direitos humanos (arts. 78 ao 82), para o estabelecimento de relações harmoniosas entre os indivíduos da sociedade, aumentando a tolerância e compreensão mútua. Por essa razão a conferência recomendou a inclusão de temas relacionados aos Direitos humanos em todas as instituições de ensino sejam acadêmicas ou não.

A incorporação das normas contidas nos instrumentos internacionais de direitos humanos e o reforço das instituições que promovem e protegem esses direitos foram tratadas no item E, do Programa de Ação (arts. 83 ao 100). Nesse sentido, a orientação foi direcionada para a importância da troca de experiências entre os representantes das referidas instituições, com objetivo de melhorar os mecanismos de promoção e proteção dos direitos humanos. Além disso, foi sugerida a apresentação de um informe global sobre as obrigações assumidas por cada um dos Estados Partes nas Convenções, com a finalidade de trazer uma maior eficácia aos compromissos firmados, já que poderia aumentar sua repercussão e ainda auxiliar na supervisão das normas efetivamente adotadas. Por fim, recomendou-se que os países signatários informem sobre os progressos realizados na implementação das normas da VDPA.

Na tabela abaixo listamos os artigos das convenções, VDPA e ICCPR, que tratam dos temas dispostos em cada uma das 03 categorias de análise elencadas no PNDH I.

QUADRO 1. Diretrizes internacionais no desenho das políticas do PNDH I

CONVENÇÕES	CATEGORIAS		
	Direitos difusos	Grupos específicos	Promoção e proteção aos direitos humanos
ICCPR	Art. 7º: direito a não ser submetido a tortura; Arts. 9º e 10: direito à liberdade e à segurança e direitos das pessoas privadas de sua liberdade; Art. 8º: direito a não ser submetido a trabalho forçado, escravidão e servidão; Arts. 19 ao 21: direito à liberdade de expressão; Art. 2º, 10 e 26: tratamento igualitário perante a lei.	Art. 24: direitos das crianças a proteção da família, sociedade e legal; direito ao registro de nascimento e de adquirir uma nacionalidade; Art. 27: direito das minorias de manter sua identidade.	
VDPA	Arts. 33 (Preâmbulo) e B-54 a 61: Direito a não ser submetido à tortura; Arts. 15 (Preâmbulo) e Item B-19 a 24: eliminação de todas as formas de discriminação e outras formas de intolerância; B - Art. 62: Desaparecimento forçado.	Arts. 18 (Preâmbulo) e Item B - Arts. 38 ao 44: eliminação de toda e qualquer forma de violência contra mulheres e igualdade de condições; Arts. 23 e 24 (Preâmbulo): direitos dos refugiados e imigrantes; B - Arts. 28 ao 32: Direitos dos povos indígenas; B - Arts. 33 ao 35: Trabalhadores imigrantes; B - Arts. 45 ao 50: direitos das crianças, em especial com a aprovação e ratificação da Convenção sobre os direitos das crianças. B - Art. 63: direitos dos deficientes físicos, não discriminação, acessibilidade, criação de leis que garantam dignidade, trabalho e bem estar social.	Art. 26 (Preâmbulo): Assinatura e implementação dos instrumentos internacionais de direitos humanos; C - Arts. 68 ao 77: cooperação, desenvolvimento e capacitação de agentes e órgãos do poder público para o fortalecimento das instituições de defesa dos direitos humanos e da democracia; D - Arts. 78 ao 82: educação em direitos humanos e 33 (Preâmbulo); E - Arts. 83 ao 100: incorporação das normas contidas nos instrumentos internacionais de direitos humanos e o reforço das instituições que promovem e protegem esses direitos.

Fonte: ICCPR, VDPA e PNDH1.

Ao analisarmos os dados verificamos que o ICCPR estabeleceu diretrizes bem pontuais as normas do PNDH, focalizando os direitos difusos, com apenas dois dispositivos relativos aos direitos de grupos específicos, um relativo a crianças e o outro mais geral, tratando dos direitos das minorias. A VDPA, por outro lado, forneceu as bases para o desenho das políticas que dão o tom mais geral do PNDH I. Ao analisarmos suas normas verificamos que quase todas, em especial aquelas dispostas no Programa de Ação, encontram-se inseridas nas categorias que elencamos, com ênfase para os direitos de grupos específicos e a promoção e proteção aos direitos humanos.

A VDPA não apenas auxiliou a entrada do tema direitos humanos na *agenda-setting* nacional brasileira, ao influenciar as prioridades dos *policy makers* no âmbito doméstico, em especial em razão da participação na elaboração do seu texto no âmbito internacional, mas também contribuiu para estruturar as diretrizes dispostas no PNDH I, pois forneceu um conjunto claro de orientações políticas. Ao analisarmos os 228 itens do programa, constatamos que as normas da VDPA foram, em alguma medida, incorporadas ao seu texto ou, de alguma forma, assim como o ICCPR, serviram como norte para traçar suas disposições. De fato, ao analisarmos as normas dispostas na VDPA, observamos que esse instrumento internacional foi um documento de grande relevância para a consolidação da agenda de direitos humanos brasileira, servindo de base para o desenho do PNDH I.

É preciso considerar, entretanto, que o PNDH I não se restringiu apenas às diretrizes internacionais, ele buscou ampliar as normas dispostas nesses instrumentos. Nos casos da população negra, dos deficientes físicos e mais especificamente dos direitos relativos aos idosos, o país foi além das disposições internacionais, ampliando de forma significativa seus direitos.

CONSIDERAÇÕES FINAIS

O presente estudo buscou analisar a formulação da política brasileira de direitos humanos. A análise mostrou que as instituições internacionais exercem grande influência sobre a política de direitos humanos. Os impactos dos regimes internacionais sobre a agenda doméstica não se processam de forma determinista. Ao invés disso, os regimes contribuem claramente para concentrar a atenção dos formuladores de políticas, facilitando o acesso dessas questões na agenda governamental.

No caso brasileiro, a "janela de oportunidade política", ou seja, o contexto favorável para o ingresso das questões relativas aos direitos humanos na agenda governamental pode ser explicado sobretudo pelo envolvimento com o tema do então chanceler Fernando Henrique Cardoso, ainda no governo Itamar Franco e, mais tarde, como presidente da república. O envolvimento do Executivo, que maneja recursos de poder não disponíveis a outros atores do sistema político, e de grupos próximos a ele, é fundamental para que uma questão tenha acesso ao competitivo processo de agenda. No entanto, o empenho pessoal do presidente não explica, por si só, a formulação da política e o ingresso do tema na agenda decisória. Para tanto, é preciso que existam alternativas viáveis para serem propostas e implementadas.

Nesse sentido, os regimes internacionais de direitos humanos atuam fornecendo um conjunto de normas que auxiliam no desenho das políticas nacionais. Essas normas, em geral, antes de se consolidarem, como foi o caso da Conferência de Viena de 1993, são debatidas exaustivamente nas mesas de negociações pelos Estados Partes e, em certa medida, refletem os interesses dos envolvidos diretamente na construção do regime internacional. No caso do Brasil, vimos que FHC, enquanto chanceler, juntamente com parlamentares, Ministério da Justiça e ONG`s, elaborou uma agenda nacional específica para a Conferência de Viena, onde foram enumerados os principais problemas e demandas de direitos humanos enfrentados pelo país, naquele momento tão recente de retorno à democracia. Após a Conferência, dada a participação protagonista do Brasil na elaboração do documento final de Viena, deu-se início a uma nova fase, a de preparar uma agenda nacional de direitos humanos, a qual ficou a cargo do Ministério da Justiça, universidades e organizações da sociedade civil que atuam na área de direitos humanos.

A institucionalização de uma política de direitos humanos veio logo após, com a elaboração do PNDH I pelo NEV/USP, responsável por elaborar o texto base do programa, com o auxílio do Estado e várias organizações da sociedade civil ligadas aos direitos humanos. Como vimos na análise empírica, os contornos dessa política seguiram as diretrizes dispostas na VDPA e no ICCPR. Esses instrumentos do regime do SUONU, de forma mais específica a VDPA, influenciaram não só na entrada do tema de direitos humanos na agenda nacional brasileira, com a institucionalização de uma política nessa área, o PNDH, mas também no desenho dessa política, ou seja, no conteúdo do programa.

Esperamos que este trabalho possa contribuir não apenas para a reflexão sobre a política brasileira de direitos humanos, mas também para estimular novas perspectivas sobre a formulação de políticas públicas que incorporem o contexto internacional em suas análises. Considerando que as políticas públicas são cada vez mais permeáveis aos regimes internacionais, uma vez que os Estados estão sujeitos às forças globais e que, geralmente há um processo intenso de debates e negociações antes da elaboração dos instrumentos internacionais, torna-se necessário mobilizar conhecimentos que incorporem não apenas explicações sobre o processo de produção de políticas em âmbito doméstico, mas também os relativos ao contexto internacional.

REFERÊNCIAS BIBLIOGRÁFICAS

ALVES, José A. L. *Os Direitos Humanos como tema global*. São Paulo: Perspectiva, 2007.

AMARAL, M. G. *A sociedade civil brasileira no monitoramento dos direitos humanos: os relatórios alternativos*. Dissertação (mestrado em Direito) – UFSC, Santa Catarina, 2006.

BRASIL, Planalto. *Programa Nacional de Direitos Humanos*. Disponível em: <http://www.planalto.gov.br/publi_04/COLECAO/PRODH.HTM>. Acesso em: 13 ago. 2011.

CARVALHO, José Murilo. *Cidadania no Brasil: o longo caminho*. 11ª ed. Rio de Janeiro: Civilização Brasileira, 2008.

CICONELLO, A.; POVATTO, L.; FRIGO, D. "Programa Nacional de Direitos Humanos: efetivar direitos e combater as desigualdades". *Revista Direitos Humanos*, Brasília, nº 4, dez. 2009. Disponível em: <http://www.portalmemoriasreveladas.arquivonacional.gov.br/media/REVISTA%204_%20FINAL.pdf>. Acesso em: 7 jul. 2013.

COBB, Roger W. & ELDER, Charles D. *Participation in American Politics: the dynamics of agenda building*. Boston: Allyn and Bancon, 1972.

HAGGARD, Stephen & SIMMONS, Beth A. "Theories of International Regimes". *International Organization*, vol. 3, nº 41, 1987, p. 491-517.

HERNANDEZ, Matheus de Carvalho. "Conferência de Viena: um marco em matéria de direitos humanos no pós-Guerra Fria". In: SALA, José B. (org.). *Relações Internacionais e Direitos Humanos*. São Paulo: Cultura Acadêmica; Marília: Oficina Universitária, 2011.

HERZ, Monica; HOFFMANN, Andrea. *Organizações internacionais: histórias e práticas*. Rio de Janeiro: Elsevier, 2004.

HOWLETT, Michael & RAMESH, M. *Studying Public Policy: policy cycles and policy subsystems*. Oxford: Oxford University Press, 2003.

HEYNS, C.; PADILLA, D.; ZWAAK, L. "Comparação esquemática dos sistemas regionais de direitos humanos: uma atualização". *Sur – Revista Internacional de Direitos Humanos*, São Paulo, vol. 3, n° 4, jun. 2006. Disponível em: <http://www.scielo.br/scielo.php?pid=S1806-64452006000100010&script=sci_arttext>. Acesso em: 26 mar. 2011.

KINGDON, John. *Agendas, alternatives and public policies.* 3ª ed. Nova York: Harper Collins, 2003 [1984].

KRASNER, Stephen D. *International Regimes.* Nova York: Cornell University Press, 1983.

MORAVCSIK, Andrew. "The origins of Human Rights regimes: democratic delegation in postwar Europe". *International Organization,* Boston, vol. 2, n° 54, 2000, p. 217-252.

OLIVEIRA, S. M. L. *Internalização do regime internacional dos direitos humanos pós- -Conferência de Viena, em 1993: o caso brasileiro.* Dissertação (mestrado em Ciências Sociais) – Faculdade de Filosofia e Ciências Humanas, PUC-RS, Porto Alegre, 2012.

SACAVINO, B. S. *Educação em/para os Direitos Humanos em processos de democratização: o caso do Chile e do Brasil.* Tese (doutorado em Educação) – PUC-Rio, Rio de Janeiro, 2008.

SARLET, Ingo Wolfgang. *A eficácia dos direitos fundamentais.* Porto Alegre: Livraria do Advogado, 1998.

SIMMONS, BETH. *Mobilizing for human rigths: International Law in domestic politics.* Cambridge University Press, 2009.

TRINDADE, Antônio A. C. "O legado da Declaração Universal dos Direitos Humanos". In: GIOVANNETTI, Andrea (org.). *60 anos da Declaração Universal dos Direitos Humanos: conquistas do Brasil.* Brasília: Fundação Alexandre de Gusmão, 2009, p. 13-46.

SOBRE OS AUTORES

ALESSANDRA GUIMARÃES SOARES é doutoranda do Programa de Pós-graduação em Ciência Política da Universidade Federal de São Carlos (UFSCar).

ANA CLÁUDIA NIEDHARDT CAPELLA é professora do Departamento de Administração Pública da Universidade Estadual Paulista – Unesp. Professora Colaboradora do Programa de Pós-Graduação em Ciência Política (PPG-POL) e do Programa de Pós-Graduação em Gestão de Organizações e Sistemas Públicos (PPG-GOSP), da Universidade Federal de São Carlos – UFSCar.

INSTITUIÇÕES, GOVERNABILIDADE E A INSUSTENTÁVEL POLÍTICA AMBIENTAL NO BRASIL

DIEGO FREITAS RODRIGUES · MÔNICA SODRÉ PIRES

INTRODUÇÃO

O Brasil é visto como um país avançado no tocante a sua legislação ambiental, entretanto, sua implementação e fiscalização é pouco eficaz, o que resulta em estimativas de gestão de políticas ambientais mais baixas, aquém do potencial brasileiro. O objetivo deste artigo foi possibilitar resposta a uma pergunta: no Brasil, meio ambiente importa, politicamente? Para tanto, buscou-se responder a essa pergunta relativa à importância política do meio ambiente contemplando, a partir da revisão da literatura especializada em Ciência Política e Políticas Públicas, três importantes aspectos aqui analisados de forma interdependente: (1) a análise do processo de *agenda-setting* quanto à questão ambiental, (2) análise institucional sobre formulação e implementação de políticas ambientais, (3) o *trade-off* entre decisividade e responsividade nas instituições e políticas ambientais.

De forma sequencial, buscou-se analisar a trajetória de desenvolvimento institucional da política ambiental brasileira, no qual identificou-se os principais atores envolvidos com a formulação e implementação da política ambiental brasileira e realizou-se um panorama das estimativas políticas de sustentabilidade ambiental, dispostas por meio da mensuração de dados quantitativos relativos ao investimento público em meio ambiente no Brasil.

1. QUANDO A QUESTÃO AMBIENTAL GANHOU IMPORTÂNCIA NA AGENDA GOVERNAMENTAL?

De acordo com Kingdon (2003: 3), um tema passa a fazer parte da agenda governamental quando desperta a atenção e o interesse dos formuladores de políticas. De acordo com o autor: *"the agenda, as conceive of it, is the list of subjects or problems to which governmental officials, and people outside of government closely associated with those officials, are paying some serious attention at any given time".*

Philippe Le Prestre (2000) considera que as questões ambientais sofrem maior dificuldade de inserção na agenda política do que outras questões. Segundo o cientista político canadense, as causas podem ser identificadas por meio de cinco fatores:

(1) Não se pode em geral identificar o instante preciso das decisões, ou seja, o momento exato em que uma decisão-chave foi tomada para resolver o problema político;

(2) A política pública é uma sequência de atividades variadas de numerosos atores que têm perspectivas, interesses e recursos diferentes;

(3) Os problemas ambientais e suas soluções têm consequências em longo prazo dificilmente previsíveis;

(4) Numerosos problemas ambientais são resolvidos em situações conflitivas que, muitas vezes, ficam longo tempo em suspenso;

(5) Os problemas se evidenciam quando os indivíduos tomam consciência deles, dependendo das inquietações humanas, mais ou menos ligadas à integridade ou saúde dos ecossistemas.

É importante reconhecer que os problemas ambientais são incorporados no processo político, primeiramente, como uma questão científica e para que ela se torne, então, uma questão especialmente política, precisa ser traduzida em algo politicamente tratável (HANNIGAN, 1995). De acordo com Lezama (2004), os problemas ambientais não emergem publicamente, nem tampouco são absorvidos no processo político em função da ameaça real que representam, mas antes em razão da sua gravidade política. Assim como Hannigan (2005), Lezama (2004) considera que há a necessidade de "tradução" dos problemas ambientais.

Mas a "tradução" política – ou ausência dela – pode incorrer na distorção das prioridades políticas em torno do problema ambiental. E, mesmo quanto a essa "tradução", a mesma pode estimular ou até criar agendas conflitantes entre os atores políticos. E mais: a ausência de uma abordagem adequada pode resultar que a complexidade ambiental termine por acarretar a estagnação do processo decisório, afetando, desta forma, todo o ciclo das políticas ambientais (RODRIGUES & STEINER, 2012).

De acordo com Kingdon (2003), *problemas* e *questões* (*conditions*) devem ser diferenciados. Fundamentalmente, essa diferenciação resulta de que uma *questão* seria uma situação social claramente percebida sem, todavia, incorrer em medidas políticas, ao contrário do *problema* que demandaria – pela percepção dos *policy makers* – a necessidade de alguma ação política. Para uma mudança na agenda governamental, existiriam dois momentos principais: mudança de governo e mudança de competência sobre uma questão (KINGDOM, 2003). Embora não seja direcionada à mudança de competência na área de gestão pública ambiental, é aplicável para explicar alterações de agenda em matéria de meio ambiente – especialmente as atribuições de gestão em torno de políticas ambientais de caráter mais transversal.

De acordo com Le Prestre (2000), existiriam três formas de inserção dos problemas ambientais na agenda governamental e, consequentemente, na formulação de políticas ambientais – muitas vezes de forma concomitante umas às outras. A primeira teria relação direta com a força política dos regimes ambientais internacionais que terminariam por influenciar o processo de absorção de determinado tema da agenda ambiental internacional na agenda governamental nacional. Quanto à segunda forma de inserção, dado que a agenda política é mais suscetível de uma mobilização governamental endógena, a burocracia especializada identificaria o problema ambiental e proporia soluções políticas. E quanto à terceira forma de inserção, a agenda política seria, essencialmente, resultado de ações políticas empreendidas por indivíduos e/ou grupos de interesse que se beneficiariam de um acesso político privilegiado.

Uma dificuldade, entretanto, pode ser encontrada em todas as três formas de inserção de problemas ambientais na agenda política: a "transferência". Por "transferência" me refiro ao deslocamento político de problemas ambientais para outras épocas ou outros grupos de tomada de decisão. Dadas as condições e dificuldades operacionais de inserção de problemas ambientais na agenda política e, desta forma, na formulação e implementação de políticas ambientais, como desenhar instituições políticas que incorporem problemas ambientais e que os processem de forma eficiente, evitando processos de "transferência"? A resposta, acredito, é fundamentalmente institucional.

O jogo político é processado em torno das condições institucionais que seriam responsáveis pela formulação e implementação de uma política ambiental. Tais condições institucionais podem ser mais ou menos *representativas*, neste processo político ambiental, especialmente porque a política ambiental é um produto *compartilhado* (MOURA & JATOBÁ, 2009).

A incorporação de atores políticos, em torno de uma política que se caracteriza por densidade e amplitude como as relativas aos regimes ambientais internacionais, desde sua incorporação doméstica e elaboração como política pública e também na sua implementação, mais ou menos intensa em um quadro de metas governamentais, incentiva maior compromisso e redução de resistência inicial facilitando o processo de governabilidade democrática como uma condição necessária para que a implementação de políticas tenham maior êxito.

A maior representatividade no processo político ambiental produziria, em tese, um dilema: maior responsividade – maior inclusividade e representatividade institucional em matéria de meio ambiente – resulta na perda de decisividade – aumento de imobilismo institucional? No próximo tópico, o resultado da maior representatividade institucional em torno da política ambiental foi analisado através da incorporação e revisão de literatura especializada de Ciência Política, em dois tipos de cenários com maior representatividade: (1) imobilismo institucional e paralisia decisória ou (2) maior inclusividade e governabilidade democrática.

2. PROCESSO POLÍTICO AMBIENTAL E *ACCOUNTABILITY* NO JOGO DEMOCRÁTICO: COMO INSTITUIÇÕES IMPORTAM PARA A POLÍTICA AMBIENTAL?

O desenho institucional tem influência na articulação e na constituição de interesses, bem como na formulação das preferências dos atores, influenciando nos resultados específicos das políticas (GOODIN, 1998). No caso da política ambiental, o desenho institucional pode limitar ou delimitar o espaço de influência de grupos de interesse num cenário de formulação de políticas que afetem direta ou indiretamente a qualidade ambiental, observando, desta forma, que as condições institucionais afetam, por um lado, o grau de pressão de um agente sobre as políticas, bem como a direção provável da política adotada.

Tanto o processo de formulação quanto a implementação das políticas exerce um acentuado impacto na qualidade das políticas ambientais, especialmente considerando-se a capacidade política de se proporcionar ambientes institucionais fundamentalmente estáveis, nos quais se possa esperar dessa estabilidade a possibilidade de modificações (quando necessárias) e, ainda mais, na alta capacidade decisória na implementação de políticas ambientais, assegurando um caráter de interesse institucionalmente horizontal na matéria. De acordo com van Meter & van Horn (2007), frequentemente o êxito da implementação de uma política requer mecanismos e procedimentos institucionais que permitam aos *decision-makers* incrementar a probabilidade de que os atores responsáveis pela implementação de uma política atuem de acordo com as normas bem como com os objetivos da política em questão.

Le Prestre (2000) considera que escolher uma maior representatividade, no processo político ambiental, incorreria em duas consequências: (1) ampliar o processo é necessário não somente devido à maior democratização do processo, mas também devido à maior capacidade de assegurar elementos apropriados, minimizando, desta forma, "surpresas desagradáveis"; (2) um risco político, uma vez que é a ampliação dos riscos de *retardo* e *confusão*, especialmente devido às rivalidades interorganizacionais que podem transformar a resolução de um problema ambiental na resolução de problema jurisdicional, ou seja, um cenário de paralisia decisória. Contudo, para van Meter & van Horn (2007), as atividades institucionais que se caracterizam por maior compartilhamento parecem facilitar o processo de implementação de políticas públicas.

A política ambiental se caracteriza pelo acentuado caráter transversal de suas medidas – o que requer medidas que incluam, em geral, os mesmos atores ao longo do ciclo de formulação e implementação da política ambiental para a maior eficácia dessa política pública. A gestão pública dos recursos naturais (bióticos e abióticos, renováveis e não renováveis) se caracteriza pela transversalidade política – no sentido da inclusão de diversas instituições envolvidas na "formatação" de "agendas ambientais" próprias que, contudo, terminam por afetar – do ponto de vista da qualidade ambiental – umas às outras, resultado da baixa coordenação política entre os setores governamentais (RODRIGUES, 2011; MOURA & JATOBÁ, 2009; MAY, 1995).

Muito mais do que um regime, a democracia é um sistema de interações políticas. Segundo Moisés (2010: 10), no jogo democrático, é possível destacar duas importantes funções políticas complementares: (1) distribuição de poder e (2) participação política. O primeiro aspecto, relativo à *distribuição de poder* na tomada de decisão, tem forte relação com o desempenho de políticas ambientais e seus resultados do ponto de vista da qualidade ambiental. E o segundo aspecto, a *participação política*, permite grau maior de responsividade e transparência nas políticas. Os dois aspectos, distribuição de poder e participação política, levam a um aparente *trade-off*: o Estado deve ser *decisivo* ou *responsivo* quanto às políticas envolvendo o meio ambiente?

Aparentemente as políticas ambientais sofrem de um *trade-off*: dada maior responsividade – maior inclusividade e representatividade institucional em matéria de meio ambiente – implicaria na perda de decisividade – aumento de imobilismo institucional (BRINKERHOFF, 1996). As democracias não se movem a grandes saltos, senão quase sempre mudam suas políticas através de ajustes incrementais e caminhos sinuosos: é necessário, portanto, ampliar o processo decisório e assegurar a representação de todos os elementos pertinentes para uma política ambiental mais responsiva (RODRIGUES & STEINER, 2012).

A *accountability* – que só pode ocorrer pela fragmentação do poder – poderia se dividir, essencialmente, em manifestações institucionais de característica (1) horizontal, em que ocorre controle exercido mutuamente entre os poderes institucionalizados, a separação dos poderes, por exemplo, e (2) vertical, caracterizando-se pela coadunação em torno da prestação de contas e, consequentemente, a sujeição ao exame e veredicto popular por meio das eleições, gerando, ou não, nova delegação de competência decisória (BOVENS, 2007). Cox e McCubbins (1997) consideram a *accountability* horizontal como diretamente vinculada à qualidade da *accountability* vertical. O pressuposto que tomam é o de que o problema da delegação é o eixo central ao debate em torno da *accountability*. O *princípio* da *accountability* (responsabilização) implica no *trade off* entre responsividade e decisividade – quanto à qualidade democrática – e remete à literatura de governabilidade (O'DONNELL, 1991; PRZEWORSKI, 1991; COUTINHO, 2008; TSEBELIS, 2009).

Duas abordagens, na literatura de Ciência Política, podem ser distinguidas: a primeira aponta que a quantidade de atores com poder de veto (relativa à maior inclusividade) influi numa governabilidade menos estável (TSEBELIS, 2009), enquanto outra vertente identifica que a maior inclusividade outorga maior governabilidade e estabilidade política a um regime democrático (COUTINHO, 2008).

Quanto mais pontos de veto (atores políticos participando diretamente na formulação de uma política) maior a chance de paralisia decisória. É um quadro de análise que pode separar eficácia política de inclusividade, já que um cenário de dispersão de poder, embora possa se caracterizar por uma maior inclusividade na tomada de decisão, perde, em contrapartida, em eficiência.

Aplicado à gestão política ambiental, o princípio analítico de que a dispersão de poder produz ineficiência política produziria um "paradoxo da participação" na formulação e implementação das políticas públicas ambientais. Quanto mais atores diretamente envolvidos no processo decisório das políticas públicas ambientais maiores seriam as chances de:

(1) imobilismo institucional e paralisia decisória: a absorção da questão ambiental através de *outras* políticas, mais orientadas em torno do crescimento e desenvolvimento econômico *stricto sensu*, resultaria em uma ineficiência, tanto do ponto de vista da qualidade ambiental quanto da estrutura administrativa, já que a absorção e dispersão da política ambiental

incorrem em uma teia de complexidade e inconsistência político-institucional com os objetivos da política ambiental;

(2) redução qualitativa do desempenho político ambiental (em decorrência do imobilismo). Ao mesmo tempo, entretanto, em que a maior *accountability* no ciclo de políticas públicas confere maior legitimidade ao processo com resolutividade, em contrapartida essa maior abertura político-institucional encerra perda da decisividade do processo e baixo desempenho ambiental.

Mas a inversão desse pressuposto, do ponto de vista analítico, é possível: quanto mais atores diretamente envolvidos no processo decisório de políticas públicas ambientais maiores seriam as tendências de:

(1) inclusividade e governabilidade, visto que a partilha de poder e a maior participação de atores sociais e políticos permitiriam maior qualidade e representatividade democrática no processo decisório envolvendo as questões ambientais, resultando na criação de instituições mais responsivas à qualidade ambiental e ao jogo democrático mais consensual;

(2) aumento qualitativo do desempenho de uma política ambiental, devido à maior *accountability*.

Com maior inclusividade democrática no processo político ambiental e instituições políticas mais responsivas ao meio ambiente pelo equilíbrio institucional entre demandas de crescimento econômico e conservação ambiental, eleva-se o desempenho político ambiental. Acompanho, então, as observações de Coutinho (2008) sobre inclusividade e governabilidade transpostas, evidentemente, para o quadro analítico relativo à política ambiental brasileira: maior inclusividade política no processo decisório das políticas públicas ambientais resulta em maior responsividade democrática à qualidade ambiental, ou seja, maior desempenho político ambiental.

De acordo com Giovannini (1997: 108): "o ambiente necessita de democracia e das instituições, uma vez que sua proteção necessita de intervenções orgânicas, competências coordenadas, [...] consenso ativo." Para Corrales (2007), a natureza multidisciplinar, transetorial, inter-relacional, multicausal e de alcance imprevisível dos problemas ambientais demanda uma gestão de políticas ambientais que seja estratégica e também seletiva em suas diversas matérias; consensual nos diferentes níveis de governo e com a sociedade civil, flexível em seu desenvolvimento e, antes de qualquer coisa, integrada com outras políticas públicas em matéria de saúde, energia, indústria, comércio, agricultura, transporte, desenvolvimento urbano e turístico.

Ainda que ocorra uma elevação dos custos de transação do processo políti-co, envolvendo o meio ambiente, por ter a matéria ambiental um caráter trans-versal e transetorial, o risco de uma "captura política" é diminuído diante da finalidade coletiva de um desenho institucional mais *poliárquico*, especialmente se construídas redes institucionais entre essas políticas. Mais: como já ressal-tado, maior compartilhamento institucional fomenta maior eficácia na imple-mentação de políticas públicas (VAN METER & VAN HORN, 2007). Dado o caráter multisetorial que implica a política ambiental, que organizações, portanto, de-vem estar envolvidas no processo decisório das políticas públicas ambientais?

A pertinência da pergunta repousa num aparente dilema comum aos *policy makers* de países democráticos com taxas elevadas de crescimento econômico: (1) escolher entre complicar o processo decisório e assegurar, portanto, a repre-sentação de todos os elementos pertinentes (atores e instituições políticas), dando maior caráter de *accountability* ao processo político em torno de uma gestão pú-blica sobre os recursos naturais (como, por exemplo, existência de um Ministério do Meio Ambiente e autarquias ambientais ou existência de conselhos nacionais de desenvolvimento sustentável), ou (2) maior centralização na tomada de deci-são, assegurando maior decisividade ao processo.

Diante desse quadro, em que medida a agenda ambiental ganhou maior consistência no Brasil? O Sistema Nacional de Meio Ambiente (Sisnama) foi criado por meio da Lei nº 6.938 de 31 de agosto de 1981 (Lei da Política Nacional de Meio Ambiente), que tanto instituiu a estrutura institucional, de densa sobreposição de atores políticos-institucionais – quanto definiu os prin-cipais instrumentos – mais de regulação política do que de mecanismos de mercado – da política ambiental brasileira. Historicamente, um pouco mais adiante, de acordo com Leila da Costa Ferreira (1998), dois princípios podem ser identificados na Constituição Federal de 1988 quanto à proteção ambien-tal no Brasil: (i) todos teriam direito ao meio ambiente ecologicamente equi-librado e: (ii) o poder público e a coletividade têm o dever de preservar e proteger o meio ambiente. De que forma, então, estes princípios foram ope-racionalizados no Brasil?

3. TRAJETÓRIA INSTITUCIONAL E MECANISMOS DE VALORAÇÃO AMBIENTAL NO BRASIL

No Brasil, a política ambiental, é importante frisar, ainda que se caracterize por centralização organizacional formal, por meio de um Ministério do Meio

Ambiente e um Conselho Nacional de Meio Ambiente (Conama), sua matéria (meio ambiente) é de domínio político e administrativo transversal (com outros Ministérios envolvidos diretamente em políticas que afetam o meio ambiente), embora pouco integrada. Muito deste cenário se deve não apenas a uma incorporação tardia da questão ambiental como política pública, mas também a incorporação tardia da institucionalização política ambiental (integral e transversal ao mesmo tempo).

A maior consistência da agenda ambiental governamental brasileira surge, especialmente, ao início da década de 1980 com a criação do Sistema Nacional de Meio Ambiente (Sisnama), ainda que possamos remontar a "origem" institucional (em medida de importância) da política ambiental ao ano de 1934 com o Decreto nº 23.793 que aprovou o Código Florestal brasileiro. O Sistema Nacional do Meio Ambiente (Sisnama), formado por meio da Lei nº 6938 de 31 de agosto de 1981 (a Lei da Política Nacional de Meio Ambiente), configurou a estrutura institucional e também definiu os principais instrumentos operacionais da política ambiental brasileira. O Sisnama abrange, em nível do governo federal brasileiro, as entidades responsáveis pela formulação, implementação, controle e avaliação das políticas relativas à proteção e melhoria da qualidade ambiental, como é possível observar na Tabela 1.

TABELA 1. Responsabilidades institucionais sobre Meio Ambiente no Brasil – nível federal

Formulação de Políticas	Ministério do Meio Ambiente
Participação Pública	Conama (Conselho Nacional de Meio Ambiente)
Implementação de Políticas	Agências: Ibama, ICMBio
Área Legal	Procuradoria Geral da República e Ministério Público Federal

Fonte: elaborada pelos autores.

A trajetória política ambiental brasileira ilustra bem o desenvolvimento institucional disperso e subordinado – a outros temas – da matéria ambiental. Embora existisse antes como uma Secretaria do Meio Ambiente da Presidência da República – criada através da Medida Provisória nº 150 e regulamentada pelo Decreto nº 99.180 – com *status* operacional de Ministério, a matéria ambiental incorporou-se ao tecido institucional e político brasileiro de maneira lenta, acompanhando a emergência – também lenta – da questão ambiental no cenário internacional, como observam Le Prestre (2000), Corrales (2007) e Dominguez (2010).

Criado em 1985 como o Ministério do Desenvolvimento Urbano e Meio Ambiente – por meio do Decreto nº 91.145, o Ministério do Meio Ambiente é o órgão central – tanto na formulação quanto na implementação da política ambiental no Brasil.[1]

Cabe ao MMA tanto a responsabilidade quanto o desenvolvimento de estratégias e mecanismos imbuídos na busca por melhorias na qualidade ambiental e uso sustentável dos bens e serviços ecossistêmicos. Outra de suas atribuições – e extremamente importante – é a criação – através de parcerias com agências de financiamento – e promoção de medidas políticas para financiamento de práticas econômicas sustentáveis (RODRIGUES, 2011).

Do ponto de vista institucional, o Conama reflete a característica transversal e, em tese, integrada, da política ambiental, incluindo representantes de todos os Ministérios e unidades federativas, agências federais e secretarias, representantes do setor privado e da sociedade civil, possuindo em sua configuração normativa um mandato para definir normas e padrões ambientais nacionais.

Institucionalmente inclusivo (em 2002 seu número total de membros foi ampliado de 73 para 109), o Conama reforça, em virtude de sua configuração institucional, um cenário de imobilismo institucional e mesmo paralisia decisória, muito devido à dificuldade política na criação de consenso e, especialmente, a dificuldade operacional de lidar politicamente com "matérias exclusivamente ambientais". Entretanto, ainda que exista esse reforço, muito se deve à baixa valoração da política ambiental e na pouco reforçada integração e transversalidade da política ambiental.

Embora exista realmente uma maior visibilidade e atenção pública às questões ambientais, a consistência – do ponto de vista dos resultados de melhores indicadores em qualidade ambiental – de uma gestão pública ambiental é rarefeita ou, de forma otimista, incipiente, em virtude, especialmente, da baixa coordenação institucional e, consequentemente, da capacidade política de formular uma rede de políticas que não apenas reparem danos ambientais (através de mecanismos de Comando & Controle – C&C), mas também que valorizem os ativos ambientais (através de Instrumentos Econômicos – IE).

---

[1] A institucionalização da política ambiental brasileira inicia-se, de forma inicialmente marginal, com a criação da Secretaria Especial do Meio Ambiente (SEMA) através do Decreto nº 73030, vinculando a SEMA ao Ministério do Interior, caracterizando as políticas ambientais do período por um nível elevado de descentralização e elevado viés regulatório das políticas ambientais – ainda que incipientes – de mecanismos de comando e controle.

A política pública ambiental é, antes de tudo, o que o Estado faz ou deixa de fazer em alguma matéria em relação ao meio ambiente. Segundo Seroa da Mota (2006: 10) a política pública ambiental: *"é uma ação governamental que intervém na esfera econômica para atingir objetivos que os agentes econômicos não conseguem obter atuando livremente"*. Neste sentido, a política ambiental é uma forma de intervenção do Estado cujo objetivo é a redução ou eliminação das externalidades ambientais negativas oriundas das atividades dos agentes econômicos. Para Lustosa, Cánepa & Young (2010), a política ambiental, do ponto de vista de sua trajetória, possui três fases que podem ser dispostas desde o final do século XIX e estendendo-se até os dias atuais.

A primeira fase se caracterizaria pela clássica intervenção estatal através da disputa em tribunais de Justiça, na qual os agentes sociais e econômicos afetados pelas externalidades ambientais negativas entrariam em juízo contra os agentes econômicos causadores das externalidades. Já na segunda fase, há a emergência e operacionalização, por parte de governos de economias industrializadas e emergentes (como o Brasil), de mecanismos políticos de comando e controle.

Exemplo, no Brasil, pode ser a Resolução Conama nº 237/1997, que dispõe sobre a revisão do Sistema de Licenciamento Ambiental (prévia, instalação e operação) ou a Lei nº 9.433/1997 que institui a Política Nacional de Recursos Hídricos e cria o Sistema Nacional de Gerenciamento de Recursos Hídricos. Dois fatores podem ser identificados no uso de mecanismos de C&C na implementação de políticas ambientais: (1) imposição governamental de padrões sobre o nível utilizável de um insumo básico ou pelo padrão de emissão de poluentes do (s) agente (s) econômico (s); (2) determinação de tecnologia para efeito de redução ou eliminação da poluição/degradação ambiental estabelecida pelo cumprimento de um padrão emissor definido anteriormente.

De acordo com Luciana Togeiro (1994), o mecanismo de regulação política C&C se caracteriza, especialmente, por situar o agente econômico poluidor como uma espécie de "eco delinquente", passível de penalidades tanto judiciais quanto administrativas, caso não obedeça às regras ambientais impostas em sua atividade econômica. Para Lustosa, Cánepa & Young (2010), ainda que seja um avanço, os mecanismos de C&C possuem algumas deficiências operacionais que terminam por diminuir a eficácia das políticas ambientais. Os autores consideram que os mecanismos de C&C, além de terem um alto custo de implementação, podem ser injustos ao tratar todos os poluidores da mesma forma, sem levar em conta diferenças entre as empresas (estrutura econômica e mesmo intensidade de uso de recursos naturais) e também a quantidade de poluentes que emitem no meio ambiente.

Uma saída mais operacional, para os autores, ocorreu numa terceira fase da política ambiental que possui um caráter "misto" entre o mecanismo de C&C e o uso de IE, cujo objetivo é a internalização dos custos ambientais (os mecanismos de gestão na política nacional de mudança do clima no Brasil são "herdeiros" diretos dessa fase, em especial). Neste caso, a política ambiental adota estímulos aos agentes econômicos, tanto com o objetivo de combater a poluição/degradação ambiental, quanto a moderação no uso econômico dos recursos naturais, cujo resultado é uma espécie de política ambiental pautada num padrão de qualidade, tipificado em metas governamentais.

Por exemplo: o Princípio de Poluidor Pagador (PPP) é um exemplo de um instrumento de mercado que visa modificar o comportamento dos poluidores ao obrigar os agentes econômicos poluidores a arcarem como os custos necessários estabelecidos pelas políticas governamentais. Dentro desse quadro, podem surgir incentivos perversos como, por exemplo, o propósito de determinada taxa sobre a poluição da água é reduzir o quadro de poluição de determinado rio, entretanto, essa mesma medida pode elevar a poluição se os critérios elencados não forem baseados no conteúdo dos poluentes.

Utilizados, fundamentalmente, para a geração de receita, os IE, de acordo com Seroa da Mota (2006), ainda que bem difundidos na América Latina (tomando os casos brasileiro, peruano, colombiano e mexicano), encontram resistência, do ponto de vista do alcance de seus resultados em qualidade ambiental, na (1) fragilidade institucional e operacional dos organismos ambientais, especialmente quanto à insuficiência de recursos investidos, inexperiência na gestão, jurisdição incerta para efeitos de implementação e aquela com alta capacidade de redução de desempenho; (2) na relativa baixa redução dos impactos ambientais[2] e; (3) na ausência de redes políticas, intergovernamentais e mesmo intragovernamentais que deem suporte à implementação e

---

2   Essa observação deriva da percepção de que, embora os IE sejam operacionais e auxiliem fortemente na valoração política dos bens e serviços ecossistêmicos, na medida em que estimulam a criação de legislação mais alinhada à valoração ambiental e, consequentemente, de políticas públicas mais responsivas à qualidade ambiental. Não creio que a inferência clássica da Economia Ambiental Neoclássica de que a alocação ótima dos recursos naturais (renováveis ou não, bióticos ou abióticos) se dê via mercado, sem coadunação com medidas governamentais. O resultado final da exclusiva abordagem via mercado na valoração ambiental é o surgimento de "falhas ambientais de mercado".

avanço operacional dos IE na gestão de políticas públicas ambientais na região (SEROA DA MOTA, 1996; CORRALES, 2007).

Relacionar de maneira direta, do ponto de vista econômico, desenvolvimento com crescimento resulta, para os formuladores de políticas públicas, uma *pressão maior* por políticas que contemplem, *grosso modo*, a dissociação entre economia e ecologia. A falta de integração política (a baixa sinergia) entre economia e ecologia resulta em políticas públicas que não incorporam o custo ambiental da degradação dos bens e serviços ambientais (MAY, 2010; DALY & FARLEY, 2004). Neste sentido, e como já ressaltado no tópico anterior, o jogo democrático tem alta incidência na ampliação ou redução dessa sinergia entre economia e ecologia, do ponto de vista de políticas e programas que contemplem gestão política e econômica do meio ambiente.

Uma causa da maior eficácia das políticas ambientais pode ser observada na prioridade ambiental dentro das metas políticas e econômicas governamentais. É interessante tomar esse quadro de importância dos fatores políticos e econômicos na orientação de políticas ambientais no pressuposto de que: (i) o mercado reagiria de forma mais eficiente na proteção do meio ambiente *sob efeito* de incentivos; e (ii) o governo atuaria tanto como orientador quanto supervisor das políticas públicas ambientais, proporcionando benefícios dispersos (atingindo tanto o produtor quanto a sociedade). Essa pressuposição derivaria da observação de May (1995), segundo a qual as orientações de caráter político teriam maior capacidade de alocação dos recursos públicos do que os critérios econômicos ancorados numa racionalidade dura. A cooperação, no caso, torna-se peça fundamental para uma política ambiental integrada.

Um caso desse distanciamento e falta de cooperação política (muito mais, até, do que coordenação política), de acordo com dados do próprio Banco Mundial (World Bank, ICR, 2005) é, lamentavelmente, ilustrativo desse cenário: o Ministério das Minas & Energia abandonou a cooperação política com o Ministério do Meio Ambiente na implementação de Avaliações Ambientais Estratégicas – muito mais consistentes para avaliação dos impactos ambientais e sociais de empreendimentos econômicos – para projetos nas bacias hidrográficas como foi solicitado pelo Banco Mundial no Primeiro Empréstimo Programático de Reforma para a Sustentabilidade Ambiental (Empréstimo nº 7256-BR).

Tanto o desenho institucional quanto a preferência política, contida na agenda governamental e decisional, por um tipo de modelo de desenvolvimento econômico pode influenciar diretamente na maior ou menor aderência do modelo de política ambiental, mais ou menos sustentável, no processo de tomada de decisão (BANCO MUNDIAL, 2010). Baixa integração no processo decisório de políticas que envolvam o meio ambiente, como a relativa à segurança energética ou de mudança no uso do solo (relativas à expansão de área agropecuária), resulta em efeitos diretos na qualidade ambiental.

Entende-se que o processo de fragmentação das políticas públicas prejudica a implementação de políticas que contemplem a qualidade ambiental. No Brasil, é válido ressaltar, esse processo de fragmentação das políticas públicas ambientais corresponde concomitantemente a uma agenda governamental e decisional mais marginal quanto à prioridade de políticas e programas ambientalmente mais sustentáveis e a desenhos institucionais que incorporam atores políticos, cujas agendas prezam mais por retardar ou mesmo vetar políticas ambientais mais responsivas ao meio ambiente.

Ao mesmo tempo em que a maior participação de atores políticos possibilita maior inclusividade e governabilidade democrática, a ausência de uma agenda ambiental governamental e decisional consistente possibilita a fragilidade da política ambiental e, assim, resulta em poucos avanços institucionais com efeitos perversos na qualidade ambiental.

A ausência de maior coordenação política entre organismos governamentais (analisados em nível federal) resulta em perda de capacidade decisória na promoção de políticas que valorizem os ativos ambientais e, em grande medida, se deve ao controle da agenda. Pode-se dizer que, no Brasil, a agenda governamental resta ainda incipiente – e, porque não dizer, contraditória – no que tange ao desenvolvimento de uma economia mais sustentável.

Na realidade, existe um problema de entendimento tanto conceitual (sobre do que se trata "meio ambiente") quanto operacional (quais os limites do que é "política ambiental") na gestão pública não apenas brasileira e de outros países latino americanos (CORRALES, 2007; DOMINGUEZ, 2010). Situação refletida diretamente nas fronteiras setoriais governamentais envolvidas com o meio ambiente no âmbito do planejamento energético, por exemplo. E quanto menor a *accountability* (seja vertical, horizontal e social), maior o risco de que a política ambiental seja capturada por outras e restringida em suas atribuições políticas e institucionais.

As razões – e devem ser dispostas no plural realmente – devem-se à natureza multidisciplinar e intersetorial, dentro de um marco legal pouco adaptável a um fator interdependente como o ambiental, dificultando delimitar – política e institucionalmente – competências decisórias e corresponsabilidades e, portanto, numa coordenação nas decisões políticas a fixar prioridades governamentais conjuntas mais horizontais que priorizem e valorem o objeto "meio ambiente" no componente políticas públicas. Para Stahl, Jr. *et al* (2003), para "valorar" politicamente o meio ambiente é fundamental que a gestão de políticas ambientais integre tanto os aspectos econômicos quanto ecológicos no processo decisório.

4. A (DIFÍCIL) VALORAÇÃO POLÍTICA DO MEIO AMBIENTE NO BRASIL

Por meio de três critérios analíticos é possível observar a "valoração política" consistente do meio ambiente no processo político: (1) a criação e manutenção de instituições políticas ambientais com domínio decisório próprio e não subordinadas institucionalmente a outros organismos (Ministérios ou Secretarias) concorrentes em matérias que envolvam meio ambiente; (2) legislação com mecanismos constitucionais de incorporação doméstica de regimes ambientais internacionais; (3) investimento em gestão ambiental estável e crescente numa trajetória temporal.

No Brasil, há uma baixa valoração política dos ativos ambientais bem como uma coordenação política ambiental reduzida. Um resultado efetivo – encarado como um efeito perverso do ponto de vista ambiental – ocorre em políticas públicas de desenvolvimento da infraestrutura e segurança energética que demandam reordenamentos territoriais de unidades de conservação federais que ocorrem no Brasil sem devido mapeamento de potencial econômico destas unidades pelos serviços ecossistêmicos prestados, como a regulação climática ou controle de erosão, por exemplo. É o caso exemplar de agendas concorrentes.

Por potencial econômico das unidades de conservação refiro-me a algumas atividades como: (1) potencial econômico da exploração de produtos florestais; (2) potencial econômico das reservas de carbono – especialmente importante quanto aos resultados de metas governamentais para conter a emissão de GEE; (3) produção e conservação de recursos hídricos (RODRIGUES, 2011). Por meio da Lei nº 9985 de 18/07/2000, foi instituído o Sistema Nacional de Unidades de Conservação (SNUC), criando e regulamentando as Unidades de Conservação e dividindo-as, em sua gestão, em unidades de proteção integral e unidades de uso sustentável, adotando, também, mecanismos políticos e institucionais mais participativos na criação das UC's (com exceção das Estações Ecológicas e Reservas Biológicas), através de consultas públicas, reduzindo, assim, maiores possibilidade de atritos na criação destas UC's.

Quanto ao primeiro grupo de UC's – de proteção integral – encontram-se as Estações Ecológicas, Reservas Biológicas, Parques Nacionais e Estaduais, Monumentos Naturais e Refúgios da Vida Silvestre; quanto ao segundo grupo – de unidades de uso sustentável – estão as Áreas de Proteção Ambiental, Áreas de Relevante Interesse Ecológico, Florestas Nacionais e Estaduais, Reservas Extrativistas, Reservas de Fauna, Reservas de Desenvolvimento Sustentável e Reservas do Patrimônio Natural (ICMBio, 2011). Embora cumpram funções cujos benefícios são usufruídos por setores econômicos, como uma expressiva parcela de água – observando-se quantitativa e qualitativamente o benefício – que compõe reservatórios de usinas hidrelétricas, assegurando abastecimento energético às cidades e indústrias, a valoração desses benefícios é social e politicamente baixa (MEDEIROS *et al*, 2011). E muito menos constam como um indicador viável a ser agregado na contabilização política em torno de crescimento econômico, alimentando o *trade off* entre crescimento econômico e degradação ambiental.

Quanto ao potencial de redução da emissão de GEE por parte do Brasil, por exemplo, as unidades de conservação maximizam o potencial de combate às mudanças climáticas (através do sequestro florestal de carbono), especialmente quanto a um fator de maior preponderância no quadro emissor brasileiro (já que o desflorestamento foi o responsável por mais de 60% das emissões totais brasileiras de GEE para o ano de 2005): mudança no uso do solo. De acordo com Medeiros *et al* (2001: 26):

> Além de evitar as emissões por queima da floresta, as unidades de conservação impedem emissões de gases provenientes de atividades como pecuária e agricultura, especialmente de metano (CH4) e óxido nitroso (N2O), que têm potencial de aquecimento maior que o CO2; suas emissões foram responsáveis por entre 10% e 19% das emissões brasileiras de gases de efeito estufa em 2005.

Neste estudo, Medeiros *et al* (2001) contabilizam esse potencial e distinguem o valor estimado do estoque em milhões de Reais, por bioma e modelo de unidade de conservação, como pode ser visualizado nas Tabelas 2 e 3.

TABELA 2. Valor estimado para o estoque de carbono nas UCs de Proteção Integral e Potencial Econômico em Reais.

Bioma	Área das UCs (ha)	Desflorestamento evitado nas UCs (ha)	Volume de Carbono (tC)	Valor do estoque de emissões evitadas (milhões de R$)
Amazônia	39.687.400	7.937.480	1842.960.376	28.661
Cerrado	5.203.200	4.162.560	206.046.720	7.006
Mata Atlântica	2.365.600	1.892.480	136.258.560	4.633
Caatinga	907.600	726.080	35.940.960	1.222
Pantanal	612.100	489.680	24.239.160	824
Total	48.775.900	15.208.280	1.245.445.776	42.346

Fonte: Medeiros *et al* (2011).

TABELA 3. Valor estimado para o estoque de carbono nas UCs de Desenvolvimento Sustentável e Potencial Econômico em Reais

Bioma	Área das UCs (ha)	Desflorestamento evitado nas UCs (ha)	Volume de Carbono (tC)	Valor do estoque de emissões evitadas (milhões de R$)
Amazônia	60.766.600	12.153.320	1.003.864.232	34.131
Cerrado	7.886.100	6.308.880	220.810.800	7.508
Mata Atlântica	5.325.500	4.260.400	238.582.400	8.112
Caatinga	4.314.200	3.451.360	120.797.600	4.107
Pantanal	0	0	0	0
Total	78.292.400	26.173.960	1.584.055.032	53.858

Valor total de ambos os modelos de unidades de conservação		96.204

Fonte: Medeiros *et al* (2011).

Dado que por volta de 80% das emissões globais de GEE são oriundas da queima de combustíveis fósseis significa, basicamente, que existe um fluxo do carbono depositado e retido no subsolo há milhões de anos e, por meio das atividades econômicas, liberado novamente na atmosfera terrestre (IPCC, 2007). O sequestro de carbono por meio de florestas, embora exista incerteza quanto a real estimativa, pode ser equivalente, numa abordagem mais otimista, em torno de 12 a 15%

da emissão por combustíveis fósseis (nos ritmos atuais de emissão) nos próximos 50 anos (BROWN *et al*, 2001).

Ainda que o cenário seja positivo, do ponto de vista dos ativos ambientais brasileiros no uso de suas UC's para sequestro de carbono, e também para auxiliar nas metas próprias de redução de GEE, há um hiato entre o recurso (capacidade de sequestro florestal de carbono das UC's) e valoração política efetiva desse ativo ambiental na política nacional de mudança do clima. A importância econômica e, fundamentalmente, também política (afinal, afetam direta e indiretamente as coletividades humanas) dos ecossistemas reside na diversidade de benefícios resultantes (denominados de serviços ambientais), como a regulagem climática, armazenamento e sequestro de carbono, conservação da biodiversidade, conservação e regeneração dos solos etc. (FAO, 2007).

E muitos desses serviços ambientais, oferecidos pelas UC's, encontram-se seriamente comprometidos, graças ao ritmo alucinante de geração de externalidades imprimidas por um modelo de economia de alto carbono e por uma baixíssima e inadequada valoração econômica (e, consequentemente, política) dos bens e serviços ambientais não só pelo Mercado, mas também por parte do Poder Público.

Quais as medidas políticas, portanto, para equacionar esse "delicado equilíbrio" na formulação e implementação de políticas ambientais que preservem o desenvolvimento econômico, alavanca do desenvolvimento social?

Para responder essa pergunta, é necessário reconhecer a ausência de conexão na formulação de políticas públicas envolvendo o meio ambiente entre economia e ecologia. Afinal, crescimento econômico e conservação ambiental são encarados frequentemente como metas políticas antagônicas, efeito direto da baixa conexão entre economia, ecologia e política no ciclo das políticas públicas (MAY, 1995; DALY & FARLEY, 2004; ALLIER & JUSMET, 2006).

Políticas para a criação (e até mesmo para a manutenção) de unidades de conservação federais (para não dizer das UC's estaduais) padecem de efeitos diretos relacionados às políticas públicas de desenvolvimento da infraestrutura e segurança energética e, mais do que, diretamente relacionadas, são *afetadas* em razões de suporte à demanda energética oriunda do crescimento e desenvolvimento econômico.

Por exemplo: a criação de unidades de conservação pode incidir em custos políticos à criação de alguma usina hidroelétrica, gerando impasses que prejudicam as metas desenvolvimentistas governamentais, pautadas numa agenda de crescimento econômico contínuo, já desenhadas política e institucionalmente sob um cenário de baixa coordenação e transversalidade da matéria ambiental, resultando em *falhas de comunicação* entre os decisores políticos para uma resolução equilibrada que contemple tanto as metas de desenvolvimento quanto de conservação ambiental.

Usinas hidroelétricas, *grosso modo*, causam elevados impactos sobre o meio ambiente, impactos observáveis e significativos que transcorrem desde as fases de construção até operação da usina. Do ponto de vista da eficiência energética, a hidroeletricidade, no Brasil, têm vantagens tanto técnicas quanto econômicas, além de ser renovável e também com elevada disponibilidade no país. Entretanto, ainda que haja uma boa gestão ambiental de um projeto energético, os impactos decorrentes da criação de uma usina hidroelétrica geram impactos químicos (como a geração de compostos nocivos ao ser humano), biológicos (efeitos perversos da usina hidroelétrica sobre a biodiversidade local) e sociais (desagregação social de comunidades ribeirinhas, e maior incidência de doenças entre a população), impactos estimulados, muitas das vezes, devido ao modelo empregado de avaliação e gestão ambiental, que calcula os impactos apenas tardiamente, ainda que os custos envolvidos para incorporação de alternativas sejam menores para fases iniciais dos projetos (SOUZA, 2000).

Num cenário político de baixa percepção dos benefícios ecossistêmicos à economia – embora economicamente existentes – os decisores políticos, pressionados pela crescente demanda por energia, "escolhem", através de suas preferências políticas, o incremento do principal modelo energético existente. No caso brasileiro, o hidroelétrico. E, inúmeras vezes, as avaliações de impacto ambiental sofrem de baixa transparência e mesmo são dispostas durante o processo de implementação da usina e não antes, confirmando uma baixa responsividade ambiental (CONSERVAÇÃO INTERNACIONAL, 2009).

Um exemplo não apenas da ausência de coordenação política envolvendo a política ambiental e a política energética brasileira foi a decisão unilateral, por parte do Ministério de Minas e Energia, em debandar da concertação política com o Ministério do Meio Ambiente na implementação das Avaliações Ambientais Estratégicas para projetos hídricos nas bacias hidrográficas, de acordo com a determinação do Banco Mundial no Primeiro Empréstimo Programático de Reforma para a Sustentabilidade Ambiental (BANCO MUNDIAL, 2009, Empréstimo nº 7256-BR).

Mas se não existe a contabilidade dos ativos ambientais na gestão de segurança energética, há também uma ausência na contabilização das externalidades ambientais resultantes da implementação de projetos hidroelétricos. Perde-se, do ponto de vista ambiental, duas vezes: ao não contabilizar os benefícios econômicos das unidades de conservação e ao não contabilizar, desde o início dos projetos de segurança energética, por exemplo, as externalidades ambientais negativas resultantes, fomentando somente depois medidas reparatórias.

De acordo com o Banco Mundial (2002), o Brasil possui um dos mais avançados sistemas de gestão de políticas ambientais entre grandes economias emergentes, ainda que as instituições envolvidas com o meio ambiente operem sem devida integração e coordenação, especialmente quanto à incapacidade política e institucional do MMA em transversalizar essa política pelos baixos incentivos derivados do Executivo federal, como o exemplo relativo à política de segurança energética.

Outro problema mensurável e diretamente perceptível da baixa prioridade política em matérias de políticas ambientais ocorre em como os governos investem recursos públicos em gestão ambiental. Essa observação é derivada da hipótese de que menores investimentos públicos em proteção ao meio ambiente refletem menor aderência e importância da agenda ambiental nas políticas governamentais. Por função de proteção ao meio ambiente no Brasil, entende-se a gestão, operacionalização e suporte dos organismos institucionais responsáveis pelo (i) controle ambiental, (ii) controle da poluição do ar e do som, (iii) políticas e programas de reflorestamento, (iv) monitoramento de áreas degradadas, (v) obras de prevenção a secas e (vi) levantamentos e serviços de remoção de lixo em áreas de proteção e reservas ambientais (florestas, lagoas, rios etc.).

Entre os anos de 2003 e 2008, o investimento em benefício do meio ambiente teve um crescimento de 25% em termos reais (SIAFI, 2012). Os recursos previstos no Orçamento Geral da União tiveram um crescimento da ordem de 70%, entre o período entre 2003 e 2009 sob a Administração Lula da Silva, resultando em um salto de R$ 2,1 bilhões no ano de 2003 para R$ 3,5 bilhões no ano de 2009. Descontada a inflação no período respectivo, houve um acréscimo de R$ 1,4 bilhão (SIAFI, 2012). Quando observados os últimos seis anos houve um investimento de R$ 7,9 bilhões no estímulo e desenvolvimento tanto de projetos quanto de atividades relativas ao meio ambiente por parte do governo federal (SIAFI, 2012).

Na Figura 1, abaixo posicionada, é possível observar que os recursos governamentais federais brasileiros destinados ao Ministério do Meio Ambiente, quando tomados em comparação aos Ministérios dos Transportes e Cidades, mantém uma estagnação de dotação orçamentária que possibilita avaliar o pouco consistente e substancial investimento em meio ambiente por mais de dez anos (2000-2010).

FIGURA 1. Comparação de Investimento em Reais entre Ministérios (2000-2010)

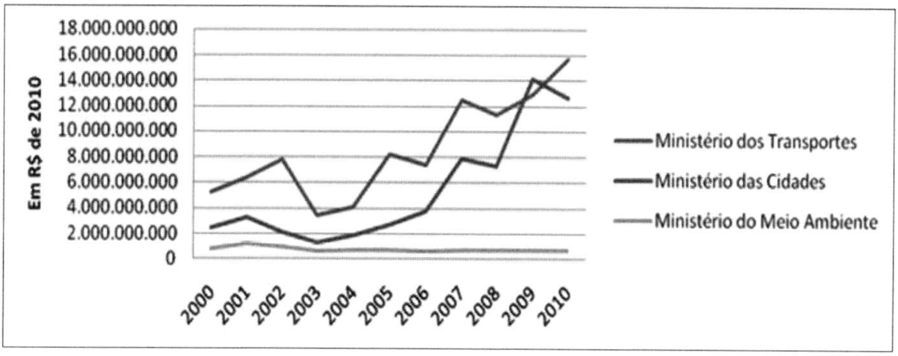

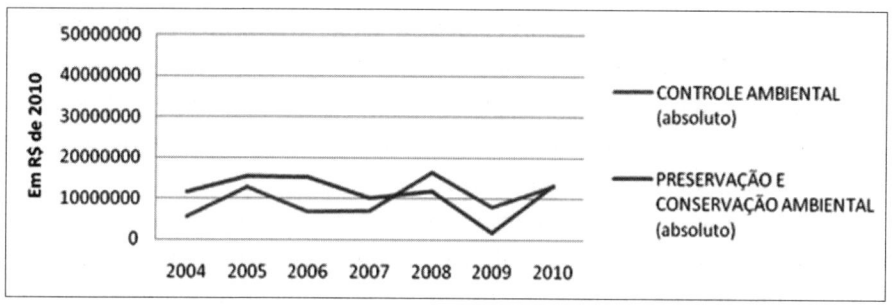

Fonte: SIAFI (2012).

E mesmo o investimento em controle, preservação e conservação ambiental também padece, do ponto de vista do investimento, um processo de estagnação entre 2004 a 2010, como é possível observar na Figura 2.

FIGURA 2. Despesas Orçamentárias do Ministério do Meio Ambiente – subfunções de controle ambiental e preservação e conservação ambiental (2004-2010)

Fonte: SIAFI (2012).

As aplicações dos recursos orçamentários destinados não representaram nem metade do orçamento autorizado para o Ministério do Meio Ambiente no respectivo período, chegando ao montante de R$ 16,1 bilhões de Reais, configurando uma "sobra no caixa" de aproximadamente R$ 8,1 bilhões de Reais, entre os anos de 2003 e 2008 devidos, em parte, pelo contingenciamento relativo ao auxílio na constituição do *superávit* primário do governo federal (MMA, 2011).

Do ponto de vista comparativo, na variação percentual de investimento do governo federal, existe um abismo colossal entre o que é destinado ao Ministério das Cidades e o Ministério do Meio Ambiente, resultando num cenário de baixa eficácia da gestão de políticas ambientais em nível federal em muito pelo próprio esforço contínuo do Executivo federal, como é possível visualizar na Tabela 4.

TABELA 4. Variação das despesas discricionárias dos Ministérios dos Transportes, Cidades e Meio Ambiente, 2007-2010 (com valores corrigidos e atualizados para 2010)

	2007 (em R$ de 2010)	2010 (em R$ de 2010)	Variação Percentual
Ministério dos Transportes	4.096.201.347	15.664.567.290	282%
Ministério das Cidades	1.887.381.270	12.653.686.393	570%
Ministério do Meio Ambiente	660.043.219	694.434.147	5%

Fonte: SIAFI (2012).

Embora exista um aumento quantitativo, nas últimas décadas, de áreas protegidas e também de políticas que fomentam a conservação dos biomas nacionais, uma única situação – para ficar apenas nela – restringe consideravelmente o nível de desempenho ambiental brasileiro: a baixíssima prioridade orçamentária do MMA no governo federal brasileiro, como já ressaltado. De acordo com Dutra, Oliveira & Prado (2006), o investimento em relação ao número de hectares de UC's sob a administração do MMA passou, ao longo de seis anos, de R$ 42,51/ha, em 2000, para R$ 25,19/ha, em 2006; mesmo com todo o potencial das UC's em sequestro de carbono ou conservação da biodiversidade, auxiliando diretamente nas metas governamentais brasileiras relativas aos regimes internacionais de biodiversidade e de mudanças climáticas.

Outro aspecto da baixa valoração política ambiental brasileira é relacionada à proteção de biomas, caso especialmente significativo para o Brasil, país megadiverso e que tem na mudança no uso do solo (fenômeno de deflorestação, por exemplo) a maior contribuição nacional para o quadro das mudanças climáticas globais. O Brasil é signatário da Convenção sobre Diversidade Biológica das Nações Unidas e, como signatário, adotou o Plano Estratégico da Convenção sobre Diversidade Biológica (CDB).

Em 2006, o governo brasileiro estabeleceu a Resolução nº 03 da CONABIO que configurou as Metas Nacionais de Biodiversidade para 2010. O resultado foi o incremento de políticas ambientais alinhadas às metas da CDB (conservação, uso sustentável e repartição de benefícios da biodiversidade), mas também na criação de instituições especialmente voltadas à gestão dessa política, no caso, o ICMBio (Instituto Chico Mendes de Conservação da Biodiversidade), o Serviço Florestal Brasileiro (SFB) e o Centro Nacional para a Conservação da Flora (CNCF), cujo objetivo institucional conjunto dos três organismos é a criação e gestão de unidades de conservação, o fomento de estratégias para a conservação da biodiversidade, o uso e conservação dos recursos florestais brasileiros e o mapeamento e gestão da flora brasileira.

Os resultados para a proteção dos biomas brasileiros alcançaram apenas duas das metas concertadas na CDB de forma integral (100%), especialmente: (1) a publicação de listas e catálogos das espécies brasileiras e (2) e a redução de 25% do número de focos de calor em cada bioma nacional. E, como informa o Quarto Relatório Nacional para a Convenção sobre Diversidade Biológica – MMA (2011, p. IV):

> Quatro outras metas alcançaram 75% de cumprimento: conservação de pelo menos 30% do bioma Amazônia e 10% dos demais biomas; aumento nos investimentos em estudos e pesquisas para o uso sustentável da biodiversidade; aumento no número de patentes geradas a partir de componentes da biodiversidade; e redução em 75% na taxa de desflorestamento na Amazônia.

Reforço a importância de ressaltar que a ausência de políticas ambientais consistentes interfere de forma ainda mais premente na qualidade ambiental de um país. Um caso bem ilustrativo quanto a isso é referente ao desflorestamento amazônico, diretamente correlacionado ao grau maior de emissão de GEE do país, já que segundo o IPCC, por volta de 17% da emissão de GEE na atmosfera se deve ao desflorestamento e a decomposição de biomassa (IPCC, 2007). De acordo com Assunção, Gandour & Rocha (2012), por volta da metade do desflorestamento evitado na Amazônia, no período de 2005 a 2009, pode ser atribuído diretamente às políticas de conservação ambiental empregadas na segunda metade dos anos 2000.

A premissa do estudo é de que não apenas a variabilidade dos preços das *commodities* agrícolas (soja e carne bovina, por exemplo) altera o incremento do desflorestamento amazônico, mas também a efetiva implementação de políticas ambientais que priorizem a conservação ambiental, como se configura o "Plano de Ação para a Prevenção e Controle do Desflorestamento na Amazônia Legal (PPCDAM)", lançado em 2004 pelo governo federal.

Para tanto, metodologicamente, os autores isolaram estatisticamente o impacto da política ambiental de outros impactos potenciais cuja determinação econômica seria direta, como o ciclo dos preços das *commodities* agrícolas. Quando observamos o "antes" e o "depois" da implementação dessa política pública, a diferença é substancial como é possível visualizar na leitura da Figura 3.

FIGURA 3. Efeitos dos Planos de Ação para Prevenção e
Controle do Desmatamento no Bioma Amazônico (1990-2011)

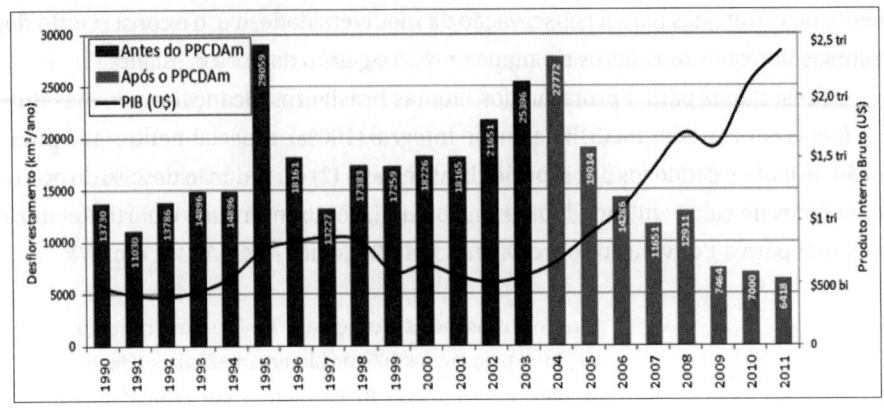

Fonte: MMA (2012).

A implementação dos PPCDAm resultaram de forma direta na menor incidência do desflorestamento no bioma amazônico ao longo de 11 anos (1990-2011), com resultados significativos observados nos anos anteriores a implementação dos PPCDAm. E o mais interessante é poder visualizar que a correlação entre maior incidência de desflorestamento no bioma amazônico e o crescimento da economia brasileira não foi significativo. Na verdade, houve um distanciamento positivo entre os dois fatores, ainda que seja possível inferir que a economia brasileira dependa fortemente das *commodities* e a política pública, no caso, tenha sido o fator mais fundamental para frear a maior incidência do desflorestamento no bioma amazônico e, por conseguinte, no aumento da emissão total de CO_2 por parte do Brasil.

A valoração ambiental passa, portanto, pelo reforço das políticas públicas e também das instituições. O meio ambiente, enquanto objeto de uma política pública, é uma espécie de "guarda-chuva", no qual cabem diversas "políticas ambientais" que demandam instituições responsivas à matéria ambiental com efetivas concertações políticas que contemplem o componente ambiental contido em outras políticas.

CONSIDERAÇÕES FINAIS

A baixa institucionalidade ambiental resulta em dois problemas: (1) a ausência de mecanismos factíveis de coordenação intersetorial nos programas de governo e (2) o curto alcance setorial da política ambiental. No Brasil, os Ministérios (Minas & Energia, por exemplo) responsáveis por formular e implementar políticas que lidem de forma marginal com ativos ambientais se caracterizam pela ausência de dispositivos institucionais que incorporem, desde o processo de formulação e implementação dessa política ambiental marginal, atores políticos diretamente mais responsivos à questão ambiental, o que padece, nos resultados decisórios relativos à qualidade ambiental de programas e projetos, uma tensão política em torno de quais melhores políticas a serem adotadas pelo poder público.

O quadro geral é de inconsistência e mesmo incoerência de políticas ambientais nominalmente interdependentes, com baixo grau de coordenação e, especialmente, implementação conjunta de ações para reforçar as metas de conservação ambiental, ainda que exista um reforço marginal na institucionalização de políticas mais integradas entre Ministérios que lidem de forma direta e indireta com o meio ambiente.

A maior representatividade democrática e o compartilhamento de informações no ciclo das políticas públicas permitem maior eficiência e decisividade da política ambiental. Para tanto, dependem fortemente do desenho de políticas que se caracterizariam por *antecipar* mais do que *reagir* às externalidades ambientais, algo que é diretamente relacionado à consolidação da responsividade em todo o processo político ambiental, algo que no Brasil, como foi possível observar ao longo deste artigo, encontra-se num lento e confuso processo político.

REFERÊNCIAS BIBLIOGRÁFICAS

ALIER, Joan Martínez; JUSMET, Jordi Roca. *Economia Ecológica y Política Ambiental.* México D.F.: FCE, 2001.

BANCO MUNDIAL. *Estudo de Baixo Carbono para o Brasil.* Departamento de Desenvolvimento Sustentável – Região da América Latina e Caribe. Washington, 2010.

BOVENS, Mark. "Analysing and assessing accountability: a conceptual framework". *European Law Journal*, vol. 13, nº 4, jul. 2007, p. 447-468.

BRASIL. Ministério do Meio Ambiente. Relatório de Avaliação do Plano Plurianual 2004-2007 – Ano Base 2005. Brasília, 2006, 188 p., Caderno 2012.

BRINKERHOFF, Derick W. "Coordination issues in policy implementation networks: managing madagascar's environmental action plan". *World Development*, vol. 24, nº 9, 1996, p. 1497-1510.

COUTINHO, Marcelo Vasconcelos. *Crises institucionais e mudança política na América do Sul.* Rio de Janeiro: Marcelo Coutinho, 2008.

COX, Gary. W. & MCCUBBINS, Mathew. D. "The Institutional Determinants of Economic Policy Outcomes". In: HAGGARD, S. & MCCUBBINS, M. D. *Presidents, parliaments and policy*. Nova York: Cambridge University Press, 2001.

DALY, Herman; FARLEY, Joshua. *Economia ecológica: princípios e aplicações*. Lisboa: Instituto Piaget, 2004.

DUTRA, R.; OLIVEIRA, A. B.; PRADO, C. G.. "Execução orçamentária do Ministério do Meio Ambiente entre 2000 e 2005". *Política Ambiental: Conservação Internacional*, Belo Horizonte, vol. 2, 2006.

GIOVANNINI, Fábio. "A democracia é boa para o ambiente?". *Revista Ambiente & Sociedade*, Campinas, ano I, nº 1, 1997, p. 103-115.

LE PRESTRE, P. *Ecopolítica internacional*. São Paulo: Editora Senac, 2000.

LUSTOSA, M. C. J., CÁNEPA, E. M. & YOUNG, C. E. (2009), "Política Ambiental". *In:* MAY, P. H., LUSTOSA, M. C. J. & VINHA, V. Economia do Meio Ambiente: Teoria e Prática. RJ: Elsevier.

MAY, Peter H. "Economia ecológica e o desenvolvimento equitativo no Brasil". In: MAY, Peter H. (org.). *Economia ecológica: aplicações no Brasil*. Rio de Janeiro: Campus, 1995, p. 1-20.

MEDEIROS, Rodrigo; YOUNG, Carlos E. F.; PAVESE, Helena B.; ARAÚJO, Fábio F. S. *Contribuição das unidades de conservação brasileiras para a economia nacional: sumário executivo*. Brasília: UNEP-WCMC, 2011, 44p.

MOISÉS, José A (org.). *Democracia e confiança: porque os cidadãos desconfiam das instituições públicas?* São Paulo: Edusp, 2010.

MOTA, José A; BURSTZYN, José O. C. J; ORTIZ, Ramon A. "A valoração da biodiversidade: conceitos e concepções metodológicas". In: MAY, Peter H. (org.). *Economia do Meio Ambiente: teoria e prática*. Rio de Janeiro: Elsevier, 2010.

O'DONNELL, Guilhermo. "Democracia delegativa?". *Novos Estudos Cebrap*, São Paulo, nº 31, 1991.

PRZEWORSKI, Adam; ALVAREZ, M, E.; CHEIBUB, J. A.; LIMONGI, F. *Democracy and Development*. Nova York: Cambridge University Press, 2000.

RODRIGUES, D. F. "Dinâmica institucional, políticas públicas e o desempenho político ambiental brasileiro". *Sustentabilidade em Debate*, vol. 2, nº 2, 2011, p. 149-164.

_____. "Crônica de uma ineficiência anunciada? Desenho e déficit institucional do regime internacional de mudanças climáticas na ONU". *Teoria & Pesquisa*, vol. 21, nº 1, jan./jun. 2012, p. 90-96.

SIAFI. Balanço Orçamentário do Ministério do Meio Ambiente (com seus órgãos subordinados). Ano de Referência: 2012. Disponível em: <https://consulta.tesouro.fazenda.gov.br/bguweb/dir_list.asp>. Acesso em: 27 jan. 2013.

TSEBELIS, Georges. *Atores com poder de veto: como funcionam as instituições políticas*. Rio de Janeiro: Editora FGV, 2009.

SOBRE OS AUTORES

DIEGO FREITAS RODRIGUES é doutor em Ciência Política pela Universidade Federal de São Carlos. Filiação Institucional: Núcleo de Pós-graduação em Ciências Sociais da Faculdade Integrada Tiradentes. Pesquisador do Instituto de Tecnologia e Pesquisa (ITP). Filiação institucional: Núcleo Interdisciplinar de Pós-Graduação do Centro Universitário Tiradentes – Unit/Maceió. Contato: diegofreitas@gmail.com

MÔNICA SODRÉ PIRES é doutoranda em Ciência Política pelo Instituto de Relações Internacionais da Universidade de São Paulo e bolsista Fapesp. Contato: monsodre@gmail.com

A CASA CAIU? ÍNDICE DE QUALIDADE DE MORADIA NOS ESTADOS BRASILEIROS[1]

DALSON BRITTO FIGUEIREDO FILHO
ENIVALDO CARVALHO DA ROCHA
JOSÉ ALEXANDRE DA SILVA JÚNIOR
RANULFO PARANHOS
ROMERO GALVÃO MAIA

1. INTRODUÇÃO

O principal objetivo desse trabalho é apresentar uma introdução aos indicadores sociais, a partir da criação do Índice de Qualidade de Moradia (IQM). O foco repousa sobre a compreensão intuitiva dos principais conceitos, propriedades e construção de indicadores sociais. Em termos metodológicos, replicamos os dados do Atlas do Desenvolvimento Humano (2010) para estimar o Índice de Qualidade de Moradia. O índice foi construído a partir da redução, via análise de componentes principais, de cinco variáveis observadas: (1) percentual de pessoas que vivem em domicílios urbanos com serviço de coleta de lixo (LIXO); (2) percentual de pessoas que vivem em domicílios com energia elétrica (ENERGIA); percentual de pessoas que vivem em domicílios com densidade >2 (DENS); percentual de pessoas que vivem em domicílios com água encanada (ÁGUA) e percentual de pessoas que vivem em domicílios com água encanada e banheiro (ÁGUA/BANHEIRO).

Esse artigo tem duas principais motivações: (1) substantiva e (2) metodológica. Em termos substantivos, o vocábulo "moradia" aparece em seis oportunidades na Constituição Federal de 1988. Em particular, o Artigo 6º inclui a moradia como direito social fundamental e o Artigo 23 determina que é competência comum da União, dos estados, do Distrito Federal e dos municípios promover programas de construção de moradias e a melhoria das condições habitacionais e de saneamento básico (Art. 23, IX, CF/88). Para o gestor público, é extremamente importante identificar quais são as principais características das moradias de uma determinada localidade com o objetivo de maximizar a efetividade das políticas públicas.

---

1 Uma versão similar desse trabalho foi publicado na *Revista Brasileira de Biometria*, vol. 31, nº 1, 2013, p. 61-78, utilizando dados do PNUD (2000)

Metodologicamente, esse artigo espera contribuir com a literatura sobre a construção de indicadores sociais ao propor uma metodologia para a estimação de medidas sínteses.

Para Henriot (1970), os indicadores sociais procuram solucionar uma questão antiga: como utilizar a informação disponível sobre a realidade social para otimizar o desenho e a implementação de políticas públicas? Dessa forma, uma primeira função dos indicadores sociais é descrever a realidade a partir de dados objetivos e comparáveis e/ou critérios considerados socialmente relevantes.

Estimar em que medida as ações governamentais produzem os seus efeitos esperados é um dos principais desafios enfrentados por estudiosos do assunto e formuladores de políticas públicas. Esse argumento ganha mais força ao se considerar a realidade de países em que as instituições não dispõem de tecnologias para a coleta, o processamento e a divulgação sistemática de informações. Esse impedimento gera uma série de efeitos negativos. Primeiro, a falta de informação reduz a transparência das ações públicas, violando o princípio da publicidade. Segundo, dificulta a realização de estudos em perspectiva comparada, inibindo a difusão de práticas institucionais eficientes. Por fim, restringe a capacidade do poder público em identificar quais são as demandas mais latentes e solucionar os principais problemas sociais. Em conjunto, esses obstáculos comprometem tanto a eficiência alocativa quanto a efetividade das políticas públicas. É nesse sentido que a construção e a divulgação de indicadores sociais tem um papel fundamental no planejamento e execução das ações públicas.

O capítulo está dividido da seguinte forma: a próxima seção define o que são indicadores sociais e discute a sua importância tanto no processo de avaliação e formulação de políticas públicas. Depois disso apresentamos algumas das propriedades desejáveis dos indicadores sociais. Em seguida ilustramos o passo a passo que deve ser seguido para construir um indicador a partir da análise de componentes principais e apresentamos a variação do Índice de Qualidade de Moradia. Por fim, a conclusão sumariza nossas principais recomendações.

2. O QUE SÃO INDICADORES SOCIAIS?[2]

O termo *indicadores sociais* surgiu no início da década de 1960 no contexto da corrida espacial norte-americana (LAND, 1983). Em termos acadêmicos, é importante destacar o papel do professor William F. Ogburn e seus colaboradores na Universidade de Chicago como entusiastas intelectuais e institucionais de diferentes esforços no sentido de produzir indicadores sociais.[3] Para Jannuzzi (2002),

> O aparecimento e desenvolvimento dos indicadores sociais está intrinsecamente ligado à consolidação das atividades de planejamento do setor público ao longo do século XX. Embora se possa citar algumas contribuições importantes para a construção de um marco conceitual sobre os Indicadores Sociais nos anos 20 e 30, o desenvolvimento da área é recente, tendo ganhando corpo científico em meados dos anos 60 no bojo das tentativas de organização de sistemas mais abrangentes de acompanhamento das transformações sociais e aferição do impacto das políticas sociais nas sociedades desenvolvidas e subdesenvolvidas (JANNUZZI, 2002, p. 1).

Mas o que é um indicador social afinal? Para Land (1971) e Wilcox e Brooks (1971), indicadores sociais são componentes do sistema social que descrevem o funcionamento do próprio sistema (HENRIOT, 1970). Por sua vez, Jannuzzi (2005) afirma que, "no campo aplicado das políticas públicas, os indicadores sociais são medidas usadas para permitir a operacionalização de um conceito abstrato ou de uma demanda de interesse programático" (JANNUZZI, 2005: 138). Mais adiante, Jannuzzi (2005) afirma que "os indicadores apontam, indicam, aproximam, traduzem em termos operacionais as dimensões sociais de interesse definidas a partir de escolhas teóricas ou políticas realizadas anteriormente" (JANNUZZI, 2005: 138).

---

2   Para os interessados em saber mais sobre esse tema sugerimos cobrir as referências bibliográficas. Em particular, sugerimos acompanhar a produção do professor Paulo de Martino Jannuzzi. Para uma compilação comentada da bibliografia disponível sobre indicadores sociais ver Wilcox *et al* (1972). Para uma contextualização histórica do surgimento e desenvolvimento dos indicadores sociais ver Land (1983), Land, Michalos e Sirgy (2012) e Soligo (2012).

3   De acordo com Land, Michalos e Sirgy (2012), as ideias de Ogburn sobre a mensuração de fenômenos sociais influenciou vários de seus estudantes, entre eles Albert D. Biderman, Otis Dudley Duncan, Albert J. Reiss e Eleonor Bernert Sheldon que desempenharam papel fundamental no desenvolvimento desse campo de pesquisa nas décadas de 1960 e 1970.

E qual é a relação entre indicadores sociais e gestão governamental? Os indicadores sociais têm um papel fundamental no desenho, na implementação e na avaliação de políticas públicas. Os indicadores informam ao gestor a respeito da renda *per capta* de uma cidade, sobre a expectativa de vida de uma região, o preço da cesta básica por município, nível de satisfação das pessoas em relação ao desempenho de governos, o grau de confiança da população nas instituições etc. Dessa forma, sempre que existir um interesse programático em uma área específica da atividade governamental, haverá a necessidade de utilizar indicadores sociais.

Logisticamente, é impensável cogitar qualquer intervenção estatal sem conhecer detalhadamente a realidade social que se deseja transformar. Uma política de segurança pública dificilmente produzirá os seus resultados esperados se o gestor não souber qual é a modalidade criminal mais recorrente e onde ela ocorre com mais intensidade. Similarmente, uma política de transporte tende ao fracasso quando o gestor desconhece o tamanho da frota e localidades de maior fluxo. No entanto, a simples compilação de dados não garante a eficiência, eficácia e efetividade das políticas. Tão importante quanto coletar e processar os dados de forma sistemática é assegurar as ferramentas mais adequadas à sua análise. Por exemplo, as técnicas multivariadas, quando corretamente utilizadas, podem fornecer estimativas eficientes e elevar o grau de profundidade analítica das investigações.

Propriedades desejáveis dos indicadores sociais[4]

A literatura aponta a confiabilidade e a validade como elementos essenciais da mensuração (ZELLER & CAMINES, 1982). Para Nunnally (1967), a confiabilidade diz respeito à repetibilidade da mensuração, ou seja, ao grau em que medidas repetidas sobre as mesmas unidades produzem resultados similares. Uma forma intuitiva de compreender esse conceito é imaginar uma balança. Se a cada vez que o mesmo indivíduo subir na balança ela apontar valores diferentes, conclui-se que o instrumento não é confiável. Isso quer dizer que quanto maior a confiabilidade da medida, menor a quantidade de erro aleatório no processo de mensuração.

Por sua vez, a validade refere-se ao grau de correspondência entre o que se mediu e o que se queria medir (ZELLER & CARMINES, 1980: 7; EVERITT & SKRONDAL, 2010). Para Jannuzzi (2005), "validade é outro critério fundamental

---

4   Para uma introdução à mensuração em Ciências Sociais ver Zeller e Carmines (1980). Para uma abordagem mais avançada ver Blalock (1984).

na escolha de indicadores, pois é desejável que se disponha de medidas tão próximas quanto possível do conceito abstrato ou da demanda política que lhes deram origem" (JANNUZZI, 2005: 139). Depois de examinar os conceitos de confiabilidade e validade, o próximo passo é analisar outras características importantes dos indicadores sociais. O quadro abaixo reproduz essas informações.

QUADRO 1. Propriedades desejáveis dos indicadores sociais

Propriedades	Indicador 1	Indicador 2	Indicador 3
Relevância para agenda política	+	+	+
Validade de representação do conceito	+	+	+
Confiabilidade da medida	+	+	+
Cobertura populacional	+	+	+
Sensibilidade às ações previstas		+	+
Especificidade ao programa		+	+
Transparência metodológica na construção		+	+
Comunicabilidade ao público		+	+
Factibilidade operacional para sua obtenção			+
Periodicidade de sua atualização			+
Desagregabilidade populacional e territorial			+
Comparabilidade da série histórica			+
Total	**4**	**8**	**12**

Fonte: elaboração dos autores a partir de Jannuzzi (2005).

Quanto mais propriedades o indicador apresentar, tanto melhor é a medida. Comparativamente, o indicador 1 (*escore* 4) prescinde de várias características, como por exemplo a transparência metodológica. Segundo Jannuzzi (2005), "a boa prática de pesquisa social recomenda que os procedimentos de construção dos indicadores sejam claros e transparentes, que as decisões metodológicas sejam justificadas, que as escolhas subjetivas – invariavelmente frequentes – sejam explicitadas de forma objetiva" (JANNUZZI, 2005: 141).

Com efeito, se não é possível entender como o indicador foi construído, fica impossível utilizá-lo tanto em pesquisas acadêmicas quanto na formulação e avaliação de políticas públicas. Por exemplo, quando um indicador não é periodicamente atualizado, a sua comparação no tempo (série histórica) fica comprometida. Por sua vez, o indicador 2 (*escore* 8) é superior ao indicador

1, no entanto, ainda carece de propriedades importantes. Por exemplo, ele não é passível de desagregação em outros níveis de análise territorial nem permite a comparação entre diferentes segmentos populacionais. A experiência prática de pesquisa sugere que dificilmente o pesquisador vai encontrar indicadores que apresentem todas as propriedades elencadas por Jannuzzi (2005). Entretanto, é importante que o pesquisador considere essas propriedades na fase inicial do desenho de sua pesquisa e reporte como cada indicador foi construído.

Como classificar os indicadores sociais?

Existem diferentes critérios para classificar os indicadores sociais (CARLEY, 1985). Land (1983) propõe três classes de indicadores: (1) *indicadores normativos de bem-estar*, (2) *indicadores de satisfação* e (3) *indicadores sociais descritivos*. A perspectiva normativa assume que a própria definição de indicador deve ser orientada em termos de objetivos concretos de planejamento de políticas. Por sua vez, os indicadores de satisfação têm sua origem em Campbell e Converse (1972). Parte-se do pressuposto de que a avaliação das atitudes, expectativas, sentimentos, aspirações e valores são importantes para compreender os processos de mudança social (LAND, 1983).

Por fim, a perspectiva descritiva enfatiza o papel dos indicadores como estimativas das condições sociais que podem variar no tempo e no espaço. Eles podem ser taxas, razões, índices, escalas etc. Além disso, esses indicadores podem ser objetivos ou subjetivos, a depender dos propósitos do pesquisador, diferente dos indicadores de satisfação que são, necessariamente subjetivos.

A classificação mais recorrente é a divisão dos indicadores por área temática (JANNUZZI, 2005). Por exemplo, o Ipeadata agrupa os dados a partir de três principais temas: (1) macroeconômico; (2) regional e (3) social. Dentro de cada tema, tem-se uma divisão em subtemas de modo que a partir de macroeconomia é possível acessar indicadores referentes a balanço de pagamentos, câmbio, comércio exterior, consumo e vendas, contas nacionais etc. Dentro do tema regional tem-se os subtemas agropecuária, eleições, emprego, moeda e crédito, estoque de capital etc. Por fim, no tema social pode-se ter acesso a outros subtemas e seus respectivos indicadores como assistência social, demografia, desenvolvimento humano, educação, habitação etc. O quadro abaixo ilustra o tema, subtema e diferentes indicadores sociais a partir do Ipeadata.

QUADRO 2. Temas, subtemas e indicadores do Ipeadata[5]

Tema	Subtema	Indicadores
Macroeconômico	Balanço de pagamentos	(1) Total erros e omissões (anual) (2) Total de captação de recursos externos – empréstimos em moeda (mensal) (3) Total de captação de recursos externos – financiamentos (mensal)
Regional	População	(1) Número de pessoas de 0 a 4 anos (homens) (2) Número de pessoas de 10 a 14 (mulheres) (3) População residente (urbana)
Social	Habitação	(1) Número de domicílios com água encanada (2) Número de domicílios com iluminação elétrica (3) Número de domicílios com instalações sanitárias

Fonte: Elaboração dos autores.

Jannuzzi (2005) afirma que outra classificação usual é dividir os indicadores sociais entre objetivos e subjetivos:

> os indicadores objetivos referem-se a ocorrências concretas ou a entes empíricos da realidade social, construídos a partir de estatísticas públicas disponíveis [...] os indicadores subjetivos, por outro lado, correspondem a medidas construídas a partir da avaliação dos indivíduos ou especialistas com relação a diferentes aspectos da realidade (JANNUZZI, 2005, p. 143).

Ao se considerar os dados *Quality of Government Institute*, é possível identificar a presença de indicadores objetivos e subjetivos na mesma base.[6] O quadro abaixo sumariza diferentes tipos de indicadores dessa banco.

---

5   Os dados estão disponíveis em: <http://www.ipeadata.gov.br/>.

6   Bancos de dados disponíveis em: <http://www.qog.pol.gu.se/data/datadownloads/>.

QUADRO 3. Indicadores por tipo a partir do *Quality of Government Institute*[7]

Tipo	Variável	Descrição
Objetivo	wdi_co2	*Carbon Dioxide Emissions* (toneladas per capita). Quantidade de dióxido de carbono emitido per capita.
Subjetivo	wvs_a008	*Feeling of Happiness.* Varia entre 1 e 4. Quanto maior, mais infeliz.[8]

Fonte: Elaboração dos autores.

A quantidade de dióxido de carbono emitido é um indicador quantitativo objetivo. Por ser uma medida contínua, o pesquisador pode utilizar técnicas paramétricas de análise. Por exemplo, é possível calcular a média de emissão por continente, o desvio padrão, variância etc. Além disso, ela pode ser utilizada como variável dependente ou independente em modelos explicativos. Outros exemplos de indicadores objetivos são a taxa de desemprego, taxa de analfabetismo, índice de Gini, *déficit* de vagas no sistema prisional etc. A medida de felicidade, por outro lado, é um indicador subjetivo. O pesquisador deve analisar a distribuição de frequência de cada categoria e/ou analisar como esse indicador se relaciona com outras variáveis utilizando técnicas apropriadas ao seu nível de mensuração. Outros exemplos de indicadores subjetivos são o nível de satisfação com a administração do governo, percepção sobre a incidência da corrupção, opinião sobre a qualidade da saúde pública etc.

A literatura também distingue entre medidas analíticas e sintéticas. As medidas analíticas são geralmente utilizadas para medir dimensões específicas da realidade. Por exemplo, a taxa de homicídios por 100 mil habitantes mensura uma dimensão específica da violência. Uma localidade pode ter uma alta taxa de homicídios, mas apresentar taxa reduzida de roubos. Os indicadores sínteses, por sua vez, agrupam diferentes dimensões em uma mesma medida. O Índice de Desenvolvimento Humano (IDH) é o exemplo mais difundido de um índice composto. Ele é calculado a partir da média entre um indicador de educação, um indicador de saúde e um indicador de renda. É nesse sentido que o IDH sintetiza em uma única estimativa informações referentes a três diferentes áreas de interesse governamental.

---

7   Livro de códigos disponível em: <http://www.qog.pol.gu.se/digitalAssets/1373/1373416_qog_basic_codebook_120608.pdf>.

8   (1) very happy; (2) quite happy; (3) not very happy e (4) not at all happy.

Como construir indicadores sociais?

O primeiro passo é definir que tipo de indicador se deseja criar. Existem diferentes maneiras de transformar um conceito abstrato em um indicador empiricamente observável. Um dos procedimentos mais comuns é a elaboração de índices e escalas.[9]

Segundo Babbie (2005), um índice é construído a partir da soma simples dos valores atribuídos a respostas específicas aos itens individuais. Já a escala é construída pela atribuição de valores a padrões de resposta entre os vários itens que formam a escala. Uma escala difere do índice por possuir uma estrutura de intensidade entre os itens individuais que a compõem. Por exemplo, suponha que o pesquisador deseja identificar qual é o melhor time de futebol do Brasil. Uma das opções é construir uma escala para medir a qualidade das equipes.

( ) Campeão do Mundo

( ) Campeão da Libertadores

( ) Campeão do Brasileirão

( ) Campeão da Copa do Brasil

Observe que existe uma estrutura de intensidade entre os itens individuais. Um time pode ser campeão da Copa do Brasil ou do Brasileirão mas nunca vencer a Libertadores e/ou a Copa dos Campeões.[10] No entanto, para disputar a Libertadores, o time deve, necessariamente, ou ter vencido a Libertadores do ano anterior ou ter vencido o Campeonato Brasileiro, ou ter ficado em segundo ou terceiro lugar, ou ter vencido a Copa do Brasil ou ter ganhado a Copa Sulamericana.[11] Ser campeão do mundo é muito mais importante do que ser campeão da Copa do Brasil, por exemplo. Se o pesquisador atribuir o mesmo peso a cada item, a sua medida será inválida, já que não consegue capturar a estrutura de intensidade presente na realidade.

Para Babbie (2005), "a medição de variáveis, frequentemente, é tarefa difícil. Normalmente, é impossível chegar a uma medida totalmente inequívoca e

---

9   Para Babbie (2005), "índices e escalas (especialmente escalas) são dispositivos de redução de dados, as várias respostas de um respondente podem ser resumidas num único escore, e mesmo assim os detalhes específicos daquelas respostas serem mantidos quase que na totalidade" (BABBIE, 2005: 214).

10   É o exemplo do egrégio Sport Clube do Recife que venceu o Brasileirão de 1987 e a Copa do Brasil de 2008.

11   Ver o artigo 5º em: <http://www.cbf.com.br/Competições/Série%20A/Informações%20 Sobre%20 a%20Competição/2012>

completamente aceitável de qualquer variável. Mesmo assim, os pesquisadores não desistem de tentar criar medidas cada vez melhores e mais úteis" (BABBIE, 2005: 213). A figura abaixo ilustra a lógica de criação de um indicador a partir da técnica de análise de componentes principais. O objetivo é demonstrar o padrão de correlação entre as variáveis originais e os componentes extraídos.

FIGURA 1. Modelo das vias para duas variáveis, modelo de um fator comum[12]

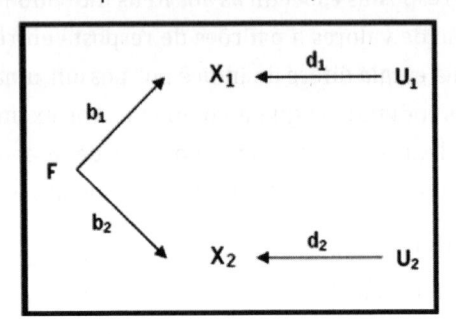

Fonte: Asher, 1983.

Fundamentalmente, o que o modelo de análise de componentes principais vai fazer é estimar em que medida a correlação entre as variáveis observadas podem ser agrupadas em um número menor de variáveis latentes (componentes).

O próximo passo é ilustrar a construção de um indicador a partir de dados reais. Utilizamos os dados do Atlas de Desenvolvimento Humano, tendo como referência o ano de 2010.[13] Existem diferentes indicadores por tema (educação, renda, população etc.) e nível de agregação (municipal, estadual, regional, nacional). Optamos por utilizar os dados referentes à habitação para construir o Índice

---

12 Algebricamente, $F_j = \sum_{i=1}^{i} \omega_{ji} X_i$

Onde F_j representa os fatores comuns, são os coeficientes dos escores fatoriais e são as variáveis originais observadas. As cargas fatoriais medem o grau de correlação entre as variáveis originais e os fatores/componentes. O fator é o resultado da combinação linear entre as variáveis observadas e pode ser utilizado para explicar/representar as variáveis originais. O autovalor (*eigenvalue*) representa o poder explicativo do fator/componente em relação à variância das variáveis originais. Apenas são extraídos os fatores/componentes com autovalor acima de um, já que eles explicam mais do que a variável original. No que concerne ao padrão de correlação entre as variáveis, a matriz de correlações deve exibir a maior parte dos coeficientes com valor acima de 0,30. O teste de Kaiser--Meyer-Olklin (KMO) varia entre 0 e 1. Quanto mais perto de 1, tanto melhor. Pallant (2007) sugere 0,6 como um limite razoável.

13 Disponível em: <http://www.atlasbrasil.org.br/2013/>.

de Qualidade de Moradia (IQM), construído a partir da redução, via análise de componentes principais, de cinco variáveis observadas:

1. Percentual de pessoas que vivem em domicílios urbanos com serviço de coleta de lixo (LIXO);

2. Percentual de pessoas que vivem em domicílios com energia elétrica (ENERGIA);

3. Percentual de pessoas que vivem em domicílios com densidade >2 (DENS);

4. Percentual de pessoas que vivem em domicílios com água encanada (ÁGUA) e

5. Percentual de pessoas que vivem em domicílios com água encanada e banheiro (ÁGUA/BANHEIRO).

O índice é padronizado, ou seja, tem média zero e desvio padrão igual a um. Quanto maior, melhor é a qualidade da moradia. A comparação será realizada a partir dos estados brasileiros. As tabelas abaixo sumarizam as estatísticas de interesse.

TABELA 1. Matriz de correlação das variáveis observadas

	LIXO	ENERGIA	DENS	ÁGUA	ÁGUA/BANHEIRO
LIXO	1	0,509 (0,007)	-0,490 (0,010)	0,618 (0,001)	0,767 (0,000)
ENERGIA		1	-0,725 (0,000)	0,421 (0,029)	0,760 (0,000)
DENS			1	-0,558 (0,003)	-0,827 (0,000)
ÁGUA				1	0,743 (0,000)
ÁGUA/BANHEIRO					1

n = 27
Fonte: Elaboração dos autores a partir do PNUD (2010).

Sempre que o pesquisador se deparar com muitas variáveis correlacionadas entre si, ele pode optar por alguma técnica de redução de dados. Quanto maior o grau de correlação recíproca, tanto mais adequadas serão as técnicas de redução de dados.[14]

---

14 Para os leitores interessados em aprofundar seus conhecimentos sobre as técnicas de redução de dados sugerimos cobrir as referências bibliográficos desse artigo. Para uma introdução intuitiva à lógica

De modo geral, existem três estágios que devem ser seguidos para empregar a técnica de análise de componentes principais ou análise fatorial para reduzir diferentes variáveis em um número menor de componentes/fatores.[15] O primeiro estágio diz respeito à adequabilidade da base de dados. O pesquisador deve observar o nível de mensuração das variáveis, o tamanho da amostra, a razão entre o número de casos, a quantidade de variáveis e o padrão de correlação entre as variáveis. O segundo estágio consiste na escolha do método de extração.[16] O último estágio consiste em decidir o tipo de rotação dos componentes/fatores. Nesse trabalho, optamos pelo método de extração de componentes principais, e como iremos extrair apenas um componente não faz sentido rotacioná-lo.

As variáveis são altamente correlacionadas o que sinaliza que a redução de dados é uma técnica útil para analisar essas informações. Além disso, as comunalidades sugerem uma forte associação entre o componente extraído e as variáveis originais.

TABELA 2. Comunalidades

LIXO	0,635
ENERGIA	0,655
DENS	0,735
ÁGUA	0,617
ÁGUA/BANHEIRO	0,947

Fonte: Elaboração dos autores.

O teste KMO foi de 0,749, com um BTS de 95,92 e estatisticamente significativo (p>0,000), reforçando a noção de que a base de dados é adequada. O gráfico abaixo ilustra a dispersão dos componentes do *Scree Test*.

---

da análise fatorial em português ver Figueiredo Filho e Silva Júnior (2010).

15 Para Garson (2009: 1), "a análise de componentes principais é em geral preferida para fins de redução de dados (traduzindo o espaço das variáveis num espaço ótimo de fatores), enquanto a análise fatorial é em geral preferida quando o objetivo da pesquisa é detectar a estrutura dos dados ou a modelagem causal". De acordo com Hair *et al.* (2006), na maioria dos casos tanto a ACP, quanto a AF, chegam aos mesmos resultados quando o número de variáveis supera 30 ou se as comunalidades excedem 0,60 para a maior parte das variáveis.

16 Diferentes pacotes estatísticos disponibilizam diferentes métodos de extração. Os mais comuns são: *principal component, principal factors, image factoring, maximum likelihood factoring, unweight least squares e generalized least squares*. Para uma discussão a respeito dos diferentes métodos ver Tabachnick e Fidell (2007).

GRÁFICO 1. Dispersão dos componentes do Scree Test

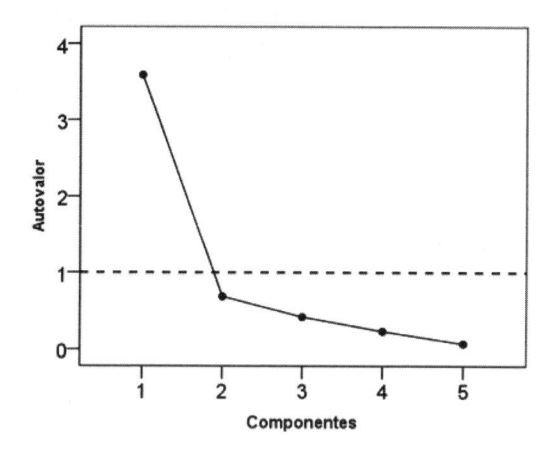

A linha pontilhada ilustra o critério de Kaiser, ou seja, deve-se apenas extrair componentes com autovalor maior do que um. Tanto Hair *et al* (2006) quanto Schawb (2007) sugerem que a extração deve continuar até o pesquisador captar, pelo menos, 60% da variância. Em nosso exemplo, o primeiro componente extraído apresentou um autovalor de 4,53 e carregou 90,57% da variância das variáveis originais. A tabela abaixo sumariza essas informações.

TABELA 3. Variância total explicada (variáveis observadas)

Componente	AUTOVALOR INICIAL			EXTRAÇÃO DA SOMA DE QUADRADOS DAS CARGAS		
	Total	% da variância	% acumulada	Total	% da variância	% acumulada
1	3,59	71,79	71,79	3,59	71,79	71,79,57
2	0,69	13,74	85,53			
3	0,42	8,40	93,94			
4	0,23	4,66	98,60			
5	0,07	1,39	100,0			

Fonte: Elaboração dos autores.

Depois de extraído, o próximo passo é decidir o que fazer com o indicador.[17] O componente pode ser utilizado em três principais perspectivas: (1) variável in-

---

17 Uma forma mais simples de construção de indicadores consiste em somar as variáveis de interes-

dependente; (2) variável dependente e (3) índice que sumariza a dimensão de interesse. Aqui iremos explorar duas possibilidades. A primeira é apresentar um *ranking*, ou seja, dispor os casos analisados (unidades da federação) a partir do IQM (Índice de Qualidade de Moradia). A segunda é examinar em que medida o IQM se relaciona com outras variáveis. Em particular, se nosso índice for válido, devemos observar uma correlação positiva entre renda *per capita* e Índice de Qualidade de Moradia e uma correlação negativa entre o IQM e a taxa de mortalidade até cinco anos de idade. Os gráficos abaixo ilustram essas informações.

GRÁFICO 2. Média do IQM por região (I.C 95%)

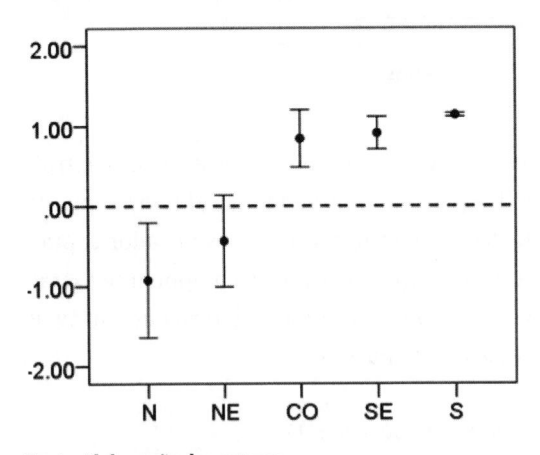

Fonte: Elaboração dos autores.

As regiões Norte ($\overline{X}$ = -0,93; dp = 0,78; n = 7) e Nordeste ($\overline{X}$ = -0,44; dp = 0,74; n = 9) apresentam piores condições de moradia quando comparadas com o Centro-Oeste ($\overline{X}$ = 0,84; dp = 0,22; n = 4), Sudeste ($\overline{X}$ = 0,91; dp = 0,13; n = 4) e Sul ($\overline{X}$ = 1,14; dp = 0,01; n = 3). Observa-se ainda que o Sul é a região mais homogênea do Brasil. O próximo passo é analisar a distribuição do IQM por unidade da federação.

---

se e depois dividir pela quantidade de variáveis incluídas na análise. Uma eventual desvantagem dessa abordagem é não ponderar o peso de cada variável na construção do indicador final. Para superar esse problema, o pesquisador pode atribuir peso aos itens com o objetivo de ponderar o grau de importância de cada questão. Uma terceira alternativa, específica para dados categóricos, consiste em utilizar a técnica de análise de correspondência.

GRÁFICO 3. *Ranking* do IQM por unidade da federação (decrescente)

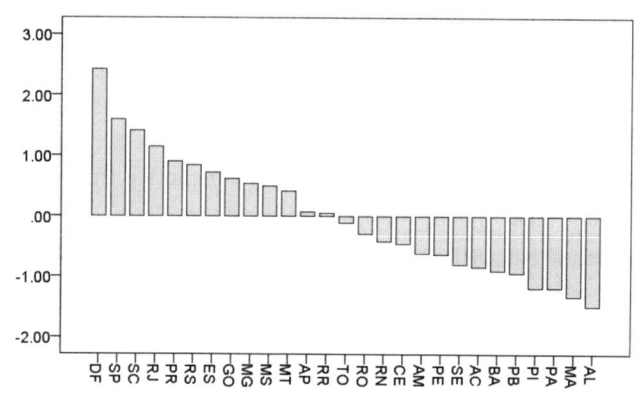

Fonte: Elaboração dos autores.

Alagoas e Maranhão apresentam, comparativamente, as piores condições de moradia do Brasil. Distrito Federal e São Paulo apresentam as melhores condições de qualidade de moradia no Brasil. Depois de analisar o *ranking*, o próximo passo é examinar como o IQM se relaciona com a renda *per capita* e a mortalidade. Os gráficos abaixo ilustram a dispersão dessas informações.

GRÁFICO 4. IQM, mortalidade e renda per capita

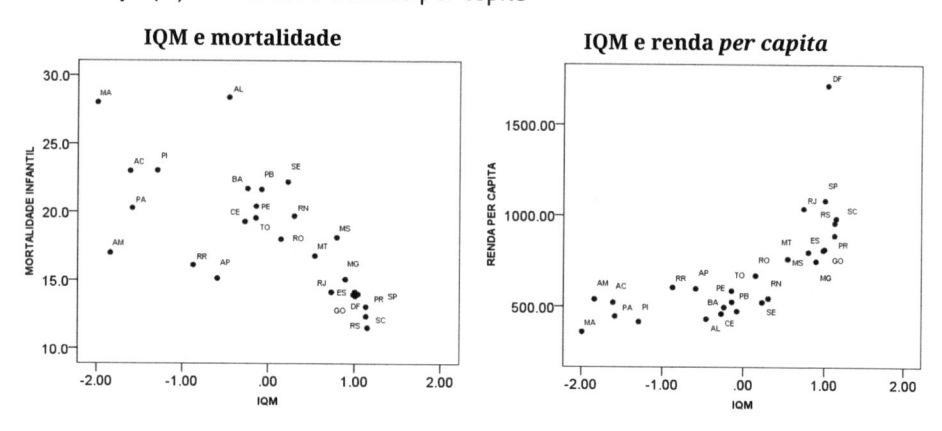

Fonte: Elaboração dos autores

Existe uma correlação negativa (-0,686) e estatisticamente significativa (p-valor<0,000) entre o IQM e a taxa de mortalidade. Ou seja, quanto melhor a qualidade da moradia, menor é a taxa de mortalidade. Contrariamente, observa-se uma correlação positiva (0,702) e estatisticamente significativa (p-valor<0,000) entre o Índice de Qualidade da Moradia e a renda *per capita*. Ou seja, quanto maior a qualidade da moradia, maior é a renda *per capita*.

CONSIDERAÇÕES FINAIS

O principal objetivo desse trabalho foi oferecer uma introdução aos indicadores sociais. Apresentamos a definição do conceito, as propriedades desejáveis dos indicadores e alguns critérios para classificá-los. Depois disso, o foco recaiu sobre o processo de construção do Indicador de Qualidade de Moradia (IQM).

Ressaltamos que os indicadores sociais tem um papel fundamental na formulação, implementação e avaliação de políticas públicas. São os indicadores que informam a desigualdade de renda de um país, o grau de violência de um estado e a taxa de desemprego do município. São os indicadores que permitem estimar a efetividade das ações governamentais e avaliar em que medida o dinheiro público está sendo eficientemente utilizado. No entanto, os indicadores apenas podem cumprir esses papeis quando os pesquisadores compreendem efetivamente o que eles são, quais são as suas características e como eles são construídos. Há mais de 30 anos, o professor Hubert Blalock afirmou que ainda que o desenvolvimento de teorias seja intrinsecamente importante, os problemas mais sérios e importantes que merecem nossa atenção imediata são aqueles de conceitualização e mensuração (BLALOCK, 1967). Similarmente, o físico Erwin Schroedinger afirmou que "há uma diferença entre uma fotografia tremida ou desfocada e um instantâneo de nuvens e bancos de nevoeiro". O conhecimento científico simplesmente não pode avançar enquanto as nossas medidas não forem válidas e confiáveis. Esperamos com esse artigo ajudar estudantes de graduação, pós-graduação e pesquisadores em geral a não só interpretarem, mas também construírem os seus próprios indicadores.

REFERÊNCIAS BIBLIOGRÁFICAS

ANDERSON, G. J. "Causal models and social indicators: toward the development of social systems models". *American Sociological Review,* vol. 38, nº 3, jun. 1973, p. 285-301.

BABBIE, E. *Métodos de pesquisas de survey.* Belo Horizonte: Editora UFMG, 2005.

BARTHOLOMEW, D. J. "The foundations of factor analysis". *Biometrika,* 71, 1984, p. 221-232.

BLALOCK, H. M. (ed.). *Measurement in the social sciences: theories and strategies.* Chicago: Aldine, 1974.

_____. *Toward a Theory of minority-group relations.* Nova York: Wiley, 1967.

BOLLEN, K. A. & ARMINGER, G. "Observational residuals in factor analysis and structural equation models". *Sociological Methodology*, 21, 1991, p. 235-262.

BONJEAN, C. M. & BROWNING, H. L. "Toward comparative community research: a factor analysis of United States counties". *The Sociological Quarterly*, vol. 10, nº 2, 1969, p. 157-176.

CAMPBELL, A. & PHILIP, E. C. (eds.). *The human meaning of social change.* Nova York: Russell Sage Foundation, 1972.

CARLEY, M. *Indicadores sociais: teoria e prática.* Rio de Janeiro: Zahar, 1985.

COOPER, J. C. B. "Factor analysis: an overview". *The American Statistician*, vol. 37, nº 2, 1983, p. 141-147.

COSTELLO, A. B. & OSBORNE, J. W. "Best practices in exploratory factor analysis: Four recommendations for getting the most from your analysis". *Practical Assessment Research & Evaluation*, vol. 10, nº 7, 2005, p. 13-24.

CRAMER, D. & HOWITT, D. (eds.). *The SAGE Dictionary of Statistics.* Londres: SAGE Publications, 2004.

DANCEY, C. & REIDY, J. *Estatística sem matemática para Psicologia: usando SPSS para Windows.* Porto Alegre: Artmed, 2006.

DECOSTER, J. *Overview of Factor Analysis* [on-line]. 1998. Disponível em: <http://www. stat- help.com/notes.html> Acesso em: 15 out. 2012.

DUNN, M. J.; SCHNECK, R.; LAWSON, J. "A test of the uni-dimensionality of various political scales through factor analysis: a research note". *Canadian Journal of Political Science/Revue Canadienne de Science Politique*, vol. 6, nº 4, 1973, p. 664-669.

EVERITT, B. S. & SKRONDAL, A. *The Cambridge Dictionary of Statistics.* Cambridge University Press, 2010.

FIGUEIREDO FILHO, D. B & SILVA JR., J. A. da. "Visão além do alcance: uma introdução à análise fatorial". *Opinião Pública* [on-line], vol. 16, nº 1, 2010, p. 160-185.

GARSON, G. D. *Statnotes: topics in multivariate analysis* [on-line]. 2009. Disponível em: <http://faculty.chass.ncsu.edu/garson/PA765/statnote.htm>. Acesso em: 22 jan. 2010.

GRUMM, J. G. "A factor analysis of legislative behavior". *Midwest Journal of Political Science*, vol. 7, nº 4, 1963, p. 336-356.

GUIMARÃES, J. R. S. e JANNUZZI, P. M. "IDH, indicadores sintéticos e suas aplicações em políticas públicas: uma análise crítica". *Revista Brasileira de Estudos Urbanos e Regionais*, vol. 7, nº 1, maio 2005.

HAIR JR., J. *et al. Multivariate data analysis.* 17ª ed. New Jersey: Prentice Hall, 2009.

HARMAN, H. H. *Modern Factor Analysis.* 2ª ed. Chicago: University of Chicago Press, 1967.

HENRIOT, P. Political questions about social indicators. *Western Political Quarterly*, vol. 23, nº 2, 1970, p. 235-55.

ISOGAWA, Y. & OKAMOTO, M. "Linear prediction in the factor analysis model". *Biometrika*, vol. 67, nº 2, 1980, p. 482-484.

JANNUZZI, P. M. "Indicadores para diagnóstico, monitoramento e avaliação de programas sociais no Brasil". *Revista do Serviço Público*, Brasília, vol. 56, nº 2, abr./jun. 2005, p. 137-160.

_____. "Considerações sobre uso, abuso e mau uso de indicadores nas políticas públicas municipais". *Revista de Administração Pública*, Rio de Janeiro, vol. 36, nº 1, 2002, p. 51-72.

KIM, J. & MUELLER, C. W. *Factor analysis: statistical methods and practical issues.* Beverly Hills: Sage, 1978a.

_____. *Introduction to factor analysis: what it is and how to do it.* Beverly Hills: Sage, 1978b.

LAND, K. "Social Indicators". *Annual Review of Sociology*, 9, 1983, p. 1-26.

_____. "On the definition of social indicators". *The American Sociologist*, vol. 6, nov. 1971, p. 322-25.

LAND, K. C.; MICHALOS, A. C.; SIRGY, M. J. (eds.). *Handbook of Social Indicators and Quality of Life Research.* Dordrechet: Springer Publishers, 2012.

LAWLEY, D. N & MAXWELL, A. E. "Regression and factor analysis". *Biometrika*, vol. 60, nº 2, 1973, p. 331-338.

LIGNY, C. L.; NIEUWDORP, G. H. E; BREDERODE, W. K; HAMMERS, W. E; HOUWELINGEN, J. C. van. "An application of factor analysis with missing data". *Technometrics*, vol. 23, nº 1, 1981, p. 91-95.

MACKELPRANG, A. J. "Missing data in factor analysis and multiple regression". *Midwest Journal of Political Science*, vol. 14, n° 3, 1970, p. 493-505.

OLSON, M. *The logic of collective action*. Cambridge: Harvard University Press, 1965.

RUMMEL, R. J. *Applied factor analysis*. Evanston: Northwestern University Press, 1970.

SCHAWB, A. J. *Eletronic Classroom* [on-line]. 2007. Disponível em: <http://www.utexas.edu/ssw/eclassroom/schwab.html> Acesso em: 22 jan. 2010.

SCHRÖDINGER, Erwin. "Die gegenwärtige Situation in der Quantenmechanik [A situação atual da Mecânica Quântica]". *Naturwissenschaften*, vol. 23, n° 807, 1935, p. 823-844.

SHELDON, M. E. "Investment and Involvement as Mechanism Producing Organizational commitment". *Administrative Science Quarterly*, 16, 1971, p. 143-150.

SLATIN, G. T. "A factor analytic comparison of ecological and individual correlations: some methodological implications". *The Sociological Quarterly*, vol. 15, n° 4, 1774, p. 507-520.

SOLIGO, V. "Indicadores: conceito e complexidade do mensurar em estudos de fenômenos sociais". *Estudos em Avaliação Educacional*, São Paulo, vol. 23, n° 52, maio/ago. 2012, p. 12-25.

TABACHNICK, B. & FIDELL, L. *Using multivariate analysis*. Needham Heights: Allyn & Bacon, 2007.

VERMUNT, J. K. & MAGIDSON, J. "Factor analysis with categorical indicators: a comparison between traditional and latent class approaches". In: VAN DER ARK, A.; WILCOX, L. D.; BROOKS, R. M.; BEAL, G. M.; KLONGLAN, G. E. *Social indicators and societal monitoring*. San Francisco: Jossey-Bass4, 1972.

WILCOX, L. D. & BROOKS, R. M. "Toward the development of social indicators for policy planning". Paper presented at the *Annual Meeting of The Ohio Valley Sociological Society*, Cleveland, 1971.

YALCIN, I. & AMEMIYA, Y. "Nonlinear factor analysis as a statistical method". *Statistical Science*, vol. 16, n° 3, 2001, p. 275-294.

ZELLER, R. A. & CARMINES, E. G. *Measurement in the social sciences: the link between theory and data*. Cambridge: Cambridge University Press, 1980.

SOBRE OS AUTORES

DALSON BRITTO FIGUEIREDO FILHO e ENIVALDO CARVALHO DA ROCHA são professores do Departamento de Ciência Política da Universidade Federal de Pernambuco (DCP/UFPE). Contato: <dalsonbritto@yahoo.com.br> e <enivaldocrocha@gmail.com>.

RANULFO PARANHOS e JOSÉ ALEXANDRE DA SILVA JÚNIOR são professores do Instituto de Ciências Sociais de Universidade Federal de Alagoas (ICS/UFAL). Contato: <ranulfoparanhos@me.com> e <jasjunior2007@yahoo.com.br>.

ROMERO GALVÃO MAIA é analista de Informações Estatísticas do IBGE. Contato: romeromaia@gmail.com.

Esta obra foi impressa em São Paulo pela Gráfica Vida e Consciência no inverno de 2015. No texto foi utilizada a fonte Droid Serif em corpo 9 e entrelinha de 14,5 pontos.